国家社会科学基金资助重点项目

# 中国社会调查简史

A Brief History of Chinese Social Survey

主　编／水延凯
副主编／江立华

中国人民大学出版社
·北京·

# 《中国社会调查简史》
## 编著委员会名单

# 导 言

有的中国学者认为，社会调查是从西方传入中国的舶来品；有的西方国家学者认为，社会调查起源于18世纪西欧学者对于社会病态的研究。事实果真如此吗？请看看下述历史事实：

公元前约2100年，华夏远祖就开展过大规模的山水调查。《禹贡》中关于山脉和河流的分布、源头、走向的记载，就是这一山水调查的成果，也是大禹治水取得成功的基础。

公元前1200多年，殷商甲骨文中就有关于“登人”的记载：“登帚好（族名——引者注）三千，登旅一万，呼伐羌。”这是说，征集一万三千“登人”（登记的成年男女）去讨伐羌族。

公元前1000年左右，《周礼·秋官司寇》曰：“司民掌登万民之数。自生齿以上，皆书于版。”这说明，西周已“登万民之数”，并规定“生齿以上”都要登记，这很可能是人口调查最古老的标准。

公元前600多年，“春秋第一相”管仲非常重视社会调查。《管子·问篇》提出的65个问题，很可能是世界上最古老的调查提纲。《管子·八观篇》从8个方面说明如何观察一个国家的饥饱、贫富、侈俭、虚实、治乱、强弱、兴灭、存亡，至今仍有借鉴意义。

公元前300多年，法家代表人物商鞅十分注重数量调查。《商君书·去强》云：“强国知十三数”（指粮仓、金库、壮年男子、壮年女子、老人、小孩、官吏、士大夫、说客、农民、马、牛、柴草的数目）。“欲强国，不知国十三数，地虽利、民虽众，国愈弱至削。”

公元前200多年，秦始皇“初令男子书年”，“使黔首自实田”，首创要百姓自己书写年龄、自己申报田亩的调查方法。秦规定“六尺为步”“二百四十步为亩”等一系列度量衡标准，对提高社会调查的规范性、准确性发挥了重大作用。

公元2年，西汉平帝元始二年，全国户口、田亩调查的结果是：在籍民户12 233 062户，口59 594 978人，定垦田8 270 536顷（参见《汉书·地理志》）。这是中国历史上第一个比较完整、准确的户口、田亩调查记录，很可能也是世界上最古老、最精确的户口、田亩调查记录。

公元583年，隋朝开皇三年，“高祖令州县大索貌阅”。所谓“大索”，就是清点户口，登记姓名、年龄和相貌；“貌阅”，就是“阅其貌以验老小之实”。通过这次当面“貌阅”，朝廷“计帐进四十四万三千丁，新附一百六十四万一千五百口”（《隋书·食货志》）。

公元624年，唐朝武德七年，户籍法规定，“凡天下人户，量其资产，定为九等”；丈量法规定，“以度田之制：五尺为步，步二百四十为亩，亩百为顷”（《旧唐书·食货志上》）。这说明，唐朝的户籍调查已按资产分等，田亩调查中“尺”的标准已不同于秦。

此后，宋朝的户籍调查分主户和客户，田亩调查实行方田法（以东西南北各千步为一方），并开始编制鱼鳞册（核实每块田亩、山塘，标明坐落、形状和面积，绘制成图，形似鱼鳞，集结成册，称鱼鳞册）。元朝不仅进行过多次全国性户籍清理，而且开展过水陆驿站和交通工具调查、黄河源头调查，组织过一次规模宏大的“四海测验”，编制出《授时历》。明、清两朝继承和发展了前朝人口、田亩调查的做法，并在调查研究基础上进行了从“两税制”到“一条鞭法”、再到“摊丁入亩”的税制改革。

上述史实说明，中国是世界上开展社会调查最早的国家之一，也是社会调查制度最完善、保存社会调查资料最丰富的国家之一。中国社会调查的历史几乎与中国文明史一样久远。中国古代政界、军界、司法界、学术界、文艺界等，都有注重社会调查的优良传统。中国古籍中，记载有极其丰富的有关社会调查的论述、史实、数据、案例和故事。

19世纪60年代，欧美近代社会调查方法，随着西方海关管理制度逐渐传入中国。20世纪二三十年代，中国曾出现过社会调查高潮，并取得了丰硕的调研成果。中国共产党从建党开始，就很重视社会调查。随着中国民主革命的发展，中国共产党积累了许多社会调查的成果和经验。毛泽东的社会调查实践和理论，推动了中国革命的发展，丰富了中国社会调查的历史。

1949年以后，随着中国经济社会发展和变革，社会调查既取得了丰硕成果，又积累了沉痛教训。1978年改革开放以来，社会调查传统得到了迅速恢复和发展。在引进西方现代社会调查方法基础上，中国社会调查进入了一个新的发展阶段——现代化阶段。中国现代社会调查的发展，对于实现中国梦、促进中华民族伟大复兴产生了巨大的促进作用。

目前，中国社会调查史研究尚处于起步阶段，极其丰富的社会调查史实和史料，大都处于待发掘、待整理、待研究的自在状态，有关研究成果不仅数量极少，而且大多不够成熟。因此，开展中国社会调查史研究，全面搜集、整理和研究中国社会调查史实和史料，撰写一部比较全面、系统的《中国社会调查简史》，具有多方面的意义：一是，有利于读者学习和掌握中国社会调查的历史，继承和发扬中国社会调查的优良传统，丰富中国优秀的传统文化；二是，有利于总结中国社会调查的历史经验和教训，探求中国社会调查的发展规律；三是，有利于推动中国社会调查事业发展，更好地服务于中国社会主义现代化建设，促进中华民族伟大复兴，实现中国梦。此外，它还将为创建具有中国特色、中国风格、中国气派、中国体系的社会调查学，奠定坚实的基础。

# 目 录

## 第二篇　近代的社会调查



## 第三篇　现代的社会调查

# 表目录

# 图目录

# 绪 论

研究中国社会调查史，必须首先弄清楚中国社会调查史的研究对象、研究目的、指导思想和研究方法，以及中国社会调查史的时代划分和历史分期等问题。

## 一、中国社会调查史的研究对象

中国社会调查史的研究对象，是中国的社会调查，它由“中国”与“社会调查”两个部分组成。怎样理解“中国”“社会调查”“中国社会调查史的研究对象”呢?

### （一）关于“中国”

“中国”一词，应该从地理、历史、行政区划 3 个视角来把握。

从地理上看，“中国”最早泛指中原地区，即黄河中下游的中原河洛地带。由于古代华夏族多在黄河流域一带建国，以为居天下之中，故称中国，它与“中华”“华夏”“神州”“中夏”“中州”“中原”等词具有相同含义。中国历史上建立过许多王朝，它们的疆域是不断变化的。1949 年中华人民共和国成立后，中国的疆域包括领土、领海和领空。从领土看，包括中国大陆及其沿海岛屿、台湾及包括钓鱼岛在内的附属各岛、澎湖列岛、东沙群岛、西沙群岛、中沙群岛、南沙群岛，以及其他一切属于中华人民共和国的岛屿，陆地面积约 960 万平方公里；从领海看，包括渤海、黄海、东海、南海和可以管辖的专属经济区，总面积约 470 万平方公里。总面积约1 430万平方公里。

从历史上看，中国有4 000多年文明历程，经历了夏（约公元前 2070 年至公元前 1600 年），商（约公元前 1600 年至公元前 1046 年），西周（公元前 1046 年至公元前 770 年）[①]，春秋战国（公元前 770 年至公元前 221 年），秦（公元前 221 年至公元前 206 年），汉（公元前 206 年至公元 220 年），三国（公元 220 年至公元 280 年），晋及十六国（公元 265 年至公元 420 年），南北朝（公元 420 年至公元 589 年），隋（公元 589 年至公元 618 年），唐（公元 618 年至公元 907 年），五代十国（公元 907 年至公元 960 年），宋、辽、金（公元 960 年至公元 1279 年），元（公元 1271 年至公元 1368 年），明（公元 1368 年至公元 1644 年），清（公元 1644 年至公元 1911 年），中华民国

---

① 参见《夏商周断代工程年表》，见 http://www.hb.xinhuanet.com/cwh/2005 - 03/04/content_3818483.htm。

（公元1912年至公元1949年）①，中华人民共和国（公元1949年至今）等朝代或时期。

从行政区划看，2012年年底的中国，包括北京、天津、上海、重庆4个直辖市，河北、山西、辽宁、吉林、黑龙江、江苏、浙江、安徽、福建、江西、山东、河南、湖北、湖南、广东、海南、四川、贵州、云南、陕西、甘肃、青海、台湾23省，内蒙古、广西、西藏、宁夏、新疆5个自治区，以及香港、澳门2个特别行政区，合计34个省级行政区划单位。下辖333个地级行政区划单位（其中地级市285个、地区15个、自治州30个、盟3个），2 852个县级行政区划单位（其中市辖区860个、县级市368个、县1 453个、自治县117个、旗49个、自治旗3个、特区1个、林区1个），40 446个乡级行政区划单位（其中区公所2个、镇19 881个、乡12 066个、苏木151个、民族乡1 063个、民族苏木1个、街道7 282个）。②

## （二）关于“社会调查”

“社会调查”，是对社会进行“调查”和“研究”的简称，其中包括“社会”和“调查研究”两层含义。应该怎样理解“社会”，怎样理解“调查研究”呢？

1. 什么是社会

社会是人类生活的共同体，是由多种要素构成的极其复杂的系统。一定的人口数量和结构，一定的地域和生态环境，一定的生产方式和经济结构，一定的社会组织和社会结构，一定的政治组织和政治制度，一定的社会文化和社会意识，一定的行为规范和生活方式，一定的联系方式和交互作用等，是构成社会不可缺少的要素。

在上述要素中，人是最基本的要素。因为，人是社会存在的体现者、社会关系的承担者、社会生活的开拓者、社会发展的推动者；没有人，就没有人类社会，没有人类历史。在社会里，人总是生活在一定的人群共同体之中。一般来说，人群共同体可分为两类，一类是非政治性人群共同体，如家庭、部落、民族、邻里、街坊、一般社会团体（如同乡会、校友会、技术协会、书法协会）等；一类是政治性人群共同体，如阶级、政党、国家、军队等。任何人都必然生活在一定的人群共同体之中，并彼此发生交互作用。马克思说：社会不管其形式如何，都是“人们交互作用的产物”③。

构成社会的各种要素不是杂乱无章地堆砌在一起的，而是按照一定结构组合而成的有机整体。社会结构即社会要素之间相对稳定的联系或排列组合方式，具有多类型、多层次特点。有经济结构、政治结构、文化结构、社会结构、生态结构，有宏观结构、中观结构、微观结构，等等。就经济结构而言，既有生产力方面的结构（如技术结构、企业结构、产业结构、地区结构等），又有生产关系方面的结构（如所有制结构、交换结构、分配结构、消费结构等）。在上述各种结构中，由一定生产力与一定生产关系结

① 参见方诗铭编著：《中国历史纪年表》，4～151页，上海，上海书店出版社，2013。
② 参见中华人民共和国国家统计局编：《中国统计年鉴2013》，3页，北京，中国统计出版社，2013。
③ 《马克思恩格斯选集》，第4卷，320页，北京，人民出版社，1972。

合而成的生产方式，是整个社会的基础，即社会的政治制度、法律制度，以及社会意识、社会文化、社会生活的物质基础。

综上所述，所谓**社会，就是人类生活的共同体，是以人和人群共同体为活动主体、以生产方式为基础的各种要素、各种结构按照一定方式组合而成的有机整体。**

社会运动和社会现象具有实践性、目的性、变动性、复杂性、偶然性、模糊性等特点。人们生活在社会之中，却不一定能够正确认识社会。特别是现代社会，上述社会现象的特点变得更加显著、复杂，再加上各种伪装、假象和层出不穷的欺骗，全面、准确、及时地认识社会的真实情况及其变化发展趋势，就成为一件更加困难、紧迫的任务了。

2. 什么是调查研究

“调查研究”，是“调查”与“研究”两个动词的组合。

“调查”中的“调”，具有计算、算度的意思。《汉书・晁错传》说：“调立城邑，毋下千家。”颜师古注曰：“调，谓算度之也。总计城邑之中令有千家以上也。”“查”，指寻检、查究、查核、考查、检查、查验、查访、查阅等。“调查”两字连用，是指为了解情况而进行的计算、算度、查核、考察、查访等。“研究”中的“研”，有细磨、审察、钻研、推究的意思。“究”，指穷尽、终极、到底、彻底推求、追根究底等。“研究”两字连用，有钻研、探索、商讨、考虑、仔细询问等意思。

“调查研究”，不同于日常生活中的一般观察与了解，而是一种有目的、有意识、有计划的自觉认识活动。其中，“调查”主要是通过对社会现象的寻检、考察和计算、算度来了解社会真实情况的一种感性认识活动；“研究”则主要是对考察、了解的社会现象进行审察、钻研、追究和思维加工的一种理性认识活动。在历史上和现实中，调查研究的主体各色各样，调查研究的目的各不相同，但凡是有目的、有意识、有计划地对社会现象进行调查、对调查资料进行研究的活动，都属于调查研究的范畴。

3. 社会调查的定义和科学社会调查的任务

弄清了什么是社会、什么是调查研究，就可以给社会调查下一个简要的定义了。所谓**社会调查，就是人们为了一定目的，通过一定程序，运用一定方法，对社会现象进行考察、了解和分析、研究，来掌握社会真实情况的一种自觉认识活动。**它包含以下四层意思：

(1) 社会调查是一种自觉认识活动。任何社会调查都是有一定目的的，都是有计划、有组织地进行的，它与人们日常生活中对社会现象的一般观察和了解有原则性区别。

(2) 社会调查的对象是社会。社会调查不仅要研究以人和人群共同体为重点的各种社会要素，而且要研究以生产方式为基础的各种社会结构，以及与它们相联系的政治体制、法律制度、社会文化、社会意识、社会生活、交往方式、生态环境等各种社会现象和问题。

（3）社会调查要运用一定程序和方法。它既包括社会调查的准备、调查、研究、总结等一般工作程序，又包括考察、了解社会实际情况的感性认识方法，以及对搜集到的感性材料进行整理、统计分析和思维加工的理性认识方法。

（4）社会调查的直接目的是掌握社会真实情况。无论社会调查的主体是谁，社会调查的目的是什么，它们的直接目的必然是也只能是掌握社会的真实情况。因为，只有弄清楚了社会真实情况，才有可能进一步达到调查研究的目的。

上述定义适用于一切社会调查，包括科学的社会调查和非科学的社会调查。那么，什么是科学的社会调查呢？

**科学的社会调查，是指在科学理论指导下，为促进社会发展或变革，通过科学的程序，运用科学的方法，对社会现象进行考察、了解和分析、研究，以掌握社会真实情况，认识社会生活本质及其发展规律，探索改造社会、建设社会的道路或方法的一种自觉认识活动。**科学社会调查的主要任务，一是认识社会现象的真实情况，二是研究社会现象的因果联系，三是探索社会现象的本质及其发展规律，四是寻求改造旧社会、建设新社会的道路或方法。

### （三）关于"中国社会调查史的研究对象"

我们认为，**中国社会调查史的研究对象，是在中国版图内、在中华文明发展历程中、对中国社会开展的一切调查研究活动。**这里有四个要点：

（1）空间范围是中国管辖的全部疆域。1949 年中华人民共和国成立后，就是指中国政府管辖的全部领土、领海和领空。

（2）时间界限是中华文明发展的全部历史。具体地说，就是中国历史上第一个奴隶制王朝——夏朝建立以来的全部历史。

（3）调研客体是中国社会，即以中国人及其人群共同体为活动主体，以中国生产方式为基础的各种要素、各种结构按照一定方式组合而成的有机整体。具体地说，包括中国经济、政治、文化、社会、生态等各个领域的各种社会现象。

（4）研究对象包括由各类调查主体主持的（包括中国人、中国机构和外国人、外国机构）、根据各种调查目的组织的（包括巩固中国、发展中国、变革中国、侵略中国等）、对中国社会进行的一切调查研究活动的历史事实和历史资料。

总之，中国社会调查史"研究对象"的"外延"，在空间上是中国全部领土、领海和领空，在时间上是中国社会调查产生以来的全部历史；中国社会调查史"研究对象"的"内涵"，是中国社会，即中国各民族生活的共同体，包括经济中国、政治中国、社会中国、文化中国、生态中国等各个方面。这就是说，**无论社会调查的主体是谁、社会调查的目的如何，只要在上述空间、时间范围内，对中国社会开展的一切有目的、有计划、有组织的自觉认识活动，都是中国社会调查史的"研究对象"。**

## 二、研究中国社会调查史的目的、指导思想和方法

研究中国社会调查史，必须有明确的目的、正确的指导思想和科学的方法。

### （一）研究中国社会调查史的目的和意义

研究中国社会调查史具有多方面的目的和意义。

1. 认识中国社会调查历史，总结经验教训，探求发展规律

中国是历史悠久的文明古国，是世界上开展人口、土地调查最早的国家之一，也是保留人口、土地资料最丰富、最完整的国家之一。无论是夏禹治水、管仲问政、商鞅变法、孙武论兵，还是司马迁编史、杜甫撰诗、包拯办案、宋慈刑侦等，都离不开社会调查。19 世纪后半叶，西方近代社会调查方法传入中国，促进了中国社会调查的发展。中国共产党从建党开始，就非常重视社会调查。1949—1978 年，中国社会调查既取得了丰硕成果，又留下了惨痛教训。1978 年以后，中国引入欧美现代社会调查方法，开展了规模空前的社会调查，为推动中国社会主义现代化建设做出了重要贡献。研究中国社会调查史，有利于正确认识中国社会调查的历史，总结中国社会调查的经验教训，探求中国社会调查的发展规律。

2. 继承中国社会调查优良传统，丰富中国优秀传统文化

中国社会调查史实证明，无论是古代，还是近代、现代，无论是政界、军界、司法界，还是学术界、文艺界，中国都有注重社会调查的优良传统，都有求真、求实、求知、求是的精神。中国传统文化丰富多彩、博大精深，它包括实体、精神两个方面。仅就中国传统精神文化而言，现在人们经常强调的以民为本、敬天孝祖、不屈不挠、自强不息、包容博大、和而不同、天下大同、严于律己、修身养性等，都是中国传统精神文化的精华。这无疑是正确的，但却是不全面的。因为，人们忽略了中国社会调查历史中体现出来的求真、求实、求知、求是的精神，这也是中华传统精神文化的精华之一。全面搜集、整理中国社会调查史实，深入研究其中求真、求实、求知、求是的科学精神，不仅有利于继承和发扬中国社会调查的优良传统，而且可以大大丰富中国优秀的传统精神文化。

3. 促进中国社会调查事业健康发展

中国社会调查要健康发展，一方面，必须学习、引进西方社会调查中的科学理论、方法和技术；另一方面，必须搜集、整理中国社会调查历史中的正确思想和做法。实践证明，西方社会调查的科学理论、方法和技术，只有与中国国情相结合，实现中国化、本土化，才能充分发挥作用；中国传统社会调查中的正确思想和方法，只有与西方社会调查的科学理论、方法和技术相结合，才能实现科学化、现代化。1978 年以来，中国学术界在学习、引进西方社会调查的科学理论、方法和技术方面做得较多，成绩较大，而在搜集、整理中国社会调查历史经验方面却做得较少，乏善可陈。加强中国社会调查史研究，必将有利于形成符合中国实际的社会调查理论、方法和技术，有利

于中国社会调查理论、方法和技术与西方社会调查理论、方法和技术的更好结合，有利于促进中国社会调查事业的健康发展。

4. 服务中国特色社会主义现代化建设

我国现阶段的中心任务是：坚持走中国特色社会主义现代化道路，为全面建成小康社会、全面深化改革、全面依法治国、全面从严治党，推进经济建设、政治建设、文化建设、社会建设、生态文明建设以及国家治理体系和治理能力现代化，夺取中国社会主义现代化建设新胜利，实现中华民族伟大复兴的中国梦而奋斗。为此，必须克服形式主义、官僚主义、享乐主义和奢靡之风，克服主观主义、唯书唯上、崇洋崇古、照抄照搬等恶习，坚持以解放思想、实事求是、求真务实的作风推进各项工作。加强中国社会调查史研究，促进中国社会调查事业健康发展，必然有利于克服形式主义、官僚主义、享乐主义和奢靡之风，有利于克服主观主义、唯书唯上、崇洋崇古、照抄照搬等恶习，有利于为中国特色社会主义现代化建设和中华民族伟大复兴做好服务。

5. 为创建中国社会调查学奠定坚实基础

从19世纪后半叶开始，欧美近代社会调查方法逐渐传入中国。1978年以后，中国又引进了西方现代社会调查理论、方法和技术。它们对于创建中国社会调查学具有重要借鉴意义。但是，正如一个民族的历史是一个民族安身立命的基础一样，一个国家的社会调查史才是一个国家社会调查学安身立命的基础。要创建具有中国特色的社会调查学，就必须立足于中国社会调查的历史和现实。中国历史上有注重社会调查的优良传统。20世纪30年代中国老一代社会科学家曾提出过社会调查本土化、中国化的任务。中国共产党的社会调查理论和实践，既丰富了中国社会调查历史，又为创建中国社会调查学提供了肥沃土壤。搞好中国社会调查史研究，不仅可以促进西方社会调查理论、方法和技术的本土化、中国化，而且可以为创建具有中国特色、中国风格、中国气派、中国体系的社会调查学奠定坚实基础。

### （二）研究中国社会调查史的指导思想

1. 尊重史实，实事求是

研究中国社会调查史，必须尊重史实，在中国社会调查史实基础上，按照实事求是原则开展研究。所谓“实事求是”，其内涵有一个较长的历史发展过程。

“实事求是”，最早见于班固的《汉书·河间献王刘德传》。西汉河间献王刘德（？—前129）酷爱读书和藏书，经常从民间收集先秦旧书认真研究，以整理天下文献古籍为己任，对中国儒学的传承、发展做出过卓越贡献。东汉史学家班固编撰的《汉书》为刘德立“传”，高度评价他的好学精神，赞扬他“修学好古，实事求是，从民得善书，必为好写与之，留其真”。对于“实事求是”，颜师古注曰：“务得事实，每求真是也。”对于“留其真”，颜师古注曰：“真，正也，留其正本。”在班固看来，刘德在修礼乐、学经典时，喜好先秦诸子的古书，对从民间获得的善书，必“求真是”“留其正本”。这说明，班固所说的“实事求是”，是指考证古书时务求真本的认真态度。

明清时期，考据学逐步兴起。清朝乾隆、嘉庆年间的考据学派，把“实事求是”当作治学宗旨和方法。该学派的集大成者阮元（1764—1849）在《揅经室集》自序中说：“余之说经，推明古训，实事求是而已，非敢立异也。”他系统阐发了“实事求是”的方法，认为探讨圣贤之道必须做好文字训诂，其方法是：士人读书，当从经学开始；研究经学，当从注疏开始；研究注疏，当从训诂开始；研究训诂，当从声音文字开始，这是进入圣人之道的门径。乾嘉考据学派重提“实事求是”，尽管局限于治学宗旨和方法，而且非常烦琐、复杂，但是，它系统化了训诂方法，批判了宋明理学的“虚文”“空疏”和八股文，强调了具有近代科学精神特质的“佐证”和“实证”，因而在历史上曾起过积极作用。

毛泽东在中国革命实践中，特别是在反对主观主义、教条主义过程中，批判继承了历史上的“实事求是”，对它做了唯物辩证法的解释。他指出：“马克思列宁主义的态度……就是实事求是的态度。‘实事’就是客观存在着的一切事物，‘是’就是客观事物的内部联系，即规律性，‘求’就是我们去研究。……这种态度，就是党性的表现，就是理论和实际统一的马克思列宁主义的作风。”① 对“实事求是”的这种阐释，既超越了刘德考证古书时务求真本的含义，又超越了乾嘉考据学派所作的训诂学解释，赋予了它全新的、马克思主义的内涵，使其成为中国共产党的思想路线和共产党员应有的态度与学风。毛泽东对“实事求是”所作的全新解释，是批判继承优秀传统文化的光辉典范。

在改革开放和社会主义现代化建设新历史时期，邓小平对“实事求是”做了进一步阐述。他指出：“‘实事求是’四个大字，这是毛泽东哲学思想的精髓。”②“解放思想，就是使思想和实际相结合，使主观和客观相符合，就是实事求是。”③ 他还说：“做老实人，说老实话，干老实事，就是实事求是。”④ 这就进一步具体化、通俗化了“实事求是”的内涵。

“实事求是”的内涵，从一种考证古书的态度、治学的宗旨和方法，发展到一种思想路线和学风，再发展到一种做人、说话、做事的根本态度，经历了一个不断变化、发展、丰富的过程。这就是说，以“尊重史实、实事求是”为指导思想，就必须以中国社会调查史实为基础，全面把握“实事求是”的内涵：在治学态度、宗旨和方法上，要求真本，反对“虚文”和八股，注重“实证”；要根据中国社会调查历史的“实事”，研究中国社会调查的规律；要解放思想，做到思想与史实相结合，做老实人、说老实话、干老实事。具体地说，在中国社会调查历史文献资料的搜集、鉴别、整理、研究工作中，应该努力做到：

---

① 《毛泽东选集》，2版，第3卷，800～801页，北京，人民出版社，1991。
② 《邓小平文选》，2版，第2卷，67页，北京，人民出版社，1994。
③ 《邓小平文选》，2版，第2卷，364页，北京，人民出版社，1994。
④ 《邓小平文选》，2版，第2卷，45页，北京，人民出版社，1994。

(1) 留正本。对搜集的各种书籍、文献或资料，必须“留其正本”；注重“佐证”和“实证”，保证史实的真实性、可靠性和准确性。

(2) 重史实。根据史实研究中国社会调查史，有多少史实发多少议论，有什么样的史实发什么样的议论；决不可脱离史实空发议论、多发议论，更不可乱发议论。

(3) 求真是。在史实基础上研究中国社会调查的经验教训，不停留于史实的叙述，“不虚美，不隐恶”，深入探究中国社会调查的发展规律。

(4) 勇创新。必须解放思想，勇于创新。为此，必须做到：不“唯上”，即不能为了迎合某些领导或权威的看法，而任意剪裁或歪曲史实；不“唯书”，即不能为书本已有结论或过时老框框所禁锢，而不尊重史实；不“唯众”，即不能“随大流”，为多数人不符合史实的观点所左右；不“唯己”，即不能以自己的看法为转移，害怕否定自己不符合史实的看法；不“唯古”，即不能为古人不符史实的观点所束缚，发违心之论；不“唯洋”，即不能盲目为外国人观点所左右，以外国人的是非为是非。一切以史实为依据，根据史实做结论。

总之，“尊重史实，实事求是”，就必须尊重历史，崇尚史实，解放思想，勇于创新，坚决排除一切主观主义因素的干扰。**“尊重史实，实事求是”是科学研究中国社会调查史的活的灵魂，是一切中国社会调查史研究者必须遵守的首要的最基本的指导思想。**

*2. 以史为鉴，古为今用*

“以史为鉴”与“古为今用”，是紧密联系在一起的。唐太宗李世民（598—649）说：“以铜为鉴，可正衣冠；以古为鉴，可知兴替；以人为鉴，可明得失。”（《新唐书·魏徵传》）这里的“鉴”，是指古代用来盛水照人的青铜大盆或用青铜制成的镜子。“以史为鉴”，就是指以历史上的成败得失、经验教训作为借鉴或鉴戒。它不是为历史、为过去而研究历史，而是为现在、为未来借“鉴”而研究历史。“以史为鉴”本身，就包含有“古为今用”的意思。

不同职业、不同视角的人，以史为鉴、古为今用的目的和内容是不相同的。政治家主要借鉴纵横捭阖、治国安邦之谋，军事家主要借鉴知己知彼、决战决胜之略，司法官主要借鉴明察秋毫、善断疑案之道，科学家主要借鉴刻苦钻研、开拓创新之路，学问家主要借鉴批判继承、标新立异之法，文艺家主要借鉴推陈出新、百花齐放之术，企业家主要借鉴发展生产、扩大市场之途，社会改革家主要借鉴兴利除弊、改良社会之策，阴谋家、野心家主要借鉴挑拨离间、阿谀奉承、两面三刀、阳奉阴违之计，等等。

研究中国社会调查史，以史为鉴、古为今用的目的和内容主要是：

(1) 借鉴历史上社会调查的明确目的。《管子·问》中的“问”，就是指社会调查，它的目的非常明确，就是主持朝廷政事。《商君书·去强》中所说的“知十三数”，其目的是“强国”。司马迁编著《史记》的目的，是“究天人之际，通古今之变”，即探究天道与人事的关系，通晓古今变化的道理。司马光编纂《资治通鉴》的目的，是

“鉴于往事，资于治道”，即以历史得失作为管理国家、治理社会的鉴戒。毛泽东说：“调查就像‘十月怀胎’，解决问题就像‘一朝分娩’。调查就是解决问题。”① 历史上一切成功的社会调查，都有明确的调查目的。没有明确调查目的，调查就不可能顺利进行，更不可能取得成功。

(2) 借鉴历史上社会调查的正确态度。孔子说：“三人行，必有我师焉。择其善者而从之，其不善者而改之。”(《论语·述而》) 毛泽东指出：做社会调查，“第一是眼睛向下……没有眼睛向下的兴趣和决心，是一辈子也不会真正懂得中国的事情的”②。“马克思主义的‘本本’是要学习的，但是必须同我国的实际情况相结合。我们需要‘本本’，但是一定要纠正脱离实际情况的本本主义。怎样纠正这种本本主义？只有向实际情况作调查。”③ “离开实际调查……它的结果，不是机会主义，便是盲动主义”④。

(3) 借鉴历史上社会调查的科学方法。古代的社会调查，大都凭借调查者的感觉器官和思维器官，通过观察、访问、实践及有限的文献进行调查研究。这些方法，尽管原始、简单、直观，往往存在着片面性、表面性的局限，但是，它们确是社会调查最基本的手段和方法，任何先进、科学、现代的调研方法和手段，最终都离不开调查者的感觉器官和思维器官。从这个意义上说，它们是各种先进、科学、现代调研方法和手段的基础。

(4) 借鉴历史上社会调查的优良作风。孔子的“敏而好学，不耻下问”(《论语·公冶长》)，就是一种优良的调查作风。毛泽东曾指出：“兴国调查和长冈、才溪两乡调查，找的是乡级工作同志和普通农民。这些干部、农民、秀才、狱吏、商人和钱粮师爷，就是我的可敬爱的先生，我给他们当学生是必须恭谨勤劳和采取同志态度的，否则他们就不理我，知而不言，言而不尽。……没有满腔的热忱，没有眼睛向下的决心，没有求知的渴望，没有放下臭架子、甘当小学生的精神，是一定不能做，也一定做不好的。”⑤

此外，通过研究中国社会调查史，还可以从社会调查视角，对中国历史上的许多事件、人物、著作、故事等，做出新的解释，获得新的认识。

研究中国社会调查史，以史为鉴、古为今用，必须反对两种倾向：一是反对脱离现今而研究历史。因为，研究中国社会调查史，主要不是为了过去、为了历史，而是为了服务于现在、服务于未来。二是反对为了现今而歪曲历史。实践证明，为了服务于现今而歪曲历史，就必然会犯历史性的重大错误。

### （三）研究中国社会调查史的方法

研究中国社会调查史的方法，主要是文献调查法。

---

① 《毛泽东选集》，2版，第1卷，110～111页，北京，人民出版社，1991。
② 《毛泽东选集》，2版，第3卷，789～790页，北京，人民出版社，1991。
③ 《毛泽东选集》，2版，第1卷，111～112页，北京，人民出版社，1991。
④ 《毛泽东选集》，2版，第1卷，112页，北京，人民出版社，1991。
⑤ 《毛泽东选集》，2版，第3卷，790页，北京，人民出版社，1991。

运用文献调查法研究中国社会调查史，应该注意以下几个问题。

1. 搜集文献，应该以古代、近代文献为主

从夏、商、周至今，中国已走过4 000多年文明发展历程，形成的历史文献数量极其庞大，种类极其繁多。运用文献调查法研究中国社会调查史，必须按照历史发展顺序系统地发掘、搜集、整理、研究与社会调查有关的各种文献。其中，既要发掘、搜集、整理、研究古代和近代文献，又要发掘、搜集、整理、研究现代文献，它们都是不可或缺的。

然而，在系统发掘、搜集、整理、研究与社会调查有关的文献的过程中，必须注意以古代和近代文献为主。因为，现代有关社会调查的文献，尽管种类繁多，数量庞大，但便于寻找，易于阅读，大都为一般读者所熟知，因而不必大费周章；反之，近代特别是古代有关社会调查的文献，大都淹没在浩如烟海的历史文献之中，既不易寻觅，又难以阅读，不仅一般读者无从知晓，即使是社会调查专业人士也大都不甚了了。因此，研究中国社会调查史，应该在系统搜集古今社会调查文献的基础上，重点搜集古代和近代的有关文献。

2. 初读文献，应该以学术类文献为主

社会调查文献，大体可分为四大类：一是行政性社会调查文献，包括行政管理、社会管理等类文献；二是政治性社会调查文献，包括社会革命、社会改革等类文献；三是学术性社会调查文献，包括各类社会科学、部分自然科学学术研究类文献；四是应用性社会调查文献，包括市场调查、民意测验、大众传媒调查、经营管理调查等类文献。

研究中国社会调查史，必须全面发掘、搜集、整理、研究上述四大类社会调查文献，并在此基础上，以学术研究类文献为主。因为，首先，学术研究类文献的撰稿人，身份比较超脱，立场比较客观，一般能较真实、客观地反映实际情况；其次，学术研究类文献的调查内容，一般专业性、学术性较强，分析研究比较全面、深入，其结论往往具有更为普遍的理论意义和现实意义；再次，学术研究类文献的调查研究方法，往往比较成熟、比较科学，便于做较深入的定性分析或定量研究；最后，学术研究类文献不仅数量较多、搜集较全，而且受战争动乱、社会动荡影响较小，一般都保存较好、较为完整。

3. 精读文献，应该做情景移入式体察

所谓情景移入式体察，是指对文献所描述的环境、景物、情况等做设身处地的体会或省察。这里，“情景”是指文献调查者、受调查者的客观情况和主观状态，以及调查活动的具体环境等背景情况；“移入式体察”是指中国社会调查史研究者对文献记载的调查活动的环境、具体情况、调查者和受调查者可能有的实际感受，做设身处地的体验、察看或省察。

在研究社会调查文献的过程中，正确把握文献调查者、受调查者的客观情况和主观状态，以及调查活动的环境等背景情况，对于正确判断、合理解释社会调查所获得

的事实和数据具有重要意义。由于历史文献都是书面化的东西，人们无法通过它们直接感知文献调查者、受调查者的主观状态，以及调查活动的客观环境和具体情况，因而研究历史文献时，既要认真研读它的文字记述，又要善于运用情景移入式体察来研究文献调查者、受调查者的主观状态和调查活动的客观情况。只有如此，才能对历史文献做出正确的判断和科学合理的解释。

例如，毛泽东的《兴国调查》在其前言中有这样的记述：

> 一九三〇年九月，红军第一方面军从打长沙回到江西，十月初打开吉安，进到袁水流域，兴国送了许多农民来当红军，我趁此机会做了一个兴国第十区即永丰区的调查。找了傅济庭、李昌英、温奉章、陈侦山、钟得五、黄大春、陈北平、雷汉香八个人开调查会。调查的时间是一九三〇年十月底，开会的地点是新余县之罗坊，开了一个星期的调查会。永丰区位于兴国、赣县、万安三县的交界……明白了这一区，赣、万二县也就相差不远，整个赣南土地斗争的情况也都相差不远。……这次调查，一般说来仍不是很深入的，但较之我历次调查要深入些。第一，做了八个家庭的调查，这是我从来没有做过的，其实没有这种调查，就没有农村的基础概念。第二，调查了各阶级在土地斗争中的表现，这是我在寻乌调查中做了而没有做得完全的。这个调查的缺点，是没有调查儿童和妇女状况，没有调查交易状况和物价比较，没有调查土地分配后农业生产的状况，也没有调查文化状况。这些本来是要调查的，因为敌人对罗坊进攻了，红军决定诱敌深入的方针，我们的调查会只得结束。下面的材料是这样得来的：由我提出调查的纲目，逐一发问并加讨论，一切结论，都是由我提出得到他们八个同志的同意，然后写下来的，有些并未做出结论，仅叙述了他们的答话。我们的调查会是活泼有趣的，每天开两次甚至三次，有时开至很夜深，他们也并不觉得疲倦。应该深深感谢这些同志。他们有几个是共产党员，但多数不是党员。
>
> 一九三一年一月二十六日，
> 于宁都小布圩，整理后记。[①]

联系当时当地中国革命的具体情况，运用情景移入式体察来研究这篇前言，就可清晰体察到以下情景：(1) 调查者，毛泽东，当时任红军第一军团政治委员和前委书记，利用战争间隙研究中国土地革命问题。(2) 调查对象，傅济庭、李昌英、温奉章、陈侦山、钟得五、黄大春、陈北平、雷汉香等 8 人，都是兴国县永丰区土地改革后送来“当红军”的农民，“他们有几个是共产党员，但多数不是党员”。(3) 调查背景，兴国等赣南六县农村已全面开展分田运动，社会结构和阶级关系已发生根本变化。(4) 调查地区，“永丰区位于兴国、赣县、万安三县的交界……明白了这一区，赣、万二县也就相差不远，整个赣南土地斗争的情况也都相差不远”。(5) 调查时间，1930 年 10 月底的“一个星期”。(6) 调查地点，“新余县之罗坊”(兴国以北约 200 公里)。(7) 调查内容，“做了八个家庭的调查”和“调查了各阶级在土地斗争中的表现”。(8) 调查方

① 《毛泽东文集》，第 1 卷，254～255 页，北京，人民出版社，1993。

法，“由我（毛泽东）提出调查的纲目，逐一发问并加讨论，一切结论，都是由我提出得到他们八个同志的同意，然后写下来的，有些并未做出结论，仅叙述了他们的答话”。（9）调查会的气氛，“我们的调查会是活泼有趣的，每天开两次甚至三次，有时开至很夜深，他们也并不觉得疲倦”。（10）调查的缺点，“没有调查儿童和妇女状况，没有调查交易状况和物价比较，没有调查土地分配后农业生产的状况，也没有调查文化状况。这些本来是要调查的，因为敌人对罗坊进攻了，红军决定诱敌深入的方针，我们的调查会只得结束”。根据这些情景，人们对于兴国调查所获事实和数据的真实性、可靠性、准确性、代表性，以及可能存在的缺陷、误差等，就不难做出较为客观、全面、正确的评价了。

4. 选取文献，应该突出社会调查视角

“社会调查”的概念起源于近代西方，中国古代没有明文的“社会调查”文献。但是，中国古代政治、军事、司法、学术、文艺等各个领域，确有丰富多彩的社会调查思想和活动，有关这些思想和活动的记载大都散见于浩如烟海的各类历史文献之中。

例如，《禹贡》，从篇名看，是一部贡赋之法；从内容看，是一部地理文献。然而，从社会调查视角看，它却是实地调查的产物，是一部以山水、国土为主要内容的调查专著。《管子》，是管仲学派政治观点和学术思想的结晶，其中就包含有丰富的社会调查思想，特别是《八观》《问》等篇，更是有关社会调查的专论。《孙子兵法》，是世所公认的最古老、最著名的“兵学圣典”，但从社会调查视角看，它又是最深刻、最丰富的军事调查著作，特别是其中的《始计》和《用间》等篇，包含着极其丰富的军事调查思想和方法。司马迁的《史记》，不仅是“破万卷书、行万里路”（即文献调查与实地考察相结合）的产物，而且有明确的调查研究目的（“究天人之际，通古今之变”）、全面的搜集资料原则（“驰骋古今”“涉猎广博”）、辩证的研究方法（“原始察终，见盛观衰”等）和客观的评价态度（“不虚美，不隐恶”），这正是它之所以被誉为“信史”“实录”的根本原因。这些事实说明，只有突出社会调查视角，才能从浩如烟海的历史文献中发掘、选取出具有研究价值的社会调查文献来。

5. 研究文献，应该深入思维加工

文献资料是社会调查史研究的基础。但是，仅有系统、全面的文献资料是不够的，只有在系统、全面文献资料的基础上深入思维加工，才能结出丰硕成果。

所谓**思维加工，就是研究者运用语言等思维工具和科学思维方法，对搜集、整理后的文献资料等进行研究，并做出结论的思维过程**。在文献调查中，思维加工的主要任务是：鉴别文献的真伪，概括文献的内容，分析有关内容的因果关系，揭示出有关事物的本质及发展规律，做出科学的判断或结论，有时还需要提出对策性的建议。

运用科学思维方法，是搞好思维加工的关键。科学思维方法多种多样。在社会调查史研究中常用的科学思维方法主要是：比较法和分类法，分析法和综合法，归纳法和演绎法，以及矛盾分析法、因果分析法等。其中，使用得最多的是历史比较法。所谓历史比较法，就是对认识对象不同时期的特点进行比较的思维方法，即通过对有一定关联的历史现象或记载进行纵向对比，判断其异同，分析其缘由，从而认识历史现象的本质及其发展规律。例如，通过对古代、近代、现代社会调查内容或方法的比较，可发现其中许多相异点或相同点，并可进一步研究造成这些相异点或相同点的原因，从而可揭示出古代、近代、现代社会调查的不同特点、趋势及其发展规律等。

此外，研究中国社会调查史，在需要和可能的前提下，也不排除做某些实地考察和访问。例如，研究毛泽东的《寻乌调查》，到现今的江西省寻乌县去实地考察一番；研究费孝通的《江村调查》，到现今的苏州市吴江区七都镇开弦弓村去实地考察一番，肯定会获得许多新的认识或新的感受。但总体而言，文献调查仍然是研究中国社会调查史的主要方法。

## 三、社会调查的起源和两次重大变革

研究中国社会调查史，离不开中国社会调查历史的分期问题，而要科学划分中国社会调查的历史，又必须首先解决社会调查的起源和时代划分问题。

关于社会调查的起源，有的学者认为，社会调查“是近代产物”[①]；有的认为，“可追溯到古老的年代”[②]，有的明确指出“社会调查的历史可追溯到公元前数千年的古埃及和古中国的行政统计调查”[③]。关于社会调查的时代划分，有的学者认为，可分为两个时代，即传统（古代）社会调查和现代社会调查，或近代社会调查和现代社会调查[④]；有的则认为可分为三个时代，即古代社会调查、近代社会调查和现代社会调查。这些看法，大都各说各话，只有简略叙述，而无具体论证。这说明，如何认识社会调查的起源、如何划分社会调查发展的历史时代，是研究中国社会调查历史分期必须回答的基础性问题。

### （一）社会调查的起源

我们认为，从史实看，社会调查起源于原始社会末期或奴隶社会初期。

原始社会末期，为了生存和发展，原始部落首领就出现了掌握本部落丁口、食物、武器等情况以及记载某些重大事件的客观需要。《周易·系辞下》中说：“上古结绳而治，后世圣人，易之以书契，百官以治，万民以察。”所谓“结绳而治”，是指用结绳方法来记录社会事件，以达到“百官以治，万民以察”的目的。《尚书序》中说：“古者伏羲氏之王天下也，始画八卦，造书契，以代结绳之政，由是文籍生焉。”这里，把结绳说成是伏羲氏以前的事，认为书契的发明晚于结绳，而且是代替结绳的。这说明，“结绳”和“书契”都是对当时重大社会事件的记载，从一定意义上说，它们就是最古

① 言心哲：《社会调查大纲》，4 页，北京，中华书局，1934。

② 张世文：《社会调查概要》，21 页，重庆，重庆出版社，1984。

③ 袁方主编：《社会研究方法教程》，46 页，北京，北京大学出版社，1997。

④ 参见郝大海：《社会调查研究方法》，3～9 页，北京，中国人民大学出版社，2005。

老的社会调查记录。

人类进入奴隶社会后，出现了阶级、国家、战争等一系列新社会现象。奴隶主阶级为了维护统治，镇压反抗，管理国家和社会，抵御外族入侵或对外扩张，需要收纳贡赋、征集兵员、派使徭役，这就产生了对于丁口、土地、财产等社会资源进行调查的客观需要。例如，早在约公元前3000年古埃及第一、二王朝时期，法老就每两年对全国人口、土地、牲畜和财富进行一次清查，以确定每年租税数额。① 古罗马帝国明文规定，各户人口、土地、牲畜和家奴，每5年调查一次，并根据拥有财富的多少将居民划分为贫富6个等级，作为征税依据。古巴比伦和古印度也做过许多关于人口、土地、财产等情况的调查。中国是进行人口、土地调查最早的国家之一。据史书记载，大禹治水时代，全国人口为13 553 923人，土地2 438万多顷，其中定垦者930万多顷（参见《后汉书》）。这些数字虽不一定准确，但它至少说明早在公元前2000多年，中国就曾进行过较大规模的人口和土地调查。

原始社会末期或奴隶社会初期，社会生产力一定程度的发展、独立脑力劳动者的出现、文字的发明和数字的创造，使得社会调查从客观需要变成了现实可能。以中国为例，据考古发现，公元前一万年左右的新石器时期，出现了原始农业，实现了第一次社会大分工，即畜牧业与农业的分离。公元前五六千年，出现了较多剩余农产品和手工业，实现了第二次社会大分工，即农业与手工业的分离。公元前四五千年，出现了母系氏族部落；公元前三四千年，出现了商业贸易、贫富分化、贵族和独立脑力劳动者，实现了第三次社会大分工，即独立商业的出现，以及母系氏族向父系氏族的过渡。公元前二三千年，出现了国家的初级形态——“邦国”。《诗经·大雅·文王》中，就有“仪刑文王，万邦作孚”的记载。到周初，还号称有一千八百国。至于汉字的起源，学术界较一致的看法是，商朝后期的甲骨文，是年代最早、体系最完整的文字和数字。上述考古和文献资料说明，中国社会调查的经济基础、社会力量和文化前提，都是在中国原始社会末期、奴隶社会初期形成的。

总之，社会调查产生于原始社会末期、奴隶社会初期不是偶然的。**生产力和社会分工的发展，剩余农产品的出现，是产生社会调查的物质基础；阶级分化，国家出现，社会管理需要，是产生社会调查的直接动力；古文化的发展，文字和数字的发明应用，是产生社会调查的文化前提；社会职业分化，脑力劳动者出现，是产生社会调查的社会力量。**这说明，古代社会调查是当时经济、政治、文化、社会发展的必然产物。

### （二）社会调查的两次重大变革和三个时代

如何划分社会调查的历史时代？到目前为止，社会调查经历了哪些历史时代？这是研究社会调查历史必须回答的两个问题。

关于如何划分社会调查历史时代的问题，目前学术界尚无具体论述，但从暗含的

① 参见周一良、吴于廑：《世界通史（上古部分）》，39页，北京，人民出版社，1962。

思想看，大都把从西方引进的社会调查方法，称为近代社会调查或现代社会调查，而把中国本土的社会调查称为古代的或传统的社会调查。我们认为，这是不恰当的。

在历史学中，“时代”是指以经济、政治、社会等状况为依据而划分的历史时期，一般都以某些重大经济、政治、军事事件为标志来划分历史时代。**按照历史学划分时代的逻辑，社会调查作为一种认识方法和工作方法，就应该以社会调查方式、方法的重大变革为依据来划分时代，而不应该以是否从西方引进为标志来划分时代。**

古代社会调查，无论是奴隶制国家、封建制国家进行的人口、土地、财产等状况的调查，还是政治家、军事家、社会改革家、为民请命的清官和大学问家所做的社会调查，调查者主要是凭借自己的感觉器官和思维器官，通过对社会现象的实地观察、口头访问、亲身实践，以及有限的文献资料进行调查和研究。通过这种原始、直观、感性、简单的调研手段和方法，可以了解到许多真实情况，获得许多第一手资料，并据此认识到某些社会现象的本质，做出某些正确的判断或结论。但是，这种调研手段和方法，往往带有较大的表面性、偶然性和局限性，往往难以据此了解全面的社会情况，更难深入到社会现象的深层本质。此外，古代社会调查形成的文献，往往是“直书”“实录”，就事论事、见景生情；对于社会现象的解释，虽然也有许多精辟论述、深刻见解，有时还闪烁着朴素唯物主义和朴素辩证法的思想光辉，但从总体上看，没有超出神学、玄学等历史唯心主义的范畴。

从世界范围来看，社会调查的历史表明，自古代社会调查产生以来，社会调查的方式、方法曾经发生过两次重大变革。

### 1. 社会调查的第一次重大变革

社会调查的第一次重大变革，发生在17—19世纪的西欧。当时的西欧，为管理国家、治理社会而开展的行政调查已相当普遍，如英、法的人口普查，比利时的犯罪调查，德国的家计调查等。17世纪英国的“政治算术”，17—18世纪德国的国势学派，19世纪比利时的数理统计，就是这些行政调查的学术结晶。这个时期，学术调查也蓬勃发展起来，其中最具代表性的有：法国经济学家弗雷德里克·黎伯莱，从1835年起花20年时间先后调查英、法等国数千工人家庭账簿，于1855年发表6卷本《欧洲工人》，开创了家计调查先例。英国社会学家查尔斯·布思，从1886年起花18年时间调查伦敦各阶级生活状况，先后出版17卷本《伦敦人民的生活和劳动》，成为社区研究的先驱之一。德国哲学家、社会革命家马克思经过40年调查研究而撰写的鸿篇巨制《资本论》（1867年首版），恩格斯根据亲身观察和可靠材料撰写的《英国工人阶级状况》（1845年首版）等，使他们成为马克思主义的创立者。**这些社会调查，有比较规范的调研方法，比较系统的理论指导，大大超越了古代社会调查“直书”“实录”和就事论事、见景生情等感性的、直观的性质，在调查研究的方式、方法上引起了第一次重大变革，实现了社会调查理论、方法的系统化、规范化和学科化，从而促使感性的、直观的古代社会调查演变为系统化、规范化的近代社会调查。**

近代社会调查产生于17—19世纪的西欧，不是偶然的。当时，西欧各主要国家的资产阶级在政治、经济上取得了统治地位，无产阶级登上了政治历史舞台，各国逐渐建立了统一的国内市场，开辟了广阔的国际市场，从而大大开阔了人们的眼界，使人们有可能在世界范围内对某些社会现象进行广泛调查和对比研究。同时，这个时期对自然的研究，在观察和实验基础上，已从**“搜集材料的科学”**发展为**“整理材料的科学”**①；对社会的研究，在实地调查基础上，已从神学、玄学阶段进入到实证阶段，哲学社会科学的许多领域取得了巨大进步，特别是英国哲学家培根的经验论，法国启蒙思想家孟德斯鸠等人的社会政治观点，社会学家孔德的实证论，德国哲学家、社会革命家马克思、恩格斯的辩证唯物主义和历史唯物主义，更为各阶级、各派别的社会调查提供了系统化、理性化的理论基础和指导思想。这些事实说明，近代社会调查产生于17—19世纪的西欧，既有深刻的社会历史根源和阶级根源，又有必要的思想文化前提和理论基础，它是早期资本主义时代社会历史条件的必然产物。

2. 社会调查的第二次重大变革

社会调查的第二次重大变革，发生在20世纪中叶的美国。这也不是偶然的，它有其坚实的经济政治基础、理论方法指导和科学技术前提。从经济政治基础看，第二次世界大战后，美国迅速登上了资本主义世界霸主地位。当时的英国外交大臣欧·贝文说，美国“今天正处在拿破仑战争结束时英国的地位。拿破仑战争结束后，英国掌握全世界财富的约1/3，而今天，美国则掌握大约50%”②。从理论方法指导看，从19世纪末开始，学术性社会调查和民意调查、市场调查等应用性社会调查在美国迅速发展，使美国成为世界社会调查中心。到20世纪中叶，美国社会学有了许多新的发展。特别是T. 帕森斯的结构功能理论、R. K. 默顿的中层理论、P. F. 拉扎斯菲尔德的定量研究方法、K. J. 阿罗的社会科学中的数理模型等，对社会调查的科学化、数量化产生了重大影响。从科学技术前提看，电子计算机、互联网的发明和应用，更为社会调查提供了现代化的物质技术装备。

1946年，世界上第一台真正意义上的电子计算机诞生于美国宾夕法尼亚大学（见图0-1）。它是一种按程序运行、能处理海量数据的现代化智能电子设备，既有数值计算、逻辑计算功能，又有存储、记忆等功能。计算机的发明和应用，对人类生产、生活产生了巨大影响，引发了深刻的社会变革。就社会学而言，“电子计算机的发明和应用，使得数理社会学迅速发展，抽样调查与数据分析成为当代社会学各领域不可缺少的方法”③。20世纪“60年代以后，由于……电子计算机的应用……曾经被认为十分复杂和昂贵的统计程序（如因素分析）变得简便易行了……社会学出现了资料数量化趋势。例如，在《美国社会学评论》和《美国社会学杂志》刊载的文章中，进行定量分析的论文在1940—1941年只占53%，到1965—1966年就占到85%。……计算机不仅能够分析复杂的数据，还可以建立一些有关社会关系的抽象的模型，提出一些社会指

① 《马克思恩格斯选集》，2版，第4卷，245页，北京，人民出版社，1995。
② 转引自刘绪贻等主编：《战后美国史（1945—1986）》，10页，北京，人民出版社，1989。
③ 刘绪贻等主编：《战后美国史（1945—1986）》，547页，北京，人民出版社，1989。

数，为制定社会规划服务”①。这说明，电子计算机的使用和定量研究的发展，引起了调查研究方式、方法的重大变革。

**图 0-1 电子管数字计算机**

互联网起源于 1969 年美国国防部资助建立的阿帕网，它是一种按一定通信协议组成的、使用公用语言互相通信的国际计算机网络（见图 0-2）。在技术上，互联网是一种全球性计算机网络，是人们互相通信和传输信息的工具；在经济上，互联网是一种全球性信息资源的集合，其信息是海量的，每时每刻都在不停地更新和增长；在社会上，互联网是一种高度平等、自由、开放的庞大社区，它把各国不同肤色、语言、阶级、信仰、职业、教育水平的人们联结了起来，使整个人类社会联系更密切、运转更高效。在社会调查上，互联网是一种高效的搜集社会信息、研究社会信息的手段或工具。目前，计算机和互联网已遍及世界各地、各行各业、亿万家庭，成为人们交往不可缺少的工具和人类进入信息时代的重要标志。

**电子计算机和互联网的发明和应用，引起了社会调查方式、方法的第二次重大变革，其主要表现是：调查设计和步骤日益程序化、规范化，调查范围和对象日益广泛化、多样化，调查方法和手段日益电子化、数据化，调查效率和质量日益高速化、精确化，从而推动系统化、规范化的近代社会调查，迅速演进为电子化、数据化的现代社会调查。**实践证明，无论在课题选择、调查设计、程序安排、调研方法、调查成果的形式和应用等方面，还是在调查范围的确定、调查对象的选择、调查内容的取舍、调查广度和深度的要求、调研手段和工具的运用等方面，现代社会调查都与近代社会调查存在着重大区别。这些区别，皆源于电子计算机和互联网的应用，可以说，是否应用电子计算机和互联网，已成为区分近代社会调查与现代社会调查的主要标志。

我们认为，社会调查方式、方法的两次重大变革，是划分社会调查历史时代的客观依据和主要标志。由于这两次重大变革，社会调查史应该划分为三个历史时代，即古代社会调查、近代社会调查和现代社会调查。17—19 世纪以前的**感性的、直观的社会调查，是古代社会调查**；17—19 世纪以后、20 世纪中叶以前的**系统化、规范化的社**

---

① 王康主编：《社会学史》，187～188 页，北京，人民出版社，1992。

图 0-2　互联网示意图

**会调查，是近代社会调查**；20 世纪中叶以后的**电子化、数据化的社会调查，是现代社会调查**。

## 四、中国社会调查历史的分期

中国社会调查历史的分期，与中国历史的分期既有密切联系，又有原则性区别。因此，有必要在弄清楚中国历史分期的基础上，研究中国社会调查历史的分期问题。

### （一）中国历史的分期问题

中国历史的分期问题，包括中国史的分期、中国近代史与现代史的分期、中国现代史的分期等三个方面。中国历史时期的划分，一般以对中国社会发展过程具有重大意义、导致历史过程出现质变的重大事件作为划分标准。由于不同学者对“重大事件”的理解不同、划分的标准不同，因而，不同学者的历史分期往往也不相同。

1. 中国史的分期

不同学者按照不同标准对中国史的分期，大体有以下几种。

（1）按照文明[①]出现与否，把中国史划分为两个时代：蒙昧时代和文明时代。

史学界一般认为，生活在 170 万年前的云南元谋人是中国史前史的开端。因为元谋人不仅使用自己制造的工具从事狩猎及采集活动，而且还用火烤获取的猎物，开始摆脱茹毛饮血的时代。此后，经过 80 万年前的蓝田人，40 万～50 万年前的北京人，直到两万多年前的山顶洞人，我们的远祖进入了使用打制石器的旧石器时代，人们开始由不固定的原始群居生活，逐渐转变为较稳定的、以血缘为纽带的母系氏族公社生

① 这里的“文明”，是指与“野蛮”相对立的一种社会进步状态。判断文明出现与否的主要标准是，生产力一定程度的发展、私有制度的产生、城市的出现、国家的建立、文字的发明等。

活。到 7 千年前后的河姆渡文化和半坡文化时期，我们的祖先进入了使用磨制石器的新石器时代，这时母系氏族公社已达到繁荣阶段。到四五千年前的山东大汶口文化的中晚期，形成了一夫一妻制家庭，母系氏族公社就逐渐为父系氏族公社所取代。此后，生产力的发展、剩余农产品的出现、文字的发明和应用、脑力劳动者与体力劳动者的分离，导致了原始公有制的瓦解，私有制、贫富分化、阶级和国家的出现，从而进入了文明时代。公元前 21 世纪，中国第一个王朝——夏王朝诞生，标志着中国无阶级社会的结束和有阶级社会的开始。这样，中国史就被划分为两个时代：

| | 蒙昧时代（无阶级社会） | | 文明时代（有阶级社会） | |
|---|---|---|---|---|
| 约 170 万年前 | …… | 约公元前 21 世纪 | …… | 至今 |

（2）按照社会经济形态，把中国史划分为 5 个阶段：原始社会、奴隶社会、封建社会、半殖民地半封建社会、向新社会形态过渡的社会（以下简称“过渡社会”）或社会主义初级阶段的社会（以下简称“初级阶段”）。

中国史学界多数学者认为，从 170 万年前元谋人出现到公元前 21 世纪夏王朝建立，为原始社会；从公元前 21 世纪夏王朝建立到 1840 年鸦片战争爆发，为奴隶社会和封建社会①；从 1840 年鸦片战争到 1949 年中华人民共和国成立，为半殖民地半封建社会；从 1949 年中华人民共和国成立至今，为过渡社会或初级阶段。这样，中国史就可划分为 5 个阶段：

| | 原始社会 | | 奴隶社会和封建社会 | | 半殖民地半封建社会 | | 过渡社会或初级阶段 | |
|---|---|---|---|---|---|---|---|---|
| 约 170 万年前 | …… | 约公元前 21 世纪 | …… | 1840 年 | …… | 1949 年 | …… | 至今 |

（3）按照时代，把中国史划分为 3 个时代：古代、近代和现代（或当代）。

时代，是历史上以经济、政治、文化等状况为依据而划分的时期。古代，是指过去久远的时期；近代，是指过去不远的时期；现代（或当代），是指现在（或当今）这个时期。中国史学界一般把原始社会、奴隶社会和封建社会的历史称为“古代史”，把中国特有的半殖民地半封建社会的历史称为“近代史”，把过渡社会或初级阶段的历史称为“现代（或当代）史”。这样，中国史就被划分为 3 个时代：

| | 中国古代史 | | 中国近代史 | | 中国现代史 | |
|---|---|---|---|---|---|---|
| 约 170 万年前 | …… | 1840 年 | …… | 1949 年 | …… | 至今 |

2. 中国近代史与现代史的分期

由于不同学者对于“具有重大意义、导致历史过程出现质变的重大事件”存在不同看法，因而对于中国近代史与现代史的分期问题，出现了 3 种不同的观点：

一是，以 1840 年鸦片战争为中国近代史的起点，以 1911 年辛亥革命为中国近代史的终点，计 71 年；中国现代史，从 1911 年辛亥革命至本书定稿的 2016 年，计 105

① 至于中国奴隶社会转变为封建社会的分期问题，史学界存在着六种看法，即西周封建说、春秋封建说、战国封建说、秦统一封建说、东汉封建说和魏晋封建说。它们各有根据，这里不做讨论。

年。这种看法的主要理由是：1911 年的辛亥革命，推翻了清王朝，建立了共和国，结束了中国两千多年的封建专制统治，在中国历史上具有划时代的意义。

二是，以 1840 年鸦片战争为中国近代史的起点，以 1919 年五四运动为终点，计 79 年；中国现代史，从 1919 年五四运动至 2016 年，计 97 年。这种看法的主要理由是：1919 年五四运动，是中国旧民主主义革命的结束和新民主主义革命的开端，是中国民主主义革命历史的重大转折。

三是，以 1840 年鸦片战争为中国近代史的起点，以 1949 年中华人民共和国成立为终点，计 109 年；中国现代史，从 1949 年中华人民共和国成立至 2016 年，计 67 年。这种看法的主要理由是：中华人民共和国的成立，是中国由半殖民地半封建社会进入过渡社会或初级阶段的开始，是中国社会性质根本改变的起点。

上述 3 种看法，都以 1840 年鸦片战争作为中国近代史的起点。区别在于，近代史的终点与现代史的起点各不相同。我们认为，**中国近代史的终点和现代史的起点，应该是 1949 年中华人民共和国的成立。**近代史分为两个阶段：从 1840 年鸦片战争到 1919 年五四运动前夕，是旧民主主义革命阶段；从 1919 年五四运动到 1949 年中华人民共和国成立前夕，是新民主主义革命阶段。其理由如下：

首先，中华人民共和国的成立，标志着反对帝国主义、封建主义的民主革命的彻底胜利，实现了中国的真正独立。辛亥革命尽管推翻了清王朝，结束了中国两千多年的封建专制统治，但是，它并没有取得反对帝国主义、封建主义的彻底胜利。

其次，中华人民共和国的成立，为消灭帝国主义、封建主义剥削制度和改造资本主义制度提供了现实可能，从而促进了中国由半殖民地半封建社会进入到过渡社会或初级阶段。五四运动尽管是中国旧民主主义革命向新民主主义革命转变的开端，但是，它并没有改变中国社会半殖民地半封建的性质。

再次，中华人民共和国的成立，不仅改变了中国社会性质，使中国从半殖民地半封建社会进入到过渡社会或初级阶段，而且促进了中国现代经济、政治、文化、社会、生态建设的发展，为中华民族的伟大复兴和现代化建设开辟了广阔道路。

同时，从世界范围看，20 世纪 40 年代人类历史出现了两个“具有重大意义、导致历史过程出现质变的重大事件”：一是，取得了世界反法西斯战争的胜利；二是，开启了以原子能、电子计算机、互联网、空间技术和生物工程为主要标志的第三次科学技术革命。它们不仅极大地促进了人类经济、政治、文化、社会、生态的发展，而且影响了人类生活方式和思维方式的巨大变革，促进了人类社会生活和人的现代化向更高境界发展。因此，世界反法西斯战争胜利与第三次科学技术革命，应该成为世界现代史的开端。近代以来，中国大大落后于世界。中国现代史，也应该晚于世界。如果以 20 世纪 40 年代作为世界现代史的开端，那么以 1949 年作为中国现代史的开端，就更为恰当、合理了。

3. 中国现代史的分期

如果以 1949 年中华人民共和国成立作为中国现代史的起点，那么，从中国实际情况出发，到2016年为止的这67年，可分为大陆、台湾、香港、澳门4个部分。

就大陆而言，中国现代史的67年，可分为两个时期：

（1）中华人民共和国建立和社会主义道路探索时期（1949—1978）；

（2）改革开放和中华民族伟大复兴时期（1978—2016）。

### （二）中国社会调查历史的分期

中国社会调查历史的分期，可从两个视角来划分：一是按照中国历史来划分；二是按照中国社会调查历史来划分。

#### 1. 按照中国历史来划分

中国史从约公元前2070年夏王朝建立起，到2016年止，共4 086年。与中国史的时代划分一样，中国社会调查史也可划分为古代、近代、现代3个部分。

（1）中国古代的社会调查，是指中国奴隶社会和封建社会的社会调查，其年代从约公元前2070年夏王朝建立起，到1840年鸦片战争止，前后历时3 910年。

（2）中国近代的社会调查，是指中国半殖民地半封建社会的社会调查，其年代从1840年鸦片战争起，到1949年中华人民共和国成立止，前后历时109年。

（3）中国现代的社会调查，是指从中华人民共和国成立起，到2016年止的社会调查，前后历时67年。

#### 2. 按照中国社会调查历史来划分

按照世界社会调查史两次重大变革、三个时代的划分，中国社会调查史也可划分为3个时代，即感性的、直观的古代社会调查，系统化、规范化的近代社会调查和电子化、数据化的现代社会调查，其划分年代大体如下：

中国古代社会调查，是指从约公元前2070年古代社会调查产生起，到19世纪60年代开始传入西方近代社会调查方法止的社会调查，前后历时约3 930年。

中国近代社会调查，是指从19世纪60年代开始传入西方近代社会调查方法起，到1978年引进西方现代社会调查方法止的社会调查，前后历时约118年。

中国现代社会调查，就大陆而言，是指从1978年引进西方现代社会调查方法起，到2016年止的社会调查，前后历时38年。

此外，还有台湾地区的社会调查和香港、澳门地区的社会调查。

### （三）《中国社会调查简史》的时代划分和篇章结构

#### 1.《中国社会调查简史》的时代划分

本书的时代划分，没有按照社会调查历史的时代来划分，而是按照中国历史的时代来划分，其原因：一是，人们学习或研究中国历史，早已习惯了把1949年中华人民共和国成立作为中国现代史的起点，如果以其他标准来划分时代，不仅需要较多的解释，而且容易引起混乱。二是，把1978年作为中国现代社会调查的起点，是就总体而言的。事实上，1978年后中国的社会调查，就调查方法而言，大多仍属于近代社会调查，而以电子计算机和互联网为主要标志的现代社会调查，是20世纪80年代后才逐渐发展起来的。三是，按社会调查历史的时代来划分本书的时代，就大陆而言，古代部分有6章、近代部分有4章、现代部分仅1章，其篇、章结构就会“头重脚轻”，严重失衡。基于上述三方面考虑，本书仍按中国历史分期的标准来划分时代，并据此来安排全书的篇章结构。正因此，**本书第一、二、三篇的篇名，没有称为“古代社会调查”“近代社会调查”和“现代社会调查”，而称为“古代的社会调查”（即中国古代的社会调查）、“近代的社会调查”（即中国近代的社会调查）、“现代的社会调查”（即中国现代的社会调查）。**

2.《中国社会调查简史》的篇章结构

绪论

第一篇　古代的社会调查（前2070—1840，约3 910年）

第一章　先秦时期的社会调查（前2070—前221，1 849年）

第二章　秦汉等朝代的社会调查（前221—589，810年）

第三章　隋唐等朝代的社会调查（589—960，371年）

第四章　宋元等朝代的社会调查（960—1368，408年）

第五章　明朝和清朝前期的社会调查（1368—1840，472年）

第六章　古代社会调查综述

第二篇　近代的社会调查（1840—1949，109年）

第七章　清朝后期的社会调查（1840—1911，71年）

第八章　中华民国时期的社会调查（1911—1949，38年）

第九章　中华民国时期中国共产党的社会调查（1919—1949，30年）

第十章　近代社会调查综述

第三篇　现代的社会调查（1949—2016，67年）

第十一章　中华人民共和国前期的社会调查（1949—1978，29年）

第十二章　改革开放以来的社会调查（1978—2016，38年）

第十三章　香港的社会调查（1949—2016，67年）

第十四章　现代社会调查综述

启示和期望

后记

# 第一篇 古代的社会调查

中国古代的社会调查，是指中国奴隶社会和封建社会的社会调查，包括夏、商、周、秦、汉、隋、唐、宋、元、明，直至清朝前期的社会调查；其年代从公元前2070年夏王朝建立起，到1840年鸦片战争止，前后历时3 910年。

# 第一章　先秦时期的社会调查

先秦时期，是指夏、商、周（包括西周和东周，即春秋战国）三个朝代，其年代从公元前 2070 年夏王朝建立起，到公元前 221 年秦统一中国止，前后历时 1 849年。

## 第一节　夏朝及其社会调查

### 一、夏朝——中国历史上第一个奴隶制王朝

约公元前 2070 年，中国历史上第一个奴隶制王朝——夏朝建立，到约公元前 1600 年为商汤所灭，该王朝历时约 470 年。据史书记载，禹死后，儿子启夺得王位，改禅让制为世袭制，开中国历史世袭王位之先河。据《史记·夏本纪》记载，夏传十四世、十七王。

夏朝无文字，其历史没有文字记载。1959 年，河南偃师县二里头村遗址文物出土，揭示了夏朝政治、经济、文化、社会等情况。夏朝政治有两个显著特点：一是按地域划分居民，把全国分为冀、兖、青、徐、扬、荆、豫、梁、雍等九州，这与按部族或部族联盟划分居民的原始社会有本质区别。二是设有公共权力机构，夏的中央行政机构，主管行政、军事、司法和宗教，此外还有刑法和监狱。《左传·昭公六年》曰："夏有乱政，而作禹刑。"

夏的经济与技术已有一定发展。由于修筑沟渠，引水灌溉，农业有了较大进步。畜牧业已形成一定规模，马的饲养受到重视。铸铜工艺技术已较复杂，既有鼎、爵等礼器，又有钺、戈、镞等兵器，还有凿、刀等生产工具。中国古代最早的货币——贝币，已相当流行。《孟子·滕文公上》有关于"夏曰校"的记载，说明当时已有学校。夏人已有较多天文知识，《夏时》就是当时的历书。中国最早的历书《夏小正》，就可能取材于夏朝的历法。

### 二、夏朝的社会调查

夏朝没有文字，但是，中国古籍上不乏有关夏朝政治、经济、文化、社会等情况

的记载，其中就有许多涉及社会调查的史实。

1.《周易》的记载

《周易·系辞下》就有“上古结绳而治，后世圣人，易之以书契，百官以治，万民以察”的记载。对于“结绳”，郑玄在《周易正义》中的注解是：“事大大结其绳，事小小结其绳。”《路史·前纪》的补充是：“子夏易传云：上古官职未设，人自为治，记其事，将其命而已，故可以结绳为。九家易云：‘古无文字，其有约誓之事，事大，大其绳；事小，小其绳，结之多少，随物众寡，执以相考。’”对于“书契”，隋唐学者陆德明的解释是：“书者，文字。契者，刻木而书其侧。”这说明，上古“结绳”与后世“书契”一样，都是对当时重大社会事件的记载，是百官处理政务、万民了解往事的依据。这些记载，都是以对有关重大社会事件的调查为前提的。从这个意义上说，“结绳”和“书契”实际上是最古老的社会调查记录。

2.《山海经》的记载

《山海经》是先秦古籍，主要记述古代神话、地理、物产、巫术、宗教、古史、医药、民俗、民族等内容。全书18卷，其中“山经”5卷，“海经”8卷，“大荒经”4卷，“海内经”1卷，约32 000字。《山海经》涉猎广、内容杂，自问世以来，围绕其作者、成书时代、著作性质等问题，一直众说纷纭。特别是其应归于何类著作，从古至今多有分歧，《汉书·艺文志》将其列为形法家之首，《隋书·经籍志》及其后的史书则多将它归入地理著作，清《四库全书总目提要》谓其为“小说之最古者尔”，鲁迅则将它视为“古之巫书”，至今莫衷一是，成为学术界千年未解的悬案。然而，有一点可以肯定，即《山海经》中关于100多个邦国，550多座山，300多条水道，以及各邦国的地理、风土、物产、宗教、古史、医药、民俗、民族等方面的记述，剔除其中奇诡怪异、荒诞无经的内容，有相当部分是真实、可靠的。这一部分真实、可靠的记述，实际是上古先祖在生产生活实践基础上，长期调查、研究、探索、总结的成果。

3.《帝王世纪》等文献的记载

中国古籍上有不少关于夏朝土地、人口数字的记载。例如，《帝王世纪》云：“禹平水土……其时九州之地，凡二千四百三十万八千二十四顷，定垦者九百三十万六千二十四顷，不垦者千五百万二千顷。民口千三百五十五万三千九百二十三人。”《后汉书》和《文献通考》等史书上，也有同样的记载。这些数字虽不一定准确，但它们至少说明，早在公元前2000多年的夏朝，就曾进行过大规模的土地调查和民口调查。

4.《禹贡》的记载

《禹贡》全文1 194字，除“前言”和“结语”外，“主体”部分可分为“九州”“导山”“导水”“攸同”和“五服”5个段落。

“前言”（12字）：“禹敷土，随山刊木，奠高山大川。”说明了全文的主要内容：禹为了区分疆土，在实地考察经过的山上插上砍削的木桩作为标记，为高山大川命名。

“九州”（679字）：主要依据河流、山脉等自然分界，把所描述地区分为冀、兖、青、徐、扬、荆、豫、梁、雍等九州，并对各州的疆界、山川、湖泽、水利工程、土壤种类、税赋等级、植被、土特产品和进贡路线等作了描述，较真实地反映了各区域的特色。值得指出的是，这一段落根据土壤颜色和性状，将九州的土壤分为白壤、黑坟、白坟、赤埴坟、涂泥、坟垆、青黎、黄壤等类别，没有实地调查是不可能获得这些情况的。

“导山”（87 字）：“导”具有“开凿、治理”的意思，可能与大禹治水有关。对于这一段落，古有“四列”“三条”两种说法。汉代学者郑玄主张“四列”：第一列，从陕西西部的岍山、岐山起，一直到靠近渤海的碣石山，共 12 山；第二列，从青海的西倾山起，经桐柏等山、到“陪尾”山（至今无法判定），共 8 山；第三列，从陕西的嶓冢山起，经湖北的荆山、内方山，到鄂豫交界的大别山，共 4 山；第四列，从长江流域的岷山起，经衡山，到敷浅原（可能在今江西德安县境内），共 3 山。汉代另一学者马融主张“三条”：以第一列为北条；以第二列为中条；以第三、四列为南条。这些说法，虽有穿凿附会成分，但确有利于把握“导山”段落的眉目。总体而言，“导山”的叙述基本上反映了我国山脉大都由西向东延伸，西部集中、东部分散，西部多高山、东部多平原等地形特点。这也只能是实地考察的结果（见图 1－1）。

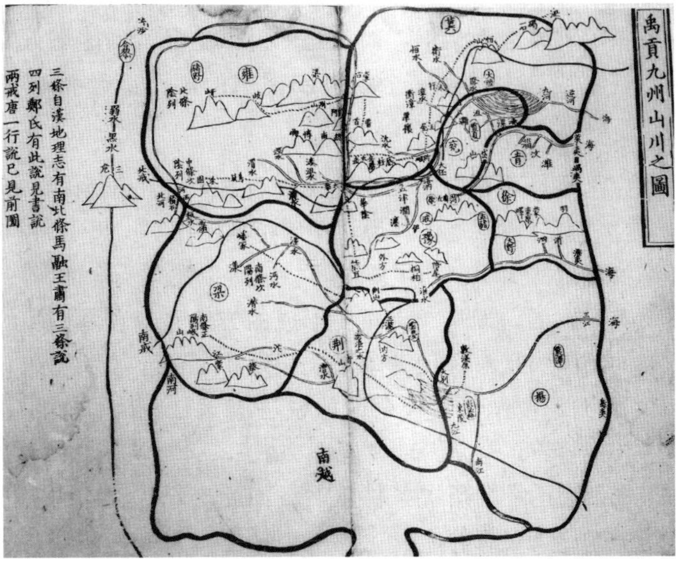


**图 1－1　《禹贡》九州山川之图**

“导水”（245 字）：这一段落按照先北后南、先上游后下游、先主流后支流的顺序，对九州向帝都运送贡赋所经过的九条河流的水源、流向、流经地、支流，以及 1 条“入于流沙”、6 条“入于海”、2 条“入于河”等作了描述，开创了我国的水文地理。

“攸同”（55 字）：“攸，所也。”（《尔雅》）这是对前三部分的小结。

“五服”（90 字）：根据距离帝都的远近，把当时的区域分为“五服”：帝都以外 500 里为“甸服”（王畿）；甸服以外 500 里为“侯服”（诸侯领地）；侯服以外 500 里为

“绥服”（已安抚平定地区）；绥服以外500里为“要服”（结盟的外族地区）；要服以外500里为“荒服”（未开化地区）。“五服”的划分，既反映了区别对待的治理方略，又反映了大一统的政治思想。但也有学者认为，“五服”部分“纯系后人假托的五服制度”①。

“结语”（26字）：以歌颂禹的功劳为总结。

《禹贡》的作者和成书年代，均不可考，有学者认为是西周太史所录，有学者认为是孔子所作，有学者认为是战国时代的作品。② 尽管人们看法各异，但却有两点相同：一是，它的成书年代，即使不是夏朝，也不会离夏朝太远。二是，它所反映的主要是大禹治水时代的情况和看法。也许，这就是它被列入《尚书·虞夏书》的原因。

对于《禹贡》这部著作的性质，历代学者认为，从篇名看它是贡赋之法。西汉学者、孔子十一代孙孔安国《尚书·禹贡》序云：“禹别九州，随山浚川，任土作贡。”“贡”者，“上也，税也”（《广雅·释诂》），因而认定它是“禹制九州贡法”。然而，也有学者认为，《禹贡》的内容以山水、国土状况为主，它比较详细地记载了古代九州的疆界和划分、山川的方位和脉络、土壤的种类和物产，以及水道走向、交通网络等情况，直接涉及贡赋的字句仅占1/4左右，因此，《禹贡》不仅是我国最古老、最系统地保存了远古地理资料的重要地理文献，而且是“世界上最早的区域人文地理学著作”。有的学者甚至认为，它“是中国第一个奴隶制国家的国土综合整治开发建设总体规划”③。

我们认为，对《禹贡》著作性质的上述两种看法，都是正确的，但都不全面。之所以说“正确”，是因为：“贡赋之法”说，正确指出了撰写《禹贡》的主要目的；“地理文献”说，正确说明了《禹贡》的主要内容。之所以说“不全面”，是因为：这两种看法都忽略了一个重要方面，即从《禹贡》形成的方法看，它是许多部族首领和学者长期实地调查研究的结晶，是对古代劳动人民长期积累的土壤、物产知识和治理水土经验的总结。对《禹贡》著作性质较全面的说法应该是：从写作目的看，它是一部“贡赋之法”；从主要内容看，它是一部“地理文献”；从形成方法看，它是一部山川调查报告。在上古极端落后的社会历史条件下，做如此宏观、深入的实地调查，在世界社会调查史上很可能是绝无仅有的。

此外，《禹贡》按土质优劣对九州田、赋进行了复合分组：首先，按“等”分为上、中、下三等；然后，在各等中再细分为上、中、下三级。这样，总组数（总级别）为等数（3）与级数（3）的乘积（9）。《禹贡》中田、赋的复合分组，可参见表1-1。

① 王世舜等译注：《尚书》，54页，北京，中华书局，2012。
② 参见王世舜等译注：《尚书》，53页，北京，中华书局，2012。
③ 刘盛佳：《“禹贡”——世界上最早的区域人文地理学著作》，载《地理学报》，1990（4）。

表 1-1　《禹贡》按土质优劣复合分组表

| 分组 | | 说明 | | |
|---|---|---|---|---|
| 等 | 级 | 组名 | 等级 | 总级别 |
| 上 | 上 | 上上 | 一等一级 | 一级 |
| | 中 | 上中 | 一等二级 | 二级 |
| | 下 | 上下 | 一等三级 | 三级 |
| 中 | 上 | 中上 | 二等一级 | 四级 |
| | 中 | 中中 | 二等二级 | 五级 |
| | 下 | 中下 | 二等三级 | 六级 |
| 下 | 上 | 下上 | 三等一级 | 七级 |
| | 中 | 下中 | 三等二级 | 八级 |
| | 下 | 下下 | 三等三级 | 九级 |

《禹贡》中的复合分组方法，在世界统计史上占有重要地位。18 世纪中叶，法国传教士格毕（Gaubil，1689—1759）曾将《禹贡》译成法文。① 1770 年，法文版《禹贡》在巴黎发表，在欧洲统计学者中引起了很大震动。他们认为，《禹贡》是东方最早的统计②，统计学的萌芽应该追溯到最早的东方文明古国——中国。

# 第二节　商朝及其社会调查

## 一、商朝——创造甲骨文、金文的朝代

商朝约公元前 1600 年建国，至公元前 1046 年周武王灭商，历时 554 年（《竹书纪年》的记载是 496 年，《左传》的记载是 600 余年），传 17 世、31 王。其中，从约公元前 1300 年盘庚迁都到公元前 1201 年约 100 年间，是商朝的鼎盛时期，也是中国上古文明的一个高峰。

商朝是中国历史上第二个奴隶制王朝，是中国奴隶制的鼎盛时期。商朝设有分管王事、神事、民事的内服官和外服官，以及军队、监狱和残酷刑罚，奴隶主对奴隶既可买卖，又可杀戮和殉葬。土地属君主所有，实行井田制度。农业、畜牧业较发达，六畜饲养相当普遍（见图 1-2）。手工业由官府管理，分工细，种类多，特别是青铜冶炼、铸造水平已达到很高水平，出现了后母戊鼎等重器，成为商代文明的象征。商业繁荣，出现了海贝、铜贝等古老货币。

商朝中后期，出现了甲骨文和金文。甲骨文是契刻在龟甲或兽骨上的文字，有象形、会意、形声、假借、指事等多种造字方法，已是较成熟的文字（见图 1-3）。金文是铸刻在钟鼎等青铜器上的铭文，又称钟鼎文。甲骨文和金文，为研究商朝历史提供

① 由约·德几涅（Quignes J. de）主编，格毕译为法文，书名为 *Le Chouking Ouvrage Recueilli par Confucius*。
② 参见刘叔鹤编著：《中国统计史略》，20 页，武汉，湖北人民出版社，1990。

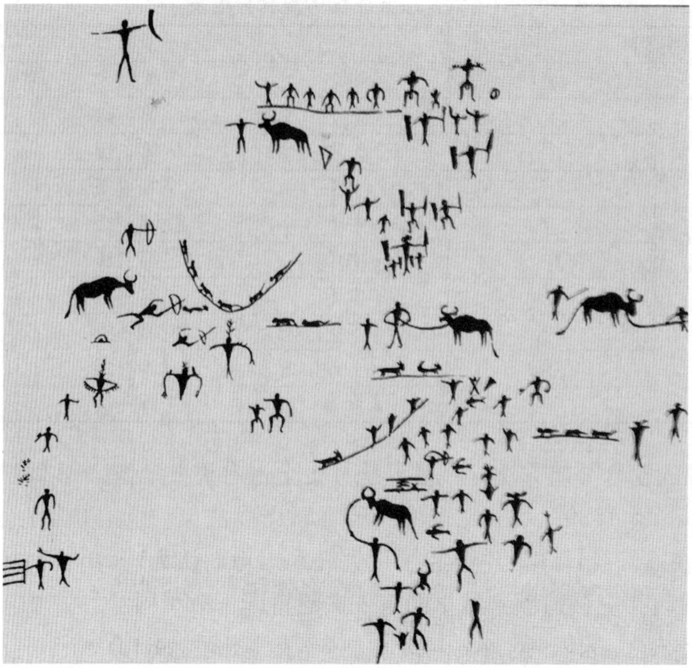

图 1－2　云南沧源岩画：放牧、舞蹈图

了极其可贵的第一手资料。此外，商朝还把夏历发展为一种阴阳合历。数学上已有十进制，以及奇数、偶数和倍数等概念，具备了初步计算能力。这说明，商朝的文化、科学均有较大发展，是当时世界上比较先进的文明。

图 1－3　殷墟出土的甲骨文

## 二、商朝的社会调查

商人迷信鬼神，大凡生死、婚丧、耕种、收获、风雨、灾祸、征战、祭祀、狩猎等，都要向鬼神占卜，都要在龟甲、兽骨上刻上“卜辞”。因此，在殷墟甲骨文中，记载了许多商朝人口、生产、战争、田猎、祭祀等方面的史实。这些记载，大都以实际调查为前提，因而是极其可贵的社会调查史料。

1. 关于“登人”的记载

商朝有多少丁口？晋朝皇甫谧在《帝王世纪》中说：“殷因于夏，六百余载，其间损益，书策不存，无以考之。”然而，甲骨文中却有关于“登人”的记载：“登帚好（族名）三千，登旅万，呼伐羌。”这是说，征集了一万三千名登人，去讨伐羌族。对于“登人”，历史上有两种解释：一是指已登记在版籍上的人；二是指成年人，即男女到一定年龄、行过成年礼、登记在册的人。这两种解释都说明，当时的统治者曾对某些人口做过调查和登记。在甲骨书契中，“册”（“册”是象形字，意指编串好的竹简）字有 20 多处。《尚书·周书·多士》说，“惟殷先人有册有典”（“典”是会意字，由上“册”、下“大”组成，意指重要文献、典籍）。这些书简、册典，是商朝重大历史事件的记录，也是调查、登记“登人”的载体。

2. 关于生产的记载

商人以农业为主，农作物有黍、稷、稻、蚕、桑等。黍为商人的主要粮食，因而“卜黍年”“贞（卜问）我受黍年”“贞其登黍”等占卜黍的生长、收成的卜辞很多。此外，卜辞中还有“帛”“巾”“幕”等字及若干从“糸”的字，说明当时已有棉丝织物的生产。从考古发现看，商人的农具中，已有木制的耒耜（耕地翻土的农具）、铸造青铜的炼锅（有的可容铜液十二三公斤）；还可以黍为原料酿造酒。这说明，当时的农业、手工业已有一定程度的发展，特别是青铜铸造工艺已达到相当高的水平。后母戊鼎、偶方彝、三联甗等青铜铸造重器的发掘、出土，就是最好的证明。

3. 关于战争的记载

商代经常发生部族战争，每次战争都要呼登人出战。甲骨文中关于战争的记录，有的不记人数，有的则附有人数。例如，“‘令斿族寇周’，‘令多（众）子族从犬侯寇周’，‘命五族伐羌’等”[①]，就只有战争记录，而没有具体人数；“戊庚卜，宾贞，勿登人三千，乎吉方，弗受有祐”“登人三千，乎伐”（《殷墟书契前编》）这些记录，就有参战人数的记载。卜辞所记商人的对外战争，一般用兵四五千人，俘虏不过数十人，但也有规模较大的战争。例如，上述“伐羌”的战争就动用了一万三千登人。

4. 关于田猎的记载

卜辞中有商王田猎的记录，如“丙戌卜丁亥王阱鹿，毕。允毕鹿三百又四十八”“毕八虎，允毕获鹿八十八，马一，豕卅又二”（《殷墟书契后编》）等。这是说，商王

---

① 张荫麟：《中国史纲》，6 页，北京，三联书店，1955。

一次田猎的猎品，有鹿 348 头；另一次田猎的猎品有虎 8 只、鹿 88 头、马 1 匹、野猪 32 头。在当时的猎物中，除了鹿、虎、马、野猪、狼外，还有兕（一说是一种类似犀牛的生物，一说是野牛）、免、雉（野鸡）和象。卜辞上的这些记录，一方面说明了殷商都城附近田猎场之优良、宽阔，野生动物种类之繁多、数量之密集；另一方面说明了殷商帝王田猎活动规模之宏大，田猎技术之高超。

5. 关于祭祀的记载

"商人尚鬼神"，祭祀活动很多，而且往往用牲畜和奴隶做祭品。卜辞中有这样的记载："五十犬、五十羊、五十豚；三十犬、三十羊、五十豚；二十犬、二十羊、二十豚；十五犬、十五羊、十五豚。"（《殷墟书契前编》）它不仅记录了作为祭品的牲畜种类，而且还有具体数据。据有关学者研究，甲骨文中有大量关于以人作为祭品的记载，其中记有人数的1 992条，共祭用13 052人；未记人数的1 145条，以各杀祭一人计算，祭用1 145人。合计起来，甲骨文中记载的杀祭人数，至少达14 197人这样惊人的数字。①

应该指出：第一，卜辞中没有发现区域性人口数据，更没有全国性人口数据。当时清查、登记的对象，主要是有劳动或战斗能力的壮丁，而不包括老弱病残人口，因而并不是真正意义上的人口调查。第二，有关"田"的记载，均指田猎活动，而无田地数量记载。商代青铜器上，也无赐田数量记载。这说明，当时尚无田地数量的调查和登记。

总之，殷墟甲骨卜辞中记载的史实，尽管内容极其有限，但具有重要意义。因为它们都是当时的记载，其真实性、准确性和可信度，都大大超过后世的有关记载或说明。

## 第三节　西周及其社会调查

### 一、西周——诞生儒家经典《周礼》的王朝

周朝，分为西周和东周。从公元前 1046 年周武王灭商到公元前 770 年周平王东迁的时期，称为西周，传 12 王，历时 276 年；从公元前 770 年至公元前 221 年秦灭六国的时期，称为东周（即春秋战国时期），历时 549 年。西周，是中国奴隶制度的鼎盛时期。

周王自称天子，是国家最高统治者。周朝实行分封制、宗法制和等级制。周王分封，"立七十一国，姬姓独居五十三人"（《荀子・儒效篇》）。各级官吏及俸禄，由贵族传袭，形成"世卿世禄"。地方诸侯仿效王室，按照公、侯、伯、子、男不同爵等设立

① 参见河南安阳市文化局编：《殷墟——奴隶社会的一个缩影》，北京，文物出版社，1976。

各自官职。宗法制与分封制相结合，用族权强化政权，从而构成了“王臣公，公臣大夫，大夫臣士，士臣皂，皂臣舆，舆臣隶，隶臣僚，僚臣仆，仆臣台”（《左传·昭公七年》）的极其森严的等级制度。

西周土地属国家所有，天子是最高所有者，“溥天之下，莫非王土。率土之滨，莫非王臣”（《诗经·小雅·北山》）。农业耕作方式以“耦耕”和三田制为主。手工业和商业基本上由官府经营，手工业规模大，分工细，初步掌握了冶铁技术。甲骨文、金文使用已较普遍，并以在铜器上铸长篇铭文为其特色（见图1-4）。周公旦所著《周礼》，被认为是儒家大典之一。数学已发展为独立学科，发明了用“算筹”计算的方法。天文历法有较大发展。

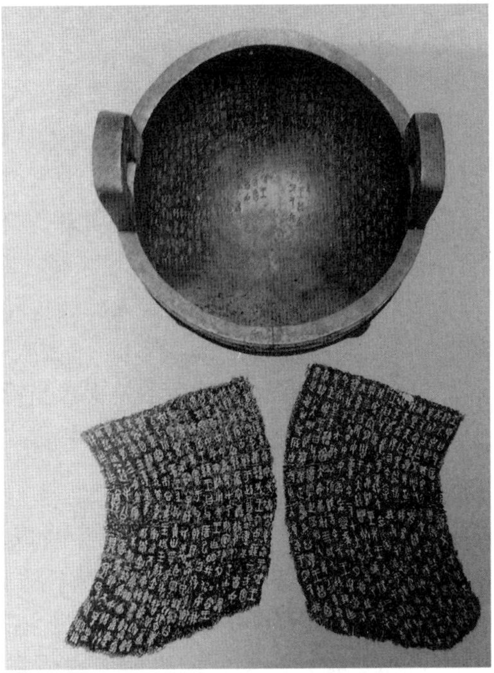

**图1-4　毛公鼎及其铭文**

## 二、西周的社会调查

西周历史已有文字记载，加上考古发掘的出土文物，使得西周的史料比夏朝、商朝要丰富、具体、准确得多，有关西周社会调查的史实也相对多了一些。

1. 设立有关制度和职能

《周礼·天官冢宰》曰，冢宰（也称太宰）“以八法，治官府”。其中“八曰官计”，“岁终，则令百官府各正其治，受其会。……三岁，则大计群吏之治，而诛赏之”。这是说，太宰治理官府有“八法”，其中第八法“官计”，就是定期考核官员政绩。每年终，令百官府做年终总结。每三年做一次全面考核，并据此决定对官员的责罚或奖赏。太宰之下的小宰，其职掌包括户籍、人口、兵器、土地、财货收入等方面的调查和统计。与小宰平行的司会，是计官之长，则负责统计和考核各邦国、都鄙官府的财政收支，“以岁之成质于天子，冢宰齐戒受质”（《礼记·王制》)。《周礼·地官司徒》曰：“大司徒之职：掌建邦之土地之图，与其人民之数，以佐王安扰邦国。”小司徒的职责之一，是向乡大夫颁布调查统计户口财产之法，使每个乡大夫搞清楚他那一乡的人口、六畜、车辆总数，以及每家的财产。每季度向小司徒报告一次，小司徒据此施行教化，宣布征役征税法令。每三年举行一次全国性户口、财产调查。《周礼·夏官司马》云：“职方氏，掌天下之图，以掌天下之地”，并负责天下版图，以及少数民族的人口、财产等方面的调查与统计。《周礼》中关于西周官制及其职责的论述非常详细、具体，其中有许多规定都包含有社会调查的制度或职能。

2. 总结殷商兴亡教训

据《尚书·周书》记载，周人总结殷商“失德而亡”的教训，指出，夏桀奢侈淫逸，不顺从上天，流毒天下，上天便帮助成汤废黜夏桀；商纣沉湎酒色，残暴酷虐，其罪恶超过夏桀，上天便要周王灭商纣，来治理百姓。周人认识到，要“永保天命”，必须“明德慎罚”“敬德保民”：“明德”，就要力戒奢侈淫逸，“无淫于观、于逸、于游、于田（指狩猎——引者注)”；“慎罚”，就要慎重用刑，合理量刑，不滥施刑罚；“敬德”，就要加强修养，“以德配天”；“保民”，就要“知稼穑之艰难”，“怀保小民，惠鲜鳏寡”。这些记载说明，周人曾对殷商兴亡教训做过深入的调查和研究，从而确立了“敬德保民”的统治思想。周公在总结殷商兴亡教训时指出：“古人有言曰：‘人无于水监，当于民监。’”古代称镜子为“监”。这是说，当政者不要把水当镜子，而应把“民”当镜子，经常对照、反省自己的得失。只有“明德慎罚”“敬德保民”，才能“永保天命”。

3. 掌登万民之数

《周礼·秋官司寇》曰：“司民，掌登万民之数。自生齿以上皆书于版。辨其中国与其都鄙及其郊野，异其男女，岁登下其死生。及三年大比，以万民之数诏司寇。司寇及孟冬祀司民之日，献其数于王，王拜受之，登于天府。”这是说，司民负责登记民数，自生齿（婴儿）以上的人都要载入版籍，辨明他们居住在都城、采邑还是郊野，区分男女性别，每年登记死亡、出生人数。每三年做一次比较，把民数报告给司寇。司寇到冬月祭祀司民之日，献民数给君王，君王行拜礼后接受，收藏于天府。这段论述说明，西周非常重视人口调查和登记，并设立了掌管民数的官员——“司民”。《通典》第七卷曰：“周公相成王，致理刑措，人口千三百七十万四千九百二十三，此周之极盛也。”这说明，西周初年已进行过人口调查和登记。《史记·周本纪》曰：“宣王既亡南国之师，乃料民于太原。”这是说，周宣王三十九年（前 789）与姜戎战于千亩，大败。为补充兵力，在今甘肃镇原一带“料民”，即进行人口调查（当时民数由司民掌握，并不进行一次性调查)。这很可能是中国历史上最早的人口调查之一，但这次调查的人口数未能留传下来。

4. 开展国势调查

职方氏是夏官司马属官之一，其职责是：“掌天下之图，以掌天下之地。辨其邦国都鄙，四夷、八蛮、七闽、九貉、五戎、六狄之人民，与其财用九谷六畜之数要，周知其利害，乃辨九州之国，使同贯利。”（《周礼·夏官司马》）这是说，职方氏的职责是掌管天下地图和土地，辨别各邦国国都及边鄙管辖范围内的夷、蛮、闽、貉、戎、狄等少数民族的人民，以及九谷六畜等财用之数，知晓其利害得失，辨别九州各邦国特点，使对各州的处理办法符合各州情况，以达到应有效果。《周礼·夏官司马·职方氏》中，列有九州国势调查资料。公元 120 年，南宋唐仲友在其所著《帝王经世图谱》一书中，根据这些资料编制了职方九州谱，它是中国古代统计表的一个典型，其内容如表 1-2 所示。

**表 1-2　《帝王经世图谱》中的职方九州谱**

| 州名 | 州境 | 山镇 | 泽薮 | 川 | 浸 | 利 | 民 | 畜 | 谷 |
|---|---|---|---|---|---|---|---|---|---|
| 扬州 | 东南 | 会稽 | 具区 | 三江 | 五湖 | 金锡竹箭 | 五男二女 | 鸟兽 | 稻 |
| 荆州 | 正南 | 衡山 | 云梦 | 江汉 | 颖湛 | 丹银齿革 | 一男二女 | 鸟兽 | 稻 |
| 豫州 | 河南 | 华山 | 圃田 | 荥雒 | 波溠 | 林漆丝枲 | 二男三女 | 六扰 | 五种 |
| 青州 | 正东 | 沂山 | 望诸 | 淮泗 | 沂沭 | 蒲鱼 | 二男二女 | 鸡狗 | 稻麦 |
| 兖州 | 河东 | 岱山 | 大野 | 河泲 | 卢维 | 蒲鱼 | 二男三女 | 六扰 | 四种 |
| 雍州 | 正西 | 岳山 | 弦蒲 | 泾汭 | 渭洛 | 玉石 | 三男二女 | 牛马 | 黍稷 |
| 幽州 | 东北 | 医无闾 | 貕养 | 河泲 | 菑时 | 鱼盐 | 一男三女 | 四扰 | 三种 |
| 冀州 | 河内 | 霍山 | 昭馀祁 | 漳 | 汾潞 | 松柏 | 五男三女 | 牛羊 | 黍稷 |
| 并州 | 正北 | 恒山 | 昭馀 | 虖池呕夷 | 涞易 | 布帛 | 二男三女 | 五扰 | 五种 |

注：“州境”，指州的境界或方位。“山镇”，指当地最有名的山。“泽薮”，指较大的湖泊。“川”，指河流。“浸”，指可灌溉者。“利”，指物产，其中：箭，指筱，小竹子；齿，指象牙；枲，指麻。“民”，指男女人口比。“畜”，指动物，其中：四扰，指马、牛、羊、豕；五扰，指马、牛、羊、豕、犬；六扰，指马、牛、羊、豕、犬、鸡。“谷”，指农作物，其中：三种，指黍、稷、稻；四种，指黍、稷、稻、麦；五种，指黍、稷、稻、麦、菽。

职方九州谱的内容，不一定全面、准确，但是，它至少能说明曾进行过全国规模的国势调查。这在当时原始、落后的条件下，是非常了不起的。其中，对男女人口比例的计算，很可能是世界上前所未有的。

5. 采诗制度

采诗，是西周王朝的一种重要制度。西周统治者认为，诗歌能真实反映各地社会政治情况和生活风尚。为了体察社情民意，西周设置了“采诗官”，朝廷派他们农闲时到全国各地采集民间歌谣，以体察民俗风情、政治得失。《汉书·艺文志》曰：“诗言志，歌咏言。”“哀乐之心感，而歌咏之声发。诵其言谓之诗，咏其声谓之歌。故古有采诗之官，王者所以观风俗，知得失，自考政也。”唐朝白居易的《采诗官》云：“采诗听歌导人言。言者无罪闻者诫，下流上通上下泰。……君之堂兮千里远，君之门兮九重闭。君耳唯闻堂上言，君眼不见门前事。贪吏害民无所忌，奸臣蔽君无所畏。君不见厉王胡亥之末年，群臣有利君无利。君兮君兮愿听此，欲开壅蔽达人情，先向歌诗求讽刺。”采诗官通常由那些文化水平较高的人担任，其任务就是走遍天下采集诗歌。他们走到民间，仿佛是蜜蜂在花丛中采蜜，民间生活状态和种种疾苦，往往通过这些民歌形式为统治者所了解。可见，所谓的采诗官，实际上就是朝廷的社情民意调查员。中国历史上第一部诗歌总集《诗经》，收录从西周初年至春秋中叶五百多年的诗歌 305 篇，其中大部分诗歌都由采诗官搜集和整理，它是周朝采诗制度的重要成果，中国社情民意调查的最早结晶。

6. 关于赏赐的记载

西周时，周王经常以臣仆、田土等物赏赠其下属。例如，西周青铜器麦尊上的铭文“赐……臣二百家”，召卣上的铭文“王自赏毕土，方五十里”，就是对周王将“臣二百家”（民口）、“方五十里”（土地）赏赐给下属的记载。大盂鼎上的铭文 291 字，记载了周康王向盂讲述文王、武王的立国经验，告诫盂要效法其祖先，忠心辅佐王室，并赏赐给盂一卣香酒、头巾、蔽膝、木底鞋、车、马；赐给盂先祖南公的旗帜，用以巡狩，赐给盂邦国官员 4 名，人众自驭手至庶人 659 人，另赐异族王臣 13 名，夷众 1 050人，合计1 726人，这是赏赐人数最多的记录。西周早期成王时期的青铜器“何尊”，是因“周王赏赐何贝 30 朋，何因此做尊，以作纪念”而铸造的。何尊内底铸有铭文 12 行 122 字，记载有成王对其下属“宗小子”的训诰、周武王决定迁都洛邑和“中国”一词最早出现等重要史实。①

7. 关于军队的记载

据《史记·周本纪》记载，周武王伐纣时，“率戎车三百乘，虎贲（勇士）三千人，甲士四万五千人”，其规模相当可观。《周礼·夏官司马》曰：“凡制军，万有二千五百人为军。王六军，大国三军，次国二军，小国一军。”这说明，周朝的军制是：1.25 万人为一军，周王 6 军，7.5 万人。地方诸侯国中，公为大国，3 军，3.75 万人；侯、伯为次国，2 军，2.5 万人；子、男为小国，1 军，1.25 万人。一遇战争，周王还可从各诸侯国征集军队，其规模按需要而定。例如，西周大将方叔南征荆蛮时，就有战车浩荡三千乘（参见《诗经·小雅·采芑》），其中大部分都是从各诸侯国征调来的。

8. 关于战争的记载

据史书记载，周武王征讨四方，灭 99 国，斩首级 177 779 个，俘虏 300 230 人（参见《逸周书·世俘解》）。另据小盂鼎铭文记载，成王命盂伐鬼方，一次战役就杀死鬼方4 800多人，俘人13 081人，俘马□□匹，俘车 30 辆，俘牛 355 头，俘羊 38 头。这些记载说明，当时的战争，规模相当宏大，十分残酷；对战果的调查和记载，相当详细、具体。

9. 关于狩猎的记载

据史书记载，周武王狩猎，“禽虎二十有二，猫二，麋五千二百三十五（即麋鹿，俗称‘四不像’——引者注，下同），犀十有二，氂（同‘牦’）七百二十有一，熊百五十有一，罴（即棕熊）百一十有八，豕（指野猪）三百五十有二，貉（像狐的哺乳动物）十有八，麈十有六（《容斋》作‘麃’，像鹿的哺乳动物，称‘麃子’），麝（像牛哺乳动物）五十，麇（朱校改‘麕’，指獐子）三十，鹿三千五百有八”（《逸周书·世俘解》）。这一记载起码说明了三个问题：一是，当时野生动物种类繁多，数量庞大；二是，周武王狩猎规模宏大，收获丰厚；三是，对武王狩猎战果的记载具体、详尽。

10. 关于人祭、人殉的记载

西周仍保留人祭、人殉制度。周武王伐纣取得胜利后，曾举行过大规模人祭。史

① 参见《何缘“中国”：何尊》，载《人民日报》，2014-02-23。

书上就有“武王乃废于纣矢恶臣人百人，伐右厥甲小子鼎大师。伐厥四十夫家君鼎师，司徒、司马初厥于郊号”（《逸周书·世俘解》）的记载。这是说，武王废掉纣之恶臣百人的肢体，杀了右厥甲小子鼎大师，又杀了四十个氏族首领的鼎师，由司徒、司马负责在郊外执行。在考古发掘的西周贵族墓穴中，还有用人殉葬的现象，一般一墓二人或四人。这说明，与夏、商相比较，人祭、人殉的数量已大为减少。这很可能是战争、劳役和家奴需要使用大量奴隶，才减少了人祭或人殉的数量。

11. 统计分组和平均数的应用

西周在调查、统计工作中，已开始使用统计分组、平均数等统计分析方法。所谓“以稽国中及四郊都鄙之夫家九比之数，以辨其贵贱、老幼、废疾”（《周礼·地官司徒·小司徒》）以及“辨其中国与其都鄙及其郊野，异其男女”（《周礼·秋官司寇·司民》）就是要按贵贱、老幼、废疾、国中与都鄙、郊野、男女进行分组统计。《礼记·王制》曰：“视年之丰耗，以三十年之通制国用，量入以为出。”这是说，以国家三十年收入的平均数作为定额来规定国家支出，以做到“量入为出”。这很可能是平均数在中国财政史上的最早应用。

此外，在西周金文中，除关于“人”的记载外，还出现了“家”的记载，这是殷商时期卜辞中所没有的。它说明有关“家”的记载晚于有关“人”的记载，有关“田”“亩”的记载更晚于有关“人”和“家”的记载。

## 第四节　春秋战国时期及其社会调查

### 一、春秋战国——群雄争霸、社会大转型，百家争鸣、思想文化大发展的时期

春秋战国时期，又称东周时期，历时 549 年。其中，从公元前 770 年至公元前 475 年周元王元年的前半期，称为“春秋时期”，历时 295 年；从公元前 475 年至公元前 256 年周赧王亡的后半期，称为“战国时期”，历时 219 年，延至公元前 221 年秦灭六国，则历时 254 年。

春秋战国时期，是中国古代社会大动荡、大转型的时期：从土地制度看，大量开荒，土地私有，促进了井田制度与封建土地关系的转型；从政治体制看，诸侯争霸，推行郡县制，促进了国家的统一，以及分封制、等级制向中央集权的君主专制转型；从阶级结构看，地主、商人和士大夫阶层的崛起，促进了奴隶主贵族统治向封建地主统治的转型；从社会制度看，管仲、李悝、商鞅等推动的社会变革，促进了奴隶制向封建制的转型。

春秋战国时期，群雄争霸，变法成风，社会转型，促进了思想大解放、大融合、大创造，形成了百家争鸣、百花齐放的局面，造就了孔子、孟子、墨子、荀子、老子、庄子、商鞅、孙武、管子、屈原、扁鹊等一大批著名的思想家、政治家、军事家、科

学家，创造了《老子》《庄子》《论语》《孟子》《荀子》《墨子》《六韬》《孙子兵法》《离骚》《九歌》等一大批流芳后世、惠及人类的名著，从而奠定了中国传统文化的坚实基础和丰沛源泉。

## 二、春秋战国时期的社会调查

1. 户籍和人口调查

春秋时期，齐、鲁、卫、越、秦、楚等国先后采用书社制度。《左传·哀公十五年》曰："书社五百"。晋杜预注："二十五家为一社，书其户籍。"《史记·孔子世家》索隐："书社者，书其社之人名于籍。"这就是说，以二十五家为一社，书其户名于籍；因书其社之人名于籍，故称书社。这种户籍登记、管理制度，春秋时期已相当普遍。例如，齐桓公用管仲为相进行改革，实行制国、制鄙和"正户籍"等制度。制国、制鄙，即改西周的乡遂法为轨里连乡制：国都以五家为轨，十轨为里，四里为连，十连为乡。野鄙（国都之外的广大地区）以六轨为邑，十邑为卒，十卒为乡，三乡为县，十县为属。制国为二十一乡，制鄙为五属。据《荀子·国蓄篇》记载，"正户籍"的办法，就是无论房舍、六畜、田亩、人口、户数，都列入户籍清册。楚国共王二年（前589），实行"大户"，即清查户口，在清查中还区分负债、鳏老、贫民及罪民户。郑国在简公二十三年（前543），实行"庐井有伍"，把井田作为庐舍的私田，每五家编一伍，制户籍。秦国则按商鞅建议，实行"生者著，死者削"的户籍、人口管理制度。这说明，春秋战国时期各诸侯国已开展过户籍、人口调查。但是，中国境内究竟有多少人口，史书上没有明确记载。

据有关学者研究，战国中期，秦国约400万人、齐国约400万人、楚国约500万人、燕国约200万人、韩国约150万人、赵国约350万人、魏国约350万人，合计约2 350万人。此外，还有鲁国约20万人、卫国约10万人、宋国约100万人、越国约100万人、东周和西周约50万人，合计约280万人。总计约2 630万人。如果再加上中国疆域内其他地区的人口约350万人，那么整个中国版图内的人口当在3 000万左右。[①]

2. 土地和田赋调查

春秋时期的楚国、鲁国、郑国都进行过土地、田赋调查。其中，楚国的土地、田赋调查规模相当大，记载也较详细。据《左传·襄公二十五年》记载："楚蒍掩为司马，子木使庀赋，数甲兵。甲午，蒍掩书土田，度山林，鸠薮泽，辨京陵，表淳卤，数疆潦，规偃猪，町原防，牧隰皋，井衍沃，量入修赋。赋车籍马，赋车兵、徒卒、甲楯之数。既成，以授子木，礼也。"这是说，蒍掩（楚大夫）做了司马，子木（楚贵族）让他管理兵器和赋税。甲午月（即芒种至小暑期间），蒍掩登记土地，度山林，估水泽，辨高地，表盐碱地，数易涝地，规划积水堰池，分割堤防边的小块地，在沼泽中勘牧场，在沃地上划井田，根据收入来确定赋税——战车和马匹，车上甲兵、车下

① 参见路遇、滕泽之：《中国人口通史》，上册，46～57页，济南，山东人民出版社，2000。

步兵、盔甲盾牌的数量。这些量度完成后，就交给子木，这是合乎规定的。这段记载中所说的“度”（度量、估计）、“鸠”（通“究”、计算）、“辨”（分辨、辨别）、“表”（显示、表达）、“数”（查点数目、计算）、“规”（谋划、规范）、町（古代土地面积单位名称，有分割之意）、“牧”（放牧、治理、勘查）、“井”（整齐、条理）、“量”（量度、计算）、“修”（修理、编写）等，都是指调查所使用的方法。又如，鲁国在宣公十五年（前594），实行“初税亩”，就是先对土地进行调查，然后对田亩（无论是公田还是私田）一律按亩征税。鲁哀公十二年（前483），实行“用田赋”（“田”是指按田地数量征收的田租；“赋”是由军赋代金转变成的人头税，叫口赋），也就是先调查民户人口和占有田亩及其收入的数量，然后据以征收田租和口赋。这些记载说明，春秋战国时期，为征收税赋的需要，各诸侯国都经常进行人口、土地、田赋调查。

3. 军队和战争调查

春秋战国时期，诸侯林立，战事频繁，各诸侯国军队规模日益扩大，死伤人数越来越多。例如，春秋时期五霸之首齐国，以五家为轨，五人为伍；十轨为里，五十人为小戎；四里为连，二百人为卒；十连为乡，二千人为旅；五乡一帅，万人为军；国有三军，共三万将士。管仲说：“君有此士也三万人，以方行于天下……天下大国之君莫之能御。”（《国语·齐语》）这说明，当时军队规模较小，只要有几万将士就可横行于天下。中国历史上有详细记载的最早战例——晋楚城濮（今山东鄄城西南）之战（前632年），晋国以战车七百乘、五万多兵力击败楚、陈、蔡、郑、许五国联军十余万众（参见《左传·僖公二十八年》），使晋国成为齐国之后的又一霸主，就是最好的证明。据史学家研究，春秋时期的战争，双方兵车很少有超过1 000乘的。到了战国时期，七雄争霸的战争规模越来越大，动辄几十万人，死伤常达一二十万之众。如中国历史上最早、规模最大的歼灭战——秦赵长平之战，秦军前后坑杀赵军四十万人；秦楚争霸时，秦动员兵力达六十多万人，斩首士兵常达数万、数十万人。这些数据说明，当时的军队调查和战争调查，是有一定真实性、准确性的。

4. 上计制度

“计”是一个会意字。《说文》曰：“计，会也，算也，从言从十。”指包括统计与会计在内的经济计算。西周司会“主天下大计”，即主管天下的经济计算。战国时期，上计制度，就是地方官吏将境内户口、土地、财物、赋税、盗贼、狱讼等项编造计簿，派遣官吏逐级上报，最后奏呈朝廷，接受审计的制度。当时，韩、赵、魏、秦等国均已推行了上计制度。郡、县官吏每年年终，将郡、县本年情况和下年预算写在木券上送呈国君，木券分左、右两券，右券由国君保留，左券发还郡县，等到下年年终，国君根据右券考核郡、县上报情况，决定升降赏罚。例如，魏国“李克（即李悝——引者注）治中山，苦陉令上计而入多”（《韩非子·难二》）；西门豹在魏国为邺令，“居期年，上计，君收其玺”（《韩非子·外储说左下》）。战国时期各国上计制度的变革和各种变法活动，都是以对人口、土地、财产等方面的调查、统计为基础的。从这个意义上说，郡、县每年年终向朝廷呈报的计簿，实际上就是对本郡、县全年情况的调查报告，没有本郡、县全年人口、土地、财产等方面基本情况的调查和统计，就没有上计制度。

5. 管仲的社会调查思想和方法

管仲（前723或716—前645），名夷吾，齐国颍上（今安徽颍上）人，著名政治家、军事家和思想家，被誉为“春秋第一相”。管仲的言论多见于《管子》，其中有关社会调查思想和方法的论述，主要有如下几个方面。

(1)“明法审数”，是成就大事的基本前提。管仲认为，治国必须“明法审数”（《管子·幼官》），即明修法令，详审度数。他说：“刚柔也，轻重也，大小也，实虚也，远近也，多少也，谓之计数。”“不明于计数，而欲举大事，犹无舟楫而欲经于水，险也。”“举事必成，不知计数不可。”（《管子·七法》）在他看来，不明于计算度数而想办成大事，就像没有船和桨而想过河一样，非常危险；办事要想成功，不明于计算是不行的。

(2)“问有本纪”，即治理国家应该掌握的情况。《管子·问》曰：“凡立朝廷，问有本纪。”就是说，临朝听政，询问下情，须有根本纲纪，遵守基本原则。《问》篇主要由65个问题组成，例如：为国牺牲者的子孙有没有尚未领到田地房产的？各大州的大夫是哪一乡里人士？现今的官吏是凭什么才能被提拔的？乡里的富户收养了多少人？城里的穷人有多少家？乡里的穷人是哪一家族的别支？以孝行闻名于乡里的子弟有多少人？士人有田地而不肯出仕的有多少人？群臣中有爵位而没有田产的有多少人？本国子弟出游外国的有多少人？国外人来交游，住在大夫家中的有多少人？乡里子弟努力耕作，为人表率的有多少人？男女行为不端，影响乡中子弟的有没有？拥有田地房产而在军队服役的士人有多少人？长子以下适合当兵具有军籍的有多少人？能制造各种装备的有技术的男女有多少人？能从事劳作的少女有多少人？一个农夫能提供几个人的口粮？兵车总共有多少乘？德行足以为人表率，可以用来带领众人整治百姓的在野士人有多少人？可以整治装备、维修城墙、补充守备的灵巧工匠有多少人？军粮可维持多少年？大夫疏记的器具，包括甲胄、兵器、兵车、旌旗、鼓铙、营帐，用车装载共多少乘？大夫疏记的藏器，包括弓弩的皮套、剑矛的外鞘、钩弦的灶室、戈戟的套衣，磨损得怎么样？制造、修理的馆舍，发放、收藏的处所，应建造而未建造的还在等待什么？乡、帅修造兵车辎重的设备修缮得怎样？在国家危难时能辅佐君主的将领、豪杰有多少人？用什么方法来教育和选拔人才？担任官都职务的都已任职多少年？他们任职期间开辟的荒地使农家城邑受益的有多少？他们用来增加人们财力的是什么？他们营造的城郭、修筑的墙垣、堵塞的通道、安置的门阙、挖深的沟渠等用来增加守备能力的设施在哪里？他们为百姓除害，捕获的盗贼有多少人？等等。这65个问题，涉及吏治、民政、军事、生产、运输、人口、贫富、救济、断狱等各个方面，概括地说，可分为4大类：有关政治的问题19个，有关经济的问题16个，有关军事的问题15个，有关社会的问题15个。所有这些，都是“为国所当察问者”，都是涉及国情国力的重要项目。郭沫若说，以文章言，此篇可与《楚辞·天问》并美，确是奇文。可以毫不夸张地说，它是世所罕见的最古老、最全面的国情调查提纲。

(3) 通过“八观”，判断一个国家的国情。《管子·八观》曰：“行其田野，视其耕耘，计其农事，而饥饱之国可以知也”；“行其山泽，观其桑麻，计其六畜之产，而贫富之国可知也”；“入国邑，视宫室，观车马衣服，而侈俭之国可知也”；“课凶饥，计师役，观台榭，量国费，而实虚之国可知也”；“入州里，观习俗，听民之所以化其上，而治乱之国可知也”；“入朝廷，观左右，求本朝之臣，论上下之所贵贱者，而强弱之国可知也”；“置法出令，临众用民，计其威严宽惠行于其民与不行于其民，可知也（清代张佩纶云‘可知也’上脱‘而兴灭之国’五字——引者注）”；“计敌与，量上意，察国本，观民产之所有余不足，而存亡之国可知也”。“故以此八者，观人主之国，而人主毋所匿其情矣。”这是说，从这八个方面考察一个国家，这个国家的君主就无法隐瞒它的真实情况了。管仲的“八观”，涉及一个国家的经济、政治、军事、文化、社会，以及朝廷与州里、君臣与百姓、国邑与田野、国内和国外等各个方面，并在调查的基础上对一个国家的饥饱、贫富、侈俭、实虚、治乱、强弱、兴灭、存亡做出判断，是相当全面、系统、深刻的。早在2 600多年前，提出判断一个国家国情的如此提纲挈领的调研纲要，在世界调查史上是值得大书特书的。

（4）从实际出发，把调查作为制定对策的依据。《管子·轻重丁》记载，齐桓公想改变由富商和高利贷者征收赋税的做法，问管仲应该如何去做。管仲回答：请派宾胥无到南方，隰朋到北方，宁戚到东方，鲍叔到西方。四位臣子派遣确定后，我就向他们宣布：你们去为国君调查各地放贷情况，调查那里负债的人有多少千家，回来向我报告。后来，管仲根据四大臣的回报提出了一套“反准”措施，妥善解决了这个问题。管仲还对齐桓公说，从前癸度（假托的人名）去到别的国家，一定要全面了解天下的物价情况，如果天下物价高我也随之高，如果天下物价高而我独低，必然使自己的国家难以生存。这说明，管仲非常注重从实际情况出发制定对策，并把社会调查作为制定对策的依据。

（5）要战胜水灾，必须经常查阅户口和土地。《管子·度地》曰：“请除五害（指水、旱、风霜、瘟疫、虫灾——引者注）之说，以水为始。请为置水官，令习水者为吏。……常以秋岁末之时阅其民，案家人比地，定什伍口数，别男女大小……。并行以定甲士，当被兵之数，上其都。都以临下，视有余不足之处，辄下水官。水官亦以甲士当被兵之数，与三老、里有司、伍长行里，因父母案行。”这是说，消除五害，以消除水害为先。请设置水官，委派熟悉治水的人担任。常在秋季岁末时节检查民户，查明每家人口和分配土地，核定什伍的人口数，分别统计男女老少。经普遍视察后确定甲士，作为服兵役人数，上报京都大夫。京都大夫依此下去视察，根据人数有余或不足的情况，下达给水官。水官也按甲士服兵役人数，会同三老、里有司、伍长等巡行到里，与甲士父母商定前往服役。这说明，查阅户口、土地、人数是战胜水灾的经常性工作。

（6）管仲的调研方法，首先是“问”，就是询问、查问、调查。此外，他还采用了多种简便易行、求真务实、具有可操作性的调研方法。例如，在“八观”中，他就说明了应该采用行（行走、考察）、视（探视）、计（算）、观（观看）、入（进入、参入）、课（考核、核验）、量（度）、听（听取）、求（探求、思考）、察（察验、仔细看）等多种方法进行调查和研究。只有如此，才能对一个国家的真实情况做出正确判断。

此外，《管子》中还有“三月一复，六月一计，十二月一著”的建议，即建立三个月一上报，六个月一汇总，十二个月一备案的登记、报告制度；对居民按士、农、工、商等职业或阶层类型分组的方法；等等。

6.《六韬》与社会调查

《六韬》，又称《太公兵法》，是中国古代一部著名兵书。全书共六卷，六十篇，内容涉及战争的各方面问题，其中的社会调查思想和方法，是最精彩的部分之一。《六韬》指出：“将必上知天道，下知地理，中知人事。”（《虎韬·垒虚》）又说：“所谓上察天，下察地，征已见，乃伐之。”（《武韬·文伐》）如何做到这一点呢？将帅必须具备三个条件：“耳聪”“目明”“心智”。太公曰：“目贵明，耳贵聪，心贵智。以天下之目视，则无不见也；以天下之耳听，则无不闻也；以天下之心虑，则无不知也。辐辏并进，则明不蔽矣。”（《文韬·大礼》）“目视”“耳听”“心虑”一起使用，就能“明不蔽矣”，敌人的“变动”“虚实”“来去”就可了如指掌。

7. 孙武与《孙子兵法》

孙武（约前535—?），字长卿，齐国贵族，史称孙子，伟大的军事家和思想家。《孙子兵法》被誉为“兵学圣典”（见图1-5），先后被译为英、法、德、日等文，成为最著名的国际兵学典范。孙武非常重视战争中的社会调查，其调查研究思想虽主要涉及军事领域，但却具有普遍意义。

（1）知己知彼，百战不殆。《孙子兵法·始计》曰：“兵者，国之大事，死生之地，存亡之道，不可不察也。”这里的“察”，就是调查和研究。《孙子兵法·军争》云：“故不知诸侯之谋者，不能豫交；不知山林、险阻、沮泽之形者，不能行军；不用乡导者，不能得地利。”这是说，不了解诸侯国的意图，不能与之结交；不了解山林、险阻、沼泽等地形，不能贸然行军；不使用当地向导，不能很好利用地形。要了解诸侯国的意图，了解山林、险阻、沼泽等地形，使用当地向导，都离不开调查研究。《孙子兵法·谋攻》说：“知己知彼者，百战不殆。”无论是知己，还是知彼，都需要系统、周密的调查研究。这些论述说明，在孙武看来，调查研究是关系战争胜负、国家存亡的大事。

（2）求彼我之真情，做正确之判断。《孙子兵法·始计》指出：“故经之以五事，校之以计，而索其情：一曰道，二曰天，三曰地，四曰将，五曰法。……凡此五者，将莫不闻，知之者胜，不知者不胜。故校之以计，而索其情，曰：主孰有道？将孰有能？天地孰得？法令孰行？兵众孰强？士卒孰练？赏罚熟明？吾以此知胜负矣。”这是说，以五个方面为纲做调查，通过比较和计算，求索它们的真情：一是道，即君主是否有道？百姓与君主是否一致？二是天，即阴晴、寒暑、风雪等气候条件如何？三是地，即行程远近、地域广狭如何？地势是否险峻？四是将，即将领的素质、性格如何？五是法，即军事方面的法规、法令及其执行情况如何？这五个方面，将领不能不知道，只有真正明白的人才能取胜，不真正明白的人不能取胜。所以，要调查、比较和计算，求索真情：君主哪方更有道？将领哪方更有才能？天时地利哪方占优？法令哪方执行得更好？兵力哪方更强？士卒哪方训练有素？赏罚哪方严明？只要掌握了这七个方面的情况，就知道谁胜谁负了。这说明，孙武非常重视全面、系统的调查和研究，只要弄清了上述五事、七情，就可对战争胜负做出判断了。

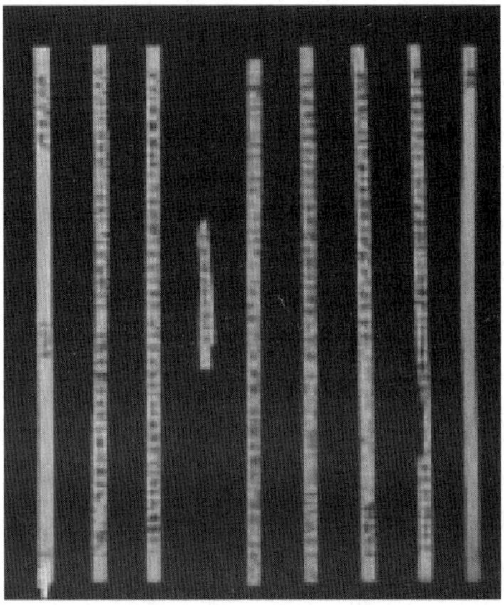

图 1-5　银雀山《孙子兵法》竹简

(3) 先知者，必取于人，知敌之情者也。《孙子兵法·用间》曰："故明君贤将，所以动而胜人，成就出于众者，先知也。先知者，不可取于鬼神，不可象于事，不可验于度，必取于人，知敌之情者也。"这是说，英明君主和贤能将帅，之所以一出兵就能战胜敌人，成就高于一般人，就在于他们先了解敌情。要先了解敌情，不可求于鬼神，不可类比于往事，不可验证于度数（《十一家注孙子》："李筌曰：度，数也。夫长短阔狭，远近大小，即可验之于度数；人之情伪，度不能知也"），必须向人做调查，向了解敌情的人做调查。2 500多年前，在人们迷信鬼神、求神问卜的时代，孙武就强调向"知敌之情者"做调查，是难能可贵的。

(4) 把"胜可知"建立在调查、度量和计算的基础上。《孙子兵法·军形》曰："胜可知，而不可为。"即胜利可以预见，但不可强求。怎样才能"胜可知"呢？"一曰度，二曰量，三曰数，四曰称，五曰胜。地生度，度生量，量生数，数生称，称生胜。"杜牧的解释是："地生度，度者，计也，言：度我国土大小，人户多少，征赋所入，兵车所籍，山河险夷，道里迂直，自度此事，与敌人如何，然后起兵"；"度生量，量者，酌量也，言：度地已熟，然后能酌量彼我之强弱也"；"量生数，数者，机数也，言：强弱已定，然后能用机变数也"；"数生称，称者，校也，机权之数已行，然后可以称校彼我之胜负也"；"称生胜，称校既熟，我胜敌败，分明见也"（《十一家注孙子》）。这里所说的"度""量""数"和"称"，都是调查研究的具体方法。只要运用这些方法，弄清了彼我双方情况，就能做到"胜可知"。

(5) 运用统计分析方法做预测。孙武在《吴问》篇中，根据掌握的资料对晋国六卿的兴衰做统计分析："吴王问孙子曰：'六将军（即六卿——引者注，下同）分守晋国之地，孰先亡？孰固成？'孙子曰：'范、中行氏先亡。''孰为之次？''智氏为次。''孰为之次？''韩、魏为次。赵毋失其故法，晋国归焉。'吴王曰：'其说可得闻乎？'孙子曰：'可。范、中行氏制田，以八十步为畹（田地计量单位），以百六十步为亩，而伍税之（按伍收税）。其制田狭，置士多，伍税之，公家富。公家富，置士多，主骄臣奢，冀功数战，故曰先亡。智氏制田，以九十步为畹，以百八十步为亩，而伍税之。其制田狭，其置士多，伍税之，公家富。公家富，置士多，主骄臣奢，冀功数战，故为范、中行氏次（智氏继范、中行氏之后亡）。韩、魏制田，以百步为畹，以二百步为亩，而伍税之。其制田狭，其置士多，伍税之，公家富。公家富，置士多，主骄臣奢，冀功数战，故为智氏次（韩、魏继智氏之后亡）。赵氏制田，以百廿为畹，以二百四十步为亩，公无税焉。公家贫，其置士少，主佥臣收，以御富民，故曰固国，晋国归焉（晋国统一于赵氏）。'"

孙武根据六卿田制的不同，通过统计分析对他们的存亡进行预测。他指出，六卿田亩制度不同，田制面积越小，田数越多，按伍收税，公家越富，置官养兵越多，主骄臣奢，战争频繁，就必先灭亡。按田制面积大小，各卿灭亡的先后顺序是：先是范、中行氏，次是智氏，再次是韩、魏。赵氏田制面积最大，不征收税，公家贫穷，置官养兵少，君主俭朴臣子收敛，以君命富民，因而国家稳固，晋国终于统一于赵氏。这种单变量、单因素统计分析，虽不一定科学、符合实际，但是，先做定量分析，后做预测结论的方法，是值得肯定的。

（6）智者之虑，必杂于利害。《孙子兵法》中充满朴素的辩证思维方法。例如，《九变》曰："是故智者之虑，必杂于利害，杂于利而务可信也，杂于害而患可解也。"这是说，高明的将帅考虑问题，一定要兼顾利害两个方面。在不利条件下看到有利的一面，事情就可顺利进行；在有利条件下看到不利的方面，祸患就可解除。此外，诸如奇正、虚实、迂直、强弱、胜败、贵贱、敌我、众寡、劳逸、饥饱、动静、进退、治乱、远近、得失、安危、勇怯等，不胜枚举。这种从正反两方面研究问题的辩证思维方法，是非常科学、精辟、深刻的，是应该学习、继承、运用的，是对调查资料进行思维加工时不可缺少的。

（7）多样化的调查研究方法。《孙子兵法》中，除前面讲的"度""量""数"和"称"等调研方法外，经常使用的还有"察""校""计""索""知""闻""取""象""验""虑"等调查研究方法。其中，"察"是指察看、考察和深入的观察；"校"是指校对、查证和比较；"计"是指计算、计量或计划；"索"是指调研、寻求或探索；"知"是指调查、了解、弄明白；"闻"是指用耳去听取传闻或用鼻去嗅气味；"取"是指索取、听取或选取；"象"是指描绘、想象或模拟；"验"是指检查、检验或试验；"虑"是指考虑、深思、深谋远虑。总之，调查的对象、目的各不相同，调查研究的具体方法也应该多种多样。

8. 孔子与社会调查

孔子（前551—前479），名丘，字仲尼，春秋时期鲁国人。中国古代伟大的教育家、政治家和思想家，儒家学派创始人，世界上最著名的文化名人之一。孔子非常重视社会调查，做了许多实地考察，其中最值得学习的态度是：

(1) 不管众人好恶，必察焉。《论语·卫灵公》说："子曰：众恶之，必察焉；众好之，必察焉。"这说明，孔子决不盲从于众人的看法，众人厌恶的，他一定要亲自考察；众人喜好的，他也一定要亲自考察。这种亲力亲为的"必察"精神，是难能可贵的。

(2) 每事问，敏以求之。《论语·述而》说："子曰：我非生而知之者，好古，敏以求之者也。"又说："三人行，必有我师焉。择其善者而从之，其不善者而改之。"《论语·八佾》云："子入太庙，每事问。"这些论述说明，孔子既"好古，敏以求之"(《论语·述而》)，又重今，到处拜师，每事问，虚心好学，好的就学习，不好的就改正。孔子 55 岁以后周游列国 13 年的事实说明，他是非常重视实地调查和研究的。

(3) 温、良、恭、俭、让以得之。《论语·学而》云："子禽问于子贡曰：'夫子至于是邦也，必闻其政，求之与？抑与之与？'子贡曰：'夫子温、良、恭、俭、让以得之。'"这是说，子禽问子贡：他老人家每到一个国家，都能闻知那个国家的政事，是求来的呢？抑或是别人主动告诉的呢？子贡说，他老人家是靠温和、善良、恭敬、俭朴、谦让等方法获得的。实践证明，温、良、恭、俭、让，既是根本的调查态度，又是有效的调查方法。它与"入太庙，每事问""三人行，必有我师"的精神是一致的，是应该继承和发扬的。

(4) 求实精神。《孟子·万章下》云："孔子尝为委吏矣，曰：'会计当而已矣。'"这里的"会计"，是指统计和计算。这是说，孔子曾做过管理仓库的官吏，主张统计和计算要准确，当是多少就是多少。这种求实精神，是社会调查不可缺少的。

9. 李悝的社会调查和统计方法

李悝（前 455—前 395），又名李克，战国初期魏国的宰相，曾主持变法。他所著的《法经》，是中国最早的一部法典。李悝在法律上，主张严惩弄虚作假；在经济上，主张"尽地力之教"和推行"善平籴"政策。

(1) 严惩弄虚作假，保证报告真实。李悝著的《法经》，包括"盗法""贼法""囚法""捕法""杂法"和"具法"六个部分，其内容以刑法为主，但有很多条款涉及惩治弄虚作假，保证文书、数据真实的内容。例如，在"贼法""囚法"中规定："诸伪写官文书印者，流二千里，余印徒一年"；"诸诈为制书及增减者绞，未施行者减一等"；"诸诈为官文书及增减者，杖一百，准所规避徒罪以上各加本罪二等，未施行各减一等"；"诸对制及奏事上书，诈不以实者徒二年，非密而妄言有密者加一等"；等等。这些条款说明，对于伪造文书或妄自更改数字，弄虚作假、不以实报的，都要按情节轻重予以量刑惩治。这种求实精神，对于保证报告真实、数据可靠具有重要作用。

(2) 开家计分析的先河。李悝以五口之家农户为例，对其家庭全年收支作了如下说明和分析："今一夫挟五口。治田百亩。岁收，亩一石半，为粟百五十石。除十一之税十五石，余百三十五石。食，人月一石半，五人终岁为粟九十石，余有四十五石。石三十，为钱千三百五十。除社闾尝薪、春秋之祀用钱三百，余千五十。衣，人率用钱三百，五人终岁用千五百，不足四百五十。不幸疾病死丧之费及上赋敛，又未与此。此农夫所以常困，有不劝耕之心，而令籴至于甚贵者也。”李悝的家计分析可列表说明如下（见表1-3）。

**表1-3　　李悝家计分析收支平衡表**

| 项目 | 收入 | 支出 | |
|---|---|---|---|
| 实物部分 | 全年收粟：150石 | 1. 什一之税 | 15石 |
| | | 2. 口粮（每人每年18石×5人） | 90石 |
| | | 3. 合计 | 105石 |
| | | 4. 结余 | 45石 |
| 价值部分 | 全年收入：结余45石×每石30钱=1 350钱 | 1. 社闾尝新、春秋之祀 | 300钱 |
| | | 2. 衣着（每人每年300钱×5人） | 1 500钱 |
| | | 3. 疾病死丧 | 未计入 |
| | | 4. 赋敛 | 未计入 |
| | | 5. 合计 | 1 800钱 |
| | 全年结余：全年收入1 350钱－全年支出1 800钱 ＝ －450钱 | | |

上述农民家计分析说明：一是，反映当时“农夫常困”的实情，即在不计算“疾病死丧”和“赋敛”的情况下，仍入不敷出，因而生产积极性不高，籴粮自然很贵。二是，运用实物单位（石）与货币单位（钱）相结合的方法计算，从而便于汇总和比较。三是，运用平衡法，即“收入－支出＝差额”，做到有数字、有情况、有分析、有结论。李悝的家计分析，在中国社会调查史上开了家计分析的先河。

（3）运用统计分析方法，说明“善平籴”政策。李悝指出：“籴甚贵伤民，甚贱伤农。民伤则离散，农伤则贫，故甚贵甚贱，其伤一也。”李悝认为，采用平籴办法，就可以使民不散，农不伤。他仍以上述农户为例来说明他的主张：该农户年产粟平常年份150石。上熟年份四倍于常年，约600石；中熟年份三倍于常年，约450石；下熟年份二倍于常年，约300石。小饥之年收100石，中饥之年收70石，大饥之年收30石。收购粮食的数量，上熟年份收购300石，中熟年份收购200石，下熟年份收购100石。反之，小饥之年粜粮100石，中饥之年粜粮200石，大饥之年粜粮300石。这样，就可以“使民适足，价平而止”。根据李悝论述的资料，可列表如下（见表1-4）。

**表1-4　　李悝平籴复合分组表**

| 按年景分组 | 按收成分组 | 产量（石） | 平籴或粜粮（石） |
|---|---|---|---|
| 丰年 | 上 | 600 | 300 |
| | 中 | 450 | 200 |
| | 下 | 300 | 100 |
| 饥年 | 小 | 100 | 100 |
| | 中 | 70 | 200 |
| | 大 | 30 | 300 |

从表中可以看出，李悝通过对农户家计的统计分析，运用平均数和分组方法，并结合分数、倍数等相对指标，有理论、有数据地说明了平籴政策。在当时生产力和科

学技术非常低下的条件下，李悝作出如此精细的统计分析，不能不说是极其可贵的。

10. 扁鹊与中医的“四诊”

扁鹊（前407—前310），姬姓，秦氏，名越人，号卢医，渤海郡鄚州（今河北省任丘市鄚州镇）人，古代名医。由于他医术高超，人们借用上古神话黄帝神医“扁鹊”的名号来称呼他。据《史记·扁鹊仓公列传》记载，他少时学医于长桑君，尽传其医术禁方，擅长各科，名闻天下。相传，由于扁鹊名声过大，受到秦国太医李醯嫉妒而被其害死。

《史记·扁鹊仓公列传》中讲了三个故事：一天，晋国大夫赵简子病了，五日五夜不省人事，大家十分害怕，扁鹊看了以后说，他血脉正常，没什么可怕的，不超过三天一定会醒。后来过了两天半，他果然苏醒了。又一次，扁鹊路过虢国，见那里百姓都在举行祈福消灾仪式，就问是谁病了，宫中术士说，太子已死半日。扁鹊问明详细情况后，认为太子患的只是一种突然昏倒不省人事的“尸蹶”症，便亲去察看诊治。他让弟子磨研针石，刺百会穴，又做了药力能入体五分的熨药，将八减方的药混合使用之后，太子竟然坐了起来，与常人无异。扁鹊继续调补阴阳，两天以后，太子完全恢复了健康。从此，天下传言扁鹊能“起死回生”。扁鹊却否认说，他并不能救活死人，只不过能把应当活的病人治愈罢了。还有一次，扁鹊路过齐国时，齐桓侯接待了他。他对桓侯说：“大王皮肤和肌肉之间有病，如不及时治疗，病就会往身体内部发展。”桓侯不相信，还很不高兴。五天后，扁鹊再去见他，说道：“大王的病已进入血脉，如不及时治疗，还会往深里发展。”桓侯仍不信，而且更加不悦了。又过了五天，扁鹊又见到齐桓侯时说：“病已到了肠胃，如再不治，还会加重。”桓侯十分生气，不搭理他了。又过去了五天，扁鹊一见到齐桓侯，就赶快避开了，桓侯十分纳闷，就派人去问，扁鹊说：“病在肌肤之间，用汤剂、熨药就可治愈；病在血脉里，可用针刺、砭石的方法治疗；病在肠胃里，用酒药可以治好；可病到了骨髓里，就无法治疗了。现在大王的病已深入骨髓，我无能为力了。”果然，五天后齐桓侯病发，忙派人去找扁鹊，而他已离开了齐国。不久，齐桓侯就病死了。在中医“四诊”（即望、闻、问、切）中，望诊居于首位，上述三个故事就是实例，“起死回生”“讳疾忌医”的成语也出于此。

相传，中医典籍《难经》（原名《黄帝八十一难经》）为扁鹊所著。《难经》第六十一难曰：“望而知之者，望见其五色，以知其病。闻而知之者，闻其五音，以别其病。问而知之者，问其所欲五味，以知其病所起所在也。切脉而知之者，诊其寸口，视其虚实，以知其病，病在何脏腑也。”据说，中医的“四诊”就源于此。从社会调查视角看，中医的望、闻、问、切，就是通过视觉、嗅觉、听觉、触觉对病人健康状况进行多种方式、多视角的调查和研究，然后再据此做出病情、病因、病理和治疗方案的诊断。其中，望、闻、问、切属于感性认识的调查阶段，对病情、病因、病理和治疗方案做出判断，则属于理性认识的研究阶段。它们实质上就是调查研究方法在医疗诊断过程中的运用。

11. 商鞅与社会调查

商鞅（约前390—前338），姓公孙，名鞅，卫国国君后裔，故又称卫鞅，战国时期的政治家、社会改革家，应秦孝公求贤令入秦，说服秦公变法，使秦国富强，为统一六国奠定了基础。秦孝公死后，商鞅被贵族诬害，车裂而死。《汉书·艺文志》有《商君书》29篇，今存24篇，其中包含有商鞅的社会调查主张和思想。

（1）主张进行经常性的人口调查和登记。《商君书·去强》曰："举民众口数，生者著，死者削。民不逃粟，野无荒草，则国富，国富者强。"这是说，要登记民众人数，出生者登记，死亡者注销。这样，民众就不能逃避税租，田野就没有荒草，国家就能富足、强大。《商君书·境内》又说："四境之内，丈夫女子，皆有名于上者著，死者削。"这是说，全国境内无论男女，都要登记在册，只有死亡的人才能注销。在中国历史上，西周虽有"司民"之官，"民数自生齿以上，登于天府"，但尚未对成年男女进行经常登记。这说明，商鞅很可能是中国历史上主张在全国进行经常性人口调查、登记的第一人。

（2）强国知十三数。《商君书·去强》云："强国知十三数：境内仓、口之数，壮男、壮女之数，老、弱之数，官、士之数，以言说取食者之数，利民之数，马、牛、刍藁之数。欲强国，不知国十三数，地虽利、民虽众，国愈弱至削。"这是说，国家要强大，必须掌握13种数据：粮食、人口的数目，壮年男子、壮年女子的数目，老年人、体弱者的数目，官吏、士大夫的数目，说客的数目，利民（高亨注："靠营取利润以谋生的人，指商人及手工业者"）的数目，马、牛、刍藁（饲养牲畜的干草）的数目。想要国家强大，不知道国家这13种数据，即使土地肥沃、民口众多，国家也难免衰弱，甚至被分割。这13种数据，既包括性别、年龄、职业和健康状况等人口方面的数据，又包括粮食、马、牛、刍藁等财产方面的数据，这种调查、登记工作在当时条件下是相当全面、周详的。

（3）重视人、地、税、兵之间的数量关系，掌握"任地待役"之律。《商君书·算地》曰："凡世主之患，用兵者不量力，治草莱者不度地。故有地狭而民众者，民胜其地；地广而民少者，地胜其民。民胜其地，务开；地胜其民者，事徕。"这是说，一般君主的毛病是，用兵不衡量兵力，垦荒不度量土地。所以，有的国家土地狭小而人口众多，致使人口超过土地承载能力；有的国家土地广阔而人口稀少，致使土地开垦缺乏必要民力。人口超过土地承载能力的，务必致力于开拓土地；土地开垦缺乏民力的，应该招来人口和劳力。商鞅还指出，古代治理国家分配给耕地的税赋数额为：小亩五百的税收，足够对付一次战役，这样征税，土地未被充分利用。百里见方的土地，可以出一万名士卒，这个数目也很小。这样安排，开垦的田地足以温饱其民，城镇道路足以安顿其民，山林、湖泽、河谷足以提供各种原材料，湖泽堤坝足以蓄积各种资源。所以，军队出征时，粮食充足，财物有余；军队休整时，人们都劳动而积蓄丰足。这就是人们所说的利用土地来对付战争的规律（参见《商君书·算地》）。这些论述说明，商鞅在治理国家的过程中，非常重视人口、土地、征收税赋、派使兵卒之间的数量关系，非常善于运用数量分析作为制定政策的依据。在他看来，只有掌握了这些数量关系，制定决策时留有余地，才算符合“任地待役”之律。

12. 荀子与社会调查

荀子（约前313—前238），名况，字卿，战国末期赵国人，著名思想家、政治家，儒家代表人物之一，韩非和李斯的老师。他曾游学于齐国，先后到过秦国、赵国，最后老死于楚国。著作集为《荀子》，其中有许多关于社会调查的重要思想。

（1）闻之、见之、知之、行之，才能明于事，达于数。《荀子·大略篇》曰：“凡物，有乘而来，乘其出者，是其反者也。”“智者明于事，达于数，不可以不诚事也。”这是说，任何事物的出现都有原因，它产生的地方，也就是它回归的地方。有智慧的人，要明察事物，通晓事物道理和变化规律，不可以不实事求是地对待它们。《荀子·儒效篇》云：“不闻不若闻之，闻之不若见之，见之不若知之，知之不若行之。学至于行之而止矣。”这是说，没有听到不如听到，听到不如见到，见到不如理解，理解不如实践。学以致用是最终目标。这些论述说明，荀子认为，任何事物、社会现象的出现都有其原因，要认识它们的原因和变化规律，就必须闻之、见之、知之、行之，实事求是地调查研究。荀子这种朴素唯物主义思想，是其社会调查思想的理论基础。

（2）事无大小多少，都要符合度数。《荀子·富国篇》云：“……众庶百姓则必以法数制之。量地而立国，计利而畜民，度人力而授事。使民必胜事，事必出利，利足以生民。皆使衣食百用出入相掩，必时藏余，谓之称数。故自天子通于庶人，事无大小多少，由是推之。”这是说，平民百姓一定要以法制、度数来治理。根据土地大小划分行政区域，根据财利多少养育百姓，按照人的能力授予职事。使百姓能够胜任要他做的事，而做事必须产生利益，获得的利益足以养活百姓。要使他们穿衣吃饭各项开支出入相抵，必须按时储藏剩余，这叫做符合度数。所以，从天子到平民，无论事情大小多少，都应按这样类推。显然，在荀子看来，要按照法制、度数来治理百姓，就必须以“量地”“计利”“度人”等调查研究方法和活动，来作为“立国”“畜民”“授事”的决策基础。

（3）各类官吏，都要掌握有关数据。《荀子·王制篇》云：“宰爵知宾客祭祀饷食牺牲之牢数，司徒知百宗城郭立器之数，司马知师旅甲兵乘白之数。”这是说，宰爵（主管宰杀牲畜的官员）要知晓和掌管接待宾客、祭祀礼仪时举行宴会宰杀祭品的数量；司徒（主管民政的官员）要知晓和掌管各个宗族、城镇陈设器物的数量；司马（军队的最高长官）要知晓和掌管军队、武器、战车、士兵的数量。如何“知”晓和掌管呢？这就离不开社会调查。这说明，荀子认为各类官吏都要通过调查研究来知晓和掌管各自领域的数据。

（4）如何观察一个国家的治乱与荣辱、一个君主的贤明与昏贪？《荀子·富国篇》云：“观国之治乱臧否，至于疆易而端已见矣。其候徼支缭，其竟关之政尽察，是乱国已。入其境，其田畴秽，都邑露，是贪主已。观其朝廷，则其贵者不贤；观其官职，则其治者不能；观其便嬖，则其信者不悫：是暗主已。凡主相臣下百吏之属，其于货财取与计数也，顺孰尽察；其礼义节奏也，芒轫僈楛：是辱国已。其耕者乐田，其战士安难，其百吏好法，其朝廷隆礼，其卿相调议，是治国已。观其朝廷，则其贵者贤；观其官职，则其治者能；观其便嬖，则其信者悫：是明主已。凡主相臣下百吏之属，其于货财取与计数也，宽饶简易；其于礼义节奏也，陵谨尽察：是荣国已。”这是说，观察一个国家的治乱好坏，到它的边境就可以看出端倪了。它的哨兵往返不断巡逻，它边境的关税征收十分严苛，就是混乱的国家。进入其国境，它的田地荒芜，城池破败，这个国家的君主一定贪婪。观察它的朝廷，其权贵者不贤良；观察它的官职，其官吏无才能；观察君主左右的亲信，其信任者并不诚实：这个国家的君主就是昏君。所有君臣上下官吏，对于钱财收支计算都斤斤计较，而对于礼义法度却茫然无知、马虎怠慢，这样的国家就是被人凌辱的国家。它的农夫乐于耕种，士兵不畏危难，百官依法办事，朝廷崇尚礼法，卿相协调商议国事，这样的国家就是治理得好的国家。观察它的朝廷，其权贵者贤良；观察它的官职，其官吏有才能；观察君主左右亲信，其信任者非常诚实：这个国家的君主就是圣明的君主。所有君臣上下官吏，对于钱财收支计算手续宽松简便，对于礼义法度十分严谨明察，这样的国家就是繁荣昌盛的国家。荀子把对乱国与治国，辱国与荣国，贪主、暗主与明主的判断，建立在对关键环节、重要事实深入观察的基础之上，是完全正确的，有很强的说服力。

（5）如何观察一个国家的强弱贫富？《荀子·富国篇》云：“观国之强弱贫富有征验：上不隆礼则兵弱，上不爱民则兵弱，已诺不信则兵弱，庆赏不渐则兵弱，将率不能则兵弱。上好攻取功则国贫，上好利则国贫，士大夫众则国贫，工商众则国贫，无制数度量则国贫。”这是说，观察一个国家的强弱贫富是有征兆的：君主不崇尚礼义兵力就弱，君主不爱惜百姓兵力就弱，已做的许诺不兑现兵力就弱，奖赏不逐渐增加兵力就弱，将帅无能兵力就弱。君主喜好攻占求取功劳国家就贫，君主好利国家就贫，士大夫众多国家就贫，工匠商人众多国家就贫，耗费钱财没有限度国家就贫。荀子对“兵弱”“国贫”原因的分析，不一定全面、正确，但是，他把主观判断建立在对客观事实调研的基础之上，却是很有见地的。

# 第二章　秦汉等朝代的社会调查

秦汉等朝代，是指秦朝、汉朝和三国、两晋、南北朝等朝代，其年代从公元前221年秦统一中国起，到公元589年隋灭南朝陈止，前后历时810年。

## 第一节　秦朝及其社会调查

### 一、秦朝——中国历史上第一个统一的中央集权王朝

秦于公元前770年建国，到公元前206年灭亡，历时564年。但是，在中国历史纪年中，秦朝一般从公元前221年统一中国算起，到公元前206年灭亡，历时仅15年。秦朝是中国历史上第一个统一的中央集权的封建王朝。

秦兼并六国后，秦始皇创立了君主专政、中央集权、官僚治理三位一体的中央官制，废除了分封制，代之以郡县制，打破了西周以来世卿世禄的世袭制，推行了车同轨、书同文、统一度量衡等措施，制定了缜密的《秦律》，建立了上计制度和监察制度，加强了对地方官吏的考核和监督，从而结束了自春秋以来五百多年的分裂局面，维护了国家统一，强化了中央集权，奠定了此后中国两千多年中央集权、多民族大一统封建政治体制的基本模式。

但是，秦始皇刚愎自用，冷酷无情，大兴土木，频繁征战，百姓负担沉重，官民矛盾尖锐。秦二世即位后，宦官赵高掌权，实行残暴统治，终于激起中国历史上第一次大规模农民起义和六国旧贵族复国运动，导致秦王朝覆灭。

### 二、秦朝的社会调查

1. 调查统计的机构和制度

秦朝从中央到地方建立的一套比较完整的官僚机构，同时也是一套比较系统的调查、统计机构。特别是“三公”中的御史大夫和“九卿”中的治粟内史，具有更多的调查统计职责。例如，御史大夫掌管全国图籍文书、监察百官，掌握着全国土地、人

口、官员政绩等方面的调查、统计资料。治粟内史掌管国家财政，下设掌管太仓、均输、平准、都内、籍田等部门的官吏，分别主管粮食、运输、物价、钱币出入、土地等方面的工作，承担着有关方面的调查统计职责。在地方上，郡县设有郡丞和县丞，主管本郡县文书、仓库、经济、司法等事务，负责编写向朝廷呈送的上计文书，他们都兼有本郡县调查、统计工作的职责。

上计制度，起源于春秋，完善于秦汉，它是秦朝最重要的调查统计制度。秦朝上计的内容比较全面，包括人口、户籍、垦田，以及钱谷收入和支出等。秦以十月为岁首，上计时间一般在九、十月，远地郡县多九月启程上报，到十月所有上计文书会齐，由御史大夫查核、审理并将结果报告皇帝，然后据此决定奖惩。例如，《秦律十八种·仓律》规定："稻后禾孰（熟），计稻后年。已获上数，别粲、穤（糯）秙（黏）稻。别粲、穤（糯）之襄（酿），岁异积之，勿增积，以给客，到十月牒书数，上内史。"①这是说，稻如在谷子之后成熟，应把稻计算在下一年账上。收获后上报产量时，应将籼稻和糯稻区别开来。要把用以酿酒的籼稻和糯稻区别开来，每年单独贮积，不要增积，用来供给宾客，到十月用牒写明数量，上报内史。这里的"上内史"，就是指十月向内史呈送上计文书。

2. 制定和实施《秦律》

秦国早在商鞅变法时，就曾根据李悝的《法经》制定律令，后来逐渐补充、修订，形成了更为缜密的《秦律》。《秦律》中有许多涉及调查、统计方面的规定，以及违反规定的各种惩处办法。不过，《秦律》早已佚失，其内容在史书上只有零星记载。1975年12月，湖北云梦睡虎地秦墓发掘出1 155枚竹简（见图2-1），另残片80片，是至今发现的最丰富的秦律文书，其内容分为十个部分：《编年记》、《语书》、《秦律十八种》、《效律》、《秦律杂抄》、《法律答问》、《封诊式》、《为吏之道》、《日书》甲种、《日书》乙种（其中，《语书》《效律》《封诊式》《日书》为原标题，其他为整理者拟定）。从《编年记》看，墓主人名"喜"，生于秦昭王四十五年（前262），历任安陆御史、令史，鄢令史及狱吏等职。《编年记》止于秦始皇三十年（前217），该年喜46岁。据医学鉴定，死者刚好是40多岁的男子。这些竹简，很可能是喜根据工作需要抄录的秦律文书。这些竹简中，《秦律十八种》202简，主要涉及农业、仓库、货币、贸易、徭役、置吏、军爵、手工业等内容；《封诊式》98简，主要是审判原则及对调查、勘验、审讯、查封等方面的规定和案例；《法律答问》210简，主要是对秦律的解释和诉讼程序的说明。

这些秦律有几个显著特点：一是革除旧法，规定了许多限制奴隶制的法律内容。二是维护集权，主要是维护中央集权的封建专制主义经济制度和官僚地主的特权。三是重法轻礼，继承先秦"法治"传统，通过焚书坑儒、以吏为师、以法为教等手段，厉行"法治"。四是体系繁杂，涉及社会诸多方面，内容琐碎，条目繁缛，许多法律条文概念不确切、互相重复或自相矛盾。五是刑罚严酷，死刑有弃市和磔，肉刑有斩足、

① 睡虎地秦墓竹简整理小组编：《睡虎地秦墓竹简》，41页，北京，文物出版社，1978。

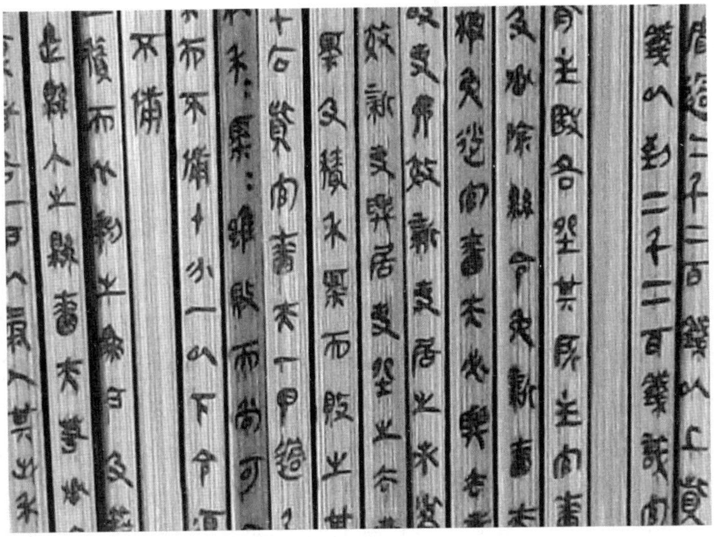

图 2-1　云梦睡虎地秦墓竹简

宫、劓、黥等，以及徒刑、迁刑、笞刑和赀（即用财物或劳役来赎罪）罚等。

3.“初令男子书年”与户籍调查和管理

秦国很重视人口调查与管理。据《史记·秦始皇本纪》记载，早在春秋战国时期，秦献公十年（前 375），秦国就开始实行“户籍相伍”制度，即以五家为单位编造户籍，并与兵役相结合的管理制度。秦孝公三年（前 359）和十二年（前 350），商鞅通过两次变法，更建立了一套完整的户籍管理制度：一是，人口登记、注销制度。《商君书·境内》曰：“四境之内，丈夫女子皆有名于上，生者著，死者削。”这是说，境内男女都要登记在册，死亡就注销。二是，立户、分户制度。《史记·商君列传》云：“民有二男以上不分异者，倍其赋。”这是说，户有二男而不分户者，都要加倍征收赋税。三是，禁止擅迁制度。《商君书·垦令》曰：“使民无得擅徙。”迁居者不申办“更籍”手续就要以匿逃罪惩处；四是，编户、连坐制度。《史记·商君列传》云：“令民为什伍，而相牧司连坐。”这是说，实行十户一什、五户一伍的编户制度，并互相检举违法行为，否则就要连坐问罪。

秦统一中国后，这些制度得到进一步完善，并迅速推广到全国。据《史记·秦始皇本纪》记载，秦王政十六年（前 231），“初令男子书年”，即开始命令男子登记年龄。当时，秦实行征兵制和劳役制，凡适龄男子必须在专门名册上登记，称为“傅籍”（颜师古注：“傅，著也。言著名籍，给公家徭役也”）。傅籍年龄从 17 岁（另一说为 15 岁）开始，60 岁为止（有爵位者止于 56 岁）。傅籍者一律服兵役两年，称“正卒”；此外，还要在本郡县服役一个月（担负修筑及运输等任务），到期更换，称“更卒”。

秦国的人口、户籍调查、管理非常严格，瞒报、错报者都要受到惩罚。《秦律杂抄》规定：“匿敖童，及占■（凡加■者，表示无法输入的古字，下同——引者注）[癃]（凡加 [] 者，表示异体字、假借字，下同——引者注）不审，典、老赎耐。●（凡有●者，表示原有空格，下同——引者注）百姓不当老，至老时不用请，敢为酢

（诈）伪者，赀二甲；典、老弗告，赀各一甲；伍人，户一盾，皆■（迁）之。”[1] 这是说，瞒匿成童，及申报残疾人不确实，里典、伍老（相当于后世的保甲长）要受赎耐（“赎”指以财物赎罪；“耐”从而，从寸，“而”指面颊，“寸”指法度、刑法，即指剃掉胡须两年的刑罚）。百姓不应免老（秦制无爵男子年六十不再服役，称免老），或已应免老而不加申报、敢弄虚作假的，罚两副铠甲；里典、伍老不加告发，各罚一副铠甲；同伍的人（即四邻），每户罚一盾，都要加以流放。惩罚之严厉，由此可见一斑。

秦国虽重视人口调查，但是，全国究竟有多少人口？没有文字留传下来。据《帝王世纪》记载：“然考苏、张之说，计秦及山东六国，戎卒尚存五百余万，推民口数，尚当二千余万。及秦兼诸侯，置三十六郡，其所杀伤，三分居二。”按此说法，秦初人口是“二千余万”，减去杀伤各“三分居一”，应为一千二三百万人。据现代历史学家估计，秦初“全中国人口约二千万左右”。由于秦始皇专制独裁、频繁争战，横征暴敛，大兴土木，“被征发造宫室坟墓共一百五十万人，守五岭五十万人，蒙恬所率防匈奴兵三十万人，筑长城假定五十万人，再加其他杂役，总数不下三百万人，占总人口百分之十五”[2]。如此高强度滥用民力，致使秦人口大幅下降，到“西汉初全国人口约有一千二百万至一千四百万，比秦朝减少了将近一半”[3]。此外。有人口学家认为，“从所见活动于社会上的丁壮仍有数百万来判断，秦初人口2 000万当属实情”[4]。

4. 人口迁徙调查与统计

秦兼并六国后，曾进行过几次大规模人口迁徙：一是，为防止原六国贵族复辟，秦始皇将六国贵族 12 万户强制迁徙到咸阳。富豪家庭规模一般较大，按每户 8 人计算，迁徙人口就达百万左右。二是，秦始皇二十八年（前 219），为看守立石刻碑、宣扬他统一业绩的琅邪台，迁徙 3 万户于琅邪山下（今山东青岛黄岛区）。三是，秦始皇三十五年（前 212），迁徙 3 万户于丽邑（今陕西临潼），5 万户至云阳（今陕西淳化），都靠近都城咸阳，便于监视。四是，秦始皇三十六年（前 211），迁徙 3 万户去北河、榆中（今内蒙古巴彦淖尔市、鄂尔多斯市），属于“以罪谪边”性质。这第二、三、四次迁徙，共 14 万户，按每户 5 人计算，共迁徙人口 70 万左右。四次迁徙合计，达 170 万人左右，约占秦国总人口2 000万的 8%以上。如此大规模迁徙，其人口调查、统计的规模也相当可观。

5. 兵役、劳役的调查与管理

秦统一中国后，既北征匈奴、南服百越，又大兴土木，动用兵役、劳役数量极其庞大。在兵役方面，秦有常备军和地方武装，总兵力在 100 万～200 万人之间，仅长城戍边就达 30 万人；“南戍五岭”达 50 万人。在劳役方面，筑长城动用民工 40 万，建阿房宫、骊山墓役使“罪人”70 万。为了控制辽阔国土，修建了由咸阳通往全国各地的驰道，东穷燕齐，南至吴楚，包括由咸阳经云阳直达九原（今内蒙古包头市）的直道

① 睡虎地秦墓竹简整理小组编：《睡虎地秦墓竹简》，143 页，北京，文物出版社，1978。
② 范方澜：《中国通史简编》，修订本，第二编，18 页，北京，人民出版社，1964。
③ 杨子慧、张庆五：《中国历代的人口与户籍》，24 页，天津，天津教育出版社，1991。
④ 路遇、滕泽之：《中国人口通史》，上册，75 页，济南，山东人民出版社，2000。

1 800里，以及从四川宜宾至云南昭通的五尺道。此外，为秦始皇出巡，在全国各地修建行宫700余座，以每座使用民工2 000人计，就达140万之众。有学者估计，秦始皇统治时期，总计动用壮丁400万人以上，约占全国总人口20%左右。[①] 秦始皇在短短十几年中，维持这样一支庞大军队，动用如此庞大民力，没有遍及各地的调查统计和冷酷无情的统治管理是不可能的。

6. “盗徙封”与土地私有

据《汉书·食货志》记载：秦用商鞅之法，“改帝王之制，除井田，民得买卖，富者田连阡陌，贫者无立锥之地”。这说明，秦已改变了过去的土地制度，废除了井田制，平民可以买卖土地，致使富者田连阡陌，贫者无立锥之地。《法律答问》中有这样一条问答：“‘盗徙封，赎耐。’可（何）如为‘封’？‘封’即田千佰。顷半（畔）‘封’殹（也），且非是？而盗徙之，赎耐，可（何）重也？是，不重。”[②] 这是说，“私自移封，应判处赎耐”。什么叫“封”？“封”就是田地的阡陌（《汉书·食货志》注：“阡陌，田间之道也，南北曰阡，东西曰陌”）。百亩田的田界是算做“封”，还是不算做“封”？如果私自移动，就判处赎耐，是否太重？算做“封”，判处并不算重。这一问答说明，秦的土地已经私有，并进行过丈量。因此，“盗徙封”就必然受到法律惩处。

7. “使黔首自实田”和农作物生长情况调查

土地面积和农作物生长情况，是秦朝征收赋税的基本依据，因此，朝廷很重视对土地面积和农作物生长情况的调查。据《史记·秦始皇本纪》记载，秦始皇三十一年（前216）“使黔首自实田”，就是命令百姓自己申报土地，并载于户籍。《秦律十八种·田律》规定：“雨为澍〈澍〉（凡加〈〉者，表示原有错字，一般在释文中随注正字，下同——引者注），及诱（秀）粟，辄以书言澍〈澍〉稼、诱（秀）粟及豤（垦）田暘毋（无）稼者顷数。稼已生后而雨，亦辄言雨少多，所利顷数。早〈旱〉及暴风雨、水潦、■（螽）■、群它物伤稼者，亦辄言其顷数。近县令轻足行其书，远县令邮行之，尽八月□□（凡加□者，表示不能补足的残缺字，下同——引者注）之。”[③] 这是说，下了雨和谷物抽穗，应立即书面报告受雨、抽穗顷数及已垦而未种田地顷数。禾稼生长后下了雨，也要立即报告降雨量及受益田地顷数。如有旱灾、暴风雨、涝灾、蝗虫及其他灾害损伤了禾稼，也要立即报告受灾顷数。距离近的县，责令走得快的人递送文书，距离远的县，责令驿站传送，八月底前送达。由于秦以十月为岁首，上计时间一般在九月，因此报告必须在八月底前送达。

8. 田租、徭役、口赋等调查

秦王朝赋税种类繁多，有田租、徭役、口赋等。田租按土地面积征收，而不管耕作与否。《秦律十八种·田律》规定：“入顷刍稿，以其受田之数，无豤（垦）不豤（垦），顷入刍三石、稿二石。刍自黄■及■束以上皆受之。入刍稿，相输度，可殹

① 参见路遇、滕泽之：《中国人口通史》，上册，74页，济南，山东人民出版社，2000。
② 睡虎地秦墓竹简整理小组编：《睡虎地秦墓竹简》，178页，北京，文物出版社，1978。
③ 睡虎地秦墓竹简整理小组编：《睡虎地秦墓竹简》，24～25页，北京，文物出版社，1978。

(也)。”① 这是说，每顷田地应缴刍（喂牲畜的草）稿（谷类植物的茎秆），按其受田数量缴纳，不论垦种与否，每顷缴纳刍三石、稿二石，刍从干叶和乱草够束以上均收。缴纳刍稿时，运来就可称量。据《汉书·食货志》记载：“至于始皇，遂并天下，内兴功作，外攘夷狄，收泰半之赋。”“又加月为更卒，已，复为正，一岁屯戍，一岁力役，三十倍于古；田租口赋，盐铁之利，二十倍于古。或耕豪民之田，见税什五。故贫民常衣牛马之衣，而食犬彘（指猪——引者注）之食。”这是说，秦始皇统一天下后，对内大兴土木，对外抵御异族入侵，向民众收取三分之二的赋税（汉时称三分之二为“泰半”）。再加上按月担任更卒，到了服役年龄，要守边一年，劳役一年，负担相当于古代的三十倍。田租、口税和花在盐铁上的钱，相当于古代的二十倍。如租种地主田地，还要交十分之五田租。因此，贫民常穿牛马之衣，吃猪狗之食。征收如此沉重的田租、徭役和口赋，没有对土地面积、人口及年龄的详细调查，是不可能实施的。

9. 物资、财产的调查和管理

秦朝对物资、财产的登记、管理与惩处，都有明确的法律规定。其中：

关于谷物、刍稿的入仓和出仓。《秦律十八种·仓律》规定：“入禾稼、刍稿，辄为廥籍，上内史。”② 这是说，谷物、刍稿入仓，就要记入仓的簿籍，上报内史。《秦律十八种·效》曰：“入禾，万【石一积而】（凡加【】者，表示原有残缺，据残笔或文例补足的字，下同——引者注）比黎之为户，籍之曰：‘其廥禾若干石，仓啬夫某、佐某、史某、禀人某。’是县入之，县啬夫若丞及仓、乡相杂以封印之，而遗仓啬夫及离邑仓佐主禀者各一户，以气（饩）人。其出禾，有（又）书其出者，如入禾然。”③ 这是说，谷物入仓，以一万石为一积而加以排列设置仓门，写上：“某仓贮有谷物若干石，仓啬夫某、佐某、史某、禀人某。”在该县入仓，由县啬夫或丞和仓、乡主管人员共同封缄，而给仓啬夫及乡主管禀给的仓佐各留一门，以便发放粮食。谷物出仓，也要记下出仓人的姓名，和入仓时一样。

关于衣服的发放和管理。《秦律十八种·金布律》规定：“受（授）衣者，夏衣以四月尽六月禀之，冬衣以九月尽十一月禀之，过时者勿禀。后计冬衣来年。囚有寒者为褐衣。……已禀衣，有余褐十以上，输大内，与计偕。”④ 这是说，发放衣服的，夏衣从四月到六月底发给，冬衣从九月到十一月底发给，过期不领不再发给。冬衣应记在下一年账上。囚犯寒冷可做褐衣。……发放衣服后，剩余褐衣十件以上，应送交大内，与每年账簿同时缴送。

关于钱币的封存和启用。《秦律十八种·金布律》规定：“官府受钱者，千钱一畚，以丞、令印印。不盈千者，亦封印之。钱善不善，杂实之。出钱，献封丞、令，乃发用之。”⑤ 这是说，官府收入钱币，一千钱为一畚（用木、竹、铁片做成的器具），用

① 睡虎地秦墓竹简整理小组编：《睡虎地秦墓竹简》，27～28页，北京，文物出版社，1978。
② 睡虎地秦墓竹简整理小组编：《睡虎地秦墓竹简》，38页，北京，文物出版社，1978。
③ 睡虎地秦墓竹简整理小组编：《睡虎地秦墓竹简》，98页，北京，文物出版社，1978。
④ 睡虎地秦墓竹简整理小组编：《睡虎地秦墓竹简》，66页，北京，文物出版社，1978。
⑤ 睡虎地秦墓竹简整理小组编：《睡虎地秦墓竹简》，55页，北京，文物出版社，1978。

令、丞的印封缄。钱数不满一千的，也应封缄。钱质好的和不好的，应装在一起。出钱时，要把印封先呈献给丞、令验视，然后启封使用。

关于仓库主管人员变动的交接。《秦律十八种·效》规定："啬夫免而效，效者见其封及隄（题），以效之，勿度县，唯仓所自封印是度县。终岁而为出凡曰：'某廥出禾若干石，其余禾若干石。'仓啬夫及佐、史，其有免去者，新仓啬夫，新佐、史主廥者，必以廥籍度之，其有所疑，谒县啬夫，县啬夫令人复度及与杂出之。禾赢，入之，而以律论不备者。"① 这是说，啬夫（管理仓库的小吏）免职要核验，核验者要看仓上的封缄和题识，可据以核验，不必再量，只称量原由仓主管人员独自封印的仓。到年末应统计出仓总数："某仓已出谷物若干石，尚余谷物若干石。"仓啬夫和佐、史，如有免职离任的，新任的仓啬夫，新任管仓的佐、史，必须根据仓的簿籍加以称量，如有问题，应向县啬夫报告，由县啬夫令人重加称量，并参加一起出仓。谷物多过应有数的，应交官，不足数的依法论处。

关于弄虚作假的惩处。《秦律十八种·效》规定："禾、刍稿积廥，有赢、不备而匿弗谒，及者（诸）移赢以赏（偿）不备，群它物当负赏（偿）而伪出之以彼（貱）赏（偿），皆与盗同法。大啬夫、丞智（知）而弗罪，以平罪人律论之，有（又）与主廥者共赏（偿）不备。"② 这是说，谷物、刍稿贮藏在仓库里，有超出或不足数情形而隐瞒不报，及种种移多补少、假作注销而用以补垫其他应赔偿的东西，都要与盗贼一样论处。大啬夫、丞知情而不加惩处，以与罪犯同等的法律论处，并和管仓者一直赔偿缺数。

关于物品差错的惩处。《效律》规定："数而赢、不备，直（值）百一十钱以到二百廿钱，谇官啬夫；过二百廿钱以到千一百钱，赀啬夫一盾；过千一百钱以到二千二百钱，赀官啬夫一甲；过二千二百钱以上，赀官啬夫二甲。"③ 这是说，清点物品数有超过或不足的，价值一百一十钱以上到二百二十钱，斥责该官府的啬夫；超过二百二十钱到一千一百钱，罚啬夫一盾；超过一千一百钱到二千二百钱，罚啬夫一甲；超过二千二百钱以上，罚啬夫二甲。

关于大误、小误的区分。《法律答问》规定："可（何）如为'大误'？人户、马牛及者（诸）货材（财）直（值）过六百六十钱为'大误'，其它为小。"④ 这是说，怎样算"大误"？错算人户、牛马以及价值超过六百六十钱的财货，为"大误"，其他为小误。

上述对物资、财产登记、管理与惩处的法律规定，都是以对有关对象的调查、统计为前提的。这些法律规定说明，秦朝对物资、财产的调查、统计和管理，相当严格、具体。

---

① 睡虎地秦墓竹简整理小组编：《睡虎地秦墓竹简》，99页，北京，文物出版社，1978。
② 睡虎地秦墓竹简整理小组编：《睡虎地秦墓竹简》，100页，北京，文物出版社，1978。
③ 睡虎地秦墓竹简整理小组编：《睡虎地秦墓竹简》，115～116页，北京，文物出版社，1978。
④ 睡虎地秦墓竹简整理小组编：《睡虎地秦墓竹简》，242页，北京，文物出版社，1978。

10. 司法与案件调查

关于司法调查。《封诊式·封守》中有一段“爰书”(即司法文书，包括检举笔录、试问笔录、现场勘验笔录、查封财产报告、追捕犯人报告等)：“以某县丞某书，封有鞫者某里士五(伍)甲家室、妻、子、臣妾、衣器、畜产。●甲室、人：一宇二内，各有户，内室皆瓦盖，木大具，门桑十木。●妻曰某，亡，不会封。●花板子大女子某，未有夫。●子小男子某，高六尺五寸。●臣某，妾小女子某。●牡犬一。●几讯典某某、甲伍公士某某：‘甲党(倘)有【它】当封守而某等脱弗占书，且有罪。’某等皆言曰：‘甲封具此，毋(无)它当封者。’即以甲封付某等，与里人更守之，侍(待)令。”[①] 这是说，根据某县县丞某的文书，查封被审讯人某里士伍甲的房屋、妻、子、奴婢、衣物、牲畜。甲的房屋、家人计有：堂屋一间、卧室两间，都有门，房屋都用瓦盖，木列架结构，门前有桑树十株；妻名某，已逃亡，查封时不在场；女儿大女子某，没有丈夫；儿子小男子某，身高六尺五寸；奴某，婢小女子某；公狗一只。查问里典某某、甲的四邻公士某某：“甲是否还有其他应加查封而某等脱漏未加登记？如果有，将是有罪的。”某等都说：“甲应查封的都在这里，没有其他应封的了。”当即将所封交付某等，要他们与同里的人轮流看守，等候命令。这一现场笔录说明，当时的司法调查、勘验和记录是相当详细的。

关于士卒逃亡的调查。《封诊式·覆》中记载了一个案件：“敢告某县主：男子某辞曰：‘士五(伍)，居某县某里，去亡。’可定名事里，所坐论云可(何)，可(何)罪赦，【或】覆问毋(无)有，几籍亡，亡及逋事各几可(何)日，遣识者当腾，腾皆为报，敢告主。”[②] 这是说，谨告某县负责人，男子某供称：“士卒伍，住在某县某里，逃亡。”请确定其姓名、身份、籍贯，曾犯有何罪，判过什么刑罚或经赦免，再查问还有什么问题，在簿籍上有几次逃亡记录，逃亡和逃避官府役使各多少天，派遣了解情况的人确实记录，将所录全部回报，谨告负责人。这说明，当时对士卒逃亡的调查、监视是很严格的。

11. 秦朝社会调查的方法

秦朝社会调查方法有如下几个特点。

(1) 采用定期逐级上报的方法。秦以十月为岁首，上计时间一般在九、十月间。郡、县编制计簿的调查、登记、统计工作，大都在此之前进行。郡、县距离中央政府所在地有远有近，远的一般九月启程上报，所有上计文书十月便可会齐。会齐以后，由御史大夫查核、审理，并将结果报告皇帝，以决定奖惩。

(2) 首创自己申报的调查方法。秦王政十六年(前231)，“初令男子书年”，即开始命令男子书写年龄；秦始皇三十一年(前216)，“使黔首自实田”，即指使百姓自报占有田亩数量，登记入户籍。这是中国古代人口、土地调查中最早使用的由被调查者自己登记的调查方法，此后为许多朝代所沿用。

---

① 睡虎地秦墓竹简整理小组编：《睡虎地秦墓竹简》，249页，北京，文物出版社，1978。

② 睡虎地秦墓竹简整理小组编：《睡虎地秦墓竹简》，250页，北京，文物出版社，1978。

(3) 严格的统一度量衡要求。秦孝公十八年（前 344），商鞅规定以“六尺为步”“二百四十步为亩”等一系列统一度量衡制度，并颁布标准的度量衡器，要求全国统一执行，否则就会受到严惩。例如，青铜器“商鞅铜方升”（见图 2－2），就是商鞅下令制作的标准量器。这个量器上刻有商鞅的铭文：“十八年（即秦孝公十八年——引者注），齐率卿大夫众来聘，冬十二月乙酉，大良造鞅，爰积十六尊（寸——引者注）五分尊壹为升。”这是说，升的容积为 16 又 1/5 立方寸。度量衡制的统一，不仅解决了调查、登记的标准单位问题，而且有利于统计汇总和对比研究，为提高调查、统计的准确性、可比性打下了良好基础。

图 2－2　商鞅铜方升

秦对度量衡器的要求非常严格，误差必须控制在一定范围内，否则就要受到惩处。《效律》规定：“衡石不正，十六两以上，赀官啬夫一甲；不盈十六两到八两，赀一盾。甬（桶）不正，二升以上，赀一甲；不盈二升到一升，赀一盾。”“斗不正，半升以上，赀一甲；不盈半升到少半升，赀一盾。半石不正，八两以上；钧不正，四两以上；斤不正，三朱（铢）以上；半斗不正，少半升以上；参不正，六分升一以上；升不正，廿分升一以上；黄金衡赢（累）不正，半朱（铢）【以】上：赀各一盾。”① 这是说，衡石（古代重量单位，一百二十斤为一石）不准确，误差十六两以上，罚该官府啬夫一甲；不满十六两而在八两以上，罚一盾。桶（古代量器）不准确，误差二升以上，罚一甲；不满二升而在一升以上，罚一盾。斗不准确，误差半升以上，罚一甲；不满半升而在三分之一升以上，罚一盾。半石不准确，误差在八两以上；钧（古代重量单位，合三十斤）不准确，误差在四两以上；斤不准确，误差在三铢（古代重量单位，二十四铢等于旧制一两）以上；半斗不准确，误差在三分之一以上；参不准确，误差在六分之一升以上；升不准确，误差在二十分之一升以上；称黄金用的天平砝码不准确，误差在半铢以上：均罚一盾。秦对度量衡器要求的严格程度，由此可见一斑。

① 睡虎地秦墓竹简整理小组编：《睡虎地秦墓竹简》，113～114 页，北京，文物出版社，1978。

（4）异距分组的应用。前述关于物品差错的惩处规定，就是按数量标志（差错大小）所作的异距分组：第一组，差错 110～220 钱；第二组，220～1 100 钱；第三组，1 100～2 200 钱；第四组，2 200 钱以上。可见，秦朝已出现了异距分组的应用。

上述几点说明，秦在社会调查的时间、方式、标准和统计分组等方面已有新的发展。

## 第二节　汉朝及其社会调查

### 一、汉朝——创建中国历史上第一个世界强国的王朝

汉朝，分为西汉和东汉。从公元前 206 年秦灭亡到公元 8 年为西汉，历时 214 年，传 14 帝。公元 9—24 年，为王莽篡权的新朝时期。从公元 25 年刘秀称帝到 220 年为曹魏取代，为东汉，历时 195 年，传 14 帝。汉朝鼎盛时期，是当时世界上最强大的国家之一。“汉”和“汉人”，已成为中华民族和中国人的代名词。

西汉，是中国历史上第二个大一统王朝。政治上，汉承秦制，加强中央集权，在地方实行“郡国并行制”或州郡县三级制，在《秦律》基础上制定《九章律》；经济上，实行轻徭薄赋、土地私有、重农抑商、盐铁专营、均输货物、平稳物价等政策；赋役上，有田租、口赋、算缗和告缗、更赋和徭役；外交上，派张骞出使西域，开辟丝绸之路；军事上，击败匈奴，并收复南越和朝鲜，使中国成为当时世界最强大的国家之一，史称“汉武盛世”。东汉时期，光武帝废除王莽弊政，加强中央集权，促进社会安定和经济发展，史称“光武中兴”。

在思想上，汉初，黄老思想独领风骚，武帝时先外儒内法，后罢黜百家，独尊儒术。文化上，出现了《史记》《汉书》《吴越春秋》《越绝书》《吊屈原赋》《治安策》《论贵粟疏》等一批名著。教育上，创设了太学，桓帝时太学生达 3 万人之众。科技上，发明了造纸术，出现了世界上第一台能预报地震的候风地动仪（见图 2-3），以及《太初历》《伤寒杂病论》《周髀算经》和《九章算术》等杰作。

图 2-3　张衡的候风地动仪

## 二、汉朝的社会调查

1. 编户制度和人口管理

据《史记·萧相国世家》记载："沛公至咸阳，诸将皆争走金帛财物之府分之，何（即丞相萧何——引者注）独先入收秦丞相御史律令图书藏之。"因为，这些"律令图书"可以帮助刘邦"具知天下戹塞（山川要塞——引者注），户口多少，强弱之处，民所疾苦者"。由此可见，丞相萧何高度重视对地理环境、户籍人口、社情民意等方面情况的掌握。

汉朝的"编户齐民"制度，既是户籍管理制度，又是赋税管理制度。它规定，凡是在朝廷控制范围内的居民，都必须按姓名、年龄、籍贯、身份、相貌、财富等项目登记，载入户籍，凡是被编入户籍的平民百姓，都被称为"编户齐民"。所有编户齐民，都要依据身份、资产多少承担不同的赋税、徭役和兵役。《汉书·食货志》上就有"市籍""侯籍"，以及"七大夫以上……皆复其身及户，勿事"的记载。所谓"市籍"，是指商人户籍；"侯籍"，是指官员户籍；"七大夫以上……皆复其身及户，勿事"，是指七大夫以上官员全户都不服徭役。这说明，当时的户籍制度等级森严，不同身份的人，户籍名册不同，承担的赋税、徭役也不相同。《居延汉简》中有这样的记载："……广昌里公乘礼忠，年卅。小奴二人直三万，用马五匹直二万，宅一区五万，大婢一人二万，牛车二辆直四千，田五顷五万，轺车二乘直万，服牛二六千，凡赀直十五万。""……居延西道里公乘徐宗年五十。妻，子男一人，男同产二人，女同产二人，宅一区直三千，田五十亩直五千，用牛二直五千，妻一人，子男二人，子女二人，男同产二人，女同产二人。"① 这些记载中，有籍贯，有住址，有户主姓名，有年龄，有性别，有人数，有与户主的关系，有财产的类别、数量和价值等，总之，征收赋税、派使徭役和兵役的基础资料一应俱全。

汉朝每年八月"算人"（核实户口），制作簿籍。户籍内容包括两部分：一是人户情况，如户主、人数，每个人的姓名、性别及年龄等；二是财产情况，如土地、房屋及其他财产。当时规定，凡原籍居民必须集中到县城当面接受检查核实。《后汉书·江革传》记叙了这样一个故事：建武末年，江革"与母归乡里，每至岁时，县当案比，革以母老，不欲摇动，自在辕中挽车，不用牛马，由是乡里称之曰'江巨孝'"。这是说，东汉光武帝建武末年（56），江革与母回归乡里，每到年终，县令案比（李贤注："案验以比之，犹今貌阅也"），江革母亲年老，忍受不了车子的颠簸，他亲自在车辕中驾车缓步慢行，而不用牛马拉车，送母亲去县衙核实户籍，乡里百姓见此情景非常感动，称他为"江巨孝"（"二十四孝"中的"行佣供母"，讲的就是这个故事）。这说明，汉朝"算人"非常认真，其调查数据比较可靠。

汉朝的户籍登记与管理非常严格，《户律》规定，凡任意迁徙者，隐瞒户口人丁

---

① 转引自陈直：《居延汉简研究》，440、443～444 页，北京，中华书局，2009。

者，户口上报不实者，逃亡躲避赋税征收者，一律按户律规定严惩。朝廷规定，户籍登记与管理状况，是考核地方官员工作好坏的一条重要标准。

2. 田亩与财产调查

无论西汉还是东汉，田租、刍稿税均按田亩征收。赋税的计算方法是，以亩为单位，先求出几年的平均收获量，然后乘以税率（十五分之一或三十分之一），算出征收数量。这种以收获量为依据课征赋税的方法，比较简单，却比较粗糙。据《后汉书·循吏列传》记载：东汉章帝“建初元年，（秦彭）迁山阳太守……每于农月，亲度顷亩，分别肥塉，差为三品，各立文簿，藏之乡县”。这种方法，虽然比较复杂，但是比较合理。建初三年（78），章帝在全国推广秦彭的方法，“诏度田为三品”，即命令全国丈量土地（见图2-4），依地力分为上、中、下三等，然后按照不同等级的田亩征收税赋。

图2-4　古代丈量土地的叉尺

汉朝征收田租，虽以产量为依据，但以面积为基础。因此，官府十分重视“度田”，基层官吏“每于农月，亲度顷亩”。《汉书·律历志》曰：“度者，分、寸、尺、丈、引也，所以度长短也。”汉承秦制，以“六尺为步”，“二百四十步为亩”。当时“度田”，往往精度到“步”。据有关史料记载，“顺帝建康元年（144）垦田为6 896 271顷56亩194步。冲帝永嘉元年（145）垦田为6 957 676顷20亩108步”[①]，就是证明。

为了加强租税控制，汉朝还专门设置了一种登记田亩、房产及其价值的经济文簿。文簿的内容，可从四川郫县犀浦出土的东汉残碑上的文字得到概略说明：

上君迁王岑鞠田……。舍六区，直四万三千。

属叔长……。田三十亩，质六万。

① 李惠村、莫日达：《中国统计史》，64页，北京，中国统计出版社，1993。

奴□、□□、□生、婢小、奴生，并五人，直廿万。[1]

这些记载说明，文簿的账目记有坐落位置、财产所有者姓名、财产名称、数量及其价值，落脚点是作为征收赋税主要依据的财产总值。前述《居延汉简》中关于广昌里公乘礼忠和西道里公乘徐宗的记载，也说明当时对财产价值的重视。

3. 光武帝对度田不实的惩处

东汉时期，度田不实的情况屡见不鲜。《后汉书·刘隆列传》记述了这样一件事：东汉光武帝建武十三年（37），“天下垦田多不以实，又户口年纪互有增减。十五年，诏下州郡检核其事，而刺史、太守多不平均，或优饶豪右，侵刻羸弱，百姓嗟怨，遮道号呼。时，诸郡各遣使奏事，帝见陈留吏牍上有书，视之，云：‘颍川、弘农可问，河南、南阳不可问。’帝诘吏由趣，吏不肯服，抵言于长寿街上得之。帝怒。时，显宗为东海公，年十二，在幄后言曰：‘吏受郡敕，当欲以垦田相方耳。’帝曰：‘即如此，何故言河南、南阳不可问?’对曰：‘河南帝城，多近臣，南阳帝乡，多近亲，田宅逾制，不可为准。’帝令虎贲将诘问吏，吏乃实首服，如显宗对。于是遣谒者考实，具知奸状。明年，隆坐征下狱，其畴辈十余人皆死。帝以隆功臣，特免为庶人”。这是说，建武十三年，天下开垦土地多不以实数上报，另外上报户口年纪各有增减。建武十五年（39），朝廷诏令各州郡考查核实垦田，而刺史、太守态度多不一样，有的厚待豪门大族，欺凌贫弱，百姓哀怨，拦路呼号。当时，各郡派使者上朝汇报政事，光武帝看到陈留官吏文书上写道：“颍川、弘农可问，河南、南阳不可问。”光武帝问这些字的来由，来吏不肯回答，后抵赖说是在长寿街上得到的。光武帝非常愤怒。当时显宗为东海公，十二岁，在幄幕后说道：“使者受郡守命令，应该是想拿开垦的土地相比方罢了。”光武帝说：“既然如此，为什么说河南、南阳不可追问呢?”东海公回答说：“河南是皇城，有很多皇上身边的臣子，南阳是皇帝故乡，有很多皇家亲戚，田地房宅超过规定，不能按标准办事。”光武帝令虎贲将盘问来吏，来吏才从实招认，正如东海公所回答的。于是派谒者考查核实，掌握了欺骗作假的情况。第二年，刘隆坐罪下狱，其同僚十多人被处死。光武帝因刘隆是功臣，特免死罪，贬为平民。这段记述说明，当时度田阻力相当大，光武帝为了“实田”，不惜处死十余位官吏，足以证明其保证如实征收赋税的决心。

4. “汉极盛”时的地、田和户、口

《汉书·地理志》云：“自高祖……讫于孝平，凡郡国一百三……地东西九千三百二里。南北万三千三百六十八里。提封田一万万四千五百一十三万六千四百五顷，其一万万二百五十二万八千八百八十九顷，邑居道路，山川林泽，群不可垦，其三千二百二十九万九百四十七顷，可垦不可垦，定垦田八百二十七万五百三十六顷。民户千二百二十三万三千六十二，口五千九百五十九万四千九百七十八。汉极盛矣。”[2] 按上

① 谢雁翔：《四川郫县犀浦出土的东汉残碑》，载《文物》，1974（4）。

② 上述总面积与后三类面积合计，相差2 046 033顷；“民户”数和“口”数，与表2-1总计的“户数”和“口数”也有一定差距，可能是原计算有误。参见梁方仲编著：《中国历代户口、田地、田赋统计》，747页，北京，中华书局，2008。

述数据计算，户均4.87人，67.61亩；人均13.88亩。据有关学者研究，汉朝一亩折合0.691 6市亩。因此，人均13.88汉亩应折合为9.6市亩。

中国经济史学家梁方仲根据《汉书·地理志》对103个郡国民户和口数的记载，整理出西汉各州户口情况如下（见表2-1）。

表2-1　西汉各州户口数、平均户口数及各州户口数的比重

| 州别 | 县数（个） | 户数（户） | 口数（人） | 每县平均户数（户/个） | 每户平均口数（人/户） | 户数占总计（%） | 口数占总计（%） |
|---|---|---|---|---|---|---|---|
| 总计 | 1 577 | 12 356 470 | 57 671 401 | 7 835.43 | 4.67 | 100.00 | 100.00 |
| 司隶 | 132 | 1 519 857 | 6 682 602 | 11 514.07 | 4.40 | 12.30 | 11.59 |
| 豫州 | 102 | 1 341 866 | 6 944 353 | 13 155.55 | 5.18 | 10.86 | 12.04 |
| 冀州 | 129 | 1 133 099 | 5 177 462 | 8 783.71 | 4.57 | 9.17 | 8.98 |
| 兖州 | 115 | 1 656 478 | 7 877 431 | 14 404.16 | 4.76 | 13.41 | 13.66 |
| 徐州 | 138 | 1 150 238 | 5 241 242 | 8 334.91 | 4.56 | 9.31 | 9.08 |
| 青州 | 119 | 959 815 | 4 191 341 | 8 065.67 | 4.37 | 7.77 | 7.27 |
| 荆州 | 115 | 668 597 | 3 597 258 | 5 813.87 | 5.38 | 5.41 | 6.24 |
| 扬州 | 93 | 710 821 | 3 206 213 | 7 643.24 | 4.51 | 5.75 | 5.56 |
| 益州 | 128 | 1 024 159 | 4 784 214 | 8 001.24 | 4.67 | 8.29 | 8.30 |
| 凉州 | 115 | 331 260 | 1 282 013 | 2 880.52 | 3.87 | 2.68 | 2.22 |
| 并州 | 90 | 450 432 | 1 926 876 | 5 004.80 | 4.28 | 3.64 | 3.34 |
| 幽州 | 162 | 880 667 | 3 714 656 | 5 436.22 | 4.22 | 7.13 | 6.44 |
| 朔方 | 84 | 313 733 | 1 673 450 | 3 734.92 | 5.33 | 2.54 | 2.90 |
| 交趾 | 55 | 215 448 | 1 372 290 | 3 917.24 | 6.37 | 1.74 | 2.38 |

资料来源：梁方仲编著：《中国历代户口、田地、田赋统计》，100页（正编第19页），北京，中华书局，2008。

上述户数和口数，为中国历史留下了第一个比较完整、准确的户、口数记录，也是世界上现存最古老、最完整、最精确的户、口调查记录。在2 000多年前，对分布在103个郡国的近6 000万人口进行调查和登记，其内容包括户口、应服兵役者和土地数目等内容，这在世界上很可能是绝无仅有的，堪称古代社会调查的典范。①

有人口学者指出，表2-1的人口数只是西汉统治区内编入户籍的人口数。除此以外，在西汉统治区内外的中国版图内，还有许多少数民族人口没有编入户籍。据这些人口学者研究，中国版图内没有编入户籍的少数民族人口，“西汉末不会少于500万。因而在平帝元始二年，中国人口总量少说也有6 500万”②。

5. 汉朝人口数的变化

汉朝前后历时400多年，期间人口数量出现过较大起伏。公元前206年西汉建立时，“全国人口约有一千二百万至一千四百万”③，经过两百多年发展，到平帝元始二年(2)，全国人口升至59 594 978人，增加了3～4倍。但是，西汉末年，由于王莽篡位，赤

① 参见葛剑雄：《中国人口发展史》，32～35页，福州，福建人民出版社，1991。
② 路遇、滕泽之：《中国人口通史》，上册，106～108页，济南，山东人民出版社，2000。
③ 杨子慧、张庆五：《中国历代的人口与户籍》，24页，天津，天津教育出版社，1991。

眉、绿林起义，社会动荡不已，再加上连年灾荒，致使人口急剧下降，到光武帝中元二年（57），人口降至21 007 820人，比平帝元始二年减少38 587 158人，下降了近2/3。

在中国史书上，东汉人口数多于西汉，但统计混乱，有些数据不符合历史事实，需要通过考证予以修正。据史书记载，公元57—157年，东汉户口、田地变化情况如表2-2所示。

**表2-2　　公元57—157年东汉户口、田地变化情况**

| 年号纪年 | 公元纪年 | 户数（户） | 人口（人） | 田地（亩） | 户均人口（人/户） | 人均汉亩（亩/人） | 折合市亩（亩/人） |
|---|---|---|---|---|---|---|---|
| 光武帝建武中元二年 | 57 | 4 279 634 | 21 007 820 | | 4.91 | | |
| 明帝永平十八年 | 75 | 5 860 573 | 34 125 021 | | 5.82 | | |
| 章帝章和二年 | 88 | 7 456 784 | 43 356 367 | | 5.81 | | |
| 和帝元兴元年 | 105 | 9 237 112 | 53 256 229 | 732 017 080 | 5.77 | 13.75 | 9.51 |
| 安帝延光四年 | 125 | 9 647 838 | 48 690 789 | 694 289 243 | 5.05 | 14.26 | 9.86 |
| 桓帝永寿三年 | 157 | 10 677 960 | 56 486 856 | | 5.29 | | |

注：折合市亩＝人均汉亩×0.691 6。

资料来源：《汉书·地理志》《后汉书·郡国志》《晋书·地理志》《帝王世纪》《通典·食货·历代盛衰户口》《东汉会要·民政上·户口》等。

据有关人口学家研究，由于种种原因，东汉实际人口数与表2-2的人口数有一定差距，经他们考证，其人口数的变化情况见表2-3。

**表2-3　　东汉时期人口数考证前后的变化**

| 年号纪年 | 公元纪年 | 史书记载的人口数（人） | 考证后的人口数（人） | 增减人口 | |
|---|---|---|---|---|---|
| | | | | 数量（人） | 比重（%） |
| 光武帝建武中元二年 | 57 | 21 007 820 | 29 084 850 | 8 077 030 | +38.45 |
| 明帝永平十八年 | 75 | 34 125 021 | 36 305 694 | 2 180 673 | +6.39 |
| 章帝章和二年 | 88 | 43 356 367 | 43 356 367 | 0 | 0.00 |
| 和帝元兴元年 | 105 | 53 256 229 | 53 256 229 | 0 | 0.00 |
| 安帝延光四年 | 125 | 48 690 789 | 57 683 654 | 8 992 865 | +18.50 |
| 桓帝永寿三年 | 157 | 56 486 856 | 65 000 000 | 8 513 144 | +15.07 |

资料来源：路遇、滕泽之：《中国人口通史》，上册，138页，济南，山东人民出版社，2000。

此外，再加上东汉时期中国版图内约700万少数民族人口，因此，东汉桓帝永寿三年（157）“我国境内总人口，可达7 200万以上”①。

应该指出，表2-1和表2-2的数据，都是官府的调查数据。由于不同帝王、不同时期的赋税制度不同，户口、田地调查的内容、对象、频率不同。因此，在认识、评估、使用上述数据时，必须明确这些调查有几个显著特点：

（1）以户籍、人口调查为主，土地、财产调查为辅。汉朝朝廷收入的来源，以口赋为主，田租为辅。口赋以及更赋、徭役等的征收和派使，都以户籍特别是人口为依

① 路遇、滕泽之：《中国人口通史》，上册，159页，济南，山东人民出版社，2000。

据，因而汉朝特别重视人口、户籍调查，一般定期举行，频率较高；土地、财产调查，往往作为附带项目列入户籍册中，而且频率较低，较长时间才进行一次。因此，人口、户籍调查数据较为丰富、具体，土地、财产调查数据较为贫乏、笼统。

(2) 户籍中的“民户”不包括“附户”或“客户”。从春秋战国开始，历代户籍调查中的“民户”，基本上是指占有田地的地主和农民，而不包括没有土地的佃户、雇农和外来户。由于佃户、雇农和外来户都靠租地耕种或给人帮工，只向地主交租或领取工钱，无须向官府缴纳赋税，因而他们一般以“附户”“客户”等名称记于“主户”之后，而不列入“编户”之内。因此，表2-1和表2-2的户、口数大大低于实际的户、口数。

(3) 地籍中的土地数、市籍中的财产数，往往低于实际拥有数。由于地籍中的土地数，是向土地所有者征收田租的主要依据；市籍中的财产数，是向商人征收赋税的主要依据，因而土地所有者和商人，特别是大地主、富商巨贾，往往通过行贿等手段收买地方官吏，尽可能以多报少、以优报劣，甚至以有报无，以达到偷漏或减轻赋税的目的。因此，官府调查的土地数、财产数，一般都大大低于实际拥有的数量。

6. 司马迁与《史记》

司马迁（前145或前135—约前87），字子长，夏阳（今陕西韩城，一说山西河津）人，伟大史学家、思想家、文学家。他撰写的《史记》，包括十二本纪、十表、八书、三十世家、七十列传，共130卷，52万余字，内容涉及上自黄帝下至汉武帝太初四年（前101）社会各个方面，真实、生动地再现了近3 000年的历史，被誉为“实录”。

司马迁出生在一个史官世家，少儿时“耕牧河山之阳”，陶冶秀丽山川，体验民间疾苦。十岁学古文，汉武帝元封三年（前108）任太史令，破书万卷，熟读经史，重视社会调查。据《史记·太史公自序》记载，他先后做过三次大规模实地调查，足迹遍及大半个中国：一是，“二十而南游江、淮，上会稽，探禹穴，窥九疑，浮于沅、湘，北涉汶、泗，讲业齐、鲁之都，观孔子之遗风，乡射邹、峄，戹困鄱、薛、彭城，过梁、楚以归”。这次南游，他先后考察了今豫、鄂、湘、江、浙、皖、鲁等区域，搜集了有关禹崩会稽、舜葬九嶷、屈原沉江、勾践卧薪、韩信受辱、楚汉相争、孔子遗风、信陵君礼贤下士等方面的史实。二是，汉武帝元朔六年（前123）考为郎中（皇帝侍卫官）后，曾侍从武帝巡视西北扶风（陕西）、平凉（甘肃），西南巴蜀、昆明等地，对西北、西南少数民族做了许多实地考察。三是，汉武帝元封元年（前110）侍从武帝泰山封禅，随后沿东海，北至碣石（今辽宁兴城或河北昌黎）、辽西（今辽宁义县或河北迁西）、九原（今包头西），绕道长城塞外回到长安。这些游历、巡视和考察，为撰写《秦始皇本纪》《孝武本纪》《封禅书》《河渠书》《齐太公世家》《越王句践世家》《孔子世家》《魏公子列传》《屈原贾生列传》《蒙恬列传》《淮阴侯列传》《西南夷列传》《司马相如列传》《货殖列传》等篇章搜集了许多资料，打下了良好基础。例如，在韩信故乡淮阴，搜集了许多有关韩信的故事；在曲阜瞻仰了孔子墓，与当地儒生一起揽衣挽袖，学骑、射、古礼，以表达对孔子的纪念；在孟尝君的故乡薛城，走乡串巷，了解当地民风民俗与孟尝君好客养士的关系等。总之，司马迁在漫游、巡视过程中总是深入民间、接触群众，搜集了许多在古籍中不可能得到的真实故事，领悟了许多对历史、社会、人生的深刻认识。这说明，《史记》之所以被称为“信史”“实录”，就在于它把破万卷书与行万里路结合了起来，实际上是文献调查与实地考察相结合的产物。

司马迁的社会调查思想和方法，有许多独特之处，其中较突出的是：

(1)“涉猎广博”“驰骋古今”的搜集资料原则。司马迁既通过文献调查，广泛搜集宫廷收藏的各种藏书、历代档案，又通过个人漫游和侍从武帝巡视，到各处实地考察和访问，搜集各类见闻、轶事，从而为他撰写《史记》提供了丰富资料。正如《汉书·司马迁传》所说：“其涉猎者广博，贯穿经传，驰骋古今，上下数千载间，斯以勤矣。”

(2)“不虚美，不隐恶”的“实录”精神。司马迁不仅广泛搜集资料，而且正确选择、慎重使用资料，实事求是评价资料，用实地考察所得来修正、补充资料。《史记》中有许多揭露社会矛盾、批判汉儒、谴责叛乱的内容，深受史学界好评，班固称其“辨而不华，质而不俚，其文直，其事核，不虚美，不隐恶，故谓之实录。”(《汉书·司马迁传》)

(3)“原始察终，见盛观衰”“承敝通变”的研究方法。《史记·太史公自序》中所说的“原始察终”，是指探究事物的起始和终结；“见盛观衰”，是指在兴盛中看到衰败；“承敝通变”，是指趁衰败行变革。司马迁撰写《史记》，不只是记叙历史事件和人物，而是要探究历代王朝成败兴亡的征兆、过程和原因，指出变革的方向和趋势。例如，《史记·十二诸侯年表》列举从西周共和元年（前841）到孔子逝世（前479）的362年间发生在周朝廷与十二诸侯国的历史大事，就是为“见盛观衰”“承敝通变”提供历史依据。

(4)“究天人之际，通古今之变”的调研目的。《汉书·司马迁传》曰：“网罗天下放失旧闻，考之行事，稽其成败兴坏之理，凡百三十篇，亦欲以究天人之际，通古今之变，成一家之言。”这说明，司马迁广泛调研，收集天下史籍传闻，考证前人事迹，稽查他们成败兴衰的道理，撰写《史记》的目的，就是想从哲学高度探究天道（客观规律）与人事之间的关系，从历史视角总结历代王朝的经验教训，通晓古今变化的道理，从而形成一家之言。

(5)谱系表格，删繁留要的叙述方法。司马迁在《史记·十二诸侯年表》中，不仅编制了十个叙述历史事件和历史人物的表格，而且说明了他对谱系表格的看法：“儒者断其义，驰说者骋其辞，不务综其终始；历人取其年月，数家隆于神运，谱谍独记世谥，其辞略，欲一观诸要难。于是谱十二诸侯，自共和讫孔子，表见《春秋》《国语》学者所讥盛衰大指著于篇，为成学治古文者要删焉。”这是说，儒家断截某些含义，游说者取某些文词，而不去全面考察历史过程；历法家取用其年月，阴阳家突出神通气运，谱牒者只记世系谥号，他们的文字都很简略，想从他们那里了解历史要义非常困难。于是，司马迁编写十二诸侯年表，从共和到孔子辞世，把《春秋》《国语》所记载，学者所关注的盛衰大事都写在年表中，为成就学业、研治古文的人删繁留要。在司马迁看来，谱系表格的叙述方法，一可删繁留要，简明反映主要历史事件或人物；

二可系统排列重要资料，便于观览和比较；三可综合研究，观察王朝兴盛衰亡和治国之道。这些看法，至今仍有重要参考价值。

7. 班固与《汉书·地理志》

班固（32—92），字孟坚，扶风安陵（今陕西咸阳）人，史学家、文学家。16 岁入太学，博览群书。其父班彪曾著《史记后传》。父死承其业，续写《史记后传》。明帝时，与人共撰《世祖本纪》，后受命编写《汉书》。章帝时，任玄武司马，建初（76—83）初年基本完成我国第一部纪传体断代史《汉书》。后因窦宪案，受牵连死于狱中。

班固生活在汉朝国家统一、经济发达、版图辽阔、陆海交通比较方便的时代，朝廷和社会迫切需要地理知识，而当时对地理情况的了解已大大超过《禹贡》时代，因此《地理志》应运而生。《汉书·地理志》正文部分，按西汉平帝元始二年（2）的政区，以郡为纲、以县为目，叙述了 103 个郡国及所辖1 587个县的建置沿革、户口统计、山川泽薮、水利设施、古迹名胜、要邑关隘、物产、工矿、垦地等内容。这种以政区为框架的《地理志》，不同于以山川自然界线来划分九州的《禹贡》等地理著作，它体现了班固以人文地理为中心的地理观。在正史中专列《地理志》，特别是政区《地理志》，是《汉书》的首创，为后代所仿效。

《汉书》是西汉断代史，但《地理志》的内容却超出了西汉，涉及各郡国的古代历史、政区沿革等，记载了大量自然、人文地理资料。有学者统计，《汉书·地理志》正文中记载有 480 个川渠，59 个泽薮，300 多条水道的源头、流向、归宿和长度，153 个重要山岳，139 处工矿物产、位置分布，屯田记录，水利渠道建设，113 个包括首都长安、各郡国、重要侯国、邑、道等治所及县的户数、人口统计资料，陵邑、祖宗庙、神祠的分布，具有历史意义的古国、古城及其他古迹，重要的关、塞、亭、障的分布，以及通塞外道路等，还记载了一条从今徐闻西出发到印度南部和斯里兰卡的航海线，并对沿途各地地理现象做了记载。这些资料说明，《汉书·地理志》虽不是班固个人直接调查的记录，但却是他和他的前人实地考察、研究的产物。因此，从总体上看，它是实地调查和文献调查的结晶。

8. 贾谊、晁错、桑弘羊与社会调查

贾谊（前 200—前 168），河南洛阳人，政论家、文学家。他少年有为，刻苦学习，博览群书，注重经济、政治情况调查。他的著名政论文《论积贮疏》和《治安策》，可说是两篇对策性调研报告。在《论积贮疏》中，贾谊针对当时社会上出现的弃农经商等现象，主张实行重农抑商政策，发展农业生产，加强粮食贮备，预防饥荒，以达到安百姓、治天下、巩固汉王朝统治的目的；在《治安策》中，贾谊针对西汉王朝面临的以匈奴为代表的少数民族与汉王朝、诸侯割据势力与朝廷、广大农民与地主及大工商业者这三大矛盾，提出采用“三表”“五饵”之术，“众建诸侯而少其力”，以及定礼制、定地制等方针予以应对。汉文帝肯定了他的这些看法和建议，并付诸实施，收到了较好效果。

晁错（前 200—前 154），颍川（今河南禹州）人，年轻时习法家，后被选拔读

《尚书》，可说是学贯儒法。文帝时，为太子家令，有辩才，号称“智囊”；景帝时，先后任内史、御史大夫。晁错发展了汉高祖的“重农抑商”政策，他的《论贵粟疏》是继《论积贮疏》后的又一重要文献。他从实际出发，提出用粮食做赏罚手段、颁发“纳粟绶爵令”、改十五税一为三十税一，以及免除田租等主张，减轻了农民负责，缓解了阶级矛盾，促进了农业发展。但是，他的“削藩”主张引起了诸侯不满，未能被景帝采纳，而且在“七国之乱”中，在众多诸侯“请诛晁错，以清君侧”的威逼下，他被腰斩于西安东市。

桑弘羊（前152—前80），洛阳人，出身商人家庭，自幼心算才能出众，能“言利事，析秋毫”，深得汉武帝赏识，历任大司农、御史大夫等职，统管朝廷财政近40年。与贾谊、晁错“重农抑商”的主张不同，桑弘羊面对争战频繁、西域开拓、财政需求大增等实际情况，在中国历史上第一个提出了不依靠农业富国的思想。他在《盐铁论》中指出：“圣贤治家非一宝，富国非一道。”“富国何必用本农，足民何必井田也?”他在调查研究的基础上，先后实施了盐、铁、酒官营，以及均输、平准、算缗、告缗、统一铸币等经济政策，满足了汉武帝浩繁的财政需求。后因与权臣霍光政见有分歧，被卷入谋反事件而被处死。

9. 徐干、仲长统与人口调查

徐干（170—217），字伟长，北海剧县（今山东寿光）人，汉魏间文学家、哲学家，其政论性著作《中论》中有一篇中国历史上罕见的论述人口问题的专章《民数》。徐干说：“民数者，庶事之所自出也，莫不取正焉：以分田里，以令贡赋，以造器用，以制禄食，以起田役，以作军旅。国以之建典，家以之立度，五礼用修，九刑用措者，其惟审民数乎!”这是说，涉及庶民的许多事情，莫不取决于掌握正确的“民数”，例如，分配土地，确定贡赋，制造兵器与农具，规定官吏俸禄，派使劳役和兵役，以及国家建立法典，家庭确立规矩，修订五礼，使用九刑等，都要以“民数”为依据。因此，徐干认为：“治平在庶功兴，庶功兴在事役均，事役均在民数周，民数周为国之本也。”这是说，社会安定在于民生兴旺，民生兴旺在于劳役公平，劳役公平在于民数周全，因此，民数周全是治理国家的根本。徐干把民数周全提高到“为国之本”的高度，足见他对人口调查和管理的重视。为了“民数周”，徐干提出要仿效周朝六乡六遂之法，加强人口的调查和管理。

仲长统（179—220），字公理，山阳郡高平（今山东省邹城、金乡）人，哲学家、政论家。他出身中下层地主家庭，少时好学，20岁开始游学于当时战乱频繁的今山东、安徽、江苏、河南、河北、辽宁一带，目睹民生凋敝、战火纷飞、“白骨露于野，千里无鸡鸣”的场景。他在《损益篇》中提出了16条“政务”原则，其中第一条就是“明版籍以相数阅”，即清查户口，弄清户口数量。他认为，以“明版籍以相数阅”为首的这16条原则，只要“操之有常”，坚持下去，就能收到好的效果，这是“圣人复起，不能易也”（《后汉书·仲长统列传》）的原则。这说明，仲长统非常重视人口的调查和统计。

10. “建安七子”与社会调查

建安（东汉献帝年号，196—220）时期，既是政治大分裂、社会大动荡、军阀大混战的时期，又是思想大解放、文学大发展的时期。这个时期，“俊才云蒸，作家辈出”，是中国文学史上光辉灿烂的时期之一。当时，曹操掌控东汉政治大权，形成了以曹氏父子（曹操、曹丕、曹植）为代表的建安文学。“建安七子”，是指建安年间除曹氏父子之外的七位文学家：孔融、陈琳、王粲、徐干、阮瑀、应玚、刘桢。他们战时大多随军，饱经战乱之苦，广泛接触社会，了解社情民意，后相继奔往邺城，习文作诗，抒发情怀，写征战之苦，述社会之乱，相互批评、磋商，繁荣了建安文学，留下了“建安风骨”这一宝贵精神财富。例如，陈琳的《饮马长城窟行》，假借秦代筑长城故事，揭露当时繁重徭役给民间带来的苦难，尤为深刻；王粲的《西京乱无象》（《七哀诗》之一），写他由长安避乱荆州途中所见饥妇弃子场面，深刻揭露了军阀混战造成的惨相及人民遭受的深重灾难，触目惊心；阮瑀的《驾出北郭门行》，描写了孤儿受后母虐待的苦难遭遇，形象生动感人。可以说，广泛、深入的社会调查与研究，是“建安七子”文学成就的重要基础。

11. 官渡之战与“知己知彼”

曹操（155—220），政治家、军事家、文学家、书法家，深通兵法，撰《兵书接要》，注《孙武兵法》十三篇，深知“知己知彼”才能“百战不殆”。东汉献帝建安五年（200），袁绍率大军向曹操发动进攻，两军相持于官渡（今河南中牟东北）。当时，曹操的兵力远不及袁绍，地盘小，物资短缺。但是，他在周密调研的基础上，胸有成竹地对众将说：“吾知绍之为人，志大而智小，色厉而胆薄，忌克而少威，兵多而分画不明，将骄而政令不一，土地虽广，粮食虽丰，适足以为吾奉也。”（《三国志·魏书·武帝纪》）由于曹操正确分析了形势，做到了知己知彼，经过一年多对峙，终以两万左右兵力击破十万袁军，成为中国历史上以弱胜强、以少胜多的典型战例。曹操取胜的原因很多，其中最重要的一条就是：重视调查研究，既知道袁绍的为人（志向远大却缺少智慧，表面威严却胆小怕事，忌讳别人才智而自己没有威严），又知道袁军的弱点（兵多却没有很好地组织，将领骄横、缺乏统一指挥），因而采用正确战略战术，终于赢得了胜利。毛泽东把官渡之战列为中国历史上“双方强弱不同，弱者先让一步，后发制人，因而战胜”[①] 的著名战例之一。

12.《越绝书》与社会调查

《越绝书》是一部奇书，在它的成书年代、作者和书的性质等问题上，历史上存在着许多不同看法。关于成书年代，主要有春秋战国说、西汉东汉说、西晋说等；关于作者，主要有子贡说、子胥说、袁康说、袁康吴平说等；关于书的性质，主要有历史书、兵书、复仇之书、经世致用之书、中国地方志之鼻祖等说法。

从《越绝书》的内容看，该书记述了春秋战国时期吴越两国的历史，上溯夏禹，下迄两汉，旁及诸侯列国，涉及政治、经济、军事、天文、地理、历法、语言等许多领域，特别是较详细地叙述了伍子胥、子贡、范蠡、文种、计倪等人的外交军事活动，保存了吴、越地区东汉以前的许多史料，有的为《史记》所采用，如句践行计倪、范

① 《毛泽东选集》，2版，第1卷，204页，北京，人民出版社，1991。

蠡之术等，可与《左传》《国语》的记载互相印证，补充其不足。《越绝书·越绝外传记宝剑》中关于欧冶子等为越王铸五口宝剑、为楚王铸三口宝剑都锋利无比的记载，均为后来的考古发掘所证明。这说明，《越绝书》的主要内容不仅真实、可靠，而且非常宝贵，是前人艰辛调查研究的产物。

《越绝书》中的《越绝外传记吴地传》，较详细地记述了春秋战国及秦汉时期，吴国的城池、宫殿、山川、湖泊、田畴、陵墓等方面的情况和变化，反映了吴国开发、繁荣及其一度称霸的发展历程。同样，《越绝外传记（越）地传》也较详细地记述了同一时期越国的地理环境和早期开发的历史，真实地记录了越国曾经辉煌和发生过的重大历史事件。因此，这两个部分历来为研究者所重视。万历《绍兴府志》卷五十八称："《地传》具形势、营构始末、道里远近，是地志祖。"清毕沅认为："一方之志，始于《越绝》。"中国地方志专家朱士嘉在《宋元方志传记》序中说："《越绝书》是现存最早的方志。"历史地理学家陈桥驿认为："卷二《吴地卷》和卷八《地卷》两篇，不仅把句吴和于越两国国都及其附近的山川形势、城池道路、宫殿陵墓、农田水利、工场矿山等记载得十分详尽，而且写出了这两个不同地区即太湖流域和会稽山地的地理特征……无疑为宋代及其以后的地方志编纂开创了范例。"① 总之，从地方志视角看，《越绝书》不仅是浙江最早的地方志，而且是国内现存最古的地方志，因而被誉为"地方志鼻祖"，是最早按一定体例全面记载某一时期某一地域的自然、经济、政治、文化、社会等方面情况或特定事项的调查研究文献。

13. 调查和计算技术

汉朝在调查和计算技术方面，有许多新的进展。

（1）实行了以货币为计量单位的调查和统计。夏、商、周虽已使用货币，但各诸侯国货币制度不同，使用的货币也不相同。秦统一中国后，废除了各种地方货币，实现了全国货币的首次统一，规定以黄金为上币，主要供上层统治阶级使用，以铜铸币——圆形方孔（体现古人天圆地方的宇宙观）半两圜钱为下币（见图 2-5），主要供民间日常交易使用。但是，秦朝历史短暂，少有以货币为计量单位的调查统计资料。由于使用实物量度无法加总和计算，因而秦汉之交人们逐渐学会以货币为单位进行综合考核，到西汉时期，以货币作为计量单位的事例逐渐增多、扩大。例如，西汉官厅设置的"钱出入簿"，就是以钱为计量单位核算的。这样，就可以把各种不同实物计量单位统一起来，进行综合考核了。前述《居延汉简》中，"宅一区直三千""田五十亩直五千""用牛二直五千"就是用货币计量的。它说明，两汉时期以货币为计量单位进行调查和计算已获得较大进展。

（2）扩大了统计分组法的应用范围。汉章帝建初三年（78），"诏度田为三品"，即按地力厚薄分全国土地为上、中、下三等；《汉书·地理志》，把汉代土地分为"不可垦、可垦不（未）垦、定垦田"三组，等等。这说明，分组法的应用范围已有所扩大。

① 转引自张仲清：《越绝书译注》，17～18页，北京，人民出版社，2009。

图 2－5　秦币“半两”

（3）推广了表的应用。司马迁在《史记》中使用了十个表，即《三代世表》《十二诸侯年表》《六国年表》《秦楚之际月表》《汉兴以来诸侯王年表》《高祖功臣侯者年表》《惠景间侯者年表》《建元以来侯者年表》《建元已来王子侯者年表》《汉兴以来将相名臣年表》；班固、班昭（49—120）在《汉书》中制作了八个表，即《异姓诸侯王表》《诸侯王表》《王子侯表》《高惠高后文功臣表》《景武昭宣元成功臣表》《外戚恩泽侯表》《百官公卿表》《古今人表》。这些表，具备了总标题、纵栏目、横栏目、排列顺序等表的基本要素。它说明，表的应用有了逐步推广的趋势。

（4）《九章算术》奠定了统计方法的数学基础。完成于东汉和帝时期（89—105）的《九章算术》，全书共 246 个应用题，分为方田、粟米、衰分、少广、商功、均输、盈不足、方程、勾股等九章。其命题包括：田亩计算、土地测量、粟米交换、比例分配、仓库体积、土方计算、赋税摊派等。在这些问题的解答中，应用了分数计算法、比例计算法、开平方、开立方、二次方程和联立一次方程，提出了负数概念和正负数加减法等。它标志着中国古代数学的高度发展，奠定了古代调查和统计方法的数学基础。

## 第三节　魏晋南北朝及其社会调查

### 一、三国、两晋、南北朝——中国历史上又一个分裂时期

魏晋南北朝时期，从 220 年曹丕称帝起，到 589 年隋灭南朝陈为止，历时 369 年。

它包括三国（220—280）、两晋（265—420）、南北朝（420—589）三个历史阶段，是秦、汉与隋、唐大一统局面之间的分裂时期。

三国的政治、经济体制与秦汉大体相同。西晋政治上，实行三省制、分封制、士族门阀制，及州郡县三级行政制；经济上，实行占田、课田和户调制度；军事上，实行封国领兵制。南朝出现“三省六部制”雏形，南方士族地主多采取田庄形式。北魏统一北方后，推行均田制、新租调制和三长制，使北朝经济得到恢复和发展，形成北强南弱局面。北魏孝文帝实行汉化政策，促进民族融合。社会上，门阀士族制由盛转衰，社会分化为贵族、良民、贱民三大等级，矛盾尖锐。晋及十六国时期，北方民族逐渐融合，经济曲折发展。魏晋南北朝前，黄河流域一直是中国政治、经济、文化中心。两晋南北朝时期，中原人口五次大规模南迁，对开发南方起了很大的促进作用，并为隋唐以后全国经济中心南移奠定了基础。

魏晋南北朝时期，既是社会动荡时期，又是思想解放、文化多元发展时期。这个时期，儒学发展，玄学风靡，佛教传入，道教成熟，形成了以儒学为主体的儒、玄、佛、道相互交融，多元发展的新局面。史学成果丰硕，出现了与《史记》《汉书》合称为“前四史”的《后汉书》和《三国志》，以及许多地方史、国别史、人物传记等著作。科学技术上，天文、地理、历法、农学、医学、算术等方面都有重要发展。特别是裴秀开创的“制图六体”和制作的《禹贡地域图》、郦道元撰写的《水经注》、贾思勰的《齐民要术》，对中国古代地图绘制学、地理学、农学及农学史、食品加工与贮藏、野生植物利用等领域的发展产生了重大影响。

## 二、三国时期的社会调查

### 1. 曹魏的租调制与户数调查

曹操统一北方后，一方面，实行屯田制，以取得军队供养和税粮；另一方面，废除秦汉以来征收的算赋、口赋等人头税，改行租调制。这是因为，东汉后期沉重的人头税，再加上连年征战，致使人口流离，簿籍散失，已失去了征收人头税的根据。而租调制的“租”，是指田租，以田亩面积为依据，按户计算，每亩每年纳粟四升；“调”是指户调，以户为单位，每户每年缴纳绢二匹、绵二斤。这一政策大大减轻了农民负担，得到了民众拥护。

由于租调均以户为单位计征，因此，官府非常重视户数调查。为了增加户数，魏国曾采用掠取降民、招徕流民等办法补充民籍。《三国志·魏书·王基传》曰：“王基随征南王昶击吴。……纳降数千口。于是移其降民，置夷陵县。”《三国志·魏书·卫觊传》中载有卫觊给荀彧的信，卫在信中说：“关中膏腴之地，顷遭荒乱，人民流入荆州者十万余家，闻本土安宁，皆企望思归。”并提出招徕流民建议，被魏太祖采纳，因而民口数量大增。魏国是三国中民口最多的国家，据《通典·食货典》记载，魏元帝景元四年(263)，“有户六十六万三千四百二十三，口有四百四十三万二千八百八十一”。灭蜀后民口增至“户九十四万三千四百二十三，口五百三十七万二千八百八十一”。

2. 蜀汉的户籍制度

蜀国很重视户籍调查和管理，它的户籍制度有几个特点：一是，民籍、兵籍和吏籍分别登记和计算。例如，《三国志·蜀书》卷三注，刘禅“遣尚书郎李虎送士民簿，领户二十八万，男女口九十四万，带甲将士十万二千，吏四万人”。这说明，当时的民口、将士和官吏，是分别记载和统计的。二是，令游民与漏户者自报户籍。《三国志·蜀书·吕乂传》曰，蜀郡太守吕乂采用“开喻劝导”方法，使漏脱户口者自行申报，“数年之中，漏脱自出者万余口”。三是，恢复“起事”农民的户籍。据《三国志·蜀书·李严传》记载，“盗贼马秦、高胜等起事于郪，合聚部伍数万人”，蜀将李严率将士前去征讨，斩了马秦、高胜的首级，“枝党星散，悉复民籍”——就是把“枝党”全部恢复为民籍。

3. 孙吴的户籍管理

孙吴的户籍管理制度，与蜀汉相近。《三国志·吴书·三嗣主传》注引《晋阳秋》云：“濬收其图籍，领州四，郡四十三，县三百一十三，户五十二万三千，吏三万二千，兵二十三万，男女口二百三十万……”可见，当时吴国的吏籍、兵籍与民籍也是分别登记的。此外，吴国也千方百计扩充户籍，甚至把降服的“贼”众列入“县户”。《三国志·吴书·陆逊传》曰：“遂部伍东三郡，强者为兵，羸者补户，收精卒数万人。”又如，《三国志·吴书·贺齐传》云：“豫章东部民彭材、李玉、王海等起为贼乱，众万余人。齐讨平之，诛其首恶，余皆降服。拣其精健为兵，次为县户。”这说明，孙吴为了增加户籍、扩充兵源，无论盗贼、降兵，只要可用于生产或征战，就都搜罗为民户。

4. 三国时期的户口调查与统计

史书上关于三国户口的记载，多有矛盾之处。《通典·食货典》的记载是：263 年，三国的总人口为“七百六十七万二千八百八十一”，而按国别记载的人口数又与此不同。例如，史书上按国别记载的三国户口数，见表 2-4。

表 2-4　三国时期部分年份的户口数

| 国名 | 帝王与年号纪年 | 公元纪年 | 户数（户） | 口数（人） | 资料来源 |
|---|---|---|---|---|---|
| 蜀 | 昭烈帝章武元年 | 221 | 200 000 | 900 000 | 《晋书·地理志》。 |
| | 后主炎兴元年 | 263 | 280 000 | 1 082 000 | 《三国志·后主纪》；《通典》。 |
| 魏 | 元帝景元四年 | 263 | 663 423 | 4 432 881 | 《帝王世纪》；《通典》同。 |
| | 元帝景元四年（魏蜀） | 263 | 943 423 | 5 372 881 | 《帝王世纪》；《通典》略同。 |
| 吴 | 大帝赤乌五年 | 242 | 523 000 | 2 400 000 | 《晋书·地理志》；《通典》略同。 |
| | 末帝天纪四年 | 280 | 523 000 | 2 567 000 | 《三国志·孙皓纪》；《通典》略同。 |

表 2-4 数据说明，无论是户数，还是人数，都与《通典·食货典》的记载存在着一定差距。不仅如此，这些史书上的数据，与实际人口数更相距甚远。有人口学者认为，史书上的数据只是郡县编户内的“在籍户口”，而在郡县编户之外还存在着大量官僚和地主的私附民户、漏户和逃户。这些学者通过史料考证后得出的结论是：三国末期的人口，曹魏约1 129万人，蜀汉约 200 万人，孙吴约 400 万人，总计1 729万人。再加上少数民族，三国境内 550 万人；三国境外、中国版图内 475 万人，“总计三国末我

国总人口当在2 754万人”[①]。

东汉桓帝永寿三年（157）全国人口为56 486 856人（见表2－2），三国后期人口，只有7 939 881人（见表2－4，魏蜀263年5 372 881人加上吴280年2 567 000人），仅为前者的14%；按人口学者研究，只有2 754万人，仅为前者的48.8%。在106年或123年间，人口降幅如此之大，是十分惊人的，它不能不说是中国人口的一次大劫难。与东汉末年相比较，三国后期编户人口数量大幅减少的原因，一是战乱频繁，士卒、百姓大量伤亡。例如，曹操徐州屠城，据说一举坑杀数十万男女，“鸡犬亦尽，墟邑无复行人”；官渡之战，曹军先后歼灭和坑杀袁军七八万人。二是疾病流行，死亡惨重。例如，医圣张仲景家族原有二百余人，从建安初年（196）起，不到十年，有三分之二因疫症死亡，其中死于伤寒者占十分之七。三是，为了逃避赋役，漏籍、逃户不报者甚众。据《三国志·魏书·袁绍传》记载，青州“邑有万户者，著籍不盈数百，收赋纳税，叁分不入一”。此外，人口迁徙（包括官府“徙民”和民间“流徙”）也是重要原因。

5. 诸葛亮与《隆中对》

《隆中对》原名《草庐对》，是东汉末年诸葛亮与刘备初次会面的谈话内容。《三国志·蜀书·诸葛亮传》曰：“自董卓已来，豪杰并起，跨州连郡者不可胜数。曹操比于袁绍，则名微而众寡，然操遂能克绍，以弱为强者，非惟天时，抑亦人谋也。今操已拥百万之众，挟天子而令诸侯，此诚不可与争锋。孙权据有江东，已历三世，国险而民附，贤能为之用，此可以为援而不可图也。荆州北据汉、沔，利尽南海，东连吴会，西通巴、蜀，此用武之国，而其主不能守，此殆天所以资将军，将军岂有意乎？益州险塞，沃野千里，天府之土，高祖因之以成帝业。刘璋暗弱，张鲁在北，民殷国富而不知存恤，智能之士思得明君。将军既帝室之胄，信义著于四海，总揽英雄，思贤如渴，若跨有荆、益，保其岩阻，西和诸戎，南抚夷越，外结好孙权，内修政理；天下有变，则命一上将将荆州之军以向宛、洛，将军身率益州之众出于秦川，百姓孰敢不箪食壶浆以迎将军者乎？诚如是，则霸业可成，汉室可兴矣。”从《隆中对》的内容看，它是诸葛亮对当时天下形势的分析，并针对刘备无根据地的实际情况，提出了先取荆州为家，再取益州形成鼎足之势，继而图取中原的战略方针。此后，刘备的种种攻略皆源于此。实践证明，《隆中对》的战略构想，尽管存在着“跨有荆、益”与“外结好孙权”之间的内在矛盾，但在蜀汉前期却是比较切合实际，具有远见卓识的。

诸葛亮深卧隆中，“躬耕陇亩”十年，怎么能够论述出《隆中对》那样深刻的形势分析和切实的战略构想呢？显然，诸葛亮在隆中过的并非与世隔绝的生活，他既认真研读史籍，总结历代兴亡的经验教训，又密切关注天下形势，冷静观察、分析各派政治、军事集团实力消长和争斗成败的变化，还经常与当地以及因避战祸而流亡到荆州的名士司马徽、徐庶、石广元、孟公威等纵论时局，研讨政见。这说明，《隆中对》绝非诸葛亮头脑自生的奇思妙想，而是诸葛亮对东汉末年政治、军事形势长期追踪调查研究的结晶。

---

① 路遇、滕泽之：《中国人口通史》，上册，185～190页，济南，山东人民出版社，2000。

## 三、两晋时期的社会调查

1. 户调式和荫亲荫客制度

西晋太康元年（280）统一了全国，朝廷在掌握大量土地的基础上，颁布法令推行户调式和荫亲荫客等制度。据《晋书·食货志》记载：“户调之式：丁男之户，岁输绢三匹，绵三斤，女及次丁男为户者半输（折半捐献——引者注，下同）。其诸边郡或三分之二，远者三分之一。夷人（少数民族）输賨布（麻布），户一匹，远者或一丈。男子一人占田七十亩，女子三十亩。其外丁男课田五十亩，丁女二十亩，次丁男半之，女则不课。男女年十六已上至六十为正丁，十五已下至十三、六十一已上至六十五为次丁，十二已下六十六已上为老小，不事（即不征发赋役）。”两晋时期平民户调、占田、课田的定额，可归纳为表2-5。

表2-5　　两晋时期平民户调、占田、课田、地租的定额

| 年龄 | 户调 | | | | 占田（亩） | | 课田（亩） | |
|---|---|---|---|---|---|---|---|---|
| | 绢（匹） | | 绵（斤） | | | | | |
| | 男 | 女 | 男 | 女 | 男 | 女 | 男 | 女 |
| ＜12（小） | — | — | — | — | — | — | — | — |
| 13～15（次丁） | 1.5 | — | 1.5 | — | | | 25 | — |
| 16～60（正丁） | 3.0 | 1.5 | 3.0 | 1.5 | 70 | 30 | 50 | 20 |
| 61～65（次丁） | 1.5 | — | 1.5 | — | | | 25 | — |
| ＞66（老） | — | — | — | — | — | — | — | — |

“荫亲荫客”，是指官员除不缴户调、不课田外，还可“以贵贱占田”，并按照官员品级荫庇亲属和衣食客（即免除亲属和衣食客的徭役）。《晋书·食货志》云：官员“品第一者占五十顷，第二品四十五顷，第三品四十顷，第四品三十五顷，第五品三十顷，第六品二十五顷，第七品二十顷，第八品十五顷，第九品十顷”。还“各以品之高卑荫其亲属，多者及九族，少者三世。宗室、国宾、先贤之后及士人子孙亦如之”。“又得荫人以为衣食客及佃客，品第六已上得衣食客三人，第七第八品二人，第九品及……武骑一人。其应有佃客者，官品第一第二者佃客无过五十户，第三品十户，第四品七户，第五品五户，第六品三户，第七品二户，第八品第九品一户。”

两晋时期官员占田和荫亲荫客的定额，可归纳为表2-6。

表2-6　　两晋时期官员占田和荫亲荫客的定额

| 官品等级 | | | 1 | 2 | 3 | 4 | 5 | 6 | 7 | 8 | 9 |
|---|---|---|---|---|---|---|---|---|---|---|---|
| 占田数（顷） | | | 50 | 45 | 40 | 35 | 30 | 25 | 20 | 15 | 10 |
| 荫庇 | 亲属（族、世） | | 多者及九族，少者三世（宗室、国宾、先贤之后及士人子孙亦如之） | | | | | | | | |
| | 衣食客（人） | | 3 | 3 | 3 | 3 | 3 | 3 | 2 | 2 | 1 |
| | 佃客（户） | 西晋 | 50 | 50 | 10 | 7 | 5 | 3 | 2 | 1 | 1 |
| | | 东晋 | 40 | 40 | 35 | 30 | 25 | 20 | 15 | 10 | 5 |

表2-6数据说明，与西晋相比较，东晋官员荫庇佃客的户数，除一、二品下降外，

三品以下都大幅增加。朝廷规定官民不同的占田制和荫亲荫客制，具有两方面作用：一方面，是为了保证官员特权，而且官品越高，享有特权越多；另一方面，是为了限制官员权益，防止官员无限扩大自己的特权，以保证朝廷的收入。

上述户调式、占田、课田和荫亲荫客等制度的实施，都以户口、田亩调查为前提。在户口调查中，不仅涉及性别、年龄等自然属性方面的项目，而且涉及官品、亲属关系，以及荫庇关系（衣食客）、租佃关系（佃客）等社会属性方面的项目。这说明，与秦汉相比较，两晋户口、土地调查的内容已复杂、精细了许多。

2. 土断和黄籍白籍制度

在户籍调查与管理方面，两晋的突出特色是实行土断和黄籍、白籍制度。

所谓土断，是指以土著为断，即以现居地为准，将人户著之于籍。土断始于西晋武帝太康五年（284），广泛实行于东晋、南朝。因为晋廷东迁后，北方汉人中的大家世族和有产之户不堪匈奴贵族压迫，纷纷南迁，并设立侨置郡县。由于这些南迁贵族、地主不列入当地户籍，不负担国家税赋徭役，因而吸引大批北方汉人南下，投靠到他们门下，成为他们的佃客或奴隶。再加上这些贵族、地主到南方后，广造田园，激烈兼并，引起了当地人不满，损害了朝廷财政收入。于是，朝廷实施土断，以现居地为准把全部户口编入户籍，并对隐匿户口的贵族予以惩处。这样，既增加了国家控制的户口，又增加了赋税收入。

在推行土断的同时，实行黄籍、白籍两种户口登记制度。黄籍，是指用黄札或纸书写的户籍册。“札”指木牍，用黄色药物处理，可防虫蛀；后用黄纸代替木牍，用黄檗处理，可避蠹鱼，故称“黄籍”。《晋令》规定：“郡国诸户口黄籍，籍皆用一尺二寸札，已在官役者载名”，是正规土著的户籍，朝廷征租派役的根据。白籍，因书于白纸，故名白籍，是北方南下的侨寓户之册籍。当时，侨人著白籍，属于不定居、无实土之虚悬流寓户口，皆无赋役。据《晋书·成帝康帝纪》记载，咸康七年（341）“实编户，王公已下皆正土断白籍”。这种黄籍、白籍登记制度，对于防止人户流失、保证征税和派役起了一定作用。土断和黄籍白籍制度的实施，推动了户籍调查、统计和管理工作的发展。

3. 两晋的人口数

据《晋书·地理志》记载，晋武帝“太康元年，平吴，大凡户二百四十五万九千八百四十，口一千六百一十六万三千八百六十三”。其口数大大超过263年三国时期的“七百六十七万二千八百八十一”（《通典·食货典》）人。其原因可能是战乱较少、剥削稍轻，但更大的可能是户口调查、登记和管理的加强，以及少数民族的内迁。

应该指出，上述户口数只是西晋初期对在籍户所做的统计，实际人口数却要多很多。因为，第一，官员占有的合法荫亲、荫客户和非法私附户，以及一定数量的漏籍户、逃户未纳入调查、统计；第二，西晋边境地区有许多少数民族没有编入户籍；第三，西晋朝廷管辖范围以外的西藏、四川西部、青海、新疆、内蒙古、东北和台湾地区，存在着大量户口。据有关学者研究，上述三方面的人口数分别约为224万人、535

万人、475万人。这就是说，晋武帝太康元年（280）的总人口数约为2 850万人。此后20年，社会比较稳定，人口增长较快，有学者推算，到西晋全盛的惠帝永康元年（300）可能新增629万人，全国总人口达到约3 479万。然而，好景不长。西晋后期，“八王之乱”、流民起义及大饥荒、大瘟疫，造成人口大量死亡，到十六国（304—439）后期，北方地区人口减至约1 540万人。

4. 人口的异距年龄分组

为了合理负担赋役，西晋根据年龄把人口分为“正丁”“次丁”和“老小”三大类。《晋书·食货志》云：“男女年十六已上至六十为正丁，十五已下至十三、六十一已上至六十五为次丁，十二已下六十六已上为老小，不事。”这种异距年龄分组，符合当时人口劳动能力年龄构成，具有一定科学性。这说明，当时的人口调查和统计，不仅有性别、年龄等调查项目，而且使用了异距年龄分组的统计方法。有学者指出，这种“××以下”“××以上”两端开口的组距式写法，在世界统计分组史上尚属创举[这种写法，在欧美最早见于英国统计学者琼斯（D. C. Jones）的 *A First Course in Statistics*，1921]。[①]

5. 傅玄与社会调查

傅玄（217—278），北地郡泥阳（今陕西铜川）人，文学家、思想家，先后任弘农太守、侍中、太仆等职，尽心政务，数次上书，陈说治国之策。

傅玄主张“计人置官”“分人授事”。《晋书·傅玄列传》曰：“为政之要，计人而置官，分人而授事，士农工商之分不可斯须废也。”“臣闻先王分士农工商以经国制事，各一其业而殊其务。……臣以为亟定其制，通计天下若干人为士，足以副在官之吏；若干人为农，三年足有一年之储；若干人为工，足其器用；若干人为商贾，足以通货而已。尊儒尚学，贵农贱商，此皆事业之要务也。”傅玄还主张“分民定业”，但是，与管仲的“分业定居”强调不准改行、永远世袭不同，他只强调“分人授事”，而不强调定居和世袭。

傅玄强调“听言审本”“观事核实”。他曾提出与民让利、兴修水利、公平役赋、官民同耕、裁汰冗员等“五条政见”，以及反对腐化、提倡简朴、严肃吏治、注重德治、安边御胡等建议。这些主张和建议，都是他深入社会、广泛开展社情民意、官场时弊调查的结晶。

6. 陈寿与《三国志》

陈寿（233—297），字承祚，巴西安汉（今四川南充北）人，史学家。他少年好学，有志于史学事业。蜀汉时任观阁令史，入晋后任著作郎、治书侍御史等职。48岁始撰《三国志》，历10年艰辛完成纪传体三国史，全书65卷（《魏书》30卷，《蜀书》15卷，《吴书》20卷），36.7万字。由于陈寿尊重史实，记叙了从汉末至晋初近百年间由分裂走向统一的历史，描述了三国440名人物的生动形象，取材慎重、精审，语言

① 参见李惠村、莫曰达：《中国统计史》，85页，北京，中国统计出版社，1993。

简练、优美，具有极高的知识性、趣味性和可读性，因而与《史记》《汉书》《后汉书》一起，并称为“前四史”。

陈寿撰写《三国志》属于私人著述，无法获得官府文献档案，但已有王沈的《魏书》、鱼豢的《魏略》、韦昭的《吴书》等一些史书可供参考。《三国志》中的《魏书》《吴书》，主要取材于这些史书，因而内容比较丰富，篇幅长达 20～30 卷。《蜀书》，则由于蜀国没有设置史官，无专人搜集史料、编写史书，因而不仅篇幅只有 15 卷，而且许多重要人物事迹的记载也十分简略。好在陈寿撰写《蜀书》时，大体属于当时的现代史，很多事情都曾亲身经历、耳闻目染，还可通过实地调查、访问，搜集资料。从这个角度看，《三国志》实际上是陈寿长达 10 年之久进行大量文献调查和实地调查、访问的产物。

7. 裴秀与《禹贡地域图》

裴秀（224—271），字季彦，河东闻喜（今山西闻喜）人，魏晋大臣，著名地图学家。他出身“河东裴氏”，少年便颇有名气，魏时任廷尉、司空、散骑常侍、尚书、右光禄大夫等职；西晋建立后，任左光禄大夫，封钜鹿郡公等职，著有文集三卷。

裴秀曾任司空，掌水利、营建之事，熟悉名山大川，认为《禹贡》中的山川地名，沿用久远，后世多有改变，许多解说牵强附会、混淆不清。于是，他广泛采集、甄别旧文，对照古今地名，对许多古代有名而当今不用的地方作出注解，并绘制成《禹贡地域图》18 幅，被武帝司马炎收藏于秘府。对《禹贡地域图》的内容，历史上有两种不同看法：一种认为，它是以历代区域沿革图为主的历史地图集，共 18 幅图；另一种认为，它是西晋当时的地图集，其中 16 幅是晋初 16 个州的行政区图，另 2 幅是吴国和蜀汉地图。然而，有一点可以肯定，它是当时最完备、最精详的地图，也是中国目前有文献可考的最早的历史地图集。

在《禹贡地域图》的序言中，裴秀提出了绘制地图的 6 项原则，即著名的“制图六体”：一为“分率”，用以反映面积、长宽之比例，即今之比例尺；二为“准望”，用以确定地貌、地物之间的相互方位关系；三为“道里”，用以确定两地之间的距离；四为“高下”，即相对高程；五为“方邪”，即地面坡度的起伏；六为“迂直”，即实地高低起伏与图上距离的换算。这六项原则，就是现代地图学所论述的比例尺、方向和距离 3 要素。裴秀认为，六体必须综合运用，互相参考，否则就不能正确绘制出反映实际地貌的地图来。裴秀提出的“制图六体”，是长期山水调查的经验总结，奠定了中国传统地图的理论基础，因而被称为中国传统地图学的奠基人。李约瑟称他为“中国科学制图学之父”，与古希腊著名地图学家托勒密齐名，是世界古代地图学史上东西辉映的两颗灿烂明星。

## 四、南北朝时期的社会调查

1. 文成帝派遣官吏观察民情，惩恶奖善

北魏文成帝拓跋濬（452—465），少年聪慧明达，常随祖父太武帝拓跋焘巡游。拓跋濬称帝时，鲜卑贵族与汉族平民矛盾逐渐突出，多次下诏制止鲜卑贵族腐败行为，收效甚微，未能减轻百姓痛苦。文成帝为掌握真实社情民意，曾派遣官吏到各州郡做实地调查。据《魏书·高宗纪》记载，文成帝曾下诏曰："今遣尚书穆伏真等三十人，巡行州郡，观察风俗。入其境，农不垦殖，田亩多荒，则徭役不时，废于力也；耆老饭蔬食，少壮无衣褐，则聚敛烦数，匮于财也；闾里空虚，民多流散，则绥导无方，疏于恩也；盗贼公行，劫夺不息，则威禁不设，失于刑也；众谤并兴，大小嗟怨，善人隐伏，佞邪当途，则为法混淆，昏于政也。诸如此比，黜而戮之。善于政者，褒而赏之。"这是说，文成帝派遣官吏到各州郡调查民间垦殖田亩、饮食衣服、闾里虚实、盗贼劫掠、社会风气等方面的情况，如果发现"废于力""匮于财""疏于恩""失于刑""昏于政"等问题，轻者罢官重者处死；反之，善于政事者，给予褒奖和赏赐。这说明，某些开明的封建帝王也懂得先做调查研究、掌握真实情况，后做惩恶奖善决策。

2. 计口授田、均田制和新租调制

北魏土地辽阔、人烟稀少，早在天兴元年（398），拓跋珪就下诏"给内徙新民耕牛，计口授田"（《魏书·太祖纪》），以促进劳力与土地结合，发展生产。所谓"计口授田"，就是朝廷根据掌握土地的数量，授予每人一定数量田亩耕种。授田分露田和桑田，露田种植谷物，不得买卖，七十岁时交还国家；桑田种植桑、榆、枣树，不交还国家，可以买卖。授田时，对老少残疾鳏寡给予适当照顾。"计口授田"，事实上是均田制的起源。

太延五年（439）北魏统一了北方，由于长期战乱，人民流离失所，田地大量荒芜，国家赋税受到严重影响。据《魏书·食货志》记载，孝文帝于太和九年（485）颁布了均田令，其主要内容是：男夫十五岁以上，授露田四十亩，妇人二十亩，丁牛一头受田三十亩，限四牛；初授田者，男夫一人给田二十亩，另给一亩种榆、枣；在不宜养蚕地区，男夫给麻田十亩，妇人五亩；老小病残及十一岁以上者，"授以半夫田，年逾七十者不还所授，寡妇守志者虽免课亦授妇田"；原有屋者，不再给宅地，新居者三口给宅地一亩，另给五分之一亩种菜；奴婢与平民一样给露田，奴四十亩，婢二十亩，在不宜养蚕地区，奴给麻田十亩，婢五亩，奴婢五口给宅地一亩；等等。所有授田，除"桑田皆为世业"外，都要在授田者去世时还给国家。太和十年（486），孝文帝对租调制也进行了改革，规定：以一夫一妇为征收单位，每年交帛一匹、粟二石。十五岁以上未婚男女四人，从事耕织的奴婢每八人，耕牛每二十头的租调，分别相当于一夫一妇的数量，等等。均田令和新租调制，对稳定和增加人口，恢复和发展农业生产，保证国家赋税来源和巩固封建统治，产生了积极作用。

计口授田、均田制和新租调制的实施，都是以周密的户口、土地调查为前提的。以均田制为例，就户口调查而言，内容相当复杂，不仅涉及人口的性别、年龄、健康、疾病等生理状况，而且涉及婚姻状况、社会身份等社会属性，以及房屋、耕牛等财产状况。就土地调查而言，则有养蚕地区与麻布地区之分，露田、桑田与宅地之别。这说明，当时户口、土地调查的内容已比从前大为复杂和丰富。

3. 三长制——户籍调查与管理的组织保证

北魏初期，拓跋鲜卑族处于奴隶制解体阶段，缺乏统治经验，为了取得各地宗主的支持，在基层实行“宗主督护”制，即承认“宗主”在地方上的势力和他们的政治经济权利，并利用宗主替朝廷“督护”地方，为朝廷收纳租税，征发兵役、徭役。这种以宗主为乡官的制度，使得大世族、大地主拥有很多荫庇户。《魏书·李冲列传》曰：“旧无三长，惟立宗主督护，所以民多隐冒，五十、三十家方为一户。”《晋书·慕容德载记》也云：“百姓因秦、晋之弊，迭相阴宪，或百室合户，或千丁共籍。”由于荫庇户附于宗主，不承担官府课役，而宗主的征敛却往往倍于官府课役，因此，一方面，朝廷编户不足，租税收入有限，另一方面，荫庇户负担累累，不堪沉重，唯有宗主可大肆搜刮中饱。

北魏太和十年（486），孝文帝采纳大臣李冲建议，“以三正治民……创三长之制”（《魏书·李冲列传》），取代宗主督护制。据《魏书·食货志》记载，三长制规定：五家为邻，设一邻长；五邻为里，设一里长；五里为党，设一党长。三长的职责是检查户口，征收租调，征发徭役，防止豪强多占民户，限制宗主搜刮中饱，以增加政府收入。三长制施行后，校比户口，编造户籍，遂使“课有常准，赋有恒分；苞荫之户可出，侥幸之人可止”（《魏书·李冲列传》）。这样，荫庇户减少，编户齐民增加。到孝明帝正光元年（520），编户齐民达五百余万户（参见《通典·食货典·历代盛衰户口》），从这个角度看，三长制确是户籍调查与管理的有效组织保证。

4. 整顿户籍，军民异籍，设立僧籍

北朝整顿户籍非常严格。北魏有《户律》，北齐有《婚户律》，北周有《户禁》和《逃亡》之法。北魏孝文帝延兴三年（473），朝廷派要员赴各地检括户口，北魏将领韩茂之子韩均被派往青州等地任检户使。当时，“五州民户殷多，编籍不实……诏均检括，出十余万户”（《魏书·韩茂列传》）。东魏武定年间（543—550），括户大使孙腾、高隆之分赴青州、河北等地，共检括出隐户漏口六十余万。北周《刑书要制》规定：“正、长隐五户以上，隐地三顷以上者，至死。”当时整顿户籍之严厉，由此可见一斑。

北朝在整顿户籍过程中，出现了军民异籍的做法。《北史·王雄列传》曰：“是为十二大将军。每大将军督二开府，凡为二十四员，分团统领，是二十四军。每一团，仪同二人。自相督率，不编户贯。”这说明，当时军士另立户籍，兵籍由“分团统领”，“不编户贯”，与管理民户的郡守无关。兵民异籍，各有统管，致使户籍制度无法统一。

南朝的宋、齐、梁、陈，都以民户为课征赋役对象，都非常重视户口整顿和管理。自东晋以来，江南人口迅速增长，但朝廷掌握的编户却不见增多。为了与瞒户漏口现象做斗争，宋孝武帝大明元年（457）、宋后废帝元徽元年（473）、南齐高帝建元三年（481）、梁武帝天监元年（502）和陈文帝天嘉元年（560）先后土断、整理户籍，搜刮出大量挟藏户口，扩大了课征对象，增加了朝廷收入。但执行过程中巧伪甚多，或窃注黄籍，或却而复注，致使成效甚微。这说明，宋、齐、梁、陈的土断和整顿，并未完全解决问题。

南齐沿袭晋朝黄籍、白籍制度，土著用黄籍登记，侨户用白籍登记。由于白籍中多数为劳动人民，赋税和兵役负担沉重，因而许多人经常隐冒户籍。据《南齐书·虞玩之列传》记载，南齐高帝“建元二年诏朝臣曰：‘黄籍，民之大纪，国之治端。自顷氓俗巧伪，为日已久，至乃窃注爵位，盗易年月，增损三状，贸袭万端。或户存而文书已绝，或人在而反托死叛，停私而云隶役，身强而称六疾，编户齐家，少不如此”。朝廷为了大力整顿户籍，专设检籍官“检定黄籍”，搜括列入黄籍的人口，以致“民多逃亡避罪”。由于检籍工作弊端百出，一些贪官污吏借检籍之机敲诈勒索，引起民众强烈不满。南齐朝廷为稳定政局，不得不于武帝永明八年（490）下令停止检籍。

此外，南北朝时期佛教、道教盛行，僧尼数量庞大。据有关学者研究，北朝僧尼最多的时候，一度达到两三百万人，因而曾为僧尼专门设立僧籍，由僧官管理，不列入朝廷户籍，从而在一定程度上使僧尼脱离了封建国家的控制。[①]

5. 调整人口年龄分组

北齐武成帝河清三年（564），改进了晋朝的人口年龄分组。据《隋书·食货志》记载：“男子十八以上六十五已下为丁，十六已上十七已下为中，六十六已上为老，十五已下为小。率以十八受田，输租调，二十充兵，六十免力役，六十六退田，免租调。”授田、输租调、充兵、免力役、退田、免租调，都有一定年龄规定。与晋朝人口年龄分组相比较，“丁”由“16～60岁”改为“18～65岁”；取消了“次丁”，增加了“中”；“小”由“12岁以下”改为“15岁以下”。

6. 南北朝的户数和口数

据历史资料记载，南北各朝部分年份的户口数见表2-7。

表2-7　南北各朝部分年份的户口数

| 朝代 | | 公元纪年 | 户数（户） | 口数（人） | 户均口数（人/户） | 资料来源 |
|---|---|---|---|---|---|---|
| 南朝 | 宋 | 464 | 906 870 | 4 685 501 | 5.17 | 《通典·食货典第七》、《通典·食货典第二》、《文献通考·户口考一》、《文献通考·田赋考二》、《通志·食货略一》、《册府元龟》卷四八六、《周书》卷六、《隋书》卷二九等。 |
| | 陈 | 569—582 | 600 000 | | | |
| | | 589 | 500 000 | 2 000 000 | 4.00 | |
| 北朝 | 魏 | 516—519 | 5 000 000 | | | |
| | | 528—530 | 3 375 368 | | | |
| | 齐 | 577 | 3 302 528 | 20 006 886 | 6.06 | |
| | 周 | 579—580 | 3 590 000 | 9 009 604 | 2.51 | |

资料来源：杨子慧主编：《中国历代人口统计资料研究》，北京，改革出版社，1996；梁方仲编著：《中国历代户口、田地、田赋统计》，北京，中华书局，2008。

这些户、口数据说明，不同朝代、不同政权，都非常重视户口调查，但是，这些数据都不太准确。据有关学者推算，南宋人口约1 740万人，其中扬州340万人，江淮40万人，荆州310万人，巴蜀230万人，湘州90万人，江州80万人，广州100万人，宁州250万人，淮北150万人，黄河下游以东地区150万人；南齐人口约1 460万人；

① 参见翦伯赞主编：《中国史纲要》，上册，315页，北京，北京大学出版社，2006。

南梁人口约1 520万人；南陈人口约680万人。北魏中国版图内的人口约5 340万人；东魏与北齐的人口约2 200万人，西魏和北周的人口约1 250万人。这就是说，南北朝末期北齐2 200万人，北周1 250万人，南陈680万人，三方合计4 130万人，再加上齐、周、陈统治区外的少数民族约400万人，中国版图内的总人口约4 530万人，比北魏时期中国版图内的5 340万人少810万人。究其原因，主要是各朝的长期战乱和统治者的残酷剥削，致使人口大幅下降。①

7. 范晔与《后汉书》

范晔（398—445），字蔚宗，南朝宋史学家，顺阳（今河南淅川东）人，名门之后，有深厚的家学渊源，生性孤傲，不拘小节，仕宦和著述都不甘居人后。他官至左卫将军、太子詹事。宋文帝元嘉九年（432），因故被贬为宣城太守，郁郁不得志，开始写《后汉书》，至元嘉二十二年（445）以谋反罪被杀为止，共写成十纪，八十列传。北宋时，有人把晋朝司马彪著《续汉书》志三十卷，与之合刊，成为现今的《后汉书》。

在范晔《后汉书》之前，有关东汉历史的重要著述已有：刘珍等的《东观汉记》、谢承的《后汉书》、司马彪的《续汉书》、华峤的《后汉书》、谢沈的《后汉书》、袁山松的《后汉书》等。范晔以《东观汉记》为基本史料，以华峤《后汉书》为主要蓝本，吸取其他各书之长，删繁补缺，整齐故事，超越众家，后来居上。到唐代，范晔《后汉书》已取代《东观汉记》，与《史记》《汉书》并称“三史”，盛行于世。这说明，范晔的《后汉书》，主要是文献调查的产物，但是，它所记述的上起东汉光武帝建武元年（25）、下至汉献帝建安二十五年（220）共计195年的史事，却是有根据的，是真实、准确的。

8. 郦道元与《水经注》

郦道元（466或472—527），字善长，范阳涿鹿（今河北涿鹿县）人，北魏地理学家，出身官宦世家，先后任骑都尉、御史中尉和北中郎将等职，多次被派至今河北、河南等地任地方官。他为官清廉，“执法清刻”，“素有严猛之称”，遭豪强、皇族忌恨。北魏孝昌三年（527），被权臣与皇族密谋杀害于赴任路上，终年56岁。

西汉后期桑钦著的《水经》，是一部介绍我国江河水道的古书，载有137条河流简况，但对水道的来龙去脉及流经地地理等情况多无具体说明，原文约1.5万字。郦道元勤奋好学，博览各种奇书，在阅读《水经》后立志要为其作注。他在给《水经》作注的过程中，一方面，博览群书，参阅了《山海经》《禹贡》《禹本纪》《周礼·职方氏》《汉书·地理志》等437种书籍，积累了丰富的地理学知识，为他的研究和著述打下了坚实基础。另一方面，注重调查，利用到各地任职机会做实地考察，足迹遍及长城以南、秦岭以东的今河北、河南、山东、山西、安徽、江苏、内蒙古等广大地区。他每到一地，都要游览名胜古迹、山川河流；访问长者，了解当地地理、历史，古今水道变迁；勘察地势、水流，以及河流渊源、流经地等；搜集风土民俗、神话传说，掌握第一手资料。然后，把自己的观察、了解与典籍的记载相比较，发现许多地理情

① 参见路遇、滕泽之：《中国人口通史》，上册，259～302页，济南，山东人民出版社，2000。

况随着时间推移发生了很大变化，于是将这些变化尽可能详细、准确地记载下来，写入注中。他撰写的《水经注》共40卷，记述了1 252条河流的地理、历史、人物等具体情况（见图2-6），是《水经》137条河流的9倍多；全书30多万字，是《水经》的20倍。这说明，《水经注》名义上是“注释”，实际上则是在《水经》基础上的再创作，它是郦道元长期实地考察与文献调查相结合的结晶。郦道元的《水经注》，不仅开创了我国古代地理学的新时代，而且在世界地理学发展史上占有重要地位。

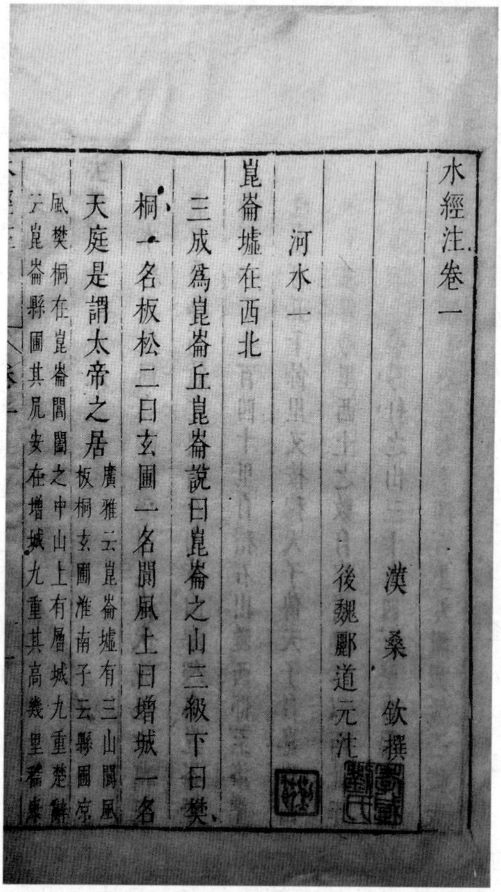
水經注卷一
漢 桑 欽撰
後魏酈道元注
河水一
崑崙墟在西北
三成爲崑崙丘崑崙說曰崑崙之山三級下曰樊桐一名板松二曰玄圃一名閬風上曰增城一名天庭是謂太帝之居廣雅云崑崙墟有三山閬風板桐玄圃淮南子云縣圃涼風樊桐在崑崙閶闔之中山上有層城九重楚辭云崑崙縣圃其凥安在增城九重其高幾里

图2-6 《水经注》卷一

9. 苏绰首创“计帐法”

苏绰（498—546），京兆武功（今陕西武功西）人，少即好学，博览群书，尤善算术，深得北周太祖皇帝宇文泰信任，官至度支尚书，掌管度支、金部、仓部等官署，统管全国租赋、财货的权衡与核算，以及仓储、收支等。苏绰为改革起草的《六条诏书》和创立的“计帐法”，被宇文泰立于座右，令百官习诵，规定不通“计帐法”及六条者不得为官。苏绰素性俭朴，不置产业，家无余财。晚年，奉命据《周礼》改官制，未成而卒，其品德广受尊重。

《周书·苏绰列传》认为，他的突出贡献是“始制文案程序，朱出墨入，及计帐、户籍之法”。苏绰的“计帐法”，不仅是财务、现金计帐方法，而且包括物资进出、人口统计、户籍核算，以及赋税、徭役概算等在内的计帐方法。这种“计帐、户籍之法”的具体内容，今已失传。但是，其创始的“文案程序”，统一了计帐与户籍的内容与规格；“朱出墨入”，即用红色与黑色区别收支的记条方法，也流传后世，成为中国调查、统计史上的一大发明。这种计帐、户籍之法，对做好国计、资助军功发挥了重要作用，受到周太祖重视，后为隋朝所继承，并为唐朝计帐、户籍方法的发展奠定了基础。

10. 贾思勰与《齐民要术》

贾思勰，生卒年不详，北魏益都（今山东寿光）人，杰出农学家。他出身于一个世代务农的书香门第，家境虽不富裕，却拥有大量藏书，从小博览群书，为以后编撰《齐民要术》打下了良好基础。成年后走上仕途，曾任高阳郡（今山东临淄）太守等职，到过山东、河北、河南等地区。他每到一地，都做实地考察，向老农请教当地农业生产技术。在他生活的年代，政治腐败、经济衰落、社会动荡、战乱频仍，他深感恢复经济、改善民生的重要。因此，他自高阳太守卸任后，就回乡经营农牧业，参加农牧业生产劳动，致力于农学研究。从北魏永熙二年（533）到东魏武定二年（544），他在整理古代农学资料、研究老农经验和总结自己实践体会的基础上，撰写了一部中国古代农业科学技术巨著：《齐民要术》。

《齐民要术》书名中的“齐民”，是指平民百姓；“要术”，是指谋生方法。它由序、杂说和正文三部分组成，约 11 万字。它以山东为重点，描述了当时黄河中下游地区农业生产的概貌，介绍了许多农林牧业生产的经验、食品加工与贮藏的技术、野生植物利用的方法等，对中国古代农学发展产生了重大影响。例如，他为了掌握养羊经验，买了两百头羊亲自饲养，并向老羊倌求教，如何做羊圈、如何准备饲料、如何配种、如何繁殖等。通过实践，他不仅学会了养羊，而且总结出了一套养羊经验。又如，他为了学会种地，不辞辛苦，住进老农的窝棚，虚心向老农求教，了解如何犁地、施肥、选种和下种，如何进行田间管理，还询问土质、气候对庄稼的影响，等等。他不光听老农说，而且自己做，从中体会哪些是正确的，哪些是不妥当的，并把它们总结出来。因此，《齐民要术》对农业生产每个环节的操作，都有详尽叙述。其中，关于平整土地，《齐民要术》不仅指出了它的重要意义，而且详尽讲述了春、夏、秋、冬，深、浅，初、转、纵、横、顺、逆等，都要因时因地制宜进行耕作和管理，阐述得十分具体，甚至连耕坏了如何补救，都做了阐述。可以说，《齐民要术》是实地调查、文献调查与实践研究的产物，在中国和世界农学史上占有重要地位。

11. 陶渊明与社会调查

陶渊明（约 365—427），字元亮，名潜，号五柳先生，世称靖节先生，浔阳柴桑（今江西九江）人，东晋末、南朝宋初诗人、辞赋家、田园诗派创始人。他“自幼修习儒家经典，爱闲静……不同流俗”，同时受到道家思想熏陶，“少无适俗韵，性本爱丘山”（《归园田居》其一），具有道家和儒家两种修养。20 岁开始游宦生涯，以谋生路，曾任祭酒、参军、彭泽县令等职。东晋义熙元年（405），任彭泽县令。据《晋书·隐逸列传》记载，他“素简贵，不私事上官。郡遣督邮至县，吏白应束带见之，潜叹曰：‘吾不能为五斗米折腰，拳拳事乡里小人邪！’义熙二年，解印去县，乃赋《归去来》”。从此，“不为五斗米折腰”传为佳谈。义熙四年（408），家中火灾，宅院尽毁，被迫迁居，从此陷入困顿，晚年生活悲惨。元嘉四年（427），卒于浔阳。

陶渊明的作品有多种类型，如饮酒诗、咏怀诗、田园诗、散文辞赋等。其中，田园诗数量最多，成就最高。这类诗，充分表现了诗人孤傲高洁、守志不阿的高尚节操，对淳朴田园生活的热爱，对劳动和劳动人民的友好感情，洋溢着劳动者的喜悦，表现出劳动者的思想感情，对理想世界的追求和向往，以及对农民悲惨生活的深切同情。这一切，既源于他无奈的游宦生涯，对虚伪、黑暗官场的深入了解，又源于他常年隐居的躬耕生活，对社会底层状况的亲身观察和体验。例如，《戊申岁六月中遇火》一诗的后十二句：“总发抱孤介，奄出四十年。形迹凭化往，灵府长独闲。贞刚自有质，玉石乃非坚。仰想东户时，余粮宿中田。鼓腹无所思，朝起暮归眠。既已不遇兹，且遂灌我园。”这是说，作者从小性格正直耿介，一下就四十年了（此时作者 44 岁）。身体虽然逐渐衰老，心灵却能独闲没有杂念。贞刚是自己的禀性，比玉石还坚固。这前六句，是作者对自己平生的总结，显出了自慰和自信，不因遭遇火灾、困难而动摇。后六句，既描述了他对古代帝王东户时民风淳朴、道不拾遗、无忧无虑、安居乐业生活的向往之情，又哀叹自己无法遇上这样的时代，只能灌我的园、耕我的田。没有曲折、痛苦的生活实践，没有对时代、社会的深刻思考，没有对社情民意的长期调查研究和亲身体验，是不可能写出这样的作品的。

# 第三章　隋唐等朝代的社会调查

隋唐等朝代，是指隋朝、唐朝和五代十国等朝代，其年代从589年隋灭南朝陈、统一中国起，到960年宋朝建立、取代后周止，前后历时371年。

## 第一节　隋朝及其社会调查

### 一、隋朝——中国历史上又一个短命王朝

隋朝从581年杨坚改国号为隋算起，到618年李渊改国号为唐止，历时37年；从589年杨坚统一中国算起，到618年止，历时仅29年。在中国历史纪年表中，隋朝一般从589年算起，是中国大一统形势下又一个短命王朝。

589年，杨坚灭南朝陈，结束三国以来长达369年的分裂局面，重新统一了中国。隋文帝立国后，军事上，改革府兵制，采取攻打与离间相结合的策略，分裂突厥，消除北顾之忧；政治上，中央实行三省六部制，地方实行州郡县三级制或州（郡）县二级制，制定了《开皇律》；经济上，实行均田制和租庸调制，采取“大索貌阅”等措施，清查户口，编订户籍，劝课农桑，轻徭薄赋，出现一片繁荣景象，史称“开皇之治”。隋炀帝期间，加强中央集权，废除士族门阀制，通过考试录用官员，开科举制度之先河，兴建长安“大兴城”和东都洛阳，修通南北大运河，畅通丝绸之路，促进了经济社会发展。然而，炀帝骄奢淫逸，年年巡游，大兴土木，东征西讨，特别是三征高句丽，过度消耗国力，引发民变和隋将叛乱。617年，李渊起兵反隋，618年改国号为唐，隋朝灭亡。

隋文帝前期提倡儒学，晚年崇尚刑法，助佛反儒。史学上，禁止民间私撰国史，自此修国史成为朝廷垄断的事业。科技上，大兴、洛阳的兴建，大运河的贯通，李春设计建造的赵州桥，刘焯制定的《皇极历》，巢元方等编撰的《诸病候论》等，集中体现了当时科技的高超水平。宗教上，隋文帝、炀帝狂热崇佛，全国修建寺塔5 000余所，塑佛像、译佛经数万，使佛经流传大大多于儒经。

### 二、隋朝的社会调查

1. 调查、统计的组织机构

隋朝掌握国家财物管辖大权的度支部，设有度支、仓部、左户部、右户部、金部、

库部等六个部门。其中，度支掌管财赋、盐井等事务；仓部掌管天下粮谷、仓储等事务；左户部掌管天下计帐、户籍等事务；右户部掌管天下田宅、租调等事务；金部掌管库藏金宝、货物等事务；库部掌管军用物资等事务。这些部门，都负有本部门业务的调查、统计任务，因而它们既是有关业务的主管机构，又是有关业务的调查、统计机构。同样，三省六部中的其他各部和地方上的州县，也承担着相关业务或管辖范围内的调查、统计任务。

2. 调整人口年龄分组

隋初，隋文帝在北周苏绰创立的“计帐、户籍之法”基础上，制定了户籍赋役新法令，并曾多次调整人口年龄分组以及受田和赋役的规定。据《隋书·食货志》记载，开皇元年（581）规定“男女三岁已下为黄，十岁已下为小，十七已下为中，十八已上为丁。丁从课役。六十为老，乃免”；开皇三年（583），“初令军人以二十一成丁”；大业元年（605），隋炀帝又改“男子以二十二成丁”。人口年龄分组的多次调整，减轻了民户负担，促进了农业发展。同时，也对调查、统计工作提出了新的要求。

3. 大索貌阅

据《隋书·食货志》记载，为防漏户口、隐瞒年龄、逃避赋役，“开皇三年正月……高祖令州县大索貌阅，户口不实者，正长远配，而又开相纠（即检举——引者注）之科。大功已下，兼令析籍，各为户头，以防容隐”。所谓“大索”，就是清点户口，登记姓名、出生年月和相貌；所谓“貌阅”，就是“阅其貌以验老小之实”。这说明，当时的户口调查非常严格，不仅要逐户清点、登记，而且要逐人当面“阅其貌”，“以验老小之实”。对于户口不实者，里正、党长要流配到远方；堂兄弟以下的亲属，必须另立户籍，各为户头，否则以隐匿论处。通过这次大索貌阅，朝廷“计帐进四十四万三千丁，新附一百六十四万一千五百口”。

又据《隋书·裴蕴列传》记载，朝廷“皆令貌阅。若一人不实，则官司解职，乡正里长皆远流配。又许民相告，若纠得一丁者，令被纠之家代输赋役（即被检举者代检举者承担赋役任务——引者注）。是岁大业五年也，诸郡计帐，进丁二十四万三千，新附口六十四万一千五百”。这说明，隋朝通过貌阅，削弱了士族豪门控制的大量依附民，将这些隐漏、逃亡民口转为国家编户，从而增加了赋税收入，强化了中央集权。

4. 输籍法

“输籍法”（又称“输籍定样”），是隋朝制定各户等级和纳税标准的办法。开皇五年（585），隋文帝采纳高颎“输籍法”建议，规定每年元月五日，县令出查，令百姓三百至五百家为一团，依定样标准划分上下等级，规定每年差役和纳税数额，写成定簿。朝廷利用这一手段搜括隐藏户口，以防止百姓逃税和抑制士族、豪强占有劳动人口，从而确保朝廷收入，加强中央集权。实施输籍法，一要县令每年元月五日必须出查，二要令百姓三百至五百家为一团，三要准确调查、统计民户数量，四要依定样标准划分出上下等级，五要计算出每年差役和纳税的数额。这说明，实施输籍法对调查、统计提出了更高的要求。

5. 府兵落籍州县

据《隋书·高祖纪》记载，隋文帝开皇十年（590）命令："凡是军人，可悉属州县，垦田籍帐，一与民同。军府统领，宜依旧式。"这样，就改变了过去兵民分治、府兵另立户籍的做法。改革后的府兵及其家属在州县落籍，变军籍为民籍，兵士本人由军府统领，战时自备资粮出征，平时从事生产，实行"寓兵于农"。军民合籍，达到了减轻国家军费开支和扩大兵源的双重目的，同时也改变了户口调查、统计的方法和数据。

6. 户口和田亩调查数据

据《通典·食货典第七》《文献通考·户口考一》《文献通考·田赋考二》等文献记载，隋朝的户口、田亩数据见表3-1。

**表3-1　　隋朝户口和田亩的数据**

| 年号纪年 | 公元纪年 | 户数（户） | 人口（人） | 田亩（亩） | 户均人口（人/户） | 人均亩数（亩/人） | 折合市亩（亩/人） |
|---|---|---|---|---|---|---|---|
| 开皇元年 | 581 | 3 599 604 | | | | | |
| 开皇九年 | 589 | 4 099 604 | | 1 940 426 700 | | 473.32 | 327.35 |
| 大业五年 | 609 | 8 907 546 | 46 019 956 | 5 585 404 000 | 5.17 | 121.37 | 83.94 |
| 大业十四年 | 618 | 2 000 000 | | | | | |

注："人均亩数"，可能是因为户口数不实，明显偏高；"折合市亩"＝人均亩数×0.691 6。

资料来源：梁方仲编著：《中国历代户口、田地、田赋统计》，547页，上海，上海人民出版社，1980。

上述数据表明，隋初，由于实行轻徭薄赋、与民休息政策，人口一度迅速恢复和发展。但是，炀帝即位后，横征暴敛，大兴土木，开凿运河，东征西讨，动用民力之巨，超过秦始皇，仅建东都就"每月役丁二百万人"（《隋书·食货志》），致使民不聊生，户口急剧下降，到大业十四年仅存200万户，比大业五年下降了77.6%。

自东汉末年起，由于战乱频繁，户口耗损极大，加上士族强大，荫庇民户作为私属，往往出现"百室合户，千丁共籍"现象，因此朝廷登记户口数大大低于实际户口数。

据有关人口学者研究，隋大业五年（609），隋管辖区内官方统计人口约4 602万人，没有编入户籍的人口约380万人，僧尼不在籍人口约50万人，合计约5 032万人。此外，隋管辖区外、中国版图内少数民族约510万人，"全国人口总计约5 542万人"①。

7. 社仓分类和税收分组

据《贞观政要·辨兴亡》记载："隋开皇十四年大旱，人多饥乏。……隋文不怜百姓而惜仓库，比至末年，计天下储积，得供五六十年。"这一方面说明隋文帝对百姓搜刮之重，"不怜百姓而惜仓库"；另一方面说明隋朝仓储之多，存粮之广，可"供五六十年"之需，这在中国古代历史上是罕见的。

隋朝的仓储分为两类：官仓和义仓。由于义仓设在村社，所以又称社仓。隋文帝开皇三年（583）建黎阳仓、河阳仓、常平仓、广通仓等，都是官仓。据《隋书·食货志》记载，开皇五年（585）工部尚书、襄阳县公长孙平奏曰："'古者三年耕而余一年

① 路遇、滕泽之：《中国人口通史》，上册，348～356页，济南，山东人民出版社，2000。

之积，九年作而有三年之储，虽水旱为灾，而人无菜色，皆由劝导有方，蓄积先备故也。'……于是奏令诸州百姓及军人，劝课当社，共立养仓。收获之日，随其所得，观课出粟及麦，于当社造仓窖贮之。"开皇十六年（596）"二月，又诏社仓，准上中下三等税，上户不过一石，中户不过七斗，下户不过四斗"。这些记载说明，隋朝对仓储实行分类管理，对税收实行分等征收，对仓储、民户的调查和统计，都是分类、分组进行的。

## 第二节　唐朝及其社会调查

### 一、唐朝——谱写世界文明史壮丽篇章的王朝

唐朝从618年李渊定国号为唐起，到907年朱温改国号为梁止，前后共20帝，历时289年。唐鼎盛时期，在中国和世界文明史上谱写了壮丽篇章，是当时世界上最强大的帝国之一。从此，"唐"字与"汉"字一样，成为中华民族的代名词，外族往往称中国人为"汉人""唐人"，现今西方华人聚居区仍多称为"唐人街"。

621年，李渊基本统一全国。626年，李世民即位，继承民本思想，政绩斐然：政治上，完善三省六部制、科举制，制定唐律及户律。军事上，实行府兵制与募兵制。经济上，从均田制、租庸调制到两税法，使中国古代税制从"以人丁为主"转变为"以财产为主"；发展商业，出现了"飞钱"和"柜坊"，形成了长安、洛阳等一批城市，开辟了联系东西方文明的"丝绸之路"。民族关系上，平定突厥、联姻吐蕃、和盟南诏。外交上，加强与朝鲜、日本、印度、欧洲的联系。总之，唐初出现了政治清明、经济发展、社会安定、武功兴盛的局面，史称"贞观之治"，成为当时东方世界最强国家。755年的安史之乱，成为唐朝由强盛走向衰落、由统一走向分裂的转折点。唐朝后期，藩镇割据，君权孱弱，朋党争斗，宦官专政，致使朝政败坏，战乱不止，经济衰退。878年，爆发了黄巢起义，沉重打击了朝廷。907年，梁王朱温改国号为梁，唐朝灭亡。

唐朝初期和中期，思想文化科技领域也颇有建树：思想上，考订经学，尊崇儒学，后期出现了韩愈等的新儒学，为宋明理学奠定了基础。文化上，大修经史，奖励学术，设国子监，鼓励四方子弟来唐留学。史学上，修撰了《五代史》《晋书》《史通》《通典》等名著，对中国史学发展产生了重大影响。文艺上，最令人瞩目的成就是唐诗，出现了李白、杜甫、白居易、李商隐等一批难以逾越的古诗人。科技上，孙思邈的《千金要方》和《千金翼方》（合称《千金方》）、李吉甫的《元和郡县图志》、咸通九年（868）印造的《金刚经》、梁令瓒造的天球仪等，都是重要科技成就。此外，玄奘赴天竺取经，兴建大雁塔保存佛经，莫高窟壁画，龙门石窟卢舍那大佛，欧阳询、颜真卿和柳公权的书法等，都是唐朝在中国和世界文明史上谱写出来的一部部壮丽篇章。

## 二、唐朝的社会调查

1. 调查、统计组织和人员

唐朝从中央到基层，有一套相当完整的调查、统计系统。在中央，尚书省下设有吏部、户部、礼部、兵部、刑部、工部等六部，每部下设四个司，每个司承担一定领域的职责，同时负责有关方面的调查、统计任务。特别是户部，掌管全国户口、田地、贡赋、租税、物产、粮食、交通、钱财和仓储，其调查、统计任务就更为繁重。例如，户部下的考功司，设有“郎中、员外郎之职，掌内外文武官吏之考课。凡应考之官家，具录当年功过行能，本司及本州长官对众读，议其优劣，定为九等考第，各于所由司准额校定，然后送省”（《旧唐书·职官志》）。既要考核“内外文武官吏”“当年功过行能”，又要“议其优劣，定为九等”，显然都离不开大量的调查和研究。

在地方，州（郡）府设有刺史（太守），下设“司功、司仓、司户、司兵、司法、司士六曹参军事各一人”，“功曹、司功掌官吏考课、祭祀、祯祥、道佛、学校、表疏、医药、陈设之事。仓曹、司仓掌公廨、度量、庖厨、仓库、租赋、征收、田园、市肆之事。户曹、司户掌户籍、计帐、道路、逆旅、婚田之事。兵曹、司兵掌武官选举、兵甲器仗、门户管钥、烽候传驿之事。法曹、司法掌刑法。士曹、司士掌津梁、舟车、舍宅、百工众艺之事。市令掌市厘交易、禁斥非违之事”（《旧唐书·职官志》）。州以下的中县（当时规定：“六千户以上为上县，二千户已上为中县，一千户已上为中下县，不满一千户皆为下县”），设有令、丞、主簿、尉、录事、司户、帐史、仓督、典狱、问事、白直等职。县以下则是乡、里、保、邻。“每里设正一人，掌按比户口，课植农桑，检查非违，催驱赋役”（《文献通考·职役考一》）。这些州、县官吏和乡、里、保、邻人员，实际上也是各有关方面或范围的调查、统计人员。

2. 报告制度及其惩处

随着经济发展、交通便利、社会进步，特别是纸张的广泛使用，从唐朝开始，上计制度已逐渐转变为多周期、多内容的报告制度了。从报告周期看，有日报、旬报、月报、季报和年报；从报告内容看，不仅有人口、土地、赋税、钱帛、粮谷、货物等基本情况报告，而且有各个部门、各个方面情况的报告。《旧唐书·职官志》曰：“员外郎一人掌贡举及杂请之事。凡贡举，每岁孟春，亦与计偕。”“凡举试之制，每年仲冬，率与计偕。”这些记载说明，科举考试情况已成为上计的重要内容。

唐朝对于上计、报告制度的执行，都有严格规定，如有违反者，就要受到惩处。唐律规定，凡报送统计报告与计帐违期者，均按律论罪。《唐律疏议·职制》曰：“诸公事应行而稽留，及事有期会而违者，一日笞三十，三日加一等，过杖一百。十日加一等，罪止徒一年半。”“若朝集使及计帐使之类，依令各有期会，而违不到者，一日笞三十，三日加一等。”如果户籍、计帐等报告内容不实，更要依法惩处。

3. 户口、土地调查的制度和方法

唐朝非常重视户口、土地调查。《唐六典·尚书户部》规定：“每一岁一造计帐，三年一造户籍。”每年先由里正团貌，再由县吏亲貌，编成手实及计帐，作为户籍底稿。然后，由县交州府，编制户籍，报尚书省户部成为定册。由于户籍是征派赋役的根据，因此，朝廷总是竭力检括户口、编订户籍，尽可能把士族荫附的浮户变为朝廷民户，并把“户口增益”作为考核地方官吏政绩的重要标准，进行奖惩。唐朝核实户口、田亩数量的方法多种多样，其中主要的有团貌、手实、计帐、户籍和丈量等方法。

（1）团貌法。“团貌”是指地方官吏集合民户五党或三党（“党”指古代户籍编制单位，一般每党100户）为一“团”，观察人丁形貌，并按形貌特点编造成册上报。据《唐会要·团貌》记载，延载元年（694），朝廷令“诸户口计年将人丁、老疾应免课役及给侍者，皆具亲貌形状，以为定簿。一定以后，不得更貌”。团貌时，以旧年户籍为基础，对当年实际人户、田土进行核对，如发生变化就调整，查核有误就纠正。这说明，所谓“团貌”，实际上就是一种直接观察、核对的调查方法。

（2）手实法。手实法亦称首实法，是指民户自报人户、田亩的方法。手实法创始于秦始皇的“令黔首自实田”，后发展为晋的“自填法”、唐的“手实法”。唐规定，每户年终自行填报全家人口的姓名、年龄及田产数量，称为手实。乡里把民户填报的人口、土地资料汇编为户籍簿册，称为乡帐。乡帐一式三份，一份留县，一份送州，一份呈送户部，最后编成全国人口与土地资料，作为课税征役的根据。在手实调查表的最后，印有这样一段话：“总计本户新旧口及田地亩数和四至中告如上，若将来有人指出隐瞒一口，愿受违敕之罪，谨此呈报”（《唐律》第一百五十三条）。这说明，手实还要具结，以保证如实填报，否则就要治罪。

（3）计帐法。唐继承、发展了北周苏绰首创的“计帐法”，建立了计帐制度，实行以乡为单位，由五里正联合申报当乡户口帐，然后逐级汇总、上报，最后由尚书省户部度支司编制全国的人口、土地、钱谷等计帐，作为落实各项赋役、收入的依据。例如，在贞观十八年（644）17件户口帐残片中，有一件记载的内容是：“合当乡新□一千二百□□□，六口新附，三百三十四杂任卫士老小三疾等，二百八十七口白丁见输。”[①] 它的大意是，合计该乡新□1 200余人，其中344口老小残疾人不输（纳）任杂役卫士，287口白丁要输（纳）杂役卫士。由此可见一斑。

（4）户籍法（见图3-1）。唐武德七年（624）规定：“凡天下人户，量其资产，定为九等。每三年，县司注定，州司覆之。……每岁一造计帐，三年一造户籍。”（《旧唐书·食货志》）。这是说，凡是朝廷管辖范围内的民户，都要按资产多少定为九等，每三年，县司注定户籍，州司复核，并要求每年造计帐，三年造户籍。唐德宗“建中初，命黜陟使往诸道，按比户口，约都得土户百八十余万，客户百三十余万”（《通典·食货典》）。这说明，实行这种户籍法取得了较好效果，增加了土户和客户数量，扩大了赋役基础。

① 转引自武汉大学历史系编：《敦煌吐鲁番文书初探》，武汉，武汉大学出版社，1983。

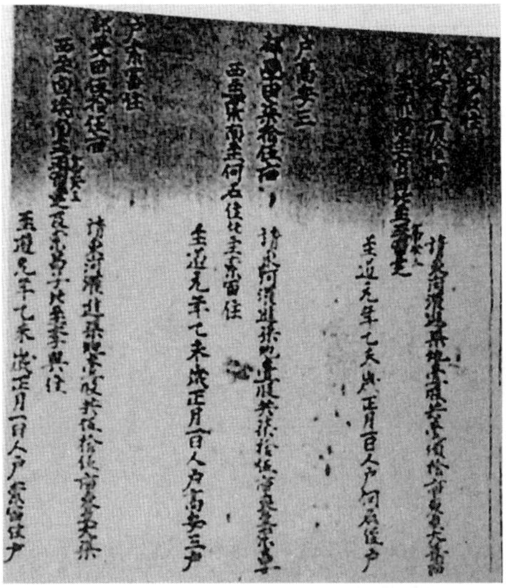

**图 3－1　唐朝的户籍**

（5）丈量法。为实行均田制，唐初曾在全国丈量土地。《旧唐书·食货志》云："武德七年，始定律令。以度田之制：五尺为步，步二百四十为亩，亩百为顷。丁男（21 岁——引者注）、中男（18 岁——引者注）给一顷，笃疾、废疾给四十亩，寡妻妾三十亩。若为户者加二十亩。所授之田，十分之二为世业，八为口分。世业之田，身死则承户者便授之；口分，则收入官，更以给人。"此外，朝廷对于俸禄田、受勋田、职分田、公廨田等都有明确规定。全国丈量土地的结果是，唐玄宗天宝十四年（755）全国开垦田地为"一千四百三十万三千八百六十二顷十三亩"（《通典·食货典》）。

4. *户口、土地调查数据及其变化*

唐朝户口数量变化，大体经历了三个时期：一是恢复增长时期，从武德元年到永徽元年（618—650）的 32 年间，户数从 200 万户恢复到 380 户，增长 90%。二是快速繁衍时期，从永徽元年到天宝十四年（650—755）的 105 年间，户数从 380 万户增至 891 万多户，增长了 134%，人口达到唐的顶峰5 292万。三是"安史之乱"后的锐减时期，从天宝十四年到广德二年（755—764）的 9 年间，户数从 891 万多户骤降至 293 万多户、人口从5 292万骤降至1 692万，分别下降了 67%和 68%，这足以说明"安史之乱"的巨大灾难。

唐朝田地数量的变化相对较小，初期开垦荒地，面积有所增加；中期相对稳定；后期有较大减少。但是，与隋朝大业五年（609）的5 585 404 000亩（见表 3－1）相比较，则有相当大的差距。这有两种可能，一是隋朝田地数量的调查、统计过多；二是唐朝田地数量的调查、统计过少。在当时的条件下，这两种情况都是可以理解的。

据《通典·食货典》《旧唐书》《新唐书》《唐会要》《资治通鉴》等文献记载，唐朝的户口、田地数据变化情况见表 3－2。

表 3-2　　　　唐朝户口、田地数据变化情况

| 年号纪年 | 公元纪年 | 户数（户） | 人口（人） | 田地（亩） | 户均人口（人/户） | 人均亩数（亩/人） | 折合市亩（亩/人） |
|---|---|---|---|---|---|---|---|
| 高祖武德七年 | 624 | 2 000 000 | | | | | |
| 太宗贞观十三年 | 639 | 3 080 000 | 13 280 000 | | 4.31 | | |
| 高宗永徽三年 | 652 | 3 800 000 | | | | | |
| 中宗神龙元年 | 705 | 6 156 141 | 37 140 000 | | 6.03 | | |
| 玄宗开元十四年 | 726 | 7 069 565 | 41 419 712 | 1 440 386 213 | 5.86 | 34.78 | 24.05 |
| 玄宗开元二十八年 | 740 | 8 412 871 | 48 443 609 | 1 440 386 200 | 5.76 | 29.73 | 20.56 |
| 天宝十四年 | 755 | 8 914 709 | 52 919 309 | 1 430 386 213 | 5.94 | 27.03 | 18.69 |
| 代宗广德二年 | 764 | 2 933 125 | 16 920 386 | | 5.77 | | |
| 德宗建中元年 | 780 | 3 805 076 | | | | | |
| 宪宗元和二年 | 807 | 2 440 254 | | | | | |
| 宪宗元和十五年 | 820 | 2 375 400 | 15 760 000 | | 6.63 | | |
| 武宗会昌五年 | 845 | 4 955 151 | | | | | |

注："折合市亩"＝人均亩数×0.691 6。

资料来源：梁方仲编著：《中国历代户口、田地、田赋统计》，547 页，上海，上海人民出版社，1980。

唐朝后期，户籍管理废弛，数据较为混乱。由于土地兼并而失去土地的农民、隐户、奴婢、士兵、僧道等往往不纳入调查、统计范围，因而唐朝实际人口大大超过上述数据。葛剑雄认为，唐朝人口峰值在 755 年前后，在8 000万～9 000万之间；陈旭麓认为，峰值为9 254万；日本学者日野开三郎认为，唐朝人口最高峰为2 000万户，1.4亿人①。"至唐朝灭亡，所剩人口大约只有2 500万人。"②

此外，唐朝实行僧籍另立。僧籍，是指登录僧尼的册籍，它是封建王朝掌握僧、尼个人基本情况（包括姓名、性别、年龄、相貌、籍贯、剃度时间、所在寺庙等）的簿籍。据《旧唐书·职官志》记载，唐朝"诸州寺总五千三百五十八所，三千二百三十五所僧，二千一百二十二所尼。每寺上座一人，寺主一人，都维那一人。凡僧簿籍，三年一造"。另据《新唐书·食货志》记载，"会昌灭佛"时"籍僧尼为民二十六万五千人，奴婢十五万人"，唐朝僧籍的规模，由此可见相当可观。

① 参见葛剑雄：《中国人口发展史》，150～163 页，福州，福建人民出版社，1991。

② 路遇、滕泽之：《中国人口通史》，上册，419 页，济南，山东人民出版社，2000。

5. 赋税调查和统计

唐代宗“大历四年正月十八日，敕有司：定天下百姓及王公已下每年税钱，分为九等：上上户四千文，上中户三千五百文，上下户三千文。中上户二千五百文，中中户二千文，中下户一千五百文。下上户一千文，下中户七百文，下下户五百文”（《旧唐书·食货志》）。九等户纳税数额，可列为表 3－3。

**表 3－3　　唐大历四年（769）九等户纳税数额**

| 户等 | 上上 | 上中 | 上下 | 中上 | 中中 | 中下 | 下上 | 下中 | 下下 |
|---|---|---|---|---|---|---|---|---|---|
| 户税（文） | 4 000 | 3 500 | 3 000 | 2 500 | 2 000 | 1 500 | 1 000 | 700 | 500 |

总体而言，唐朝的赋税比隋朝轻，而且户等越低赋税越轻，这有利于减轻平民负担，有利于发展生产。但是，随着朝廷腐败和地主兼并加剧，民户负担也逐渐加重。

唐朝中期，实行收支平衡政策。天宝八年（749）岁入岁出情况，见表 3－4。

**表 3－4　　唐天宝八年（749）岁入岁出情况表**

<table>
<tr><th colspan="2">项目</th><th>收入</th><th>项目</th><th>支出</th></tr>
<tr><td colspan="2" rowspan="2">户税</td><td rowspan="2">2 000 000 贯</td><td>（1）诸道州官课科及市驿马<br>（2）添充诸军州和籴军粮</td><td>1 400 000 贯<br>600 000 贯</td></tr>
<tr><td>合计</td><td>2 000 000 贯</td></tr>
<tr><td colspan="2">地税</td><td>12 400 000 石</td><td rowspan="2">（1）折充绢布添入两京库<br>（2）供尚食及诸司官厨等料并入京仓<br>（3）充官禄及诸司粮料<br>（4）留当州官禄及递粮<br>（5）诸道节度军粮及当州仓</td><td rowspan="2">3 000 000 石<br>3 000 000 石<br>4 000 000 石<br>5 000 000 石<br>10 000 000 石</td></tr>
<tr><td>租粟</td><td>（1）产丝郡县所纳<br>（2）产布郡县所纳</td><td>7 400 000 石<br>5 200 000 石</td></tr>
<tr><td colspan="2">合计</td><td>27 000 000<br>（贯、石）</td><td>合计</td><td>27 000 000<br>（贯、石）</td></tr>
<tr><td>庸调</td><td>（1）产丝郡县庸调输绢<br>（2）产丝郡县庸调输绵<br>（3）产丝郡县庸调输布<br>（4）产布江南郡县租折布</td><td>7 400 000 石<br>1 850 000 屯<br>10 350 000 端<br>57 000 000 端</td><td>（1）入西京<br>（2）入东京<br>（3）诸道兵赐及和籴远小州便充官料邮驿等费</td><td>13 000 000<br>（贯、石）<br>1 000 000<br>（贯、石）<br>13 000 000<br>（贯、石）</td></tr>
</table>

注：一贯＝1 000文钱；一石＝120 市斤；绵一屯＝6 两；布一端＝5 丈。

资料来源：刘叔鹤：《中国统计史略》，172 页，武汉，湖北人民出版社，1990。

表 3－4 的数据说明，“当年岁入岁出中，钱、粮均收支平衡。在庸调方面，因实物种类不同，不便加总。其中布，一匹为四丈，一端为五丈；绵，一屯为六两。而且在支出方面，又未列出实物单位。所以只能认为收支大致相抵而已”①。

6. 度量衡标准、仓储调查与统计

唐朝的度量衡，有具体、明确的标准。《旧唐书·食货志》曰：“凡权衡度量之制：度，以北方秬黍中者一黍之广为分，十分为寸，十寸为尺，十尺为丈。量，以秬黍中者容一千二百为龠（古代容量单位——引者注），二龠为合，十合为升，十升为斗；三

① 刘叔鹤：《中国统计史略》，171 页，武汉，湖北人民出版社，1990。

升为大升，三斗为大斗，十大斗为斛。权衡，以秬黍中者百黍之重为铢，二十四铢为两，三两为大两，十六两为斤。”“度田之制：五尺为步，步二百四十为亩，亩百为顷。”对度量衡标准的平校，有严格规定：“凡官私斗、秤、量尺，每年八月诣寺校印署，无或差缪，然后听用之。”（《唐六典·太府寺》）否则，就要受惩罚：“诸校斛斗称度不平，杖七十，监校者不觉，减一等，知情，与同罪。”（《唐律》）这些标准和要求，是做好调查、统计工作的前提，对调查、统计的准确性具有重要意义。

唐朝的仓储管理、财物进出都有明确规定。《旧唐书·职官志》曰：“左藏令掌邦国库藏。丞为之贰。凡天下赋调，先于输场简其合尺度斤两者，卿及御史监阅，然后纳入库藏，皆题以州县年月，所以别粗良，辨新旧。凡出给，先勘木契，然后录其名数，请人姓名，署印送监门，乃听出。若外给者，以墨印印之。”违背者，都要受到惩处。《唐律疏议·厩库》规定：“诸出纳官物给受有违者，计所欠剩，坐赃论。”这是说，根据“欠剩”之价值，比照“坐赃”判罪。

唐朝特别重视对仓储粮食的调查和统计。官府的仓储有两类：一是诸色仓，是朝廷的重点粮仓；二是正仓，是州级管辖的粮仓。此外，还有作为粮食储备仓储的常平仓（官府为调节粮价、储粮备荒而设置的粮仓）、和籴（官府向百姓征购粮食的仓库）和义仓（民办粮仓）。天宝八年（749），各类粮仓储粮情况，见表3－5。

**表3－5　唐天宝八年（749）各类粮仓储粮情况**

| 仓储类别 | 贮粮数量（石） | 比重（%） | 仓储类别 | 贮粮数量（石） | 比重（%） |
|---|---|---|---|---|---|
| 合计 | 123 702 214 | 100.00 | 常平仓 | 4 602 220 | 3.72 |
| 诸色仓 | 12 656 620 | 10.23 | 和籴 | 1 139 530 | 0.92 |
| 正仓 | 42 126 184 | 34.06 | 义仓 | 63 177 660 | 51.07 |

资料来源：刘叔鹤：《中国统计史略》，180～184页，武汉，湖北人民出版社，1990。

表3－5的数据说明：一是，天宝八年正是盛唐时期，全国人口约5 000万人，各类粮仓储粮约12 370万石，按每石120市斤计算，折合148.44亿斤，人均约297斤，是相当可观的。二是，在各类粮仓中，诸色仓占10.23%，正仓占34.06%，义仓占一半以上。这说明，盛唐时期，官府库粮甚多，百姓存粮更为丰厚。

7. 统计分析的方法

随着行政调查的发展，唐朝用于统计分析的方法也有明显进步，其中常用的方法有：

（1）比较分析法。唐宰相陆贽（754—805）指出：“有田之家，坐食租税……今京畿之内，每田一亩，官税五升；而私家收租，殆有亩至一石（100升——引者注）者，是二十倍于官税也。降及中等，租犹半之（50升——引者注），是十倍于官税也。……官取其一，私取其十，穑人安得足食，公廪安得广储，风俗安得不贪，财货安得不壅?”（《陆宣公奏议全集》卷四《均节赋税恤百姓》第六条“论兼并之家私敛重于公税”）这是中国统计史上运用“比较分析法”的典型事例，它揭示了唐朝社会贫富不均的主要原因，是地主阶级的残酷剥削。

（2）强度分析法。据《新唐书·食货志》记载，唐宪宗“元和中，供岁赋者，浙西、浙东、宣歙、淮南、江西、鄂岳、福建、湖南八道，户百四十四万，比天宝才四之一。兵食于官者八十三万，加天宝三之一，通以二户养一兵”。到唐穆宗长庆年间（821—824），“户三百三十五万，而兵九十九万，率三户以奉一兵”。这是强度分析法的具体应用，它显示出唐朝财政支出中军费支出的强度，在不同帝王、不同时期是不一样的。

（3）平衡分析法。唐初，对财物收支核算采用“三柱结算法”，以反映平衡关系即“入＝出＋余”或“入－出＝余”。《唐会要》卷五十九曰：“每年据留州定额钱财数，破使去处，及支使外余剩见在钱物，各具色目，分明造帐。”即“收入－支出＝见在（结余）”。陆贽在《陆宣公奏议全集》中说：“其出纳（支、收——引者注）之数，则每旬申闻，其见在之数，则每月计奏。”可见，唐初财政统计已采用三柱结算法做平衡分析，并对“出纳”与“见在”的上报时间有所区别。唐中期，平衡分析已向“四柱结算法”过渡，即把“入”分为“元给”（上期结余）与“新加”（本期收入），连同“所用”（支出）及“见在”，形成了四柱结算法（相当于现代统计中的“期初结余”“本期收入”“本期支出”与“期末结余”）。《唐会要》卷九十一中“旧额（元给——引者注）三十四万八千五百贯四百文，新加二十六万八千三百五十五贯四文”的记载说明，唐的平衡分析，已由“三柱结算法”过渡到“四柱结算法”了。

（4）比价的应用。比价，就是价格比较，即在经济活动中通过比价而做出选择。据《新唐书·食货志》记载，唐贞观初“绢一匹易米一斗”。为了维持钱帛并用的复本位货币制度，朝廷曾提高布帛与铜钱的比价，以强制推行布帛货币。在征收赋税时，曾进行折合价统计。例如，建中（780—783）初年，每岁天下共敛三千余万贯，税米麦一千六百余万石。按每匹绢折钱三千文计算（一贯等于一千文，三千文就是三贯），可折绢一千余万匹（参见《通典·食货典》）。这就是运用比价的实例。

（5）估计推算法的应用。《新唐书·食货志》曰：“当时议者以为：‘自天宝至今，户九百余万。《王制》：上农夫食九人（上等农夫可养活九人——引者注），中农夫七人。以中农夫计之，为六千三百万人。少壮相均，人食米二升，日费米百二十六万斛，岁费四万五千三百六十万斛，而衣倍之，吉凶之礼再倍，余三年之储以备水旱凶灾，当米十三万六千八十万斛，以贵贱丰俭相当，则米之直与钱钧也。田以高下肥瘠丰耗为率，一顷出米五十余斛，当田二千七百二十一万六千顷……’”这就是用中农夫养活人数和高下肥瘠田平均产出粮食数来进行估计推算的实例。

8. *分组方法的广泛应用*

唐朝分组法的应用已相当广泛，例如：

（1）年龄分组。《旧唐书·食货志》曰，武德七年（624）高祖令：“男女始生者为黄，四岁为小，十六为中，二十一为丁，六十为老。……神龙元年，韦庶人为皇后，务欲求媚于人，上表请以二十二为丁，五十八为老，制从之。及韦氏诛，复旧。至天宝三年，又降优制，以十八为中男，二十二为丁。”广德元年（763）又改为：“天下男子，宜二十三成丁，五十八为老。”人口年龄分组的变化，对于征税派役有直接的影响。

（2）民户分组。例如，按是否本地人，把民户分为主户（或正户、土户）与客户。本地人户称主户，流动户称客户。按“资产”多少，把民户分为三等或九等。唐武德七年（624）下令将全国户口“量其资产”定为上、次、下三等，后改为九等。“凡天下人户，量其资产，定为九等。”（《旧唐书·食货志》）此外，对于文武官员，百姓占有邸店、行铺及炉冶者，寄庄户，寄住户等应列的户等，均有具体规定。

（3）课与不课分组。唐朝纳税服役的户、人，称“课户”“课口”，不纳税服役的户、人，称“不课户”“不课口”。《新唐书·食货志》曰：“凡主户内有课口者为课户。若老及男废疾、笃疾、寡妻妾、部曲（家仆——引者注）、客女（身份较婢女略高的妇女——引者注）、奴婢及视九品以上官，不课。”据天宝十四年（755）调查，全国“管户总八百九十一万四千七百九，应不课户三百五十六万五千五百一，应课户五百三十四万九千二百八十。管口总五千二百九十一万九千三百九，不课口四千四百七十万九百八十八，课口八百二十万八千三百二十一。此国家之极盛也”（《通典·食货典》）。据此计算，不课户占40%，不课口占84.5%；而60%的课户、15.5%的课口要承担全部赋役任务。

（4）州县分组。据《旧唐书·地理志》记载，贞观“十三年定簿，凡州府三百五十八，县一千五百五十一”。当时，州、县主要根据户口多少划分为上、中、下三等。《旧唐书·职官志》曰：“四万户已上为上州，二万户以上为中州，不满为下州。”“六千户以上为上县，二千户已上为中县，一千户已上为中下县，不满一千户皆为下县。”州、县户数越多，税收越多，等级就越高。

9. 编制《国计簿》

据《旧唐书·宪宗本纪》记载：“己卯，史官李吉甫撰《元和国计簿》”，元和二年（807）成书。全书十卷，分为三个部分：第一部分，说明赋税来源，主要是按行政区划统计的户籍、计帐资料。例如，元和二年，“总计天下方镇凡四十八，管州府二百九十五，县一千四百五十三，户二百四十四万二百五十四”。第二部分，说明财政收入，主要是按项目分别记载收入及其总和。例如，“元和两税、榷酒、斛斗、盐利、茶利总三千五百一十五万一千二百二十八贯、石”（《资治通鉴》卷二三七《宪宗元和二年》引宋白注），其资料即来自《元和国计簿》。第三部分，通过对现行资料与历史资料的对比分析，说明财经状况优劣的原因及其存在的问题。例如，通过对天宝（742—755）和元和（806—820）年间供税户的对比，得出元和年间供税户仅为天宝年间的1/4，而元和年间军兵负担人数却比天宝年间增加1/3（参见《资治通鉴》卷二三七《宪宗元和二年》引宋白注），既揭示了财政恶化的原因，又彰显了李吉甫作为臣子的忧国之心。

《元和国计簿》，是中国官方最早编制的统计资料汇编，也是中国最早的会计专著，它标志着中国财经调查、统计的新水平，体现了调查统计分析在“理财制用”中的作用，在中国调查史、统计史和会计史上占有重要地位。但是，非常可惜，它没有能够流传下来。

10. 孙思邈与医药调查

孙思邈生于北周大定初年（581），卒于唐永淳元年（682），享年102岁，京兆华原（今陕西耀州）人，医学家和药物学家，被誉为“药王”。他幼年体弱多病，18岁学医，20岁为乡邻治病，重视民间验方，一生致力于药物研究，曾上峨眉山、终南山，下江州，后隐居太白山，边行医，边采药，边临床试验。他医德高尚，身体力行，一心赴救，不慕名利，用毕生精力实现自己的医德思想，被西方称为“医学之父”。他精通内、外、妇、儿、五官、针灸等科，是继张仲景之后中国第一个全面系统研究中医药的先驱（见图3-2）。

图3-2　药王孙思邈

孙思邈终身不仕，隐于山林，亲自采制药物，为人治病。他搜集民间验方、秘方，总结临床经验及前代医学理论，为中国医药学贡献了“二十四个第一”，包括：第一个深入民间，向民众和同行学习、收集校验秘方的医生；第一个发明手指比量取穴法；第一个提出用草药喂牛、使用牛奶治病；第一个提出野生药物变家种并试验成功；第一个研制出地黄炮制和巴豆去毒炮制方法；第一个系统、具体论述药物种植、采集、收藏的方法；第一个治疗脚气病，并用彀树皮煎汤煮粥食用预防脚气病及其复发，比欧洲人早一千年；第一个以坤剂（雄黄等）治疗疟疾病，比英国人用砒霜制成的孚勒氏早一千年；撰写中国历史上第一部临床医学百科全书——被国外学者推崇为“人类之至宝”的医学巨著《千金方》（《千金要方》和《千金翼方》的合称）；等等。在《千金方》中，《千金要方》载方5 000多首，内容有诊法、征候等医学理论，以及内、外、妇、儿等科的药方，既涉及解毒、急救、养生、食疗，又涉及针灸、按摩、导引、吐纳等，是对唐以前中医学的一次总结；《千金翼方》载方近3 000首，内容涉及本草、妇人、伤寒、小儿、养性、补益、中风、杂病、疮痈、色脉以及针灸等方面，是对《千金要方》必要而有益的补充。该书收载的800余种药物中，有200

余种详细介绍了采集和炮制等方面的知识。所有这些成果，都是孙思邈长期调查研究和亲自实践的产物。

11. 狄仁杰与司法调查

狄仁杰（630—700），唐并州太原（今山西太原）人，杰出政治家，官至宰相。狄仁杰为官，不畏权势，敢于拂逆君主之意，被称为“唐室砥柱”。据《旧唐书・狄仁杰列传》记载，狄仁杰“仪凤中为大理丞，周岁断滞狱一万七千人，无冤诉者”。一年内判决大量积、疑、难案，纠正冤、错、假案，涉及 1.7 万人，无冤诉者。因此，他被称为中国历史上勤政廉明、断案如神、刚直不阿、摘奸除恶的大清官（见图 3-3）。

图 3-3　狄仁杰

狄仁杰之所以能明断疑案，破案神速，就在于他每逢外放必走访民间，经常以“染疾”“抱恙”等理由摆脱州、县官吏纠缠，轻车简从，微服私访，深入基层，到现场做调查研究。后人以狄仁杰屡破奇案的史实为题材，编写了许多传奇故事，其中最著名的是清朝小说家吴趼人著的推理小说《狄公案》和荷兰汉学家高罗佩著的《大唐狄仁杰断案传奇》（又名《狄公断狱大观》）。作者笔下的狄公迥异于中国传统公案小说中的“青天大老爷”，他独到的办案风格是：重证据而不主观妄断，重效率而轻缛节，讲操守而又善变通；重视现场勘查，注重细节，思维缜密，分析推理，环环相扣，无论多么复杂凶险的案件，一经他手，均可神奇破获。《大唐狄仁杰断案传奇》的具体内容虽多为虚构，但它刻画了比西方福尔摩斯早一千多年的狄仁杰，运用实地调查和逻辑推理等方法明断疑案的历史业绩，是中国古代智慧和各类公案小说的整合与升华。20 世纪 50 年代该著作英文版一经面世，即在欧美引起轰动，被西方读者称为古代中国的福尔摩斯，至今已译成 10 余种文字，不断再版。

12. 刘知几的史籍调查和研究

刘知几（661—721），字子玄，彭城（今江苏徐州）人，官至左散骑常侍，兼修国史，先后与人合作撰成《唐书》《武后实录》《睿宗实录》等著作。由于不满朝廷史馆制度和对修史的干预，景龙二年（708）辞去史职，退而私撰《史通》（内篇 39 篇、外篇 13 篇，其中 3 篇已佚，今存 49 篇），对唐朝以前的史籍作了全面分析和研究，论述了自己编纂史书的原则和方法。开元九年（721），因营救犯罪长子，被贬为安州都督府别驾，不久去世。刘知几开展史籍调查研究、编纂史书的原则和方法是：

（1）博通治学。这是刘知几治学的基础。刘知几在《自叙》中叙述他 20 岁前的读书生活：11 岁读《左传》，次读《史记》《汉书》《三国志》，再读“自汉中兴已降，迄乎皇家实录”，而且“触类而观”，到 17 岁便“窥览略周”。据《隋书·经籍志》记载：“凡四部（指经、史、子、集——引者注）经传三千一百二十七部，三万六千七百八卷。通计亡书，合四千一百九十一部，四万九千四百六十七卷。”其中，“凡史之所记，八百一十七部，一万三千二百六十四卷。通计亡书，合八百七十四部，一万六千五百五十八卷”（《隋书·经籍志》），刘知几“窥览略周”，若以半数计，已相当可观。

（2）师承先贤。刘知几继承了孔子、司马迁以来史学先贤的优良传统和风格，其中左丘明的《左传》、王充的《论衡》和刘勰的《文心雕龙》尤具决定性作用。创建实录史学原则典范的《左传》，是刘知几史学入门之师，从《史通》对史学作用与要务的论述看，刘知几大有《左传》学派传人的风格。

（3）疑古惑经。刘知几师承先贤，但决不盲从师训，而是走独立钻研之路。他的《疑古》《惑经》继承了《论衡》中“问孔”“刺孟”的精神，对古代史事和儒家经典提出了一些疑问，反映了作者治学的严肃态度和批判精神；《杂说》等读史札记，涉及以往史家、史书的得失，有的地方也反映出作者在哲学思想上的质疑精神和倾向。

（4）求实精神。刘知几的求实精神表现在三个方面：一是，强调“因俗”“随时”，忠实反映历史面貌。二是，贵直书，斥曲笔，体现实录原则。三是，信灾祥，重人事，把史学同现实生活联系起来。有学者认为，刘知几在中国历史上第一次系统地从理论上对“实录”进行了全面的探讨和总结，形成了独具特点的实录史学原则。①

（5）秉笔直书。《史通》鲜明地提出坚持直书，反对曲笔；提倡“不掩恶、不虚美”，“爱而知其丑，憎而知其善”；尚实用，反浮词，抨击六朝骈文的颓靡之风，反对华而不实的辞赋；主张运用当代通用的语言，反对依仿古语，反对形式模拟。他的两篇文章——《直书》和《曲笔》，在认识上进一步发展了中国史学直笔的优良传统。

（6）“三长”必备。刘知几第一次提出了史学家必须具备史学、史识、史才“三长”的论点。他认为，史学是历史知识，史识是历史见解，史才是研究能力和表述技巧。其中，史识最重要，它的核心是忠于历史事实，秉笔直书。

① 参见代继华：《刘知几论实录》，载《史学史研究》，1995（3）。

刘知几的《史通》是中国历史上第一部史学理论专著，也是第一部史籍文献调查和研究的专著，在中国史学史、史籍文献调查研究史上，它最早从理论和方法上阐述了史书编纂、史籍文献调查和研究问题，对后世影响深远。

13. 唐朝诗人的社情民意调查

唐诗，是唐朝最令人瞩目的文学成就。唐朝诗歌总集《全唐诗》，共收录唐朝2 529名诗人的42 863首诗作（日本学者平冈武夫对《全唐诗》所收作家、作品逐一编号、统计的结果是：作者2 873人，诗49 403首，句1 555条）。唐诗是中国优秀文学遗产之一，是中国古诗不可逾越的巅峰，也是全世界文学宝库中的一颗灿烂明珠。

唐诗的兴盛有多种原因：初唐、盛唐时期的政治清明、经济繁荣、思想解放、文化昌盛、对外交流活跃，中唐、晚唐时期的朝廷腐败、政治动荡、战乱频繁、社会凋敝，为唐诗兴盛和衰落奠定了现实的社会基础；夏、商、周以来中华文明2 600多年的积淀，为唐诗的繁荣准备了深厚的文化土壤；诗人们游历名山大川、遍访名胜古迹、广交各界朋友、深入社会底层、体察社情民意的社会调查活动，则为唐诗的创作提供了不可缺少的手段或方法。

唐朝诗人不可胜数，其中最杰出的代表是被尊称为“诗仙”“诗圣”的李白和杜甫。

李白（701—762），字太白，号青莲居士，祖籍陇西成纪（今甘肃秦安县），出生于碎叶城（当时属唐朝领土，今属吉尔吉斯斯坦）。他少年才华横溢，广览博学，吟诗作赋。25岁开始只身漫游，一生的绝大部分时间在漫游中度过，游历了大半个中国，南到洞庭、湘江，东至越州（今浙江绍兴）、齐、鲁，北上太原、长安（今陕西西安），曾寄居湖北安陆和任城（今山东济宁市）。天宝元年（742），李白得到唐玄宗赏识，礼遇隆重，但只让他供奉翰林，做文学侍从，三年后被“赐金放还”。三年长安生活，使李白对朝廷的腐败、黑暗有了更多认识，成为他政治生涯的分水岭。安史之乱后，曾一度受牵累而被流放，晚年漂泊困苦，卒于（安徽）当涂。他的诗作，大都是在漫游过程中，在政治失意心境下，在体察社情民意基础上创作的。在这些诗作中，有的表现出对朝廷政治腐败、权贵骄奢淫逸的蔑视与批判，更多的则表现出对人民疾苦的深切同情和对祖国大好河山的热爱，留下了许多名诗名句。例如：“抽刀断水水更流，举杯消愁愁更愁”（《宣州谢朓楼饯别校书叔云》），“天生我材必有用，千金散尽还复来”（《乐府·将进酒》），“飞流直下三千尺，疑是银河落九天”（《望庐山瀑布》），“床前明月光，疑是地上霜，举头望明月，低头思故乡”（《静夜思》），“大鹏一日同风起，扶摇直上九万里”（《上李邕》），“蜀道之难，难于上青天”“一夫当关，万夫莫开”（《蜀道难》）等，就是其中的杰出代表。

杜甫（712—770），字子美，号少陵野老，出生于巩县（今河南巩义）。他自幼好学，知识渊博，有政治抱负。青年时期，举进士不第，先后游历今江苏、浙江、河北、山东一带，两次会见李白，结下深厚友谊。天宝年间（742—755）到长安，仕进无门，困顿十年，仅获一小职。安史之乱爆发后，他流亡颠沛，为叛军所俘；脱险后，授官左拾遗。乾元二年（759），他弃官西行，最后到四川，定居成都。晚年，举家东迁，途中滞留夔州。后漂泊于鄂、湘一带，病死于途中。他的诗既表达了自己的抱负和心境，赞美了祖国的河山和景物，又揭露了社会的不公和黑暗，批判了统治阶级的腐朽与罪恶，对穷苦百姓则寄予了深切的关怀和同情，为后人留下了许多不朽诗句。例如："读书破万卷，下笔如有神"（《奉赠韦左丞丈二十二韵》）；"朱门酒肉臭，路有冻死骨"（《自京赴奉先县咏怀五百字》）；"安得广厦千万间，大庇天下寒士俱欢颜"（《茅屋为秋风所破歌》）；"会当凌绝顶，一览众山小"（《望岳》）；"出师未捷身先死，长使英雄泪满襟!"（《蜀相》）；"射人先射马，擒贼先擒王"（《前出塞》其六）等，都是久传不衰的绝妙佳句。

显然，李白和杜甫的这些名诗名句，如果没有身临其境的深入观察和体验，没有刻骨铭心的深思和感悟，是绝对写不出来的。从这个意义上说，以李白、杜甫为代表的唐代诗人，是一批真正成功的古代社情民意调查的实践者。

14. 刘晏的商情、经济调查

刘晏（715—780），字士安，今山东东明人，一生经历唐玄宗、肃宗、代宗、德宗四朝，官至宰相，管理朝廷财政几十年，被誉为"广军国之用，未尝有搜求苛敛于民"的著名理财家。建中元年（780），因杨炎诬陷被害，家中所抄财物仅书两车、米麦数石而已。

据《资治通鉴·唐纪四十二》记载，刘晏"常以厚直募善走者，置递相望，觇报四方物价，虽远方，不数日皆达使司，食货轻重之权，悉制在掌握，国家获利而天下无甚贵甚贱之忧"。这是说，刘晏常以重金招募善于奔走的人，在各地设置传递站，搜集汇报各地物价，即使是远方，也用不了几天就能送达，全国粮食货物增减权衡（即经济情况），都在他的掌握、监控之中，国家因此获得利益，而社会不会出现物价悬殊、波动之忧虑。

刘晏要求，"诸道各置知院官，每旬月，具州县雨雪丰歉之状白使司，丰则贵籴，歉则贱粜，或以谷易杂货供官用，及于丰处卖之。知院官始见不稔之端，先申，至某月须如干蠲免，某月须如干救助，及期，晏不俟州县申请，即奏行之，应民之急，未尝失时，不待其困弊、流亡、饿殍，然后赈之也。由是民得安其居业，户口蕃息。晏始为转运使，时天下见户不过二百万，其季年乃三百余万……。其初财赋岁入不过四百万缗，季年乃千余万缗"。这是说，刘晏要求在各道设置知院官，要每旬、每月把下雨下雪、丰收歉收情况汇报上来，丰收时官府应高价收购粮食，歉收时再低价卖给百姓，或者用谷物交换杂货，使老百姓得到粮食，官府则把杂货运到丰收地区去卖。知院官一旦发现歉收苗头，就应提前申报，哪个月需要免除多少赋税，哪个月需要救济多少粮食，到时候，刘晏不等州县申请，便上奏实施，以便应付百姓急需，从未耽误过时间，不会等到百姓困苦、流亡、饿死，才去救助他们。由于百姓安居乐业，因此人口增长。他刚任转运使时，全国户口不过二百万，到后来达到三百多万；他任职初期，全国财赋收入不超过四百万缗，后来达到一千多万缗。

刘晏在各地设置传递站，招募善于奔走的人，及时传送"四方物价"等经济信息；在各道设置"知院官"（即经济情报官），要求他们经常开展气候、收成、灾情、物价等情况调查，实际上就是在全国建立了一个经济情报网，使他能随时掌握全国经济动态，及时做出“丰则贵籴，歉则贱粜”等重要决策，平抑物价，调剂有无，促进生产发展，满足百姓需求，从而获得了人口增长、财赋收入倍增的良好效果。这说明，刘晏既是中国古代著名的理财家，又是中国古代社会调查史上自觉开展商情、经济调查的第一人。

15. 贾耽与《海内华夷图》

贾耽（730—805），字敦诗，沧州南皮（今河北南皮）人，著名地理学家。他从小喜读地理书籍，爱骑马射猎。22 岁参加科考，以明经登第。28 岁入仕，历任县尉、员外郎、刺史、朝仪大夫、节度使、工部尚书、御史大夫等职。贞元九年（793），以 63 岁高龄任尚书右仆射同中书门下平章事，而后转任左仆射，依前平章事。66 岁，以健康为由屡提辞呈，均未获恩准。71 岁，封魏国公。75 岁，任检校司空、左仆射，卒于长安，谥曰“元靖”。

贾耽一生为官 47 年，居相位 12 年，事务繁忙，但仍利用各种机会考察、研究地理。他一方面广泛调查采访，凡四夷来使及出使四夷还者，必讯问、收集“绝域之比邻，异蕃之习俗，梯山献琛之路，乘舶来朝之人，咸究竟其源流，访求其居处。阛阓之行贾，戎貊之遗老，莫不听其言而掇其要；闾阎之琐语，风谣之小说，亦收其是而芟其伪”。另一方面，“寻研史牒”，查阅各种图籍，了解“九州之夷险，百蛮之土俗，区分指画，备究源流”。他非常推崇裴秀的“制图六体”，贞元十四年（798）运用裴秀制图六原则绘制的《关中陇右及山南九州图》一轴（已佚），内容翔实，受德宗帝称赞和奖励。

贾耽勤于搜集地理资料，经兴元元年至贞元十七年（784—801）17 年努力，终于绘成了闻名遐迩的《海内华夷图》（见图 3-4），撰写了《古今郡国县道四夷述》。他在文中简要记述了绘图目的、经过、内容及用途后说：“臣弱冠之岁，好闻方言，筮仕之辰，注意地理，究观研考，垂三十年。……去兴元元年，伏奉进止，令臣修撰国图。旋即充使魏州、汴州，出镇东洛、东郡，间以众务，不遂专门，绩用久亏，忧愧弥切。近乃力衰朽，竭思虑，殚所闻见，丛于丹青。”

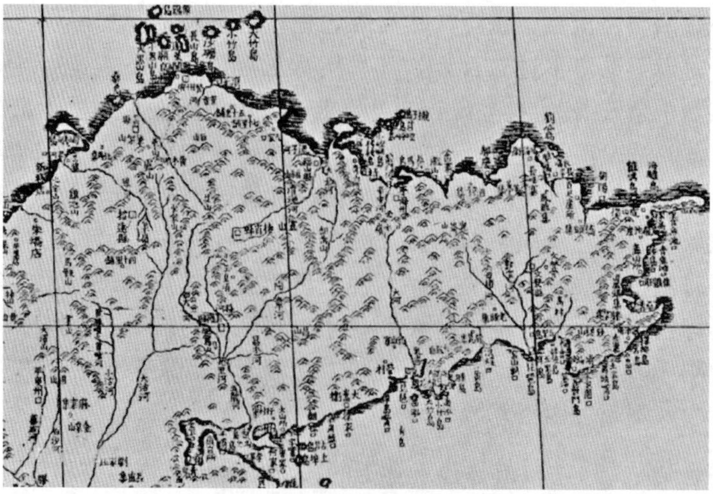

图 3-4 《海内华夷图》局部

贾耽花30多年时间调查采访、阅读文献、选取资料绘制的《海内华夷图》，“广三丈，从三丈三尺，率以一寸折成百里。别章甫左衽，奠高山大川；缩四极于纤缟，分百郡于作绘。宇宙虽广，舒之不盈庭；舟车所通，览之咸在目”。该图有三个特点：一是，图的幅面大，载负量丰富，除绘有国内及毗邻地区的山川、政区外，对域外许多国家和地区的名称、方位、山川等内容，亦有记载，实为亚洲局部地图。二是，有统一比例尺，采用一寸折百里（相当于1∶1 800 000）的比例绘制而成，图形轮廓比较准确。三是，图中地名古今并注，“古郡国题以墨，今州县题以朱，今古殊文”，开两种颜色标注地名之先河，为后世历史地图所沿用。《海内华夷图》的问世，不仅展现了唐制图水平已达到新的高峰，而且使500年间未被重视、采用而濒临失传的裴秀“制图六体”得到了继承。从此，“制图六体”起衰振微，对后世地图制作产生深远影响。显然，贾耽是继裴秀之后中国地图史上又一位划时代的人物。

贾耽的《古今郡国县道四夷述》，形式上是《海内华夷图》的文字说明，但其图、说各自独立成篇，是一部总地志性质的地理著述，对后世地方志编纂有深刻影响。

16. 陆羽与《茶经》

陆羽（733—804），名季疵，字鸿渐，号竟陵子、“茶山御史”，复州竟陵(今湖北天门)人，著名的茶文化家和鉴赏家。陆羽一生嗜茶，精于茶道，在茶文化史上创造了一套茶学、茶艺、茶道思想，并以著世界第一部茶专著——《茶经》而闻名，对中国和世界茶业发展做出了卓越贡献，被誉为“茶仙”，尊为“茶圣”，祀为“茶神”。

传说，陆羽是一个弃婴，被竟陵龙盖寺高僧智积禅师收养，积公煮得一手好茶，让陆羽自幼学得艺茶之术。他12岁离开龙盖寺，在戏班子当丑角演员，受谪守竟陵的名臣李齐物赏识，去火门山邹老夫子门下受业7年。19岁，立志于茶事的考察与研究。21岁，决心写《茶经》。22岁遭“安史之乱”，他随难民西行、南下，一路风尘，考察茶事，饥食干粮，渴饮茶水，经义阳、襄阳、南漳，直到四川巫山，每到一处即与当地村老讨论茶事，将各种茶叶制成标本，做了大量“茶记”，记录下有关茶的各种见闻。24岁时，辗转来到湖州，结识了长年隐居在杼山妙喜寺的诗僧皎然，从此定居于此，起早贪黑，跋山涉水，以茶民为友，以茶叶为伴，收集整理和研究各种茶事资料。经过10多年实地考察，遍历长江中下游和淮河流域的32个州，他搜集了大量的第一手茶叶产制资料，积累了丰富的品泉鉴水经验。《茶经》的写作，初稿历时5年，以后增补、修订5年，直至唐德宗建中元年（780）才最终完成，成为世界上第一部研究茶的巨作（见图3-5）。此时，陆羽已47岁。

《茶经》全书分3卷、10节，共7 000多字。“一之源”考证茶的起源及性状；“二之具”记载采制茶叶的工具；“三之造”说明茶叶种类和采制方法；“四之器”记述煮茶、饮茶的器皿；“五之煮”记载烹茶法及水质品位；“六之饮”说明饮茶风俗和品茶法；“七之事”汇辑有关茶叶的掌故及药效；“八之出”列举茶叶产地及所产茶叶的优劣；“九之略”指明茶器的使用可因条件而异；“十之图”指将采茶、加工、饮茶的全过程绘于绢素，悬于茶室，以便品茶时亲眼领略《茶经》之始终。这些内容说明，《茶经》是一部关于茶叶生产的历史、源流、现状、生产技术，以及茶道原理、茶文化、

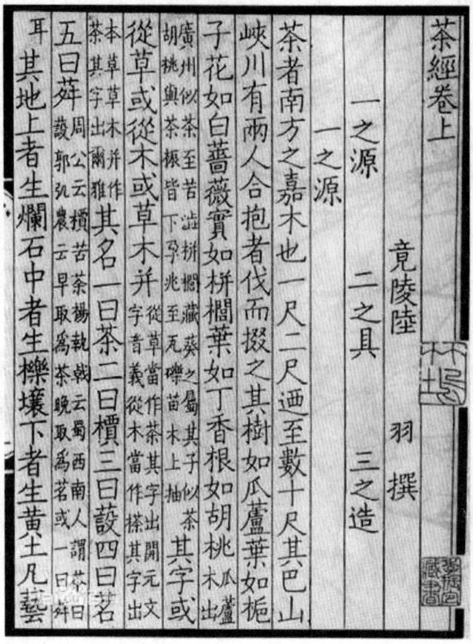


**图 3-5 陆羽的《茶经》**

饮茶技艺等知识的最完备的茶书，也是世界上第一部划时代的茶学专著。它实质上是对唐及唐以前中国古代茶事和茶文化调查研究的系统总结。

17. 杜佑的人口调查思想和统计分析

杜佑（735—812），今陕西西安人，出生世宦之家，史学家，唐中叶官至宰相，主张改革图强，重视调查研究，以 35 年时间著《通典》200 卷，分 9 门，子目1 500余条，约 190 万字。其中《食货典》一门有 12 卷，它既是对中国古代财经历史经验的总结，又是杜佑调查统计思想的集中体现。其中，重要的思想是：

（1）重视人口调查与统计。《通典·食货典》曰：“古之为理也，在于周知人数，乃均其事役，则庶功以兴，国富家足，教从化被，风齐俗和。”他认为，掌握人口数是治国的根本大事。在《通典·食货典》12 卷中，他把《历代盛衰户口》列为第七卷，从而把人口调查与统计，由地理志的一项内容，纳入到经济管理（食货）的范畴。

（2）强调粮食、土地、人口数字的重要。《通典·食货典》曰：“谷者，人之司命也；地者，谷之所生也；人者，君之所治也。有其谷则国用备，辨其地则人食足，察其人则徭役均。知此三者，谓之治政。”在杜佑看来，掌握粮食国家才有储备，掌握土地才有充足粮食，掌握人数才能平均派使徭役，因此，掌握粮食、土地、人口数据是“治政”之要。

（3）重视统计分析。《通典·食货典》曰：“审其众寡，量其优劣，饶赡之道，自有其术。”这是说，审视了数量多少，衡量了事物优劣，探索了事物规律，自然就有办法了。他曾注意到，西汉元始二年（2）有1 220余万户，而唐贞观年间（627—649）至天宝末年（755）仅由 300 万户增至 890 多万户，唐的兴盛超过西汉，为何户口不增反减呢？他认为：“盖有司不以经国驭远为意，法令不行，所在隐漏之甚也。”即都是因为主管官员失职，不执行有关法令，致使隐瞒疏漏甚多而造成的。他分析，当时户口少了 300 余万户（参见《通典·食货典》）。这说明，杜佑不是空泛地议论问题，而是通过统计分析，用数字说明问题。

18. 李吉甫与《元和郡县图志》

李吉甫（758—814），字弘宪，赵郡赞皇（今河北赞皇）人，政治家、地理学家。他出身于李氏西祖房，年轻时勤奋好学，善写文章，学识渊博，尤精国朝典故，早年以门荫入仕，历任左司御率府仓曹参军、太常博士、屯田员外郎、明州长史、州刺史、考功郎中、中书舍人等职，宪宗元和年间（806—820）两任宰相。由于他外放江淮十余年，深知百姓疾苦，拜相之后便奏请皇帝，削弱藩镇势力，调换 36 个藩镇节帅。元和三年（808）辞相，出掌淮南（今江苏扬州）藩镇，率民修筑水利工程，扩大灌溉农田，奏请朝廷免去百姓欠租。元和六年（811）复居相位，晋爵赵国公。他建议裁汰冗官 800 余人、冗吏1 700余人，减低百官俸禄，节省财政开支，辅佐宪宗开创元和中兴。元和九年（814）暴病去世，时年 57 岁。

李吉甫元和二年（807）撰成《元和国计簿》，元和八年（813）撰成《元和郡县图志》（简称《元和志》，见图 3－6）。该书是中国现存最早的一部地理总志，内容极其丰富，书首起京兆府，末尽陇右道，共 47 镇，每镇篇首有图。在每一州县下，往往上溯三代或《禹贡》所载，下迄唐朝的沿革及治所的迁徙，以及山川、物产、古迹等。在每县下，记载了山脉走向、水道经流、湖泊分布等，全书记载水道 550 余条，湖泽陂池 130 多处；在体例上，它继承和发展了汉魏以来地理志、图记、图经的优良传统，除对各项内容作翔实记载外，又独创性地在府州下增加了府境、州境、八到、贡赋等内容，开了我国总地志体例之先河，为后世所效法。《四库全书总目提要》赞曰：“舆地图经，隋唐志所著录者，率散佚无存；其传于今者，惟此书为最古，其体例亦为最善，后来虽递相损益，无能出其范围。”

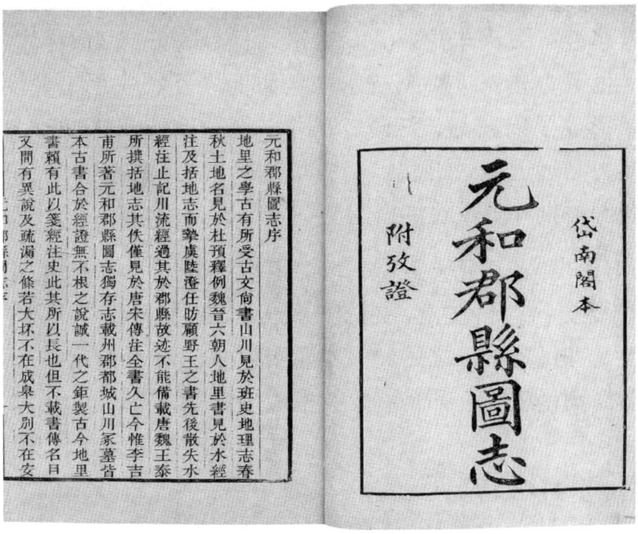

图 3－6　李吉甫的《元和郡县图志》

# 第三节 五代十国及其社会调查

## 一、五代十国——中国历史上又一次半个世纪的分裂

五代十国时期，从907年朱温改国号为大梁起，至960年赵匡胤建立北宋止，历时53年。五代十国时期，实质上是唐后期藩镇割据的延续，是中国历史上又一个政治分裂、社会动荡时期，同时也是全国经济重心从北向南转移的时期。

五代十国，是"五代"与"十国"的合称。"五代"，是指在中原地区相继出现的五个朝代，史称后梁、后唐、后晋、后汉和后周。"十国"，是指五代之外在南方相继或同时出现的吴、前蜀、吴越、闽、南汉、后蜀、南平、楚、南唐和北汉等十个割据政权。"十国"是称其"大"者，实际上还有不少其他割据政权。

中原地区的五代，后梁、后唐、后晋、后汉大都内忧外患，社会动荡，经济衰败，户口锐减。后周有所不同，太祖稳定政权，惩办贪污，改革税收；世宗整顿两税，招还逃户，保护边民，兴修水利，整顿漕运，对恢复经济起了很大作用，从而为北宋统一奠定了基础。南方十国，除北汉外，重大战事少，政局较稳定，就兴亡时间而言，五代平均10.6年，十国平均37.4年。南唐、吴越、闽、楚、前蜀、后蜀等国，农业手工业发展较快，商业较繁荣。北方战乱不止，人口大量南迁，致使南方户口、县治骤增。然而，随着经济发展，十国统治者日益奢侈腐化，税赋日益加重，人民日益贫困，因而渴望结束分裂割据局面。

五代十国，政治上，大体沿用唐朝的三省六部制，但各朝废置不常，相当混乱。军事上，多扩充禁军或成立侍卫亲军，官制繁多易变，冗将闲职泛滥，兵役负担沉重。经济上，北方政权多变，战火未熄，人口锐减，经济增长乏力。南方政权稳定，社会安宁，吸收北方大批劳力和先进耕织技术，从而促进了农业手工业发展，商业和对外贸易也发展起来，形成了以成都、江陵、扬州、金陵、杭州等城市为中心的若干经济区域。十国经济实力已远远超过五代，南方已取代北方成为全国经济中心，并出现了福州、泉州、广州等一批外贸重要港口。

在文化上，《旧唐书》《开元天宝遗事》《中朝故事》《金华子杂编》《北梦琐言》等著作保存了许多重要史料。科技上，制瓷、雕版、农业水利与火器技术有一定发展。《四时纂要》，是继《齐民要术》之后又一本重要农书。五代使用"帚工"堵口、护堤，修筑钱塘江石塘防海潮侵袭等，都是重要技术成果。

## 二、五代十国的社会调查

由于战乱频繁、社会动荡，政权存续时间不长，五代十国的社会调查和统计基本

上处于停滞状态，但是，从留传下来的有限历史资料看，仍有一些调查研究活动。

1. 制度和法律

五代十国，基本上沿袭唐朝旧制。唐初，财务及有关调查工作主要由户部下辖的户部、度支、金部、仓部四司分管。中唐以后，户部、度支、盐铁三司分管租税、财务和盐铁专卖、物资转运等事务。后唐曾设租庸使或三司使，管辖三司，掌管中央财务。地方财政也听从三司指挥。这个时期的社会调查、统计任务，也多由户部、度支、盐铁三司承担。

五代十国的法律，基本沿用唐朝律令格式和编敕（“敕”是皇帝发布的命令，“编敕”是整理成册的敕令），但因历朝又都有新颁的律令格式或敕条，因此法规敕令前后重复矛盾。后周显德四年（957），世宗令大臣进行整理，注释难解的律令条文，删除繁杂的格敕，汇编成 21 卷《大周刑统》。许多律令条文和格敕，都是当时调查的法律依据。

2. 自通供手状填报法

据《旧五代史·食货志》记载，后唐天成四年（929），“户部奏：‘三京、鄴都、诸道州府，逐年所征夏秋税租，兼盐曲折征，诸般钱谷起征，各视其地节候早晚，分立期限。’其月敕：‘百姓今年夏苗，委人户自通供手状，具顷亩多少，五家为保，委无隐漏……如人户隐欺，许令陈告，其田倍令并征’”。所谓“委人户自通供手状”，就是要百姓自己填写田亩数量，以五家互相保证，确无隐瞒或遗漏，如有人户隐瞒或欺骗，被人陈告，就要加倍征收田赋。这种自填法，与唐朝令民户自报田地、财产的手实法一脉相承，是对秦“初令男子书年”“使黔首自实田”的继承与发展。

3. 委人户自量自概收田租

据《旧五代史·食货志》记载，后晋“天福四年正月，敕：‘应诸道节度刺史，不得擅加赋役及于县邑别立监征。所纳田租，委人户自量自既（概）’”。“概”，是古代量米麦时刮平斗、斛的小木板。这是说，后晋天福四年（939）征收田租时，为避免官吏作弊，农民缴纳米麦的数量，不由官吏称量，而由交税农民自己称量，自己刮平。这种“委人户自量自既（概）”的方法，对田租的调查、统计往往比较真实、可靠。

4. 检定民租与团貌

据《旧五代史·食货志》记载，后周显德五年（958），世宗“赐诸道《均田图》。十月，命左散骑常侍艾颖等三十四人，下诸州检定民租。六年春，诸道使臣回，总计检到户二百三十万九千八百一十二”。这是说，朝廷派 34 名官吏到各州通过“检定民租”，总计检查到民户2 309 812户，从而为增加朝廷税赋收入打下了基础。

与隋朝“貌阅”、唐朝“团貌”一样，“后周亦有团貌，除察阅户口，以防‘民家之有奸盗者’外，还要检查民田之增减，以‘平均’赋役”[①]。既要“团貌”“察阅户口”，又要“检查民田之增减”，这样的调查结果，应该是比较可靠的。

① 梁方仲：《中国历代户口、田地、田赋统计》，总序，24 页，上海，上海人民出版社，1980。

无论是“检定民租”，还是“团貌”，都是朝廷户口调查的重要方法。

5. 异距分组的应用

异距分组，在后唐、后周有较广泛的应用。例如，后唐长兴四年（933），“诸道盐钱转运使奏：‘诸道州府盐法条流元末，一概定夺，谨具如后：应食颗盐州府，省司各置榷粜折博场院。应是乡村，并通私商兴贩。所有折博并每年人户蚕盐，并不许将带一斤一两入城，侵夺榷粜课利。如违犯者，一两已上至一斤，买卖人各杖六十；一斤已上至三斤，买卖人各杖七十；三斤已上至五斤，买卖人各杖八十；五斤已上至十斤，买卖人各徒二年；十斤已上，不计多少，买卖人各决脊杖二十，处死’”。“门司关津口铺，捉获私盐，即依下项等第，支给一半赏钱：十斤以上至五十斤，支赏钱二十千；五十斤已上至一百斤，支赏钱三十千；一百斤已上，支赏钱五十千。”后周“广顺二年九月十八日，敕：‘条流禁私盐曲法如后：一、诸色犯盐曲，所犯一斤已下至一两，杖八十，配役；五斤以下一斤以上，徒三年，配役；五斤以上，并决重杖一顿，处死’”（《旧五代史·食货志》）。上述异距分组，一般沿袭西晋叙述式写法，两端两组分别用开口组；而后周私贩盐曲数量的异距分组，不用“下限以上至上限”，而用“上限以下至下限”的写法，在中外统计史上是罕见的。

6. 人口、兵丁、田亩数量的调查

五代十国时期，战乱频繁，社会动荡，人口、田地调查与统计大都处于停滞状态，历史文献上的有关数据，不仅极为缺乏，而且往往互相矛盾。据有关学者研究，“在这个历史时期，我国人口有减无增。南北方共有户三百三十万四千二百九十一，其中北方一百万二千五百七十八户，南方二百三十万一千七百一十三户；此外，辽占据华北大片领土……有户五十七万六千二百零四，兵丁一百一十万七千三百人（《文献通考·户口考二》《宋志》）。值得注意的是，这个时期南方的户口远远超过北方。这与南方比较安定、经济缓慢增长、北方人口南迁有关”[①]。另外，据《续通典食货》和《册府元龟》卷四八六记载，后周显德六年（959），有民户2 309 812户，田地108 583 400亩，户均47.01亩。[②] 这些数据虽不一定准确，但它说明，与唐朝相比较，五代十国时期的人口、田地，都呈锐减之势。

但是，也有学者认为，“五代末年整个中国的人口情况：北方，11 598 160（包括北汉人口35万）。南方，17 288 370。此外在五代十国统治区内，还有大量没有编入户籍的少数民族人口……五代之末不会少于400万。加上上面考证的南北方人口，合计32 886 530口”，再加上“契丹国……500万人”，“大理国……300多万”，“吐蕃国……500万”，“台湾，仍按10万人估计之。全国总计45 986 530人”[③]。这也是值得参考的一家之言。

7. 韩鄂与《四时纂要》

韩鄂，唐末五代时人，籍贯、生卒年不详，农学家，唐末或五代初撰成《四时

---

① 杨子慧、张庆五：《中国历代的人口与户籍》，58页，天津，天津教育出版社，1991。

② 参见梁方仲：《中国历代户口、田地、田赋统计》，“甲表1”，10页，上海，上海人民出版社，1980。

③ 路遇、滕泽之：《中国人口通史》，上册，444～445页，济南，山东人民出版社，2000。

纂要》。

《四时纂要》分四季十二个月，是列举农家应做事项的月令式农家杂录。该书不仅广泛收集和整理了《齐民要术》《氾胜之书》《四民月令》《山居要术》和一些医方书中的相关资料，而且包含有韩鄂亲身实地调查的经验与总结。全书 5 卷，4.2 万余字。内容除去占候、祈禳、禁忌等外，可分为农业生产、农副产品加工和制造、医药卫生、器物修造和保藏、商业经营、教育文化六大类。

农业生产是该书的主体，包括农、林、牧、副、渔等各业，表现出以粮食、蔬菜生产为主的多种经营传统特色。在农业生产技术方面，记述较前代发展进步的有：果树嫁接，合接大葫芦，苜蓿和麦的混种，茶苗与枲麻、黍穄的套种，种生姜，种葱以及兽医方剂等，还有种植棉、茶树、薯蓣、菌子和养蜂等方面的记载。在农副产品加工和制造方面，记述丰富多样，特别在酿造方面有不少创新。例如，最早介绍利用麦麸酿制“麸豉”，不仅价格低廉，而且可节约粮食；在制酱方面，突破以前先制麦曲，然后下曲拌豆的分次做法，而把麦豆合并，一起制成干酱醅，并两道程序为一道；在酱油方面，将咸豆豉液汁加以煎熬做灭菌处理后，贮藏以作为调味品，开酱油生产之先河；对植物淀粉的提制，从谷物扩展到藕、莲、芡、荸荠、薯蓣、葛、百合、茯苓、泽泻、蒺藜等。在医药卫生方面，最突出的是采录了很多种药用植物的栽培技术，成为现存农书对于相关技术的最早记载。

《四时纂要》填补了《齐民要术》与《陈旉农书》之间相隔 6 个世纪的空白，对农业生产技术和社会经济发展的研究，起着承上启下的作用。

# 第四章　宋元等朝代的社会调查

宋元等朝代，是指宋朝、辽朝、西夏、金朝和元朝，其年代从960年建立宋朝起到1368年元朝灭亡止，前后历时408年。

## 第一节　宋朝及其社会调查

### 一、宋朝——重文轻武、内忧外患，经济、文化、科技空前繁荣的王朝

宋朝分北宋和南宋。北宋从960年建立到1127年灭亡，历9帝、167年；南宋从1127年建立到1279年灭亡，历9帝、152年。两宋合计，历18帝、319年。

后周显德七年（960），赵匡胤发动兵变，建立宋朝，史称“北宋”。赵匡胤为避免重蹈唐朝藩镇割据覆辙，实行强化皇权、重文抑武、重内轻外政策，致使军力弱化，在与辽、金、西夏的战争中败多胜少，不得不依赖缴纳大量银、绢换取暂时安宁。靖康二年（1127），金军攻破都城，掳走徽宗、钦宗二帝和皇室数千人，史称“靖康之耻”，北宋灭亡。同年，赵构在临安（今浙江杭州）登基，恢复宋国号，史称南宋。它偏安于淮水以南，帝王多昏聩，朝廷多内斗，军力弱小，领土日削，内忧外患不断。南宋末期，元军南下侵犯。祥兴二年（1279），在元军猛攻下，赵昺及皇族八百余人集体跳海自尽。至此，宋朝彻底灭亡。

宋朝在政治上，大体沿袭唐朝，在中央分割相权，使政、军、财三权互相分割和制衡，在地方实行州（府、军、监）县两级制。军事上，通过“杯酒释兵权”，收夺将帅兵权，做到“兵无常将，将无常师”，兵力部署则是“守内虚外”。变革上，先后出现“庆历新政”和“熙宁变法”，但遭到保守派强烈反对，改革措施大都流产或被废止。赋役上，延续唐末两税法，但增加了丁口、杂变等赋。经济上，随着经济中心南移，农业、手工业发达，商业和外贸繁荣，形成了一批重要城市，开辟了海上丝绸之路，在海外贸易上，已与亚、非、欧50多国通商。

宋朝文化成果丰富。儒学复兴，在儒、道、佛结合基础上形成了新儒学，即理学。“程朱理学”被钦定为官方哲学，远播朝鲜、日本诸国。史家辈出，出现了新旧《五代史》《新唐书》《资治通鉴》《通志》《文献通考》等传世之作。宋词是中国古代文学上一颗光辉夺目的巨钻，“唐宋八大家”中宋代就有六家。宋代话本、曲艺、绘画、书

法、雕塑等，都达到了新的水平。科技上，中国古代四大发明中的三项——活字印刷、火药和指南针，都在两宋完成或应用，造船技术更是当时世界之冠，可造600吨的舟船战舰。《梦溪笔谈》《洗冤集录》《经史证类备急本草》《数书九章》等著作，多具有划时代意义。

总体而言，宋朝政治上昏庸多于清明，军事上软弱多于悲壮，但经济上相当繁荣，外贸比较发达，文化、科学和技术突飞猛进，不断创新。如果仅就经济、文化、科技而言，宋朝确是中国古代史上空前繁荣的王朝。

## 二、宋朝的社会调查

1. 机构和法规

宋设有盐铁司、度支司与户部司。《宋史·职官志》曰："盐铁，掌天下山泽之货，关市、河渠、军器之事，以资邦国之用；度支，掌天下财赋之数，每岁均其有无，制其出入，以计邦国之用；户部，掌天下户口、税赋之籍、榷酒、工作、衣储之事，以供邦国之用。"它们既是朝廷的最高财计管理机构，又是全国最高的调查、统计管理机构。

宋朝的法规，多因袭唐律。据《宋会要辑稿·食货一一》和《宋会要辑稿·食货五一》记载，徽宗政和元年（1111）户部规定：上呈报告"有隐漏重复、收支不实，应干系官吏科杖一百罪"。南宋高宗绍兴十三年（1143）九月一日诏："州县租税簿籍，令转运司降样行下，并真谨书写。如细小草书，从杖一百科罪，勒停永不得收叙。其簿限一日改正。当职官吏失点检，杖八十，如有欺弊，自依本法施行。""漏泄库务所管钱数者，徒三年，配二千里。"可见，宋关于调查统计簿籍与报告的撰写，有严格规定：调查统计簿籍，必须依法编造，统一格式，真谨书写；如实填报，不得隐漏重复，如有欺弊，就要依法惩处。

2. 上计制度的实施与改进

宋朝很重视上计制度。据《宋史·食货志·会计》记载："淳化元年诏曰：'周设司会之职，以一岁为准；汉制上计之法，以三年为期。所以详知国用之盈虚，大行群吏之诛赏，斯乃旧典，其可废乎?'"这说明，坚持上计制度的目的，是详知国情国力，为奖惩官吏提供依据。上计报告的程序，是逐级汇总上报。据《宋会要辑稿》记载："比部员外郎薛薇言：'欲重明饬有司稽考州县丁帐，核正文籍死亡生长以时书落，岁终，县以丁之数上州，州以县之数上漕，漕以州之数上户部，户部合天下之数上之朝廷。'"

南宋高宗时上计制度基本中止。据《宋史·食货志·会计》记载，乾道二年（1166），孝宗下诏重申上计制度："孙大雅奏汉制上计之法，朕以为可行于今。令侍从、台谏参考古制进呈。"于是，孙大雅仿汉上计格式，拟出样板，报孝宗审批，恢复了上计制度，并在两汉及北宋做法的基础上做了一些改进，即：改变过去每年年终由皇帝亲临受计的做法，改由户部统一汇总全国各地上计资料，按规定项目编造上计簿，于翌年正月呈报朝廷，经宰相派专人审核后，再呈皇帝批阅。

3.《会计录》的编制

据《宋会要》《玉海》《宋史》等史书记载，宋朝从景德四年（1007）到端平末年（1236）的229年间，曾12次编制《会计录》，其基本内容为两大部分：一是调查、统计资料，包括户籍、计帐，以及当年财政收支。其中，收入类包括：农业税，商税，盐、茶、酒、矾专卖收入，契税、牙税及杂税，徭役等。支出类包括：军费，政费，皇室费用，其他支出等。二是统计分析，一般采用本期收、支对比，与前期对比，比例分析等统计方法。据《宋会要辑稿·食货五六》记载，南宋庆元二年（1196）殿中侍御使姚愈奏请编《庆元会计录》时说："熙宁间月支三十六万，宣和末用二百二十万。渡江之初，虽连年用兵，月支犹不过八十万。比年以来，月支不下百二十万，大略官俸居十之一，吏禄居十之二，兵廪居十之七。版曹财计，名额至繁，散给诸军百司，每月照数以支破，循习旧例，未尝有所考核，岁月既久，岂无名存实亡、循例虚破之数乎？此在内财赋，不可不为之会计也。"

由此可见，宋朝的《会计录》与唐朝的《国计簿》一样，都是调查、统计资料汇编。所不同的是，宋代《会计录》编制之多，分类之系统，内容之充实，分析之深入，均优于唐朝的《国计簿》，因而在中国调查、统计史上具有重要地位和影响。

4.户籍调查与丁产薄、结甲册

宋朝的户籍调查，分主户和客户，凡占有土地、直接承担国家正税的户称主户，没有土地而耕种地主土地的佃户称客户。主户中，包括官户、吏户和权势户。官户，是指有人做官的户，一户中有一人做官就可全家不服役。吏户和权势户，是指在衙门内当吏，或在乡、里当里正、户长、耆老的户，他们往往是地主，可依仗权势拖欠租税。除官户、吏户和权势户之外的主户，才是各种租税的主要承担者。

据有关学者研究，宋仁宗至高宗年间，客户一般占总户数1/3左右，详见表4-1。

**表4-1　　宋仁宗至高宗年间客户占总户数的比重**

| 年号纪年 | | 公元纪年 | 总户数（户） | 客户数（户） | 客户占总户比重（%） |
|---|---|---|---|---|---|
| 北宋 | 仁宗天圣九年 | 1031 | 8 380 807 | 3 402 742 | 40.6% |
| | 神宗熙宁五年 | 1072 | 15 091 560 | 4 592 691 | 30.4% |
| | 哲宗元祐三年 | 1088 | 18 279 335 | 6 154 612 | 33.7 |
| 南宋 | 高宗绍兴四年 | 1134 | 17 334 870 | 6 266 129 | 36.1 |

资料来源：漆侠：《论等贵贱、均贫富》，载《中国史研究》，1982（1）。

宋朝对主户，按占有田亩多少分为五等：一等户，占田三百亩以上；二、三等户，占田一百到三百亩；四等户，占田二十亩到一百亩；五等户，占田二十亩以下。一、二等户为上户，三等户为中户，四、五等户为下户，主要是自耕农或半自耕农。对客户，按是否有耕牛分为"牛客"和"小客"。牛客，是指自有耕牛的佃户，耕种所得要与地主对分；小客，是指自己无耕牛，而使用地主耕牛的佃户，耕种所得要把六成以上交给地主。客户不直接向政府纳税，但地主往往通过地租等办法把赋税转嫁到他们身上。此外，客户还要为地主服役。在南方，客户还需向政府交人头税。显然，上述分等的基础，是详细的户籍调查。

推行保甲制度，是王安石变法的重要内容之一。据《宋史·兵志·乡兵三》记载："熙宁初，王安石变募兵而行保甲，帝从其议。三年，始联比其民以相保任。及诏畿内之民十家为一保，选主户有干力者一人为保长。五十家为一大保，选一人为大保长。十大保为一都保，选为众所服者为都保正，又以一人为之副。应主客户两丁以上，选一人为保丁。附保。两丁以上有余丁而壮勇者亦附之。内家赀最厚、材勇过人者亦充保丁，兵器非禁者听习。每一大保夜轮五人警盗。凡告捕所获，以赏格从事。同保犯强盗、杀人、放火、强奸、略人、传习妖教、造畜蛊毒，知而不告，依律伍保法。"这种保甲制度，实际上是按军事编制的户籍制度。它加强了户籍管理，提高了对户籍调查的要求。

宋朝把按主户、客户分类编造的人口及财产簿册，叫"丁产簿"。丁产簿按保甲编制分甲立册，叫"结甲册"。丁口和户产有时也分别造册，分别称"丁口簿"和"户产簿"（见图 4－1）。宋代对结甲册非常重视，对丁口记载均有具体说明。《文献通考·户口考》曰："……须令诸乡各严保户之籍，如一甲五家，必载其老丁几人，名某，年若干；成丁几人，名某，年若干。凡一乡为一籍，其人数则总于籍尾。"这说明，当时的户籍调查已相当复杂。

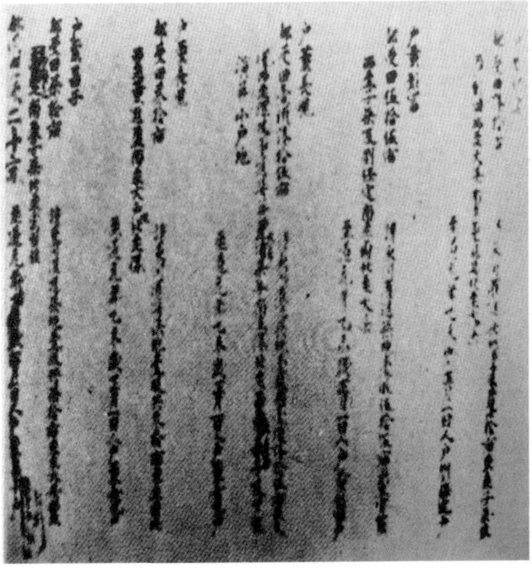

**图 4－1　宋朝的户籍**

*5. 方田法、鱼鳞图册和经界法*

方田法和鱼鳞图册，是宋朝土地调查方法的两大发明。

据《宋史·食货志·方田赋税》记载："神宗患田赋不均，熙宁五年，重修定方田法，诏司农以《均税条约并式》颁之天下。以东西南北各千步，当四十一顷六十六亩一百六十步，为一方；岁以九月，县委令、佐分地计量，随陂原平泽而定其地，因赤淤黑垆而辨其色；方量毕，以地及色参定肥瘠而分五等，以定税则；至明年三月毕，揭以示民，一季无讼，即书户帖，连庄帐付之，以为地符（土地所有权凭证——引者注）。”元丰八年（1085），“天下之田已方而见于籍者，至是二百四十八万四千三百四十有九顷云”，约占当时耕地总面积一半以上。这种方田法，就是实地丈量土地的直接调查方法。通过实地丈量，查出了大量隐漏田产，限制了土地兼并，增加了税收。

在实施方田法过程中，有些州为了防止漏报、瞒报，将各户土地、山塘逐块核实，标明其面积、位置，绘制成图，这种图连接起来形似鱼鳞，称“鱼鳞图”，把“鱼鳞图”集结成册，称“鱼鳞图册”，它是土地调查方法的一项重要发展（见图 4-2）。

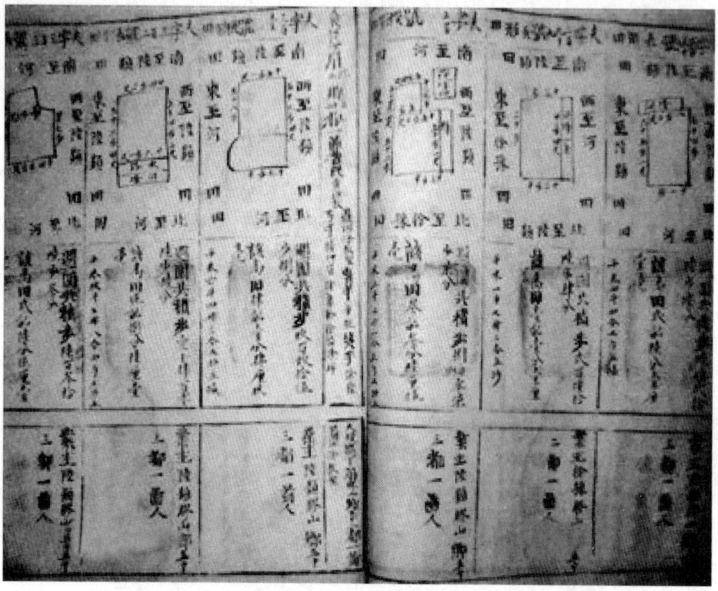

**图 4-2　鱼鳞图册**

绍兴十四年（1144），又推广经界法，即：以乡为单位丈量土地，划分田亩等级，并按田亩形状、四至、土壤、亩数及等级编造成册，官府据此征税。但是，由于豪强势家反对，方田法、鱼鳞图册和经界法等方法，在宋朝屡行屡罢，终未能广泛推行。然而，它却为以后朝代的应用和发展奠定了基础。

6. 人口、田亩数据及其变化

据《宋史·职官志》记载，建隆元年（960），宋太祖即位后就“令天下诸县……掌总治民政，劝课农桑……凡户口、赋役、钱谷、振济、给纳之事皆之，以时造户版（户籍册——引者注）及催理二税（指夏秋两税——引者注）”。建隆二年（961），派遣使臣到各地“度田”，即调查户口和土地占有情况，以便征税派役。乾德元年（963），又诏令各州县编造“版籍”，即调查、登记户口和耕地。此后，规定每逢闰年调查一次，上报朝廷。

根据《文献通考·户口考》《文献通考·田赋考》《续资治通鉴》《宋会要辑稿·食

货》《续文献通考·户口考》等资料，宋朝户数、人口、田亩数据及其变化情况见表4－2。

**表4－2　宋朝户口、田亩调查数据**

| 年号纪年 | 公元纪年 | 户数（户） | 人口（人） | 田亩（亩） | 户均人口（人/户） | 人均亩数（亩/人） | 折合市亩（亩/人） |
|---|---|---|---|---|---|---|---|
| 北宋建隆元年 | 960 | 967 353 | | | | | |
| 太宗太平兴国元年 | 976 | 3 090 504 | | 295 332 060 | 户均亩数：95.56 | | 66.09 |
| 真宗天禧五年 | 1021 | 8 677 677 | 19 930 320 | 524 758 432 | 2.30 | 26.33 | 18.21 |
| 神宗元丰六年 | 1083 | 17 211 713 | 24 969 300 | 461 655 600 | 1.45 | 18.49 | 12.79 |
| 徽宗大观四年 | 1110 | 20 882 258 | 46 734 784 | | 2.24 | | |
| 南宋高宗绍兴二十九年 | 1159 | 11 091 885 | 16 842 401 | | 1.52 | | |
| 光宗绍熙四年 | 1193 | 12 302 873 | 27 845 085 | | 2.26 | | |
| 宁宗嘉定十六年 | 1223 | 12 670 801 | 28 320 085 | | 2.24 | | |
| 理宗景定五年 | 1264 | 5 696 989 | 13 026 532 | | 2.29 | | |

注：“折合市亩”＝人均亩数×0.691 6（参见《中国历代户口、田地、田赋统计》，547页）。

资料来源：梁方仲编著：《中国历代户口、田地、田赋统计》，122～131，172～187页，上海，上海人民出版社，1980。

应该指出：（1）宋前期与辽、西夏并存，后期与金、元对峙，上述数据只是宋管辖范围内的户口和田亩数，而不是全国户口和田亩数。（2）南宋管辖范围小于北宋，因而南宋时期的户口数低于北宋时期。（3）宋时“诡名寄户”、漏报瞒报现象普遍，调查登记不真实、不准确情况非常严重。（4）宋人口调查和统计，往往以“丁口”为对象，即只限于男口中成“丁”的人员。据《文献通考·户口考二》记载，乾德元年（963），太祖颁布诏令，“令诸州岁奏男夫，二十为丁，六十为老，女口不预”。这说明，宋朝户籍调查统计中往往不包括妇女和老幼病残人口。有学者指出，“从《续资治通鉴》和《宋会要辑稿·食货》记载看，户均人口为四至六人；若按范文澜《中国通史》，宋朝每户两口只是丁男数。由此可以看出，宋时每户当有四至五人”[①]。按此计算，徽宗大观四年（1110）的人口，应是20 882 258户（见表4－2）×4人/户＝83 529 032人，或20 882 258户×5人/户＝104 411 290人，即大大超过盛唐天宝十四年（755）52 919 309人的最高人口数。

① 杨子慧、张庆五：《中国历代的人口和户籍》，68页，天津，天津教育出版社，1991。

7. *矿冶调查与统计*

中国的矿冶，在唐朝已有“坑冶”（阬冶）记录，但直到宋朝才有调查统计数据可考。当时，各级官府都设有管理坑冶的机构，产品全部交官，由招募工匠和役卒、囚犯从事开采和冶炼工作，劳动条件极差，剥削相当严重。据史料记载，唐宣宗大中年间（847—859）和北宋英宗治平年间（1064—1067），采矿坑冶数对比情况见表 4 - 3。

**表 4 - 3　　唐、北宋采矿坑冶数（处）**

| 年号纪年 | 公元纪年 | 总计 | 金 | 银 | 铜 | 铁 | 铅 | 锡 | 矾 | 水银 | 朱砂 |
|---|---|---|---|---|---|---|---|---|---|---|---|
| 唐宣宗大中年间 | 847—859 | 168 | | 58 | 96 | 5 | | 2 | 7 | | |
| 宋英宗治平年间 | 1064—1067 | 271 | 11 | 84 | 46 | 77 | 30 | 16 | | 4 | 3 |

资料来源：《新唐书·食货志》《宋史·食货志下七》。

这说明，与唐朝相比较，北宋纳入调查统计的矿冶行业，不仅坑冶数量增加了 61%，而且采矿品种也扩大了许多。至于矿产岁课，也有较大增长（见表 4 - 4）。

**表 4 - 4　　唐、北宋矿产岁课情况**

| 年号纪年 | 公元纪年 | 金（两） | 银（两） | 铜（斤） | 铁（斤） | 铅（斤） | 锡（斤） | 水银（斤） | 朱砂（斤） |
|---|---|---|---|---|---|---|---|---|---|
| 唐文宗开成元年 | 836 | | 25 000 | 655 000 | 532 000 | 114 000 | 17 000 | | |
| 宋太宗至道三年 | 997 | | 145 000 | 4 122 000 | 5 748 000 | 793 000 | 269 000 | | |
| 宋仁宗皇祐三年 | 1051 | 15 095 | 219 829 | 5 100 834 | 7 241 000 | 98 151 | 330 695 | 2 200 | |
| 宋神宗元丰元年 | 1078 | 10 710 | 215 385 | 14 605 969 | 5 501 097 | 9 197 335 | 2 321 898 | 3 356 | 3 647 |

资料来源：《新唐书·食货志四》《宋史·食货志下七》。

南宋矿冶兴废不常，岁课收入多寡不同。高宗绍兴三十二年（1162）坑冶兴废的调查、统计数据，以及孝宗乾道二年（1166）铸钱司调查、统计的岁课额见表 4 - 5。

**表 4 - 5　　南宋的坑冶数、废除数和岁课额**

| 年号纪年 | 公元纪年 | 项目 | 金 | 银 | 铜 | 铁 | 铅 | 锡 |
|---|---|---|---|---|---|---|---|---|
| 绍兴三十二年 | 1162 | 坑冶数（处） | 267 | 174 | 109 | 638 | 52 | 118 |
| | | 废除数（处） | 142 | 84 | 45 | 251 | 15 | 44 |
| 乾道二年 | 1166 | 岁课额（斤） | — | — | 7 057 260 | 2 162 140 | 3 213 620 | 761 200 |

资料来源：《宋史·食货志下七》。

南宋对矿冶的调查、统计虽缺乏产量数据，但有各主要矿种的坑冶数、废除数和岁课额。这些数据，不仅可以反映当时的冶炼规模，而且可根据岁课额及其税率（一般税率为十分之二）估算其产量。

8. *漕运、造船调查和统计*

宋朝交通比较发达，基本形成了全国性水陆运输网，有关漕运的调查、统计也随之发展起来。北宋京城汴梁，有汴河、黄河、惠民河和广济河四条河通漕运。太宗太平兴国六年（981），经四河运输米、菽的产地和运量见表 4 - 6。

表 4-6　　北宋太平兴国六年（981）四河漕运情况

| 河名 | 米、菽产地 | 米（石） | 菽（石） |
|---|---|---|---|
| 汴河（东河） | 江南路、淮南路、西浙路、荆湖路 | 3 000 000 | 1 000 000 |
| 黄河（西河） | 陕西路 | 500 000 | 300 000 |
| 惠民河（南河） | 陈、颍、许、蔡、光、寿等六州（河南南、安徽北） | 400 000 | 200 000 |
| 广济河（北河） | 京东十七州（河南东、江苏西北及山东） | 120 000 | |
| 合计 | | 4 020 000 | 1 500 000 |

资料来源：《玉海·宋朝水运》。

据《玉海·食货·漕运》记载："至道初汴运米五百八十万石，祥符初七百万石，此最登之数也。"南宋初，平江府（苏州）是漕运的中心；临安（杭州）建都后，漕运中心随之转移到了临安（见图 4-3）。

对于漕运所用船舶的造船地点和造船数，当时也有调查和统计。根据《文献通考·国用考·漕运》条注文的数据，可制表 4-7 如下。

表 4-7　　《文献通考·国用考》"漕运"条注文数据

| 造船地点 | 造船数量（艘） | 造船地点 | 造船数量（艘） | 造船地点 | 造船数量（艘） |
|---|---|---|---|---|---|
| 虔州（今赣州） | 605 | 鼎州（今常德） | 241 | 台州（今临海） | 126 |
| 明州（今宁波） | 177 | 嘉州（今乐山） | 45 | 潭州（今长沙） | 280 |
| 温州 | 125 | 吉州（今吉安） | 525 | 风翔斜谷（今陕西境内） | 600 |
| 楚州（今淮安） | 87 | 婺州（今金华） | 103 | 合计 | 2 914 |

另外，在《玉海·食货·漕运》中还记载有："诸州造船。至道末三千三百三十七艘，天禧末减四百二十。"这说明，受当时各种自然、社会因素制约，造船业很不稳定，造船数量起伏较大。

图 4-3　漕运

9. 王安石与熙宁变法

王安石（1021—1086），字介甫，号半山，谥“文”，封荆国公，抚州临川（今江西东乡县）人，杰出政治家、改革家、文学家，唐宋八大家之一。他出身地方官家庭，自幼聪颖，读书过目不忘；从小随父游历南北，开阔了眼界，增加了社会阅历，目睹了百姓生活的艰辛。从22岁到46岁，任地方官20多年，久经历练，颇有政绩。由于长期接触社会现实，对北宋积贫积弱、危机四伏深有感触，立有“矫世变俗之志”，曾多次上书兴利除弊，但未引起朝廷重视。后因言忤旨意，难以在朝为官，42岁时以服母丧为由，辞官回江宁守丧。

1067年，宋神宗继位。熙宁元年（1068）神宗问政，王安石写《本朝百年无事札子》作答。该文在探究北宋立国百余年太平无事原因的同时，揭露了“百年无事”表象下危机四伏的实质，剖析了仁宗统治的种种弊病，指出了因循守旧、故步自封的危害，提出了改革吏治、教育、科举、农业、财政、军事等方面的见解与主张。文章以扬为抑，褒中有贬，条理清晰，措辞委婉，情恳意切，深受神宗赏识。于是，委任王安石为参知政事，主持变法。由于变法实施在熙宁（1068—1077）年间，因而史称“熙宁变法”。这次变法，王安石提出了振聋发聩的“天变不足畏、祖宗不足法、人言不足恤”的思想，吸取了庆历新政以吏制改革为主、遭遇权贵阻挠而失败的教训，提出了以“富国强兵”为中心的主张，制定了青苗法、均输法、农田水利法、免役法、市易法、方田均税法、保甲法、保马法、置将法等法规，并改革科举，整顿学校，为推行新法培育人才，从而促进了经济社会发展，改善了国家财政，增强了军事实力，是中国古代继商鞅变法之后又一次规模巨大的社会变革运动。上述种种新法，都不是在王安石头脑里自生的，而是他长期在地方为官，重视调查研究的产物。

然而，熙宁变法触动了官僚、地主、高利贷者的利益，遭到权贵们的强烈反对。王安石也因此被两次罢相，1077年后隐退江宁，潜心学问。1086年病逝，享年66岁。

10. 乐史的《太平寰宇记》与地方志

乐史（930—1007），字子正，江西抚州宜黄人，文学家、地理学家，抚州地区第一位进士，先后任过著作郎、太常博士、水部员外郎及舒州、商州等地的地方官，仕宦60余年。学识渊博，从政之余，勤于著述，前后著书20余种，共1 018卷。

《太平寰宇记》是乐史影响最大的一部地理学著作，全书200卷，130余万字，是继唐代《元和郡县图志》以后的又一部采摭繁复的地理总志（见图4-4）。该书对全国各州县的山川形胜、历史沿革、风俗、物产、人物和艺文等，都有较详细记载。它首次记录了宋朝绝大多数州郡的主户、客户的户口数，各少数民族聚居区的户口数，有的还区分了汉人与蕃人，对于研究宋朝的人口、户籍、阶级状况，研究少数民族的人口分布，边远地区的经济面貌，具有重要参考价值。在编纂体例上，该书除继承了正史地理志和古地志传统外，突出了“人物”在地志中的地位，增加了风俗、姓氏、艺文、土产、四夷等内容，对后世方志的编纂有较大影响。阅览此书，可以收到“不下堂而知五土，不出户而观万邦”的效果。

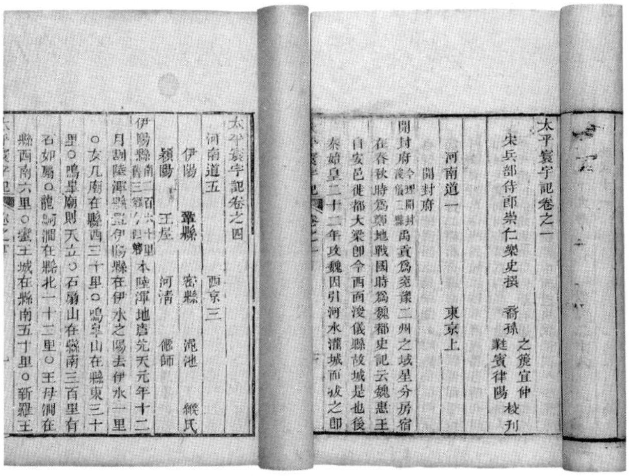
太平寰宇記卷之一
宋兵部侍郎崇仁樂史撰　裔孫之簏宜仲 鞋賓律暘 校刊
河南道一　東京上
開封府
開封府禹貢爲兖豫二州之域星分房宿
在春秋時爲鄭地戰國時爲魏都史記云魏惠王
自安邑徙都大梁即今西面浚儀縣故城是也後
秦始皇二十二年攻魏因引河水灌城而拔之即

太平寰宇記卷之四
河南道五　西京三
伊陽　葦縣　密縣　澠池　緱氏
潁陽　王屋　河清　偃師
伊陽縣本陸渾地唐先天元年十二
月割陸渾縣置伊陽縣在伊水之陽去伊水一里
○女几廟在縣西三十里○鳴皐山在縣東三十
里○鳴皐廟則天立○石扇山在縣南三百里有
石如扇○龍駒澗在縣北一十二里○王母澗在
縣西南六里○靈王城在縣南五十里○新羅王

**图 4－4　乐史撰《太平寰宇记》卷之一**

宋朝地方志的编纂，达到了前所未有的水平，体例日臻完备，不仅编撰了大量州、县、镇及都市志，而且出现了《舆地纪胜》这样的地理总志（计 200 卷），其编纂者王象之在自序中说，此书“以郡之因革，见于篇首，而诸邑次之，郡之风俗又次之，其它如山川之英华，人物之奇杰，吏治之循良，方言之异闻，故老之传说，与夫诗章文翰之关于风土者，皆附见焉”。由于其详略分明，体例谨严，考证赅博，被誉为南宋全国性总志中的最善者。

11. 沈括与《梦溪笔谈》

沈括（1031—1095），字存中，杭州钱塘（今浙江杭州）人，科学家、政治家。他出身官僚家庭，自幼勤奋好读，14 岁读完家中藏书，后随父到过福建、江苏、四川和京城开封等地，广泛接触社会，增长了不少见闻。沈括 20 岁时，父亲去世，3 年后以父荫入仕，任海州沭阳县（今属江苏）主簿，修筑渠堰，开发农田。30 岁任安徽宁国县令，修筑芜湖万春圩工程。33 岁中进士，任扬州司理参军，掌管刑讼审讯。35 岁被推荐到京师昭文馆编校书籍，开始研究天文历算。41 岁后兼任提举司天监，职掌观测天象，推算历书，做集贤院校理，读到许多皇家藏书，视察了很多地方。44 岁出使契丹，在途中绘记辽国山川险阻及风俗人情，撰成《熙宁使虏图抄》。51 岁升龙图阁直学士，不久被贬为均州（今湖北均县）团练副使，形同流放。56 岁编绘《守令图》，被特许到汴京进呈。57 岁移居润州（今江苏镇江），将前置园地命名为“梦溪园”，举平生所见，撰《梦溪笔谈》。64 岁去世。

沈括一生著述颇丰，但是，保存下来的仅有《梦溪笔谈》《长兴集》和医药著作《良方》等少数几部。《梦溪笔谈》是沈括长期研读文献与实地考察相结合的研究成果，是他一生社会和科学活动的总结。在《梦溪笔谈》中，沈括记载了劳动人民在科学技术方面的卓越贡献，反映了北宋时期社会和自然科学达到的辉煌成就，其内容极为丰富，包括天文、历法、数学、物理、化学、生物、地理、地质、医学、文学、史学、考古、音乐、艺术等共 600 余条，其中科学技术方面的有 200 多条，记载了他的许多发明、发现。《宋史·沈括传》称，沈括“博学善文，于天文、方志、律历、音乐、医药、卜算，无所不通，皆有所论著”。《梦溪笔谈》则被英国科学史学者李约瑟评价为“中国科学史上的坐标”。

12. 察民情，解民困，政绩斐然的苏轼

苏轼（1037—1101），字子瞻，号东坡居士，眉山（今四川眉山市）人，官至翰林学士、知制诰，文学家，唐宋八大家之一。他出生书香门第，6岁就读于私塾，聪慧好学，育庶民人格。19岁赴京应举，深受主考欧阳修赏识。24岁入仕，授大理评事、签书凤翔府判官。32岁丁忧后还朝，与王安石政见不同，请求外放。36～41岁先后知杭州、密州、徐州、湖州。42岁，因“乌台诗案”谪贬黄州。48岁，知登州（今山东蓬莱）。49岁，奉调回京任翰林学士、知制诰。因与旧党分歧，52岁出知杭州，54岁召回，受人排挤再次外放，先后知颍州、扬州、定州。哲宗（1086—1093）亲政后，新党得势，被一贬再贬，过英州（今广东英德）到惠州，直至儋州（今海南儋州）。63岁时徽宗即位，遇赦北归。64岁，死于常州。

苏轼不仅是一个大文学家，而且是一位敬业爱民的好官吏。他历经12地，无论是作为有职有权的地方官，还是作为被谪贬流放的“戴罪”人，每到一地都勤于察民情，诚于解民忧。例如，在凤翔，御西夏，安难民；在密州，除蝗害，移风俗；在徐州，战洪灾，开煤矿；在湖州，察堤堰，治水患；在黄州，改陋习，救女婴；在登州，入境问农，写《乞罢登莱榷盐状》，为民解忧；在杭州，战旱魔，斗疫病，治西湖，筑苏堤；在颍州，修水利，筑堤防，浚陂塘；在扬州，为民请命、宽免积欠，解漕运之困；在定州，留下雪浪石、东坡槐、稻种和插秧歌“四宝”；在惠州，修新桥，筑长堤，推广秧马，造自来水；在儋州，办学堂，播文化，施医药，劝黎族农耕，促民族团结。

所到之地，苏轼无不留下斐然政绩，即使身处逆境，也不忘为百姓分忧解难。他之所以政绩丰硕，深得民心，除为官清廉、勇于革新外，还在于他以民为本，勤于调查研究，敢于从实际出发。只有如此，才能成为百姓拥戴的好父母官。

13. 民族英雄、军事干才辛弃疾

辛弃疾（1140—1207），字幼安，号稼轩，山东济南府历城县（今山东济南市历城区）人，南宋豪放派爱国词人，与苏轼合称“苏辛”，与李清照并称“济南二安”。然而，人们只知道辛弃疾是一位爱国词人，而忽略了他还是一个民族英雄、军事干才。

辛弃疾出生于金统治时期的济南，幼年丧父，由祖父抚养，从小目睹金人之残暴，早在心里埋下了仇恨的种子。在祖父的教导下，他刻苦练武，学得一身功夫，并常随祖父“登高望远，指画山河”（《美芹十论》），熟悉地形地貌。21岁时，集聚2 000多人，加入耿京领导起义的天平军，屡次乔装打扮深入敌营做调查；在策划归附南宋的过程中，发现义军大印被小头目义端盗走，立即追赶、果断处置，化解了一场危机；在得知耿京被叛徒张安国杀害后，他根据掌握的情况，立即组织力量直捣金军大营，出其不意地抓获正在饮酒庆功的张安国，然后押往建康斩首示众。辛弃疾的干练、豁达和英勇、善战，使他成为名噪一时的民族英雄。

辛弃疾既善于军事指挥，又精于军事理论，特别重视战争中的调查研究，努力做到知己知彼。他在《美芹十论》总序中说："其三言虏人之弊，其七言朝廷之所当行。先审其势，次察其情，复观其衅，则敌人之虚实吾既详之矣；然后以其七说次第而用之，虏故在吾目中。"这就是说，先调查研究，审其势、察其情、观其衅，弄清了敌之虚实，再逐步采取有效对策，敌人就完全掌控在自己手中了。他在《九议》其三中指出："凡战之道，当先取彼己之长短而论之，故曰：'知己知彼，百战不殆。'"他分析，"彼之所长、吾之所短"和"吾之所长、彼之所短"各有四个方面。其结论是："故以形言之，是谓小谋大，寡遇众，弱称强；以情言之，则其大可裂也，其众可蹶也，其强可折也。举天下之大事而蔽之以一言，曰：'攻其无备，出其不意。'是谓至计。"在他看来，只要"先取彼己之长短"，然后有针对性地"攻其无备，出其不意"，则"其大可裂"，"其众可蹶"，"其强可折"。

辛弃疾在地方任职期间，虽有出色才干和政绩，但其豪迈倔强的性格和执着北伐的热情，使他难以在主和派当政的官场立足。因而，在41岁后的20多年里，他曾三次被罢官或离职，不得不隐居山乡。由于他广泛接触社会，其词作内容日益广泛，有的写政治、哲理，有的写朋友、恋人，有的写民俗、田园，有的写生活、读书，其范围比苏词广泛得多。拓宽题材、扩展内容，是辛弃疾在词史上的一大贡献，而这一特色是与他长期生活在乡野，不断深入实际，重视调查研究联系在一起的。

### 14. 宋慈与《洗冤集录》

宋慈（1186—1249），字惠父，建阳（今福建南平）人，祖籍河北邢台南和县，著名法医学家。他从小受学于父（曾任广州节度使幕府掌管刑狱的官员），10岁受朱熹弟子吴稚等名人指教。19岁进京入太学。31岁中乙科进士，授浙江鄞县县尉，遇父病未赴任。40岁始入仕途，任江西信丰县主簿。45岁任长汀知县。51岁任邵武军（今属福建）通判。53岁升任赣州司农丞知。54岁任广东提点刑狱。59岁转任常州知州，后转任广西提点刑狱。61岁任直秘阁、湖南提点刑狱使，是年冬撰成《洗冤集录》。62岁任宝谟阁直学士，奉命巡回四路，掌管刑狱。63岁任焕章阁直学士、广州知州与广东经略安抚使。64岁病逝。

宋慈调任频繁，所到之处均入境问俗，廉政爱民，尤其是"于狱案，审之又审，不敢萌一毫慢易心"，因而能明断疑案，雪冤禁暴，严明执法，佳誉鹊起。在法医学理论和实践中，宋慈强调格物穷理、民命为重、实事求是。1247年，他撰成《洗冤集录》，共5卷，53条。其中，卷一载条令和总说，卷二载验尸，卷三至卷五载各种伤、死情况。《洗冤集录》记述了人体解剖、检验尸体、检查现场、鉴定死伤原因、自杀或谋杀的各种现象、各种毒物和急救、解毒的方法等，内容十分丰富、具体。13—19世纪，《洗冤集录》不仅在中国沿用600多年，而且在成书200年后由中国传入国外，被译为荷、法、德、朝、日、英、俄等各种文本，比意大利人佛图纳图·菲得利1602年写成的同类著作早355年，因而中外法医学界普遍认为《洗冤集录》开创了"法医鉴定学"，宋慈则被尊为世界法医学的鼻祖。

《洗冤集录》中的许多检验方法，虽属经验范畴，但与现代科学相吻合，无不体现求真求实的科学精神，它们实质上都是宋慈长期从事法医学鉴定的经验总结，是对各种案件现场进行深入调查和研究的产物。

15. 张择端与《清明上河图》

张择端（1085—1145），字正道，琅邪东武（今山东诸城）人，著名画家。关于张择端的身世，史书上没有任何记载。现存于故宫博物院的《清明上河图》“石渠宝笈三编本”，后面第一个题跋者、金代人张著的跋文，只提供了 71 个字的信息，其全文是：“翰林张择端，字正道，东武人也。幼读书，游学于京师，后习绘事。本工其界画，尤嗜于舟车、市桥郭径，别成家数也。按向氏《评论图画记》云：《西湖争标图》《清明上河图》选入神品，藏者宜宝之。”据考证，张择端在宋徽宗宣和年间（1119—1125）供职于翰林图画院，专工界画宫室，尤擅绘舟车、市肆、桥梁、街道、城郭。后“以失位家居，卖画为生，其作品大都失传，存世《清明上河图》《金明池争标图》”，为中国古代艺术珍品。

《清明上河图》是进献给宋徽宗的贡品，流传至今已近 900 年。作品长 528.7 厘米、宽 24.8 厘米，画有各种人物 814 个，牛、骡、驴等牲畜 73 匹，房屋楼阁 30 多栋，不同车轿 20 多辆，大小船只 29 艘，后附有金张著、明吴宽等 13 家题记，96 方印章。它用现实主义手法，全景式构图，生动、细致地描绘了北宋都城东京汴梁的建筑、景色，汴河上舟船往复、店铺林立、人员往来的繁华景象和丰富的社会习俗风情。全图气势恢宏，结构严密，画工细腻，活泼简练，人物生动传神，城郭、房舍、河流、桥梁、树木、舟车、牲畜等，个个形神兼备、惟妙惟肖。这件杰作，不仅是中国绘画史上的稀世瑰宝，而且是用绘画形式撰写的一部北宋东京城市经济社会状况的调查报告。它所包含的经济、政治、社会、文化、科技等方面的信息，是研究北宋城市经济及社会生活的极其宝贵的形象化的历史资料（见图 4-5）。

**图 4-5 张择端的《清明上河图》(局部)**

16. 宋朝的史学与社会调查

中国古代史学的发展，到宋朝进入了鼎盛时期，不仅出现了许多著名的史学家和史学著作，而且开辟了一些新领域，创立了一些新史书体例。例如，薛居正的《旧五代史》、欧阳修等的《新唐书》和《五代史记》、郑樵的《通志》、唐仲久的《帝王经世图谱》、马端临的《文献通考》等，都是重要史学著作。特别是司马光的《资治通鉴》，开了中国编年体通史的先河；袁枢的《通鉴纪事本末》，开创了以记事为中心的史学新体裁。

宋朝非常重视编修本朝史，朝廷设有由宰相兼任"监修"的国史院、实录院等机构，专责编纂日历、实录、国史、会要等史书。现行的《宋会要辑稿》，尽管只是宋官修《会要》的残本，史料却十分丰富。此外，宋朝私人编修的史书也很多。其中，以李焘的《续资治通鉴长编》、徐梦莘的《三朝北盟会编》、李心传的《建炎以来系年要录》最为著名。

上述史学著作，大都是文献调查的结晶，但也不乏与实际调查相结合的产物。司马光的《资治通鉴》，既来自好学强识，博览群书，又来自深入民间，见多识广，它不仅"鉴前世之兴衰"，而且"考当今之得失"（《资治通鉴·进书表》）。只有如此，才能为统治者提供可资借鉴的经验教训。至于日历、实录、会要等，更是宋代重要史实的记录。

### 17. 调查研究和统计方法的进步

宋朝在调查研究和统计方法上的进步非常显著，主要表现在以下几个方面：

（1）对赋税计量单位有了统一明确的规定。据《宋史·食货志·方田赋税》记载，南宋高宗建炎四年（1130），"令诸州受租籍不得称分、毫、合、龠、铢、厘、丝、忽，钱必成文，绢帛成尺，粟成升，丝绵成两，薪蒿成束，金银成钱。绸不满半匹、绢不满一匹者，许计丈尺输直，无得三户、五户聚合成匹，送纳烦扰"；"凡岁赋，谷以石计，钱以缗计，帛以匹计，金银、丝绵以两计，藁秸、薪蒸以围计，他物各以其数计"。关于计量单位的这些规定，对于调查研究和统计的规范化、准确性具有重要意义。

（2）统计分组法的发展。主要有两方面：一是用品质标志进行复杂分组。据《文献通考·田赋考》记载，宋朝在天禧年间（1017—1021）就创始了赋税分类目录，把赋税分为谷、帛、金铁和物产四大类，再在各大类中分若干小类，在各小类中再细分若干品目。二是次数分布表的创始。据《文献通考·征榷考》记载，熙宁十年（1077）以前，各州商税岁额，四十万贯以上者三，二十万贯以上者五，十万贯以上者十九，五万贯以上者三十，五万贯以下者五十一，三万贯以下者九十五，一万贯以下者三十五，五千贯以下者七十三，共计三百十一处。这说明，在我国宋代就已在按数量标志分组基础上创造了完整的次数分布表，这在世界统计分组史上是光辉的一页。

（3）对比分析法的应用。主要有三方面：一是结构分析法的应用。据《宋会要辑稿·食货五六》记载，南宋庆元二年（1196），殿中侍御史姚愈曾对朝廷费用作过结构分析，他说："比年以来，月支不下百二十万。大略官俸居十之一，吏禄居十之二，兵廪居十之七。"这说明军费支出是当时朝廷最主要的支出。二是强度分析法的应用。据

《册府元龟·邦计部·户籍》记载，唐“长庆户口凡三百三十五万，而兵额又约为九十九万，通计三户资奉一兵”。这是说，其强度指标是：335 万户/99 万兵＝3.38 户/1 兵。三是动态分析法的应用，包括增长量分析和发展速度分析的应用。例如，《宋会要辑稿·食货一二》中有一段关于增长量的分析资料：景德三年（1006）“实管七百四十一万七千五百七十户，一千六百二十八万二百五十四口。比咸平六年计增五十五万三千四百一十户，二百万二千二百一十四口。赋入总千三百七十三万一千二百二十九贯石匹斤，比咸平六年计增三百四十六万五千二百九十”。这一增长量分析，不是片面计算户与口的增长量，而是把户与口的增长量与赋入增长量结合起来进行对照分析，从而说明赋入增长量随着户与口的增长而更快地增长。又如，《文献通考·国用考二》中有一段关于发展速度的议论：“景德官一万余员，皇祐二万余员，治平……三万四千员，景德郊费六百万，皇祐一千二百万，治平一千三十万。以二者校之，官之众一倍于景德，郊之费亦一倍于景德。”这是说，皇祐与景德年间比较：皇祐官之众 1 倍于景德（即发展速度为 200%），皇祐之郊费亦 1 倍于景德；而治平与景德年间比较，治平官之众 2.4 倍于景德（即发展速度为 340%），治平郊之费亦 1 倍多于景德（即发展速度为 217%），其结论是：“罢减冗费”，即“可罢者罢之，可损者损之，使天下之人如皇祐、治平之盛，而天下之用官之数、郊之费皆同于景德，二者所省者盖半矣”，从而解决朝廷财政入不敷出的严重问题。

（4）平衡分析法的运用。宋代应用四柱结算法进行平衡分析得到显著发展。四柱的名称是：元管（旧管）、新收、已支（开除）、见在（实在）。据《古今图书集成·食货典·国用部》记载，“淳化五年十二月初置诸州，应在司具元管、新收、已支、见在钱物申省。景德元年复立置簿，拘辖累年应在”。这说明，994 年之前在财政统计报表中就应用了四柱结算法进行平衡分析。四柱结算法的平衡关系是：元管＋新收＝已支＋见在；元管＋新收－已支＝见在。

（5）图谱思想和统计图表的应用。南宋史学家郑樵（1103—1162）非常重视图谱的作用。他认为：“天下之事，不务行而务说，不用图谱可也；若欲成天下之事业，未有无图谱而可行于世者。”“为学者而不知此，则章句无所用；为治者而不知此，则纲纪文物无所施。”（《通志》）他的图谱思想是：图谱简明扼要，胜书千章万卷；图谱形象具体，易于理解；图表为一书之本、一书之要，犹衣裳之冠冕，木水之本源，能纲举目张；图谱的目的，在于洞察古今；图与书各有不同作用，应该相辅相成，不可偏废。郑樵推崇司马迁的《史记》十表，并按其表式在《通志·年谱略》中编有年谱。此外，杨甲（约 1110—1184）在《六经图》原序中说：“图、书譬诸经纬，弗可偏废。古之学者，索象于图，索理于书，故其必可陈，其数可纪。”他的《六经图》发展了中国的制图理论和方法。唐仲久（1136—1188）的《帝王经世图谱》，则列图表于前，记录材料于中，说明于后；对材料有审查，对说明有分析，做到了图表、事实与分析三结合，这种图表对研究历史很有价值。

# 第二节 辽、西夏、金及其社会调查

## 一、辽朝、西夏、金朝——与宋朝共存、互争的少数民族政权

1. 辽朝——“因俗而治”，蕃汉融合的契丹王朝

辽朝，亦称契丹、辽国，契丹族占统治地位。契丹，是中国古代游牧民族，居住在辽河（故称“辽”）上游，过着半农半牧生活。907 年，耶律阿保机被推选为汗；916 年，他统一契丹各部，国号“契丹”，定都临潢府（今内蒙古赤峰市巴林左旗）。947 年，耶律德光率军南下攻灭五代后晋，改国号为“辽”。辽朝从 907 年耶律阿保机称汗，到 1125 年灭亡，共 9 帝，历时 218 年。

辽太祖耶律阿保机，军事、政治才干卓越，统一中国北疆，实行“因俗而治”、一朝两制体制，促进了契丹等民族与汉族融合。982 年，12 岁的耶律隆绪即位，由太后萧绰（燕燕）摄政，长达 27 年。1004 年，她南下亲征，通过“澶渊之盟”，每年从宋朝获得大量银两和绢匹，改善了财政状况和百姓生活，终成辽朝盛世。此后，国势由盛转衰，道宗期间（1055—1100），政治腐败，先后发生滦河之乱、皇位之争，加上女真威胁，连年征战，民不聊生。1125 年，为金所灭。

2. 西夏——在宋、辽夹缝中求生存的党项政权

1038 年，北魏皇室鲜卑拓跋氏之后李元昊在夏州（今陕西靖边县）建国，以夏为国号，定都兴庆（今宁夏银川），因其在西方，被称为“西夏”。西夏是党项人建立的政权，从 1038 年建国到 1227 年亡于蒙古，共 10 帝，历时 189 年。

西夏初，连年与宋交战，后求和，以称臣换取宋的“岁赐”；同时，西夏对辽也称臣，在宋、辽之间求生存和发展，因而与宋、辽形成三足鼎立局面。西夏毅宗、惠宗时期（1048—1086），兴儒学，改汉仪，废蕃礼，学汉文化技术。崇宗（1087—1139）后期，金朝崛起并灭辽、北宋，西夏向金称臣，获赠土地，但经济为金所控制，国势渐衰。此后，蒙古崛起，六次入侵，拆散金与西夏同盟；西夏内部屡生弑君内乱，经济趋于崩溃，1227 年亡于蒙古。

3. 金朝——与南宋对峙、不断汉化的女真王朝

金朝亦称金国，是女真族王朝。1115 年，完颜阿骨打建国，定都会宁府（今哈尔滨市阿城区）。1125 年，与宋联手灭辽。1127 年，虏宋徽宗、钦宗，亡北宋，并长期与南宋对峙。金章宗完颜璟期间，进入鼎盛时期。此后，国势由盛转衰。1234 年在南宋和蒙古夹击下灭亡，共 9 帝，历时 119 年。

金虽与宋长期对峙，但多崇儒尊孔，推行汉化。金太宗至金世宗统治期间（1123—1189），加快了汉化步伐，强化中央集权，实行科举制度，整顿吏治，减轻赋

役，重农兴桑，发展教育文化，逐步走上了从军事征伐到政治治理、发展经济、稳定社会、繁荣文化的正常轨道。但是，随着物质财富增加，统治集团生活奢靡、政治腐败，社会危机日深，“红袄军”起义，更给金政权以沉重打击。此时，蒙古迅速崛起，1227年灭西夏。1234年，亡金。

## 二、辽朝、西夏、金朝的社会调查

### 1. 因俗而治、一朝两制

耶律阿保机统一中国北疆后，通过多方观察和考验，大胆任用汉人韩延徽（882—959），并根据辽朝各族人口、经济的实际情况，制定“因俗而治”战略，实施一朝两制政治体制：在朝廷，设置两套平行政权机构——北枢密院和南枢密院，北枢密院由皇帝直接控制，是最高决策机构；南枢密院亦称汉人枢密院，主要是执行机构。北面官由契丹贵族担任，负责处理契丹人和其他游牧、渔猎部落事宜；南面官由契丹贵族、汉人或渤海人上层人士担任，负责管理汉人、渤海人事务。在地方，在以契丹人为主的区域，实行适合游牧、渔猎生活的氏族制度；在以汉人为主的区域，实行适合农耕生活的州县体制。

辽朝统治者在注重调查研究，从实际出发，制定和实施“因俗而治”战略和一朝两制体制的基础上，还采用“捺钵”（辽帝的行营）形式，四时转徙，到各地巡视、考察，制定和实施了许多有利于经济发展、社会安定的政策，使农牧业共同发展繁荣，百姓安居乐业，促进了契丹等少数民族与汉族的融合。萧太后执政期间（982—1009），重农桑，修水利，减赋税，整顿吏治，训练军队，百姓富裕，国力强盛；1009年圣宗亲政后，辽朝更进入鼎盛时期，这与当时的统治者从实际出发制定和实施政策是密不可分的。

### 2. 辽朝的人口调查和统计

辽朝的户口制度和隶属关系非常复杂，统治区内的户籍，有宫卫户、头下户、部族户和普通户之分。前三种户多为契丹人，属北面官管辖；普通户多为汉人，属南面官管辖。辽朝规定，无论何种民户，每户必有二丁。例如，辽太祖弘义宫的宫卫户，“正户八千，蕃汉转户七千”（《辽史·营卫志上》）；“正丁一万六千，蕃汉转丁一万四千”（《辽史·兵卫志中》）。此外，契丹人崇信佛教，境内寺院众多，僧尼数量相当庞大，还有“既输租于官，且纳课给其主”的众多二税户。

辽朝统治区内有多少人口，古籍上没有完整记载。但是，从《辽史》等文献中仍可看到一些关于丁、兵数的记载。例如，《辽史·兵卫志下》就载有：“大约五京民丁可见者，一百一十万七千三百为乡兵。”并载有各府州和县的丁数或兵数。这说明，朝廷曾对丁籍、兵籍进行过一些局部性的调查和统计。据人口学家对《辽史》等文献资料的研究，辽朝统治区内的人口总数，至少为1 050万人。其民族构成是：契丹人约230万，渤海人约50万，女真人约100万。其他少数民族约100万，汉族约570万。其地区分布是：上京道280多万，东京道230万，中京道150万，南京道220万，西京道 170 万。至于僧尼和二税户，由于史料不足，很难做出具体估计。①

3.《辽实录》等著作的修撰

据《辽史》记载，早在辽朝建立初期，耶律阿保机就仿照中原王朝，在朝廷设置了监修国史的官职，并以起居注、日历、实录等形式，记载皇帝的言行和辽朝的重大事件。在圣宗统和九年至天祚帝乾统三年期间（即 991—1103 年的 112 年间），辽朝统治者曾四次纂修《辽实录》：第一次在 991 年，枢密使、监修国史室昉与翰林学士邢抱朴同修《统和实录》20 卷。第二次在 1044 年，前南院大王耶律谷欲、翰林都林牙耶律庶成、翰林都林牙兼修国史萧韩家奴编辑自遥辇可汗以来，迄重熙年间的事迹，成《先朝事迹》20 卷。第三次在 1085 年，"史臣进太祖以下七帝实录"。第四次在 1103 年，监修国史耶律俨纂修太祖诸帝实录共 70 卷。清代史学家钱大昕曾评论说："当辽之世，国史唯此本号为完善。"（《廿二史考异》）《辽实录》等著作，实是辽朝官方学者对本朝历史长期调查研究的真实记录。

4. 西夏史的编撰

西夏统治者相当重视国史编撰工作。早在李元昊的父亲李德明时期（981—1032），就任命斡道冲掌管撰修西夏国史之职。夏仁宗（1140—1193 年在位）天盛十三年（1161）正月，设翰林学士院，以王佥、焦景颜等为学士，俾修《实录》。五月，命王佥等掌史事，参照宋朝编修实录的办法，负责纂修《李氏实录》。1225 年，西夏罗世昌著《夏国世次》20 卷（已佚）。1227 年，西夏亡于蒙古，其图籍皆没于元。元朝未给西夏修专史，但西夏的存在是无法回避的事实，因而元史官修撰的《宋史》《辽史》和《金史》中，关于西夏历史有《宋史・外国一・夏国上》和《宋史・外国二・夏国下》，以及《辽史・二国外纪》和《金史・外国上・西夏》，算是一个交代。

元朝史官修的《宋史・外国二・夏国下》，曾明确提到"兼采《夏国枢要》等书"。修《辽史・二国外纪》，未说明史料来源，但清人黄任恒撰《补辽史・艺文志・史部・载记类》中有《夏国史》记载，这很可能是一部汉文西夏史书。修《金史・外国上・西夏》提及另一西夏史书《西夏世次》，曰："夏之立国旧矣，其臣罗世昌谱叙世次称，元魏衰微，居松州者因以旧姓为托跋氏。"《西夏世次》（又名《西夏国谱》）是一部西夏人编修的史籍，以叙夏国帝王世次为主，很可能是一部汉文著作。这些西夏史及其史料，都是文献调查与实地调查相结合的产物。

5.《新集锦合辞》的形成

西夏谚语集《新集锦合辞》，由西夏学者梁德养于乾祐七年（1176）初编、王仁持于乾祐十八年（1187）补编而成。《新集锦合辞》有谚语 364 条，形式上，往往是前后两句，对偶工整，结构严谨，字数多少不一；内容上，广泛涉及百姓生产、生活、风俗、宗教等社会生活的各个方面；思想上，大多富有一定哲理，具有明显的教化作用。《新集锦合辞》保存了大量西夏谚语，以醇厚的民族风格，记录了西夏社会风情与党项族的伦理、道德观念，是西夏学者长期深入民间访问调查的重要成果。

---

① 参见路遇、滕泽之：《中国人口通史》，上册，454～465 页，济南，山东人民出版社，2000。

《新集锦合辞》1909年在内蒙古额济纳旗黑水城遗址出土，木刻本，计62页，页面21.5厘米×15厘米，原本藏于俄罗斯科学院东方学研究所圣彼得堡分所，写本藏于大英博物馆。①

6. 金朝的户口管理和人口调查

为征收税赋徭役，巩固对各族人民的统治，金朝非常重视户口调查与管理。金初，实行五家为保，一家藏奸，五家连坐政策。据《金史·食货志》记载："凡户口计帐，三年一籍。自正月初，州县以里正、主首，猛安谋克则以寨使，诣编户家责手实，具男女老幼年与姓名，生者增之，死者除之。正月二十日以实数报县，二月二十日申州，以十日内达上司，无远近皆以四月二十日到部呈省。"如违反规定，将会受到严厉惩处。根据有关人口学者研究，金朝人口增长情况见表4-8。

表4-8　金朝人口增长情况

| 年号纪元 | 公元纪年 | 间隔年（年） | 户数（户） | 口数（人） | 户均人口（人/户） | 年均增长（‰） |
|---|---|---|---|---|---|---|
| 熙宗皇统元年 | 1141 | | | 32 800 000 | | |
| 世宗大定元年 | 1161 | 20 | 5 509 828 | 36 250 000 | | 5.00 |
| 世宗大定二十七年 | 1187 | 26 | 6 789 449 | 44 705 086 | 6.584 5 | 8.03 |
| 章宗明昌元年 | 1190 | 3 | 6 939 000 | 45 447 900 | 6.549 6 | 5.49 |
| 章宗明昌六年 | 1195 | 5 | 7 223 400 | 48 490 400 | 6.713 0 | 12.96 |
| 章宗泰和七年 | 1207 | 12 | 8 413 164 | 53 532 151 | 6.362 9 | 8.24 |
| 1141—1207 | | 66 | | | | 7.28 |

资料来源：路遇、滕泽之：《中国人口通史》，上册，546页，济南，山东人民出版社，2000。

7. 寒凉派创始人刘完素

刘完素（1120—1200），字守真，河间人（今河北河间），著名医学家，"金元四大家"之一，"寒凉派"的创始人。他幼年丧父，家境贫寒，随母逃难定居河间十八里营村，故人称刘河间。刘完素自幼聪慧，耽嗜医书。在他所处的时代，南宋和金长期对峙；他生活的地区，是金进攻南宋的主要战场之一。当时的河间，天灾横行，疾病横生，促使他根据北方气候、环境特点及民众生活习惯，研究《内经》病机十九条，倡伤寒火热病机理论，主寒凉攻邪，善用防风通圣散、双解散等方治疗，名盛于大定、明昌年间（1161—1195）。

刘完素在诊治过程中开方用药总是因人而异，根据病人身体状况、所处环境和疾病实际情况来选择用药，坚持辨证施治，酌情发挥，而不一成不变。他家门前总是车水马龙，挤满了远道而来的发热患者，甚至一些被抬来的昏迷病人，经他扎上几针、服几服药，就能奇迹般地康复。他经常下乡探访贫困病人，送医送药，被许多患者视为"神仙下凡"。

刘完素创立的"寒凉派"理论及其代表作《黄帝素问宣明论方》15卷、《素问玄机原病式》、《内经运气要旨论》、《伤寒直格》3卷、《伤寒标本心法类萃》2卷和《三消论》等，都是他对长期医药实践过程所做调查研究的总结和概括。

① 参见王尚寿等编著：《丝绸之路文化大辞典》，北京，红旗出版社，1995。

# 第三节　元朝及其社会调查

## 一、元朝——中国历史上第一个由少数民族建立的大一统帝国

元朝，又称大元，是中国历史上第一个由少数民族——蒙古族建立并统治的全国性封建王朝。初期，政治上推行汉制，经济上鼓励农桑，军事上平定西北，是鼎盛时期。中期，皇权争夺激烈，吏治败坏。晚期，统治者怠于政事，贵族骄横跋扈，滥发纸币，加重徭役，爆发民变。在中国历史纪年中，元一般从 1271 年忽必烈改国号为“大元”算起，到 1368 年全国性政权灭亡止，共 11 帝，历时 97 年。

忽必烈推行汉法，政治上，在中央设置中书省、枢密院和御史台，确立中央集权体制；在地方设置行中书省（简称行省），省下分为路、府、州、县四级。中央、地方官吏全部由蒙古人担任并世袭，以保障蒙古族特权。军事上，分为戍卫京师（大都）的宿卫系统和镇守全国各地的镇戍系统，宿卫军队由怯薛军（即护卫军）和侍卫亲军构成，镇戍诸军的布局，腹里地区主要由蒙古军和探马赤军戍守。南方以蒙古军、汉军、新附军相参驻戍。边疆问题上，在西藏、云南和台湾等地建立行政机构，打击分裂叛乱势力，维护国家统一和边疆稳定。社会上，把居民分为蒙古人、色目人（蒙汉外各民族的统称）、汉人（原金境的汉、契丹、女真人）、南人（南宋遗民）四个等级，施行民族歧视和阶级压迫政策。经济上，采取轻徭薄赋、鼓励垦荒、兴修水利、推广先进技术等政策，促进农业手工业发展，商业外贸比较发达，全国发行使用纸币。晚期，滥发纸币，通货膨胀，引起民变。总体而言，元朝经济仍以农业为主，整体生产力低于宋朝。

元朝统治者大都推崇儒学，特别是程朱理学。史学上，《资治通鉴音注》《文献通考》《蒙古秘史》《红史》和《白古通记》占有重要地位。脱脱主编的《辽史》《宋史》《金史》，平等对待三朝，具有积极意义。文艺上，元杂剧将唱、白、科（舞蹈动作）结合起来，形成一种综合性艺术，在中国戏剧史上具有划时代意义。《三马图》《富春山居图》等画作，更是传世佳品。科技上，郭守敬发明的天文仪器和修订的《授时历》，达到了当时天文学的最高水平。此外，《河源志》《农书》《舆地图》《世医得效方》等，都是各领域具有重要影响的名著。

## 二、元朝的社会调查

1. 忽必烈治汉地、行汉法

忽必烈，元朝创建者，自小“仁明英睿，事太后至孝，尤善抚下”（《元史·世祖本纪》）。1251 年，长兄蒙哥继大汗位，忽必烈受封为王，负责总领漠南汉地事务。在此期间，他任用刘秉忠等汉族幕僚，重视对汉文化的研习和借鉴，通过对汉地农耕实

际的调查研究，提出了“行汉法”主张，收到了良好治理效果。1260年，忽必烈即汗位后，定都汉地，改行汉法，按中原王朝纪年建元中统。1271年，根据刘秉忠建议，取《易经》“大哉乾元”之意，改“大蒙古”国号为大元，将蒙古政策由草原本位改为汉地本位。1272年，迁都于元大都（今北京）。1279年统一中国后，仿照汉族前代政治体制，设立以中书省为最高行政机关的国家行政架构；任用汉族文人出任重要官职；实行轻徭薄赋、鼓励垦荒、兴修水利、重视农业等政策；还亲自组织编写《农桑辑要》，指导农业生产。

《元史·世祖本纪》曰：“世祖度量弘广，知人善任使，信用儒术，用能以夏变夷，立经陈纪，所以为一代之制者，规模宏远矣。”这说明，忽必烈是一位较能从汉地实际情况出发，重视汉文化，推崇儒术的蒙古统治者。

2. 户籍制度与人口调查

元朝的“诸色户计（户籍）”制度比较复杂，主要根据职业划分户籍种类，其中：军户、站户（在驿站服役的民户）、匠户、医户、盐户等由官府强制签充；僧户、道户、儒户等通过考试或其他方式认可。每类户根据土地、资产、丁力状况，分为三等九甲，按等级高低缴纳税赋、出丁当差。各类户一经划定，世代相承，不得随意变动。此外，还有投下户（朝廷分给蒙古贵族的民户），以及怯怜口（蒙古贵族的私属人口，不入地方官府户籍）等。

大蒙古国和元朝进行过五次全国性户籍清理，其中三次在灭南宋、统一全国之前的太宗七年（1235）、宪宗二年（1252）和世祖至元七年（1270）；两次在灭南宋、统一全国之后的至元二十七年（1290）和至顺元年（1330）。表4-9是元朝部分年度的户口数。

**表4-9　元朝部分年度的户口数**

| 年号纪年 | 公元纪年 | 户数（户） | 口数（人） | 资料来源 |
|---|---|---|---|---|
| 至元二十七年 | 1290 | 13 196 206 | 58 834 711 | 《元史·地理志·序》 |
| 至元二十八年 | 1291 | 13 430 322 | 60 491 320 | 《元史·世祖本纪》 |
| 至元三十年 | 1293 | 14 002 760 | 缺 | 《元史·世祖本纪》 |
| 至元三十一年 | 1294 | 11 633 281 | 53 654 337 | 《元史·食货志·农桑》 |
| 至顺元年 | 1330 | 13 400 699 | 缺 | 《元史·地理志·序》 |

资料来源：路遇、滕泽之：《中国人口通史》，上册，608页，济南，山东人民出版社，2000。

元朝是中国历史上版图最宽广、空前大统一的王朝，户口数量本应大大超过汉唐，但是，由于蒙古在灭金、灭南宋过程中实行大屠杀政策，以及其后的民族歧视和残暴统治，人口大量死亡，致使其统治时期的户口数量一直处于下降或停滞状态。

3. 水陆驿站和交通工具调查

驿传，也称邮驿，是中国古代官方的一种交通邮传制度。它起始于商周，发展于秦汉，繁荣于隋唐，定制于元。从成吉思汗到蒙哥，驿站规模不断扩大，忽必烈即位后进一步完善了以大都为中心，以陆上传递为主、水上传递为辅的四通八达的驿站系统。据《元史·兵志》记载，各行省水、陆驿站及交通工具调查统计数据见表4-10。

表 4-10　　元朝各行省水、陆驿站及交通工具数

| 行省 | 驿站（个） | | | 交通动力和交通工具 | | | | | | |
|---|---|---|---|---|---|---|---|---|---|---|
| | 合计 | 陆站 | 水站 | 马（匹） | 牛（头） | 驴（头） | 狗（条） | 车（辆） | 轿（顶） | 船（艘） |
| 总计 | 1 415 | 991 | 424 | 44 301 | 8 889 | 6 007 | 3 000 | 4 037 | 378 | 5 921 |
| 腹里 | 198 | 177 | 21 | 12 564 | 2 488 | 5 302 | | 1 129 | | 950 |
| 河南江北 | 196 | 106 | 90 | 3 928 | 192 | 534 | | 217 | | 1 512 |
| 辽阳 | 135 | 135 | — | 6 515 | 5 259 | | 3 000 | 2 621 | | |
| 江浙 | 262 | 180 | 82 | 5 123 | | | | | 148 | 1 627 |
| 江西 | 154 | 85 | 69 | 2 165 | | | | | 25 | 568 |
| 湖广 | 173 | 100 | 73 | 2 555 | 545 | | | 70 | 205 | 580 |
| 陕西 | 81 | 80 | 1 | 7 629 | | | | | | 6 |
| 四川 | 132 | 48 | 84 | 986 | 226 | | | | | 654 |
| 云南 | 78 | 74 | 4 | 2 345 | 30 | | | | | 24 |
| 甘肃 | 6 | 6 | — | 491 | 149 | 171 | | | | |

注："驿站"中的"陆站"，包括马站、牛站、轿站、步站和狗站；"交通动力和交通工具"栏外，另有站户300户、递运夫3 032户、羊1 150口。

表 4-10 的数据说明：(1) 腹里、河南江北、江浙、湖广地区，驿站数量多，交通比较发达；其他地区，特别是陕西、云南、甘肃则相当落后。(2) 陆站 991 个，约占70%；水站 424 个，约占 30%。(3) 交通动力62 197匹（头、条），其中马占 71.2%，牛占 14.3%，驴占 9.7%，狗占 4.8%。(4) 交通工具10 336辆（顶、艘），其中船占57.3%，车占 39.1%，轿占 3.7%。

4. 脱脱与三史的修编

脱脱（1314—1355），字大用，政治家、思想家，主持编著《辽史》《宋史》和《金史》。他自幼养于伯父、元丞相伯颜家中，就学于名儒吴直方，深受儒家思想影响。15 岁开始做官，26 岁在顺帝支持下，驱逐了独霸国柄、专权自恣的伯父伯颜，27 岁任中书右丞相，改元"至正"，宣布"更化"，史称"脱脱更化"。脱脱根据对蒙古皇室和贵族派系的深刻了解，对汉地、汉人社情民意的调查研究，采取了几项措施：一是，置宣文阁，遴选儒臣为皇帝讲四书五经，加强对皇帝的教育；二是，平反昭雪一批冤狱，调整蒙古统治集团内部关系；三是，整顿吏治，惩治贪官污吏；四是，恢复被伯颜废黜的科举制度；五是，开马禁、减盐额、蠲负逋，减轻农民负担，从而使元朝末年的昏暗政治曾一度转为清明。

脱脱执政期间，还主持了辽、金、宋史的修撰工作。他虽没有秉笔修史，但却是一位名副其实的"总裁"。他以江南三省南宋学田钱粮为修史费用，解决了经费困难；他组织汉族人欧阳玄、畏兀儿族人廉惠山海牙、党项人余阙、蒙古人泰不花等一起修史，开创了各族史学家合作修史的先例，使《宋史》《辽史》和《金史》成为二十四史中仅有的由少数民族宰相主编、汉族和少数民族史学家共同完成的三部史书；他力主三史分别撰写，各为正统，一律平等，顺利解决了修史过程中辽、金、宋三朝谁为"正统"的长期争论，从而促进了三史在 1343 年 4 月至 1345 年 10 月的短短两年半内完成。

5. 马端临与《文献通考》

马端临（1254—1323），字贵舆，号竹洲，饶州乐平（今江西乐平）人，其父马廷鸾曾任南宋右丞相，宋元之际历史学家。他自幼聪慧，7 岁能诵读四书五经，长期坚持每天抄书 50 张，为日后编写《文献通考》积累了大量资料。19 岁，以父荫授承事郎职衔。25 岁入元，曾受邀赴京任职，但对官场陋习深恶痛绝，故以“侍亲疾”为由断然拒绝，而随父归隐故乡，教授乡里，潜心于历史研究，历 30 余年著述《文献通考》。

在博览群书过程中，马端临发现《汉书》《资治通鉴》等断代史或通史，都详于理乱兴衰的记载，而略于典章制度的记述。他认为，“理乱兴衰”对后世固然有很大借鉴作用，但“典章制度”的置废对社会兴衰的作用亦不容忽视。通过研究中国历史上的典章制度，他认识到历代典章制度尽管不尽相同，但后世典章制度的变革都是在承继以往典章制度的基础上进行的，它们之间存在着明显的承继关系。于是，他立志要编写一部典章制度专史。

马端临以唐杜佑的《通典》为蓝本，从宋咸淳九年（1273）开始准备，元至元二十七年（1290）动笔，直至元英宗至治二年（1322）完成，前后历时近半个世纪，编著了一部记述中国历代典章制度的专著——《文献通考》。该书有 24 个门类，348 卷，详细记述了自古迄宋 25 个朝代各种典章制度的兴废沿革和利弊得失，每个门类和每卷之后都有文字精约的按语，阐述各个时期各种典章制度的兴废对经济、政治、社会发展的影响。全书资料丰富翔实，评述精审透彻，叙事条分缕析，是一部极具参考价值的历史名著。《文献通考》与唐杜佑编著的《通典》、南宋郑樵编著的《通志》一起，合称“三通”。在“三通”中，由于《文献通考》内容最丰富，记述时限最长，考证最精深，被史学界誉为“三通”之首。

《文献通考》是主要采用文献调查法编纂的一部著作，但也部分采用了实地观察和访问调查的方法。马端临生活在宋末元初，熟知宋时官场黑暗，对宋末朝廷腐败极为愤慨，书中揭发的许多事实和评论，就是对他亲身观察或与士大夫议论的记述。

6. 潘昂霄与《河源志》

潘昂霄（生卒年不详），字景梁，号苍崖，济南历城人，官至翰林侍读学士、通奉大夫，谥号“文僖”，著有《河源志》《苍崖类稿》《苍崖漫稿》等。

黄河之源，自古就被人们密切关注。公元前四五世纪，人们就已知道黄河发源于今青海省，《尚书·禹贡》上就有“导河积石，至于龙门”的记载。但是，由于河源环境恶劣，人迹罕至，在很长一段时期内没有进行过实地考察。1279 年，忽必烈灭南宋、统一中国。1280 年，派女真族蒲察氏后裔、旅行家都实（生卒年不详）为招讨使，佩金虎符，带人勘察黄河河源。都实曾三次到达吐蕃，懂得许多方言，是中国少数民族杰出的旅行家之一。他受命后，从今宁夏回族自治区启程，向南经甘南藏族自治州，再到青海果洛藏族自治州，历时四个多月，终于发现了黄河源头——“火敦脑儿”，即星宿海。在河源地区，都实详细考察了星宿海、扎陵湖、鄂陵湖以及几条支流，这是中国历史上官方第一次派人实地考察河源，了解河源地区地理情况。同年冬，都实返京复命，呈上绘有包括城、驿位置的黄河源图。

元仁宗延祐二年（1315），潘昂霄根据都实的弟弟阔阔出的口述，写成《河源志》，这是中国第一部关于黄河源头的风土志。根据《元史·地理志》中《河源附录》记载："河源在土蕃朵甘思西鄙，有泉百余泓，沮洳散涣，弗可逼视，方可七八十里，履高山下瞰，灿若列星，以故名火敦脑儿。火敦，译言星宿也。思本曰：'河源在中州西南，直四川马湖蛮部之正西三千余里，云南丽江宣抚司之西北一千五百余里，帝师撒思加地之西南二千余里。水从地涌出如井。其井百余，东北流百余里，汇为大泽，曰火敦脑儿。'群流奔辏，近五七里，汇二巨泽，名阿剌脑儿。自西而东，连属吞噬，行一日，迤逦东骛成川，号赤宾河。又二三日，水西南来，名亦里出，与赤宾河合。又三四日，水南来，名忽阑。又水东南来，名也里术，合流入赤宾，其流浸大，始名黄河，然水犹清，人可涉。"此外，书中对当地的地形、水系、动植物、人口分布等风情物产也进行了详细记述，还纠正了《汉书·西域传》所述黄河源为伏流重源的说法，在黄河研究史上具有很高的地位和价值。

7. 朱思本与《舆地图》

朱思本（1273—1333），字本初，号贞一，江西临川（今江西抚州）人，道士、诗人、地理学家。他出生在一个书生家庭，14 岁入正一道修真，26 岁奉宗师、道教领袖张留孙之命，往大都协助其主管道教事务；38 岁奉帝命祭祀名山大川。朱思本利用这两次机会，分两个阶段到各地游历、考察长达 20 年：一是，在协助主管道教事务期间，"登会稽，泛洞庭，纵游荆、襄，流览淮、泗，历韩、魏、齐、鲁之郊，结辄燕、赵，而京都实在焉"；二是，在祭祀名山大川期间，他"奉天子命，祠嵩高，南至于桐柏，又南至于祝融，至于海"（《贞一斋诗文稿·舆地图自序》）。这 20 年间，他的足迹遍及今华北、华东、中南地区，真可谓"跋涉数千里间"。49 岁返回江西，从此隐居龙虎山中。

由于协助主管道教事务和代祀名山大川，朱思本获得了朝廷和地方官府支持，顺利查阅了大量资料，考察了许多地方，为绘制《舆地图》（见图 4－6）付出了大量心血。

一是，采用多种方法实地考察。他在《舆地图自序》中说：每到一地，"往往讯遗黎，寻故道，考郡邑之因革，核山河之名实，验诸滏阳、安陆石刻《禹迹图》、樵川《混一六合郡邑图》"。这说明，他的考察一般包括 5 个环节：首先是"讯"，即向当地乡亲询问古迹、口碑；其次是"寻"，即寻找遗迹、遗址；三是"考"，即考证郡邑沿革；四是"核"，即核实河流山川之名是否有误；五是"验"，即根据考核结果来验证前人绘制的地图是否符合实际。

二是，广泛吸取前人成果。在《舆地图自序》中，他列举参考过的地理著作有《水经注》《通典》《元和郡县图志》《元丰九域志》等。此外，他还注意利用藏文著作等少数民族地理著作。例如，为了弄清黄河河源及其流向、里程，"从八里吉思家得帝师所藏梵字图书，而以华文译之，与〔潘〕昂霄所志（即《河源志》——引者注），互有详略"（《元史·地理志》的《河源附录》）。

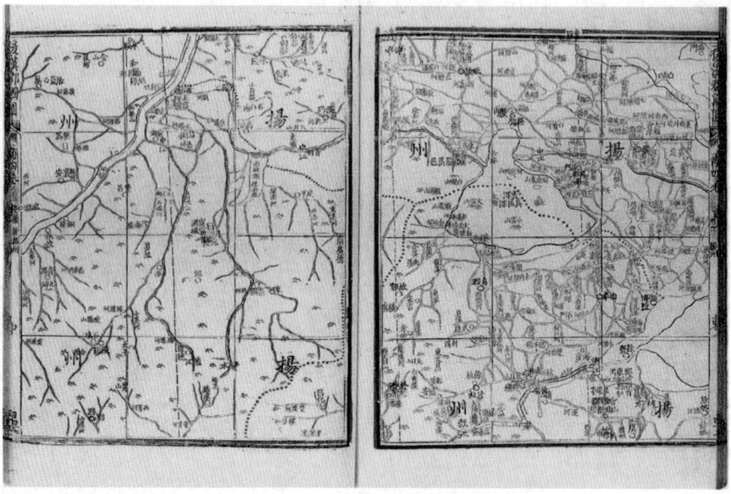


图 4-6　朱思本的《舆地图》

三是，重振“计里画方”绘图方法。中国绘制地图的画方之法，始于魏晋。裴秀的《禹贡地域图》，“以一分为十里，一寸为百里，备载名山都邑，王者可不下堂而知四方也”（《北堂书钞》卷九六）。唐贞元年间（785—804），贾耽提倡此法。朱思本则在裴秀、贾耽基础上重振此绘图法，使得《舆地图》比前代更为精细、详尽。

对于《舆地图》的缺陷，朱思本也做了说明。他指出，对自己没有实地考察过的“涨海之东南，沙漠之西北，诸番异域，虽朝贡时至，而辽绝罕稽，言之者既不能详，详者又未必可信，故于斯类，姑用阙如”。这种实事求是态度，堪称中国古代科学家的典范。

8. 王祯与《农书》

王祯（1271—1368），字伯善，元朝东平（今山东东平）人，农学家、农业机械学家、印刷技术革新家。王祯的生平活动，有据可查的史料很少，仅记载他曾做过两任县尹，一是成宗元贞元年（1295），任宣州旌德县（今安徽旌德）县尹；二是成宗大德四年（1300），调任信州永丰县（今江西广丰）县尹。据《旌德县志》记载，他生活俭朴，常捐薪俸给地方办学校、建桥梁、修道路、施医药，被赞“惠民有为”。宋末元初文学家戴表元（1244—1310）在《王伯善农书序》中说，王祯在旌德和永丰任职时，“以身率先于下”，“亲执耒耜，躬务农桑”，对麻、苎、禾、黍、辫麦等作物，从播种到收获都加以指导；还画出钱、鎛、耰、耧、耙、耥等农具图形，让百姓试制使用。1298 年，他制造 3 万余木活字，排印《旌德县志》100 部。1300 年左右，他根据教民耕织、养畜积累的经验，加上搜集的资料，编撰成《农书》。

王祯的《农书》，正文 37 集、371 目、约 13 万字，分三个部分：一是《农桑通诀》，相当于农业总论。首先，概述了农业、牛耕、养蚕的历史渊源；其次，提出了“顺天之时、因地之宜、存乎其人”的农耕思想；再次，论述了开垦、土壤、耕种、施肥、水利灌溉、田间管理和收获的基本原则和措施（从“垦耕”到“收获”等 7 篇）。二是《百谷谱》，类似栽培分论，先将农作物分成若干属（类），然后一一列举各属

（类）的具体作物，其分类虽不尽科学，但已具农作物分类学雏形。三是《农器图谱》，是全书重点，有插图 20 集、261 目、306 幅。另有《杂录》两篇：“法制长生屋”和“造活字印书法”。

《农书》的突出特点和贡献是：（1）第一次对广义农业做了较全面系统的论述，提出了中国农学的传统体系。（2）对南北农业的异同进行了分析和比较，而此前的《氾胜之书》《齐民要术》《农桑辑要》等农书，都是总结北方农业生产经验的著作。(3)有丰富的“农器图谱”，涉及农具 105 种，这是王祯的一大创造。此外，“授时指掌活法之图”和“全国农业情况图”，也是《农书》的首创。王祯长期在山东、安徽、江西指导农业生产，并曾到江、浙一带农村考察。《农书》正是他长期参与农业生产，经常对农村进行实地调查的产物。

9. 郭守敬与《授时历》

郭守敬（1231—1316），字若思，邢州（今河北邢台）人，天文学家、数学家、水利专家和仪器制造专家。郭守敬是在祖父——金元之际学者郭荣的教养下成长起来的。他自小喜爱制作器具，显露出科学才能。十五六岁时，通过对一幅“莲花漏图”的研究，居然弄清了其制作方法；20 岁时，通过对邢台北郊河道地形的查勘，挖出了久被埋没的桥基，促进了该桥的修复。郭荣为了让孙儿开阔眼界，曾把他送到老友刘秉忠门下学习。郭守敬在刘秉忠处不仅学到了许多知识，而且结识了王恂，后来他们亲密合作，在天文历法中做出了卓越贡献。

元初，沿用金的“重修大明历”，误差积累日渐显著。1276 年，元军攻下南宋首都临安（今浙江杭州），忽必烈决定改旧历、颁行元朝历法，下令调动天文学者修新历，郭守敬参加了修历工作，并奉命制造仪器，进行实地观测。从此，郭守敬在科学活动史上揭开了新的一页。

郭守敬认为：“历之本在于测验，而测验之器莫先仪表。”这是说，改旧历、编新历的根本在于测验，测验的器具首先在于仪表（主要是测定天体位置的浑仪和测定二十四节气的圭表）。为了制作好的测验仪表，郭守敬通过查（查圭表、浑仪等方面的文字资料）、看（看圭表、浑仪等仪器原件）、访（访问来自阿拉伯及波斯的学者、工艺师）、研（研究原有圭表、浑仪等仪器的弊端）、做（动手制作新的仪器）等方法，创制了一种新的更准确的圭表和一种结构简单的浑仪——简仪（见图 4－7）。此外，还与尼泊尔建筑师阿尼哥合作，在大都兴建了一座新天文台，台上安置着郭守敬等创制的天文仪器，成为当时世界上设备最完善的天文台之一。更值得敬佩的是，1279 年郭守敬奉旨进行“四海测验”，在全国建立了 27 个测景点，其分布北近北极圈，南至南海黄岩岛，测景点之间的距离，东西达5 000多里，南北长10 000多里。这是中国古代和当时世界上规模最大的一次天文观测活动。

郭守敬等人根据大量观测资料，在认真研究西汉以来 70 多种历法的基础上，于 1280 年编制出了一种新历法，按“敬授民时”的古语，取名为“授时历”。1281 年，《授时历》在全国颁布实行，到 1643 年改用《崇祯历书》为止，前后使用时长 362 年，

图 4－7　郭守敬制作的简仪

是中国历史上使用时间最长的一部历法。

10. 忽思慧与《饮膳正要》

忽思慧，一译和斯辉，生卒时间不详，蒙古族（或回回）人，仁宗延祐年间（1314—1320）任饮膳太医。古代帝王都很重视医药养生，忽必烈尤重饮食卫生，“食饮必稽于本草”。他曾为皇室设置了 4 名饮膳太医，制定了严格规章制度，规定将每日“所职何人，所用何物等，标注于历，以验后效”。这在客观上，既有利于保证饮食安全，又有利于总结食疗经验。

忽思慧长期担任饮膳太医，负责宫廷饮食调理、养生疗病诸事，特别重视食疗、食补的实践与研究。他总结了元文宗以前历朝宫廷进用的奇珍异馔、丸散汤膏煎煮制作的技艺，继承了前代食、养、医结合的悠久传统与食疗、养生经验，引用了《备急千金要方》《唐本草》《抱朴子》《日华子》等文献中有关养生的论述，汲取了当时民间日常生活中丰富的食疗经验，于文宗至顺元年（1330）编撰成《饮膳正要》一书。

《饮膳正要》全书 3 卷，31 200余字，内容分为 3 个部分：一是食疗基础理论，包括养生避忌，妊娠、乳母食忌，饮酒避忌，四时所宜，五味偏走及食物利害、相反、中毒等；二是食谱药膳及其制作方法，包括聚珍异馔、诸般汤煎的宫廷饮食谱 153 种，药膳方 61 种，以及所谓神仙服饵方法 24 则等；三是食物本草种类，包括米谷、兽、鱼、果、菜、料物等共 230 余种，另附本草图谱 168 幅，精美插图 21 幅。

尽管该书有一些瑕疵，主要是存在某些迷信之见，某些内容不够协调，以及条目混杂、纲类不清等，但是，瑕不掩瑜，《饮膳正要》既是一部珍贵的元代宫廷饮食谱，又是现存最早的古代营养保健学专著。忽思慧则由于在食谱、药膳方面的长期实践和调查研究，成为中国食疗史上较全面论述食疗理论与应用的第一人。

11. 关汉卿与《窦娥冤》

关汉卿（约 1220—约 1300），号已斋，解州（今山西运城）人，“元曲四大家”之首。他机智幽默，风流倜傥，博学多才，擅长吟诗、下棋、吹箫、弹琴、舞蹈等各种技艺，性格耿直、狂傲、倔强。他在《南吕·一枝花·不伏老》中说："我是个蒸不烂、煮不熟、捶不扁、炒不爆、响当当一粒铜豌豆。"

13世纪的元朝，政治黑暗腐败，社会动荡不安，阶级矛盾和民族矛盾十分突出，错案冤案比比皆是，各族百姓大都过着悲惨生活。关汉卿长期居住在大都，曾在皇家医院任职，但对医术不感兴趣，却热心编写剧本。当时，元朝流行一种叫"杂剧"的戏剧，其内容大都来源于民间说唱故事，达官贵人和普通百姓都很喜爱观看。他非常同情社会底层的劳苦大众，辞去了官职，集中精力通过元杂剧等艺术形式，来揭露现实黑暗，倾诉百姓疾苦。由于他经常深入基层做调查，体察百姓艰辛，熟悉民间语言，又具有高度社会责任感和卓越艺术修养，因而创作了许多格调清新刚劲，具有很高艺术价值的杂剧和散曲。他的杂剧成就最为突出，一生写了67部杂剧，《窦娥冤》就是其中最著名的代表作。

杂剧《窦娥冤》，全称《感天动地窦娥冤》，剧情来源于西汉《列女传》中"东海孝妇"周青的故事，讲述的是青年女子窦娥，在贪官桃杌迫害下，被诬"药死公公"而被斩首示众的悲惨遭遇。关汉卿以"人命关天关地"的高度社会责任感，提出了封建社会百姓"没来由犯王法，不提防遭刑宪"，"官吏每无心正法，使百姓有口难言"这个带普遍意义的问题，强烈控诉了封建统治者与民为敌、残民以逞的罪恶。在关汉卿的笔下，受压迫的劳动人民不只是在苦难中呻吟，而且表现出了正直、勇敢的反抗精神。《窦娥冤》是一出具有较高文化价值、广泛群众基础的名剧，几百年来一直受到人们喜爱和赞赏，被列为中国十大古典悲剧之一，并译成多种文字在全世界广泛传播。关汉卿则被称为"元杂剧的鼻祖""东方的莎士比亚"。

*12. 马可·波罗与《马可·波罗游记》*

马可·波罗（Marco Polo，1254—1324），意大利威尼斯人，著名旅行家和商人。他的父亲尼科洛、叔叔马泰奥都是威尼斯商人。1271年，他随父亲、叔叔来中国。1275年到元大都，与忽必烈建立了友谊。此后，他们3人在中国生活了17年，学会了蒙古语和汉语，曾奉大汗之命巡视过新疆、甘肃、内蒙古、山西、陕西、四川、云南、山东、江苏、浙江、福建以及北京等地，还出使过越南、缅甸、苏门答腊。马可·波罗每到一处，总要详细考察当地的风俗、地理、人情。回大都后，详细向忽必烈汇报。1292年春，马可·波罗等受忽必烈委托，护送一位蒙古公主到波斯成婚。他们趁机提出回国请求，获得应允。1295年末，3人终于回到阔别24载的亲人身边。他们从中国回来的消息迅速传遍整个威尼斯，他们的见闻引起了人们的极大兴趣，他们从东方带回的奇珍异宝，使他们一夜之间成了威尼斯巨富。1298年，马可·波罗在威尼斯与热那亚的战争中不幸被俘。在狱中，他遇到了作家鲁思蒂谦（Rustichello da Pisa），向他讲述了许多有关中国的故事，鲁斯蒂谦把他口述的经历记录下来，写成了《马可·波罗游记》（又名《马可·波罗行纪》《东方闻见录》《寰宇记》），在欧洲广为流传，激起了包括哥伦布在内的许多欧洲人对中国的向往，对以后开辟新航线产生了重要影响；西方地理学家还根据书中的描述，绘制了早期的"世界地图"。

《马可·波罗游记》有四卷。第一卷，记载马可·波罗等东游沿途的见闻；第二卷，记载忽必烈及其宫殿、都城、朝廷、节庆、游猎，以及从大都到杭州、福州、泉州等东南沿海地区的见闻；第三卷，记载日本、越南、东印度、南印度、印度洋沿岸诸岛及非洲东部的情况；第四卷，记载成吉思汗后裔诸鞑靼宗王的战争和亚洲北部地区等情况。全书 229 章，每章叙述一地情况或一件史事。书中记述的国家、城市、地区 100 多个，记有山川、地形、物产、气候、商贾、贸易、居民、宗教信仰、风俗习惯，以及有关国家的朝章国故、琐闻逸事等。由于马可·波罗在中国停留时间最长，足迹遍及西北、华北、西南和华东等地区，因而以叙述中国为主的第二卷长达 82 章，成为《马可·波罗游记》的重点。

《马可·波罗游记》是欧洲人撰写的第一部详尽描绘中国历史、文化和艺术的游记。16 世纪，意大利收藏家、地理学家赖麦锡（Giambattista Ramusio）说，《马可·波罗游记》于 1299 年写完，“几个月后，这部书已在意大利境内随处可见”。后来，它被翻译成多种欧洲文字，广为流传。现存的《马可·波罗游记》有 119 种文字版本。《马可·波罗游记》大大丰富了欧洲人的地理知识，打破了宗教的谬论和传统的“天圆地方”说；同时，对 15 世纪欧洲的航海事业起了巨大推动作用。意大利的哥伦布、葡萄牙的达·伽马、英国的卡勃特等众多航海家、旅行家、探险家读了《马可·波罗游记》后，纷纷东来，寻访中国，从而打破了中世纪西方神权统治的禁锢，促进了中西交通和文化交流。可以说，马可·波罗和《马可·波罗游记》给欧洲开辟了一个新时代。西方学者莫里斯·科利思（Maurice Collis）认为，《马可·波罗游记》“不是一部单纯的游记，而是启蒙式作品，对于闭塞的欧洲人来说，无异于振聋发聩，为欧洲人展示了全新的知识领域和视野。这本书的意义，在于它导致了欧洲人文的广泛复兴”。

尽管马可·波罗是意大利人，《马可·波罗游记》是一部外国著作，但是，他（它）们记述的主要是元朝初期在中国实地考察的情况，因而应该被看作是元朝社会调查的一部杰作。

# 第五章　明朝和清朝前期的社会调查

明朝和清朝前期，是指从1368年明朝建立起，到1840年鸦片战争止的时期，前后历时472年。

## 第一节　明朝及其社会调查

### 一、明朝——中国资本主义因素萌动的王朝

明朝从朱元璋1368年在南京称帝起，到1644年李自成攻入北京、明朝被推翻止，历16帝、276年。明朝初期（1368—1435），鼓励屯田垦荒，减轻农民负担，惩治贪官污吏，强化中央集权，北征巩固边防，文治武功，成果累累，史称“洪武之治”“永乐盛世”和“仁宣之治”。中期（1435—1505），发生“土木堡之变”“南宫复辟”“曹石之乱”和宦官擅权等危机，孝宗即位后惩奸佞、罢冗官、举贤能、励精图治，扭转“朝多秕政”局面，史称“弘治中兴”。后期（1505—1644），发生“大礼议”之争、“壬寅宫变”和首辅之争，加上南倭北虏侵扰，国势日衰。张居正改革一度稍缓危机，但其死后改革即被废止。末期，政治黑暗，党争日烈，后金入侵和农民起义，致使崇祯不得不自缢于煤山（今景山）。

明初，政治上，中央设六部、五府、通政司、大理寺、都察院，另设皇帝掌控的锦衣卫和东厂，强化中央集权。地方设省，省下设府、州、县（领民户）和卫、所（领军户）。官员主要通过乡试、会试、殿试选取。经济上，鼓励屯田、垦荒和水利建设，促进农业恢复和发展。织染、瓷器、制盐、矿冶、造船等手工业生产和技术有很大提高，形成许多区域性手工业中心。商业发达，出现了徽商、晋商等商业集团，形成了北京、杭州、上海、汉口、广州等大中城市和全国商业网络。外贸上，隆庆元年（1567）开放海禁，海上贸易迅速发展，始终处于出超地位，海外白银大量流入。随着商品经济发展，私营经济、商业集团、资本积累、雇佣劳动、城镇人口、市民阶层等内生资本主义因素开始萌动。税赋上，除沿袭“两税制”外，建立了粮长制和里甲制。为严格税赋征收，户部负责在全国调查、核实户口田土，编制“黄册”（户籍册）和

“鱼鳞图册”（田土册）。外交上，南倭北虏一直是两大安全威胁，并成为明朝后期加速衰落的重要原因。

思想领域，明中后期开放言路、解放思想，出现了王守仁的心学、李贽的启蒙思想，以及强调“经世致用”的思想潮流。文化领域，中国四大古典名著中的《水浒传》《三国演义》和《西游记》，以及长篇小说《金瓶梅》、短篇小说“三言”和“二拍”，都成书于明朝。上述成果，大都适应市民阶层需求，深刻反映社会现实。科技领域，北京皇城、明显陵、孝陵、十三陵、南京大报恩寺琉璃宝塔、上海豫园和苏州拙政园的规划和建筑，以及万里长城重修，郑和庞大船队七下西洋等，是当时高水平建筑制造技术的集中体现。《永乐大典》编纂，《本草纲目》《农政全书》《天工开物》《徐霞客游记》问世，更具有世界影响。

明朝是汉族统治的最后一个封建王朝，是内生资本主义因素萌动的王朝，是中国从传统社会开始向近代社会转型的王朝。然而，满族入关定鼎，在一定程度上中断了中国内生资本主义因素的发展，改变了中国社会转型的历史轨迹。

## 二、明朝的社会调查

### 1. 调查报告制度和万历会计录

明初，对各级官府规定了严格的调查报告制度，包括报告的内容、程序、期限，以及谎报、瞒报、违限的惩处等。报告内容一般包括户口，官、军人数，钱粮和俸禄等，并要求按照“旧额”（即年初实有）、“岁入”（即年内新增）、“岁出”（即年内支出）及“现额”（即年末现存）四柱式填写。据《明会典》记载，洪武二十六年（1393）规定，凡所在有司仓廪，除留有该地卫所三年官、军俸粮外，其余之数，分别按现存若干，不敷若干，一一呈报上司。对违反规定者给予严惩：“若弃毁官文书者，杖一百；有所规避者，从重论，事干军机、钱粮者绞；当该官吏，知而不举，与犯人同罪，不知者，不坐……”（《大明律》卷三）

明永乐、嘉靖年间，曾打算仿唐《元和国计簿》、宋《会计录》编纂《会计簿》，但直到万历十年（1582）才编纂成《万历会计录》。该书共 43 卷：第 1 卷是全国旧额、岁入、岁出和现额的总数；第 2～26 卷是两直隶、十三布政司的人户、田土、田赋等方面的数额；第 27～29 卷是各屯兵重镇的年饷资料；第 30～43 卷是各专项收支数额。在各卷中，分有章目；在分目之下，附有沿革事例。全书编排井然有序，突出了财政收支项目的对比关系。它不仅是一部朝廷财政状况的调查报告，而且是一部全国经济、政治、军事状况的统计年鉴；它既有利于了解明朝的现状，又有利于开展对比研究。

### 2. 户帖、黄册制度和人口调查

据《续文献通考·户口考》记载，洪武三年（1370），朱元璋喻中书省曰：“民者，国之本也，今天下已定而民由未核实，其命户部籍天下户口，每户给以户帖……各书户之乡贯、丁口、名、岁，以字号编为勘合，用半印钤记。籍藏于部，帖给予民。”这种户帖制度的特点是：（1）户帖格式和调查纲目，由户部规定，全国一致；（2）户帖由户部印制，各州县负责派员按户调查填写，一切资料来源于入户调查；（3）户帖一式两份，编列字号，加盖户部印章，故名“半印勘合”，一份藏于户部，一份给予民户；（4）朝廷派出“不出征的大军”，分赴各地“点户比对”，如查出填版失实，罪在官者处斩，罪在民者充军（见图 5－1）。这些特点说明，户帖制度与现代人口普查基本相同，比美（1790 年）、英法（1801 年）第一次人口普查早 400 多年，难怪有些英美学者不得不承认这是世界上“最早试行全面的人口普查的历史证据”①。

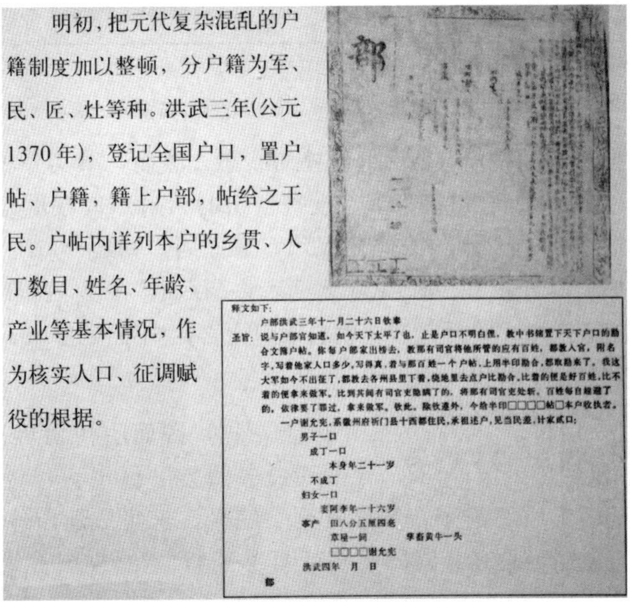


**图 5－1　洪武户帖及释文**

黄册，是在户帖基础上建立起来的。据《明史·食货志》记载：“洪武十四年诏天下编赋役黄册，以一百十户为一里，推丁粮多者十户为长，余百户为十甲，甲凡十人。岁役里长一人，甲首一人，董一里一甲之事。先后以丁粮多寡为序，凡十年一周，曰排年。在城曰坊，近城曰厢，乡都曰里。里编为册，册首总为一图。……每十年有司更定其册，以丁粮增减而升降之。册凡四：一上户部，其三则布政司、府、县各存一焉。上户部者，册面黄纸，故谓之黄册。”这说明，黄册既是户籍登记制度，又是赋役登记制度。

明朝对户籍实行分类管理。《明史·食货志》曰：“凡户三等：曰民，曰军，曰匠。民有儒，有医，有阴阳。军有校尉，有力士，弓、铺兵。匠有厨役、裁缝、马船之类。濒海有盐灶。寺有僧，观有道士。毕以其业著籍。”当时规定，民户、军户、匠户，分别由户部、兵部、工部管辖。据明各朝《实录》资料，明朝户口变化

① 转引自梁方仲编著：《中国历代户口、田地、田赋统计》，总序，24 页，上海，上海人民出版社，1980。

情况见表5-1。

表5-1　　明朝户口变化情况

| 年号纪年 | 公元纪年 | 户数（户） | 口数（人） | 年号纪年 | 公元纪年 | 户数（户） | 口数（人） |
|---|---|---|---|---|---|---|---|
| 洪武十四年 | 1381 | 10 654 362 | 59 873 305 | 正德八年 | 1513 | 9 370 452 | 63 284 203 |
| 洪武二十六年 | 1393 | 10 652 870 | 60 545 812 | 嘉靖元年 | 1522 | 9 721 652 | 60 861 237 |
| 永乐元年 | 1403 | 11 415 829 | 66 598 337 | 嘉靖二十一年 | 1542 | 9 599 258 | 63 401 252 |
| 永乐十一年 | 1413 | 9 684 916 | 50 950 244 | 嘉靖四十一年 | 1562 | 9 638 396 | 63 654 248 |
| 正统元年 | 1436 | 9 713 407 | 52 323 993 | 隆庆元年 | 1567 | 10 008 805 | 62 537 419 |
| 成化十六年 | 1480 | 9 127 928 | 62 456 993 | 万历六年 | 1578 | 10 621 436 | 60 692 856 |
| 弘治元年 | 1488 | 9 113 630 | 50 207 934 | 万历三十年 | 1602 | 10 030 241 | 56 305 050 |
| 弘治十八年 | 1505 | 10 972 974 | 59 919 822 | 泰昌元年 | 1620 | 9 835 426 | 51 655 459 |

注：以上数据均不包括都司卫所所管辖的户口数。

资料来源：路遇、滕泽之：《中国人口通史》，上册，700～701页，济南，山东人民出版社，2000。

从表5-1数据看，明朝户口似乎处于停滞状态，然而，事实并非如此。据有关学者研究，由于重税赋征收、轻户口管理，投寄豪门的私附户口数量庞大，女性人口入籍逐渐减少，流动人口不能入籍，破产农民增多等原因，朝廷户口统计数据严重失真。嘉靖时人陈全之估计，当时“民间口之不入籍者十漏六七”（《蓬窗日录》）。据此推算，嘉靖年间民户口数应在14 600万左右。就总人口而言，则可能达16 630万人。①

3. 清丈田地和鱼鳞图册

由于元末战乱，版籍多失，征收田赋缺乏依据，因而明初朝廷就派人核查田亩，令户部丈量土地。洪武二十年（1387），朝廷命各州县度量田亩，将地主姓名、田亩面积、地形、四至、土质等绘图，顺序排列、编号，汇集成册，作为征收田赋的依据。由于图形状若鱼鳞，故名鱼鳞图册（见图5-2），它是中国古代较为完整的地产记录。

权贵奸诈欺瞒、官吏营私舞弊，致使“豪民有田不赋，贫民曲输为累”（《明史纪事本末》卷六十一《江陵柄政》），私家日富，朝廷日贫。“弘治十五年，天下土田止四百二十二万八千五十八顷……万历六年，帝用大学士张居正议，天下田亩通行丈量，限三载竣事。用开方法，以径围乘除，畸零截补。于是豪猾不得欺隐，里甲免赔累，而小民无虚粮。总计田数七百一万三千九百七十六顷，视弘治时赢三百万顷。”（《明史·食货志》）所谓“开方法”，是指《九章算术》中的开方法；所谓“以径围乘除，畸零截补”，是指先按照田亩主体几何图形用乘除等方法计算其面积，然后将周围零星土地拼凑成各种几何图形计算其面积，最后将这两部分面积加起来计算出总面积。这次丈量田亩的结果，比弘治十五年增“三百万顷”，即增加了70.9%，足见田亩隐瞒之严重和丈量成果之丰硕。

据明代各朝《实录》和《续文献通考·田赋考》等资料统计，明朝田亩变化情况见表5-2。

---

① 参见路遇、滕泽之：《中国人口通史》，上册，699～715页，济南，山东人民出版社，2000。

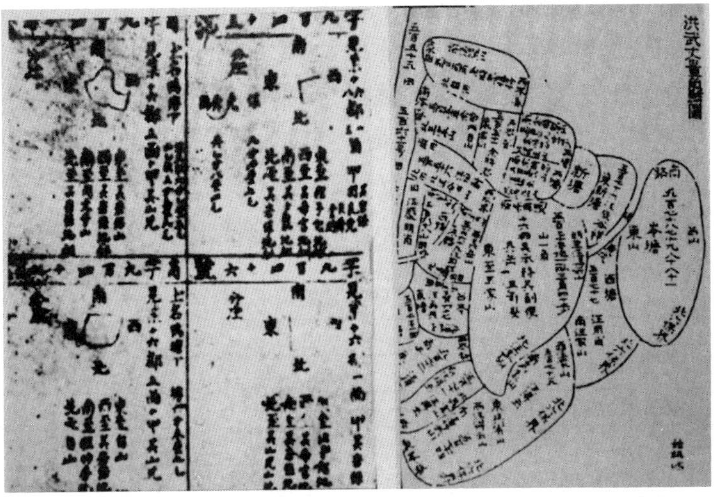

图 5-2　黄册及洪武丈量鱼鳞图册

表 5-2　明朝田亩变化情况

| 年号纪年 | 公元纪年 | 户数（户） | 口数（人） | 田亩数（亩） | 户均口数（人/户） | 户均亩数（亩/户） | 口均亩数（亩/人） |
|---|---|---|---|---|---|---|---|
| 洪武十四年 | 1381 | 10 654 362 | 59 873 305 | 366 771 549 | 5.62 | 34.42 | 6.13 |
| 宣德十年 | 1435 | 9 702 495 | 50 697 569 | 427 017 200 | 5.23 | 44.01 | 8.43 |
| 弘治十五年 | 1502 | 10 409 788 | 50 908 672 | 422 805 800 | 4.89 | 40.62 | 8.31 |
| 嘉靖二十一年 | 1542 | 9 599 258 | 63 401 252 | 428 928 400 | 6.60 | 44.68 | 6.77 |
| 万历六年 | 1578 | 10 621 436 | 60 692 856 | 701 397 628 | 5.71 | 66.04 | 11.56 |
| 泰昌元年 | 1620 | 9 835 426 | 51 655 459 | 743 931 900 | 5.25 | 75.64 | 14.40 |

资料来源：梁方仲编著：《中国历代户口、田地、田赋统计》，正编，12～14 页。其中，1502 年田亩数原为“622 805 881”，引者据《明史・食货志》更改为“422 805 800”。

应该指出，如同朝廷户口统计与实际户口严重不符一样，朝廷田亩统计与实际田亩之间也会有差异，但由于万历年间丈量土地查出了许多隐瞒田亩，其差距可能小于户口的差距。

4. 从两税制到一条鞭法

明朝赋役制度比较复杂，田有田赋，丁有徭役。田赋实行两税制，夏秋两季征收，赋税多寡取决于地亩数量。夏税交麦、钱钞和绢，秋粮纳米、钱钞和绢。徭役以户为单位，以丁（指 16～60 岁的男丁）为主要依据（另包含一部分地亩税），包括里甲正役、均徭和杂泛差役 3 种，其中以里甲为主。户通常分为 3 等 9 则，即上上、上中、上下，中上、中中、中下，下上、下中、下下（也有分为 5 则的），户则的高低是定役数量多少的依据。

明中期后，一方面，宗室多、官吏冗，内忧外患频仍，朝廷开支大增；另一方面，官绅勾结，土地兼并加剧，户丁和田亩数已多不实，农民逃徙日增，朝廷收入减少，致使财政赤字日重。为了解决财政危机、简化赋役征收、逐渐把征收重心由户丁转向田亩，并适应商品经济发展、货币作用上升的实际，明世宗嘉靖三十五年（1556），开始实行一条鞭法，即赋役合并、一概折银，由地方官直接征收。这样，化繁为简，将按丁征收的役改由丁、田分担，减轻农民人身束缚，客观上有利于生产发展。然而，由于豪强阻挠、官吏怠慢，再加上土地没有丈量，致使改革初期困难重重，直到张居正丈量土地、强力推行一条鞭法后，才逐渐得到广泛实行。实践证明，一条鞭法，上承唐宋两税制，下启清朝"摊丁入亩"，是中国古代赋役制度的一大改革，具有重要进步意义。

据《明史·食货志》不完全统计，明朝征收田赋的情况见表5-3。

**表5-3　明朝征收田赋的情况**

| 年号纪年 | 公元纪年 | 夏税 | | | 秋粮 | |
|---|---|---|---|---|---|---|
| | | 米麦（石） | 钱钞（锭） | 绢（匹） | 米（石） | 钱钞（锭） |
| 洪武二十六年 | 1393 | 4 717 000 | 39 000 | 288 000 | 24 729 000 | 5 000 |
| 弘治年间 | 1488—1505 | 4 625 000 | 56 300 | 202 000 | 22 166 000 | 21 900 |
| 万历年间 | 1573—1619 | 4 605 000 | 57 900 | 206 000 | 22 033 000 | 23 600 |

资料来源：刘叔鹤编著：《中国统计史略》，289页，武汉，湖北人民出版社，1990。

表5-3的数据说明，从洪武二十六年（1393）到万历年间（1573—1619）的180～226年间，朝廷夏秋两季征收的米麦，从2 944.6万石减至2 663.8万石，减少280.8万石，即减少了9.54%；钱钞从44 000锭增至81 500锭，增加37 500锭，即增加了85.23%；绢从288 000匹减至206 000匹，减少82 000匹，即减少了28.47%。总体而言，是减多增少。它说明尽管明朝廷巧立名目，花样翻新，其田赋征收仍然在走下坡路，直至走到山穷水尽的地步。

5. 驿传调查与统计

明朝的驿传，沿袭旧制，仍隶属于兵部。洪武元年（1368），朝廷令"置各处水、马驿站、递运所、急递铺"（《明会典·方域五》）。各州府县置驿丞，掌邮传迎送事家。据《明会典·水马驿及驿递事例》记载，水、马驿站及递运所配备马、船、人夫的定额见表5-4。

**表5-4　明朝水、马驿站及递运所配备马、船、人夫的定额**

| 马驿（马数：匹） | | 水驿（船数：艘） | | 递运所 | | | | |
|---|---|---|---|---|---|---|---|---|
| | | | | 船 | | 车 | | |
| | | | | 载重（料） | 水手（人） | 载重（料） | 人夫（人） | 牛（头） |
| 重要地带 | 80 | 正路 | 20 | 600 | 13 | 10 | 3 | 3 |
| | 60 | | 15 | 500 | 12 | 3 | 1 | 1 |
| | 30 | | 10 | 400 | 11 | | | |
| 偏僻地带 | 20 | 偏路 | 7 | 300 | 10 | | | |
| | 10 | | 5 | | | | | |
| | 5 | | | | | | | |

注：递运所以运送货物为主，载重单位为"料"，一料等于一石。

资料来源：刘叔鹤编著：《中国统计史略》，311页，武汉，湖北人民出版社，1990。

表5-4的定额说明，明朝的驿传制度已逐渐规范化。据《明会典》资料，万历十三年（1585），明朝水、马驿站和递运所的分布情况见表5-5。

表 5－5　　明朝水、马驿站和递运所的分布情况（个）

| 地区 | 水、马驿 | | | 递运所 | 地区 | 水、马驿 | | | 递运所 |
|---|---|---|---|---|---|---|---|---|---|
| | 合计 | 马驿 | 水驿 | | | 合计 | 马驿 | 水驿 | |
| 顺天府 | 15 | 11 | 4 | 8 | 山西 | 58 | 58 | — | 7 |
| 北直隶 | 41 | 33 | 8 | 16 | 河南 | 54 | 54 | — | 37 |
| 应天府 | 8 | 6 | 2 | 1 | 陕西 | 130 | 124 | 6 | 35 |
| 南直隶 | 59 | 51 | 8 | — | 四川 | 141 | 93 | 48 | 14 |
| 浙江 | 33 | 19 | 14 | 1 | 广东 | 75 | 40 | 35 | 1 |
| 江西 | 40 | 24 | 16 | 6 | 广西 | 73 | 54 | 19 | 4 |
| 湖广 | 111 | 76 | 35 | 13 | 云南 | 74 | 74 | — | — |
| 福建 | 51 | 41 | 10 | 1 | 贵州 | 31 | 31 | — | — |
| 山东 | 41 | 34 | 7 | 1 | 合计 | 1 035 | 823 | 212 | 145 |

资料来源：刘叔鹤编著：《中国统计史略》，312 页，武汉，湖北人民出版社，1990。

表 5－5 数据说明：（1）马驿 823 个，占 79.5%；水驿 212 个，占 20.5%。总体而言，明朝水、马驿站数量少于元朝，其主要原因可能是明朝版图小于元朝，但明朝以运输货物为主的递运所达 145 个，这是元朝所没有的。（2）四川、陕西、湖广地区交通比较发达，水、马驿站 382 个，占 36.9%；递运所 62 个，占 42.8%。反之，应天府、顺天府、贵州、浙江等地区交通比较落后，水马驿站 87 个，仅占 8.4%；递运所 10 个，仅占 6.9%。

6. 体察民情的廉吏于谦

于谦（1398—1457），字廷益，号节庵，官至少保。永乐十九年（1421）中进士，宣德初（1426）授御史，次年巡抚江西，宣德五年（1430）迁兵部右侍郎，巡抚河南、山西。正统十三年（1448）任兵部左侍郎，第二年土木之变、英宗被俘，擢升兵部尚书，他力排南迁之议，亲自督战，击退兵逼京师的瓦剌，被加封为少保。天顺元年（1457），以“谋逆”罪被冤杀。于谦死后，葬于杭州西湖，与岳飞、张煌并称“西湖三杰”。

宣德二年（1427），于谦巡抚江西，在短短的一年中，他微服私访，深入民间，了解民情，处处为百姓排忧解难，先后平反、昭雪冤狱数百起。由于他敢于伸张正义，惩治贪官奸吏，从不徇私情，就地正法作恶多端的权贵，深受百姓爱戴。江西百姓把他比作包龙图，说他像北宋大清官包公一样公正无私，称他为“于龙图”。

宣德五年（1430），中原连年大旱，山西、河南灾情尤为严重，宣宗派遣年仅 33 岁的于谦出任山西、河南巡抚，直到正统十三年（1448），于谦在河南、山西任巡抚长达 19 年。在此期间，他轻装骑马走遍所管辖地区，访问父老，体察民情，及时缓解百姓忧愁和困苦。例如，他下令各州县设置“平仓”和“义仓”，以便灾年及时救济或借贷给灾民；在各地开设“惠民药局”，以方便百姓买药、治病；每年冬春组织百姓修筑黄河大堤，植树、凿井，预防黄汛和干旱；他还把镇守将领私自开垦的田地全部收为官屯，用以资助边防经费……他的恩威遍布山西、河南，以至于太行山的盗贼都逃跑或隐藏了起来。

于谦经常便服一套、瘦马一匹，行走于乡里，调查于民间，这是他清正廉洁、体察民情，成为一代廉吏的具体形象，也是他获得显著政绩的重要原因。

7. 惊天动地的刚峰——海瑞

海瑞（1514—1587），字汝贤，号刚峰，广东琼山（今属海南）人，历任知县、州判官、户部主事、右佥都御史等职。父海瀚，明大义，安贫乐道；母谢氏，为人刚直，严于教子。嘉靖二十八年（1549），海瑞乡试中举，任福建南平教谕，后在浙江淳安、江西兴国任知县。他认为，“知县知一县之事。一民不安其生，一事不得其理，皆知县之责”。秉承这一理念，他经常深入民间，体察民情，恪尽职守，勤政为民，认真清丈土地，推行一条鞭法，平衡赋税，疏浚河道，修筑水利工程，平反冤假错案，被百姓誉为“海青天”。嘉靖四十三年（1564），海瑞因功被荐，应召入京，升任户部主事。

此后，海瑞做了两件惊天动地的“刚峰”大事：一是，嘉靖四十四年（1565），冒死向嘉靖皇帝世宗上《治安疏》，直斥世宗宠信方士，大肆斋醮，妄求长生不死之药，怠于政事，致使国事日非，民不聊生。海瑞的《治安疏》，震惊朝野，被后人称为“直言天下第一疏”。由于它句句击中世宗痛处，引起世宗大怒，下旨逮捕海瑞，并转入刑部大牢。直到隆庆元年（1567），穆宗即位，大赦天下，海瑞才官复原职。二是，隆庆三年（1569），海瑞任应天巡抚，在微服私访过程中，路遇洪阿兰，了解到内阁首辅徐阶的儿子霸占民田，鱼肉乡里，强占民女赵小兰。赵小兰母亲洪阿兰告状，华亭县令王明友受贿，不仅不为赵小兰做主，反而杖毙赵小兰祖父。海瑞在查明真相后，判处徐阶儿子和王明友死罪，并下令退还霸占的民田。徐阶用三万两黄金贿赂给事戴凤翔，妄图罢免海瑞，推翻定案。海瑞识破其奸计后，断然处斩二犯，然后交出大印，愤然辞官。直到万历十三年（1585），海瑞才被重新启用，但由于刚正不阿，备受排斥，只担任了一些虚职。万历十五年（1587），病死于南京任上。

可以说，根深蒂固的“忠君”“爱民”思想和重视调查研究的求真、求实精神，是海瑞敢于冒犯皇威、冒死上疏，不畏强权、严惩贪官污吏的两大精神支柱。

8. 张居正与《论时政疏》

张居正（1525—1582），字叔大，号太岳，江陵（今湖北荆州）人，政治家、改革家。他5岁识字，7岁通六经大义，12岁中秀才，13岁参加乡试，16岁中举人，23岁中进士，授庶吉士（翰林院短期职位，为皇帝近臣，负责起草诏书、讲解经籍等）。嘉靖二十八年（1549），张居正大胆上奏《论时政疏》，但未得重视，反受排挤。后来，他托病在家闲住3年，仍不忘国事，做了许多调查，发现了许多新问题，深感“田赋不均，贫民失业，民苦于兼并”（《张文忠公全集》卷九《荆州府题名记》）。嘉靖三十六年（1557），被召回朝，仍供职于翰林院。隆庆元年（1567），任吏部东阁大学士，后任内阁次辅。隆庆六年（1572），万历皇帝登基后任首辅。当时，神宗年幼，张居正在皇太后支持下主持朝廷军政大事。万历元年至十年（1573—1582），实行了一系列改革，史称“万历新政”。万历十年（1582）病逝。后受权贵攻击，万历十二年（1584）被抄家。天启二年（1622），恢复名誉。

嘉靖二十八年（1549），年仅25岁的张居正尽管离政治核心甚远，政治经验不足，但仍大胆向世宗上奏《论时政疏》。他指出，当今朝廷存在六大弊病：(1) 皇亲国戚等宗室过于骄横、贪腐，占用太多资源，国家不堪重负。(2) 官吏任用不合理，大量官位被不适合的人占据。(3) 官员贪污腐化，尸位素餐。(4) 国防实力太差，北方边境防备明显不足。(5) 奢靡过度，贪腐不堪，国家财政入不敷出，连年出现巨额赤字。(6) 朝廷言路闭塞，不能及时获知朝野弊病。最后，他希望皇帝及时采取措施，改革弊政。《论时政疏》既比较全面客观地指出了当时朝廷的政弊，又措辞和缓，不致引发政治争端。尽管上奏后，石沉大海，毫无回音，但它与张居正此后3年在家乡的实地考察，为"万历新政"奠定了思想基础。青年张居正之所以能有如此客观的洞察力和深刻的政治见解，除了他"天下之事，极则必变"的坚强信念外，还在于他23岁进入翰林院后对朝廷内幕的就近观察和研究。可以说，《论时政疏》是张居正对朝廷现状深入调查研究和精明权衡利弊相结合的产物。

9. 郑和下西洋和《郑和航海图》

郑和（1371—1433），本姓马名和，字三保，云南昆阳（今昆明市晋宁县）人，宦官、航海家、外交家。他出生在一个伊斯兰家庭，祖父和父亲曾长途跋涉朝觐麦加，因此他从小就听说过许多海外奇闻逸事，对航海有浓厚兴趣。洪武十五年（1382），明军进攻云南，12岁的马和被掳获阉割，做军中"秀童"，后进入燕王府做太监。燕王朱棣见马和聪明、伶俐，便把他留在身边。为提高亲随文化水平，朱棣挑选学识丰富的官员到府中授课，并让他们随意阅读府中藏书。天资聪颖、勤奋好学的马和很快便成了学识渊博的人。由于马和在"靖难之役"（1399—1402）中立下战功，永乐二年（1404）成祖朱棣御书"郑"字赐马和为姓，从此改名郑和。同年，成祖派郑和出使日本，他展现出杰出的外交才能，促使日本派兵剿除倭寇，并接受明朝"日本国王"的封号，派使臣到南京朝见成祖。

永乐三年（1405），为了宣扬国威，招各国来朝，发展朝贡贸易，朱棣选派学识渊博，懂兵法、有谋略，具有卓越外交才能和一定航海、造船知识，熟悉回教习俗的郑和，率领62艘大船、27 000多人的庞大舰队出使西洋。从这年开始到宣德八年（1433）的28年间，郑和七下西洋，先后到达东南亚、印度洋、红海、东非等地的30多个国家和地区，完成了人类历史上第一次伟大的探险、航海壮举。宣德六年（1431），郑和被封为三宝太监。宣德八年（1433），郑和在返航途中病逝于印度西海岸的古里，后赐葬于南京牛首山。

郑和七下西洋，既是对从东南亚到东非30多个国家、地区社会情况做实地考察，又是对从中国南海、经印度洋、到红海的海洋状况做海洋考察。制作于洪熙元年至宣德五年间（1425—1430）的《自宝船厂开船从龙江关出水直抵外国诸番图》——简称《郑和航海图》（见图5-3），就是这些海外实地考察和海洋考察的结晶。当时，正值酝酿七下西洋之际，为适应第七次下西洋的需要，郑和等将前六次下西洋的航程综合整理绘制成了下西洋全图。原图为自右而左展开的手卷式地图，高20.3厘米，长560厘米，以南京为起点，非洲东岸慢八撒（今肯尼亚蒙巴萨）为终点，标明了500多个地名，其中外国地名约 300 个；109 条针路（即以指南针标明方向的航线），其中自太仓至忽鲁谟斯（今伊朗米纳布附近）有 56 条，返回有 53 条；航线所经亚非各国的方位、航道的远近和深度、航行的方向，以及各处的礁石或浅滩等，都一一注明。它表明，当时已具有较多的海洋知识和较高的航海技术，船队往返针路根据实际情况灵活选择，而全不相同。《郑和航海图》是郑和六下西洋实地考察与实践的产物，它不仅是 15 世纪前中国关于亚非两洲地理的最为详尽的图籍，是研究郑和下西洋和中西交通史的重要依据，而且在世界地图学、地理学史和航海史上都占有重要地位。

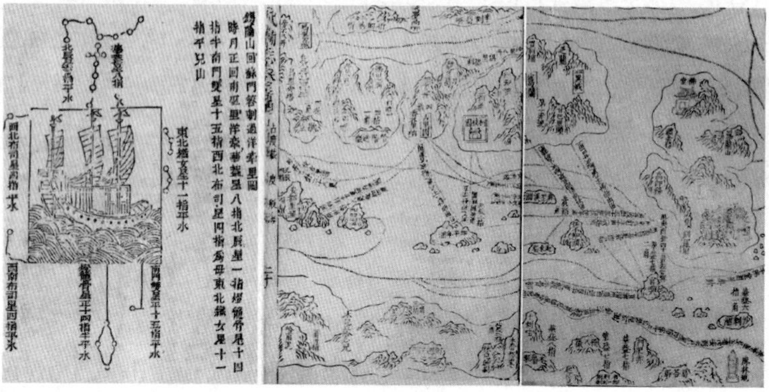

图 5-3　《郑和航海图》

10. 解缙与《永乐大典》

解缙（1369—1415），字大绅，号春雨，江西吉水人，内阁首辅、《永乐大典》总纂修。父解开，明初授官不受，一心从事著述、办学；母高妙莹，贤良淑慧，通书史、善小楷、晓音律。他从小受到良好教育，5 岁成诵，7 岁述文，10 岁日诵千言不忘，12 岁尽读四书五经。洪武二十年（1387）乡试名列榜首，次年会试第七，选为庶吉士。建文四年至永乐五年（1402—1407）任内阁首辅，永乐元年至六年（1403—1408）任《永乐大典》总纂修，永乐八年（1410）因私谒太子等罪下狱，永乐十三年（1415）被害致死。解缙学识渊博，才华横溢，为人耿直，不畏权贵，屡次上疏，针砭弊政，一生坎坷，直至被害。

解缙主持编纂《永乐大典》前后两次，第一次开始于永乐元年（1403），由他与胡广、胡俨、杨士奇等人负责，组织 147 名儒生编纂，次年完成。成祖阅后认为，内容过于简单，“所纂尚多未备”。于是，永乐三年（1405）再命他与姚广孝、郑赐等人重纂，参与的朝臣文士、宿学老儒达 2.16 万人，直至永乐六年（1408）完成。成祖阅后甚为满意，亲自写序，定名为《永乐大典》。它分门别类，辑录了上自先秦、下至明初的经史子集与道释、医卜、杂家文献约8 000种，计22 937卷（含目录 60 卷），装成11 095册，约37 000万字，全部用毛笔工楷书写。它是中国最著名的古代典籍，也是世界上最早、最大的百科全书，比法国狄德罗编纂的《百科全书》和英国的《大英百科全书》早 300 多年。

编纂《永乐大典》，是中国古代规模最大的一次文献调查。特别是第二次编纂，参与者人数众多，组织严密，分工明确，不仅启用了当时皇家图书馆——南京文渊阁的全部藏书，而且令编纂人员到全国各地不计价钱购买遗书秘籍，还可“尽读禁中之书”。参与编纂者的待遇十分优厚，居住在离文渊阁不远的崇里坊等地，由光禄寺早晚供给酒肴、茗果，还发给膏火费（蜡烛、灯油费），参与编修的官员还可免朝。当时有人就以“天下文艺之英，济济乎咸集于京师”，来形容《永乐大典》编纂的盛况。永乐年间纂修的《永乐大典》，只抄录了一部，叫做“永乐正本”；嘉靖年间，怕大典有损，又重录了一部，称为“嘉靖副本”，都深藏在皇宫中，没有刊印。由于朝代更迭、内忧外患，《永乐大典》“正本”消失了，“副本”只剩下400余册。从编纂到毁灭的600多年间，《永乐大典》留下了许多不解之谜：它究竟是怎样编纂的？怎样使用、流传的？怎样被人偷盗、抢劫和焚毁的？是谁烧掉了《永乐大典》，是八国联军还是义和团？在国内外学术界，上述问题至今仍在争论之中。

11. 明朝四大奇书

成书于明朝的《三国演义》《水浒传》《西游记》和《金瓶梅》，被称为“明朝四大奇书”，它们代表了古代小说的四种类型，即历史演义小说、英雄传奇小说、神魔小说和世情小说。从一定意义上说，它们都是作者以自身坎坷经历为基础，以对当时社会现实进行深入调查研究为前提，所做的极其深刻、丰满、生动、多样化的形象反映。

《三国演义》的作者罗贯中（约1330—1400），名本，字贯中，号湖海散人，山西太原人，早年参与反元起义，曾到元末农民领袖张士诚幕府作宾，具有一定的军事、政治斗争经验，明朝建立后致力于文学创作。《三国演义》以陈寿的《三国志》及裴松之注为依据，以自己参加元末农民起义军的生活经历为基础，吸取从西晋至元朝1 000多年民间传说的丰富营养，描写了三国时期魏、蜀、吴之间的军事、政治、外交等方面的复杂斗争，成功塑造了400多位人物形象，生动描写了40多场惊心动魄的战争，其结构宏伟壮阔、严密精巧，其语言精练畅达、通俗易懂，其写法“七分实事、三分虚构”，特别是巧妙地处理了历史真实与艺术塑造的关系，“以致观者往往为所惑乱”，为后世历史小说提供了成功典范。

《水浒传》的作者施耐庵（1296—约1371），名子安，扬州府兴化施家桥（今江苏泰州兴化施家桥）人，元末进士，曾在钱塘（今浙江杭州）为官三年，因不满官场黑暗而弃官回乡。相传，施耐庵曾效力于元末起义领袖张士诚，与张的部将卞元亨相交甚密，因张不纳忠言、贪图享乐愤而离去。施耐庵甚感时政衰败，在漫游山东、河南等地后隐居不出，以作《水浒传》为寄托。《水浒传》是中国历史上第一部描写农民起义的小说，它取材于北宋徽宗年间宋江起义的故事，围绕“官逼民反”这一线索展开情节，既歌颂了梁山好汉替天行道、除暴安良的正义精神，又揭露了许多好汉追名逐利、盼望招安的历史局限。梁山好汉被招安、起义失败的悲剧性结局，反映了作者的现实主义态度，这正是《水浒传》的成功之处。

《西游记》的作者吴承恩（1500—1582），字汝忠，号射阳山人，淮安府山阳县（今江苏淮安）人。他自幼聪明过人，但科考不利，43岁才补上“岁贡生”，出任长兴县丞，“未久，耻折腰，遂拂袖而归”，长期靠卖文为生，晚年生活困顿，贫老而终。他坎坷、悲惨的经历，促使他运用神魔小说形式来表达内心的悲愤和希望。《西游记》

通过描写孙悟空保护唐僧西天取经的神魔故事，曲折地揭露了明朝统治者的腐朽和封建社会的黑暗，畅快地歌颂了在孙悟空身上体现出来的劳动人民蔑视权威、敢于反抗的英雄气概。它还巧妙地融合了佛、道、儒三家的思想，成功地塑造了孙悟空等不朽的艺术形象。事实上，《西游记》所描写的虚幻神魔世界，处处都有现实社会的投影。可以说，它是中国古代长篇浪漫小说的高峰，在世界文学史上占有独特的地位。

《金瓶梅》又称《金瓶梅词话》，作者署名为“兰陵笑笑生”，其题材由《水浒传》“武松杀嫂”故事演化而来，全书以集官僚、恶霸、富商于一身的西门庆从发迹到暴亡的过程为主轴，揭露了他与宰相蔡京以及太尉、巡抚等大臣串通一气，鱼肉百姓的罪恶勾当，鞭挞了他原有一妻二妾，又谋取孟玉楼、潘金莲、李瓶儿为妾，并与婢女春梅等发生淫乱关系的丑陋行径，深刻反映了明中叶上自封建朝廷、下至市井无赖所构成的鬼蜮世界的黑暗和腐败。小说结构讲究，语言明快，描写人物惟妙惟肖、入木三分，叙述风土人情特色鲜明、生动形象，是中国第一部文人独立创作的长篇白话世情小说，具有深刻的认识价值和民俗学价值，但小说中淫秽描写太多，严重损害了其美学价值，为后世淫秽小说开创了不良先例。

12. 冯梦龙和“三言”

冯梦龙（1574—1646），苏州府吴县籍长洲（今江苏苏州）人，文学家、戏曲家。他出身名门世家，从小好读书，为应科举大量诵读经史，但屡试不中，只有回家著书，直到崇祯三年（1630）57岁才补为贡生，58岁授丹徒训导，61岁任福建寿宁知县，65岁返乡。清兵南下时，他虽已70高龄，但仍积极参与反清斗争。清顺治三年（1646）春，忧愤而死（一说为清兵所杀）。冯梦龙在家著书期间，经常出入苏州茶坊酒楼，结识并热恋着一位叫侯慧卿的歌妓。频繁接触下层人物，深入了解底层生活，广泛采集逸闻趣事，为他的文学创作提供了丰富的第一手资料。

冯梦龙勤于著作，其作品50余种，有长篇小说、短篇小说、民歌、戏曲等，其中短篇小说集“三言”，即《喻世明言》《警世通言》《醒世恒言》是其代表作。“三言”分册刊行于天启年间（1621—1627），每集40篇，共120篇。“三言”的内容，主要是对宋、元、明话本进行编辑或再创作，其中明人作品约占2/3。它们集中反映了当时社会各阶层的生活状况，着重表现了新兴市民阶层的情趣、愿望和价值观念，具有深刻的社会意义。“三言”超越了单纯的伦理说教，富有浓厚的生活气息，是艺术真实与生活真实高度融合的杰作。冯梦龙之所以将三部小说集取名为《喻世明言》《警世通言》《醒世恒言》，其目的就是要让它们发挥劝谕世人、警戒世人、唤醒世人的作用。然而，冯梦龙毕竟是封建文人，尽管受到市民意识的深刻影响，但最终还是主张回归到先秦的儒学精神。

13. 李时珍与《本草纲目》

李时珍（1518—1593），字东璧，自号濒湖山人，湖北蕲州（今湖北蕲春县）人。他家世代从医，祖父是走方郎中，父亲是当地名医。李时珍自小体弱多病，性格刚直纯真，14岁中秀才，后三次考举人，皆名落孙山，24岁不屑于八股文，弃科考随父行医。经父亲言传身教，治好了许多疑难杂症，成为一名颇有名望的医生。35岁为楚王儿子治好气厥病，被任为楚王府奉祠正，兼管良医所事务。41岁后被推荐到京城太医院任职。当时，嘉靖皇帝迷信方士，太医院被一些庸医弄得乌烟瘴气，他不愿同流合污，一年多后便辞职回乡。在楚王府和太医院期间，李时珍饱览了许多重要医学古籍，见识了许多珍贵药材和外国贡献的药物，大大开阔了眼界。他的这些经历和知识，对日后编撰《本草纲目》有很大帮助。

李时珍好读医书，对传世药物颇有研究。他发现古代草本书籍，“品数既繁，名称多杂”，有许多谬误之处，甚至误认为一些有毒药物“久服延年”。从31岁开始，他就酝酿编纂一部草本书籍。辞京城太医院之职回到家乡后，他就着手编写《本草纲目》。他不仅博览群书，先后参阅过800余种历代医药学著作，而且穿上草鞋，背起药筐，带着徒弟庞宪和儿子建元，遍访名医宿儒，寻觅民间验方，远涉深山旷野，观察和采集药物标本，足迹遍及湖、广、赣、苏、皖等地。经过30年不懈奋斗，李时珍在继承和总结历代本草学成就基础上，结合自己长期实践积累的知识和经验，于1578年编写成了《本草纲目》。为解决出版问题，老年李时珍从武昌跑到当时的出版中心南京，希望通过私商来出版。由于长年辛苦劳累，他终于病倒了，在病中嘱咐孩子们将来把《本草纲目》献给朝廷，借助朝廷力量传布于世。可惜，李时珍刚满76岁，还没有见到《本草纲目》的出版就与世长辞了。

《本草纲目》全书共52卷，190多万字。它将药物分为16部，62类，载有药物1 892种，其中新增药物374种；辑录了涉及内、外、妇、儿、五官等科医方11 096个，其中新方8 000多个。此外，附有药物形态图1 160幅（见图5－4）。《本草纲目》无论从严密的科学分类、庞大的药物数量、丰富的各科药方来看，还是从生动、流畅的文笔来说，都远远超过古代任何一部医药学著作。可以说，《本草纲目》是中国汉族传统药物学和医学的重要总结，李时珍则是中国汉族传统医药学的集大成者。万历二十四年（1596），《本草纲目》在南京刊行，10年后流传到日本，并被译成法、德、英、拉丁、俄、朝鲜等10多种文字在国外出版，对世界药物学、植物学的发展产生了积极影响。《本草纲目》被誉为“东方医药的巨典”。英国著名生物学家达尔文对此书也赞誉有加，称其为“中国古代百科全书”。

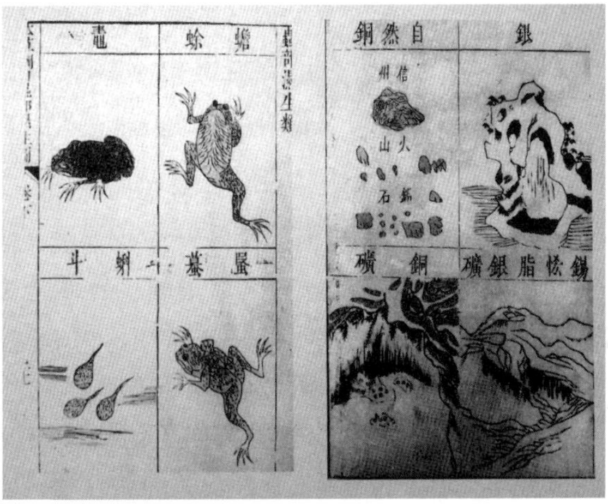

图5－4 《本草纲目》插图

14. 徐光启与《农政全书》

徐光启（1562—1633），字子先，号玄扈，上海人，政治家、科学家、农学家，上海最早的天主教徒，中西文化交流先驱之一。他出生在商人家庭，父经商失败后务农，母“早暮纺绩”补贴家用。光启从小聪敏好学，喜从农事。20 岁中秀才，36 岁中举人，43 岁中进士后步入仕途，任翰林院庶吉士。45 岁父丧，回家守制。48 岁在南京结识意大利传教士利玛窦，向其学习西方科学知识，与其合作翻译近代科学著作。51 岁任历书纂修官，与传教士熊三拔制天、地盘等观象仪器，因遭攻击称病去职，到天津屯耕 5 年。57 岁，任河南道御史，练兵通州。58 岁，官场不顺，藉病归。59 岁复职，后因不顺从魏忠贤被革职。66 岁，崇祯杀魏忠贤后，官复原职。次年，朝廷决心改历，令其主持。68 岁，擢礼部尚书，奉旨修正历法。71 岁以礼部尚书兼殿阁大学士，入参机务。72 岁卒于北京。著有《徐氏庖言》《毛诗六帖讲意》，编有《农政全书》《崇祯历书》，译有《几何原本》《泰西水法》等。

徐光启自幼常干农活，中进士前曾辗转苦读，重视实践，深感主张禅静顿悟、反对经世致用的程朱理学误国害民，考取功名后就多次上奏，陈说根本之计在于农。45 岁父丧居家期间，对多种农作物做引种、种植、耕作试验，写出了《甘薯疏》《芜菁疏》《吉贝疏》《种棉花法》和《代园种竹图说》等著作。51 岁后在天津屯耕期间，又做多种农事试验，写成了“粪壅规则”（施肥方法），起草了《农政全书》编写提纲。59 岁被革职后，再次到天津做农业试验，写出了《北耕录》《宜垦令》《农遗杂疏》等著作。后返回家乡，坚持农业试验，开始搜集、整理资料，撰写农书。66 岁官复原职时，农书已基本成型，因忙于修正历法无暇定稿。70 岁时，仍“每日入值，手不停挥，百尔焦劳”，“归寓夜中，篝灯详绎，理其大纲，订其细节”，成为他礼部尚书兼科学家繁忙生活的写照。不久，他病倒了。71 岁重病之中，仍奋力写作，“力疾依榻，犹矻矻捉管了历书”，嘱家属“速缮成《农书》进呈，以毕吾志”。张溥在《农政全书》序中说，他“扫室端坐，下笔不休，一榻无椎……冬不炉，夏不扇……推算纬度，昧爽细书，迄夜半乃罢”。真不愧为一代科学家的风范。他去世后，该书由其门人陈子龙等修订，定名为《农政全书》，崇祯十二年（1639）刻版、付印。

《农政全书》内容丰富，基本上囊括了古代农业生产和人民生活的各个方面，全书 60 卷，50 多万字，分为 12 目，包括农本、田制、水利、农器、农事、开垦、栽培、蚕桑、牧养、酿造、造屋、家庭日用及荒政等，其中，水利、开垦和荒政是全书重点。与贾思勰的《齐民要术》、王祯的《农书》等纯技术性农书不同，《农政全书》始终贯穿着徐光启的“农政”思想。他认为，农业是百姓衣食的来源，国家富强的根本，因而积极提倡“农本”思想。在他看来，农政措施是纲领，农业技术只是实现纲领的具体措施。例如，“荒政”部分有 18 卷，占全书篇幅近 1/3，它不仅总结了历代与灾荒作斗争的政策、措施和经验，而且转录了《救荒本草》《野菜谱》中作为粮食代用品的 414 种植物，具有非常实用的价值。在农业技术部分，《农政全书》一方面总结了明朝农学家和徐光启从事农业试验的经验，推广了一些新经验、新技术；另一方面“杂采众家”，引证了 225 种古代农业文献，并采用“玄扈先生曰”（相当于现今的“编者按"）的形式，加以介绍或点评。可以说，《农政全书》是一本集古代农书之大成的著作，是试验调查与文献调查相结合的产物。

15. 宋应星与《天工开物》

宋应星（1587—约 1666），字长庚，江西奉新人，科学家。他出生于官宦世家，曾祖宋景官至工部尚书，精通工程技术。他自幼聪明好学，能以韵语作诗，有过目不忘之才。稍长，考入县学，熟读经史和诸子百家，深受张载唯物主义自然观影响，对天文学、声学、农学及工艺制造有很大兴趣。28 岁，与兄同中举人。此后，五次赴京会试，均告失败。47 岁出任江西分宜教谕，51 岁升任福建汀州推官（正八品）。53 岁任期未满，辞官归里。56 岁又出任亳州知州（正五品）。崇祯十七年（1644）初，辞官返乡，3 月李自成攻占京师，4 月清兵入关。晚年，拒不出仕，一直过着隐居生活，在贫困中挣扎，约卒于 1666 年，享年近 80 岁。

宋应星热爱科学，认为自然界蕴藏着丰富资源，为人类生存提供了物质条件，人类则是"万物之灵"，能够利用自己的聪明才智开发自然，创造物质财富。他特别重视实用技术，对农业、手工业许多领域的生产知识和技术做过广泛、深入的调查研究，积累了丰富的科技知识和生产经验。他在任江西分宜教谕期间，不辞劳苦，利用有限的业余时间，辛勤编撰了科技巨著《天工开物》，在友人帮助下于崇祯十年（1637）刊行于世。

《天工开物》的书名，取自《尚书·虞书·皋陶谟》中的"天工，人其代之"和《周易·系辞上》中的"开物成务"，作者称是"盖人巧造成异物也"（《天工开物·五金》）。全书按"贵五谷而贱金玉"（《天工开物·序》）的原则分为上中下 3 卷、18 篇：上卷 6 篇，即《乃粒》第一，关于粮食作物的栽培技术；《乃服》第二，衣服原料的来源和加工方法；《彰施》第三，植物染料的染色方法；《粹精》第四，谷物的加工过程；《作咸》第五，食盐的生产方法；《甘嗜》第六，种植甘蔗及制糖、养蜂的方法。中卷 7 篇，即《陶埏》第七，砖、瓦、陶瓷的制作；《冶铸》第八，金属物件的铸造；《舟车》第九，船舶、车辆的结构、制作和用途；《锤锻》第十，用锤锻方法制作铁器和铜器；《燔石》第十一，石灰、煤炭等非金属矿的生产技术；《膏液》第十二，植物油脂的提取方法；《杀青》第十三，造纸的方法。下卷 5 篇，即《五金》第十四，金属的开采和冶炼；《佳兵》第十五，兵器的制造方法；《丹青》第十六，墨和颜料的制作；《曲糵》第十七，做酒的方法；《珠玉》第十八，珠宝玉石的来源和开采。该书包括了当时有关工艺部门世代相传的各种技术，附有 123 幅插图（见图 5－5），注明了工艺的关键，记载了重要数据，书中记述的许多生产技术一直沿用到近代，具有极高的科学价值和实用价值。

《天工开物》是中国古代各种生产技术的系统总结，是世界上第一部关于农业和手工业生产技术的综合性著作。它 17 世纪末流传到日本，受到高度评价。1869 年被译成法文介绍到西方，译名为《中华帝国的古今工业》，成为一本世界性科技巨著。英国著名科学家李约瑟称宋应星为"中国的狄德罗"，《天工开物》则是"17 世纪早期的重要工业技术著作"。

图5-5 《天工开物》琢玉图

16. 徐弘祖与《徐霞客游记》

徐霞客（1587—1641），名弘祖，字振声，号霞客，江苏江阴人，地理学家、旅行家和探险家。他出身于书香门第，父亲徐有勉不愿为官，喜欢游览。他天资聪颖，喜爱读书，但对四书五经没有兴趣，却青睐古今史籍、舆国方志、山海经等“闲书”，家内藏书不够，就到处搜集，遇到好书，即使卖掉衣服也要买回，年幼时就立志要遍游名山大川。15岁应童子试没有考取，父亲见儿子无意功名，就鼓励他博览群书，做一个有学问的人。19岁父亲去世，3年服孝期满，萌发外出游历想法。他母亲贤惠通达，认为好男儿应志在四方，鼓励儿子出外游历。于是，22岁的徐弘祖告别了书斋生活，挣脱了仕途功名束缚，外出长期远游，直到54岁逝世。1640年，53岁的徐霞客重病缠身，不能行走，被人送回家乡，一直卧病在床，无力整理游记，病危时委托外甥季梦良和李寄等整理手稿。当时正值明末战乱，许多手稿失散或被焚毁，经季梦良、李寄等多方努力，才使手稿免于湮灭的命运。

徐弘祖一生志在四方，不避风雨虎狼，不畏强人盗贼，跋山涉水，披荆斩棘，攀险崖，登绝壁，穿幽谷，探河源，以野果充饥，以清泉解渴，不惧艰辛，出生入死，“驰骛数万里”，“足踏天下半”，包括今江苏、浙江、安徽、福建、山东、河北、山西、陕西、河南、江西、广东、广西、湖南、湖北、贵州及云南等16个省，以及北京、天津、上海3市。他采用实地观察、现场踏勘、口头询问、深入探访、对比研究、情景结合等灵活多样的方法，尽游了黄山、泰山、普陀、天台、雁荡、九华、武夷、庐山、华山、武当、罗浮、盘山、五台、阻山、衡山、九异等名山奇峰，饱览了太湖、岷江、黄河、富春、闽江、九鲤湖、钱塘江、潇水、湘水、郁江、黔江、黄果树瀑布、盘江、滇池、洱海等大川胜水，表现出了坚定的信念和超人的意志，获得了极其丰富、宝贵的考察硕果。

在30多年旅游探险过程中，徐弘祖以日记形式写下了240万字的笔记（见图5-6），后因途中强盗抢劫、回家后清兵焚烧，仅保留了39篇约60余万字，经季梦良和李寄等整理成的《徐霞客游记》，有10卷、12卷、20卷等数种版本。它主要记述了1613—1639年间徐弘祖实地考察的所见所闻。它的内容既包括自然地理景观，又包括社会人文现象，既是系统考察中国地质地貌和自然风景的地理名著，又是描绘华夏社会风貌和风土人情的旅游巨篇。他特别留意前人著作中臆测、揣摩或相互矛盾的地方，通过亲自考察，寻觅真实、可靠的结论。例如，为了弄清大龙湫之水的来源和雁湖的确切位置，他冒着生命危险多次攀登雁荡山，反复实地考察，最后证明雁湖水与大龙湫风马牛不相及，从而纠正了前人志书中"荡在山顶，龙湫之水即自荡来"的错误记载。可以说，它既是一部涉及文理百科的科学巨著，又是一部文字优美的文学佳作。1998年，《徐霞客游记》被列为中国20部历史文化名著之一，至今已有英、美、俄、法、德、韩等国文字译本，成为具有世界影响的科学巨著。

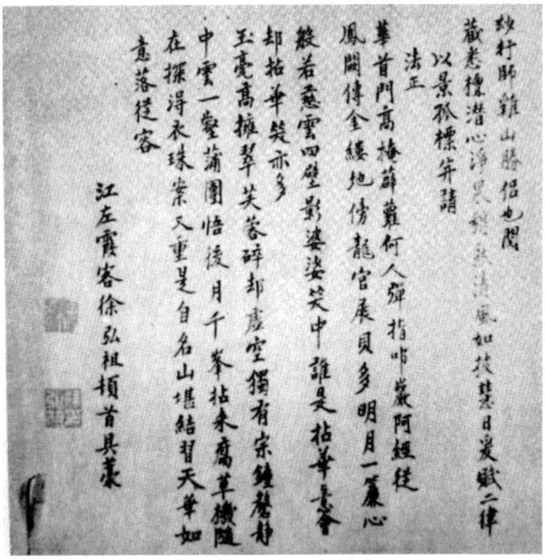

图5-6　霞客徐弘祖手记

# 第二节　清朝前期及其社会调查

## 一、清朝前期——闭关锁国、日益落后的封建统治时期

清朝前期，指从1644年清军入关、定都北京起，到1840年鸦片战争止的时期，前后共6帝，历时196年。初期（1644—1683），由于圈地、投充、逃人、剃发、易服、屠城"六大弊政"和"迁海令"，人口锐减，民不聊生，史称"甲申国难"。1651年顺治亲政后，轻徭薄赋，鼓励垦荒，促进了生产和人口的恢复。1669年，康熙亲政两年后果断清除鳌拜势力，稳定朝政，平定三藩，台湾回归，确立了全国统治。中期

(1684—1750前后)，政治上，重用汉人，整顿吏治，强化中央集权；民族问题上，恩威并举、政教合一、因地制宜、随俗而治，较好地处理了满汉蒙回藏关系，稳定了边疆；对外关系上，加强对外贸易，密切与藩属国“厚往薄来”朝贡关系，与俄国明确划分中俄东段边界。从此，清朝进入鼎盛时期。后期(1750前后—1840)，统治集团腐化，结党营私，贿赂成风；军备陈旧，营务废弛，纪律败坏；财政亏空，入不敷出。对内，盛行民族歧视和阶级压迫，大搞武力镇压，大兴文字狱，社会动荡，民变四起；对外，盲目自大，闭关锁国，禁教(天主教)限商，导致国势日衰，在鸦片战争中一败涂地，丧权辱国。

康熙实行“滋生人丁，永不加赋”政策；雍正改革税赋，实行“摊丁入亩”制度，由原来重丁税、轻田赋改变为重田赋、轻丁税，从而缓解了户口隐逃，稳定了社会秩序，扩大了人身自由，促进了资本主义因素成长，推动了经济发展和城镇繁荣。据估计，乾隆、嘉庆时期，仅工矿手工业、交通运输业的劳动大军就达数百万人；全国出现了许多几十万、上百万人口的大城市，涌现了一大批欣欣向荣的小城镇，城镇人口比重达10%左右。[①]“康乾盛世”的经济发展达到了前所未有的高峰，资本主义因素得到了较快发展，经济总量稳居世界第一位。

随着内生资本主义因素增长，明清之际出现了黄宗羲、顾炎武、王夫之三位中国最早的启蒙思想家。清朝的文化政策具有两面性：一方面，民族歧视、文化专制，文字狱登峰造极。另一方面，尊儒重道，编纂史籍，先后编有《明史》《康熙字典》《古今图书集成》《四库全书》等巨著。在文学领域，出现了中国古代四大名著之一《红楼梦》，以及《聊斋志异》《儒林外史》等名著。在科技领域，出现了《时宪历》《灵台仪象志》《历象考成》《律历渊源》《皇舆全览图》《仪象考成》《乾隆内府舆图》等重要成果。建筑科技的最高成就——圆明园，则被誉为中国古代园林艺术的顶峰、世界园林艺术史上的明珠。

清朝是中国历史上第二个由少数民族统治的王朝。其初期，是中国历史上最残暴、最血腥的王朝；其中期，是中国封建专制制度和统治达到顶峰的王朝，是奠定中国统一多民族世界大国框架的王朝；其后期，是实行闭关锁国政策、使中国大大落后于世界潮流的王朝，是中国封建制度濒临死亡的最后一个王朝。

## 二、清朝前期的社会调查

### 1. 户口管理及其法规

清朝的户口管理，主要实行保甲制。据《清史稿·食货志》记载：“世祖入关，有编置户口牌甲之令。其法，州县城乡十户立一牌长，十牌立一甲长，十甲立一保长。户给印牌，书其姓名丁口。出则注所往，入则稽所来。其寺观亦一律颁给，以稽僧道之出入。其客店令各立一簿，书寓客姓名行李，以便稽察。……凡甲内有盗窃、邪教、

---

① 参见路遇、滕泽之：《中国人口通史》，下册，902页，济南，山东人民出版社，2000。

赌博、赌具、窝逃、奸拐、私铸、私销、私盐、踹曲、贩卖硝磺，并私立名色敛财聚会等事，及面生可疑之徒，责令专司查报。户口迁移登耗，随时报明，门牌内改换填给。”顺治三年（1646）颁行的“脱漏户口律”规定：“凡军、民、驿、灶、医、卜、工、乐诸色人户，并以原报册籍为定；若诈冒脱免，避重就轻者杖八十，仍改正。凡一户全不附籍及将他人隐蔽在户，不报或隐瞒自己成丁人口及增减岁状，妄作老幼废疾者，分别罪之。”（《通考》卷十九）乾隆二十二年（1757），又颁布法令清查户口，其主要内容是：户口迁移登耗需随时报明；绅衿之家与普通百姓、旗民杂处村庄，客民与土著一律顺编；盐场雇工随灶户填注；山居棚户、广东寮民都要按户编册、给牌；船只报官给照，船主、舵工、水手年貌籍贯并填照内，出洋验照放行；苗、夷等少数民族一体编入保甲，接受管束；外来流丐，保正督率丐头稽查，少壮者递回原籍安插（参见《清史稿·食货志》）。可见其清查之严密。

清朝的户籍管理，分为军籍、民籍、匠籍、商籍、灶籍等种类，均分别登记造册。《清史稿·食货志》云：“其各省诸色人户，由其地长官以十月造册，限次年八月咨送户部。”“年终，将民数汇缮黄册以闻。”此外，还有腹民与边民之分。腹民，是指内地民户，包括“久以向化”的少数民族；边民，是指甘、青、藏、川等地尚未“向化”的由土司管辖的少数民族。腹民登记到丁口，男 16 岁以上为丁，60 岁开除；女、未成丁男为口。边民只登记到户，他们的税赋一般只按户征收。随着“改土归流”的推行，边民也逐渐登记到丁口。这说明，清朝前期的户口统计数字并不是完整的全国性户口统计数据。

2. 丁口调查及其数量变化

清朝很重视丁口调查。据史料记载，清朝前期丁口数量变化极大，详见表 5－6。

**表 5－6　　清朝前期的丁口数**

| 年号纪年 | 公元纪年 | 丁口数（人） | 资料来源 | 年号纪年 | 公元纪年 | 丁口数（人） | 资料来源 |
|---|---|---|---|---|---|---|---|
| 顺治十二年 | 1655 | 14 033 900 | 《东华续录》顺治卷二十五 | 雍正十二年 | 1734 | 27 355 462 | 《清实录·雍正朝实录》卷二十五 |
| 顺治十八年 | 1661 | 19 137 652 | 《清实录·康熙朝实录》卷一 | 乾隆十八年 | 1753 | 102 750 000 | 《清通考·户口一》 |
| 康熙十二年 | 1673 | 19 393 587 | 《清实录·康熙朝实录》卷十三 | 乾隆三十一年 | 1766 | 208 095 796 | 《东华续录·乾隆六十四》 |
| 康熙六十年 | 1721 | 25 616 209 | 《清实录·康熙朝实录》卷一百零八 | 嘉庆十七年 | 1812 | 361 693 379 | 《嘉庆会典》卷十一 |
| 雍正二年 | 1724 | 26 111 953 | 《清实录·雍正朝实录》卷五 | 道光十三年 | 1833 | 398 942 036 | 《东华续录·道光二十八》 |

资料来源：梁方仲编著：《中国历代户口、田地、田赋统计》，正编，14～16 页，上海，上海人民出版社，1980。

表 5－6 的数据说明：第一，由于清初的残暴和血腥统治，全国人口数从明朝末期的5 000万左右（见表 5－1）下降到1 500万以下，即下降了 3/4。第二，清朝前期丁口数变化很大，顺治、康熙、雍正时期大都在2 000 万～3 000万之间，乾隆、嘉庆、道光时期连续突破了 1 亿、2 亿、3 亿，直至逼近 4 亿，其主要原因，一是生产发展加

快，促进了人口增长；二是康熙中期后社会长期稳定，百姓安居乐业；三是资本主义因素增多，丁口生存空间扩大；四是康熙、雍正两朝先后实行“滋生人丁，永不加赋”政策和“摊丁入亩”改革，把丁口数量与赋役征收分离开来，大大减轻了丁口负担，促进了人口快速增长，提高了人口调查的真实性、准确性，这是清朝后期人口快速增长的一个重要原因。

此外，有人口学者认为，清朝前期丁口数变化很大的另一重要原因是统计口径不一。“清朝前期全国性的人口统计数字，都不是包括男女老幼在内的人口数，而是缴纳赋税的人丁数。清朝规定，成丁年龄为 16 岁至 59 岁的男性。”“经我们多方核查，清初人丁与总人口的比例以 31∶100 为宜，比较贴近于人口年龄构成的实际情况。”据此，他们认为：顺治十八年（1661）的丁口数19 137 652人，应折算为总人口数61 734 361人，余类推。①

3. 耕地调查和人均耕地的变化

清代各朝都进行过耕地调查。清朝丁口、耕地、人均耕地的变化情况见表 5－7。

表 5－7　　清朝的丁口、耕地、人均耕地数

| 年号纪年 | 公元纪年 | 丁口（人） | 耕地（亩） | 人均亩数（亩/人） | 资料来源 |
|---|---|---|---|---|---|
| 顺治十二年 | 1655 | 14 033 900 | 387 771 991 | 27.63 | 《东华续录·顺治二十五》 |
| 顺治十八年 | 1661 | 19 137 652 | 526 502 829 | 27.51 | 《清实录·康熙朝实录》卷一 |
| 康熙十二年 | 1673 | 19 393 587 | 541 562 783 | 27.92 | 《清实录·康熙朝实录》卷十三 |
| 康熙五十年 | 1711 | 24 621 324 | 693 034 434 | 28.15 | 《清实录·康熙朝实录》卷八十八 |
| 康熙六十年 | 1721 | 25 616 209 | 735 645 059 | 28.73 | 《清实录·康熙朝实录》卷一百零八 |
| 雍正二年 | 1724 | 26 111 953 | 890 647 524 | 34.11 | 《清实录·雍正朝实录》卷五 |
| 雍正十二年 | 1734 | 27 355 462 | 890 138 724 | 32.54 | 《清实录·雍正朝实录》卷二十五 |
| 乾隆十八年 | 1753 | 102 750 000 | 708 114 288 | 6.89 | 《清通考·户口一》《清通考·田赋四》 |
| 乾隆三十一年 | 1766 | 208 095 796 | 741 449 550 | 3.56 | 《东华续录·乾隆六十四》《清通考·田赋四》 |
| 嘉庆十七年 | 1812 | 361 693 379 | 791 525 196 | 2.19 | 《嘉庆会典》卷十一、卷十三 |

资料来源：梁方仲编著：《中国历代户口、田地、田赋统计》，正编，14～16 页，上海，上海人民出版社，1980。

表 5－7 的数据说明：第一，由于清初的残暴和血腥统治，全国耕地面积由明末的743 931 900亩（见表 5－2）下降到 1655 年的387 771 991亩，即下降了 47.9%。第二，顺治、康熙时期，实行轻徭薄赋、鼓励垦荒、兴修水利等政策，促进了耕地增长，到 1724 年增至890 647 524亩，增长了约 1.3 倍。第三，乾隆中期以后，由于人口的膨胀，

① 参见路遇、滕泽之：《中国人口通史》，下册，807～812、837 页，济南，山东人民出版社，2000。

“摊丁入亩”的推广，隐瞒对象已由丁口转向耕地，这很可能是人均耕地大幅下降的一个重要原因。

4. 赋役簿册

为加强赋役征收，清朝在丁口、耕地调查基础上建立了5种赋役簿册。

(1)《赋役全书》，即系统登录全国各地赋役数额的册籍。据《清史稿·食货志》记载：“顺治三年，谕户部稽核钱粮原额，汇成赋役全书。”“每州县发二本，一存有司，一存学宫。”康熙二十四年（1685）重修，以“四柱”为基本形式，按年排列，纲目井然。此册籍称《简明赋役全书》。

(2) 黄册，既详载人户登耗得失，又详列赋税预征数目，是核实《赋役全书》的依据之一。每三、五年编审一次。全国黄册由户部统一汇总，呈皇上御览。

(3) 丈量册，即鱼鳞册，与明朝鱼鳞图册绘制法相同。该册详载田地形状、大小，以及上、中、下田等，也是核实《赋役全书》的依据之一。

(4) 粮册。《赋役全书》和黄册的内容均为大数，粮册则列纳税户的花名细数，是实际征收赋役钱粮的册籍，由书办管理，代代相传，离开书办，赋役征收无法落实。

(5) 循环簿。《清史稿·食货志》曰：“循环簿者，照赋役全书款项，以缓急判其先后，按月循环征收。”循环簿经上级查核后，就可用作实际征收的依据。

这5种赋役簿册，实质上都是有关调查、统计资料的载体。

5. 财政调查与统计

清朝财政调查与统计，史书上多有记载。例如，魏源编撰的《皇朝经世文编·户政一·理财上》就记载有：“康熙六十一年，部库所存八百余万两，雍正年间渐积至六千余万两。而自西北两路用兵，动支大半……户部库项不过二千四百万两。”“乾隆十年……每年各省所入地丁、关税、盐课、漕项等银约三千余万两。”“自四十六年以来……部库增至七千余万两。”据《清史稿·食货志》记载，乾隆后期至道光年间财政收支情况见表5-8。

**表5-8　清乾隆后期至道光年间财政收支情况**

| 年号纪年 | 公元纪年 | 岁入（两） | 岁出（两） | 盈余（两） |
|---|---|---|---|---|
| 乾隆五十六年 | 1791 | 43 590 000 | 31 770 000 | 11 820 000 |
| 嘉庆十七年 | 1812 | 40 130 000 | 35 100 000 | 5 030 000 |
| 道光二十二年 | 1842 | 37 140 000 | 31 500 000 | 5 640 000 |

表5-8的数据说明，1791—1842年间，“以承平日久，国民纳税之力日增，彼时不仅收支相偿，每年还有盈余，是财政最丰裕时期”（《清朝续文献通考·国用六》）。

应该指出，由于清朝史书资料不全，财政计量单位不统一，有关数字往往互相矛盾，因此对于上述数据，只能了解概况，而不能详究。

6. 康熙六次南巡和乾隆六下江南

康熙二十三年至四十六年（1684—1707）的24年间，康熙曾六次南巡。每次南巡，都从北京出发，经直隶、山东、江苏到浙江，多至江宁（南京）、杭州折返，最远到达绍兴府会稽山麓。这六次南巡的时间，第一次最短，约 60 天，第六次最长，约 120 天，累计约 520 天。第一次南巡前，康熙就说明了南巡目的和注意事项：此次出巡"正欲体察民情、周知吏治。一应沿途供用，皆令在京所司储备，毫不取之民间。犹恐地方官役，不能悉体朕怀，借端支应，妄行滥取。今特加申饬，如有悖上□日私征，一经发觉，定行从重治罪。更念朕此番巡历，原以抚恤编氓，问俗观风，于闾阎休戚、务期洞晓。凡经过地方百姓，须各安生业，照常宁处，毋得迁移远避，反滋扰累"（《清实录·康熙朝实录》卷十九）。

康熙六次南巡的主要活动是：（1）体察民情。沿途问俗观民，访遐村僻壤，召耆老询灾情、查米价、议民生，"凡有地方利弊，必设法兴除"，对受灾地区或减钱粮正赋，或免历年积欠，发现嗷嗷待哺的灾民，就令地方官吏开设粥厂予以赈济，并强调"亲视散给……务俾小民均沾实惠"。（2）周知吏治。每到一处都告诫官员洁己爱民，奉公守法，激浊扬清，畏天恤民，宽免地方官员中因公诖误（由于过失或牵连而受处分）、罚俸、住俸、降俸、降级、革职留任者。每次出巡后，都要根据考察情况褒奖、擢升一批清官干吏，整治一批贪腐无能之辈。（3）勘察河工。每次南巡都将大部分时间花在考察黄河水患上，一般是南下时勘察黄河北岸诸险工程，北上时勘察黄河南岸诸险工程，有时步行十余里视察水势，然后亲授方略，付诸实践。到第六次南巡后，黄河水患已得到基本控制，这是南巡最重要的政绩。（4）祭祖尊孔。在江宁谒明太祖陵，题"治隆唐宋"殿额，访明代后裔；在曲阜祭孔庙，在大成殿行三跪九叩礼，书"万世师表"；在会稽祭禹陵，行三跪九叩礼，作《禹陵颂》；在苏州为范仲淹祠堂书"济时良相"匾额；为苏轼庙书"坡仙遗范"匾额。（5）阅军率射。在江宁府，于教场观各将军、都统、总兵及内臣、侍卫等射，并率诸皇子射，康熙亲射十发九中，士民观者数万，踊跃欢呼；在松江府，于行宫前阅松江驻兵；在杭州府，于演武场检阅八旗绿营官兵，率诸皇子射。（6）游览名胜。在泰安，登泰山，至玉皇顶、日观峰、孔子小天下处等；在济南府，观趵突、珍珠二泉，题"作霖"二字；在江宁，登观星台、雨花台，观城郭山川形势；在镇江，登金山，游龙禅寺，书"江天一览"四字；在苏州府，登虎丘等（见图 5-7）。

**图 5-7　康熙巡视江南图**

康熙出巡的黄河两岸和江南地区，既有水患频发的重灾区，又有经济发达、反清复明思想根深蒂固的富裕区。康熙六次南巡，通过实地考察、参观访问、微服私访、亲力亲为等方式，对了解社情民意、治理黄河水患、缓和官民矛盾、改善满汉关系、稳定江南社会、维护封建统治起到了一定的积极作用。然而，尽管他每次出巡都宣称“一应沿途供用，皆令在京所司储备，毫不取之民间”，但实际上为迎接皇帝驾临，沿途清整道路、修建凉亭、装饰店铺、加强保安等花费的大量人财物力，无不出自官府的强征硬派。康熙每到一地，官员耆旧纷纷献礼，时鲜古董，种类繁多，应有尽有，价值连城，这些东西最终都来源于对百姓的搜刮和骚扰，这在很大程度上削弱了南巡的积极意义。

乾隆十六年至四十九年（1751—1784）的33年间，乾隆先后六下江南，每次都到江宁府、苏州府、杭州府、扬州府，后四次还巡幸了浙江的海宁。六下江南的主要活动是：(1) 减免税赋积欠，总计减免银1 000万两以上。(2) 兴修河工海防，主要是高家堰大坝、陶庄引河、浙江海宁鱼鳞石塘和范公塘石坝4大工程。(3) 礼遇致仕大臣，重新起用或擢升一批因小过失或一时不顺上意而被降、被革、被致仕的能干实事、颇有政绩的大臣。(4) 扩大培植士类，六次南巡增加江、浙、皖三省生员名额5 664名，相当于正常录取名额的1/4，并亲自出题考查士子，发现和培养了一批饱学之士。(5) 检阅军队营务，先后在苏州、杭州、江宁、嘉兴等地阅兵，检阅军队操练，整饬营务。(6) 游遍江南名胜，观古赏景，悦目怡心，赋诗唱和，题字留念，广写匾额。乾隆六下江南，尽管对稳定、发展江南有一定积极意义，但过于铺张、奢华，排场一次比一次大，耗费一次比一次多，不仅造成国库枯竭，而且给百姓带来深重灾难。

7.《康熙皇舆全览图》和《乾隆内府舆图》

康熙对地理的兴趣，首先来自战争的需要。通过平定三藩叛乱、抗击沙俄入侵、平息蒙古贵族分裂等战争，他深感有一份准确地图的重要。其次来自西方传教士的介绍。1660年比利时传教士南怀仁（1623—1688）进宫后，与另一位传教士合写了《西方要纪》（1669年），绘制、编写了世界地图《坤舆全图》和《坤舆图说》（1674年），向康熙介绍了许多西方地理知识，引起了他的兴趣。此后，康熙一边学习《水经注》《洛阳伽蓝记》《徐霞客游记》等传统地理书籍，一边利用出巡、征战机会做实地考察，决心绘制一幅全国地图：《康熙皇舆全览图》。

《康熙皇舆全览图》的绘制过程，经历了两个阶段：

第一阶段，做好前期准备工作。一是亲自参与实地考察。作为一个封建皇帝，康熙很难随意离开皇宫，出巡和征战成了他考察地理的良机。他每次出巡，都带上钦天监官员和测量仪器，每到一地必做天文地理考察，南巡时曾多次对治黄工程做实地考察。他还利用亲征噶尔丹的机会，实地考察了宁夏的地理，曾在横城口乘船顺黄河而下，亲身体验黄河的汹涌激荡。二是派侍卫、近臣做重点勘察，测定各地纬度、绘制局部地图，主要是对长江、黄河、黑龙江、金沙江、澜沧江等重要河流做实地勘察。例如，康熙四十三年（1704），派侍卫拉锡等人考察黄河之源，其考察结果与现代地质学家对黄河河源地理环境的考察基本一致。三是做好人才、仪器准备。康熙深知，中国幅员辽阔，地形复杂，交通不便，在当时科技条件下绘制一幅全国地图，其难度极大。因此，他从康熙二十八年（1689）起就做了长远打算：一方面，征用有科技才能的传教士，派他们到广州、澳门乃至回国去招聘人员，采办仪器；另一方面，命令法国来华传教士张诚（1654—1707）等人培训中国学生。

第二阶段，开展全国实地测量。经过近 20 年的准备，康熙于四十七年（1708）下令测绘全国地图："谕传教士分赴内蒙古各部、中国各省，遍览山水城廓，用西学量法，绘画地图。并谕部臣，选派干员，随往照料。一并各省督抚将军，札行各地方官，供应一切需要。"（《正教奉褒》）从康熙四十七年到五十六年（1708—1717），这支测绘队伍走遍了东北、华北、华东、华中、西南各省，绘制了一幅幅各省地图，最后合成为全图，被命名为《康熙皇舆全览图》。参与绘图的有耶稣会的欧洲人士雷孝思、白晋、杜德美，中国学者何国栋、索柱、白映棠、贡额、明安图，以及钦天监的喇嘛楚儿沁藏布兰木占巴、理藩院主事胜住等 10 多人。此图中，以天文观测与星象三角测量方式实测经纬度值的地点有 600 余处，采用梯形投影法绘制，比例为四十万分之一。地图范围东北至库页岛，东南至台湾，西至伊犁河，北至北海（贝加尔湖），南至崖州（今海南岛）。它是中国第一次用科学方法经过大规模实测绘制的地图，在中国地图发展史上具有划时代意义，尽管它还有许多不准确之处，但毕竟"是亚洲当时所有地图中最好的一份。而且比当时的所有欧洲地图都更好、更精确"（李约瑟语）。由于在绘制过程中，发现了地球经线长度因纬度高低而有所不同，第一次证实了牛顿关于地球为椭圆形的理论，因而成为世界地理学史上的一件大事。

《康熙皇舆全览图》经过 10 年实地测绘，终于在 1718 年初步完成。由于当时准噶尔汗国尚未归属清朝，因而新疆一带未能详绘。乾隆年间，清廷又组织中西学者完成了《乾隆内府舆图》。它以《康熙皇舆全览图》为基础，添加了新疆、西藏部分，全图所及地域北抵北冰洋，南至印度洋，西及波罗的海、地中海和红海，是当时世界上范围最大的世界分区地图。

#### 8. 陈梦雷与《古今图书集成》

陈梦雷（1650—1741），字则震，号省斋，晚年号松鹤老人，闽县（今福建福州市）人，文献学家。他少年聪敏，12 岁中秀才，19 岁中举人，21 岁中进士，被选为庶吉士，后授编修。24 岁回乡省亲，翌年被福州靖南王耿精忠胁迫反清，后以"附逆"罪被捕入狱论斩。33 岁经救援免死，改戍奉天（今辽宁省）尚阳堡。在奉天 17 年，一面教书，一面著述，先后编撰《周易浅述》《盛京通志》等。49 岁被召回京师，次年入内苑侍奉康熙第三子胤祉读书。

在长期教学、著述中，陈梦雷发现原有类书有许多缺点，决心编辑一部"大小一贯，上下古今，类列部分，有纲有纪"的大型类书。他的想法得到胤祉支持，特拨给"协一堂"藏书，并在城北买"一间楼"，雇人帮助缮写。康熙四十年（1701），51 岁的陈梦雷受命主编《古今图书集成》，他根据 15 000 余卷"协一堂"和家藏图书，"目营手检，无间晨夕"，于康熙四十四年（1705）编成《古今图书集汇编》，经康熙御览后赐名为《古今图书集成》。雍正年间，蒋廷锡（1669—1732）受命重新编校，雍正六年（1728）排印、问世。可以说，《古今图书集成》是经康雍两朝、历时 28 年，坚持不懈地进行文献调查的结晶。该书正文10 000卷，目录 40 卷，分为5 020册，1 亿 6 千万字，按内容分为 6 汇编、32 典、6 109 部。全书按天、地、人、物、事次序展开，规模宏大，分类细密，纵横交错，举凡天文地理、人伦规范、文史哲学、自然艺术、经济政治、教育科举、农桑渔牧、医药良方、百家考工等无所不包，而且图文并茂，是中国古代的一部大百科全书。

9. 纪昀与《四库全书》

纪昀（1724—1805），字晓岚、春帆，晚号石云，道号观弈道人，直隶河间府（今河北献县）人，文学家。他 4 岁启蒙读书，11 岁随父入京，21 岁中秀才，31 岁中进士，官至礼部尚书、协办大学士，曾任《四库全书》总纂修官，撰写了《四库全书总目提要》。

《四库全书》在乾隆皇帝主持下，由纪晓岚等 360 多位高官、学者编撰，费时 13 年编成。丛书分经、史、子、集四部，故名四库，共有书3 500多种，7.9 万卷，3.6 万册，约 8 亿字，基本上囊括了中国古代所有图书，故称“全书”。它的编纂过程分为四步：(1) 征集图书。从乾隆三十七年至四十三年（1772—1778）共征集图书12 237种，包括 6 种来源：内府本（政府藏书）、赞撰本（清初至乾隆奉旨编纂的书）、采进本（各省征集的书）、私献本（藏书家进呈的书）、通行本（社会上流行的书）和永乐本（从《永乐大典》中辑录的佚书）。(2) 整理图书。由馆臣审读征集的图书，提出应抄（合格著作）、应刻（好的著作）、应存（不合格著作）意见。对定为四库底本的图书，进行飞签（也叫夹签，是分校官改正错字、书写初审意见的纸条）、眉批等加工，然后呈纂修官复审、总纂官三审，三审后再呈皇帝御览。(3) 抄写底本。先后选拔了 3 826 人担任抄写工作，规定每人每天抄写1 000字，每天 600 人，可抄 60 余万字，对抄写质量有严格要求和奖惩措施。(4) 校订。为保证质量，制定了《功过处分条例》，规定：错字如系原本讹误，免其记过；如系誊录致误，每错一字记过一次；如查出原本错误，每改正一处记功一次。各册之后开列校订人员衔名，以明其责。每书经分校、复校后，经总裁抽阅，最后装潢进呈。每部《四库全书》装订为36 300册，6 752 函。

为了妥善存放《四库全书》，乾隆效仿著名藏书楼“天一阁”建造了南北七阁。乾隆四十六年（1781），第一部《四库全书》抄写完毕并装潢进呈。接着，又用 3 年抄完了第二、三、四部，珍藏于北方的文渊阁、文溯阁、文源阁、文津阁，即“北四阁”。乾隆四十七年至五十二年（1782—1787）又抄了三部，珍藏于江南的文宗阁、文汇阁和文澜阁，即“南三阁”。

《四库全书》是一部文献调查巨著。它保存了中国历代宝贵典籍，校正了典籍中的讹误脱漏，是中国文化史上的一部杰作。但是，在编纂过程中，大兴文字狱，任意删削、挖改、抽毁不利于统治者的内容，对中国后来科技文化的发展造成了不可估量的损失。

10. 顾炎武与《天下郡国利病书》

顾炎武（1613—1682），本名绛，别名继坤，字宁人，又称亭林先生，南直隶昆山人（今江苏昆山），清初启蒙思想家之一。他14岁考取诸生，18岁后参加乡试，屡试不中。明末清初参加抗清起义。27岁弃绝科举之学，遍览辑录资料。45岁谒明孝陵（曾十谒明陵）后，返昆山尽卖家产，从此一去不归。此后20多年孑然一身，游踪不定，足迹遍及山东、河北、山西、河南，“往来曲折二三万里，所览书又得万余卷”（《亭林佚文辑补》）。晚年，定居陕西华阴。56岁游京师。康熙二十一年（1682），在山西曲沃友人家中病逝，享年70岁。著有《日知录》《天下郡国利病书》《肇域志》等著作。

顾炎武认为，做学问应以经世致用为目的。“天下兴亡，匹夫有责”，是他的至理名言。他反对“琐琐于典籍文字之间，而不稽之于道里徒步之下”的学风，是一位游历四方、注重实地调查的大学问家。他编纂的《天下郡国利病书》，就是广泛调查研究的产物。为编纂此书，从崇祯十二年（1639）开始，他不仅广泛搜集史籍、实录、方志、奏疏、文集等资料（家有藏书约7 000卷，其中明朝文献2 000册），而且对书中所载山川要塞、风土民情等做实地考察，以正得失。到康熙初年（1662），编成《天下郡国利病书》，后不断增改，但终未定稿。该书共120卷，先叙舆地山川总论，次叙南北直隶、十三布政使司；以讲究郡国利病贯穿全书，重点辑录兵防、赋税、水利三方面内容，除记载舆地沿革外，所载赋役、屯垦、水利、漕运等资料相当丰富，是研究明朝社会、政治、经济的重要史籍。

《肇域志》与《天下郡国利病书》，是同时搜集资料、同时编纂的姊妹篇。《肇域志》是一部全国性地理总志，原稿本20册，318万余字。该书《自序》称，“此书自崇祯己卯起”，经“二十余年之苦心”，始辑成“初稿”。内容涉及建置沿革、山川名胜、水利、贡赋等。取材于明历朝实录、地方志和奏疏、文集，偶有少量清初材料，所引方志和各种专志一千余种，大多已佚，赖此书得以窥其一斑。它订正了《明统志》及方志旧籍中的许多错误，直隶、云贵部分尤为详尽。它的缺陷是，体例未定，编排零乱，有些资料重复、未经考核审订，顾氏的眉批、夹注不少，尚未厘清。但从该书内容看，顾炎武编纂此书的目的是“鉴往所以训今”，“引古筹今，亦吾儒经世之用”，因而具有较高学术价值。

11. 黄宗羲与《明夷待访录》

黄宗羲（1610—1695），浙江余姚人，字太冲，号南雷，别号梨洲先生，清初启蒙思想家之一。父黄尊素东林党人，被下狱受酷刑而死。他自幼发愤读书，参入复社、诗社活动。崇祯十七年（1644），曾被南明弘光政权逮捕入狱。翌年清军攻下南京，他乘乱脱身返回余姚，参与抗清活动。顺治三年（1646）兵败，遭通缉，又遇家祸。顺治十年（1653）后，在慈溪、绍兴、宁波、海宁等地讲学、著书。康熙十九年至二十九年（1680—1690），清廷多次敦请赴京修史，均以年老多病坚辞。康熙三十四年（1695），久病后与世长辞。

黄宗羲博学多才，经史百家及天文、算术、乐律等无不研究，其突出贡献在两个方面：一是，在政治思想方面，从“民本”立场出发抨击君主专制制度，堪称中国启蒙思想第一人。他在《明夷待访录·原君》中指出：“天下为主，君为客。……然则为天下之大害者，君而已矣。”《明夷待访录·原臣》中又云：“为天下，非为君也；为万民，非为一姓也。”“天下之治乱，不在一姓之兴亡，而在万民之忧乐。”在他看来，君主只是天下的公仆，这就从根本上否定了“家天下”的合法性。《明夷待访录》成书于1663年，比卢梭的《社会契约论》（1762年）早99年，被称为“另一部《人权宣言》（1789年）”。他的民权思想，对清末维新变法和辛亥革命时期的爱国志士都有很大影响。二是，在经济方面，提出了“积累莫返之害”和“工商皆本”的思想。他指出，历史上的税费改革，如唐的“两税法”、明的“一条鞭法”等，农民负担在下降一段时间后都会涨到一个比改革前更高的水平。他称之为“积累莫返之害”，后被称为“黄宗羲定律”。他认为，要使民富，必须“崇本抑末”。所谓“崇本”，就是崇工商，“夫工固圣王之所欲来，商又使其愿出于途者，盖皆本也”；所谓“抑末”，即凡为佛、为巫、为优倡以及奇技淫巧等不切于民用而货者，应“一概痛绝之”。他的“工商皆本”的思想，是对传统“重农抑商”观念的大胆否定。黄宗羲的民权思想和“工商皆本”观念，是明中后期资本主义因素发展在思想领域的必然反映。

黄宗羲学问渊博，其在哲学、政治、经济思想等方面做出的杰出贡献，既来源于对社会生活的深入观察，又来源于对历史文献的广泛研究。黄宗羲嗜好借书、抄书和藏书，更善于研究、使用藏书。他认为，藏书在于致用，“当以书明心，勿玩物丧志也”。他藏书的目的，在于系统收集历朝资料，研究历代经验教训。他读遍家中藏书，仍嫌不足，就到处借书、抄书。他常带一书童，每外出总是携书同返，足迹几乎遍及江南所有著名藏书家。他组成抄书社抄书，许多世所罕见之古籍多赖此而得传。为了便于抄书、藏书，他在南雷建有书楼“续抄堂”。经几十年辛勤收集、整理、勘校，藏书达7万卷之多，后因多次水火灾害失去大半，经整理后仍得3万卷。他收集史料的方法，对清朝文化学术发展有一定影响。他撰写的《天一阁藏书记》等著作，是研究明清私人藏书文化的重要史料，也是他藏书思想的核心文献。

12. 洪亮吉与《意言》

洪亮吉（1746—1809），名礼吉，字君直、稚存，号北江，晚号更生居士，江苏阳湖（今江苏常州）人，政论家、经学家、文学家。他6岁丧父，靠母亲“勤女工自给”，读书刻苦。20岁做“童子师”，24岁中秀才，35岁中举人，45岁中进士，授翰林院编修。46岁任乡试同考官，后做贵州学政。49岁回京，入上书房，教皇曾孙奕纯读书。52岁著文力陈内外弊政，53岁参与编修《高宗实录》，上书《乞假将归留别成亲王极言时政启》，触怒嘉庆帝，定死罪下狱，后改为流放伊犁，百日后被释放回原籍。从此讲学、撰述，10年而卒。

洪亮吉既是一位畅游名山大川的旅行家，又是一位饱读诗书的藏书家。他的足迹遍及吴、越、楚、黔、秦、晋、齐、豫等地，即使流放伊犁期间，他也写了许多描述塞外风光的诗歌，如《安西道中》《天山歌》《伊犁记事诗四十二首》等，均颇具特色。他家有“卷葹阁”“晓读书斋”等藏书楼，藏书数万卷，且多精品。他将藏书家分为收藏家、考订家、校雠家、赏鉴家、掠贩家等类。这种分类法虽受人质疑，但说明他对藏书家颇有研究。

广泛的实地考察，沉静的书斋研读，再加上长期的清贫生活和科场失意，使洪亮吉养成了用批判眼光审视社会现实和关注民生疾苦的习惯。乾隆五十八年（1793），洪亮吉在贵州学政任内撰写的议论散文《意言》，是他学术观点的集中表现。《意言》共二十篇，其突出贡献是，论述了当时的人口问题，抨击了官场的黑暗腐败，批判了盛行的神鬼迷信思想。

《意言》在《治平篇》《生计篇》等篇中指出，清朝“治平至百余年，可谓久矣。然言其户口，则视三十年以前增五倍焉，视六十年以前增十倍焉，视百年、百数十年以前，不啻增二十倍焉”，但是，“为农者十倍于前，而田不加增，为商贾者十倍于前，而货不加增”，这就必然造成“田与屋之数常处其不足，而户与口之数常处其有余”的情况。这说明，他已敏锐地看到了清朝人口增长太快、生活资料增长太慢的矛盾。他的这种看法，与5年后马尔萨斯关于人口按几何级数增长、食物按算术级数增长的观点相似。然而，他的杰出之处在于，进一步阐明了人口过剩的社会原因。他指出，当时的官场黑暗腐败，从督抚到州县官吏“各挟黔壑难满之欲”，层层贪赃枉法，对百姓“赋外加赋”，“把持之，诛求之，不逼至于为贼不止”，这是造成人口问题的政治原因。他还指出，地主豪绅“兼并之家，一人据百人之屋，一户占百户之田”，“一人兼百人之衣，一人兼百人之食”，以及“靡费”的社会风气，是加剧人口过剩的社会原因。因此，“何怪乎遭风雨霜露饥寒颠踣而死者之比比乎”。

《意言》和它的姊妹篇《乞假将归留别成亲王极言时政启》，直言朝政弊端，言辞激烈。此外，洪亮吉还以气一元论的自然主义观点为武器，批判了当时对神鬼的迷信。

13. 包世臣的“民贫”分析

包世臣（1775—1855），字慎伯，号倦翁，安徽泾县人，经学家、书法家。他出身低微，父患病，靠租地种菜为生。他“资质绝人”，既“幼亲园圃”，学农业知识，又勤奋苦读，“精熟经史”，且善于独立思考。33岁中举人，后多次考进士不中。由于他留心经世之学，勤于实际考察，对农、礼、刑、兵具有广博学识，在漕运、水利、盐务、农业、民俗、刑法、军事等方面能提出有价值的见解，因而从23岁到57岁长期充当官府幕僚，成为许多封疆大吏重视的“全才”。例如，林则徐就曾向他问禁烟之计，与他商讨御英之策。由于他指陈时弊，提倡改革，触犯顽固派利益，因而屡遭排斥和打击。道光十八年（1838），63岁的包世臣任江西新喻知县，虽有“惠政”，但仅一年多就被罢官。晚年，着力于著述。

嘉庆二十五年（1820），包世臣撰成《庚辰杂著二》一文，从调查、统计角度看，特别引人注目的是对“民贫”原因的分析。他指出：“致民穷而不能御灾之故：一曰烟耗谷于暗；二曰酒耗谷于明；三曰鸦片耗银于外夷。”他根据自己的调查数据，对“民穷”的三大原因做了具体说明：（1）烟耗谷于暗。他说：“牵算（平均计算）每人每日所费不下七八文，十口之家，终岁吃烟之费不下数十金。以致各处膏腴皆种烟叶，占生谷之土已为不少。”此外，因种烟叶而夺去的粪肥、人工和降低的劳动效率，还无法计算。（2）酒耗谷于明。他以苏州为例，“有人四五百万口。……牵算每人岁食米三石，是每岁当食米一千四五百万石，加完粮七十万石，每岁仍可余米五六百万石。是五年耕而余二年之食，且何畏于凶荒？然苏州无论丰歉，江广安徽之客米来售者，岁不下数百万石……耗于酒者大半故也。中人饭米半升，黄酒之佳者，酒一石用米七斗，一人饮黄酒五六斤者，不为大量，是酒之耗米增于饭者常七八倍也。烧酒成于高粱及大小麦。高粱一石得酒三十五斤，大麦四十斤，小麦六十余斤。常人饮烧酒亦可斤余，是亦已耗一人两日之食也”。（3）鸦片耗银于外夷。他指出：“鸦片产于外夷，其害人不异酖毒。……即以苏州一城计之，吃鸦片者不下十数万人。鸦片之价，较银四倍，牵算每人每日至少需银一钱，则苏城每日即费银万余两，每岁即费银三四百万两。统各省名城大镇每年所费，不下万万。……其银皆归外夷。”最后，他提出了解决上述问题的办法：对于烟，他主张“假如甲年下令，则乙年禁种，丙年禁卖”；对于酒，他主张严禁，“民间不得私酿”；对于鸦片，他主张“绝夷舶，即自拔本塞源”（《齐民四术》卷二《农二·庚辰杂著二》）。包世臣的上述数据和计算虽不一定科学，但是，他根据调查数据进行统计分析的方法，是值得肯定的。

14. 蒲松龄与《聊斋志异》

蒲松龄（1640—1715），字留仙、剑臣，别号柳泉居士，世称聊斋先生，山东淄博人，中国“短篇小说之王”。他出身于小地主兼商人家庭，天性聪慧，善读经史，19 岁应童子试，连取三个第一。20 岁与学友结“郢中诗社”，切磋文业。21 岁后多次应试，屡试不中。26 岁起，在本县坐馆做塾师。30 岁，做江苏宝应知县幕宾，一年后辞幕返里坐馆。40 岁起，在本县缙绅毕家做塾师，70 岁撤帐归家。71 岁赴青州考贡，终成岁贡生。76 岁病逝。

蒲松龄一生有“三苦”：一是生活苦。他 18 岁结婚，分家时得破旧老屋 3 间、薄田 20 亩和粮食 240 斤，不得不以教书为生。当时塾师报酬每年约 8 两，而一家四口生活需 20 两，父亲去世后还要赡养老母，因而家徒四壁，常以稀饭度日。二是考试苦。他 19 岁中秀才，后应考半个多世纪，直到 71 岁考中岁贡生，得“候补”虚衔“儒学训导”（相当于今中学副校长），真可谓辛酸科举路漫漫。三是写书苦。他从做塾师起开始写作，历 40 余年，到处调查、搜集民间传说和各种鬼怪奇闻异事，然后融入亲身生活体验，创作出短篇小说集《聊斋志异》，因家贫无力印行，直至逝世半个世纪后的乾隆三十一年（1766）才刊刻问世。

蒲松龄家境贫寒，游历多限于上济南、游崂山，仅有的一次远行就是到江苏宝应做幕宾。这次南行，沿途景色和苏北的自然山水、风俗民情开阔了他的眼界，幕僚身份使他有机会接触社会各阶层人物，特别是官僚缙绅和下层歌妓，为他塑造各种人物打下了基础，而实地观察到的连年水灾、流离失所的灾民惨状，亲身体验的仕途险恶、社会黑暗，更为其创作提供了深刻的思想和丰富的感受。他年轻时开始创作的《聊斋志异》，由于奔波生计，一直断断续续未能结集。40 岁到缙绅毕家后，创作条件大为改善，他教授 8 个弟子，兼职应酬、文字，与东家相处融洽，毕家石隐园的美景、万卷楼的藏书，可供他阅读和著述。在此后 30 年间，他白天教授学生，晚上独坐清静书斋，目睹窗外朦胧月色，耳听树林摇曳风声，再加上忽长忽短的狐狸鸣咽，这一切都为他产生幻觉、创作故事提供了绝佳环境。

《聊斋志异》俗名《鬼狐传》，是一部文言短篇小说集。全书 8 卷、491 篇，40 余万字。它题材广泛，内容丰富，采用谈鬼说狐手法，将鬼魅狐妖和幽冥世界的故事人格化、社会化，用来批判封建政治的黑暗，揭露统治阶级的丑恶，歌颂劳动人民的美德，抨击科举制度的弊端，反对封建礼教的束缚，表达对自由爱情的憧憬。它继承和发展了古代志怪传奇文学的优秀传统，情节幻异曲折，文笔简练通达，是中国古代短篇小说之巅峰。鲁迅在《中国小说史略》中说它是“专集之最有名者”；郭沫若为蒲氏故居的题联是“写鬼写妖高人一等，刺贪刺虐入木三分”；老舍的评价是“鬼狐有性格，笑骂成文章”；马瑞芳则称他是“世界短篇小说之王”。《聊斋志异》问世以后，各种版本竞相翻印，现国内外有各种出版物 100 多种，近 20 个国家有译本，以《聊斋志异》故事为内容的戏剧、电影、电视剧达 160 多出（部）。

显然，没有“三苦”人生的亲身体验，没有对封建社会丑恶政治、险恶仕途、黑暗社会的深刻洞察，就不可能有“世界短篇小说之王”—— 蒲松龄和《聊斋志异》。

15. 吴敬梓与《儒林外史》

吴敬梓（1701—1754），字敏轩，号粒民，晚年自称“文木老人”“秦淮寓客”，安徽全椒人，小说家。他出身于地方世族，父曾任江苏赣榆县教谕（相当于教育局局长）。他少年聪颖，禀赋过人。13 岁丧母，14 岁随父至赣榆生活，16 岁完婚，22 岁中秀才。此后，科场屡试不中，父亲病逝，家族矛盾重重，改变了他的人生态度，他痛恨官场腐败，厌恶人情虚伪，无意进取功名。雍正十三年（1735），安徽巡抚赵国辚举荐他参加博学鸿词科廷试，他以病为由推脱，并移居金陵。他生性豪迈，放荡豁达，不善理财，晚年生活困顿，靠卖文和朋友接济度日。乾隆十九年（1754），访友痛饮后顷刻辞世，葬于金陵清凉山下。

面对少年丧母、包办婚姻和家族矛盾，吴敬梓很小就领略了世态冷暖和现实严酷。特别是随父在赣榆近 10 年的生活中，他目睹了父亲的清廉、正直和干练，不仅捐出年俸，而且变卖祖传 3 000 亩良田及多处当铺、布庄、银楼，筹银近万两，修建破烂不堪的文庙和尊经阁，新建“敬一亭”等，为赣榆教育事业做了很大贡献，但由于不善于巴结上司，终于被罢官回乡，这更使他深切体验到儒林的酸腐与虚伪、官场的黑暗与腐败。这一切，都为他创作《儒林外史》提供了现实题材，奠定了思想基础。

《儒林外史》中的“儒林”，源于《史记》中的“儒林列传”，泛指儒生、读书人；“外史”，是为了有别于国史列传中的“正史”。为了回避清廷文字狱迫害，作者有意把书中故事假托发生在明朝。全书 56 回，是一部主角不断变换的长篇小说，或者说是一部由许多短篇交替而成的长篇小说，但全部故事都有一个从始至终不变的主题，即反对科举制度和封建礼教。它通过描写一些深受八股科举制度毒害的儒生及官绅的活动和精神面貌，辛辣讽刺了官场的黑暗、儒林的虚伪和世俗风气的败坏。小说语言生动、洗练，人物形象丰满、栩栩如生，讽刺手法出色多样，达到了讽刺小说的高峰。《儒林外史》已被译成英、法、德、俄、日、西班牙等多种文字，成为一部世界性的文学名著。有的外国学者认为：它是一部讽刺迂腐与卖弄的作品，可作为了解中国科举制度的一部生动参考书。

16. 曹雪芹与《红楼梦》

曹雪芹（约1715—约1763），名霑，字梦阮，号芹溪、芹圃，汉族旗人，祖籍辽阳，出身于金陵（今江苏南京）大官僚地主家庭，著名小说家。其先祖为汉人，后做了满族旗人包衣（家奴），曾祖父曾任内廷侍卫，曾祖母被选为康熙保姆，从此与皇室建立了密切关系。其祖父曹寅（1658—1712）16岁任康熙侍卫。康熙二十九年至雍正五年（1690—1727），曹寅和他的儿子曹颙、曹頫，先后连任苏州织造或江宁织造近40年，康熙后四次南巡皆住在曹家。雍正六年（1728），受清廷内斗牵连，其父辈曹颙、曹頫被抄家、流放。乾隆元年（1736），被赦免，家复小康。乾隆四年（1739），康熙太子胤礽长子弘皙谋暗刺乾隆，事败被剥夺亲王爵位，曹雪芹家受牵累，从此家境衰落，饱尝人间冷暖辛酸。

曹雪芹幼年在江宁织造府生活17年，可说是生于荣华，长于富贵。约13岁后，家道巨变，他深感世态炎凉，逐渐清醒认识当时的社会。他性格放达，爱好广泛，对金石、诗书、绘画、园林、中医、织补、工艺、饮食等均有研究，曾在内务府任笔贴式（掌翻译满、汉章奏文字等事）或在宗学教书。约30岁，开始构思撰写《红楼梦》。约33岁，自祖传大宅搬出，先后迁居北京西单刑部街、崇文门外卧佛寺。约35岁，再迁居北京西郊黄叶村，专心创作。约40岁，《红楼梦》前40回本诞生。当年，难以谋生的友人于景廉自京来访，曹雪芹教他扎风筝技术，帮他解决生计问题。约44岁，迁至西直门外约50里的白家疃，盖4间茅屋定居下来，直到去世。据敦敏《瓶湖懋斋记盛》记载：曹雪芹的住处“有小溪阻路，隔岸望之，土屋四间，斜向西南，筑石为壁，断枝为椽，垣堵不齐，户牖不全，而院落整洁，编篱成锦，蔓植杞藤”。是年或后，曹雪芹曾南游江宁，可能去南京看望族人或处理家务。传曹雪芹曾任两江总督尹继善（1695—1771）的幕僚。这次去江宁，他阅历山川，凭吊旧迹，听话往事，丰富了自己的知识。约47岁，从金陵返京。乾隆二十七年（1762），幼子夭亡，曹雪芹过于悲痛，第二年（1763）除夕夜在贫病交加中逝世，终年约49岁。

《红楼梦》原名《脂砚斋重评石头记》，前80回由曹雪芹著，后40回由无名氏续，程伟元、高鹗整理。对于《红楼梦》的内容，学者们的看法大不相同：有的定义为“人情小说”（鲁迅），有的概括为“彻头彻尾之悲剧”（王国维），有的认定是“曹雪芹的自叙传”（胡适），有的则说是“揭清之失，悼明之亡”（蔡元培）。由于《红楼梦》传世版本极多，欣赏角度与动机各不相同，因而对其主旨众说纷纭，莫衷一是。曹雪芹曾诗云：“满纸荒唐言，一把辛酸泪！都云作者痴，谁解其中味?”鲁迅先生则说：“经学家看见《易》，道学家看见淫，才子看见缠绵，革命家看见排满，流言家看见宫闱秘事。”而这正是《红楼梦》具有长久艺术魅力的重要原因。然而，从反映社会现实的角度看，该书的主要内容是：系统描述了中国封建社会的文化和制度，深刻批判了封建社会的顽固和保守，朦胧提出了带有初步民主主义性质的理想和主张，曲折反映了正在成长中的资本主义因素的要求和呼唤。

17. 王秀楚与《扬州十日记》

王秀楚（生卒年不详），明末清初人，曾任史可法幕僚，《扬州十日记》作者。

1644 年 3 月，李自成领导的大顺农民起义军攻克北京，推翻了明王朝。5 月，明朝陪都南京的文武大臣拥立福王朱由崧（1607—1646）在南京称帝，建立南明政权，年号弘光，图谋复明。然而，福王沉湎酒色，不思奋进，弘光政权党争不断，内讧不已，搜刮掠夺，鱼肉人民。唯有兵部尚书兼东阁大学士史可法督师江北，坚决抗清。

清顺治二年（1645），清军挥师南下，势如破竹。4 月 15 日，由多铎率领的清军包围了扬州城。当时，史可法奉派扬州，率军 4 000 人坚守孤城，誓与扬州共存亡。扬州保卫战极其激烈悲壮，最后都督刘肇基率残部 400 余人同市民一起与清军展开巷战，直至全军俱殁，无一人投降。扬州沦陷后，知府任育民不屈被杀，全家投井而亡；史可法被俘，慷慨就义。清军占领扬州以后，心狠手辣的多铎痛恨扬州人民的反抗，视扬州百姓的性命为草芥，以不听招降为由，下令屠城十日，纵使部下滥杀无辜。扬州居民，除少数破城前逃出或隐蔽躲藏而幸免于难外，绝大部分人都惨遭屠杀，致使“城中积尸如乱麻”。

王秀楚曾任史可法幕僚，是少数隐蔽躲藏而幸免于难的一位十日屠城的目击者。他根据亲身经历，撰写了《扬州十日记》一书，对清军在扬州的暴行做了甚为详细的记述。例如，4 月 27 日的记述是：“杀声遍至，刀环响处，怆呼乱起，齐声乞命者或数十人或百余人；遇一卒至，南人不论多寡，皆垂首匍伏，引颈受刃，无一敢逃者。至于纷纷子女，百口交啼，哀鸣动地，更无论矣。日向午，杀掠愈甚，积尸愈多，耳所难闻，目不忍睹。”经过十天杀掠，扬州这座千年古城被毁为一片废墟，沦为一座人间地狱。直到 5 月 2 日，清军“查焚尸簿载其数，前后约计八十万余”。《明季南略》的记载则是：“扬州烟爨四十八万，至是遂空。”总之，这是惨绝人寰的“扬州十日”。

《扬州十日记》与《尚书》《左传》《山海经》《史记》《汉书》《水经》《大唐西域记》《资治通鉴》《百夷传》一起，被称为中国“史地十大奇书”。《扬州十日记》之所以具有重要史学价值，就在于它是信史。“其间皆身所亲历，目所亲睹”，而“远处风闻者不载也”。更难能可贵的是，该书立场比较客观，不带偏见，无所袒护，也无所隐讳。既揭露了清军奸淫掳掠、刀砍火烧的种种暴行，又揭露了明军的军纪涣散与高杰余部的强盗行径，还揭露了地方某些亡命之徒铤而走险、趁火打劫的种种丑行；既对无辜平民所受空前浩劫表示深切同情，又对极少数失节妇女的“曲尽媚态”表示鄙视与愤慨；既对“捐金万两而卒受毙者”“自食其果”表示慨叹，又对自身纳金乞命、苟且偷生的狼狈行状毫不掩饰，而未把自己打扮成抗清志士；既为史可法临难不苟免、在全城宣示“一人当之，不累百姓”的“牌谕”而“感泣”，又为邻居洪妪的“卒不供出一人”而“甚德之”，其间还有兄弟、夫妇之间生死与共、患难相依的手足之情与伉俪之情。全书爱恨情仇交加，美丑善恶交织。凡所揭露，分清主次，一以道义为准；凡所褒贬，明辨是非，一以大节为重。可以说，它是一部用数十万人鲜血写成的史无前例的调查报告，是史学研究最可宝贵的第一手资料。

# 第六章 古代社会调查综述

中国古代社会调查，从约公元前 2070 年夏王朝建立起到 1840 年鸦片战争止，前后历时 3 910 年。它是怎样产生的？如何发展的？有何特点？现综合简述于后。

## 第一节 古代社会调查的产生

中国古代社会调查，是在中国古代社会变迁基础上产生和发展的。只有认识了中国古代社会的变迁，才能更好地把握中国古代社会调查的产生及其社会历史条件。

### 一、中国古代社会的变迁

在公元前 2070 年到 1840 年鸦片战争这漫长的 3 910 年间，中国社会发生了一系列巨大而深刻的变迁，其主要表现是：

（1）古代文明，从多元走向一体。中华文明源远流长，形成于龙山时代。据考古证实，云南元谋、陕西蓝田、北京周口店、山西襄汾、河南仰韶、四川资阳等地，都曾发现过新旧石器时代原始人的遗骸或遗物。它说明，中华文明的起源具有本土性和多元性，至今已有 5 000 多年历史，是世界上从未间断过的、有文字记载的、历史最悠久的多元一体文明。

（2）疆域面积，在曲折中由小到大。据有关学者研究，中国的疆域面积（按万平方公里计算），秦统一中国时（前 211）为 347，西汉元始二年（2）扩张至 611，三国两晋南北朝时大幅缩小，唐总章二年（669）扩张至 1 239，五代十国两宋期间再次缩小，元本部至元十七年（1280）扩张到顶峰的 2 267，明宣德八年（1433）缩至 936，清乾隆二十四年（1759）再扩张至 1 310，嘉庆二十五年（1820）缩至 1 301。[①]

（3）国家形态，从分分合合走向统一。中国古代的国家形态，一直在统一与分裂间反复：夏、商、西周约 1 300 年（前 2070—前 771），国家处于基本统一局面；东周即春秋战国的 549 年，基本处于分裂状态。此后，秦汉基本统一 441 年，三国两晋南北朝分裂 369 年，隋唐基本统一 318 年，五代十国和两宋分裂 372 年，元明至清鸦片战争基本统一 561 年。总计，在从公元前 2070 年至 1840 年的3 910年中，国家处于基本

① 参见《中国历代疆域面积》(修正版)，见 http：//bbs. tiexue. net/post2_2695443_1. html。

统一局面的历史长达2 620年，占67%[①]，由分裂走向统一的趋势明显。

(4) 国家治理，从分权走向集权。从春秋战国开始，各诸侯国、各朝代通过各种变法活动，使国家治理方式出现了许多变化，其总的发展趋势是：在政权形式上，从复合型国家向单一型国家演变；在行政体制上，从分封制向郡县制演变；在官员制度上，从贵族世袭制向选聘官僚制演变；在中央与地方的关系上，从地方分权向中央集权演变。这些演变的综合结果是，封建专制主义的中央集权政治体制，得到了不断的修补、改革、完善、稳定和固化，致使其在中国历史上沿袭了2 000多年。

(5) 经济制度，从奴隶制走向封建制。古代中国，以农立国，土地制度是最基本的经济制度。夏、商、西周的奴隶制，是古代东方类型的奴隶制，国君是土地最高所有者，即所谓的“溥天之下，莫非王土”。春秋战国，是奴隶制向封建制的过渡时期。在秦、汉、隋、唐、宋、元、明和清的前期，中国的土地所有制由封建国家土地所有制、封建地主土地所有制和自耕农小土地所有制这三种基本形式构成。中国封建社会的经济结构，具有自然经济与商品经济相结合的特点。战国时期，商品生产已有一定发展，经秦汉、隋唐、两宋，到明朝后期，在部分地区已萌生出资本主义因素，但封建经济结构始终居于主体地位。

(6) 赋役制度，化繁为简，从重丁税走向重田赋。秦“初令男子书年”“使黔首自实田”，向百姓征收田租、徭役和口赋；汉实行编户制度，除田租、口赋外，还有算缗和告缗、更赋和徭役等；隋在均田制、貌阅和输籍法基础上，实行以“丁身为本”的租、庸、调制；唐中后期，改租、庸、调制为“两税制”，简化了税制，征税对象由以人丁为主改为以土地财产为主；宋王安石变法推行募役法和方田均税法，减轻了百姓负担、增加了朝廷收入；明后期实行“一条鞭法”，合并赋役，一概折银，统一征收；清中期实行“摊丁入亩”，改重丁税、轻田赋为重田赋、轻丁税，同时简化税制、方便征收。唐的“两税制”、明的“一条鞭法”和清的“摊丁入亩”，是中国古代赋税制度的几次重大变革，其总的趋势是化繁为简，从重丁税走向重田赋，从实物征收为主走向折银征收为主。

(7) 社会关系，从分化走向冲突。夏、商和西周，社会成员就已分化为奴隶主、平民和奴隶三大阶级，它们之间的斗争从未停止。春秋战国及以后，秦、汉、隋、唐、宋、元、明、清等各个朝代的统治阶级内部矛盾重重，外戚专政、宦官弄权、藩镇割据层出不穷，各类地主阶级及其与农民、小手工业者、小商人、官私奴婢之间的阶级对立更为尖锐，再加上种种外部因素的影响，终于酿成了历史上许多大规模的农民起义。例如，秦末的陈胜吴广起义、汉末的黄巾起义、隋末的瓦岗军起义、唐末的黄巢起义、明末的李自成起义、清末的太平天国起义等，都成为这些王朝覆灭的最后推动力之一。

(8) 文化科技，在积累中走向厚实。夏朝的夏历，殷商的甲骨文和金文，西周的

---

① 参见方诗铭编著：《中国历史纪年表》(新修订本)，上海，上海书店出版社，2013。

《周礼》和《周易》；春秋战国的诸子百家及《诗经》《楚辞》；秦汉的秦律、《史记》、《汉书》及造纸术；魏晋南北朝的玄学、佛教和道教、《三国志》及《齐民要术》；隋唐的《史通》、《通典》、唐诗和《千金翼方》；宋朝的理学、宋词、《资治通鉴》、印刷术、指南针和火药；元朝的元曲、《农书》和《授时历》；明朝的程朱理学、《永乐大典》、《农政全书》、《本草纲目》、《天工开物》及《水浒传》、《三国演义》；清朝的《四库全书》《康熙皇舆全览图》《明夷待访录》《日知录》和《红楼梦》等。这些文化科技成果，在积累的基础上越来越厚实。

（9）民族关系，在交流中走向融合。秦统一中国后，形成了一个东至海及朝鲜北部，西到今甘肃东部，南达今越南中部，北迄黄河、阴山到辽东的以华夏族为主的多民族国家。汉末至魏晋的"五胡"内迁、北魏孝文帝拓跋宏推行的汉化改革、隋唐的武力征讨和公主和亲等做法，逐步加强了中原华夏族与各少数民族的联系和交流。两宋和明朝后期，先后面临契丹、辽、金、蒙古和满族的崛起和统治，但是，这些少数民族统治者不仅大多推行汉化政策，而且往往以正统自居，继续加强对边疆和其他少数民族的治理。特别是清朝政府因地制宜、随俗而治，先后对蒙古、新疆、西藏和西南土司地区进行了有效治理，从而把中国历史上形成的汉、满、蒙、回、藏等50多个民族共同生活的统一多民族国家推向了新的高峰。

## 二、古代社会调查产生的社会历史条件

中国古代社会调查，萌芽于原始社会末期，即传说中三皇五帝时代的后期。《周易·系辞下》曰："上古结绳而治，后世圣人易之以书契。百官以治，万民以察。"关于结绳记事，《周易正义》引郑玄注说："为约，事大，大结其绳；事小，小结其绳。结之多少，随物众寡。"这说明，"结绳"和"书契"都是对当时重大社会事件的记载，是百官治理政事、万民明察事理的方法。从一定意义上说，就是古代社会调查的雏形。

然而，作为人们的一种自觉认识活动，社会调查起源于原始社会末期或奴隶社会初期。在中国，则可能是起源于夏王朝时期。中国古代的社会调查，为什么产生于夏王朝时期呢？这是为当时的社会历史条件所决定的。

1. 生产力和社会分工的发展，剩余农产品的出现，是产生社会调查的物质基础

夏王朝时期，由于修筑沟渠，引水灌溉，农业生产有了较大发展，粟、黍、豆、水稻等粮食作物生产，不仅能满足生存需要，而且有了越来越多的剩余。畜牧业已从农业中分化出来，马的饲养达到了一定规模。生产工具虽仍以石器为主，但金属工具已开始出现。制造生产工具、铸铜、酿酒等手工业已有一定水平和规模。商业贸易有了初步发展，中国古代最古老的货币——贝币的流行，就是最好的证明。到夏王朝为止的三次社会大分工——农业和畜牧业分工、手工业和农业分工、商业和农牧业分工，促进了社会生产力的较大发展，促进了剩余农产品和私人财产的出现，从而为社会调查的产生奠定了物质基础。

2. 阶级的分化，国家的出现，管理社会的需要，是产生社会调查的直接动力

夏王朝是中国历史上第一个奴隶制国家，它是私有制和阶级分化的必然产物。恩格斯指出：国家是阶级矛盾不可调和的产物。“为了使这些对立面，这些经济利益互相冲突的阶级，不致在无谓的斗争中把自己和社会消灭，就需要有一种表面上凌驾于社会之上的力量，这种力量应当缓和冲突，把冲突保持在‘秩序’的范围以内；这种从社会中产生但又自居于社会之上并且日益同社会相异化的力量，就是国家。”这个国家，“照例是最强大的、在经济上占统治地位的阶级的国家”。统治阶级国家要“把冲突保持在‘秩序’的范围以内”①，就不得不对社会进行管理，镇压反叛者的反抗，抵御外族入侵或对外扩张，以及与自然灾害做斗争。为此，统治阶级国家就需要征集兵员、派使徭役、收纳贡赋，从而产生了对于人口、土地、财产等社会资源进行调查的客观需要。这就是说，阶级的分化，国家的出现，社会管理的需要，是推动社会调查产生的直接动力。

3. 古代文化的发展，文字的发明和应用，是产生社会调查的文化前提

夏遗址出土的文物和夏王朝时期形成的历法（即夏历），说明当时的文化与科学已有一定程度的发展，特别是文字的发明和应用具有重大意义。文字是人类记录和交流思想、语言、社会信息的书写符号，是在时间和空间上保存和传播思想、语言、社会信息的文化工具。社会调查中获取的各种社会信息，大都需要用文字记录下来，并运用文字进行整理、研究和交流。从这个意义上说，文字的发明和应用，是社会调查的不可或缺的文化前提。

从世界范围看，人类最先是用符号来记录数目的。例如，在苏美尔、阿卡德（即后来的巴比伦）发现的泥板上的符号，经考古学家鉴定，是公元前3000多年祭司记录下来的某庙宇的收支账目。它比现存最古老的文字还要古老一些。公元前3200—前2850年古埃及第一王朝时期，由于测量尼罗河水位和土地面积的需要，计算数目越来越大，因而出现了表示一万、十万和百万的符号和名词。它说明，在文字发明过程中，数字是最先出现的。②

至于中国数字的创始，历史上传说不一，有“隶首作数”说、伏羲创始说、仓颉造字说（包括造数字）、“河图洛书”说等不同说法。例如，“隶首作数”说认为，数字是黄帝手下一名叫隶首的人发明的，中国古代十个数字的写法是：〡、〢、〣、〤、〥、〦、〧、〨、〩、十。比如，三斤八两的写法是“〣〨”，二斗四升写法是“〢〤”，十八丈布的写法是“十〨”，三尺四寸木材的写法是“〣〤”。近代有学者认为，与中国文字一样，数字也是由象形、象事、象意产生的。有人认为，“数生于手，故一二三四字写作一二三亖，此手指之象形”。也有人说，“观一二三古字作弌弍弎，当因田猎之时，以获禽兽而记数也。故古文一二三字，皆附弋字于其旁，以表田猎所得之数”。这种说法，看来很近乎事实。因为一二三这种字，本来就是“物生而有象”的象

① 《马克思恩格斯选集》，2版，第4卷，170、172页，北京，人民出版社，1995。

② 参见梁方仲编著：《中国历代户口、田地、田赋统计》，总序，1～2页，北京，中华书局，2008。

形字，同时也反映了事物的数目。[①]

据有关学者研究，四川广汉三星堆玉版上的古蜀文字（见图6-1），很可能是中国的“史前文字”[②]。商周时期（前1600—前256）的甲骨文和金文，则是学术界公认的中国最古老的文字。甲骨文是刻在龟甲和兽骨上的文字，内容多为占卜之辞，因而又称“甲骨卜辞”。据近代学者研究，已出土的甲骨文总计有4 600多个单字，其中可以辨识的有1 300字左右。金文是指铸刻在青铜器上的铭文，又称钟鼎文，其内容多为颂扬祖先及王侯的功绩，也记录了一些重大历史事件。据中国考古学家容庚编著的《金文编》记载，共有3 722个字，其中可以识别的字有2 420个。这些字，有象形文字特色，但尚未完全成熟。由于它们已相当简化，大部分结构由横竖线条组成，是“写”出来的，而不是“画”出来的。这些文字的造字原则，经东汉文字学家许慎研究，总结出“六书”之说，即遵循指事、象形、形声、会意、转注、假借等六原则而创造出来的。春秋战国时期，诸侯割据、小国林立，许多地方在金文、甲骨文基础上自创了许多文字，交流非常不便。秦始皇统一中国后，颁布了统一文字的命令，废除各诸侯国自创文字，统一采用原秦国官方使用的文字，而且由丞相李斯写成范本供模仿。这种字体后来被称为“李斯小篆”，成为中国统一使用的汉字原型。这种全国统一的书写文字，为在全国开展社会调查提供了不可或缺的文化工具。

**图6-1　三星堆玉器上的古蜀文字**

甲骨文和金文的发明和成熟，必有一个相当长的发展过程。因此，尽管甲骨文和金文的载体（龟甲、兽骨和青铜器）大都是殷商和西周的出土文物，但它们的发明、

① 参见刘叔鹤编著：《中国统计史略》，5～9页，武汉，湖北人民出版社，1990。
② 张如柏：《三星堆玉器上的古蜀文字》，见《人民日报》，2011-06-17。

形成很可能在夏及其以前时期。夏朝没有文字流传下来，但是，古籍上关于夏王朝时期人口数量、土地面积、社会情况的许多记载说明，当时已有了某种记录思想、语言、社会信息的书写符号，特别是记录数目的书写符号。据此可以判断，中国古文字应该起源于夏及其以前时期。

4. 社会职业分化，脑力劳动者出现，是产生社会调查的社会力量

夏王朝时期，不仅出现了等级分化——奴隶主、平民与奴隶的分化，以及不同等级贵族的分化，而且出现了职业分化——农业劳动者、畜牧业劳动者、手工业劳动者和商业劳动者的分化，以及体力劳动者与脑力劳动者的分化。《管子·小匡》曰："士农工商四民者，国之石民也，不可使杂处。杂处则其言哤，其事乱。是故圣王之处士，必于闲燕，处农必就田野，处工必就官府，处商必就市井。今夫士群萃而州处，闲燕则父与父言义，子与子言孝，其事君者言敬，长者言爱，幼者言弟，旦昔从事于此，以教其子弟，少而习焉，其心安焉，不见异物而颉焉。"这是说，士农工商四类居民，是国家的柱石，不可让他们杂处在一起。如果杂处在一块，他们的语言就混杂了，职事就搅乱了。所以，圣王总是安置士的居处靠近学校，安置农民的居处靠近田野，安置工匠的居处靠近官府，安置商人的居处靠近市场。使士成群集中居住在一个地区，在学校内外，为父的与为父的谈论义，为子的与为子的谈论孝，侍奉君主的谈论恭敬，年长的谈论亲爱兄弟，年幼的谈论尊敬兄长。朝夕从事于此，以教其子弟，从小时就习惯了，思想安定了，就不会见异思迁。这样，就可做到"士之子常为士"，"农之子常为农"，"工之子常为工"，"商之子常为商"。这说明，管仲所处的时期，社会职业不仅已经分化，而且已呈现出世代相传、日益固化的趋势。社会职业从分化到固化，是一个漫长的历史过程。由此可以推论，社会职业的分化很可能出现在夏王朝及其以前的时期。

管仲所说的"士"，是广义的"士"，既包括"卿""大夫"（均为古代官名，世袭，有封地），又包括作为一般读书人的"士"（所谓"以才智用者谓之士"）。当时的卿、大夫和士，就是专门从事脑力劳动的脑力劳动者。他们的出现，正是社会调查得以广泛开展的不可缺少的社会力量。"禹刑""夏历"等精神产品，只能是独立脑力劳动的产物。它们的出现说明，夏王朝时期已经有了相当多的、具有一定创造能力的独立脑力劳动者。

总之，中国古代社会调查产生于夏王朝时期不是偶然的，它是当时社会经济发展的必然产物，是在当时经济、政治、文化、社会条件基础上结出的丰硕成果。

## 第二节　古代社会调查的发展

中国古代社会调查的发展，主要表现在三个方面，即：古代社会调查类型的扩展，古代社会调查内容的演变、古代社会调查方法的进步。

## 一、古代社会调查类型的扩展

中国古代社会调查的类型是不断扩展的。首先，是统治阶级为治理国家、管理社会而开展社会调查。随后，各种社会改革家、学问家、文艺家和各行业从业者也开展了社会调查。按照调查主体、调查的主要目的和主要社会功能的不同，**古代社会调查大体可分为5种类型，即行政性社会调查、改革性社会调查、学术性社会调查、文艺性社会调查和应用性社会调查。**

行政性社会调查，其调查者主要是统治阶级的官吏，其主要目的是收缴贡赋、征集兵员、派使徭役、管理国家和巩固统治，同时服务社会。例如，殷商甲骨文、金文中关于“登人”和战争的记载，春秋战国的上计制度和“初税亩”，秦“初令男子书年”和“使黔首自实田”，汉的“编户齐民”和“度田”，隋的“输籍之法”，唐的丈量土地和《元和国计簿》，宋的“丁产簿”“结甲册”和“鱼鳞册”，元的“诸色户计”和户籍清理，明的户帖和黄册制度，清的“摊丁入亩”和赋役簿册等。行政性社会调查的主要社会功能，是作为统治阶级管理国家、治理社会、统治和剥削人民的重要工具。

改革性社会调查，其调查者主要是社会改革家，其主要目的是揭露时弊、剖析病因、提出方案、推动变革、破旧立新。例如，周公旦的“明德慎罚”和“敬德保民”，管仲的“明法审数”和“八观”，孙武的“知彼知己者，百战不殆”，商鞅的“强国知十三数”，秦的郡县制改革和车同轨、书同文，汉的“文景之治”和“光武中兴”，北魏孝文帝的汉化改革，唐的“贞观之治”和“两税法”，宋的“庆历新政”和“熙宁变法”，辽的“因俗而治”和一朝两制，元的治汉地、行汉法，明的张居正改革和“一条鞭法”，以及清的洋务运动等。改革性社会调查的主要社会功能，是作为社会改革家探究社会病因、提出改革方案、推行社会变革的有力武器。

学术性社会调查，其调查者主要是各类学者，其主要目的是广泛搜集资料，开展学术研究，形成新观点、新学问。例如，先秦的《山海经》、孙武的《孙子兵法》、司马迁的《史记》、班固的《汉书》、贾谊的《论积贮疏》、诸葛亮的《隆中对》、陈寿的《三国志》、郦道元的《水经注》、贾思勰的《齐民要术》、孙思邈的《千金方》、沈括的《梦溪笔谈》、宋慈的《洗冤录》、李时珍的《本草纲目》、徐光启的《农政全书》、宋应星的《天工开物》、黄宗羲的《明夷待访录》、魏源的《海国图志》等。学术性社会调查的主要社会功能，是作为学问家、思想家搜集社会信息，研究社会现实，形成新观点、新理论的基本方法。

文艺性社会调查，其调查者主要是文学家、艺术家、诗词作者等，其主要目的是体察社情民意、深刻反映现实、创作新作品、塑造新人性。例如，先秦的《诗经》《离骚》和《九歌》，“建安七子”的《饮马长城窟行》和《西京乱无象》，陶渊明的《归园田居》，李白、杜甫等的唐诗，苏轼、辛弃疾等的宋词，张择端的《清明上河图》，关汉卿的《窦娥冤》，明朝的《三国演义》《水浒传》《西游记》和《金瓶梅》，冯梦龙的“三言”，曹雪芹的《红楼梦》，蒲松龄的《聊斋志异》，吴敬梓的《儒林外史》等。文艺性社会调查的主要社会功能，是作为文学家、艺术家体察社情民意、创作精神佳品的重要途径。

应用性社会调查，其调查者主要是各行业的翘楚，其主要目的是把握社会需求、服务广大受众、开拓新业务、创造新局面。例如，秦《封诊式》中记载的司法调查，刘晏的商情调查和经济调查，狄仁杰、于谦、海瑞等的断案调查，陆羽的《茶经》，宋的地方志和王象之的《舆地纪胜》，刘完素的《黄帝素问宣明论方》，朱思本的《舆地图》，郭守敬的《授时历》，忽思慧的《饮膳正要》，郑和的《郑和航海图》，徐弘祖的《徐霞客游记》，以及清的《康熙皇舆全览图》和《乾隆内府舆图》等。应用性社会调查的主要社会功能，是作为各行业翘楚满足社会需求、搞好自身业务、更好服务社会的有效手段。

总之，古代社会调查的类型，是根据社会调查目的、需求的发展而不断扩展的，它的社会功能也是多种多样的、不断扩展的。

## 二、古代社会调查内容的演变

古代社会调查的内容，是随着古代社会的发展、古代社会调查类型的扩展而不断演变的。古代社会调查的历史证明，古代社会调查内容的演变趋势如下。

1. 先有人口调查，后出现土地调查

中国进入奴隶社会后，由于需要征集兵员抵御外侮或对外扩张，因而早在夏商时期就出现了对于“登人”的调查。这说明，人口调查早于土地调查。就人口调查而言，由于征集兵员、派使徭役只需要掌握丁（成年男子）口数，因而丁口调查又早于人口调查，直至西周“及大比，登民数，自生齿以上，登于天府”（《周礼·秋官司寇·小司寇》），仍不是全面的人口调查。就土地调查而言，山水调查早于田亩调查。因为上古时代水患频繁，它涉及部族的兴衰存亡，因而就出现了勘察山脉、水系及其走向的大规模山水调查，《山海经》《禹贡》等，就是古代山水调查的成果。至于田亩调查，由于早期华夏地广人稀，没有土地所有制问题，可耕地能随意耕种，根本不存在田亩调查的客观需要，直到春秋时期的楚国才出现“书土田，度山林，鸠薮泽，辨京陵”（《左传·襄公二十五年》）的记载。

2. 先重人丁、户口调查，后重田亩、财产调查

赋役，是赋税和兵役的合称。赋税，是统治者为管理国家、维护统治而强制征收的田赋和捐税，一般包括以人丁为依据的人头税（即丁税）、以户为依据的财产税（即调）、以田亩为依据的土地税（即田租），以及各种各样的苛捐杂税。兵役，是统治阶级为了维护统治，镇压百姓反抗，抵御外族入侵或对外扩张，兴建皇家宫室、官衙和水利等民用工程而强行征集的兵员和徭役，一般以成年男子为征集的对象。

中国古代的赋税制度，以唐建中元年（780）实行“两税制”为界，此前多重丁税、口税，此后转向重田税、财产税。因此，为征收赋役而开展调查的内容，从夏、

商、周，到秦、汉、隋直至唐前期，大都重丁口调查、人口调查和户口调查；唐建中元年实行“两税制”后，则转向重田亩调查和财产调查，特别是清雍正推行“摊丁入亩”改革后，田亩和财产更成为行政性社会调查的重点内容。但是，这绝不是说人丁、户口调查不重要。由于兵役的征集都以成年男子为对象，因而历朝历代都非常重视丁口调查。秦以后丁口调查扩展为人口调查，但仍强调“令男子书年”，其目的是便于根据男子年龄来征集兵员和徭役。总体而言，对于统治者来说，人丁、户口调查，不仅先于田亩、财产调查，而且重于田亩、财产调查。

3. 先有经济领域调查，后出现非经济领域调查

夏、商、周时期，以农牧业为经济基础，以税赋为主要目的，因而早期经济调查的内容，大都涉及农牧业和税赋情况。例如，夏王朝的农业主要种植粟、黍、豆、麻和水稻，其收成和税赋主要取决于土壤状况，因而《禹贡》按土质优劣对九州的田、赋情况进行复合分组：首先，按“等”分为上、中、下三等；然后，按“级”再细分为上、中、下三级。这种复合分组，既是农业调查的结果，又是税赋调查的总结。

秦汉以后，随着生产发展、技术进步、产业扩张，经济调查的内容逐渐丰富起来。例如，秦有黄金衡器，汉有盐铁统计，唐宋有“坑冶”、漕运、造船调查；元有水陆驿站和牛、马、驴、车、轿、船等交通工具统计；明朝不仅有水、马驿站和递运所分布情况的调查，而且还有了通过外贸流入的白银、资本积累、雇佣劳动、城镇人口的统计；到了清朝，除了农业、制造业外，海外贸易的地区和情况，海关进出口的货物、种类和价值，都有较系统的调查和统计。总之，随着经济发展，经济调查的内容越来越多样、越来越丰富。

至于非经济领域的调查内容，在夏、商、周时期，主要涉及军队、战争、狩猎和祭祀等情况的调查。秦汉以后，贾谊的《治安策》、徐干的《民数》、诸葛亮的《隆中对》、傅玄的“五条政见”、魏徵的《谏太宗十思疏》和《十渐不克终疏》、王安石的《上仁宗皇帝言事书》和《本朝百年无事札子》、海瑞的《治安疏》、张居正的《论时政疏》、顾炎武的《天下郡国利病书》、黄宗羲的《明夷待访录》、洪亮吉的《意言》、包世臣的《庚辰杂著二》，以及贾思勰的《齐民要术》、孙思邈的《千金方》、沈括的《梦溪笔谈》、宋慈的《洗冤录》、王祯的《农书》、李时珍的《本草纲目》、徐光启的《农政全书》、宋应星的《天工开物》等，则大都涉及政治、思想、文化、科技等非经济领域。

4. 先有客观现实情况调查，后出现主观精神状态调查

先秦的许多政治家、思想家，就很重视主观精神状态的调查。例如，成书于春秋时期的《诗经》，真实反映了中国奴隶社会从兴盛到衰败的历史面貌，揭露了奴隶主贪婪、寄生的本性和广大妇女的悲惨命运，歌颂了奴隶反抗的呼声和对理想生活的向往。它既是对奴隶社会客观现实的描述，又是对上古时期社会习俗风尚、主观精神状态的反映。又如，管仲的“八观”，前四观主要涉及饥饱、贫富、侈俭、虚实等经济领域的客观现实情况，后四观则主要是对“民”“臣”和“上意”的主观状态进行调查，并据此对一个国家的治乱、强弱、兴灭、存亡做出判断。中国近代的启蒙思想家，更重视

广大民众的主观精神状态。例如，黄宗羲、顾炎武、王夫之等所宣扬的“民本”思想、“民权”意识，以及“国家兴亡，匹夫有责”的精神，既是对历史经验的总结，又是对当时民众主观精神状态进行调查的结晶。

## 三、古代社会调查方法的进步

古代社会调查方法是不断进步的，特别是人口调查和土地调查的方法，更经历了一个由简单到复杂、由概略到准确、由抽象到具体的发展过程。

古代社会调查方法的进步，主要表现在以下几个方面。

1. 就一般调查而言，古代社会调查的主要方法有 5 种

（1）实地观察法，就是观察者运用自己的感觉器官，特别是视觉器官，认识、辨别、了解处于自然状态下的社会现象的方法。例如，《八观》中的“行”“观”，《八观》和《六韬》中的“视”，《孙子兵法》中的“察”“闻”，《左传》中的“辨”，《荀子》中的“闻”“见”，《史记》中的“游”“探”“窥”“浮”“涉”“过”，《洗冤录》中的“看”“检”等，都是运用实地观察法进行调查的不同说法。实地观察法的最大优点是直观、可靠，所谓“百闻不如一见”就是这个意思。同时，实地观察法简便易行、适应性强、灵活性大，因而是古代社会调查使用得最多的基本调查方法之一。

（2）口头访问法，就是访问者通过口头交谈方式向受访者询问、了解情况或探讨问题的调查方法。例如，《问》篇中的“问”，《八观》和《六韬》中的“听”，《孙子兵法》中的“知”“闻”，《洗冤录》中的“问”“审”，以及《齐民要术》《千金方》《洗冤录》《本草纲目》《农政全书》《天工开物》等形成过程中的“探访”和“咨询”，都是运用口头访问法进行调查的不同说法。口头访问法可以广泛了解社会情况，包括过去的和外域的情况，可以深入探讨各种社会问题，可以灵活应对访谈过程中出现的新情况、新问题，可适用于各类受访者，因而也是古代社会调查使用得最多的基本调查方法之一。

（3）文献调查法，就是调查者搜集文献资料（即具有一定知识内容、一定记录方式、一定物质载体的资料），通过整理分析、摘取有用信息而认识社会现象的方法。文献调查法是有了文献之后才出现的调查方法。它是书面的、间接的、非介入的调查方法，具有方便、自由、省钱、省时、效率高、超越时间空间限制等特点，因而尽管它的出现晚于实地观察法和口头访问法，但在古代社会调查中的应用却十分广泛。文献调查法不仅是《水经注》《史记》《汉书》《齐民要术》《本草纲目》《农书》等著作形成的重要方法之一，而且是《永乐大典》《四库全书》等类书形成的唯一方法。

（4）试验调查法，就是试验者按照自己的想法，通过改变某些自然、社会条件或环境的实践活动，来认识试验对象的特性和内在本质，检验自己想法的调查方法。例如，《八观》中的“入”，《孙子兵法》中的“验”，《左传》中的“牧”（放牧、治理、勘查），都与试验调查法的含义相近。贾思勰曾亲自参加农业生产实践，他的《齐民要

术》就是实地观察、文献调查与试验调查相结合的产物；孙思邈一生致力于药物研究，边行医，边采药，边临床试验，《千金方》就是他长期调查研究和亲自试验的产物；《洗冤录》《本草纲目》《农政全书》和《天工开物》等著作，无一不是作者长期调查研究和亲自试验的结晶。

(5) 思维加工法，就是调查研究者运用语言、文字等工具和一定思维方法，对整理、统计分析后的资料进行研究，并做出结论的思维过程或方法。例如，《八观》中的“求”，《六韬》中的“虑”，《孙子兵法》中的“象”，《左传》中的“鸠”（通“究”），《史记》中的“原始察终，见盛观衰”“究天人之际，通古今之变”，《洗冤录》中的“借”和“理”等，都是思维加工的不同说法。思维加工的任务是：叙述真实情况，分析因果关系，揭示事物本质，做出基本结论，提出对策建议。可以说，古代社会调查的一切优秀成果和重要著作，无一不是调查研究者精心思维加工的产物。

2. 就人口调查而言，调查的对象、主体、方式、内容是不断变化的

人口调查的对象，商“登人”，即主要登记成年人。周“登万民”，是“自生齿以上，登于天府”。秦“初令男子书年”，主要关注 15（或 17）～60 岁的适龄男子。汉以后，原则上是男女老幼人口全部入籍，但事实上存在的大量家奴、私附户、漏户、逃户、迁徙人口和少数民族人口，多不调查、不入籍。各朝人口数，主要是编入户籍的人口数。

人口调查的主体，有两种：一是基层官吏登记，如商“登人”、周“登万民”，此后多数朝代都是基层官吏调查、登记。二是百姓自书自实，如秦“令男子书年”、晋“自填法”、唐“手实法”、后唐“委人户自通供手状”等。总体而言，基层官吏登记居多。

人口调查的方式，有两种：一是仅用文字登记、造册；二是在登记基础上还要“貌阅”，如汉的八月“貌阅”、隋的“大索貌阅”、唐的“团貌”等。事实上，“貌阅”和“团貌”的朝代有限，由于费力费时，往往流于形式。

人口调查的内容，由单纯计数，到分组、分类；由简单分组、分类到复杂分组、分类。如商“登人”，只单纯计数。周“登万民”，则要“辨其中国与其都鄙及其郊野，异其男女”，即按居住地域和性别分组。汉以后各朝，户口调查大都有人分组、户分类的要求。例如，汉“编户齐民”，将户籍分为市籍、侯籍等不同类别，既要登记姓名、性别、年龄，又要登记籍贯、身份、相貌和财富。晋按人的年龄有“正丁”“次丁”和“老小”之分，按户有黄籍、白籍之别。隋按人的年龄分为“黄、小、中、丁、老”，按户分为民籍、军籍。唐按是否本地人分“主户”与“客户”，按是否纳税服役分“课户”与“不课户”。宋的主户分为官户、吏户和民户，并按占田多少分为五等。元按户主职业分为军户、站户、匠户、医户、盐户、僧户、道户、儒户等。明的户籍分民、军、匠三大类。清的户籍分军籍、民籍、匠籍、商籍、灶籍等。总之，人分组、户分类有越来越复杂的趋势。

3. 就土地调查而言，调查的对象、内容和方法是不断丰富的

中国古代的山水调查，先秦的《山海经》《禹贡》等是全景式的山水体系及走向调

查。汉班固的《汉书·地理志》、北魏郦道元的《水经注》等，不仅记述了许多重要河流、山脉的体系及走向，而且记述了这些河流、山脉的地理、历史、人物等情况。元潘昂霄的《河源志》，是中国第一部黄河源头调查；明徐弘祖的《徐霞客游记》，是中国最早的一部地理环境游记。至于在山水调查基础上绘制的地图，魏晋之际裴秀的《禹贡地域图》，唐贾耽的《海内华夷图》，元朱思本的《舆地图》，明郑和的《郑和航海图》，清《康熙皇舆全览图》《乾隆内府舆图》和魏源的《海国图志》，在调查的对象、内容和方法上都有许多新的发展。总体而言，中国古代山水调查的发展趋势是：先全景，再局部，后集中到中国母亲河——黄河的沿岸及源头；先中原，再全国，后扩展到航海沿线国家，直至世界各国。

中国古代的田亩调查，秦“使黔首自实田”；东汉“每于农月，亲度顷亩，分别肥塉，差为三品”；唐实行手实法，自报人户、田亩，并为实行均田制而丈量全国田亩；后唐“委人户自通供手状”，要百姓自己填写田亩数量，五家互保，不实则受罚；宋实行方田法和鱼鳞册，从此土地调查由抽象数字变成了具体图形。明初朝廷派人核查田亩，令户部丈量土地，汇集成鱼鳞图册，张居正主持“万历新政”，全国丈量田亩新增300余万顷。这说明，中国古代田亩调查的发展趋势是：先自实自报，后派人登记、清查，再实地丈量；先简单记数，后分品分类，定期复核；先记载田亩数字，后绘制田亩图形，再形成图册。

4. 就数量调查而言，先直接计数，再简单分组，后发展为较复杂的统计分析

商朝关于“登人”、田猎、祭祀的记载，都是直接、单纯的计数。西周的人口调查，已有按居住地域和性别分组的要求。《禹贡》更有按土质优劣分上、中、下三等，每等再按上、中、下三级进行复合分组的记载。秦李悝运用平衡法分析农户收支；运用平均数、分组方法，结合分数、倍数等相对指标来说明平籴政策。东汉刘徽的《九章算术》，更应用了分数计算法、比例计算法、开平方、开立方、二次方程和联立一次方程等方法，还提出了负数概念和正负数加减法等。西晋人口调查中出现了异距年龄分组。北周苏绰首创“朱出墨入”计帐法，成为中国调查、统计史的一大发明。唐以后，比较分析法、强度分析法、平衡分析法、比价、估计推算等，已成为常用的统计分析方法。

对于数量调查具有重要意义的是，秦统一了度量衡制度，唐精确了度量衡标准。《旧唐书·食货志》云：“度，以北方秬黍中者一黍之广为分，十分为寸，十寸为尺，十尺为丈。量，以秬黍中者容一千二百为龠（古代容量单位——引者注），二龠为合，十合为升，十升为斗；三升为大升，三斗为大斗，十大斗为斛。权衡：以秬黍中者百黍之重为铢，二十四铢为两，三两为大两，十六两为斤。”“度田之制：五尺为步，步二百四十为亩，亩百为顷。”精确的度量衡标准，是保证数量调查准确性不可缺少的前提。

5. 古代社会调查很重视图谱的作用

司马迁《史记》的“十表”，开了用图谱说明历史的先河。南宋史学家郑樵非常推崇司马迁《史记》中的“十表”，认为图谱简明扼要，形象具体，易于理解，能纲举目张，洞察古今，并按其表式在《通志·年谱》中编有年谱。唐仲友的《帝王经世图

谱》，继承和发展了中国古代的图谱理论和方法，对研究中国历史具有重要价值。

此外，中国古代社会调查，很重视调查中的态度问题。例如，孔子在调查中注重温、良、恭、俭、让，它既是有效的调查方法，又是根本的调查态度。它与孔子“入太庙，每事问”“三人行，必有吾师”的精神是完全一致的，应该继承和发扬。

## 第三节　古代社会调查的特点

中国古代社会调查，从奴隶社会初期到封建社会末期，经历了几千年的发展，但从社会调查发展史看，它基本上属于社会调查发展的初期阶段。中国古代社会调查的主要特点有以下几点。

### 一、调查目的

中国古代社会调查的直接目的、最终目的和客观效果是不一样的。

从直接目的看，不同类型调查主体的直接目的都是一样的，即了解社会真实情况。无论是朝廷官吏、社会改革家，还是学者、文艺家，以及各行业的翘楚，都是为了掌握社会真实情况而开展调查的。

从最终目的看，不同类型调查主体的最终目的是不一样的：朝廷官吏开展社会调查的最终目的，是通过收缴贡赋、征集兵员、派使徭役，来管理国家、治理社会、巩固自己的统治；社会改革家开展社会调查的最终目的，是通过揭露时弊、剖析病因、提出方案，来推动社会变革，实现破旧立新；学者开展社会调查的最终目的，是通过广泛搜集资料、开展学术研究，来形成新观点、新学问；文艺家开展社会调查的最终目的，是通过体察社情民意、深刻反映社会现实，来创作新作品、塑造新人性；各行业翘楚开展社会调查的最终目的，是通过把握社会需求、服务广大受众，来开拓新业务、创造新局面。

从客观效果看，无论是朝廷官吏的社会调查，还是社会改革家、学者、文艺家，以及各行业翘楚的社会调查，在客观上大都起到了巩固、修补、完善、延续奴隶制度或封建制度的作用。这就是说，归根结底，古代社会调查主要是为奴隶主、封建主阶级服务的。

### 二、指导思想

中国古代社会调查的指导思想，有两个层次：一般指导思想和特殊指导思想。

就一般指导思想而言，古代社会调查的调查者，不管自觉不自觉、承认不承认，实际上都是“直书”“实录”，即如实反映社会真实情况。简言之，就是求真、求实。

在这一点上，各类型社会调查主体，都是一样的。

就特殊指导思想而言，古代社会调查不同类型的调查主体是不一样的。

朝廷官吏社会调查的指导思想，是在求真、求实基础上求权、求利，即维护自己的政治、经济特权，巩固奴隶制或封建制的权力结构和利益结构。从这个角度看，求权、求利是朝廷官吏社会调查的核心指导思想。

社会改革家社会调查的指导思想，是在求真、求实基础上求变、求善，即改良奴隶制或封建制的权力结构和利益结构，改善人民生活和国家政治、经济、社会状况，努力做到民富国强。从这个角度看，求变、求善是社会改革家社会调查的核心指导思想。

各类学者社会调查的指导思想，是在求真、求实基础上求知、求是，即通过对调查资料去伪存真、去粗取精、由此及彼、由表及里的思维加工，来创新知识、通达事理。从这个角度看，求知、求是是各类学者社会调查的核心指导思想。

文艺家社会调查的指导思想，是在求真、求实基础上求新、求美，即通过对调查资料的选择和加工，提炼生活素材，塑造艺术形象，创作出新颖、精美的艺术作品。从这个角度看，求新、求美是各类文艺家社会调查的核心指导思想。

各行业翘楚社会调查的指导思想，是在求真、求实基础上求盛、求好，即根据社会需求变化，改进业务活动，兴盛各自行业，更好地服务社会。从这个角度看，求盛、求好是各行业翘楚社会调查的核心指导思想。

总之，中国古代社会调查，不管调查者自觉不自觉、承认不承认，实际上都有一定层次的指导思想。但是，就总体而言，都缺乏自觉的、系统的、科学的理论作为指导。因此，古代社会调查对于社会现象的解释，虽然也有许多精辟论述、深刻见解，有时还闪烁着朴素唯物主义和朴素辩证法的思想光辉，但大都没有超出神学、玄学等历史唯心主义的范畴。

## 三、基本类型

如前所述，中国古代社会调查有 5 种基本类型，即行政性社会调查、改革性社会调查、学术性社会调查、文艺性社会调查和应用性社会调查。这 5 种类型的社会调查，在形成时期、实施广度、持续时间、积累资料和对社会发展的影响等方面，是不一样的。其中，行政性社会调查是适应统治阶级维护、巩固统治需要而产生的，因而形成时期最早，实施范围最广，持续时间最长，很少出现中断，积累资料最为丰富，对社会发展产生的影响最为巨大。其他类型的社会调查，不仅形成时期较晚、实施范围有限，而且时断时续、时有时无，因而积累资料较少，对社会发展的影响也时大时小。

## 四、调查内容

如前所述，古代社会调查的内容，是随着古代社会的发展和古代社会调查类型的扩展而不断演变的，其演变的趋势是：先人口调查，后土地调查；先经济领域调查，后非经济领域调查；先客观现实情况调查，后主观精神状态调查。总体而言，调查内容比较简单。朝廷官吏的社会调查，主要涉及与收纳贡赋、征集兵员、派使徭役有关的内容；社会改革家、学问家、文艺家和各行业翘楚的社会调查，大都局限在各自改革、研究、创作、服务的领域。

## 五、调查方法

如前所述，古代社会调查方法主要是实地观察法、口头访问法、文献调查法、试验调查法、思维加工法，以及从直接计数到简单分组，再到较复杂统计分析的数量调查。其中，人口、土地调查经历了一个由简单到复杂、由概略到准确、由抽象到具体的发展过程。然而，就总体而言，古代社会调查主要是凭借调查者的感觉器官和思维器官进行调查和研究的。这种原始、直观、感性、简单的调研手段和方法，往往带有较大的表面性、偶然性和局限性。

# 第二篇 近代的社会调查

中国近代的社会调查，是指中国半殖民地半封建社会的社会调查，包括清朝后期的社会调查、中华民国时期的社会调查（包括中华民国时期中国共产党的社会调查），其年代从1840年鸦片战争起，到1949年中华人民共和国成立止，前后历时109年。

# 第七章　清朝后期的社会调查

## 第一节　清朝后期——中国封建制度垂死挣扎、最后灭亡的时期

清朝后期，是指从 1840 年鸦片战争起，到 1911 年辛亥革命止的时期，前后历时 71 年。

1840 年鸦片战争后，西方列强迫使清廷签订了一系列不平等条约，掀起了两次瓜分中国的狂潮，勿视中国主权，互认势力范围：长城以北属俄，长江流域属英，山东属德，云南两广属法，福建属日。从此中国已由一个独立自主、故步自封、闭关锁国的封建社会，逐渐演变成为一个门户洞开、任人宰割的半殖民地半封建社会。

在 1860—1911 年期间，清廷洋务派官吏主持的、以维护清廷为目标的自救、自强运动——洋务运动，以 1894—1895 年中日甲午战争中北洋舰队的全军覆没和《马关条约》的签订为标志，宣告彻底失败。1898 年 6 月 11 日，在光绪帝支持下发动的“戊戌变法”，9 月 21 日就被慈禧太后发动的“戊戌政变”镇压了下去，历时仅 103 天（史称“百日维新”）。1901 年 1 月 29 日，慈禧以光绪名义发布的变法谕旨标志着清末新政的开启。1908 年 11 月，光绪、慈禧去世后，溥仪在其父载沣摄政下加快了“立宪”进程。然而，1911 年 5 月颁布的《内阁官制》规定，内阁不能独立行使权力，一切须遵从皇帝旨意。这说明，所谓的“清末新政”实质上是清廷主导的一场闹剧，其根本目的是挽救反动腐朽的清王朝。

清末，随着八旗军和绿营兵的腐败和瓦解，以汉族官僚曾国藩为首的湘军和以李鸿章为首的淮军乘机而起，逐渐成为庞大的军事、政治集团。1895 年，袁世凯在天津小站训练“定武军”，搜罗培植了段祺瑞、冯国璋、曹锟、吴佩孚、倪嗣冲、张勋、徐世昌等一批权势人物，形成了一个庞大的北洋军事、政治集团。1908 年 11 月溥仪继位后，载沣解除了袁世凯官职，袁返回河南隐居，但仍与部属密切联系，成为影响清末政局的另一政治中心。

鸦片战争后，随着国门洞开、外国资本入侵和中国近代民族资本主义发展，中国出现了两支新兴社会力量：民族资产阶级和新型知识阶层。此外，还有一批处于分散、

自在状态的近代产业工人。他们既是先进生产力的代表，又是社会变革的推动者。1894 年，孙文在檀香山组织了中国第一个革命团体兴中会；1905 年，在东京建立了中国同盟会，提出了民族、民权、民生的“三大主义”。然而，他领导下的多次武装起义，均以失败而告终。1911 年 10 月 10 日，武汉新军在武昌起义，经一夜激战占领武昌；11—12 日，汉阳、汉口新军也先后起义取得胜利。武昌首义成功，鼓舞了各省革命力量，革命烈火迅速燃遍全国。12 月 25 日，孙中山从国外回到上海，29 日当选为首任临时大总统。1912 年元月 1 日，举行临时大总统就职典礼，定国号为“中华民国”；改公历纪元，以 1912 年为中华民国元年。1912 年 2 月 12 日，溥仪接受中华民国临时政府提出的优待条件，下诏退位。至此，清朝 267 年的统治终结，2 000多年的封建君主专制制度宣告结束。这是近代中国一次伟大的民族民主革命，开启了中国从半殖民地半封建社会向近代、现代社会发展的道路，具有划时代意义。

## 第二节　19 世纪中后期的社会调查

清朝后期可分为两个阶段：鸦片战争至清末新政之间的时期（简称“19 世纪中后期”）和清末新政时期。19 世纪中后期，是指 1840 年鸦片战争起、1900 年八国联军攻入北京止的时期，前后历时 60 年；清末新政时期，是指 1901 年 1 月慈禧太后宣布实行“新政”起，1911 年 10 月辛亥革命止的时期，前后历时约 11 年。19 世纪中后期，西方近代社会调查方法逐渐传入，因而这个时期社会调查已有一定发展，并取得了许多成果。

### 一、人口数量及其变化

19 世纪中后期，清廷比较重视人口调查。据史料记载，19 世纪中后期人口数量变化情况见表 7-1。

**表 7-1　　19 世纪中后期的人口数**

| 《清实录》 | | | 户部《清册》 | | |
|---|---|---|---|---|---|
| 年号纪年 | 公元纪年 | 人口数（人） | 年号纪年 | 公元纪年 | 人口数（人） |
| 道光二十二年 | 1842 | 414 686 994 | 道光二十二年 | 1842 | 416 118 189 |
| 道光二十九年 | 1849 | 412 986 649 | 道光二十九年 | 1849 | 428 420 667 |
| 咸丰二年 | 1852 | 334 403 035 | 咸丰二年 | 1852 | 379 180 257 |
| 咸丰八年 | 1858 | 293 887 502 | 咸丰八年 | 1858 | 314 626 071 |
| 同治十二年 | 1873 | 277 133 224 | 同治十三年 | 1874 | 302 610 944 |
| 光绪四年 | 1878 | — | 光绪四年 | 1878 | 307 985 578 |
| 光绪十四年 | 1888 | — | 光绪十四年 | 1888 | 337 766 160 |
| 光绪二十四年 | 1898 | — | 光绪二十四年 | 1898 | 319 719 613 |

注：咸丰二年（1852）以后，无论是《清实录》，还是户部《清册》，每年都有若干省份漏报人口资料，因而其“人口数”都不是全国人口数之和。

资料来源：杨子慧主编：《中国历代人口统计资料研究》，北京，改革出版社，1996。

清乾隆、嘉庆、道光年间，全国人口总数连续突破1亿、2亿、3亿，至道光十三年（1833）已逼近4亿，达到398 942 036人。此后，人口数出现停滞或下降状态，其原因是多方面的：一是外国侵略者的奸淫烧杀，以及绑架和拐骗，仅1847—1874年间就有26万多华工被贩卖到古巴、秘鲁做苦力。二是清廷对广西太平天国、上海小刀会、安徽捻军等起义人员和老百姓的残酷屠杀，有学者估计，仅“太平天国……丧失的生命最少为二千万至五千万”（郭廷以：《太平天国的极权统治》）。三是，由于连年战乱、灾荒和社会动荡，造成出生率大幅下降和死亡率大幅上升。四是，在连年战乱和社会动荡条件下，人口调查、统计工作不可能正常进行，许多省份漏报人口资料已不可避免。

## 二、财政调查与统计

据《户部则例》《列朝东华实录》《清会典》《熙朝政纪》《光绪会记表》等典籍记载，道光二十二年至宣统元年（1842—1909）间财政收支情况见表7-2。

**表7-2　清道光二十二年至宣统元年（1842—1909）财政收支情况**

| 年号纪年 | 公元纪年 | 岁入（两） | 岁出（两） | 盈余（两） |
|---|---|---|---|---|
| 道光二十二年 | 1842 | 37 140 000 | 31 500 000 | 5 640 000 |
| 光绪十一年 | 1885 | 77 086 466 | 72 865 531 | 4 220 935 |
| 光绪十六年 | 1890 | 86 807 562 | 79 410 644 | 7 396 918 |
| 光绪二十年 | 1894 | 81 033 544 | 80 275 700 | 757 844 |
| 宣统元年 | 1909 | 263 219 700 | 269 876 432 | −6 657 732 |

资料来源：刘叔鹤编著：《中国统计史略》，355页，武汉，湖北人民出版社，1990。

表7-2的数据说明，1890年以后，岁入已开始下降，而岁出却仍在增长，因而盈余大幅减少。此外，清廷对外负债日重，其中战争“赔款，始于道光壬寅（1842）江宁之约，二千一百万两。咸丰庚申（1860）之约，一千六百万两。光绪辛巳（1881）伊犁之约，六百余万两。乙未（1895）中日之约，并辽南归地，二万三千万两。至辛丑（1901）公约，赔款四万五千万两而极。以息金计之，实九万万余两”（《清史稿·食货志》）。清廷财政拮据，由此可见一斑。

## 三、海关调查与统计

与鸦片战争前清朝在外贸中一直处于顺差地位不同，清朝末期的对外贸易，大都处于入超状态。据《清朝续文献通考·国用》资料，光绪二十一年至宣统三年（1895—1911）进出口货值和征收税银情况见表7-3。

**表7-3　清光绪二十一年至宣统三年（1895—1911）进出口货值和征收税银情况**

| 年号纪年 | 公元纪年 | 进口（两） | 出口（两） | 入超（两） | 征收税银（两） |
|---|---|---|---|---|---|
| 光绪二十一年 | 1895 | 171 696 715 | 143 293 211 | 28 403 504 | 21 385 389 |
| 光绪二十六年 | 1900 | 211 070 421 | 158 996 752 | 52 073 669 | 22 873 986 |

续前表

| 年号纪年 | 公元纪年 | 进口（两） | 出口（两） | 入超（两） | 征收税银（两） |
|---|---|---|---|---|---|
| 光绪三十一年 | 1905 | 447 100 791 | 227 888 197 | 219 212 594 | 35 111 004 |
| 光绪三十四年 | 1908 | 394 505 478 | 276 660 403 | 177 845 075 | 32 901 895 |
| 宣统元年 | 1909 | 418 158 067 | 338 992 814 | 79 165 253 | 35 539 917 |
| 宣统三年 | 1911 | 471 503 943 | 377 338 166 | 94 165 777 | 36 179 852 |

资料来源：刘叔鹤编著：《中国统计史略》，345 页，武汉，湖北人民出版社，1990。

表 7-3 的数据说明：(1) 进出口货值总体呈增长趋势；(2) 入超先升后降，上下波幅较大；(3) 征收税银与进出口货值趋势基本相同，已成为清廷主要岁入之一。

清末对外贸易的对象，主要是欧美等发达国家或地区，与亚洲等周边国家的贸易量很小。据《清朝续文献通考》记载，光绪二十一年（1895）与各国或地区的贸易情况见表 7-4。

**表 7-4　　清光绪二十一年（1895）与各国或地区贸易情况**

| 国家或地区 | 价值（镑） | 国家或地区 | 价值（镑） | 国家或地区 | 价值（镑） |
|---|---|---|---|---|---|
| 英国 | 25 250 000 | 日本 | 5 250 000 | 暹罗 | 100 000 |
| 美国 | 3 250 000 | 澳门 | 787 000 | 爪哇 | 87 000 |
| 欧洲诸国 | 4 500 000 | 菲律宾 | 29 000 | 土耳其等 | 190 000 |
| 俄国 | 2 720 000 | 越南 | 310 000 | 南美 | 65 |

资料来源：刘叔鹤编著：《中国统计史略》，344 页，武汉，湖北人民出版社，1990。

表 7-4 的价值合计为42 473 065镑，其中英美欧俄日为40 970 000镑，占 96.5%，居于绝对优势。

据《清朝续文献通考·实业》记载，光绪十八年（1892）海关进出口货物种类和价值见表 7-5。

**表 7-5　　清光绪十八年（1892）海关进出口货物种类和价值**

| 进口 | | 出口 | |
|---|---|---|---|
| 货类 | 价值（万两） | 货类 | 价值（万两） |
| 合计 | 13 510 | 合计 | 10 258 |
| 洋药 | 2 741 | 丝茧 | 3 034 |
| 洋布羽绫纱、线 | 5 270 | 绸缎 | 796 |
| 呢羽哔叽毡绒 | 479 | 茶 | 2 598 |
| 钢铁铜铝锡 | 713 | 棉花 | 508 |
| 米 | 582 | 草帽緶 | 205 |
| 煤油 | 504 | 糖 | 207 |
| 海货 | 520 | 纸 | 157 |
| 煤 | 200 | 席 | 129 |
| 自来火 | 142 | 豆 | 118 |
| 洋杂 | 2 359 | 爆竹等 | 118 |
| | | 瓷器窑器 | 108 |
| | | 土杂 | 2 180 |

资料来源：刘叔鹤编著：《中国统计史略》，343 页，武汉，湖北人民出版社，1990。

从表 7－5 的数据可以看出，进口13 510万两，出口10 258万两，入超3 252万两；进口以工业品为主，出口以农产品为主。

从乾隆后期起，英国东印度公司就开始向中国走私鸦片，鸦片迅速成为向中国输出的主要商品。嘉庆二十二年至咸丰四年（1817—1854）中国进口鸦片的情况见表7－6。

表 7－6　　清嘉庆二十二年至咸丰四年（1817—1854）中国进口鸦片的情况

| 年号纪年 | 公元纪年 | 数量（箱） | 价值（西班牙金元） | 资料来源 |
|---|---|---|---|---|
| 广州、福建、浙江、天津、山东等地 | | | | |
| 嘉庆二十二年 | 1817 | 3 210 | 3 657 000 | 《鸦片战争》第六册 |
| 道光六年 | 1826 | 9 969 | 9 610 085 | 《鸦片战争》第六册 |
| 道光十年 | 1830 | 18 760 | 12 904 267 | 《鸦片战争》第六册 |
| 道光十八年 | 1838 | 28 307 | 19 814 000 | 《鸦片战争》第六册 |
| 道光三十年 | 1850 | 52 925 | | 《世界历史大系》第九卷 |
| 咸丰四年 | 1854 | 74 523 | | 《世界历史大系》第九卷 |
| 上海 | | | | |
| 道光二十七年 | 1847 | 16 500 | 8 349 000 | H. B. 马士：《中华帝国对外关系史》 |
| 道光二十九年 | 1849 | 22 981 | 13 404 000 | H. B. 马士：《中华帝国对外关系史》 |

表 7－6 数据说明，除上海海关外，1817—1838 年进口鸦片从3 210箱增至28 307箱，增长了 7.82 倍；1840 年鸦片战争后的 1854 年更增至 74 523 箱，增长了 22.22 倍。

必须指出，清史资料数量虽多，但不够完整，而且往往互相矛盾，许多计量单位又不统一，因而有关数据，只能略知大概，而无法深入详究。

## 四、徐松与《西域水道记》

徐松（1781—1848），字星伯，浙江上虞人，地理学家。他自幼随父移居顺天大兴（今北京大兴），聪慧勤奋，20 岁中举人，25 岁中进士，授翰林院编修，曾入直南书房，29 岁入全唐文馆，又充文颖馆总纂，30 岁出任湖南学政。他少年得志，平步青云，上任学政不到一年，受人劾奏，31 岁流放伊犁，38 岁赦还，官至礼部郎中。从此，除短暂离京做官外，在京治学近 30 年，因其曾亲历边疆实地考察，成就边疆著述，积极聚集同好，探讨边疆问题，从而奠定了他作为乾嘉学派后期“核心”的地位。道光二十八年（1848），67 岁去世。

徐松在流放伊犁的 7 年中，“于南北两路壮游殆遍，每所之适，携开方小册，置指南针，记其山川曲折，下马录之。至邮舍则进，仆夫、驿卒、台弁、通事，一一与之讲求。积之既久，绘为全图。乃遍稽旧史、方略及案牍之关地理者，笔之为记。……孜孜不倦，十年成书”（龙万育：《西域水道记》序）。正是这些实地调查，最终成就了他的《西域水道记》等边疆之书。该书以西域五大水系（流域）为纲，综合记载了沿途山脉、城堡、史迹、民族语言及风俗等，翔实可信，成为他的代表之作。

《西域水道记》记载了西域各条河流发源、流域、所入湖泊等详细地理资料，其范围包括今嘉峪关以西直至巴尔喀什湖以东以南广大西北地区。《西域水道记》在记载各条河流情况的同时，对流域内的政区沿革、典章制度、厂矿牧场、城邑村庄、卡伦军台、名胜古迹、重要史实、屯田游牧、日晷经纬、民族变迁等都有详细考证。其显著特点：一是，重视实地调查、踏勘，作者足迹遍及天山南北，每个水系均有详细的开方地图；二是，根据内陆河流归宗湖泊的规律，创造性地将西域水道归为11个水系；三是，运用西方投影测绘技术，获得了西域地理的经纬度；四是，文字简洁、优美生动，很多篇章段落甚至可作为游记阅读。此外，徐松还著有《宋会要辑稿》《河南志》《中兴礼书》《唐两京城坊考》《登科记考》《新疆识略》等。

## 五、重调查、办实事的林则徐

林则徐（1785—1850），字元抚，福建侯官（今福建福州市区）人，政治家、思想家，民族英雄（见图7-1）。父亲是教书先生。林则徐4岁入书塾，12岁被选入孔庙任佾生，14岁中秀才，19岁中举人，26岁中进士，从此踏上官宦之路。嘉庆十八年（1813），28岁入翰林院任庶吉士，31岁任江西南昌考官，35岁任江南道监察御史。他为官清廉，不畏权势，不假情面，致同僚猜忌、冷嘲热讽，因而厌倦官场。36岁趁父病危，以照顾父亲为由辞官。后经上书房总师傅曹振镛等斡旋，道光帝亦知其政绩卓越，特召见夸赏、破格复职。

图7-1 林则徐苏州石刻像

38～52岁期间，他每到一地任职都注重调查研究，为百姓办好事、实事。例如，38岁在江苏任按察使，整顿吏治，改革审判程序，注重明察暗访，亲自动手检验尸体，在短短4个月内处理了十之八九的历年积案，被百姓称颂为“林青天”。42岁任陕西按察使、代理布政使一个月即调任江宁布政使。在等待交接期间，陕南略阳发生水灾，他留陕暂理原职，赴略阳实地勘察灾情，安置受灾百姓，参与县城移建事宜，深受当地百姓好评。45～46岁，先后任湖北、河南、江宁布政使，并擢升东河河道总督。为治理黄河，他顶着寒风，步行几百里，考察沿河地势、水情，“弊除帑节，工固澜安”，保一方平安。47～51岁任江苏巡抚，注重实地考察，提倡新技术，推广新农具，在农业、漕运、水利、救灾等方面都做出了显著政绩。52岁升任湖广总督，面对江河泛滥成灾，他通过调查研究提出“修防兼重”方针，并努力付诸实施，为保百姓生命财产安全做出了很大贡献。

道光十八年（1838）年底，53岁的林则徐被任命为广州禁烟钦差大臣。他入广州前就派人查寻各家烟馆，做调查研究，掌握第一手资料，弄清广州鸦片毒害情况。道光十九年（1839）正月抵广州，二月初四（3 月 19 日）就传讯十三行洋商，令外国鸦片贩子限期缴烟，并保证今后永不输入鸦片。但是，外商拒绝交出。经坚决斗争，到 5 月 18 日共收缴烟土19 187箱又2 119袋，总重量1 188 127公斤，从 6 月 3 日起历时 23 天在虎门海滩上当众销毁。虎门销烟是反对帝国主义侵略的第一个伟大胜利，它维护了中华民族的尊严和利益，大长了中国人民的志气，林则徐则成为中国历史上第一位反击帝国主义侵略的民族英雄。

道光二十年（1840）十月，在英帝坚船利炮攻击和清廷投降派诬陷下，林则徐被革职、贬至伊犁。1841 年冬到新疆后，他不顾年高体衰，在“西域遍行三万里”，实地勘察南疆城乡，领导百姓兴修水利，推广被人们称为“林公井”“林公车”的坎儿井和纺车。他根据多年考察，发现沙俄对中国的威胁，形成了抗英防俄思想，提出了“屯田耕战”的对策。临终前，他曾告诫国人：“终为中国患者，其俄罗斯乎！吾老矣，君等当见之。”几十年后数百万平方公里领土被鲸吞的历史证明，林则徐的判断是完全正确的！

林则徐力抗西方列强入侵，但对西方文化、科技和贸易却持开放态度。他略通英、葡两种外语，主张“师夷长技以制夷”，着力翻译西方报刊和书籍，组织官兵学习西法练兵，演练西洋武器。事实上，他是中国近代传播西方文化、促进西学东渐的先驱之一。

林则徐一生的实践说明，他不仅满怀“苟利国家生死以，岂因祸福避趋之”的抱负，而且时时处处重调查、办实事，这是他成为“林青天”和民族英雄的两大原因。

## 六、魏源与《海国图志》

魏源（1794—1857），名远达、默深、汉士，湖南邵阳人，启蒙思想家，近代中国“睁眼看世界”先驱之一。他 7 岁读经学史，16 岁取秀才，17 岁补廪膳生，19 岁选拔贡，28 岁中举人，31 岁受聘辑《皇朝经世文编》等著作，35 岁会试落第。38 岁到南京，建“湖子草堂”和“宛在亭”，后半生长居于此。在此期间，与时任江苏巡抚的林则徐往来甚密。47 岁入两江总督幕府，参与抗英战争，后见清廷昏庸误国，愤而辞归，立志著述。48 岁完成 50 卷的《海国图志》和《圣武记》。51 岁中进士，任东台、兴化知县，57 岁任高邮知州，59 岁完成《元史新编》。咸丰七年（1857）卒于杭州，终年 63 岁。

魏源认为“经世致用”是论学宗旨，提出“变古愈尽，便民愈甚”主张。与林则徐一样，他既反抗列强侵略，又重视学习西方科学技术。他认为，“善师四夷者，能制四夷；不善师外夷者，外夷制之”，提出“师夷长技以制夷”思想。1841 年 8 月，47 岁的魏源在镇江与被革职的林则徐相遇，两人彻夜长谈，受林则徐嘱托编写一部激励世人、反对外来侵略的著作。此后，他以林则徐主持编译的不足 9 万字的《四洲志》为基础，于 1842 年编写成 50 卷的《海国图志》。此后一再增补，1847 年扩充为 60 卷，

1852 年达到 100 卷。

魏源在《海国图志》序中说："是书何以作？曰：为以夷攻夷而作，为以夷款夷而作，为师夷长技以制夷而作。"《海国图志》百卷本，除了以《四洲志》为基础外，先后征引了历代史志 14 种，中外古今各家著述 70 多种，还有十多件奏折和一些亲自了解的材料。值得指出的是，其史料来源还有英国人马礼逊的《外国史略》、葡萄牙人马吉斯的《地理备考》等 20 种左右外国人的著述。该书以大量篇幅介绍各国的历史地理，并提供了 80 幅世界各国的地图（见图 7－2）。这样，就拓宽了国人的视野，使当时的中国人既看到了西洋的坚船利炮，又看到了西方各国的工商贸易、铁路交通、文化教育、风土人情和政治体制等情况，从而突破了陈旧的夷夏文化观念，摒弃了"天圆地方""天朝中心"等传统看法，开辟了近代中国向西方学习的新风尚，因而被誉为国人论述世界史地的开山之作。

《海国图志》作为中国近代第一部系统介绍世界历史地理的著作，不可避免地存在着某些缺陷甚至错误，但是，从给予长期闭塞的中国人以全新世界观念的角度看，它不愧是中国近代思想史和史学史上的一部杰作，在海内外产生过深远影响。梁启超曾赞曰："治域外地理者，（魏）源实为先驱。"（《清代学术概论》）1854 年，《海国图志》传入日本，曾对日本明治维新产生过一定的积极作用。

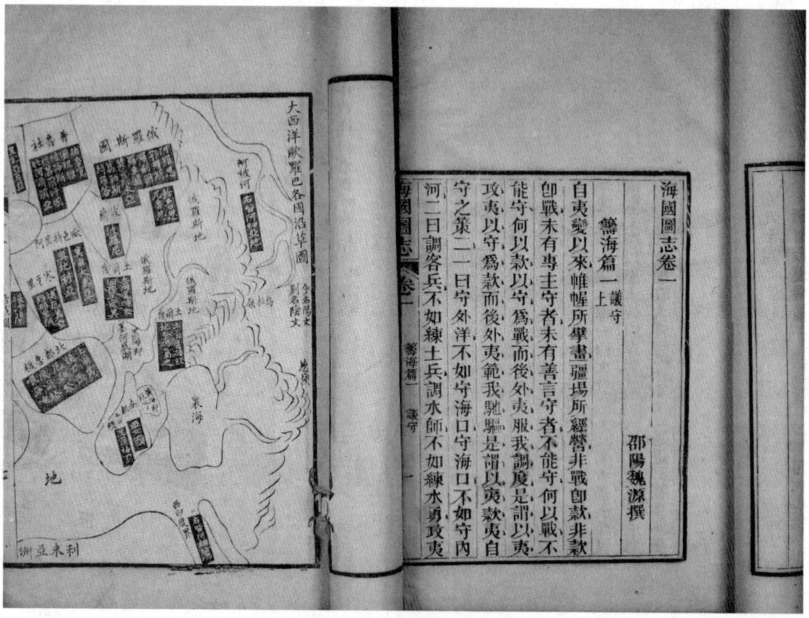


图 7－2　《海国图志》卷一

## 七、徐继畬与《瀛环志略》

徐继畬（1795—1873），字松龛、健男，山西五台县人，晚清名臣，地理学家，近代中国开眼看世界先驱之一。父徐润第，任过内阁中书，他曾随父寓京师，师从著名文学家高鹗等人，自幼受过良好教育。31岁中进士，选为庶吉士。35岁授翰林院编修，后任陕西监察御使。期间，上疏实行简政，受召上朝觐见，深得道光欣赏。41～51岁，先后在广西、福建、广东任知府、盐运使、按察使、布政使、巡抚、闽浙总督等职。55岁，因福州神光寺事件被弹劾，后被革职、罢官，回到故里。61岁，被聘为平遥超山书院山长，教业之余倾心写诗作文、研究学术。70岁被重新起用，协助奕䜣办理洋务。72岁改任同文馆事务大臣，74岁老病告归，78岁卒于家。

道光二十二年（1842），道光帝向徐继畬询问海外形势与各国风土人情，他尽其所知倾囊相授，道光帝遂责成他纂书进呈。从此，徐继畬发奋努力，参阅魏源的《海国图志》（初版），广泛接触西方来华人士，询问西方官员，搜集各种资料，补充原有疏漏。道光二十四年（1844）初稿完成，取名《舆地考略》，后改《瀛环考略》，最后定名《瀛环志略》。道光二十八年（1848）初刻于福建抚署。同治四年（1865），总理衙门主持重刻，次年刻成。该书共10卷，分装6册，图44幅。该书先为总说，后为分叙，图文并茂，互为印证，于各洲之疆域、种族、人口、沿革、建置、物产、生活、风俗、宗教、盛衰，以及列国比较，皆言之颇详，亦间有议论。《瀛环志略》一经面世，便受到国内外有识之士高度重视，传往日本后，被认为是"通知世界之南针"，有助于维新变法，多次刊印。

特别值得指出是，1844年春在厦门，徐继畬通过与美国新教传教士雅裨理（David Abeel）的历史性对话，始知以古希腊为母体的西方现代民主政治思想和制度，以及通过票选取得合法性的美国共和政体和开国元勋华盛顿。从此，他对自己国家专制制度的合法性产生了怀疑。因而，他在《瀛环志略》中不仅介绍了西方科学技术，而且介绍了西方民主制度，盛赞华盛顿领导美国人民取得独立战争胜利，建立资产阶级民主国家，高度评价华盛顿的丰功伟绩。

咸丰三年（1853），在美国传教士帮助下，浙江宁波府向美国赠送了一块花岗岩石碑（见图7-3），用中文刻有《瀛环志略》中赞美华盛顿的一段文字："华盛顿，异人也。起事勇于胜广，割据雄于曹刘，既已提三尺剑，开疆万里，乃不僭位号，不传子孙，而创为推举之法，几于天下为公……其治国崇让善俗，不尚武功，亦迥与诸国异。余尝见其画像，气貌雄毅绝伦，呜呼，可不谓人杰矣哉！米利坚（即美利坚——引者注）合众国以为国，幅员万里，不设王侯之号，不循世袭之规，公器付之公论，创古今未有之局，一何奇也！泰西古今人物，能不以华盛顿为称首哉！"

这块石碑至今镶嵌在美国首都华盛顿纪念塔第十级内壁上。它肯定了美国的民主制度和理念，表现了东方人的远见卓识，在黑暗东方专制大国点燃了微弱的民主烛光，是中美早期友好的一个重要标志。因此，许多学者认为，徐继畬的《瀛环志略》与魏源的《海国图志》同为中国较早的世界地理志，《海国图志》以博见长，《瀛环志略》以精取胜，在中国近代思想史上有破冰醒世之功，是思想上推动洋务变法和明治维新的前瞻先知。①

① 参见百度百科词条"徐继畬"，见 http：//baike. baidu. com/view/22015. htm。

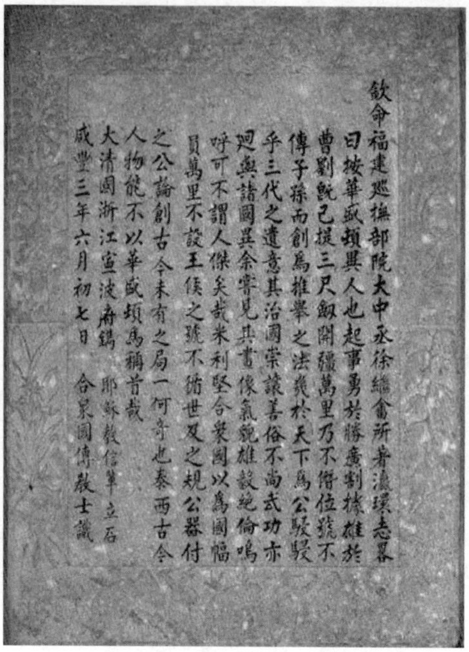


图 7-3 美国首都华盛顿纪念塔碑刻中文

## 八、汪士铎与《乙丙日记》

汪士铎（1814—1889），字梅村，江苏江宁（今江苏南京市）人，历史地理学家。他出身于破落封建地主家庭，青年时当过学徒，26 岁中举人，一生以授徒讲学和充当幕僚为业。39 岁，被太平军编入男营，后逃出，从此仇恨太平天国。45 岁，应聘任湘军首领胡林翼幕僚，与曾国藩、刘坤一等交往，参与策划镇压太平天国。他的主要著作有《汪梅村先生集》《梅翁笔记》等，其中《乙丙日记》原稿为《乙卯随笔》《丙辰备遗录》两种，字迹潦草，难以识辨。1935 年，经历史学家邓之诚整理编次，题名《乙丙日记》，所述自咸丰三年至六年（1853—1856）亲身经历及见闻，是一部以议论中国人口问题为主的著作。

汪士铎根据自己的体验与观察，对清末社会人口与生产、人口与贫穷、人口与动乱的关系，提出了自己的看法：（1）人口增长过快。他认为，“天下人丁三十年加一倍，故顺治元年一人者，至今一百二十八人”。（2）生产资料不足。他指出，当时土地利用的情况是“山顶已殖黍稷，江中已有洲田，川中已辟老林，苗洞已开深箐，犹不足养，天地之力穷矣；种植之法既精，糠核亦所吝惜，蔬果尽以助食，草木几无孑遗，犹不足养，人事之权殚矣”。（3）“世乱之由：人多”。在他看来，“人多则穷”，“人多致乱”。“驱人归农无田可耕，驱人归业无技须人，皆言人多，安能增益。盖一亩不过一农，一店不过数人，今欲以百农治一亩，千人治一店，如何其能?”太平天国农民运动，就是人口过剩造成贫穷而产生的动乱。因此，他主张实行“以威断多杀为主”的政策，辅之以溺婴、禁止丧偶者再娶、鼓励出家为僧尼等做法，以减少人口，消除贫困、动乱的“祸源”。他说：“人少尚易钳以法令，多则恃众犯令。”“使减其民十之七八，则家给民足，驱之为乱亦顾恋而不愿矣，有他道哉?”

汪士铎的这些观点，是不人道的、反人类的，与马尔萨斯主张用贫困、饥荒、疾病、战争、瘟疫等所谓的“积极抑制”相类似，因而他被称为“中国的马尔萨斯”。但是，他的主张中也有一些合理的成分。例如，他主张晚婚，“严禁男子二十五岁以内，女子二十岁以内嫁娶”，“定三十而娶，二十五而嫁”；主张节制生育，要求“广施不生育之方药”，以达到减少人口的目的，甚至建议“妇人服冷药（即防止怀孕的药——引者注），生一子后服之”，即实行独生子女政策；主张多胎者增税，“有两女者倍其赋”，“有三子者倍其赋”；主张发展商业。他曾在皖南六邑做调查，说“绩溪最苦，地狭人多也”。为什么其他地方会人少而富呢？他说：“推原其故，他邑人皆经商在外，故生子少，妇人独居故也。又或携眷迁徙，故人不多而富。”显然，这些合理建议大多来源于他的实际调查。

## 第三节 清末新政时期的社会调查

清末新政时期的社会调查，按调查主体不同，大体可分为两类：官方的社会调查和民间的社会调查。

### 一、官方的社会调查

清末新政时期，社会调查得到了较快发展，其具体表现在以下几方面。

1. 全国性调查、统计机构的建立

清末新政时期官方的社会调查，主要出自内阁总理大臣奕劻的建议。1907 年 7 月，他建议成立宪政编查馆，指出其主要任务有二：一是“编译东西洋各国宪法，以为借鉴之资”；二是“调查中国各行省政治，以为更张之渐”。1907 年 9 月，他又建议设立各省、部调查局或统计处，并发布了《令各省设立调查局各部院设立统计处谕》。此后几年，直隶、山东、湖北、新疆等 18 个省相继成立了调查局，各道府州厅和县设立了统计处；中央各部院均设立了统计处，处下分设调查、统计等科。各省、部调查统计机构的设置虽各有差异，但都必须完成宪政编查馆下达的调查任务。[①] 这样，一个全国性的调查、统计机构体系就初步建立起来，为开展全国性调查、统计工作打下了组织基础。据史料记载，1905—1907 年期间，朝廷和各省、部曾多次派官员出国考察；1907—1911 年期间，以中央各部院统计处、各省调查局、各道府州厅县统计处为依托，开展了一系列全国性的国势调查。

---

① 参见陈勇：《清末政府统计机构的设置及其调查活动》，载《调研世界》，2001（2）。

2. 五大臣出洋考察

清末，朝廷和各省、部派官员出国考察已屡见不鲜，其中影响较大的是五大臣出洋考察和直隶总督兼北洋大臣袁世凯委派官员出国考察。

1905 年 7 月，在立宪派推动下，清政府宣布派遣官员出访日本和欧美等国，重点考察各国政体状况。经反复权衡，最后确定了五位大臣：宗室镇国公载泽、户部左侍郎戴鸿慈、兵部侍郎徐世昌、湖南巡抚端方、商部右丞绍英（见图 7-4）。他们有的代表满族皇室，有的来自地方改革势力，有的掌管财政和商业，有的统筹全国军务。这次出国考察，经过一段准备和波折后，分两路进行：一路以戴鸿慈为首，1905 年 12 月 9 日从上海出发，先后考察美、德、俄、意 4 国，游历或路过丹麦、瑞典、挪威、荷兰、比利时、瑞士 6 国，1906 年 6 月 21 日自意大利回国，历时 196 天；另一路以载泽为首，1906 年 1 月 14 日从上海出海，先后考察日、英、法、比 4 国，并路过美国，1906 年 6 月 10 日由比利时回国，历时 149 天。

图 7-4　五大臣出洋考察

这次出国考察的对象和内容，首先是各国宪政状况，他们参观议院，考察议会制度。这些国家执政党与在野党之间为了国家利益的沟通，以及君主和议会之间的互动关系，让他们耳目一新。“义国任命大臣之权，操诸国王之手。而大臣之不职者，得由下议院控诉之，而由上议院以裁判之。欧洲诸国，政制相维，其法至善，胥此道也。”字里行间，流露出对于这种政治体制的惊奇和赞叹。其次是社会和文化事业，他们参观政府机关、邮局、铸币局、监狱、疯人院、基督教青年会、商会、美术院、博物馆、学校等机构或设施，比较广泛地近距离观察、了解了日本和欧美社会的不同侧面，并与中国情况进行比较，不禁感慨道：“又安怪彼之日新而月异，而我乃瞠乎其后耶!”此外，在考察之余的“优游休息”之中，他们发现“每至都会繁盛之区，必有优游休息之地”。比较之下，这些大臣都难免产生相形见绌之感。经过半年左右的考察，两批出洋大臣先后回到中国，向清朝政府呈送了“考察宪政报告”，认为“立宪利于君，利于民，不利于官”，提出了实行君主立宪的主张。此外，戴鸿慈等人还编写了《欧美政治要义》一书，简略介绍了欧美各国政治制度，具有一定参考价值。

直隶总督袁世凯也很重视派遣官员出国考察。例如，1903 年，袁世凯曾委派实业家周学熙赴日本考察工商币制；委派天津知府凌福彭赴日本考察监狱。1905—1907 年期间，袁世凯更派遣大批官绅到日本、南洋各国游历考察。1907 年 3 月 12 日，袁世凯曾在《为知府吴荫培游历回国条陈考察事札津商会》一文中批示：“……查原奏内称：当务之急，约有数端：一、兴女子师范学校及幼稚园；一、沿江海各省酌设水产讲习所、试验场；一、酌设各省农林讲习所、试验场；一、试办储蓄银行。所陈各条均于教养源流颇有见地，自应通行各省，查酌仿行。”① 有关袁世凯的历史档案中类似记载很多，说明袁世凯曾批准、组织过许多出国考察活动，其中赴日本考察居多。立宪派官员主政的省、部也大都如此。据日本外务省《外国官民本邦及鲜满视察杂件》（清国部分）记载，有姓名可查的就达 40 多人。②

3. 人口调查

人口调查，是清末国势调查的主要内容。光绪三十四年十二月初十（1909 年 1 月 1 日），清廷颁布了《民政部奏调查户口章程折》，并附有 11 章 40 条的《调查户口章程》。与古代人口调查不同，这次人口调查有几个显著特点：一是调查目的不同。古代人口调查的主要目的，是征收税赋和派使徭役；这次人口调查的主要目的，是预备立宪和实施义务教育，为实现人民选举和强制适龄儿童接受教育做准备。二是调查对象不同。古代人口调查的对象，主要是缴纳税赋的户籍和承担徭役的丁口；这次人口调查的对象，是全部人口，特别是参与选举和接受教育的适龄人口。三是调查内容不同。古代人口调查的内容，主要涉及与缴纳税赋、承担徭役有关的内容，如性别、年龄、是否有残疾，以及家庭财产数量等；这次人口调查的内容，大都涉及参与选举、接受教育的内容，如性别、年龄、籍贯、住址、文化程度、职业等。四是调查方法不同。古代人口调查的方法，主要采用“手实”“貌阅”等感性、直观的方法；这次人口调查的方法，则“参考东西各国之良规”③ 实施。因此，这次调查很可能是中国历史上第一次试图使用近代社会调查方法的人口调查。

据《清史稿・食货志》记载：“宣统元年，复颁行填造户口格式，令先查户口数，限明年十月报齐，续查口数，限宣统四年十月报齐。至三年十月，据京师内外城、顺天府、各直省、各旗营、各驻防、各蒙旗所报，除新疆、湖北、广东、广西各省，江宁、青州、西安、凉州、伊犁、贵州、西宁各驻防，泰宁镇、热河各蒙旗，川、滇边务，均未册报到部外，凡正户（两户以上同住，以一号为正户——引者注）五千四百六十六万八千有四，附户（正户之外，为附户——引者注）千四百五十七万八千三百七十，共六千九百二十四万六千三百七十四户；凡口数男一万三千九百六十六万二千

---

① 天津市档案馆辑：《袁世凯天津档案史料选编》，274 页，天津，天津人民出版社，1990。

② 参见刘雨珍等编：《日本政法考察记》，14 页，上海，上海古籍出版社，2002。

③ 《民政部奏调查户口章程折》，见《大清法规大全（光绪辛丑迄宣统乙酉）》卷六，政学社印本，1910。

四百一十，女九千九百九十三万二千二百有八，共二万三千九百五十九万四千六百六十八口。”

显然，这次人口调查是不完整的，人口数严重偏低，其原因除部分省、州“未册报到部外”，可能还有以下几个方面：（1）调查方法不科学。“先查户”，“续查口”，把户与口的调查分割开来，极易产生误差。（2）故意做假。由于许多省份只报户数，没有报口数，清政府规定按户均人数推算人口，并规定关内18省（主要是汉人）按每户5.5人计算，而关外（主要是满人）按每户8.38人计算，以提高满人选民比重。（3）执行者借机谋私。这次调查的执行者主要是地方官吏和绅士，其中许多人借调查之名、行勒索之实，以致引起公愤。例如，山东利津县调查户口时，官员们“每查填一户，索钱一百七十文，填错一字罚钱五百文。各庄长汇造送房，非给钱两千不收其册。于是民众畏其需索，有两户并一户者，有多口少报者，任意填造，杂乱无章”①。（4）民众不配合，甚至抵制。由于人口调查宣传教育不充分，许多地方谣言四起（如抽丁、加税等），人心惶惶，有些百姓为谣言所惑，不仅不配合调查，甚至抵制调查，围殴调查员，索要表册，捣毁器物。然而，尽管存在种种问题，这次人口调查毕竟是“参考东西各国之良规”而实施的，因而仍应被视为类似近代社会调查的人口调查。

4. 经济调查

除上述人口调查外，国势调查多以经济调查为主，其中主要的有以下几方面。

全国财政调查。由度支部主持，其目的是办理全国预算决算之预备。为此，必以清理财政、调查各省岁出岁入总数为先。《度支部清理财政调查章程》规定，“协事方法，以列款调查为入手，以分年综核为程功”②。从1908年开始，要求各省造报当年出入款项报告册和盈亏比较表。1909年后，要求各省衙门将出入各项按月编订报告册，报送省清理财政局，由省局汇编该省报告总册，按季报度支部。

全国商业调查。由商部主持，1908年对各省商埠、城镇、街市大小行业展开调查，颁布统一调查表，要求按年编订成册，报商部备案。此后，商部颁布了《商部调查章程》和“农工商综计表”，规定了填报格式，责令各局厂、学堂、公司等按格填报，每年一编，送部备案。③ 商部还设立了京师劝工陈列所，下设调查处，访查进出口货物等情况；又设收支处，负责造报账目，编纂各业统计表。为配合调查和统计，商部还着手统一度量衡工作。

全国矿政调查。由农工商部主持，按《农工商部奏请矿政调查章程》规定，凡“矿地坐落、官民界址、矿质苗线、隐显短长，均一一记载明晰”，并下发“各省矿产表”，要求按表填报，按时报送。④ 此前还规定，各矿厂每月十日前上报上月矿务情况，包括所用人工、所获功效等内容，送交本处矿务委员查核。无论官地、民地，公用、

① 《县令调查户口之笑柄》，载《申报》，1909-12-19。

② 《度支部清理财政调查章程》，载《东方杂志》，1908（8）。

③ 参见《商部调查章程》，载《东方杂志》，1908（9）。

④ 参见《农工商部奏请矿政调查章程》，载《南洋商务报》，1909-01-11。

民用，所开出的矿质数目，按季呈送矿务委员，再上报总局，最后上报农工商部，以备核算全国每年矿产总数。

全国洋、土药调查。由度支部、民政部主持。据《全国行销洋土药调查报告书》记载：1908 年 4 月，民政部要求各省将境内种植罂粟的亩数、地主姓名、收获多寡，开膏土店的数目、字号、地址、成本、店主姓名，吸烟人数、吸烟者姓名、籍贯、年龄等，调查清楚，造具清册，由各省汇总，报送度支部、民政部备查。[①] 同年 9 月，度支部遴派专员，完成全国洋药进口、土药出产行销数目的专项调查。

此外，由清政府有关部门主持的国势调查还有：由邮传部主持的南、北洋轮船统计，商部主持的全国铁路调查，法部主持的全国司法统计，陆军部主持的全国军事统计，等等。[②]

清末宪政改革期间开展的国势调查，规模之大，范围之广，内容之多，方法之规范，在中国调查史上是空前的。这次国势调查，尽管由于辛亥革命爆发等原因大都半途而废，没有得到实际应用，但它确是西方近代社会调查方法在中国国势调查上的一次有益尝试。

5. 教育调查

兴办新式教育，是清末新政的重要内容。近代教育家、清廷学部左侍郎严修(1860—1929)，就很重视教育调查。1902—1904 年，他曾两次东渡日本考察教育，认识到教育调查的重要性。他认为，“兴学为地方要政，列入调查，实与钱谷、刑名并重”[③]。他在一封复函中说，“调查学龄儿童之确数，以渐谋义务教育之普及”，以“试行于一县，而推广全国，作普及教育实验”[④]。1906 年 7 月，在他主持学部时颁布的《奏定各省教育会章程》中，对学务调查做了如下规定：“四、调查境内官立私立各种学堂后开事项：一、管理教授之实况。一、教科用之图书、器具，其种类、程度是否完备合式。一、校地卫生之合否？一、学生之行检如何?”“六、参考他处兴学之法，调查本地风土所宜，得随时条陈于提学司，并时应提学司及地方官之咨询。”这说明，学务调查已被列为教育会的重要任务之一。

随着《奏定各省教育会章程》的颁布，各省纷纷成立教育会，到 1907 年全国已成立教育会 723 个，会员人数达 48 432 人[⑤]，学务调查也随之在全国展开。中国近代职业教育创始人和理论家黄炎培，当时担任过江苏教育总会调查干事，他曾回忆说：“江苏三十六县，我足迹及四分之三。”在学务调查过程中，他还参与调解学务纠纷：“各县纠纷发生新旧冲突，我作为学务调查干事，实地调查，具一书面报告，根据理论和事实，判明曲直，解开症结，恢复和平，这份调查报告公布后，取得双方当事者接受，

① 参见《全国行销洋土药调查报告书》，载《东方杂志》，1909 (12)。
② 参见牟永如：《清末社会调查研究》，52～53 页，武汉，华中师范大学硕士学位论文，2008。
③ 严修自订，高凌雯补，严仁曾增编：《严修年谱》，191 页，济南，齐鲁书社，1990。
④ 转引自李冬君：《中国私学百年祭——严修新私学与中国近代政治文化系年》，142 页，天津，南开大学出版社，2004。
⑤ 参见孙广勇：《社会变迁中的中国近代教育会研究》，武汉，华中师范大学博士学位论文，2006。

使学潮得以平息，我遂被推为常务调查员。”① 可见，当时的学务调查对于推动教育事业的发展曾起过重要作用。

1904 年，四川学务处“为整齐全省学务起见，特设学务调查所”。其章程规定：“调查所有稽查全省学务绳愆纠谬之责”，对于“官绅士庶有未解章程之意及于学务有异议者”“预购教科书而不知其名者”，“准向调查所请问，调查人员须详细告知，不得拒闭欺饰”。调查所的委员分为 3 类，即坐查委员、行查委员和学习委员。章程规定：“坐查不实，行查纠之；行查不实，视学官纠之。”② 这说明，所谓学务调查所，实质上是一个学务行政管理机构，学务调查则是它的重要职责之一。

1908 年，清廷颁布《学部札行各省提学使司通饬府厅州县调查境内一切有关教育事宜文》，其中就教育调查开列了 18 项内容，包括辖区、户口、民族、风俗、赋税、交通、资源、宗教、公益机构、民俗，以及学校、经费等。③ 这说明，当时是比较重视教育调查的。

6. 邮政调查

中国近代邮政创办于咸丰十一年（1861），其机关设在海关内，其管理权由海关总税务司赫德把持。光绪二十二年（1896），清政府设立邮政局，以赫德兼领其事，法国人帛黎（T. Piry）实际主事，往来文件、调查统计资料都使用法文。有关邮政业务情况，如邮局数目、信件、包裹、各类邮路里程、汇寄银票等，均由各地邮局依下发表式按期调查、登记、填报。光绪三十年、三十一年（1904、1905），邮政业务情况见表 7－7。

**表 7－7　　清光绪三十年（1904）、三十一年（1905）邮政业务情况**

| 项目 | 单位 | 光绪三十年（1904） | 光绪三十一年（1905） |
|---|---|---|---|
| 邮局数目 | 处 | 1 353 | 1 628 |
| 其中：当年新增 | 处 | 290 | |
| 信　件 | 件 | 65 645 396 | 76 000 000 |
| 包　裹 | 件 | 7 710 606 | |
| 铁路传递线 | 哩 | | 2 780 |
| 船舶传递线 | 哩 | | 5 000 |
| 邮差传递线 | 哩 | | 40 000 |
| 代民信局寄送包件 | 件 | 8 304 125 | |
| 汇寄银票 | 两 | 50 000 | |

注：哩，指英里，1 英里＝1 609 公尺＝1.609 公里。

资料来源：刘叔鹤编著：《中国统计史略》，348 页，武汉，湖北人民出版社，1990。

到宣统元年（1909），邮政处所增至 4 258 处，宣统三年（1911），更增至 6 291 处。光绪末年（1908）、宣统元年（1909）、宣统三年（1911）的业务情况见表 7－8。

① 黄炎培：《八十年来》，48～49 页，北京，文史资料出版社，1982。

② 《四川学务调查所章程》，载《东方杂志》，1904（7）。

③ 参见《学部札行各省提学使司通饬府厅州县调查境内一切有关教育事宜文》，载《东方杂志》，1908（3）。

表 7-8　　清光绪末年（1908）、宣统元年（1909）、宣统三年（1911）邮政业务情况

| 项目 | 单位 | 光绪末年（1908） | 宣统元年（1909） | 宣统三年（1911） |
|---|---|---|---|---|
| 邮件 | 件 | 252 000 000 | 306 000 000 | 362 216 239 |
| 包裹 | 件 | 2 455 000 | 3 280 000 | 3 022 872 |
| 重量 | 基罗 | 7 155 000 | 9 176 000 | 10 060 433 |
| 快信通信地方 | 处 | | 72 | |
| 快信邮件 | 件 | 317 137 | 908 905 | |
| 挂号信件 | 件 | 19 000 000 | 25 500 000 | |
| 汇兑银 | 两 | 5 148 000 | 6 472 700 | 7 920 200 |

注："基罗"（Kilo），法国计量单位，1 基罗＝2.1 市斤。

资料来源：刘叔鹤编著：《中国统计史略》，350 页，武汉，湖北人民出版社，1990。

表 7-7 和表 7-8 的数据说明，光绪三十年（1904）至宣统三年（1911）的邮政业务，总体看有较大发展，但是，邮政收支连年入不敷出。据《清续文献通考》宣统元年御史胡思敬奏呈所说："邮政一事，东、西洋各国皆恃为入款大宗，我国自光绪十八年起，每年拨关税三十六万两交税务司创办。……至今二十年耗去币金六千七百万。"由此可见清政府的腐败无能以及帝国主义对中国的搜刮和掠夺。

7. 习惯调查

习惯调查，是清末新政法制改革的重要组成部分。1907 年，大理寺曾上奏："凡民法商法修订之始，皆当广为调查各省民情风俗所习为常故，而于法律不相违悖，且为法律所许者，即前条所谓不成文法，用为根据，加以制裁，而后能便民。此则编纂法典之要义也。"[①] 这说明，清末已把"民情风俗"视为编纂"便民"法典的根据之一，习惯调查已被纳入立法者视野。当时组织习惯调查有两个系统，一是宪政编查馆，一是修订法律馆，实际上则主要由各省调查局实施。调查内容则包括 4 个方面，即民情风俗调查、民事习惯调查、商事习惯调查和诉讼事习惯调查。这些调查，都对当时的立法产生过积极作用。

8. 监狱调查

1906 年，天津知府凌福彭赴日本考察监狱习艺后，在《调查日本监狱习艺详细情形呈直隶总督袁禀》中说："监狱调查法为监狱行政之至要，其必守统计学上之原理，即调查事项之范围愈广，调查之数量愈多，则其事得确实，且愈得确实之结果是也。"[②] 他曾组织天津监狱习艺所开展监狱调查，并制定了《天津监狱习艺所章程》，规定"调查犯人姓名、年岁、籍贯、亲属、形貌及刑期罪犯等事"[③]。

## 二、民间的社会调查

清朝后期，民间社会调查涉及的内容非常广泛，其中较突出的有以下几类。

---

① 故宫博物院明清档案部编：《清末筹备立宪档案史料》，下册，836 页，北京，中华书局，1979。

② 《天津凌福彭调查日本监狱习艺详细情形呈直隶总督袁禀》，载《东方杂志》，1906（2）。

③ 《天津监狱习艺所章程》，载《东方杂志》，1906（2）。

1. 物产和经济调查

在民间调查中，经济调查占有很大比重。在经济调查中，农、林、矿等物产调查又居于优先地位。例如，1897 年，上海创办的农学会章程中就有“考察各地土产”的规定，在它的影响下，许多地方都开展了土产调查。黎少谷刊登在《农学报》第 3 册上的《浏阳土产表》和谭嗣同的《浏阳麻利述》，很可能就是近代中国最早的物产调查。李逢谦的《调查河套情形记》，详细记载了河套地区的农林产品、畜牧产品、水产品、矿产品等方面的情况，它实质上也是一篇物产调查报告。

物产调查质量较高的一篇调查报告，是陈拜庚的《绍兴新昌县物产表》。他早年留学日本，回国后在杭州桑蚕学校任教，曾对绍兴市新昌县的物产做过较详细调查，其调查内容涉及稻谷、杂粮、菜蔬、药材、竹木、果品、禽兽、水产、昆虫等 18 个方面，相当全面。他在《绍兴新昌县物产表》前言中指出：“新昌全邑物产繁多，今划分三表。第一表五谷菜蔬隶焉；第二表药材杂产隶焉；第三表动物矿产隶焉。……三表之中有二缺点：一曰矿。新邑四面倚山，矿产之富不可喻，惜惑于风水之说，无人过问，故矿质甚略缺，缺点一。一曰出产之价值。岁计出产之价值，全邑之大款也，是表除烟、丝、茶、术四项，均难确实调查，缺点二。有此二点，实一憾事，然其于全体，已得八九也。”[①] 这种严谨、求实的态度说明，该文所叙新昌县物产状况，应该比较真实、可靠。

此外，工矿、商贸方面，也很重视实地调查，而争取利权则是推动这些调查的重要动因。例如，20 世纪初，意大利人欲租借浙江三门湾，而地方官吏不知其所在。《三门湾紧要调查书》作者感叹地说：“今日浙人不知浙东多矿，弃之不顾……有觊觎之者矣。矿者，国之精也。失矿，则失国。附志于此，以告浙人忧心时局者。”由于作者忧于此，故作《三门湾紧要调查书》，以启调查之风。[②] 又如，1903 年 3 月，《华商联合报》发布启事：“本报以调查一门关系紧要，且现当研究商法时代，尤应将各埠商业情形及习惯通例详细调查，以为研究之预备”；“本报以联合为宗旨，实地交通海内外商界之总机关”；“并以调查各海口进出货品之大宗及商务实业之现状，以便尽通告之天职”[③]。宁波商会由于不首起调查，有人就大发感慨：“乃调查挽救出诸新议员之商请，吾窃为宁郡之商会诸君羞，吾又为宁郡之商业前途厄。”[④] 这说明，工矿、商贸等经济调查，已成为民间调查的重要内容。

2. 地方自治调查

1898 年戊戌变法失败后，新式知识分子对清廷已彻底失望，在美日等国影响下出现了一股地方自治思潮。例如，1900 年，孙中山主张“各省立一自治政府”，设立省议会，“以本省人为本省官，然必由省议会内公举”，“所有该省之一切政治、征收、正

---

① 陈拜庚：《绍兴新昌县物产表》，载《浙江潮》，1903 - 05 - 16；《农学报》第 246 册，1904 年 3 月。

② 参见《三门湾紧要调查书》，载《浙江潮》，1903 (5)。

③ 载《华商联合报》，1909 (2)；1909 (17)。

④ 《宁波商务总会总董会调查商业之原因》，载《华商联合报》，1909 (15)。

供，皆由全权自理，不受中央政府遥制”[①]。1902 年，康有为在《公民自治篇》中说：“知病即药，今吾中国地方之大，病在于官代民治，而不听民自治也。救之之道，听地方自治而矣。”[②] 江苏留日学生同乡会刊物《江苏》认为，实行地方自治比立宪更为重要，只要地方自治搞好了，清政府再顽固，“亦无如民何”[③]。1903 年，攻法子在《敬告我乡人》中说，“中国今日……民间不信任政府……欲救此弊，莫如地方自治”[④]，只有地方自治，才能“百废俱兴”[⑤]。

中国疆域广袤，各地舆情不同，风俗相异，不熟悉当地情形，不因地制宜，政令就难以畅行，而要熟悉地方风俗政情，就必须开展调查。受日本地方自治和社会调查影响，留日学生中许多人认为地方自治离不开社会调查。他们的逻辑是：清政府腐败无能——中国救亡图存必须实行地方自治——地方自治必须熟悉风俗政情——熟悉风俗政情必须进行社会调查。于是，在中国出现了一股将地方自治与社会调查结合起来的潮流。江苏、浙江、湖北等地留日学生同乡会与本省改革人士、新式知识分子结合起来，围绕地方自治开展了许多社会调查。这个时期的《江苏》《浙江潮》《民报》《四川》《湖北学生界》《云南》《夏声》等刊物，都围绕地方自治刊登过许多调查报告或文章。

在这股潮流推动下，1902—1904 年期间，浙江、江苏、湖北、湖南、安徽等留日学生同乡会或成立调查部，或要求会员从事社会调查，它们规定：调查对象，“上至朝廷、下逮民俗”。调查内容，涉及政事、实业、教育、军事、社会等诸多方面。例如，1902 年 12 月，《励志会会章》第四条规定：“调查国势，凡关乎国家之大问题，本会均当实地调查（分为名法、理、财、内务、外交、教育、实业、军政各部）。”[⑥] 1903 年 3 月，《浙江同乡会调查会叙例》中说：“日本有政府之调查会，有民间之调查会，大凡以团体中，苟其事于权力界有直接间接之关系者，靡不有调查会……上自朝政，下逮民俗，举凡兴一利剔一弊皆有所据，不致迷惑而无所措手。”[⑦] 其他留日学生同乡会的调查内容也都大同小异。可以说，地方自治是传播西方近代社会调查方法的最大推动力之一。

3. 社情民俗调查

社会概况、风俗习惯等方面的调查，是民间社会调查的重要方面。在这方面，傅崇矩的成都调查做出了突出贡献。傅崇矩（1875—1917），字樵村，四川简阳人，青年时随父迁成都，一生以成都人自居。他思想开放，提倡西学，关心时务，在新闻和著述领域贡献较大，曾创办成都第一家民办报纸《通俗启蒙报》，第一家公众阅览室“阅报公社”，出版第一份科学报《算学报》。1903 年，他到日本游历，受日本社会调查影响，回国后对成都各方面进行实地调查，撰写大量调查稿件在报刊上发表，1909 年结

---

① 孙中山：《致港督卜力书》，载《孙中山全集》，第 1 卷，193 页，北京，中华书局，1981。

② 转引自张枬、王忍之编：《辛亥革命前十年间时论选集》，第 1 卷，上册，180 页，北京，三联书店，1960。

③ 载《江苏》，1903（3）。

④ 载《浙江潮》，1903（2）。

⑤ 载《湖北学生界》，1903（4）。

⑥ 载《译书汇编》，1903（10）。

⑦《浙江同乡会调查会叙例》，载《浙江潮》，1903（2）。

集出版，定名为《说成都》（后改名为《成都通览》），全书8册，约30万字①，是记录清末成都社会万象的一部百科全书。

傅崇矩在《说成都》序言中，简要说明了他的调查原则、方法、目的与意义。他说："予以耳目所及者而说成都，较真于传闻所记者而说成都也，予以事物实录而说成都，非笔墨空谈而说成都也，予以调查近事而说成都，不以考据古典而说成都也"；"此书注重调查，随得随录。如有挂漏，当随时补入"；"辅导长官耳目所不及，并欲改良社会"；"官于成都者，不可不阅；凡商界、学界、军界、工界，不可不阅；调查家、新学家、旧派家，不可不阅；幼孩妇女之能识字者，均不可不一阅"。这就是说，调查的原则是"耳目所及""事物实录""调查近事"；方法是"注重调查，随得随录。如有挂漏，当随时补入"；目的是"辅导长官""改良社会"；其意义在于，认识成都、开启民智、促进改良。

《说成都》的内容非常丰富：气候、地势、山、田土、水、江河流域、堤堰、池塘、桥梁、渡头、城、古迹、花园、城内街巷、城外街巷、内城街巷、街巷讹名、近城水碾、四乡场市、城内菜园菜市、田房税契、寺庙、各姓祠堂、会馆公所、官衙、内城官衙及各局所、城内仓廒、近年建置改革、警察五十二局所、官立局厂、各学堂、火政、捐局及捐章、西人产业、西人居留所、外国人游历来往表、商办各公司、慈善事业、文明社会、临时会场、有期游览所、筵宴所、机器工业各局厂、铁路、电报、邮政、大帮信局、银行票号捐号银号、当铺、钱业、银两折合银元一览表、度量权衡、军政、各商帮、成都人、宗教、妇女、官派、官衙内之名词、讼事、监狱谈、官、学生、优伶、监视户、医生、当禁革及应改良者、小儿行为、乳娃教育、民情风俗、性情积习、夜市、客栈、戏园、戏、游玩杂技、赌具及各种赌目名词、房宅、船业、车、轿、印刷业等，都有涉及。《说成都》的文字，既体现了西方社会调查的真实性、科学性，又继承了中国传统文化的写意笔法，使用了民众喜闻乐见的本地方言，把西学与中学很好地结合了起来，因而一经出版就获得了读者的喜爱。可以说，《说成都》是一部清末成都社会万象的百科全书，是一部关于成都全面状况的调查报告。

据《说成都》记载，"现今之成都人，原籍皆外省人"，其中：湖广占25%，河南、山东5%，陕西10%，云南、贵州15%，江西15%，安徽5%，江苏、浙江10%，广东、广西10%，福建、山西、甘肃5%。《说成都》一经出版就广为流传，这是当时其他城市所没有的。因此，傅崇矩希望："外属有同志者以此书为标本，各以其地作为一编，推而及之外省，则大幸事。"这说明，傅崇矩并不独钟于成都的社情民俗调查，而是有意推而广之。

4. 革命活动调查

辛亥革命前，以孙中山为代表的革命党人做过许多社会调查。其中，比较突出的代表人物是光复会创立者之一陶成章和江苏常熟报人丁初我。

① 参见任一民主编：《四川近现代人物传》，第六辑，484页，成都，四川大学出版社，1990。

陶成章（1878—1912），字焕卿，浙江会稽（今浙江绍兴市）人。1904 年 10 月，他与蔡元培、龚宝铨等人在上海创立光复会，蔡元培任会长。陶成章任副会长，担负联络苏、浙、闽、皖、赣 5 省会党之重任。他 1902 年赴日本，1904 年年初回国，深入浙江南部地区联络会党，在云和创办先志学堂，建立据点。1905 年，他与魏兰在秘密联络会党过程中做过许多社会调查。后来，他在《浙案纪略》中回忆说："金、衢、严、处、温、台六府会党之情形，原夫成章、魏兰等所办之概要，则先是调查也。调查之概要凡五：一曰秘密之调查，二曰兵营之调查，三曰贫富之调查，四曰地理之调查，五曰钱粮之调查，一切皆有记录。"[①] 魏兰的回忆则突出了调查方法的隐秘性："……时张恭组织戏班，在义乌、金华间往来演唱，先生与魏兰、魏毓祥遂至班内，与张恭接洽，对外则称堪舆家（即俗称的'风水先生'——引者注），为卜穴而至。"[②] 这就是说，以戏班为掩护进行会党调查。通过这次调查，他们不仅为浙江南部金、衢、严、处、温、台六府会党的发展打下了坚实基础，而且把《江苏》《浙江潮》《革命军》《猛回头》《警世钟》等革命杂志、书籍带入了浙江南部地区。

丁初我（1871—1930），名祖荫，字芝孙，江苏常熟人。他与同乡好友徐念慈，于 1897 年在常熟创办中西学社，1903 年成立中国教育会常熟支部，1904 年在常熟组建竞化女学校，并在上海创办《女子世界》杂志。丁初我任该杂志主编，主张"政治之革命"和"家庭之革命"并举，曾做过许多学界调查和女子调查。例如，1903 年年初，丁初我曾对常熟学界现状做过细致调查，他撰写的《常熟学界调查报告》，不仅叙述了常熟教育发展之不足，而且揭露了其中的腐败现象，表达了对常熟学界改良的忧思。[③] 又如，1903 年 12 月，丁初我在《女子世界调查部缘起》中说："我国既愚，其两万万男子俾为间接之奴隶于异种，而更以最亲爱、最文弱两万万女子为奴隶之直接奴隶。……故欲拯今日之危亡，必先解脱女子之羁勒，俾立于平等地位而聪其听焉、明其视焉……此本志发行之目的也，虽然同人绵于才力，域天见闻，用设调查一部，以待热心女界之善男子、善女子时时报告于本社介绍，以公我同胞临风翘企希望。"[④]《女子世界》创刊后，它的调查专栏——"女学调查""特别调查"，先后刊登过《湖南女界》《留学女艺》《女医东渡》《女界志英》《女报界新调查》等 19 篇调查报告。1907 年，还与秋瑾办的《中国女报》合并而成《神州女报》，继续开设调查专栏。总之，《女子世界》以其历时之久（1907 年停刊）、刊期之多（总共 18 期），在晚清妇女杂志中占有重要地位，因而被秋瑾称为妇女报刊中之"巨擘"。

---

① 汤志均编：《陶成章集》，341 页，北京，中华书局，1986。
② 《辛亥革命浙江史料选辑》，340 页，杭州，浙江人民出版社，1981。
③ 参见丁初我：《常熟学界调查报告》，载《江苏》，1903（4）。
④ 丁初我：《女子世界调查部缘起》，载《浙江潮》，1903（10）。

# 第八章　中华民国时期的社会调查

中华民国时期的社会调查，是指从 1911 年辛亥革命起，至 1949 年中华人民共和国成立止的社会调查，前后历时 38 年。

## 第一节　中华民国时期——中国社会大动荡、大变革、大进步的时期

中华民国时期，是中国社会大动荡、大变革、大进步的时期，是中国人民内惩国贼、外御强敌并取得伟大胜利的时期。这个时期可分为 4 个阶段：北洋政府时期、南京国民政府时期、全面抗日战争时期和解放战争时期。

北洋政府时期（1912—1928）：1911 年辛亥革命的成功，结束了2 000多年的封建君主专制制度，开启了中国近现代化发展历程。然而，辛亥革命的胜利成果很快被袁世凯窃取。袁世凯称帝梦碎后，中国又陷入了北洋军阀的长期混战。在新文化运动基础上，中国国民党和中国共产党先后诞生，并携手开展了北伐战争。1927 年，蒋介石发动“四一二”政变，镇压中国共产党。1928 年，继续北伐，6 月占领北京，12 月东北易帜，终结了北洋政府，实现了中国的统一。北洋政府时期，中国的经济、文化、教育、社会等方面都发生了一些变化：一是中国民族资本利用西方列强忙于第一次世界大战的机会得到了较快发展。二是人口增加。三是人口城镇化率提高。四是教育文化事业有所发展。五是自然灾害频繁。六是战争破坏严重。七是移民增多。八是家庭规模缩小。九是两极分化加剧。

南京国民政府时期（1928—1937）：国民党在“清共”、终结北洋政府、取得“削藩”战争胜利（1929 年 2 月至 1930 年 10 月）、解决党内纷争（1932 年 3 月）基础上，形成了汪精卫主政、蒋介石主军格局。共产党通过南昌起义、秋收起义（1927 年 7 月至 9 月）等武装斗争开辟了农村革命根据地，1930 年 10 月至 1934 年 10 月开展了五次反“围剿”斗争，并通过长征到达陕北（1936 年 10 月）。这个时期，总体而言，经济发展较快，建设成果丰硕，教育明显进步，科技人才辈出，文艺相当繁荣，可说是中国近代发展最好的一个时期。然而，日本的侵略打断了这一进程。面对日本武装入侵，经过“西安事变”和平解决、“卢沟桥事变”和淞沪战役的爆发，直到 1937 年 9 月蒋

介石发表讲话事实上承认了共产党的合法地位，终于实现了第二次国共合作，开始了全面的抗日战争。

全面抗日战争时期（1937—1945）：中国全面抗日战争历时 97 个月，经历了战略防御、战略相持、战略反攻 3 个阶段。在国统区，国民党形成一党独大局面，蒋介石获得独裁地位；内迁企业有所发展，基本满足抗战需要，但财政赤字巨大，滥发纸币，物价飞涨，民不聊生；高校培养了一批人才，出现了一批世界级的科学大师、文艺大师和高质量成果。在敌后，开辟了 21 块抗日根据地，歼灭了大量日伪军，战胜了国民党三次反共高潮；根据“三三制”原则建立了陕甘宁边区政府和其他行政机构；实行了减租减息政策，开展了大生产、农业互助合作运动，发展了工业、手工业和商业，以改善民生；成立了许多文艺团体，创作了许多带有典范意义的文艺作品。在沦陷区，日本推行“以华制华”“以战养战”战略和“三光政策”、奴化教育，引起了沦陷区人民的强烈反抗。

解放战争时期（1945—1949）：抗战胜利后，国共为接收权展开了激烈争夺。在美国的帮助下，蒋介石夺取了抗日胜利的绝大部分成果。但是，国民政府的经济接收机构林立，贪腐严重，失尽民心，搞得一塌糊涂。1945 年 10 月，国共经过重庆谈判达成了“双十协定”。但是，1946 年 6 月，国民党军队大举进攻中原解放区，导致解放战争全面爆发。从 1946 年 6 月到 1950 年 6 月的 4 年间，共产党经过战略防御、战略反攻、战略决战和战略追击 4 个阶段，将国民党在大陆的军队全部歼灭，仅有少量逃往台湾地区。至此，共产党领导的中国人民解放军取得了解放战争的胜利。1949 年 9 月，召开了中国人民政治协商会议，通过了《中国人民政治协商会议共同纲领》等文件。10 月 1 日，中华人民共和国中央人民政府宣告成立，它标志着中国人民从此站了起来。

## 第二节　民国时期社会调查概况

民国时期，是近代社会调查方法系统传入中国的时期，其具体表现是：调查数量大幅增加，调查主体日益多元，调查方法不断进步。本节着重论述社会调查的数量及其分布；后四节分别论述政府、民间、外国人在华的社会调查，以及社会调查方法的中国化等问题。

### 一、社会调查的总量

民国时期，国内各种政治团体或派别、各级政府或部门、各类学校或院系、各种研究机构或学术团体，以及各科学者都做过许多社会调查。这些调查的成果，有的曾在报刊公开发表或出版单行本，有的只以手抄本、油印本形式散存于各类图书馆或档案馆。民国时期究竟做过多少次社会调查？据笔者所知，对这个问题做过研究的有 3

位学者。

（1）刘育仁的研究。据20世纪30年代燕京大学社会学系学生刘育仁对《每周重要书报目录索引》《支那研究》《日报索引》《人文半月刊》《食货半月刊》等目录索引的统计，1927—1935年共发表调查信息9 027次[①]，年均1 003次。

笔者认为，刘育仁的回答具有重要意义，他第一次用具体数字说明了1927—1935年公开发表调查信息的规模，很可能是研究民国时期社会调查数量的第一人。但是，他的回答有3个重要缺点：一是，只统计了公开发表的调查信息，未统计尚未公开发表的调查信息。二是，统计的“调查信息”，很难肯定都得出了一定的调查成果，而且这些调查信息难免出现重复。三是，只统计了1927—1935年9年的调查信息，而民国时期从1912—1949年共38个年头，尚缺29年的调查信息。

（2）李章鹏的研究。中国人民大学李章鹏认为，刘育仁依据的“这些索引所包含的，或是一些已经发表的调查成果，或是被各种报纸杂志报道的有关调查的消息。未经报道或发表的调查当属更多，郑振满先生在一次座谈会上指出，单是在陕甘宁根据地共产党人所进行的土地调查数量就达六千余种之多。保守地估计，整个民国时期社会调查数量应当有几万种”。李章鹏“也对民国时期社会调查的数量进行了统计，但统计的对象和依据的资料与刘育仁有所不同”。他“主要是对一些已经公开发表的调查成果进行统计分析，资料来源，在论文方面主要有以下几种：《人文月刊》、《期刊索引》、《日报索引》、《统计月刊》（立法院统计处出版）、冯法和编的《中国农村经济资料》及《续编》、《中国近代期刊篇目汇录》第三卷、《五四时期期刊介绍》、《农业论文索引：前清咸丰八年到民国二十年底（1858—1931）》、《中国经济年鉴》第三篇土地篇的注释、《〈东方杂志〉总目》、燕京大学学位论文、《民国时期社会调查丛编》、《中国农业经济文献目录（1900—1981）》以及笔者不时所涉猎的一百多种刊物。在单行本方面，主要有《民国时期总书目1919—1949》及国内各大图书馆电子书目。……必须指出的是，台湾地区台北成文出版社有限公司、美国中文资料中心1977年联合整理出版的《民国二十年代中国大陆土地问题资料》并未纳入我们的统计之中。这样做有两个原因，一是它们的整理出版是调查后几十年的事情，二是它们都与土地问题相关，如果将它们统计在内，必定造成土地调查项目下畸重的情形”。根据李章鹏的“初步统计，得出1912至1937年间共有调查报告6 507种（年均250种——引者注），其中，以论文形式出现的调查报告有5 497种，以单行本形式出现的调查报告1 010种”[②]。

笔者认为，李章鹏对民国时期社会调查数量的研究比刘育仁前进了一大步，其具体表现是：1）在统计依据上，刘育仁主要依据了5～6种目录索引，李章鹏依据了10多种目录索引和一百多种刊物，后者比前者的依据广泛得多。2）在时间跨度上，刘育仁研究的是1927—1935年，共9年，李章鹏研究的是1912—1937年，共26年，后者

---

① 参见刘育仁：《中国社会调查运动》，北京，燕京大学法学院社会学系本科毕业论文，1936。

② 李章鹏：《现代社会调查在中国的兴起：1897—1937》，42～45页，北京，中国人民大学博士学位论文，2006。

比前者多 17 年。3）在研究对象上，刘育仁的统计对象是一般调查信息，很难保证这些调查信息都得出了调查成果，李章鹏的研究对象是单行本和论文，可以肯定它们都是调查研究的成果。但是，李章鹏的研究也存在两个明显缺陷：1）只统计了公开发表的调查报告单行本和论文，而未包括尚未公开发表的调查成果。2）缺少 1938—1949 年共 12 年的资料。

（3）任伟伟的研究。山东大学任伟伟“对南京国民政府社会调查出版物进行了统计”，“得出 1927—1949 年南京国民政府调查报告共有 466 本（单行本）”，其中 1927—1937 年 320 本，1938—1949 年 146 本；“论文及公文” 37 865 篇，其中 1927—1937 年30 067篇，1938—1949 年7 798篇。总计38 331本（篇），年均约1 667本（篇）。①

这里需要说明两点：一是，任伟伟博士论文的题目是《南京国民政府社会调查研究》，说明上述数据是“对南京国民政府社会调查出版物”的统计。这就是说，他的研究对象仅局限于“南京国民政府”的社会调查，而不包括民间的社会调查。然而，任伟伟统计上述数据的资料来源是：“《民国时期社会调查丛编》《〈东方杂志〉总目》《民国时期总书目 1919—1949》《民国史料丛刊》《民国集萃》《民国丛书》及国内各大图书馆电子数（书）目。”据笔者所知，这些书目并不区分政府或民间，因而上述数据很可能是“南京国民政府时期”的社会调查，即既包括南京国民政府的社会调查，又包括民间的社会调查。二是，任伟伟统计的对象是“单行本”和“论文及公文”。笔者认为，单行本和论文是反映调查成果的不同形式，把它们作为调查对象没有问题，但把公文作为调查对象似乎欠妥。因为，公文里的社会调查，不是调查成果，而只是工作要求或部署，是否进行了调查、形成了调查成果，根本无法确定，而且公文往往层层转达或部署，难免重复计算。因此，把公文作为调查对象是不妥当的，很可能夸大了社会调查的数量。然而，尽管如此，笔者认为任伟伟的统计数据仍然反映了一定的事实，特别是他统计的年度中包含了 1938—1949 年的 12 年，从而使对民国时期社会调查数量的研究覆盖了 1912—1949 年民国政府的整个时期。

简言之，刘育仁统计的“调查信息”年均1 003次，李章鹏统计的“调查报告”年均 250 种，任伟伟统计的“社会调查出版物”年均1 667本（篇）。笔者认为，这些数据虽不完全准确，但却大体反映了民国时期社会调查的规模，因而具有一定参考价值。

## 二、社会调查的年度分布

据李章鹏对 1912—1937 年间 6 507 种调查报告的统计，其中有准确发表时间的 5 543种（单行本 822 本、论文 4 721 篇），其年度分布情况见表 8－1。

---

① 参见任伟伟：《南京国民政府社会调查研究》，18～20 页，济南，山东大学博士学位论文，2012。

表 8-1　　1912—1937 年 5 543 种调查报告的年度分布

| 类别 | 总计 | 1912 | 1913 | 1914 | 1915 | 1916 | 1917 | 1918 | 1919 | 1920 | 1921 | 1922 | 1923 | 1924 |
|---|---|---|---|---|---|---|---|---|---|---|---|---|---|---|
| 合计（种） | 5 543 | 7 | 31 | 33 | 90 | 76 | 79 | 55 | 61 | 179 | 96 | 74 | 69 | 69 |
| 单行本（本） | 822 | 5 | 0 | 4 | 7 | 3 | 5 | 9 | 10 | 7 | 7 | 6 | 11 | 13 |
| 论文（篇） | 4 721 | 2 | 31 | 29 | 83 | 73 | 74 | 46 | 51 | 172 | 89 | 68 | 58 | 56 |
| 类别 | 1925 | 1926 | 1927 | 1928 | 1929 | 1930 | 1931 | 1932 | 1933 | 1934 | 1935 | 1936 | 1937 | |
| 合计（种） | 104 | 99 | 99 | 100 | 329 | 482 | 276 | 329 | 518 | 1 112 | 679 | 313 | 184 | |
| 单行本（本） | 8 | 9 | 9 | 25 | 32 | 52 | 58 | 49 | 69 | 141 | 117 | 91 | 75 | |
| 论文（篇） | 96 | 90 | 90 | 75 | 297 | 430 | 218 | 280 | 449 | 971 | 562 | 222 | 109 | |

表 8-1 数据说明：（1）从总计看，1912—1937 年的 26 年间，共发表调查报告5 543种，年均约 213 种。其中，1912—1917 年北洋政府的 16 年间1 221种，年均 76 种；1928—1937 年南京政府的 10 年间4 322种，年均 432 种；后者是前者的 5.7 倍。（2）从单行本看，1912—1937 年的 26 年间，共发表单行本 822 种，年均 32 种。其中，北洋政府的 16 年间 113 种，年均 7 种；南京政府的 10 年间 709 种，年均 71 种；后者是前者的 10 倍。（3）从论文看，1912—1937 年的 26 年间，共发表论文4 721篇，年均 182 种。其中，北洋政府的 16 年间1 108篇，年均 69 篇；南京政府的 10 年间 3 613 篇，年均 361 种；后者是前者的 5.2 倍。上述数据说明，1928—1937 年南京政府的 10 年，是近代中国社会调查成果最丰硕的 10 年，特别是 1934 年，无论是调查报告的论文数，还是调查报告的单行本数，都达到了这个时期的顶峰。①

据任伟伟“对南京国民政府社会调查出版物”的统计，1927—1949 年38 331本（篇）调查报告（其中，单行本 466 本、论文及公文37 865篇）的年度分布情况见表8-2。

表 8-2　　1927—1949 年南京国民政府调查报告的数量及其年度分布表

| 年份 | 合计（种） | 单行本（本） | 论文或公文（篇） | 年份 | 合计（种） | 单行本（本） | 论文或公文（篇） |
|---|---|---|---|---|---|---|---|
| 总计 | 38 331 | 466 | 37 865 | 1938 | 591 | 13 | 578 |
| 1927 | 988 | 3 | 985 | 1939 | 621 | 16 | 605 |
| 1928 | 1 702 | 5 | 1 697 | 1940 | 556 | 17 | 539 |
| 1929 | 2 870 | 16 | 2 854 | 1941 | 773 | 19 | 754 |
| 1930 | 2 784 | 25 | 2 759 | 1942 | 651 | 12 | 639 |
| 1931 | 2 561 | 33 | 2 528 | 1943 | 751 | 10 | 741 |
| 1932 | 2 502 | 20 | 2 482 | 1944 | 592 | 14 | 578 |
| 1933 | 2 515 | 35 | 2 480 | 1945 | 341 | 13 | 328 |
| 1934 | 3 569 | 47 | 3 522 | 1946 | 709 | 12 | 697 |
| 1935 | 3 617 | 52 | 3 565 | 1947 | 1 061 | 6 | 1 055 |
| 1936 | 4 577 | 45 | 4 532 | 1948 | 1 117 | 10 | 1 107 |
| 1937 | 2 702 | 39 | 2 663 | 1949 | 181 | 4 | 177 |

资料来源：《民国时期社会调查丛编》《〈东方杂志〉总目》《民国时期总书目 1919—1949》《民国史料丛刊》《民国集萃》《民国丛书》及国内各大图书馆电子数（书）目。

① 参见李章鹏：《现代社会调查在中国的兴起：1897—1937》，42～44 页，北京，中国人民大学博士学位论文，2006。

表 8-2 数据说明：（1）从总计看，1927—1949 年的 23 年间，共发表调查报告38 331种，年均1 667种。其中，1927—1937 年全面抗战前的 11 年间30 387种，年均2 762种；1938—1945 年抗日战争的 8 年间4 876种，年均 610 种；1946—1949 年解放战争的 4 年间3 068种，年均 767 种。（2）从单行本看，1927—1949 年的 23 年间，共发表 466 本，年均 20 本。其中，全面抗战前的 11 年间 320 本，年均 29 本；抗日战争的 8 年间 114 本，年均 14 本；解放战争的 4 年间 32 本，年均 8 本。（3）从论文看，1927—1949 年的 23 年间，共发表调查报告37 865篇，年均1 646篇。其中，全面抗战前的 11 年间30 067种，年均2 733篇；抗日战争的 8 年间4 762种，年均 595 篇；解放战争的 4 年间3 036篇，年均 759 篇。上述数据说明，抗日战争的 8 年和解放战争的 4 年，社会调查的数量都大大低于 1927—1949 年的平均水平。唯有全面抗战前的 11 年，是社会调查成果最丰硕的 11 年，其中 1935 年是单行本数量的顶峰，1936 年是论文数量的顶峰。①

表 8-1 和表 8-2 的数据说明，对民国时期社会调查数量的研究，任伟伟与李章鹏有相同点，即都表明 1927 或 1928—1937 年，是近代中国社会调查成果最丰硕的 10 年或 11 年；也有不同点，即李章鹏统计了 1912—1927 年社会调查的数量，但缺少 1938—1949 年社会调查的数量；任伟伟则相反，统计了 1938—1949 年社会调查的数量，却缺少 1912—1926 年社会调查的数量。他们的不同点，正好弥补了对方的不足，从而使民国时期社会调查的数量研究，有了一个从 1912 年到 1949 年 38 年间的完整数据。

总体而言，要准确说明民国时期社会调查的数量是不可能的，但李章鹏关于“整个民国时期社会调查数量应当有几万种”的估计是基本可信的。在民国时期 38 年（1912—1949）的 4 个发展阶段中，1912—1927 年北洋政府的 16 年，是近代中国社会调查的初步发展阶段，调查成果相对较少；1928—1937 年南京政府的 10 年，是近代中国社会调查的迅猛发展阶段，调查成果最为丰硕；1938—1945 年全面抗战的 8 年，是近代中国社会调查的曲折发展阶段，调查成果大幅下降；1946—1949 年解放战争的 4 年，仍然是近代中国社会调查的曲折发展阶段，调查成果回升不久又急剧下降。

## 三、社会调查的地域分布

据刘育仁研究，1927—1935 年9 027次调查信息在地域上的分布，是沿海多于内地和边疆，城市多于农村，但没有说明具体的数据。

李章鹏为了研究调查报告的区域分布，“将全国分成七大区域（不包括台湾地区）：东北（含今天的黑龙江、吉林、辽宁）、华北（含今天的河北、北京、天津、山西、山东、河南、内外蒙古②）、西北（含今天的山西、宁夏、甘肃、青海、新疆）、华东（含今天的江苏、上海、浙江、安徽、江西）、东南（含今天的福建、广东、广西、台湾、海南、香港、澳门）、

① 参见任伟伟：《南京国民政府社会调查研究》，18～20 页，济南，山东大学博士学位论文，2012。

② 1912—1937 年间外蒙古尚没有正式分裂出去，所以理应作为考察的对象。

中南（含今天的湖南、湖北）和西南（含今天的四川、云南、贵州、重庆）”。在此基础上，李章鹏对 1912—1937 年间6 507种调查报告中有明确区域记载的5 634种调查报告（包括 892本单行本和4 742篇论文），进行了区域分布统计，详见表 8 - 3。

**表 8 - 3　　1912—1937 年5 634种调查报告的区域分布**

| 类别 | | 合计 | 东北 | 西北 | 华北 | 华东 | 东南 | 中南 | 西南 | 跨区域 |
|---|---|---|---|---|---|---|---|---|---|---|
| 合计 | 数量（种） | 5 634 | 292 | 281 | 1 422 | 1 990 | 832 | 389 | 294 | 134 |
| | 比重（%） | 100.0 | 5.2 | 5.0 | 25.2 | 35.3 | 14.8 | 6.9 | 5.2 | 2.4 |
| 单行本 | 数量（本） | 892 | 37 | 36 | 270 | 264 | 112 | 76 | 71 | 26 |
| | 比重（%） | 100.0 | 4.1 | 4.0 | 30.3 | 29.6 | 12.6 | 8.5 | 8.0 | 2.9 |
| 论文 | 数量（篇） | 4 742 | 255 | 245 | 1 152 | 1 726 | 720 | 313 | 223 | 108 |
| | 比重（%） | 100.0 | 5.4 | 5.2 | 24.3 | 36.4 | 15.2 | 6.6 | 4.7 | 2.2 |

表 8 - 3 的数据说明：（1）从总计看，华东最多，华北次之，东南再次之，其他区域均较少。（2）从单行本看，华北最多，华东次之，东南再次之，其他区域均较少。（3）从论文看，华东最多，华北次之，东南再次之，其他区域均较少。华东和东南是沿海区域，华北是京畿之地，它们的调查报告较多，是完全符合实际的。①

## 四、社会调查的内容分布

据李章鹏的初步统计，1912—1937 年 6 507 种调查报告的内容分布情况，见表 8 - 4。

**表 8 - 4　　1912—1937 年 6 507 种调查报告的内容分布**

| 类别 | | 合计 | 概况 | 社会 | 经济 | 文教 | 政治 | 其他 |
|---|---|---|---|---|---|---|---|---|
| 合计 | 数量（种） | 6 507 | 283 | 1 015 | 3 868 | 687 | 282 | 372 |
| | 比重（%） | 100.0 | 4.3 | 15.6 | 59.5 | 10.6 | 4.3 | 5.7 |
| 单行本 | 数量（本） | 1 010 | 55 | 164 | 615 | 60 | 56 | 60 |
| | 比重（%） | 100.0 | 5.4 | 16.2 | 60.9 | 6.0 | 5.5 | 6.0 |
| 论文 | 数量（篇） | 5 497 | 228 | 851 | 3 253 | 627 | 226 | 312 |
| | 比重（%） | 100.0 | 4.1 | 15.5 | 59.2 | 11.4 | 4.1 | 5.7 |

表 8 - 4 的数据说明：无论从总计看，还是从单行本、论文看，都是经济最多，社会次之，文教再次之，其他均较少。经济是执政和民生的基础，社会是公平和正义的关键，文教是国家的希望和未来，有关它们的调查报告较多，完全合情合理。②

① 参见李章鹏：《现代社会调查在中国的兴起：1897—1937》，46～48 页，北京，中国人民大学博士学位论文，2006。

② 参见李章鹏：《现代社会调查在中国的兴起：1897—1937》，55～56 页，北京，中国人民大学博士学位论文，2006。

# 第三节　政府的社会调查

## 一、政府的社会调查机构、人员及其法规

民国时期，承担社会调查职能的政府机构，主要有主计处（局、部）及其统计局（室）、中央研究院和国史馆等。

国民政府主计处，1931 年 4 月依据《国民政府主计处组织法》（1930 年 11 月公布）成立，负责国民政府的岁计、会计、统计工作。它以调查、统计资料作为编制施政计划与预算的依据，并负责事后的考核，是设计、执行、考核三者相结合而构成的主计体系。中央主计处为主计体系的中心，中央各部、委、局和各省、市、县分别设立统计局、司、处、室、科、股等。1933 年以后，根据行政院公布的《地方行政机关统计组织暂行规则》，地方统计机构改为两种，即统计委员会和统计股。据有关学者研究，全国统计机构的统计人员，1933 年，中央机关为 276 人（其中留学生 33 人，专科以上 78 人）；省市地方机关为 190 人（其中留学生 6 人，专科以上 83 人）。[①] 1947 年，中央机关增至 669 人，助理人员 930 人；省市地方机关增至1 196人，助理人员2 111人。[②] 此外，1913 年成立的、隶属于实业部的中央地质调查所，1933 年成立的、隶属于行政院的农村复兴委员会，也是国民政府的两个重要调查机构，都曾做过许多社会调查。

中央研究院，1928 年 6 月依据《中央研究院组织法》成立，是民国政府的最高学术研究机关，其任务是：数理科学、生命科学、人文社会科学的学术研究、指导、联络及奖励，以及培养高级学术研究人才等。中央研究院设有 24 个研究所、7 个研究中心。其中，社会科学研究所筹设于 1927 年 11 月，正式成立于 1928 年 5 月，下有法制、民族、经济、社会等 4 个组，前两组在南京，后两组在上海。1934 年 7 月，中华教育文化基金董事会的北平社会调查所并入该所。1945 年，改称社会研究所。1928—1933 年期间，著名学者陈翰笙曾担任该所社会组负责人，组织过许多影响深远的社会调查。

国史馆成立于 1912 年，《国史馆官制》规定："国史馆掌纂辑民国史、历代通史，并储藏关于史之一切材料。"馆长由大总统直接领导，掌理全馆事务；设纂修、协修等，分任编辑事务。由于袁世凯热衷于称帝和军阀连年混战，国史馆形同虚设，1928 年更被废止。此后，虽曾多次被提议重设，却因国民政府内外交困，视重设国史馆为"不急之务"而被一再拖延，直到 1946 年 11 月才公布《国史馆组织大纲》，12 月任命馆长，1947 年 1 月启用印信，正式对外办公。但是，此时国民政府已摇摇欲坠，国史馆在大陆已不可能有所作为。

---

① 参见吴大钧：《我国统计制度之研究》，见《统计论丛》，52～53 页，上海，上海黎明书局，1934。

② 参见李惠村等：《中国统计史》，238～239 页，北京，中国统计出版社，1993。

民国时期有关调查统计的法规很多，大体可分为5类：一是关于调查统计制度的法规。如1932年公布的《统计法》、1934年公布的《统计法实行细则》等。二是关于调查统计方案的法规。如《公务统计方案之意义及其拟订程序》《拟订地方政府公务统计方案应注意之事项》等。三是关于调查统计规则的法规。如《警政统计规则》《户口普查条例》《抗战损失调查办法》等。四是关于机构设置和工作规程的法规。如《国民政府主计处处务规程》《地方行政机关统计组织暂行规则》等。五是关于调查统计人员及其考试、任用的条例。如《高等考试统计人员考试条例》《普通考试统计人员考试条例》等。这些法规，对于调查统计工作的正规化、规范化起到了一定的作用。

## 二、全国人口调查

民国时期，进行过三次比较重要的人口调查。

第一次是1912年，由内务部主持的人口清查。这次清查的项目是：姓名、性别、年龄、婚姻状况、职业、出生率及死亡率等，但未规定清查人口的标准时间。清查的方法，多数省区采用逐户调查方法，少数由地方官厅估计。全国只有19个省、2个特区开展了清查，其他省区1916年才开始清查。清查结果于1917年公布，总人口数为405 816 967人。

第二次是1928年，由内政部主持的全国户口调查。这次户口调查，内政部制定了《户口调查统计报告规则》，并附有调查统计表式，调查表分为住户、船户、寺庙、公共户4类，规定调查常住人口。住户、船户的调查项目是：姓名、性别、与户主关系、已未嫁娶、有无子女、年龄及出生年月日、籍贯、曾否加入国民党、住居年数、职业、受教育程度、宗教、废疾及其他等，限定调查结果12月底前汇报，但未规定调查的标准时间。这次调查，至1929年只有13省、5个特别市汇报到部，内政部以此为依据估计求得全国总人口数为441 850 000人。

第三次是1937年，由主计处主持的全国户口普查。这次户口普查，直到1941年才公布《户口普查条例》，10月选择四川省的彭县、双流、崇宁3县为试点做实地调查，集训调查人员1 500多人，调查内容有：姓名、与户长的关系、年龄及出生年月日、婚姻状况、受教育程度、从业及办事处所与所任职务、国籍、是否常时住宿或往何处居住等项目，选定4月5日清明节为标准日开始调查，4月12日结束，直到1943年才出版《四川省选县户口普查总报告》。这次试点，不仅人力、财力、时间耗费大，而且项目设置不科学，与保甲的户口调查、人事登记相交叉，彼此干扰、格外烦琐，如果推广至全国，必以失败告终。

总体而言，前两次人口调查，发生在孙中山领导的南京临时政府和蒋介石领导的南京国民政府初期，它们反映了当政者掌握全国人口状况的迫切愿望，但当时“天下初定、百废待兴”，国家远未统一，制度尚待建立，人员素质参差不齐，民众尚无基本认知，根本不存在进行科学人口普查的客观条件，因而只能算是近代人口普查的初步尝试，其调查结果只具有参考价值。第三次人口调查，虽是近代人口普查的试点，但没有获得成功。

事实上，民国时期，一方面，税赋征收、兵员征集、选民登记、邮区划分等“所有施政之标准，端赖户口统计为根据”①，因而人口调查统计数据，超过了以前任何朝代；另一方面，由于军阀混战、日本侵略和国共内战，国家尚未真正统一，没有进行过科学的全国人口普查，因而全国人口数相当混乱。据有关学者研究，1912—1949 年的 38 年间，政府部门、社会团体、有关学者先后发表过 104 个不同的全国总人口数。按年代分布，有 4 个年度无总人口数，8 个年度有 1 个总人口数，5 个年度有 2 个总人口数，10 个年度有 3 个总人口数，10 个年度有 4～6 个总人口数，1 个年度有 7 个总人口数；按来源分布，内政部发布 22 个，主计处统计局和实业部发布 9 个，邮局、海关发布 23 个，学术、文化团体和基督教会发表 28 个，人口学者个人提供 22 个。例如，1928 年有 7 个不同的全国总人口数，详见表 8－5。

**表 8－5　1928 年 7 个不同的全国总人口数及其来源**

| 序号 | 总人口数（人） | 来源 |
|---|---|---|
| 1 | 474 787 386 | 内政部统计司《民国十七年各省市户口调查统计报告》，634 页，京华印书馆，1931 年 2 月南京版。 |
| 2 | 441 849 148 | 主计和统计局修正数《中国人口问题之统计分析》，11 页，正中书局，1948 年上海版。 |
| 3 | 485 508 838 | 邮政局调查务邮区人口数，民国二十二年《申报年鉴》，7～8 页。 |
| 4 | 451 842 000 | 海关估计，《中国经济年鉴》人口篇。 |
| 5 | 450 000 000 | 国际联盟调查统计处估计，宋希庠《农垦》，85 页。 |
| 6 | 446 649 832 | 陈长蘅修订内务部调查数，乔启明、蒋杰《中国人口与粮食问题》，14 页，上海中华书局，民国二十六年发行。 |
| 7 | 434 634 953 | 国民年鉴社统计，民国十八年《中国年鉴》（第一回）。 |

资料来源：杨子慧主编：《中国历代人口统计资料研究》，1284～1286 页，北京，改革出版社，1996。

表 8－5 中，邮政局发布的总人口数为485 508 838人，国民年鉴社统计的总人口数为434 634 953人，两者相差50 873 885人，即相差 10.48%。

有人口学者认为，“民国时期历时不足 38 年……尽管统计数据混乱，但只要把基数和尾数基本弄清，就可以推算出其间各年度人口的大体情况。尾数比较容易解决，这就是……1949 年大陆人口的调查统计，加台湾、香港、澳门人口，总计约55 092万口。至于它的基数……必须逐省考查，才能……比较近于实际的全国人口数据”。据有关学者逐省考查，民国时期全国总人口数：1912 年为442 945 297人，1919 年为468 487 473人，1928 年为495 381 199人，1936 年为496 723 711人，1945 年为516 458 301人。②

① 内政部年鉴编纂委员会：《内政年鉴》，上海，商务印书馆，1935。
② 参见路遇、滕泽之：《中国人口通史》，下册，960～964 页，济南，山东人民出版社，2000。

## 三、全国土地调查

民国时期，土地调查甚多，其中调查最全面、报告最详尽的土地调查，首推1934年8月至1935年12月底完成的全国土地调查。这项调查，是为实施1930年6月公布的《土地法》而实施的，其简要情况如下。

1934年8月，国民政府成立了由全国经济委员会、内政部、财政部组成的土地委员会，其首要任务就是“先将各省市土地实况，于六个月内为比较的系统之调查，再行拟具办法，提请中央核定”。为了搞好这次调查，土地委员会直接选任八十二人，“授以短期训练，派赴各省为专区调查员。再由专区调查员择各县干练党员，训练为县调查员，共九百八十六人。研究方面，聘用研究员八人，助理研究员七人，合之……调用者，约共三十人。计算及抄写人员……先后招考三次，共计五百余人。……全会动用人员，共计不下三千人”。“调查方法，采取派员调查方式。……尽量应用现有关于土地问题之各种组织，或委托党政机关为普遍简单之调查，并派员协助之。”“调查表格……有五种：(一) 农家普查表；(二) 县调查表，内分土地概况与度量衡制度二表；(三) 区调查表，内分农业概况与租佃制度概况二表；(四) 农家周年出入调查表；(五) 地主田场周年出入调查表。”“调查地域，共二十二省，其中普查者十省。所谓‘普查’，系将全省所有之县，调查其五分之一，而在此五分之一普查县中，挨户调查全县农户五分之一。”“调查时间，原定六个月，嗣以种种关系，到二十四年(1935)七月底调查完毕。……至十二月底，全部工作结束，土地委员会裁撤。”这次调查，所编报告5类40种，即：总报告，4种；分省报告，22种；分项报告，7种；特种问题报告，4种；其他研究报告，3种。共约200万余言。

这次调查的结论及补救时弊之原则：“一、农业人口之疏化。……农民仍逾总人口数76%，且拥挤于一部分之肥沃土壤区域……大多数……挣扎于饥饿线上之小农生活。”补救之道，发展工商业，降低农民百分率，移民垦殖，调剂狭乡人口，减少小农比例。“二、土地利用之改进。不独荒地应即积极垦殖，即今已耕之地，亦多未尽其利，每亩产量甚低，应即加以改良。……致力于排水、灌溉、防洪、施肥等。……设法防止农地之细分……合四散零星者为整片。”“三、自耕农之扶植。……设法增加每一农家之耕地与生产，使无地者得地，有地而不足者增加其地……保护佃农、确立土地金融制度、限制豪强兼并、防止自耕地之因任意分割而狭小，或因过分负债而损失等。”“四、租佃制度之改革。……政府对于租佃，向鲜干涉……大都收益之分配失均，租期短促，契约偏颇，利益冲突，纠纷时见，成为社会乱源之一。改革实不可缓，政府就要采取法定主义，基于平等互惠之原则，明定租额限度及其他条款，审核租佃契约而登记之，以期业佃双方之协调与进步。”“五、土地金融制度之确定。……今日亟宜成立新土地金融系统，以土地为担保，发行土地债券，筹划巨资以调剂之。”“六、整理田赋与改办地价税。田赋为地方最重要之税收，积弊亦最深，以致赋短于上，民困于下。应将地籍、税制、征收并重。……地价税率应采用累进制，使地愈多者税愈重，寓限制兼并于日常征税之中。”“七、防止土地投机与涨价归公。……土地增值税应即实行，使涨价归公，投机无利而自止。”报告最后指出，“今地籍散乱，实为行施土地政策之大阻碍，应即加以整理。整理之道，必须正式测丈登记，并规定地价”①。

总体而言，这次土地调查，部分反映了当时土地问题的真实情况，提出了一些缓解土地问题的措施或建议，但当时的国民政府却很少付诸实施。更重要的是，这次调查并未触及土地私有制这一根本问题，因而所提建议与措施，并不能根本解决当时的土地问题。

## 四、全国行业调查

民国时期，立法院主计处、统计局，国民政府各部委、司局等单位，曾按照各自管辖范围组织过许多全国性的行业调查。其中，比较重要的有如下一些行业调查。

1. 农业调查

民国时期，做过许多农业调查，其中较重要的有：

1913 年，农林部对农家户与田圃面积，农家户耕田分配数，米、麦、豆等农作物，特用作物，桑田、茶田，蚕丝，茶，农田灾害，荒地等进行过调查和统计。

1929 年 4 月，立法院统计处以发放调查表形式调查全国各县农业概况。其内容包括田地面积、田地价格、农户家产、农作物及家畜产量、户口、灾荒、度量衡等；调查方法是，将调查表邮寄给全国各县县长和邮政局长，到 1930 年 6 月底回收各县邮政局调查表1 100余份，各县县政府调查表 800 多份，然后整理汇总了 5 个方面的资料。

1931 年，为配合世界各国农业清查，在江苏省江宁县 270 个村进行农业概况调查。调查项目是每户平均人口、田地面积，自耕农、半自耕农、佃农的比例，各种作物种植面积、产量及价值，牲畜与家禽数量及价值等；调查方法是由调查员直接查报。此外，采用通信调查方法，委托全国1 900多个县中的1 359个县的县长及邮政局长，填报各县农民人数、土地面积及农产品产量等情况。

1933 年，实业部中央农业实验所以调查表方式做全国农业产量预测调查，从 10 月开始每月邮寄调查表给各地农情报告员。调查的主要事项是冬季作物种植面积的二次估计数、产量的四次估计数和夏季作物种植面积的二次估计数、产量的四次估计数；次要事项是农产品价格、果树分布、家畜头数、农佃及租率、农工供给及工资、地价赋税、粮食消费等。调查方法是，以区为单位，区报告不齐全，则以其他区平均数插补，进而估计全县数字；全省汇总时，如缺某县资料，则以邻县数插补；全国汇总时，如缺某省资料，则以邻省数插补，如邻省亦无资料，就任其空白（如 1931—1945 年就

① 李文海主编：《民国时期社会调查丛编（二编）·乡村经济卷（下）》，311～380 页，福州，福建教育出版社，2009。

缺东北3省的资料)。

2. 工业调查

民国政府管理工业与管理商业多是同一部门,统称为工商部(农商部)、实业部或经济部,因而工业调查往往与商业调查合并进行。民国时期的工业调查主要有:

1912年,工商部颁发工商业调查表,其内容包括公司数、资本数、工人数、产品数或产品价值等,经各县知事转发各工商企业负责人填报,然后由县政府汇总报农商部(1913年工商部与农林部合并为农商部),于1914年汇编成《第一次农商统计表》。

1930年,工商部对全国工人生活及工业生产情况进行调查。这次调查,先训练调查人员在无锡进行试调查,然后派调查人员到上海、南京、杭州、芜湖、南昌、汉口、青岛、广州、厦门、沈阳、长春、哈尔滨等30多个城市进行正式调查,历时4个月,调查结果曾汇编成《全国工人生活及工业调查》一书。

1932年,实业部以省或地区为单位,进行全国机械工业和手工业调查,调查项目有工厂数、资本数、工人数、原料产地、制造手续、出品种类及商标、销售方法与地域等,调查方法以派员实地调查为主,调查结果汇编入各省实业志。

1941—1942年,经济部进行全国经济调查,编有《后方重要工矿产品第一次统计》;1943年,该部又向后方各省工矿企业发出调查表2 300余份,主要调查各项产品每月的实际产量及后半年的预计产量,到年底回收调查表格1 400余份,编制成《民国二十九年至三十二年后方重要工矿产品第二次统计》。

1947年,经济部进行经济调查(工业部分),把全国分为上海、天津、青岛、南京、重庆、广州、汉口、兰州、西安、昆明、贵阳、福州、东北及台湾等经济区,调查分为个案调查和概况调查两个部分,设计有两种调查表:(1)一般性调查表,其内容是工厂概况、职工人数、动力设备等大项,每一大项内又有许多小项,每个工厂必须填写;(2)行业性调查表,其内容主要是机器设备、主要产品和主要原料等。最后,回收了80%的调查表格。

此外,还有一些地方性的工业调查。例如,1928年上海曾对1 500家工厂进行过调查,调查结果汇编成《上海的工业》,由中华书局出版。

3. 商业调查

民国时期单独进行的商业调查较少,远不及农业调查、工业调查广泛,其中国际贸易调查主要由海关办理,国内商业调查则由工商部(农商部)主持。

1914—1924年,农商部每年通过调查表进行商业调查,调查内容是商会数、会员数、商号经营情况等,调查表通过各县知事转发各县商会,由商会发放到各商号、公司填报,然后逐级回收到各省民政所集中,上报农商部。调查地域包括京兆特别区及东北、华北、华中、华南、西北24个省区,调查结果每年汇编成《商业统计表》。

1928 年南京国民政府成立后，上述调查仍然每年进行，只是对商号、公司做了两种分类，一是按行业分类，二是按组织形式分类（如股份有限公司、无限公司、两合公司等），一直到 1946 年止。

4. 物价调查

物价调查分为两类：一是价格调查。1914—1924 年，农商部每年对米、麦、豆、茶、酒、烟、棉、纱、布等 103 种日用商品做价格调查，其方法是在全国选择 31 处商业集中的市或县，由这些市、县的总商会按月调查 103 种商品的批发和零售价格，然后汇总上报。此外，1919 年，财政部在上海做过居民日常生活品、大宗进口商品趸售和零售价格调查；1935 年，实业部为编纂《中国经济年鉴》，曾选择 40 种商品在南京做过价格调查。

二是物价指数调查，包括趸售物价指数调查、零售物价指数调查、工人生活费指数调查、农民所得物价指数调查等。

据有关学者研究，1937—1947 年，全国物价指数变化情况见表 8 - 6。

**表 8 - 6　　1937—1947 年全国物价指数变化情况**

| 年度 | 月份 | 指数 | | 年度 | 月份 | 指数 | |
|---|---|---|---|---|---|---|---|
| | | 趸售 | 零售 | | | 趸售 | 零售 |
| 1937 | 1 | 100 | 100 | 1943 | 8 | 17 671 | 19 594 |
| | 12 | 109 | 110 | | 12 | 22 304 | 24 927 |
| 1938 | 8 | 133 | 133 | 1944 | 8 | 49 124 | 55 598 |
| | 12 | 155 | 155 | | 12 | 67 988 | 77 348 |
| 1939 | 8 | 232 | 224 | 1945 | 8 | 245 503 | 286 636 |
| | 12 | 306 | 300 | | 12 | 212 690 | 256 496 |
| 1940 | 8 | 569 | 566 | 1946 | 8 | 426 861 | 484 914 |
| | 12 | 801 | 787 | | 12 | 627 210 | 716 382 |
| 1941 | 8 | 1 409 | 1 408 | 1947 | 8 | 3 439 260 | 3 672 100 |
| | 12 | 2 111 | 2 147 | | 12 | 10 340 000 | 10 598 400 |
| 1942 | 8 | 4 475 | 4 603 | | | | |
| | 12 | 6 128 | 6 416 | | | | |

资料来源：刘叔鹤编著：《中国统计史略》，377 页，武汉，湖北人民出版社，1990。

表 8 - 6 的数据说明，国民党统治后期，通货膨胀极其严重，物价成百、千、万、十万倍飞涨，致使社会动荡、民不聊生，这是国民党政治腐败无能、经济彻底崩溃的具体表现。

5. 其他行业调查

(1) 铁路调查。1915—1816 年，交通部在美国顾问亚当斯（H. C. Adams）的指导下进行铁路调查，其内容包括各条铁路的收支、资本、财政、客运人数、货运吨数、机车、列车里程、员役人数等。

(2) 地质调查。地质调查所原隶属于工商部，主持正太铁路沿线及滇、川、黔边界地质调查事宜；后隶属于农商部，致力于经济地质等方面的调查工作，先后出版的调查成果有《中国铁矿志》和第一至七次《中国矿业纪要》等。

(3) 司法调查。1917—1923 年，司法部每年进行民事和刑事调查，每年编印有《民事统计年报及刑事统计年报》。司法调查统计的内容，涉及司法机关、民事案件、刑事案件、监狱管理、行政诉讼及其他等 5 个部分。

(4) 教育调查。1928—1947 年，教育部在广泛调查、统计基础上，先后编有《全国高等教育统计》《全国大学生统计》《全国中等教育统计》《全国初等教育统计》《全国社会教育统计简编》等。

(5) 社会事业调查。社会部曾先后进行过人民团体调查和登记、社会福利事业（包括救济机关和团体、儿童保育设施、职业介绍机构等）调查和统计，以及合作事业调查和统计。

(6) 医疗卫生调查。1931—1947 年，卫生部先后开展过医疗人员调查和登记、医疗防疫调查与统计、药品制造调查与统计等。1946 年，政府机关医疗人员（包括医师、药师、护士、助产士、药剂员、检验员及其他技术员）共计32 024人。

上述事实说明，民国时期的行业调查，大多是先由有关部门设计、印制、下发各种调查表格；然后，由各省、市、县有关人员根据原有登记或估计数据进行填写、上报；最后，由有关部门根据各省、市、县上报资料汇总为全国数据，真正的实地调查少之又少。这些“调查”的数据，真实性、可靠性不可能太高，但仍具有一定的参考价值。

## 五、国情调查

民国时期，唯一的一次国情调查是由南京中央政治学校实施的。

南京中央政治学校的前身，是成立于 1927 年的国民党中央党务学校。1929 年，中央党务学校改组为中央政治学校，设有政治、财政、地方自治、社会经济四系，后又增设教育和外交等系。20 世纪 30 年代，中央政治学校利用学生实习组织了一次大规模的国情调查。这次国情调查，时间跨度为 1931—1937 年，地域范围为江、浙、沪、鲁、鄂、皖等省部分市县，内容涉及普通行政、财务行政、工商行政、市政、县政、统计、金融、法律、公用事业、合作事业等方面，撰写成调查报告约 17.5 万页。这些调查报告，在学生实习期满后先交由各系主任、教授审阅、批改，然后装订成册予以保存，最终完成的《中央政治学校调查报告》约 490 册，每册由总述及分章节细述构成，对当时的政治、经济、财政等方面情况均有较详细记载，具有重要研究价值。这些调查报告，除地政学院学生的调查报告被带往台湾地区外，其余部分均为南京图书馆所收藏。2012 年，这套计 266 册、数千万字的《二十世纪三十年代国情调查报告》，作为“十二五”重点图书规划项目、国家出版基金资助项目，由江苏凤凰出版社出版，为研究这一时期的历史提供了丰富的史料（见图 8－1）。

**图 8-1 《二十世纪三十年代国情调查报告》**

值得一提的是，1977 年台湾成文出版社、美国中文资料中心影印出版的《民国二十年代中国大陆土地问题资料》，就是当年被带到台湾地区的地政学院学生的调查报告——关于土地问题部分，它与 2012 年凤凰出版社出版的《二十世纪三十年代国情调查报告》合在一起，就是当年《中央政治学校调查报告》的全貌。

## 六、地方性调查

民国时期的地方性调查，以华东、华中等经济较发达的省份居多。例如，1919 年，江苏省实业厅就曾做过《江苏省纺织业状况》调查。① 1930 年，天津市社会局曾调查妓女情况，撰有《天津市妓户妓女调查报告》。② 1933—1935 年，上海市社会局调查市区手工业，撰成《上海市市区五千八百七十四家手工业概况之分析》一文，刊登在 1937 年 6 月《实业部月刊》第 2 卷第 6 期上。③ 1935 年，江西省政府经济委员会曾组织过安源煤矿调查，撰有《江西萍乡安源煤矿调查报告》一文。④ 1936 年，湖北省政府秘书处调查教育实验区情况，编有《武昌凯字营蓬户教育实验区概况》一文。⑤ 山东省的政府调查数量较多，1929 年 7 月成立济南市时就曾提出："振兴工商业的第一步工作，就是调查统计。""社会局负有奖励取缔工商业之责，最紧要的工作，便是调查统计。"⑥ 1930—1938 年，韩复榘主政山东期间，为发展经济、文化，曾做过许多社会调查。仅《工商半月刊》登载的山东调查报告，1931 年 8 篇，1932 年 4 篇，1933 年 9 篇，1934 年 22 篇，1935 年 5 篇。1931 年后，韩复榘还支持梁漱溟等在邹平开展乡村建设运动，做了许多农村调查。1945—1948 年，何思源、王耀武主政山东期间，仅建设厅的社会调查公文就多达

---

① 参见李主编：《民国时期社会调查丛编（二编）》，近代工业卷（下），46～112 页，福州，福建教育出版社，2009。

② 参见李主编：《民国时期社会调查丛编》，底边社会卷（下），523～564 页，福州，福建教育出版社，2009。

③ 参见李主编：《民国时期社会调查丛编（二编）》，乡村经济卷（中），622～636 页，福州，福建教育出版社，2009。

④ 参见李主编：《民国时期社会调查丛编（二编）》，近代工业卷（下），474～616 页，福州，福建教育出版社，2009。

⑤ 参见李主编：《民国时期社会调查丛编（二编）》，乡村社会卷，693～701 页，福州，福建教育出版社，2009。

⑥ 《济南市社会局为调查工商业告市民书》，载《济南市市政月报》，1929，1（3）。

172项。[①]

1936—1937年，湖北省政府组织过一次大规模的综合性社会调查，编纂有一本极为翔实的资料汇编。2000年，笔者在湖北省汉川市调查期间，在该市图书馆故纸堆里发现了这本资料汇编，除总目、细目外，正文有842页，由于封面、封底、少量页面和附录散失，因而这本资料汇编的名称、编纂者、编纂年度等情况均无从知晓。其总目和页数如下：土地，1～46页；气象，47～104页；人口，105～134页；农林，135～210页；水利，211～262页；矿业，263～290页；工业，291～338页；商业，339～398页；金融，399～464页；合作，465～472页；财政，473～520页；教育，521～588页；交通，589～734页；政务，735～750页；司法与违警（指违警案件），751～768页；社会，769～846页；附录。汇编资料的年度，绝大部分为民国二十四年（1935），最后时间“截至二十六年（1937）三月底止”。据此，笔者认为，它可能是一部《湖北年鉴》，很可能由当时的湖北省政府组织编纂，调查时间很可能主要在1935—1936年，编纂时间约为1937年下半年或1938年上半年（1938年10月25日武汉被日军占领）。下面是这本资料汇编第105～109页的主要内容：

人口

壹、近三十年来全省户口调查经过

湖北全省人口，在清季（即清朝末期——引者注，下同）以前，无翔实记载，间有一二数字，见诸史乘，大都属于局部，或仅系负担丁税之户口，其编查方法，莫得而详。直至光绪末年，因筹备立宪，订立六年调查户口计划，本省即于光绪三十四年（1908），开始调查，始有全省户口总数之统计。民国成立，内务部举办全国各省户口调查，本省依照规定办理，按年编查，至民国八年（1919）为止。此后政局迭变，编查停顿十年。迨十七年（1928）秋间，内政部制定户口调查规则及表式，通行各省，切实调查，本省当年举行，于十八年（1929）调查完竣。嗣后匪患纷扰，内政部先后颁发之规则条例，不能继续举办，遂致编查事项，无形停顿。二十一年（1932），豫鄂皖三省剿匪总司令部，于八月颁发剿匪区内各县编查保甲户口条例，本省依照办理，于二十一年冬，开始编组保甲，清查户口，其时尚多零星股匪，未告肃清。至二十四年（1935），始将各匪区，次第收复，各县户口，悉行编查完竣，并经复查数次，于是省府始有比较详确之湖北人口统计。年来保甲制度，逐渐健全，各县对于户口异动，及户口统计，多能按期查报，颇少停滞，故二十四年以来，由统计结果所得之全省人口总数，其可靠程度，实较以前增进。此为近三十年来，由主管官厅正式调查全省户口之大概情形。其余各机关团体，亦有调查全省户口之举。如立法院，于十八年（1929）调查一次，海关，于十年（1921）、二十年（1931），各调查一次，邮务总局，于九年（1920）、十一年（1922）、十七年（1928），各调查一次，申报馆，于二十二年（1933）调查一次，中华续行委办会（教会），于八年（1919）调查一次。其方法各有不同，

① 参见任伟伟：《南京国民政府社会调查研究》，132～133页，济南，山东大学博士学位论文，2012。

其数字之可靠程度，比较为低。至各地理家，有时记载颇大之数字，或系依照局部人口之密度，以为估计之根据，亦难置信。总之全省历年户口数，要以本府最近所发表者，为比较接近事实。

贰、最近概况

一、各县保甲及人口概况

| 县市 | 等级 | 区数 | 联保数 | 保数 | 甲数 | 户数（千） | 人数（万） | | | 每百女子所当男子数 | 每户平均人数 |
|---|---|---|---|---|---|---|---|---|---|---|---|
| | | | | | | | 共计 | 男 | 女 | | |
| 总计 | 将各县市分为一、二、三等级（略） | 268 | 4 402 | 43 344 | 424 083 | 4 737 | 2 552 | 1 377 | 1 175 | 117 | 5 |
| 第一区 | | 40 | 526 | 6 065 | 59 564 | 705 | 356 | 192 | 164 | 116 | 5 |
| 第二区 | | 41 | 988 | 7 976 | 78 982 | 832 | 493 | 274 | 219 | 124 | 6 |
| 第三区 | | 43 | 737 | 9 177 | 88 880 | 948 | 484 | 253 | 231 | 110 | 5 |
| 第四区 | | 36 | 522 | 7 416 | 72 409 | 777 | 411 | 214 | 197 | 108 | 5 |
| 第五区 | | 30 | 574 | 4 367 | 41 958 | 449 | 237 | 129 | 108 | 119 | 5 |
| 第六区 | | 25 | 375 | 3 318 | 33 191 | 360 | 189 | 100 | 89 | 111 | 5 |
| 第七区 | | 28 | 241 | 2 187 | 21 631 | 226 | 136 | 75 | 61 | 121 | 6 |
| 第八区 | | 25 | 439 | 2 838 | 27 468 | 285 | 166 | 94 | 72 | 130 | 6 |
| 汉口市 | | | | | | 155 | 80 | 46 | 34 | 135 | 6 |

| 县市 | 壮丁数 | | | 识字人数 | | 全县面积（平方公里） | 每平方公里平均人数 | 耕地（万市亩） | 每人摊地（市亩） | |
|---|---|---|---|---|---|---|---|---|---|---|
| | 人数（千） | 对全县人数（%） | 每甲平均数 | 人数（千） | 对全县人数（%） | | | | 地 | 耕地 |
| 总计 | 4 111 | 16 | 10 | 4 461 | 17 | 186 365 | 137 | 5 199 | 11 | 2 |
| 第一区 | 637 | 18 | 11 | 705 | 20 | 20 756 | 168 | 639 | 9 | 2 |
| 第二区 | 793 | 16 | 10 | 799 | 15 | 25 161 | 197 | 689 | 8 | 1 |
| 第三区 | 825 | 17 | 9 | 780 | 16 | 28 297 | 171 | 1 239 | 9 | 3 |
| 第四区 | 563 | 14 | 8 | 845 | 21 | 23 482 | 174 | 1 226 | 7 | 3 |
| 第五区 | 436 | 18 | 10 | 279 | 12 | 18 828 | 132 | 792 | 12 | 3 |
| 第六区 | 266 | 14 | 8 | 330 | 17 | 19 245 | 99 | 201 | 15 | 1 |
| 第七区 | 188 | 14 | 8 | 167 | 13 | 23 509 | 57 | 255 | 26 | 2 |
| 第八区 | 229 | 18 | 4 | 299 | 18 | 26 953 | 62 | 147 | 24 | 1 |
| 汉口市 | 174 | 22 | | 257 | 34 | 134 | 5 970 | 11 | 0.3 | 0.1 |

附注：一、本表所列各县户口数字，系根据各县政府截至二十五年六月底以前所呈报之户口统计表。其属二十四年内所查报者，约占五分之三，属二十五年上半年查报者，约占五分之二。汉口及省会，系根据省市两警察局二十五年二月份之月报。……四、本表男女人数……户与壮丁及识字人数……截取均系四舍五入。……六、截至二十六年三月底止统计结果，计全省二百六十七区、二千七百九十五联保，四万一千五百三十二保，四十一万零三百一十二甲，详列本编政务类各县保甲人员受训人数于表内。①

上述资料说明，湖北省及其所属各县市的这次人口调查，是较为认真的，其数据是较为真实、可靠的。全国其他省市，估计也会有类似的调查和统计。

① 第一区辖11县，第二区辖11县，第三区辖10县，第四区辖9县，第五区辖7县，第六区辖8县，第七区辖8县，第八区辖6县，合计70个县的数据，为篇幅所限，均已省略。

## 七、少数民族调查

民国时期，为了保证国家统一，稳定边疆，巩固国防，加强管理，南京国民政府曾对少数民族地区开展过许多社会调查，其中规模较大的调查有 4 次。

第一次是 1930—1931 年，为编订全国行政区划，内政部制定了《现有土司调查表》和《现有盟旗及其他特殊组织调查表》，咨请广西、云南、贵州、甘肃、宁夏、青海、西康、湖南、四川、新疆各省政府“饬令民政厅详加调查”。西南各省没有盟旗组织，主要填报《现有土司调查表》，其内容包括土司名称、所在地、管辖境界、何时设置、隶属何处、可否改设县治、现在土官姓名、何时委任等。这次调查，从 1930 年开始，1931 年 8 月结束，除新疆无土司制度，贵州、湖南少数民族已改土归流外，其他各省都按要求上报了《现有土司调查表》和《现有盟旗及其他特殊组织调查表》，为编订全国行政区划奠定了基础。

第二次是 1934—1935 年，为应对英帝国主义武装侵占云南佤族班洪、班佬等部落而造成的边疆危机，南京国民政府蒙藏委员会制定了《西南苗夷民族调查表》，下令西南边疆各省开展第二次少数民族调查。调查表包括民族种类、户籍、人口、语言、教育情况、生活习尚等内容。这次调查，从 1934 年 11 月开始，直到 1935 年结束时，云南上报了 53 县，贵州上报了 54 县，四川上报了 24 县，其他均不了了之。

第三次是 1937—1938 年，为全面开展抗日战争，稳定西南大后方，内政部制定、下发了《西南边区民族调查表》，通饬西南各省迅速调查上报。调查表的内容，包括民族种类、居住区域、人口数目（男、女）、壮丁数目、生活习惯、过去开化工作情形等。在填表注意事项中特别说明，壮丁数目栏内要填注 18 岁至 45 岁之男丁数目；生活习惯栏内要填注衣食住行及冠婚丧祭，以及语言、职业、知识程度等。这次调查，四川、西康均按要求呈报了调查表，云南到 1941 年 8 月完成了所属 113 县、15 个设治局及两个对汛督办署的调查，贵州只呈送了 48 个县的调查表。

第四次是 1940 年，为了改土归流（指改土司制为流官制），国民政府下令对四川、西康、云南、贵州 4 省当时所存土司进行调查。调查内容包括土司名称、设置年代、时任土司（姓名及年龄）、何种民族、辖境面积、管辖人口（户数和男女口数）、财赋、学校所数、识字人数、土司以下行政组织概况等。上述 4 省，都按要求进行了填报。①

除上述 4 次调查外，贵州省还在 1939 年进行了改土归流土司调查，1947 年进行了两次人口调查，1948 年进行了边区各民族生活状况调查。此外，还有一些较小规模的调查。例如，1929 年完成的《云南北界勘察记》，1934 年完成的《滇缅南段未定界调查报告》，1935 年完成的《云南省农村调查》，1940—1941 年进行的云南边疆傣族情况调查，1943 年云南对土司情况的再调查，1945 年对川、康、滇边区各族生活情况的调

---

① 参见马玉华：《20 世纪上半叶民国政府对西南边疆少数民族的调查》，载《中国边疆史地研究》，2005 (1)。

查，等等。四川、西康、云南、贵州等省政府机构也组织过许多调查，写出了许多调查报告，如《云南边疆概况》《大小凉山之夷族》《川西调查记》《昌都调查报告》《康昌考察记》《东寨社区调查》等。

上述少数民族调查，大都有较明确的目的，多以人类学、民族学理论为指导，调查内容比较丰富，调查资料比较具体，因而具有一定实用价值和学术价值。但是，由于当时的民族划分不科学、不规范（云南省上报了150多种民族，西南地区上报了200多个民族），调查设计忽视经济内容，调查时间大多拖延过长，调查地区往往参差不齐，调查人员多为基层官吏，缺乏基本训练，调查资料往往不够真实、准确，因而其价值大打折扣。

## 第四节　民间的社会调查

民国时期民间的社会调查，可概括为：（1）两个阶段，即西人指导阶段和自主调查阶段；（2）两个学派，即社会调查学派和社区研究学派；（3）两个组织，即北京社会调查所和南京社会学组；（4）两个时期，即全面抗战前时期和全面抗战后时期；（5）两种目的，即学术性调查和应用性调查。

### 一、两个阶段：西人指导阶段和自主调查阶段

民国时期的高等院校，是西方近代社会调查方法系统传入的主要对象，也是使用西方近代社会调查方法开展系统化、学科化社会调查的首创者和主力军。

孙本文教授在论述“实地调查的推广与发达”时指出：

> 我国社会实地调查工作，自民国初年方始发轫。大致系由少数教会学校中美国教授，为指导学生实习起见，乃从事于小规模的调查工作。据说民国三四年间，北平社会实进会，曾用表格多种调查三百零二个人力车夫的生活情形。民国六年，清华学校（即后来的清华大学——引者注）美籍教授狄德莫（C. G. Dittmer）指导该校学生在北京西郊调查居民一百九十五家的生活费用。民国七八年间，北平美籍教士甘博（S. D. Gamble）与燕京大学教授步济时（I. S. Burgess）等，曾仿照美国春田社会调查的成例，调查北京社会状况。其调查结果，于民国十年用英文在美国出版，书名《北京——一种社会调查》（*Peking：A Social Survey*，1921）。……这是我国都市社会调查的开端。同时在上海有沪江大学社会学教授葛学溥（Daniel H. Kulp Ⅱ）指导学生在广东潮州调查有人口六百五十的凤凰村……该书于民国十四年用英文在美国出版，书名《华南乡村生活》（*Countiy Life in South China*，1925），这是我国乡村生活社会调查的开始。……用中文出版的社会调查报告，当以民国十三年八月张镜予编辑商务印书馆出版的社会调查——《沈家行实况》一书为最早。该书载明由白克令（H. S. Bucklir）教授指导，系沪江大学勃朗丛书之

第一种，全书凡二编十一章末附应用调查表七种共一七二页。该书凡例说：“科学的社会调查，用我国文字出版的，还没有见过。”可见这是第一书。

……此外，民国十二三年间，南京金陵大学美籍教授卜凯（J. L. Buck）指导学生在安徽芜湖及河北盐山等处调查田场及其社会经济状况。北平清华学校陈达教授约在民国十四年间指导学生调查附近成府村居民生活。其他各地类此的调查尚多。及至民国十五年中华教育文化基金董事会成立社会调查部，而后社会调查的运动，始有正式推动的机关……

该部成立后，即从事于各种调查。……其比较著名的调查报告为李景汉氏的《北平郊外之乡村家庭》。……该书分为两部八章一五一页，内附有乡村家庭调查表八页。……此项调查系李氏指导燕京大学社会学系学生实习调查的结果。……所调查的四村均在燕京大学附近，调查的家庭，共计不过一百六十四家。……这书虽仅调查一百六十四个家庭状况，但却是最早关于家庭调查的报告。所以此后所做的各种家庭调查，几无不以此书为蓝本，其在方法上贡献甚大。

其次，该所出版的重要报告尚有陶孟和氏所著的《北平生活费之分析》一书。……由商务印书馆于民国十九年十月印行。全书计九章九十二页，附表三种。

……此系采用家庭记帐法调查四十八家手工业工人家庭及十二家小学教员家庭的生活费报告。……采用日用帐簿，在彼时尚属创举。故此书可说是国内采用记帐法以调查工人家庭生活费的第一书。……其在方法上甚有贡献。此外该所出版的实地调查，计有林颂河编的《塘沽工人调查》，杨西孟编的《上海工人生活程度的一个研究》，施裕寿等编的《山东中兴煤矿工人调查》等。

民国十九年燕京大学社会学系出版英文本《清河镇社会调查》（*China Ho：A Sociological Analysis*，1930）一书，为我国市镇调查的第一部报告。全书十章一四六页。内附调查表四种。

清河镇在北平近郊，有人口二千四百三十七，其中有三百七十一户计一千八百十九口，余为商店及公共机关人口。此调查由杨开道、许仕廉二氏主持，领导学生从事调查的结果。至今仍为一种有价值的社会调查参考材料。

民国二十二年李景汉氏出版《定县社会概况调查》一书，为我国县区社会调查最详细的报告。全书计十七章八百二十八页。……李氏当时在定县中华平民教育促进会调查部工作，经多时与多人的协力，乃得编成此书。

二十二年以后，各地举办的社会调查，为数甚多，其比较重要者如下：一、乔启明——《江宁县淳化镇乡村社会之研究》（民国二十三年，金陵大学农学院）；二、刘保衡——《上海市人力车夫生活状况调查报告书》（民国二十三年，上海社会局）；三、《沙南疍民调查报告》（民国二十三年，广州岭南社会研究所）；四、朱汉章——《泗阳县社会调查》（民国二十三年）；五、伍锐麟等——《旧凤凰村调查报告》（民国二十四年，岭南大学）；六、言心哲——《农村家庭调查》

（民国二十四年，商务印书馆）；七、陈达——《南洋华侨与闽粤社会》（民国二十六年，北平京华书局）；八、《南宁社会概况》（民国二十六年，广西省政府统计室）。

抗战时期著名的社会概况及户口调查，计有下列各种：一、费孝通——《禄村农田》（民国三十二年十二月，商务印书馆）……二、史国衡——《昆厂劳工》……（民国三十二年油印本，后由商务印书馆出版）……三、蒋旨昂——《战时的乡村社区政治》（民国三十三年十一月，商务印书馆）……四、清华大学国情普查研究所陈达等编——《云南呈贡县昆阳县户籍及人事登记初步报告》（民国三十五年六月，清华大学油印本）……五、云南环湖市县户籍示范实施委员会——《云南省户籍示范工作报告》（民国三十三年二月初版，清华大学国情普查研究所）；六、国民政府主计处统计局编——《四川省选县户口普查总报告》（民国三十二年四月）……七、吴泽霖、陈国钧编——《炉山黑苗的生活》（民国二十九年十二月，大夏大学社会研究部）……八、林耀华——《凉山夷家》（民国三十六年五月，商务印书馆）。

此外，如社会部统计处主办的《北碚社会概况调查》（民国三十二年七月，《社会调查与统计》第三期）及《成都社会概况调查》（民国三十三年七月，同上第四期），柯象峰氏的《西康社会之鸟瞰》（民国二十九年七月，正中书局版），徐益棠氏的《雷波小凉山之倮民》（民国三十三年），俞湘文女士的《西北游牧藏区之社会调查》（民国三十六年一月，商务印书馆版）等，亦均为有参考价值的调查材料。龙冠海氏主编的《社会调查集刊》（上下两册，民国二十八年十二月）系选取金陵女子文理学院毕业学生论文汇集而成，可以表示该校学生在战时所做的调查研究的成绩。

总之，以上所举战前及战时各种实地调查研究的报告三十余种，仅就比较重要者略述梗概，其他各大学或私人所做社会调查报告，散见于各杂志或单行本印者为数尚多，未能在此一一列举。大体而言，我国社会调查运动，发源于各大学，逐渐推广至各机关团体。其中比较有贡献者为陶孟和和陈达、李景汉三氏。陶氏主持社会调查研究工作多年，对于生活费分析，在方法与效果上，成绩卓著。陈氏从事于户口普查的调查研究多年，在户政方面，有重要贡献。李氏在定县及他处所办的概况调查，在方法与规模方面，贡献甚大。要之，三氏实为我国社会实地调查的前锋。①

孙本文长期担任国立中央大学文学院社会学系主任，又是中国社会学社的发起人和领导人，《社会学刊》的主编，对全国社会调查情况的掌握比较全面、具体，因而他在《当代中国社会学》（1948年）中的以上论述，可说是对民国时期高等院校社会调查情况的基本概括。孙本文的以上论述有两大贡献：一是，说明了民国时期高等院校社会调查发展的两个阶段，即西人指导调查阶段和独立自主调查阶段，其分界线是民国

① 孙本文：《当代中国社会学》，211～223页，北京，商务印书馆，2011。

十四年（1925），特别是民国十五年（1926）中华教育文化基金董事会社会调查部的成立。此前，高等院校的社会调查基本上都由美国教授或传教士指导，调查报告大都用英文撰写，首先在国外发表；此后，则大都由中国教授主持，调查报告大都用中文撰写，首先在国内发表。这种转变，是近代社会调查方法系统传入中国的必然结果和具体表现。二是，说明了在高等院校学术性社会调查中，"都市社会调查""乡村生活社会调查""家庭调查""家庭记帐法调查""市镇调查"和"县区社会调查"的开端。但是，孙本文的以上论述也存在两个明显缺陷：一是，孙本文说："我国社会实地调查工作，自民国初年方始发轫。"这是不符合事实的。因为，他完全忽视了中国古代的实地调查。二是，孙本文说："我国社会调查运动，发源于各大学，逐渐推广至各机关团体。"这也不符合实际。历史事实是，先有行政机关的行政性调查，后有学术团体的学术性调查，"各大学"的社会调查更是后来的事情。这两个缺陷，都源于孙本文的社会调查视野，被禁锢在西方近代社会调查方法传入中国后、高等院校开展的学术性社会调查范围之内，而忽视了中国古代的社会调查和清朝后期近代的社会调查，特别是忽视了行政性、政治性、应用性社会调查广泛存在的客观事实。

## 二、两个学派：社会调查学派和社区研究学派

民国时期，中国高等院校的社会调查有两大学术派别：社会调查学派和社区研究学派。

社会调查学派认为，社会调查是以有系统的科学方法，调查社会的实际情况，用统计方法，整理搜集的材料，分析社会现象构成的要素。由此洞悉事实真相，发现社会现象之因果关系。然后根据调查结果，研究改善社会的方案，实行拟订方案，解决社会问题。[①] 这个学派的特点是，注重系统数量调查，提倡为社会服务，在调研方法上大量使用各种调查表和统计分析方法。社会调查学派源于英国社会调查、统计学家查尔斯·布思（C. Booth，1840—1916），其代表作是从 1886 年起花 18 年时间调查伦敦各阶级生活状况，撰写而成的 17 卷本《伦敦人民的生活和劳动》。因此，社会调查学派的调查也称为布思式调查，它的代表人物是陶孟和、陈达、李景汉等教授，其代表作是陶孟和的《北京人力车夫之生活情形》（1925 年）和《北平生活费之分析》（1928 年）、李景汉的《北平郊外之乡村家庭》（1929 年）和《定县社会概况调查》（1933 年）、陈达的《南洋华侨与闽粤社会》（1937 年）等。

社区研究学派，则来源于以马林诺夫斯基（B. K. Malinowski）和拉德克利夫·布朗（A. R. Brown）为代表的英国功能学派社会人类学，及以帕克（R. E. Park）为代表的美国芝加哥学派的人文区位学。社区研究学派提倡，用同一区位的或文化的观点和方法，来研究各种地域不同的社区。它的研究单位是社区，文化是社区研究的核心（包括物质文化、象征文化、社会文化、精神文化等）。它的研究方法是参与社区生活，

① 参见李景汉：《实地社会调查方法》，10 页，北京，北平星云堂书店，1933。

开展实地研究，特别强调局内观察，同时与理论相辅而行，强调理论必须根据事实，事实必须符合理论。中国社区研究的代表人物是吴文藻、杨庆堃、费孝通等教授，其代表作是吴文藻的《中国少数民族情况》、严景耀的《北京犯罪之社会分析》（1928年）、费孝通的《江村经济》（1938年）和《禄村农田》（1943年）、林耀华的《凉山夷家》（1947年）等。

上述两个学派，各有特点和所长，在民国时期社会调查中各有建树，但比较而言，社会调查学派贡献更为突出，成果更为丰富。据有关学者统计，1935—1937年间，燕京大学社会学系“师生所做调查报告共有29篇，其中属于布思式调查的有15篇，属于社区研究的9篇，民俗学的调查4篇，其他类型的1篇”。显然，布思式调查居于多数地位，其他高等院校，如清华大学、南开大学、沪江大学、金陵大学、岭南大学等，也大体如此。“总的来看，孙本文比较肯定社会调查学派的学术贡献，认为这派不仅是在贡献社会研究的基本材料以推动社会学中国化方面，而且在社会研究的技术方法方面也有很大贡献。”①

## 三、两个组织：北京社会调查所和南京社会学组

1928—1937年，是近代中国社会调查最繁荣的时期。这个时期，出现了两个社会调查组织，即北京社会调查所和南京社会学组。

北京社会调查所，其前身是1926年由美国纽约社会宗教研究院捐助的中华教育文化基金董事会下属的社会调查部，1929年7月更名为社会调查所（简称北京社会调查所），由陶孟和任所长，其任务是邀请社会学、经济学界人士，用科学方法，搜求社会事实加以研讨，尤其注意关系国计民生问题的调查研究。调研科目有经济史、工业经济、农业经济、劳动问题、对外贸易、财政金融、人口、统计等。该所成立后，进行了许多社会调查。其中，影响较大的有陶孟和的《北平生活费之分析》（1928年）、李景汉的《北平郊外之乡村家庭》（1929年）和《定县社会概况调查》（1933年）、陈达的《人口问题》（1934年）等。还与其他单位合作进行了许多有关家计、物价、工厂、农产品贩卖等社会问题的调查。该所的主要调研成果和出版物还有《中国劳动年鉴》（1928年、1932年）、《社会调查方法》（1929年）、《上海工人生活程度的一个研究》（1930年）、《塘沽工人调查》（1930年）、《河北省及平津两市劳资争议的分析》（1930年）、《河北省棉花之出产及贩运》（1931年）、《生活费指数编制法》（1931年）、《实地社会调查方法》（1933年）、《定县土地调查》（1936年）等，还创办了《社会研究》半月刊（1929年）、《北平生活费指数月报》（1929年）、《社会科学杂志》季刊（1930年）等。

南京社会学组，是南京国民政府中央研究院社会科学研究所社会学组的简称。1928年6月，南京国民政府成立了以蔡元培为院长的中央研究院，下设天文、气象、

① 黄兴涛等主编：《清末民国社会调查与现代社会科学兴起》，54～121页，福州，福建教育出版社，2008。

历史语言和社会科学等研究所。社会科学研究所下设社会学、经济学、法制学、民族学 4 个组。其中，社会学组由陈翰笙、王际昌主持，对农村、都市进行了许多社会调查。例如，1929 年由陈翰笙主持的对江苏无锡 55 个村、1 204户和 8 个农村市镇的调查，1930 年对河北保定、河南许昌、山东潍县、安徽凤阳 127 个村庄及 6 个典型村 429 个农户的调查，1933 年 11 月至 1934 年 5 月对广东 16 个县农村经济概况、番禺 10 个典型村1 209户人家的调查，以及对 50 个县 335 个村的通信调查，等等。在这些调查中，陈翰笙等运用马克思主义观点指导调查工作，把旧中国农村生产关系作为调查研究的重点。通过调查，他们不仅撰写了《封建社会的农村生产关系》(1930 年)、《广东农村生产关系与生产力》(1934 年)、《两广瑶山调查》(1935 年)、《中国的地主和农民》(1936 年) 等调查报告，论证了中国社会半殖民地半封建性质，而且培养了钱俊瑞、薛暮桥、孙冶方等一批著名的经济学家。[①] 此外，还出版了《中国农民负担的赋税》(1928 年)、《亩的差异》(1929 年)、《东北的难民与土地问题》(1930 年) 等著作。

北京社会调查所和南京社会学组，是当时学术界社会调查的两支生力军，1928—1937 年之所以成为中国近代社会调查最活跃、调查成果最丰富的时期，它们的贡献功不可没。

## 四、两个时期：全面抗战前时期和全面抗战后时期

上述两个阶段、两个学派、两个组织的社会调查，基本上都是全面抗日战争爆发前的社会调查。1937 年全面抗日战争爆发后，由于战乱和国民党政治、经济、文化中心西迁，大量教授、学者跟随西移，从而促进了西南边陲的城乡调查和少数民族调查。1938—1945 年，学者们完成的影响较大的社会调查成果有：吴泽霖的《定番乡土教材》(1939 年)，金陵女子文理学院的《社会调查集刊》(1939 年)，吴泽霖等的《炉山黑苗的生活》(1940 年)，柯象峰的《西康社会之鸟瞰》(1940 年)，胡鉴民的《羌族之信仰与习为》(1941 年)，史国衡的《昆厂劳工》(1943 年)，费孝通的《禄村农田》(1943 年)、《四川省选县户口普查总报告》(1943 年)、《北碚社会概况调查》(1943 年)、《成都社会概况调查》(1944 年)，蒋旨昂的《战时的乡村社区政治》(1944 年)，徐益棠的《雷波小凉山之㑩民》(1944 年)，陈达的《云南省户籍示范工作报告》(1944 年) 等。

1945—1949 年，由于国共内战、社会动荡，教授、学者只能在可能的范围内做一些调查，其中较重要的成果有：陈达的《云南呈贡县昆阳县户籍及人事登记初步报告》(1946 年)、费孝通和张之毅的《乡土中国》(1946 年)、田汝康的《芒市边民的摆》(1946 年)、俞湘文的《西北游牧藏区之社会调查》(1947 年)、林耀华的《凉山夷家》(1947 年)、凌纯生的《畲民图腾文化之研究》(1947 年)、李安宅的《藏族宗教史之实

① 参见杨雅彬：《中国社会学史》，103～104、227～231 页，济南，山东人民出版社，1987；丁利刚、赵善阳：《陈翰笙与中国农村社会学研究》，载《复旦学报》(社科版)，1985 (4)；虞耀麟：《陈翰笙与中国农村经济研究会》，载《世界经济导报》，1985-08-19。

地研究》(1937 年 7 月北平沦陷后，他辗转到大西北，历尽艰难险阻，深入甘南藏区，对藏传佛教格鲁派“黄教”六大寺院之一的拉卜楞寺做了长达 3 年实地考察而写成，直到 1947 年才以英文发表)、吴泽霖的《么些人的婚丧习俗》(1948 年)、王兴瑞的《海南岛之苗人》(1948 年)、江应梁的《凉山夷族的奴隶制度》(1948 年)、陶云逵的《车里摆夷之生命环》和《碧罗雪山之栗栗族》(1948 年) 等。

在 1937—1949 年的 13 年间，尽管战乱频仍，社会动荡，生活环境恶劣，调研条件极差，特别是在少数民族地区做实地调查，几乎每项调查都是一场战斗，都要经历许多惊险、离奇的遭遇，但是，学者们不顾跋涉艰辛、个人安危，仍然深入实地调查研究，这种忠于职守、勤于钻研的精神和艰苦奋斗、顽强拼搏的作风，是值得永远称道和学习的。

## 五、两种目的：学术性调查和应用性调查

上述两个阶段、两个学派、两个组织、两个时期的社会调查，其主要目的都是学术研究，都属于学术性社会调查。此外，还有一大类社会调查，即应用性社会调查，其主要目的不是学术研究，而是实际应用。它主要有两类，即民意调查和市场调查。

### 1. 民意调查

民意调查是一种舶来品。据有关学者研究，1922 年留美归国心理学家张耀翔在北京高等师范学校成立 14 周年时做过一次民意调查，其内容包括“假如你有选举权，你将选谁做下任大总统?”“当今活着的中国人你最佩服哪一位?”“你赞成妻子参政吗?”“中国有许多不良的风俗和习惯，你觉得哪一样应当先改良?”等 8 个问题，其调查结果先以《高师纪念日之民意测验的研究》为题发表在 1923 年第 35 期《晨报副刊》上，后进行心理研究、撰成《民意测验》一文发表在 1923 年第 2 卷第 1 期的《心理》杂志上。[①] 1923 年 12 月 17 日，北京大学曾对参加校庆 25 周年的师生、校友等做过一次民意调查。调查问卷提出了 10 个问题：“①你对曹锟做总统有何感想? ②你相信当今国会吗? 须怎么办? ③你对此次政府所颁布的宪法取甚么态度? ④下列方法哪些可以救中国——军阀割据、外国共管、国民革命? ⑤俄国与美国，你以为谁是中国之友? 为甚么? ⑥你心目中，国内和世界大人物是哪几位? ⑦现在中国的日刊、周刊，你最爱看哪一种? ⑧现在中国流行关于政治方面的各种主义，你相信哪一种? ⑨你对于目前学生运动有何意见? ⑩你最爱作如何消遣?”调查结果，由 20 余名北大学生开票统计。[②] 这些调查，很可能是中国自主民意调查的起点。

此后，出现了一些介绍、研究民意调查的论文或著作，例如，中岛玉吉著、廖维勋译的《司法与民意》(1934 年)，陶元珍的《歌谣和民意》(1937 年)，楼桐孙的

---

① 参见范红芝：《民国时期民意研究综述》，载《新闻春秋》，2013 (2)。
② 参见陈崇山等：《中国传播效果透视》，15 页，沈阳，沈阳出版社，1989。

《泛论抗战与民意》（1938年）、《美国民意学会》（1939年）、《民意测验论辨》和《美国民意的趋势》（1940年），刘檀贵的《民意应有之路向》（1941年），成舍我的《报纸必如何始真能代表民意》（1944年）、《民意测验的办法与效用》（1946年），梁少刚的《最近美国民意测验》（1946年），陈孝禅的《盖洛普民意测验》（1948年）等。民意调查也逐渐多了起来。例如，《二十五纪念会中之民意测量》（1924年）、《中日盟约民意测验统计》（1944年）、《北平民意测验》（1948年）、《养路工作的民意测验》（1948年）等。1936—1937年间，上海民治新闻专科学校校长顾执中主持了中国第一次报纸受众调查——上海报纸和上海读者调查，提了8个问题："①读者姓名、性别、年龄、职业、籍贯、住址；②现读何报？何故？③何家报纸为最优？优点何在？④喜看何种记载新闻？一张报纸所记载的种类假定分为：国际、国内政治、外交、经济、社会、文艺、特刊、广告、其他；⑤文字艰深否？何种文字最适当？⑥报价太贵否？⑦对看过之报，作何处置？⑧读者对于报纸的批评。"参加调查的师生50多人，历时3个多月，回收调查问卷5 000多份。调查结果令顾执中感叹万分，他说："中国接受教育洗礼的人数稀少，而能摊开一张报纸来研究国事的人，更是寥若晨星。"[①] 1942年，民营《大刚报》曾对抗日战争前途的看法做过一次民意调查，它开始于10月10日，为期一月；共公布10道测验题，"测验的办法很简单，只须读者从报上把题目剪下，将后面答案不同意的划去，同意的留下，寄还报社"，最后"共收到读者答案一万一千二百三十多件"[②]，其中99.5%的人认为中国抗日战争必能得到最后胜利。这10道题及其回答情况，见表8-7。

表8-7　**1942年《大刚报》民意调查10道题及其回答情况**

| | | | | | | |
|---|---|---|---|---|---|---|
| 1 | 你认为中国抗战，究竟能不能得到最后的胜利？ | | | | | |
| | 能 | 11 206 | | 不能 | 56 | |
| 2 | 联合国家，应先全力解决德国，还是先全力解决日本？ | | | | | |
| | 德国 | 3 443 | | 日本 | 7 819 | |
| 3 | 你认为联合各国，应否有一个统辖全体的最高统帅？ | | | | | |
| | 应 | 10 181 | 否 | 786 | 不知道 | 294 |
| 4 | 关于英印纠纷，你同情英国，还是同情印度？ | | | | | |
| | 英 | 575 | 印 | 10 656 | 中立 | 31 |
| 5 | 一旦获得最后胜利，我们当否与日本平等相处？ | | | | | |
| | 应 | 6 534 | 否 | 4 687 | 不明确 | 41 |
| 6 | 你认为在抗战胜利之前，有无召开国民大会之必要？ | | | | | |
| | 有 | 6 479 | 无 | 4 734 | 不明确 | 49 |
| 7 | 联合国未以全力打击日本之先，我们要不要先行反攻？ | | | | | |
| | 要 | 5 724 | 不要 | 5 424 | 不明确 | 114 |
| 8 | 你觉得公务员和学生，今后应否服常备兵役？ | | | | | |
| | 应 | 9 031 | 否 | 2 147 | 不明确 | 84 |

① 转引自刘建明：《社会舆论原理》，331页，北京，华夏出版社，2002。
② 欧阳柏：《大刚报史话》，见《新闻研究资料·总二十四辑》，北京，中国社会科学出版社，1984。

| | | | | | | |
|---|---|---|---|---|---|---|
| 9 | 因战争获利者，获利部分，你主张加重征税，还是全部征发？ | | | | | |
| | 征税 | 6 174 | 征发 | 4 962 | 不知道 | 126 |
| 10 | 抗战胜利之后，中国应该实行一党政治，还是多党政治？ | | | | | |
| | 一党 | 9 712 | 多党 | 1 464 | 不知道 | 86 |

上述调查结果，前 9 项可谓意料之中。第 5 项调查，尤可证明国人当时并未被仇恨冲昏头脑，在对日问题上仍保持应有之理性。但最后一项调查，其结论委实“出人意料之外”。当日美国的“重庆观察家”们，即明确表示拒绝相信这一结论。不过，美国“观察家”们的这种怀疑，恐怕只是一种一厢情愿。首先，《大刚报》是独立民营报刊，与当局屡起冲突。其次，当时编辑部“几乎全部是二十几岁的青年小伙子。他们中间有中共地下党员……更大多数则是（国民）党的积极拥护者”。再次，报社中人欧阳柏（共产党员）在回顾此次调查时……承认：“这次测验，幸好没有受到国民党明显的干扰和破坏，基本上还能表现真正的民意。”此外，美国“观察家”们还忽略了早在 1933—1934 年间，中国知识分子中间就曾爆发过一场规模颇大的“民主与独裁论战”。此次论战中，支持独裁论的知识分子尤多。①

民国时期的民意调查，虽为数不多，调查设计与方法也较稚嫩，但仍在一定程度上反映了当时的民意。有学者认为：“民意虽于漫天烽火之中，仍卓然不失其欣欣向荣之象，此殆可视为中华民族多难兴邦之象征。”②

2. 市场调查

民国时期，市场调查多包含在一般经济调查之中。其中，比较重要的有：陈翰笙的《山西的农田价格》（1930 年）、麦叔度的《河北省小麦之贩运》（1930 年）、刘大钧的《外人在华投资统计》（1932 年）、曲直生等的《浙西农产贸易的几个实例》（1932 年）、杨庆堃的《一个农村市集调查的尝试》（1933 年）、刘心铨的《华北铁路工人工资统计》（1933 年）、广西普及国民基础教育研究院的《两个圩市的调查》（1935 年）、陈正谟编《各省农工雇佣习惯及需供状况》（1935 年）、吴志铎的《北通县第一区平民借贷状况之研究》（1935 年）、吴知的《山东省棉花之生产与运销》（1936 年）、刘桐先的《河南百泉的乡村市集》（1936 年）、郑林宽的《福建华侨汇款》（1940 年）、姚曾荫的《广东省的华侨汇款》（1943 年）、郑林宽等的《福建省农产贸易之研究》（1946 年）等。

林熙春、孙晓村主编的《芜湖米市调查》（出版单位：社会经济调查所。出版时间：1935 年 5 月。载《粮食调查丛刊》第四号），是民国时期少见的一部关于米市的调查专著（见图 8－2）。它指出：芜湖自 1877 年开埠后，凭借优越的地理区位、便利的水陆交通和周边丰饶的物产，迅速跻身长江重要口岸。清末时，芜湖“商场地位进居

① 参见欧阳柏：《大刚报史话》，见《新闻研究资料·总二十四辑》，北京，中国社会科学出版社，1984；欧阳柏：《杨潮和〈大刚报〉》，见《羊枣和“永安大狱”》，福州，福建人民出版社，1984；谌旭彬：《被遗忘的“民主与独裁论战”》，见《1934 年度事件：民主与独裁论战》，见 new.qq.com/zt 2012/zxzg/1934.htm? /pgv _ ref=aio。

② 楼桐孙：《泛论抗战与民意》，载《民意周刊》，1938（53）。

上海、汉口以次之第三位”[1]。主要出口商品是稻米、药材、棉花，主要进口商品是金属、火柴、煤油、糖类和檀香木。芜湖口岸的腹地范围，主要在长江两岸，包括旧庆安府、池州府、庐州府、太平府、宁国府及和州属县，下辖市镇众多，大体可分为中级市场（不仅商店数量较多，而且有一定数量的手工业或工矿业）和初级市场两大类，共同形成一个市场体系。

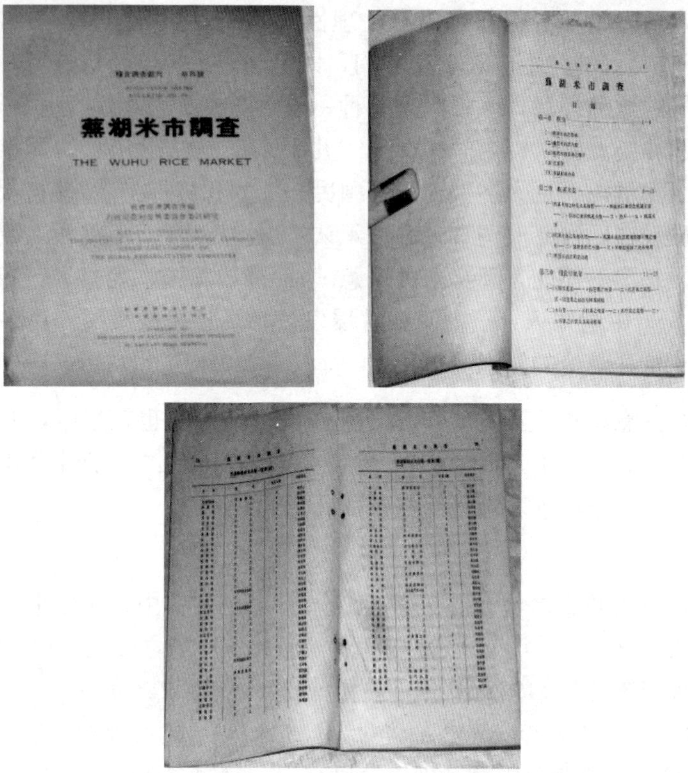


图 8-2 《芜湖米市调查》

总体而言，民国时期市场调查的成果，大都是对市场某一要素——价格、工资、雇佣、借贷、外资、贸易、集市、运销等进行的调查，综合性的调研专著非常少见。

## 第五节 外国人在华的社会调查

### 一、西方学者在华的社会调查

民国初期许多社会调查，都由西方传教士、教授、学者主持或指导，其中最著名的是：

① 建设委员会浙江经济所统计课编：《安徽段芜乍路沿线经济调查》，1 页，1933。

北京基督教青年会志愿者、美籍传教士步济时于1914—1915年主持的“北京三百零二名洋车夫生活状况调查”。据北京警察厅报告，1915年有人力车夫20 859人，他们的生活状况是北京下层百姓的代表。为了搜集完整资料，步济时使用了5种调查方法：一是访问车夫，访问问卷中有关于背景、经济、健康、娱乐、教育、宗教信仰等方面的41个问题，其中经济状况最详细，包括财产、收入、支出、储蓄、工时、车租等内容。每位受访者获得5个铜板作为报酬。二是街头观察，并记录下车夫年龄、衣着、身体、车况、车资、如何找顾主、车站等16个方面的情况。三是访问车夫聚集的茶馆或街头休息场所，了解车夫的娱乐方式，并通过谈话判断他们的教育背景及爱好。四是访问车厂，车夫所用之车大都从车厂租赁，有的车夫还居住在车厂，因而车厂是重要的观察、访问场所。五是去演讲堂、警察局、医院、收容所、粥厂等车夫经常出没的地方了解情况。调查结果表明，人力车夫是一个花大体力而又收入微薄的工作，无技能可言，于健康有害，将被其他现代交通工具代替。据此，从车夫、社会两个方面提出了若干改良建议。这项调查，由步济时设计调查问卷，北京社会实进会的学生负责调查、搜集资料，北京大学社会学系教授陶孟和分析资料，撰写调查报告，步济时做补充说明。这次车夫生活状况调查，被许多学者认为是中国“最早”的社会调查。① 此后，步济时曾主持对北京42个行会进行调查，撰有《北京的行会》一书（1928年）。②

北京基督教青年会调查干事、美籍传教士甘博，在步济时协助下，于1918年9月—1919年12月，仿照美国春田调查模式，对北京社会状况开展大规模实地调查，其成果于1921年用英文在美国纽约出版，书名为《北京的社会调查》（又译《北京——一种社会调查》）。甘博在该书前言中说，这次调查采用了两种方法：一是问卷调查。“绝大部分材料都是中国工作人员通过问卷调查的方式取得的。”二是文献调查。“我们获许查阅一些政府部门的报告，从中得到许多有关北京市生活的基本统计数据。”③ “这本厚538页的著述附有甘博自拍的50幅照片及38张地图和图表，第一次向世界展现了北京这个东方古都的社会、政治和文化生活的全貌，其内容涉及政府、人口、教育、商业、贫穷、慈善业、娱乐、宗教、警察和社会弊端等各个社会层面”，被誉为“首次对一座东方城市的社会调查”。美国学者约翰·杜威（John Dewey）称赞该书“是外国传教界中以基督教观点而做得最好的社会调查”④。孙本文指出，《北京的社会调查》“是我国都市社会调查的开端”。1931—1932年，甘博还与中华平民教育促进会合作，在定县调查，其英文著作《定县：华北农村社会》于1954年在美国出版。他还指导学生调查了河北、山西、山东、河南4省的11个村庄，其调查成果《1933年以前华北村庄的社会、政治和经济》（又名《华北乡村》），于1963年在美国出版。

---

① 参见《中国大百科全书·社会学卷》，280页，北京，中国大百科全书出版社，1991；杨雅彬：《中国社会学史》，34页，济南，山东人民出版社，1987。

② 参见阎明：《近代中国第一批社会调查》，载《中国社会导刊》，2007（16）。

③ ［美］西德尼·D·甘博：《北京的社会调查》，前言，北京，中国书店，2010。

④ 参见邢文军：《西德尼·D·甘博的中国情绪》，见《北京的社会调查》，“中译本引言”，北京，中国书店，2010。

南京金陵大学农业经济系主任卜凯曾主持两次大规模农村调查。第一次在1921—1925年，调查7个省14个县17处的2 866个农家之经济状况，调查成果《中国农家经济》于1930年由太平洋国际学会与金陵大学合作出版英文本，1936年商务印书馆出版中译本。其中，安徽芜湖的调查成果，于1928年以《芜湖一百零二个田区之经济及社会调查》为名，由金陵大学作为单行本发行，并被收入燕京大学教授李锡周编译的《中国农村经济实况》；河北盐山的调查成果，于1929年以《河北盐山县一百五十农家之经济及社会调查》为名，发表于1929年金陵大学农林科《农村丛刊》第51号。第二次在1929—1934年，调查22个省186个县168个地区的16 786个农场和38 256个农户，调查成果《中国土地利用》于1937年在美国出版英文本，1941年成都金陵大学农学院印行中译本。这两本著作，是西方学者运用实证研究方法对我国农村经济和社会情况进行实地考察的较早尝试，其调查范围之广泛、调查内容之全面是少有的，至今仍为西方学者研究中国问题的经典。南京农业大学教授刘崧生指出：《中国农家经济》和《中国土地利用》的"大量数据反映出当时中国农业生产与农民生活的实际情况，为研究中国农村经济问题提供了重要资料"①。

此外，较著名的调查还有：清华学校美籍教授狄德莫，1917年主持北京西郊195户居民生活费调查，其成果于1918年以《中国生活标准的一个估计》为题发表。这是我国生活费调查的开始。

上海沪江大学社会学教授葛学溥，1919—1920年指导学生在广东潮州调查有650人的凤凰村，调查成果于1925年用英文在美国出版，书名为《华南乡村生活》。这是国外学者第一次对中国乡村社区所做的比较全面的调查。

美国麻省农科大学校长、农业教育家白斐德（L. L. Butterfield），1921年秋率英美各教会中国教育调查团来中国调查6个月，足迹遍及10余省，1922年撰成《改进中国之农业与农业教育意见书》，由傅焕光翻译为中文本，由教育部刊行。

燕京大学农村经济系教授戴乐仁（J. B. Tayler）与马伦（C. B. Malene），1922年指导北京9所大学61个学生对直隶（今河北）、山东、江苏、安徽、浙江等省240个村落进行调查，其调查成果以《中国农村经济之调查》为名，由华洋义赈会作为单行本印行。1928年，被收入燕京大学教授李锡周编译的《中国农村经济实况》。

沪江大学社会学系访问学者、美国布朗大学教授白克令，1923—1924年，指导学生调查上海附近的沈家行村，其调查成果《社会调查——沈家行实况》，于1924年出版了中、英文两个版本。

成都大学经济系教授布朗博士（H. D. Brown），1926年先后指导学生对峨眉山新开寺一带25个田区和成都附近50个田区进行调查，撰写成《四川峨眉山二十五个田区之调查》和《四川成都平原五十个田家之调查》，刊登于北京《中国经济月刊》第一卷第十二期及第二卷第一期，1928年被收入燕京大学教授李锡周编译的《中国农村经

① 刘崧生等主编：《中国农业经济教育史》，32页，北京，中国农业科技出版社，1997。

济实况》。

沪江大学教授兰姆森（H. D. Lamson），1933年组织学生调查上海杨树浦附近4村50农家，其调查成果于1934年在《社会半月刊》上发表。

此外，还有法国沙畹著、冯承均译《中国之旅行家》（1926年），美国马罗立（W. H. Mallory）著、吴鹏飞译《饥荒的中国》（1929年），美国埃德加·斯诺著，胡愈之、林淡秋、梅益等译《西行漫记》（又名《红星照耀中国》，1937年）、德国基希著、周立波译《秘密的中国》（1938年），德国阿纳德博士著、李森特译《满蒙探秘四十年》（1944年），美国福尔曼著、朱进译《中国解放区见闻》（1946年）等。

西方传教士、教授、学者主持或指导的社会调查，不管其主观动机如何——或为西方列强侵华服务，或为跨国企业开拓中国市场，或为有关学科扩展学术研究，或几种动机兼而有之——在客观上都有利于西方社会和人民了解中国、认识中国、研究中国，有利于中西双方的交流，同时为各有关方面、有关学科留下了一大批极其可贵的历史资料。

## 二、西方教会的社会调查

1913年，美国基督教领袖及社会工作者穆德（J. R. Mott）在上海主持召开了第一次基督教全国大会，为促进基督教在华传教事业，成立了中华续行委办会。在这次大会上，穆德倡导各地教会对中国基督教现状和中国国情做周密调查，获得了大会同意和支持。此后，经过5年筹备，于1918年秋在中华续行委办会领导下设立了特别调查委员会，开始进行中国基督教现状和中国国情调查，到1921年完成调查工作。这次调查的成果，由特别调查委员会干事、美国传教士司德敷（M. T. Stauffer）主持汇编成册，于1922年同时出版英文版和中文版，英文版书名为“The Christian Occupation of China”（《基督教占领中国》），中文版书名为《中华归主》，后修订时更名为《中国基督教调查资料（1901—1920年）》。

这部书的英、中版本有许多不同之处，英文版本有导言、序言、正文14编、附录9篇、索引1篇，原中文译本只有正文6编、附录3篇，文字也有许多删削和改动。目前出版的《中国基督教调查资料（1901—1920年）》（中华续行委办会特别调查委员会编、蔡咏春等译，中国社会科学出版社，2007），分为上下两册，其内容不仅涉及1901—1920年基督教（新教）在华传教的历史和宗教活动，而且对我国20世纪初期各省的行政区域、面积、边界、城市人口、地势、山川、民族、语言、气候、物产资源、经济状况、交通、邮电、教育、医疗设施等都进行了极其周密的调查研究，其广度和深度远远超出宗教范围，它是帝国主义利用教会收集我国情报的历史证明。由于资料翔实、丰富，它不仅是研究中国基督教史的珍贵资料，而且是研究辛亥革命前后中国国情的重要文献，具有广泛研究价值。

值得一提的是，这部著作中包含了一部分有关中国穆斯林的内容。中华续行委办会成立后，为了在中国穆斯林中宣传基督教，驳斥与基督教教义相悖的伊斯兰教教义，专门设立了一个穆斯林工作委员会，开始了对中国穆斯林的调查，其调查内容包括：伊斯兰教何时、如何传入中国，中国穆斯林的人口及其分布，中国穆斯林的派别，四川和甘肃穆斯林的来源、分布、职业结构、社会阶层，阿訇群体的特点、收入、财产和职能，以及清真寺的状况、穆斯林的组织、教育、精神风貌和社会现实等。由于穆斯林工作委员会人员少、汉语水平低、对伊斯兰教缺乏了解等，这些调查大都比较肤浅，许多内容是通过文献调查而获得的前人研究成果，但是这些资料汇集在一起，仍在一定程度上反映了清末民初中国穆斯林的历史状况，是研究这个时期中国伊斯兰教，以及伊斯兰教与基督教关系的珍贵历史资料。

在西方教会的社会调查中，“巴敦调查团”来华的调查活动具有特殊意义。1920 年后，面对中国民族意识的觉醒和反对西方列强侵略群众运动的兴起，西方传教士内部传统派与现代派围绕教会大学的未来发生了激烈争论。传统派“反对（中国）政府对教会学校的一系列规定，拒绝教会学校接受政府管理、与国家教育体制合流，要求保持教会学校的宗教生活特点，和享受治外法权的特殊地位”[①]。以传教士司徒雷登为代表的现代派则主张变革，主动向中国政府注册，归还学校主权。1921 年 1 月，应在华传教士多次要求，西方差会决定派遣芝加哥大学副校长、神学教授巴敦为团长来华考察高等教育。1921 年 9 月—1922 年 1 月，调查团对中国基督教教育进行了实地考察，并发表了考察报告《中国基督教教育事业》，指出：“这些大学从性质上说乃是由西方传教士创立，由西方捐款维持，由西方列强的条约保护……而且往往是按照西方的法律在外国注册的。……正是这些情况……妨碍了大部分中国人的支持。”怎样才能赢得中国人的支持呢？调查团认为，“基督教学校，且须速除去其外国性质……变为完全中国性质”。它不仅提出了“更加中国化”的口号，而且建议：增加中国籍老师和行政人员，直至“全数替代外国人为止”；重视职业教育，使课程“适应中国之需要”，服务于中国社会建设；重视（中国）国文教学和中国文化研究，注意培养学生的国家观念和爱国精神，总之，要实现教会大学中国化。[②] 显然，这次调查的结论是符合实际的、正确的，对教会学校中国化所起的推动作用是值得肯定的。

## 三、日本“满铁”的社会调查

“满铁”是“南满洲铁路株式会社”的简称，成立于 1906 年 11 月，总部设在东京，1907 年 3 月迁往大连。它是日俄战争（1904—1905 年）的产物，初期目的是“经营满洲”，应对可能与俄国再次发生的战争，后来则演变为日本侵华的排头兵。“满铁”成立时设有总务、运输、矿业和地方 4 个部，正式运营时又增设了调查部。“满铁”的三大支柱是，经营“南满洲”铁路、管理抚顺煤矿和开展情报调查。它表面上是一个

① 史静寰：《狄考文与司徒雷登——西方新教传教士在华教育活动研究》，12 页，珠海，珠海出版社，1999。
② 参见中国基督教教育调查会：《中国基督教教育事业》，上海，商务印书馆，1922。

半官方的铁路公司，实质上则涉足经济、政治、军事、情报等广泛领域，是日本侵略中国和亚洲的总参谋部。

不同时期，“满铁”调查部的机构名称、调查内容、所起作用有所不同。1931 年“九一八”事变前，称为调查部，主要承担俄国西伯利亚和中国东北地区的经济情况调查。“九一八”事变后，日本开始全面侵华，应关东军要求，调查部改组为总务部资料课，1932 年成立经济调查会，侧重军事调查，为侵华日军提供情报。1938 年，重新设立调查部，1939 年改组为大调查部，调查范围扩大到华北、华东、西北、湖南、海南等地。由于 20 世纪 30 年代以后法西斯势力在日本国内占上风，大批左翼知识分子来到中国东北，部分人进入了“满铁”调查部。他们的调查成果，在不触动侵略体制的前提下，往往对日本某些“国策”提出质疑，从而引起日本军方强烈不满。1942—1943 年，日本宪兵两次到大调查部逮捕了 75 名调查人员，致使调查工作遭受严重削弱。1943 年 5 月，调查部被改为调查局，机构进一步萎缩，1945 年日本投降后停止运作。据披露，“满铁”最盛时期有情报人员4 500名，其中对华情报人员达2 000多名。它总共提出了 1 万多份调查报告，其中一些调查报告，如《中国抗战力之调查》《远东苏军后方调查》等，对日本当局的决策起过重要作用。

“满铁”情报调查活动的突出特点是：经济调查与军事调查相结合，公开搜集与秘密调查相结合，情报搜集与刺探、分化、瓦解、收买、策反等谋略活动相结合。“满铁”调查部的调查活动，有旧惯调查、社业调查、北方调查、经济调查、特殊调查、综合调查等类型。所谓旧惯调查，主要是对东北土地及其法规进行调查。所谓社业调查，主要是围绕“南满洲”铁路、抚顺煤矿和东北物产开展调查。所谓北方调查，主要是对苏联、中国东北北部开展调查。所谓经济调查，主要是对农业、矿业、商业、贸易和各种资源，以及移民情况进行调查。所谓特殊调查，主要是对国防资源、兵要地志（指从军事需要出发，对有关地区的军事、政治、经济、地形、交通、气象、水文等现实和历史情况进行调查而编制的资料）开展调查。所谓综合调查，就是从多角度、多方面开展调查，其重点是物资动员、货币金融调查，东亚政策体系、交通体系、基础规范调查。此外，还有中国抗战力调查、世界形势调查等。

1945 年，收藏在“满铁”所属各图书馆的调查报告和资料被陆续发掘出来。经统计，除 1 万多份调查报告外，还有各种情报、档案、书籍、杂志、剪报等二三十万件，加上先后出版的数千种图书资料及杂志，规模十分庞大，不亚于美国中央情报局和苏联克格勃，因而被人们称为 20 世纪前半叶世界三大情报资料宝库之一。

## 第六节　中国学者的社会调查研究方法著作

民国时期的社会调查，不仅调查活动频繁，调查成果丰富，而且调查方法有很大进步。特别是中国学者撰写了许多社会调查研究方法著作，在西方近代社会调查方法本土化、中国化方面取得了可喜成就。

## 一、中国学者社会调查研究方法著作简介

民国时期，中国学者撰写了许多社会调查研究方法著作。孙本文指出："最初介绍社会学的方法的是少数教会学校中的美国教授，他们告诉学生如何研究并调查社会状况，不过除了他们的学生，尚没有成本的书籍，作为系统的介绍，给国人研习。其首先用本国文字介绍社会学的方法的，要算许德珩氏所译涂尔干（Emile Durkheim）的《社会学方法论》（*Les Regles de la Methode Sociologique*）。原书于一八九三年出版，许氏系于民国十三年十月译成，十四年九月由商务印书馆出版。全书七章一九一页。内容纲目如下：绪论；第一章'什么是一个社会现象'；第二章'关于观察社会现象的条例'；第三章'关于规则的与不规则的条例之分晰'；第四章'关于制定社会种类之条例'；第五章'关于解释社会现象之条例'；第六章'关于考察证据之条例'；第七章'结论'。"（见图8-3）"……最初以社会调查方法有系统地介绍国人者，为蔡毓骢、樊弘二氏。蔡氏著《社会调查之原理及方法》一书，于民国十六年由北新书局出版（书中标明十五年出版）。蔡氏系本书著者之学生，民国十五年秋，著者在复旦大学授'社会调查'一课，蔡生即在班上听讲，随将笔记整理，略参己意，并参考他书，编成此书。"① 据孙本文介绍，1925—1947年期间，中国学者翻译和撰写出版的社会调查研究方法著作有21本，其简要情况见表8-8。②

图8-3　涂尔干著、许德珩译《社会学方法论》（1926年版）　孙本文先生藏书

表8-8　1925—1947年期间出版社会学方法类著作简况

| 书名 | 章数 | 页数 | 译著者 | 出版年 | 出版处 |
|---|---|---|---|---|---|
| 社会学方法论 | 7 | 191 | 涂尔干著、许德珩译 | 1925 | 商务印书馆 |
| 社会调查之原理与方法 | | 221 | 蔡毓骢 | 1927 | 北新书局 |
| 社会调查方法 | 7 | 176 | 樊弘 | 1927 | 商务印书馆 |
| 农村调查 | | 47 | 黄枯桐 | 1929 | 商务印书馆 |
| 乡村社会调查大纲 | | 210 | 冯锐 | 1929 | 中华平民教育促进会 |
| 社会调查方法 | | | 于恩德 | 1929 | 文化社 |
| 社会研究法 | 9 | 128 | 杨开道 | 1929 | 世界书局 |
| 农村调查 | 5 | 116 | 杨开道 | 1930 | 世界书局 |

① 孙本文：《当代中国社会学》，159～162页，北京，商务印书馆，2011。

② 参见孙本文：《当代中国社会学》，307～309页，北京，商务印书馆，2011。

续前表

| 书名 | 章数 | 页数 | 译著者 | 出版年 | 出版处 |
|---|---|---|---|---|---|
| 实地社会调查方法 | 16 | 470 | 李景汉 | 1933 | 北平星云堂书店 |
| 社会调查方法 | 16 | 692 | 言心哲 | 1933 | 中央大学讲义 |
| 社会调查大纲 | | 273 | 言心哲 | 1934 | 中华书局 |
| 农村社会调查 | 9 | 380 | 张锡昌 | 1934 | 黎明书局 |
| 社会统计 | 16 | 253 | 曾乐平 | 1935 | 商务印书馆 |
| 社会调查与统计 | 38 | 618 | 陈毅夫 | 1936 | 江苏教育学院 |
| 社会研究法 | | 203 | 詹哲尊、钱亦石 | 1938 | 商务印书馆 |
| 乡村社区实地研究法 | 15 | 130 | 张少微 | 1942 | 文通书局 |
| 社会调查纲要 | 9 | 100 | 汪龙 | 1944 | 重庆商务日报 |
| 社会调查 | 8 | 75 | 李景汉 | 1944 | 中央训练团 |
| 农村社会调查方法 | 15 | 212 | 张世文 | 1944 | 商务印书馆 |
| 社会调查方法与表格 | 15 | | 孙本文 | | |
| 社会调查与统计 | 38 | 637 | 陈毅夫 | 1947 | 商务印书馆 |

孙本文教授以其当时的学术地位，对全国社会学、社会调查学的研究、出版情况当了然于胸。因此，他系统论述中国社会学起源与发展的《当代中国社会学》（1948年）所介绍的上述社会学方法类著作，基本概括、反映了民国时期社会调查方法著作的全貌。

## 二、三本社会调查研究方法著作简介

表8－8中介绍的中国学者撰写、出版的21本著作中，论述社会调查研究方法的著作有14本，占2/3。其中，具有代表性的有3本。

1. 樊弘著《社会调查方法》

该书有7章176页，其章目是：第一章“实地调查的绪论”，第二章“历史的方法”，第三章“个体的调查”，第四章“标准的调查”，第五章“全体的调查”，第六章“调查表的编制”，第七章“调查表的整理”。1927年8月，由中华教育文化基金董事会社会调查部出版，商务印书馆发行。

樊弘在该书序言中说：“在我写这本书的时候，我觉得美国斯密司大学（Smith College）的经济学并社会学教授夏平（F. Stuart Chapin）所做的《社会调查与社会研究》（*Field Work and Social Research*）引例丰富，解说详明，初学者看来，尚是一部有用的参考书，所以本书分章悉依夏平原书，内容的许多资料也多取诸他的著作。他如美国罗素塞治基金会（Russell Sage Foundation）慈善部部长黎吉孟德女士（Mary E. Richmond）所做的《社会的诊断》，实是世界上讲个体调查的少有的著作。本书的个体调查，大半取材于他。又如郎罗（Langlois）和塞尼博（Seignobos）所做的《历史研究法》（*Introduction to the Study History*）、北京大学胡适教授所著的《中国哲学史大纲》暨《胡适文存》，本书也多所征引，其他尚有一些参考书籍均附志在各章之后，这里不必列叙。”[①] 据笔者统计，该书7章共有48个注，其中引用国外资料的注33个，占68.8%。

樊弘的《社会调查方法》有两大突出贡献：第一，它是在中国系统介绍西方近代社会调查方法的最早著作之一，在中国社会调查史上具有开创性贡献。[②] 第二，它在“历史的方法”一章中融入了大量中国元素。正如孙本文所说的：“樊氏书中有一特点，为其他社会调查书籍所不及的，那就是历史方法叙述的详细，几占了全书五分之一的篇幅。尤其是历史学家注重的校勘、考订、分类、训诂、评判、决定特殊的事实等六种方法。这是值得称述的。”但是，该书不仅“分章悉依”夏平《社会调查与社会研究》的原书，而且其内容——包括学术观点、文字论述、表格样式、许多资料和数据，也都是直接从国外著作移植过来的。因此，总体而言，该书基本上是一部经过作者翻译、剪裁、拼接的国外社会调查方法的移植性著作。

2. 杨开道著《社会研究法》

该书共9章128页，其章目是：第一章“社会现象”，第二章“社会的科学研究”，第三章“社会研究方法”，第四章“题目的选择”，第五章“书目的编制”，第六章“书籍的参考”，第七章“问题的分解”，第八章“材料的搜集”，第九章“材料的整理”。1929年1月，由世界书局出版。

杨开道1929年元旦后三日在该书自序中说：“社会研究方法是由许多不同方法、不同步骤组合起来的。要想把这许多不同方法、不同步骤综合起来，成为一个整个的系统，是何等重要的工作，何等困难的工作。美国的社会研究，算是十分发达的了，社会研究方法整个的系统，到现在还是没有。我们现在来写一本《社会研究法》，好像有点不量力，不过孙先生告诉我们，学外国人要迎头学去，才有赶上外国人的可能，赶过外国人的可能，我们算是冒一回险罢。本丛书（指《社会学丛书》——引者注，下同）的主编人孙本文博士，算是这一次探险的指导，探险假使成功，当然要归功他的驾驰术，作者不过是一个机器匠，在下面收拾收拾机器罢了。”1930年8月该书再版，杨开道在再版序中说：“第一版自序有一句话说，现在要加以修正……当第一版脱稿的时候（1929年元旦后三日），Palmer 的 *Field Studies in Sociology*（帕默的《社会学的田野研究》）出版还不久，作者不幸没有看见；Lundberg 的 *Social Research*（伦德伯格的《社会调查研究》）和 Odum and Jocher 的 *Introduction to Social Reesearch*（奥德姆和约赫尔的《社会研究导论》）还没有出版，所以作者胆大的说美国的社会研究方法整个系统，到现在还是没有。……不过他们的内容，还是讨论多而方法少，所以只能算是社会研究方法的绪论，不能算作社会研究方法的本身。真正的社会研究系统，恐怕正在酝酿中，也许会在二三年以内产生出来。”

---

① 樊弘：《社会调查方法》，“序言”，上海，商务印书馆，1927。孙本文在《当代中国社会学》中指出：“最初以社会调查方法有系统地介绍国人者，为蔡毓骢、樊弘二氏。”由于蔡毓骢的《社会调查之原理与方法》没有说明其知识渊源，故只能以樊弘的《社会调查方法》为代表。

② 孙本文在《当代中国社会学》中指出：“最初以社会调查方法有系统地介绍国人者，为蔡毓骢、樊弘二氏。”由于蔡毓骢的《社会调查之原理与方法》没有说明其知识来源，故只能以樊弘的《社会调查方法》为代表。

杨开道的《社会研究法》起码有两点值得称道：一是，敢于“冒一回险”。当时，杨开道不满 30 岁，告诉他“学外国人要迎头学去，才有赶上外国人的可能，赶过外国人的可能”的孙本文也才 37 岁。他们敢于走在美国“老师”之前的“冒险”精神，是难能可贵的，是值得敬佩的。二是，建立了自己的“系统”：第一、二章是理论阐述，第三章讲社会研究的 4 种方法，即历史方法、社会调查法、个例研究法和统计学方法。第四至九章按照社会研究的一般程序，分别论述题目的选择、书目的编制、书籍的参考、问题的分解、材料的搜集和材料的整理等内容。这个“系统”，虽有些稚嫩、不够完善，但与樊弘的《社会调查方法》“分章悉依”夏平《社会调查与社会研究》的原书比较起来，应该说是一大进步、一大突破。它可以被看作中国人在社会调查领域走自己的路，即本土化、中国化的开端。

3. 李景汉著《实地社会调查方法》

该书有 16 章，正文 419 页、附录 51 页，合计 470 页，其章目是：第一章“社会调查与今日之中国”，第二章“社会调查的意义及种类”，第三章“社会调查的起源与发展”，第四章“社会调查在中国举行的困难”，第五章“如何使地方人士接受社会调查”，第六章“实地社会调查之步骤”，第七章“实地调查举例：农村人口调查之试验”，第八章“农村概况调查”，第九章“农村土地调查”，第十章“农村工商业调查”，第十一章“家庭生活费调查”，第十二章“家庭记账调查”，第十三章“教育调查表格”，第十四章“关于农村社会的各项调查表格选录”，第十五章“关于都市社会的各项调查表格选录”，第十六章“全县社会调查纲目”，附录“关于社会调查参考书目的说明”。1933 年，由北平星云堂书店出版。

李景汉在该书的序中说：“……十余年前我在美国求学时，因受种种刺激，就已抱定从事中国社会调查的决心。……民国十三年甘博先生约我返国，从事举行社会调查。这自然正中我的心怀，就非常高兴的回到北平，同他工作。……两年来所得经验，完全是一个社会调查员的工作，亲自饱尝实地调查的滋味。……民国十五年，中华教育文化基金董事会社会调查部成立，我即在该部充任调查主任之职。……如此又整整忙干了两年，饱尝对人对事之种种滋味。……民国十七年中华平民教育促进会聘我为该会社会调查部主任……从此我的调查生活，遂由都市而移到乡村。……实行该会与农民打成一片的口号，下了不入虎穴，焉得虎子的决心。……于是我由四年纯粹为求得知识性质的社会调查，而转向为社会改善之应用性质的社会调查。这其中的很大的分别，也是我个人调查工作性质的一个重要的转变。……我经过这八九年短期的尝试，自然随时亦有零零碎碎的心得，对于社会调查方法，尚在研究的途中，离着成熟的程度尚远，实在尚未达到著作社会调查方法的资格……但因近来社会调查之发展有猛进的趋势……遂有不少的人，尤其是青年，常向我询问关于各种社会调查的方法与个人以往的经验。……他们觉得现在关于调查方法的出版物虽然已有几种，但多是根据西书的译著，且多偏于理论，读了之后仍是模糊不清，颇有望梅止渴，画饼充饥之感，不能解答他们的实际问题。……我向学生讲授社会调查的时候……每逢根据西书讲话的时候，他们大半不大注意，但一讲到自己的经验……他们的精神立刻就振作起来，感觉非常的兴趣……并且多半自告奋勇，要在课外余暇，尝试调查。……近两年来，有全国各处百数十起的人，到中华平民教育促进会的定县实验区，作短期的参观或长期的实习。我也就随着不断的演讲了社会调查多次，试着答复了无数的问题。现在就把这些散碎的讲稿里，或说是堆积的破铜烂铁中，胡乱抽出一部分，在短的暑假内，略加整理，没有工夫顾到排列的整齐及辞句的通顺。……本书差不多都是国货，而不贩入大批舶来品。本书要试一试告诉那些要举行实地调查的人们工作的程序，从有调查企图起到编辑止，一层一层的指出来。关于如何决定调查范围，如何编制表格，如何选择调查人员，如何预防及校正错误，如何补充缺点，如何整理材料，如何统计，如何列表，皆挨次讨论，并大半按个人经验所及，举出在中国已经用过之实例。”

对李景汉的《实地社会调查方法》，孙本文的评价是“为社会调查方法书本中最充实的一书”。笔者认为，它的突出优点有二：一是“差不多都是国货”，是“八九年”实际调查经验的结晶，而不是“贩入大批舶来品”。二是实用性，由于大都是从实践中概括出来的理论、观点、表格和提纲，因而具有较强的实际应用性质。它的主要问题是：首先，全书的结构和内容，在科学性、系统性、逻辑性上，还有大大提高的空间。其次，全书有表格410个左右，调查表格与提纲占310多页，达正文总篇幅3/4强，似重“授人以鱼”，而轻“授人以渔”。而且，许多表格和提纲，只适用于北方，到了南方则往往是另一回事了。尽管如此，由于《实地社会调查方法》“差不多都是国货”，因而仍不愧为社会调查方法本土化的研究成果，是西方近代社会调查方法中国化过程中阶段性的重要标志。

## 三、两本农村社会调查方法著作简介

表8-8中介绍的中国学者撰写、出版的21本著作中，论述农村调查方法的著作有6本，约占30%。“农村”这一领域受到社会调查学界如此集中关注，是由中国国情——几千年来以农立国的国策，以农为本的思想，以及农村、农业、农民问题已成为当时最普遍、最尖锐的社会问题——所决定的。这6本著作中，具有代表性的有两本。

图8-4 黄枯桐编《农村调查》

1. 黄枯桐编《农村调查》

该书有5个标目，47页。其标目是：“一、农村调查的必要”“二、国势调查”“三、社会调查与农村调查”“四、农村调查的方法及其项目”“五、结论”。1929年，由商务印书馆出版（见图8-4）。

黄枯桐在“一、农村调查的必要”中指出，“农村、农民、农业三者是构成各种问题的原素……农村问题……与国家社会在政治经济种种方面，都有密切的连锁关系。故对于农村问题底调查研究极感必要”。在“二、国势调查”中指出，“……正确的国势调查，则在十八世纪，有几个国家才开始实行。如英国最初举行的调查，是在一八〇一年……现代所有的文明国家均举行国势调查”。在“三、社会调查与农村调查”中，先介绍“Charles Booth 氏花了十七年底长时间去调查伦敦市，把所得的结果著成《伦敦市民底生活及劳动》（*Life and Labour of London*，1892）一书。这当可说是近代社会调查底嚆矢（意为开端——引者注）。自此以后，欧美各国大小许多都市，俱渐次实行社会调查”。然后，介绍 1908 年美国罗斯福总统组织农村生活委员会，开展农村调查；英国则由土地调查委员会调查农村的社会及经济的情形；日本自明治维新以后，农村调查一事，日渐发达。在“四、农村调查的方法及其项目”中，主要是根据小野武夫的译文介绍了美国农部技师汤普森（C. W. Thompson）于 1916 年发表的《农村调查》的内容，包括：农村调查的意义，农村调查的方法，农村调查的范围，实地调查的方法，调查材料的搜集，以及农村调查时应当注意的事体等。黄枯桐说：“看了上面所举 Thompson 氏的意见，当知农村调查，不是草草率率可以成功的。调查的范围、事项、方法、说明等及调查员底品性、技能种种，都应该深加考虑并且要有充分的准备才行。”至于调查项目，黄枯桐说：“为供给大家的参考起见，把 Gillette 氏等所列的调查项目录示于左。”此后，列了：(1) 吉莱特（Gillette）等所列的调查项目。(2) 南京金陵大学卜凯教授所列的调查项目。(3) 上海市农工商局吴觉农先生编制的调查表。(4) 日本森贤隆所列的调查项目。在“五、结论”中，对调查的目的、调查的机关、调查员的人选、调查区的划定、调查的方法、调查的时期、调查表及调查簿、参考资料的准备、调查结果的固定及应注意的事项，做了概括说明。

黄枯桐的《农村调查》，很可能是中国历史上最早集中论述农村调查方法的专著，因而在中国社会调查史上具有重要地位；书中介绍的农村调查方法和调查项目，也确有参考价值。但是，它所介绍的基本上都是国外农村调查的情况，其中对美国农部技师汤普森著《农村调查》的介绍极为详细，达 5 页多，占全书 47 页的 10%以上；在全书 23 个引文中，国外引文 19 个，占 82.6%。全书几乎看不到作者亲自参与农村实地调查的痕迹。因此，大体可以认为，黄枯桐的《农村调查》主要是一部介绍国外农村调查的著作。

2. 张世文著《农村社会调查方法》

该书有 15 章，220 页，还有李安宅、龙冠海的两篇序。其章目是：第一章“绪论”，第二章“社会调查的起源与发展”，第三章“中国社会调查运动”，第四章“社会调查的方法”，第五章“农村社会调查的准备”，第六章“农村实地调查进行的步骤”，第七章“农村社会调查的一般困难及其应付的方法”，第八章“农村人口调查”，第九章“农村田场经营调查”，第十章“农家生活费调查”，第十一章“农村工业调查”，第十二章“农村商业金融调查”，第十三章“农村宗教调查”，第十四章“农村教育调查”，第十五章“农村社会调查与农村社会学”，附录“（一）县单位概况调查纲目”“（二）中外度量衡折算表”。1944 年，由商务印书馆出版。

张世文长期致力于社会学、社会调查学的教学与研究工作。20世纪30年代，在河北定县社会调查中，他搜集和整理了有关社会风俗、文化娱乐、卫生教育、农村人口、家庭手工业等方面的大量资料，为李景汉《定县社会概况》的编著、出版做出了重要贡献。他强调通过社区史、社区志的调查研究，探索社会调查学中国化的道路，著有《定县农村工业调查》《衡山师古乡社会概况调查》《生命统计方法》《农村社会调查方法》等著作。他在《农村社会调查方法》自序中说："著者在近十余年来多半时间是在农村里跑。河北定县，湖南衡山，四川新都等农村，著者都亲自作过实地的观察与调查。许多朋友要求我把农村调查的经验与心得，有系统的发表出来，以供各地农运同志的参考。这一本《农村社会调查方法》，便是许多朋友鼓励的结果。"书中"所讨论的调查的困难，都是著者在各地农村亲自遇见的，并且碰过钉子的。应付这些困难的方法也是著者用过而曾经发生效力的"。显然，与黄枯桐的《农村调查》相比较，张世文的《农村社会调查方法》从来源到结构、内容都不相同：前者主要来源于对国外有关文献的译编，后者主要来源于"近十余年来……在农村里跑"；前者的结构主要服从于从一般到特殊、从抽象到具体的文献译编逻辑，后者的结构主要服从于农村社会调查实践的一般程序和主要领域；前者的内容大多是国外农村调查的情况、方法和项目，后者的内容则大多是国内农村调查的方法、项目、表格、提纲，以及曾经遇到过的实际困难和应付方法。简言之，前者主要来源于文献，后者主要来源于实践；前者主要是舶来品，后者主要是"国货"。后者与前者的出版时间相距15年，这两本书的种种不同说明，在这15年间，农村社会调查方法在中国化的道路上已取得了巨大进步。

# 第九章　中华民国时期中国共产党的社会调查

中华民国时期，中国共产党在民主革命过程中做过大量社会调查，取得了丰硕的社会调查成果。早期的毛泽东，是中国共产党社会调查的杰出代表。

## 第一节　中国共产党民主革命的曲折历程

中国共产党领导的民主革命大体可分为 4 个时期，即建党和大革命时期、土地革命战争时期、全民族抗日战争时期和全国解放战争时期。

建党和大革命时期（1915—1927）：1915 年 9 月，陈独秀创办《青年杂志》（后改名为《新青年》），掀起了一场新文化运动。在 1917 年俄国十月革命和 1919 年五四运动的影响下，1921 年 7 月成立了中国共产党。在中国共产党的领导或推动下，工人运动、农民运动在全国兴起，并实现了第一次国共合作，开始了北伐。1927 年 4 月 12 日，蒋介石发动反革命政变；7 月 15 日，汪精卫“分共”，大肆屠杀共产党人和革命群众，致使第一次国共合作破裂，大革命失败。

土地革命战争时期（1927—1936）：为挽救革命，1927 年 6 月至 1928 年 7 月，共产党领导举行了上百次起义，但均遭失败，被迫转入农村，开展武装斗争。1927 年 9 月，毛泽东率领秋收起义失败后的工农革命军进入井冈山。1928 年秋至 1933 年春，毛泽东等在总结井冈山斗争经验的基础上，提出并阐明了工农武装割据、农村包围城市、武装夺取政权的思想和一套游击战原则，并指挥取得了四次反“围剿”战争的胜利。然而，临时党中央的“左”倾错误导致第五次反“围剿”失败，中央和红军被迫进行万里长征，直到 1936 年 10 月红四方面军、红二方面军二、六军团先后与红一方面军会师，才宣告红军长征胜利结束。

全民族抗日战争时期（1937—1945）：1937 年 7 月 7 日卢沟桥事变和“八一三”事变，促进了第二次国共合作和全民族抗日民族统一战线的形成。从 1937 年 7 月开始，抗日战争经过战略防御、战略相持和战略反攻阶段，终于在 1945 年 8 月取得最后胜利。在抗日战争中，共产党领导的敌后抗日革命根据地和八路军、新四军，在战胜日军多次围剿和国民党三次反共高潮的过程中，日益壮大和成熟，从而为夺取抗日战争和解放战争的胜利打下了坚实基础。

全国解放战争时期（1945—1949）：1945年8月，毛泽东赴重庆与蒋介石谈判，签订《双十协定》，给中国人民带来了和平、民主、团结的希望。然而，1946年6月，国民党军对中原解放区的围攻引发了解放战争的全面爆发。到1948年秋，国共力量对比发生了根本变化，经过辽沈、淮海和平津三大战役，基本上消灭了国民党军队的主力，为夺取全国胜利奠定了基础。1949年9月，中国人民政治协商会议召开。10月1日，中华人民共和国成立。

## 第二节　建党和大革命时期的社会调查

在建党和大革命时期，中国共产党围绕着中国各阶级状况，特别是工人、农民等问题，开展过许多社会调查。

### 一、社会各阶级调查

中共建党初期，在国共两党合作推动下，中国人民反帝反封建革命蓬勃发展，形成了大革命高潮。同时，革命势力与反革命势力正酝酿着一场大决战。在这一革命紧急关头，毛泽东回到家乡韶山，一边搞农民运动和农村调查，一边研究农村阶级斗争，在对中国社会各阶级状况进行广泛、深入调查的基础上，于1925年12月1日撰写、发表了《中国社会各阶级的分析》一文。在这篇文章中，毛泽东首先指出："谁是我们的敌人？谁是我们的朋友？这个问题是革命的首要问题。"然后，运用马克思主义阶级分析方法，分析了中国社会各阶级的经济状况、社会地位和政治态度，最后得出的结论是："一切勾结帝国主义的军阀、官僚、买办阶级、大地主阶级以及附属于他们的一部分反动知识界，是我们的敌人。工业无产阶级是我们革命的领导力量。一切半无产阶级、小资产阶级，是我们最接近的朋友。那动摇不定的中产阶级，其右翼可能是我们的敌人，其左翼可能是我们的朋友"①。1927年发生的事变，证明毛泽东的上述分析是完全正确的。这篇文章，对中国革命对象、动力、性质和前途的论述，对党内"左"右错误倾向的批判，以及提出的新民主主义革命的基本思想，为党制定新民主主义革命路线提供了理论指导。

### 二、工人调查

工人阶级状况和工人运动，是中共建党前后社会调查的一个重点。

1. 陈独秀的工人调查

1920年年初，陈独秀从北京到上海后，便开始对中华工业协会、中华总工会等团

---

① 《毛泽东选集》，2版，第1卷，3、9页，北京，人民出版社，1991。

体进行调查，并请多人调查各地工运情况。2月，陈独秀应武昌文华大学邀请到武汉讲学，曾委托郑凯卿、包惠僧等调查汉口工人状况。他主编的《新青年》，从第七卷第五号开始，以相当篇幅刊登各地工人生活状况调查材料。5月1日出版的第七卷第六号《劳动节纪念号》(扩大到约400页，相当于原来的两倍多)，刊登了李大钊的《“五一”May Day运动史》，陈独秀的《劳动者底觉悟》和《上海厚生纱厂湖南女工问题》，孙中山、蔡元培等16人的题字，9个劳苦工人的文章，以及美、英、日和我国许多省市工人状况的调查。《新青年》这个专号，实际上是共产主义知识分子与工人运动开始结合的产物。

2. 李大钊的工人调查

1919年3月，李大钊根据在唐山煤矿实地调查的工人生活状况，写成《唐山煤厂的工人生活——工人不如骡马》一文，以“明明”为笔名发表在《每周评论》第12期上。文中写道：“唐山煤厂的工人，约有八九千人。这样多数工人聚合的地方，竟没有一个工人组织的团体。”而“这个炭坑，仿佛是一座地狱。这些工人，仿佛是一群饿鬼”；“工人的生活，尚不如骡马的生活”；“许多幼年人，在那里作很苦很重不该令他们作的工，那种情景，更是可怜”。这是关于中国工人生活的第一篇纪实报告。

1920年1月，在李大钊的号召和组织下，北京的先进知识青年分头到人力车工人和印刷工人中进行实地考察，工人悲惨的生活状况使他们大为震惊。“调查回来，大家相顾失色，叹息不止，都现出一种极伤心且不平的样子。”①

3. 毛泽东的工人调查

早期的毛泽东，是开展调查研究工作的典范。

1918年冬至1919年春，毛泽东曾两次到北京近郊长辛店铁路工厂进行调查，主要调查产业工人状况、工厂管理、工人思想和政治态度等。这是青年毛泽东对大型工业企业的首次调查，是他与产业工人最早的直接接触，对他成为坚定的马克思主义者具有重要影响。

1921年9月起，毛泽东多次到安源煤矿调查，了解煤矿历史，工人与资本家的矛盾，工人的劳动、生活和思想状况。此外，他还对湖南劳工会、长沙泥木工人、水口山铅锌矿进行了调查研究。通过这些调查，他获得了对工矿企业史、资本家剥削史、工人斗争史，以及工人劳动与生活条件、经济与政治要求的较为具体、全面的认识。

## 三、农民调查

1. 《新青年》和《觉悟》刊登的农民调查

1918年3月，《新青年》发表的第一篇社会调查报告，就是《震泽之农民》。1919年12月发表的《长沙社会面面观》、1920年1月发表的《山东底一部分的农民状况大

① 中共中央党史研究室：《中国共产党历史》，第一卷上册，76页，北京，中共党史出版社，2011。

略记》、1921年1月发表的《海属社会面面观》等，都是关于“农夫的困苦”的调查。邵力子（1921年加入上海共产主义小组，同年加入中国共产党）主编的《民国日报》副刊《觉悟》，也曾发表过一些关于农民问题的文章。例如，1920年8月连载的《农村改造与教育》、1921年4月发表的《可怜的农民》等，都是对农村和农民问题进行调查的成果。

2. 蔡和森的农村调查

1917年秋，蔡和森从湖南省立第一师范学校毕业后寄居在半学斋杨怀中先生寓所，经常与毛泽东等畅谈理想，探讨人生，利用假日体察民情。1918年夏，蔡和森对洞庭湖滨五个县做了一次农村调查，考察农民生活、地主与佃农的关系，以及无地农民的穷困生活，亲眼目睹了贫苦农民终年辛勤劳动而得不到温饱的悲惨生活。

1918年6月，蔡和森赴北京组织赴法勤工俭学事宜。10月，到了北京布里村。他经常深入群众，访贫问苦。一天清早，蔡和森见人在学校附近拾牛粪，便上前亲切招呼，问他家里多少人，庄稼长得好不好，生活过得怎么样，还帮其拾牛粪。为了更广泛接触群众，他常到莘桥镇、高阳城一带去赶集，到集镇和农村做深入细致的社会调查。

通过对劳苦大众的社会调查，蔡和森看到了工农群众的力量。1920年8月，他在给毛泽东的信中指出：“只因小工小农不识不知，以穷乏惨苦归之命，一旦阶级觉悟发生，其气焰必不减于西欧、东欧。”

3. 彭湃的农村调查

1918年春，彭湃留学日本，已开始认识到农民问题的重要性。他认为，中国农民占多数，中国革命要依靠农民。1921年5月回国后，他出任海丰教育局局长，在与《陆安日报》的大辩论中逐渐把眼光投向农村，决心到农村去做实际运动。1922年7月，彭湃与另外5位农民组成了全国第一个农民协会——六人农会，积极投身农民运动。1923年元旦，领导成立了海丰总农会，撰写了《海丰总农会成立宣言》，明确宣告：“我们农民，是世界生产的主要阶级。人类生命的存在，完全是靠着我们辛苦造出来的米粒。我们的伟大和神圣，谁敢否认！”宣言控诉了农民所受的苦难，公开声明成立总农会的目的是“集合全县农民，组织农会，协力团结，反抗社会一切不合理的制度，争回我们生存的权利”。

1923年7月，彭湃起草的《广东农会章程》规定，中央执行委员会设立调查部部长，各县区执行委员会设立调查部，其任务之一就是“调查农村户口、耕地、收获及其他农村状况”。当年，海丰县农会调查部制有会员成分表、不同时期农民加入农会及其原因一览表、失业农民所到区域及其职业调查表等，调查结果为农会了解现实情况提供了翔实可靠的数据。彭湃个人更坚持不懈地进行农村调查，他在向团中央的报告中说：“无论暑天雨天，日常步行数十里，到各乡村演说及调查各事。”还呼吁：“要快些设法子使多些同志到乡村来！”

1924年12月，彭湃以国民党中央农民部特派员身份，前往广东省广宁县调查农民减租情况，连续给中共广东区委和国民党中央农民部写了5份调查报告。通过对广宁农民反抗地主斗争情况加以分析，他提出了建立农民武装的必要性。1926年，他撰写的《海丰农民运动》一书，就是对他从事的农民运动、农村调查工作情况及其经验教训的总结。该书是当时公认的从事农民运动的必读书，彭湃则被毛泽东称为“农民运动大王”、中国农民运动的领袖，而这一切都源于彭湃长期坚持的农民运动和农村调查。

4. 毛泽东的农村调查

毛泽东是中共农村调查开拓者之一。早在求学时期，他就注重社会调查，既读“有字之书”，又读“无字之书”。他在给友人信中说：“吾人如果要在现今的世界稍为尽一点力，当然脱不开‘中国’这个地盘。关于这地盘内的情形，似不可不加以实地的调查，及研究。”①

1917年7—8月，他利用暑期与同学萧子升漫游了长沙、宁乡、安化、益阳、沅江5个县，历时1个月，行程900余里，沿途接触了城乡各阶层人员，了解了当地风土人情，获得了许多新鲜知识。第二年春天，他与蔡和森沿洞庭湖南岸和东岸，经湘阴、岳阳、平江、浏阳几县，游历了半个多月。有人说：“他日后养成的调查研究作风，从这里已可看出些端倪。”②

1924年7月，广州农民运动讲习所成立。毛泽东认为这是了解农村的极好机会，他以学员为调查对象，印发一些调查表格，要求学员把自己知道的情况填写出来，向学员了解各地农村情况。他还组织学员到当时农民运动开展得较好的海丰、韶关做实地调查研究。

1924年12月，毛泽东因病离开上海回韶山休养，他一边养病一边利用串门、走亲访友等形式做社会调查。他曾特地到安化县考察社会和革命斗争情况，一边进行社会调查，一边秘密建立中共韶山党团组织，组织农民协会，成立农民夜校，领导农民开展“阻禁平粜”和争夺教育权等斗争。

1926年，毛泽东将在组织、领导农民运动过程中收集的关于农民的材料，再加上在湘潭西乡同佃农张连初交谈所得情况，写成《中国佃农生活举例》一文，于1927年3月作为中央农民运动讲习所丛书之一发表。这是目前保存下来的毛泽东最早撰写的一篇调查文献。

随着北伐胜利进军，农民运动在粤、湘、鄂等省开展起来，农民协会遍及17个省，200多个县成立了农民协会，会员达915万多人。对于蓬勃发展的农民运动，中共党内外出现了“好得很”和“糟得很”两种声音。为了回应对农民运动的责难，毛泽东于1927年1月4日至2月5日，考察了湖南湘潭、湘乡、衡山、醴陵、长沙等5个县的农民运动；3月，写成并发表了《湖南农民运动考察报告》。该报告的主要内容是：

① 转引自邹巧灵：《论毛泽东的调查研究理论》，武汉，华中师范大学硕士学位论文，2004。

② 罗平汉：《大革命时期毛泽东的农村调查》，载《党史文苑》，2014（3）。

(1) 充分估计了农民在中国民主革命中的伟大作用。(2) 明确指出了在农村建立革命政权和农民武装的必要性。(3) 科学分析了农民的各个阶层。(4) 着重宣传了放手发动群众、组织群众、依靠群众的革命思想。毛泽东在该报告中指出，根据在长沙的调查，乡村人口中，贫农占百分之七十，中农占百分之二十，地主和富农占百分之十。百分之七十的贫农中，又分赤贫、次贫二类；并分析了各个阶层的革命性质。毛泽东认为，贫农不是"痞子"，而是打倒封建势力的"革命先锋"，是农民协会的中坚，从而为解决中国民主革命的中心问题——农民问题提供了理论基础。

在建党和大革命实践基础上，中国共产党通过上述社会调查明确了谁是我们的敌人，谁是我们的朋友。农民问题是中国民主革命的中心问题，从而形成了新民主主义革命的基本思想，为党制定新民主主义革命路线提供了理论指导。

## 第三节　土地革命战争时期的社会调查

土地革命战争时期，中国共产党围绕土地革命、武装斗争和根据地建设等问题开展了一系列深入的社会调查。

### 一、土地革命问题调查

1. 土地法和土地斗争调查

1927 年 10 月，毛泽东率领秋收起义的工农革命军到达井冈山，开始了创建农村革命根据地的艰苦斗争。从 1927 年冬到 1928 年冬，井冈山根据地在发动群众打倒土豪劣绅的基础上，开展了土地改革斗争。1928 年夏，宁冈全县，永新、莲花的大部分地区，遂川、酃县的部分地区实行了分田。1928 年 12 月，毛泽东在深入土地改革第一线调查研究的基础上，制定了根据地第一部土地法——井冈山土地法。1941 年 3 月，毛泽东在刊印《农村调查》的"按"中指出："此土地法是一九二八年冬天在井冈山（湘赣边区）制定的。这是一九二七年冬天至一九二八年冬天一整年内土地斗争经验的总结，在这以前，是没有任何经验的。这个土地法有几个错误：(一) 没收一切土地而不是只没收地主土地；(二) 土地所有权属政府而不是属农民，农民只有使用权；(三) 禁止土地买卖。这些都是原则错误，后来都改正了。"①

1929 年 4 月，毛泽东又领导制定了根据地第二部土地法——兴国土地法。1941 年 3 月，毛泽东在刊印《农村调查》的"按"中指出："这是前一个土地法制定后第四个月，红军从井冈山到赣南之兴国发布的。内容有一点重要的变更，就是把'没收一切土地'改为'没收一切公共土地及地主阶级的土地'，这是一个原则的改正。但其余各点均未改变，这些是到了一九三〇年才改变的。这两个土地法，存之以见我们对于土

① 《毛泽东农村调查文集》，37 页，北京，人民出版社，1982。

地斗争认识之发展。”①

2. 兴国调查

1929—1930 年期间，毛泽东曾 3 次到兴国做调查。第一次，1929 年 4 月中旬，毛泽东率一个警卫排到兴国县城，深入农村调查，了解兴国的政治、经济、土地、工人和农民的生产生活情况，并查阅《兴国县志》，了解兴国的历史文化渊源；第二次，1930 年 3 月和 7 月，毛泽东在转战中两次途经兴国，抽出时间调查研究，了解农民分田情况；第三次，1930 年 10 月 25—30 日，红军第一方面军攻占吉安后，兴国县送许多农民来参加红军，毛泽东趁此机会找了 8 个刚刚参加红军的农民，在新余县的罗坊，开了一个星期调查会。《兴国调查》，是这 3 次调查，特别是第 3 次调查的结晶。

对于第 3 次调查目的、内容、方法、意义和过程，毛泽东有如下一些回忆和记载：

1931 年 1 月 26 日，毛泽东在《兴国调查》前言中说：“实际政策的决定，一定要根据具体情况，坐在房子里面想像的东西，和看到的粗枝大叶的书面报告上写着的东西，决不是具体的情况。倘若根据‘想当然’或不合实际的报告来决定政策，那是危险的。过去红色区域弄出了许多错误，都是党的指导与实际情况不符合的原故。所以详细的科学的实际调查，乃非常之必需。这次调查，一般说来仍不是很深入的，但较之我历次调查要深入些。第一，做了八个家庭的调查，这是我从来没有做过的，其实没有这种调查，就没有农村的基础概念。第二，调查了各阶级在土地斗争中的表现，这是我在寻乌调查中做了而没有做得完全的。这个调查的缺点，是没有调查儿童和妇女状况，没有调查交易状况和物价比较，没有调查土地分配后农业生产的状况，也没有调查文化状况。这些本来是要调查的，因为敌人对罗坊进攻了，红军决定诱敌深入的方针，我们的调查会只得结束。下面的材料是这样得来的：由我提出调查的纲目，逐一发问并加讨论，一切结论，都是由我提出得到他们八个同志的同意，然后写下来的，有些并未做出结论，仅叙述了他们的答话。我们的调查会是活泼有趣的，每天开两次甚至三次，有时开至很夜深，他们也并不觉得疲倦。应该深深感谢这些同志。他们有几个是共产党员，但多数不是党员。”②

1941 年 9 月 13 日，毛泽东在延安对中央妇委和中共中央西北局联合组成的妇女生活调查团的讲话中指出：“贫农与雇农的问题，是在兴国调查之后才弄清楚的，那时才使我知道贫农团在分配土地过程中的重要性。”③ 他还说：“我在兴国调查中，知道……一方面以百分之六的人口占有土地百分之八十（指地主、富农——引者注），另方面以百分之八十的人口则仅占有土地百分之二十（指中农、贫农——引者注）。因此得出的结论，只有两个字：革命。”④ 对于兴国调查方法和过程，他还回忆说：“我在兴国调查中，请了几个农民来谈话。开始时，他们很疑惧，不知我究竟要把他们怎么样。所以，

① 《毛泽东农村调查文集》，40 页，北京，人民出版社，1982。
② 《毛泽东文集》，第 1 卷，254～255 页，北京，人民出版社，1993。
③ 《毛泽东农村调查文集》，23 页，北京，人民出版社，1982。
④ 《毛泽东农村调查文集》，26 页，北京，人民出版社，1982。

第一天只是谈点家常事，他们脸上没有一点笑容，也不多讲。后来，请他们吃了饭，晚上又给他们宽大温暖的被子睡觉，这样使他们开始了解我的真意，慢慢有点笑容，说得也较多。到后来，我们简直毫无拘束，大家热烈地讨论，无话不谈，亲切得象自家人一样。”①

此外，《兴国调查》对土地税、苏维埃、农村军事化等有关农村革命根据地建设的问题，也都进行了初步的调查。

3. 纠正工作偏向、正确解决土地问题调查

在根据地土地革命过程中，曾出现过如何分配土地，如何处理荒田和山地，工人如何分田，如何处理分青和出租等许多具体问题。1930 年 10—11 月，毛泽东围绕这些具体问题做过许多社会调查。他撰写的《分田后的富农问题》《东塘等处调查》《赣西南土地分配情形》《江西土地斗争中的错误》《分青和出租问题》《木口村调查》等，就是他深入根据地土地革命第一线实地调查的成果。1933 年 10 月，为了纠正土地革命工作中发生的偏向、正确解决土地问题，毛泽东在广泛调查基础上起草了《怎样分析农村阶级》《关于土地斗争中一些问题的决定》等文件，经中央工农民主政府通过、实施，从而为划分农村阶级制定了科学标准，为正确开展土地革命提供了理论依据和操作规范。

4. 张闻天主持的改变对富农策略的调查

1935 年 10 月中央红军长征到达陕北后，为了建立抗日民族统一战线，中共中央决定进行相关政策的调整。为此，张闻天委派西北局组织部部长李维汉、中华苏维埃共和国中央政府西北办事处土地部部长王观澜和中共陕北省委书记郭洪涛，对陕北土地改革情况进行调查。其中，王观澜重点调查了安定县（今陕西省子长县）中区的两个乡经过土地革命后贫雇农的生活情况，对地主、富农的打击情况，以及农民的生产准备和存在的问题。他分别召开乡村干部和贫雇农座谈会，并走家串户进行访问。② 调查结束后，张闻天多次听取调查组汇报，“对每个情节都十分重视”③，还通过个别交谈方式，弄清了陕北土地问题的特殊性，以及过去土地革命中“左”的政策所带来的影响。在调查研究基础上，张闻天于 1935 年 12 月 6 日主持召开中共中央政治局会议，讨论改变对富农政策问题。会议通过了李维汉、王观澜、郭洪涛起草的《关于改变对富农策略的决定》。决定认为，随着国内政治形势的变化，富农也开始参加反对帝国主义侵略及豪绅地主军阀官僚的革命斗争，或采取同情与善意的中立态度，因而目前党的中心任务，应是尽量扩大革命运动的范围，吸收各种不同的社会阶层，建立全国人民的统一战线。这是一个带有根本性的改变，因为对富农政策的调整涉及中农、商业、知识分子等一系列的政策。以此为开端，随后中共中央调整了土地政策、商业政策及相关的政治政策，为抗日民族统一战线的建立创造了条件。

---

① 《毛泽东农村调查文集》，27 页，北京，人民出版社，1982。

② 参见《王观澜》，见《中共党史人物传》，第 16 册，315 页，西安，陕西人民出版社，1984。

③ 《郭洪涛回忆录》，102～103 页，北京，中共党史出版社，2004。

在调查研究基础上调整土地革命政策，是根据地土地革命得以顺利进行的重要保证。

## 二、武装斗争和军队建设调查

1. 游击战术“十六字诀”

1928 年 4 月，朱德率领南昌起义余部来到井冈山，刚好赶上江西敌军“进剿”。5 月，朱德指挥连续取得了五斗江、高陇、草市蛔、龙源口等战斗的胜利。在这些战斗中，实际上使用了“敌进我退，敌驻我扰，敌疲我打，敌退我追”等战术。1944 年，朱德在《在编写红军一军团史座谈会上的讲话》中说：“过去从一九一一年辛亥革命开始，在川、滇同北洋军阀等打仗，打了十年，总是以少胜多。记得在莫斯科学习军事时，教官测验我，问我回国后怎样打仗，我回答：战法是‘打得赢就打，打不赢就走’、‘必要时拖队伍上山’，当时还受了批评。其实，这就是游击战争的思想。所以，在这一点上，我起了一点带头作用。”美国女作家艾格尼丝·史沫特莱在《伟大的道路》中说：“朱德把军事战术归纳为这样几个要点：（一）敌进我退；（二）敌驻我扰；（三）敌疲我打；（四）敌退我追。”另据当时任二团党代表的龚楚回忆：“在一次会议上毛泽东作战略性的报告时说，朱德对游击战术，提出：一、敌进我退……保存实力，待机转移攻势。二、敌退我进……打击其士气，积小胜为大胜。三、敌驻我扰……以疲惫敌人，造成对我有利之形势。四、敌疲我打……应集中兵力，主动进攻，以歼灭敌人。”[①] 这说明，“十六字诀”是朱德在长期武装斗争实践基础上总结出来的。

此外，还有两种说法：一是毛泽东 1928 年 1 月率领部队攻克遂川县城后提出的。当时是“敌进我退，敌驻我扰，敌退我追”的“十二字诀”。1928 年 4 月朱毛会师井冈山后，经过游击战争实践，才使“十二字诀”发展成“十六字诀”。二是集体创造的。“十六字诀”不仅井冈山革命根据地有，其他革命根据地也有类似经验。例如，鄂豫皖革命根据地在游击战中，就曾采用“集中作战，分散游击”“敌进我退，敌退我进”“对敌采取跑圈的形式”等战术。

毛泽东在《中国革命战争的战略问题》一文中写道：“我们的战争是从一九二七年秋天开始的，当时根本没有经验。南昌起义、广州起义是失败了，秋收起义在湘鄂赣边界地区的部队，也打了几个败仗，转移到湘赣边界的井冈山地区。第二年四月，南昌起义失败后保存的部队，经过湘南也转到了井冈山。然而从一九二八年五月开始，适应当时情况的带着朴素性质的游击战争基本原则，已经产生出来了，那就是所谓‘敌进我退，敌驻我扰，敌疲我打，敌退我追’的十六字诀。”[②] 这一记载说明，上述三种说法都有可能，但可以肯定的有一点，即游击战术“十六字诀”是在武装斗争实践基础上调查研究的结晶。

2.《关于纠正党内的错误思想》

从 1927 年 8 月 1 日南昌起义到 1929 年 12 月，经过两年多武装斗争实践，红四军

① 《龚楚将军回忆录》，157～159 页，香港，明报月刊社，1978。

② 《毛泽东选集》，2 版，第 1 卷，204 页，北京，人民出版社，1991。

党委在与军内各种错误思想作斗争的过程中，学到了许多东西，积累了丰富经验。在毛泽东的带领下，红四军形成了社会调查的风气。1929 年 9 月，陈毅在给中共中央的一份关于朱毛红军历史及现状的报告中，专门就红四军的调查工作报告说："游击部队达到某地以后，第一步必须做调查工作，由军官及党代表负责必须经过调（查）工作以后，才能开会决定该地工作。"[①] 调查的内容则由政治部制定详细的调查表。

《关于纠正党内的错误思想》（1929 年 12 月），是毛泽东写的古田会议决议（即《中国共产党红军第四军第九次代表大会决议案》）的第一部分，它针对红四军中存在的单纯军事观点、极端民主化、非组织观点、绝对平均主义、主观主义、个人主义、流寇思想、盲动主义残余等错误思想，不仅列举了它们的表现，而且指出了纠正的方法，要求"党员注意社会经济的调查和研究，借此来决定斗争策略和工作方法"[②]，具有很强的针对性和可操作性。事实上，古田会议决议（包括《关于纠正党内的错误思想》），既是对红四军各种错误思想调查研究的产物，又是对红四军纠正错误思想工作经验调查研究的总结。《关于纠正党内的错误思想》一文，是中国共产党及其领导的军队建设的纲领性文献，其精神至今仍有重要现实意义。

3. 张闻天关于武装斗争的调查

1934 年 7 月，临时中央派张闻天到闽赣省去巡视。这次巡视，实际上是一次战地调查。1934 年 7 月 26 日，张闻天在闽赣省战地委员会扩大会议上做政治报告（报告的一部分刊登在中共苏区中央局机关报《斗争》第 71 期上）。"仅从他的报告所掌握的资料就可以看出大部分都是从实地调查中获得的第一手资料，报告不但从面的调查中提出问题，而且列举了许多直接调查获得的典型的例证。""更值得人们注意的是，它恰好反映了张闻天个人思想在根据地斗争问题上的重大进步和变化。"[③] 通过一个多月的巡视，张闻天加深了对武装斗争相关问题的认识，认为只有群众的武装斗争才能解决闽赣苏区的基本问题。

4.《论反对日本帝国主义的策略》

1935 年 12 月 27 日，毛泽东在陕北瓦窑堡党的活动分子会议上所做的报告《论反对日本帝国主义的策略》，批评了认为中国民族资产阶级不可能与工人农民联合抗日的错误观点，首次提出了抗日战争是持久战的科学论断，决定了建立抗日民族统一战线的正确策略。在《论反对日本帝国主义的策略》第一部分"目前政治形势的特点"中，毛泽东指出："目前形势的基本特点，就是日本帝国主义要变中国为它的殖民地。"[④] 面对日本侵略，中国各个阶级的回答是："工人和农民都是要求反抗的"，"小资产阶级也是要反抗的"，"大土豪、大劣绅、大军阀、大官僚、大买办们……是帝国主义的走狗"[⑤]。然后，毛泽东用大量篇幅、大量历史与现实事实说明了"民族资产阶级"的两

---

① 中央档案馆编：《中共中央文件选集》，第 5 册，762 页，北京，中共中央党校出版社，1990。

② 中央档案馆编：《中共中央文件选集》，第 5 册，808 页，北京，中共中央党校出版社，1990。

③ 张培森：《毛泽东为何看重张闻天——张闻天在中央苏区的三件事》，载《百年潮》，2001 (10)。

④ 《毛泽东选集》，2 版，第 1 卷，142 页，北京，人民出版社，1991。

⑤ 《毛泽东选集》，2 版，第 1 卷，144 页，北京，人民出版社，1991。

面性。所有这一切，都来源于毛泽东对当时国内外、党内外形势以及各个阶级历史与现状的调查研究。毛泽东提出的建立抗日民族统一战线的正确策略，就是以广泛、深入、科学的社会调查为基础的。

5.《中国革命战争的战略问题》

1936年12月，毛泽东在陕北的红军大学的讲演《中国革命战争的战略问题》中，总结了土地革命战争的经验，批判了王明"左"倾机会主义的错误，阐述了中国革命战争战略的一系列问题。在第三章中，科学地分析了中国革命战争的4个特点：(1)中国政治、经济发展极其不平衡，而且经历了1924—1927年的革命；(2)敌人的强大；(3)红军的弱小；(4)共产党的领导和土地革命。"这些特点，规定了中国革命战争的指导路线及其许多战略战术的原则。第一个特点和第四个特点，规定了中国红军的可能发展和可能战胜其敌人。第二个特点和第三个特点，规定了中国红军的不可能很快发展和不可能很快战胜其敌人，即是规定了战争的持久，而且如果弄得不好的话，还可能失败。"① 毛泽东对中国革命战争4个特点的认识和概括，来源于他对中国、中国革命历史与现实的调查和研究。

毛泽东特别重视战争中的调查和研究。他指出："指挥员的正确的部署来源于正确的决心，正确的决心来源于正确的判断，正确的判断来源于周到的和必要的侦察，和对于各种侦察材料的联贯起来的思索。指挥员使用一切可能的和必要的侦察手段，将侦察得来的敌方情况的各种材料加以去粗取精、去伪存真、由此及彼、由表及里的思索，然后将自己方面的情况加上去，研究双方的对比和相互的关系，因而构成判断，定下决心，作出计划，——这是军事家在作出每一个战略、战役或战斗的计划之前的一个整个的认识情况的过程。"② "军事的规律，和其他事物的规律一样，是客观实际在我们头脑中的反映，除了我们的头脑以外，一切都是客观实际的东西。因此，学习和认识的对象，包括敌我两方面，这两方面都应该看成研究的对象，只有我们的头脑（思想）才是研究的主体。有一种人，明于知己，暗于知彼，又有一种人，明于知彼，暗于知己，他们都是不能解决战争规律的学习和使用的问题的。中国古代大军事学家孙武子书上'知彼知己，百战不殆'这句话，是包括学习和使用两个阶段而说的，包括从认识客观实际中的发展规律，并按照这些规律去决定自己行动克服当前敌人而说的；我们不要看轻这句话。"③ 从一定意义上说，《中国革命战争的战略问题》不仅是调查研究的产物，而且是指导革命战争调查的教科书。

## 三、农村革命根据地建设调查

1.《宁冈调查》和《永新调查》

为了在湘赣边界的宁冈、永新、酃县、茶陵等地区建立革命根据地，1927年年底

① 《毛泽东选集》，2版，第1卷，191页，北京，人民出版社，1991。

② 《毛泽东选集》，2版，第1卷，179～180页，北京，人民出版社，1991。

③ 《毛泽东选集》，2版，第1卷，181～182页，北京，人民出版社，1991。

和 1928 年年初，毛泽东利用战斗间隙，身背斗笠，脚穿草鞋，走遍罗霄山脉，对井冈山地区的政治、经济、军事等情况进行了详细周密的调查。通过调查，他发现宁冈地处罗霄山脉中段，是四周环山的典型盆地，永新地势以山地、丘陵为主，边缘高耸、中部低缓，禾水横贯东西，水陆两便，地理位置非常重要，于是先后写出了上井冈山后的两个调查报告——《宁冈调查》和《永新调查》，决定在这里创建以宁冈县茅坪为中心的第一个农村革命根据地。1928 年 6 月，伍中豪率红四军第三营到永新夏幽，分兵做群众工作，打土豪、分田地，建立了夏幽工农兵政府和中共特别支部。夏幽成了根据地的一面旗帜，为毛泽东写《永新调查》提供了资料。这说明，在创建井冈山革命根据地的过程中，《宁冈调查》和《永新调查》起了关键性作用。可惜的是，"一九二八年春天在井冈山做的宁冈、永新两县调查，因井冈山失守而损失"①。

2.《中国的红色政权为什么能够存在?》和《星星之火，可以燎原》

在开辟井冈山革命根据地的初期，毛泽东始终在思考一个事关中国革命生死存亡的重大问题——在强大反动军队和白色政权的包围之中，弱小红军和小块红色政权能否长期存在并得到发展? 经过一年左右的革命实践，毛泽东在为中共湘赣边界第二次代表大会起草的决议《政治问题和边界党的任务》中，对这个问题做出了明确回答。在该决议的一个部分《中国的红色政权为什么能够存在?》(1928 年 10 月 5 日) 中，毛泽东在广泛调查研究的基础上，分析了当时国内的政治形势，并根据中国实际情况，实事求是地论证了红军和红色政权在中国存在和发展的 5 个条件：(1) 中国是一个政治经济发展极不平衡的半殖民地半封建大国，反革命营垒内部不统一并充满矛盾，因而使许多农村小块革命根据地能够在反革命政权的包围下产生、坚持和波浪式地向前扩大。(2) 经过第一次大革命影响和锻炼的工农兵士，为建立革命军队和红色政权准备了良好的群众基础。(3) 中国革命形势是跟着国内买办豪绅阶级和国际资产阶级的继续的分裂和战争，而继续地向前发展的。这就为小块红色区域长期存在和发展，提供了客观依据。(4) 相当力量正式红军的存在，是红色政权存在的必要条件。(5) 共产党组织有力量及其政策正确，是红色政权长期存在和发展的关键条件。此外，1930 年 1 月 5 日，毛泽东给林彪的一封信《星星之火，可以燎原》，批评了党内一些同志对时局估量的悲观思想，进一步阐述了农村包围城市、武装夺取政权理论。毛泽东在调查研究基础上创造的中国红色政权能够存在和发展的理论，指明了中国民主革命应该走一条在反动统治薄弱的农村积聚力量，实行工农武装割据，以农村包围城市，最后夺取城市取得全国政权的符合中国国情的独特道路。这是毛泽东思想开始形成的一个标志，是马克思主义中国化的一个里程碑。

3.《长冈乡调查》和《才溪乡调查》

1933 年 11 月中旬，为给即将召开的第二次全国苏维埃代表大会做准备，毛泽东率领中央政府检查团到兴国县长冈乡进行调查。他先后在大坪垴做农业生产调查，参观乡榨糖厂、硝盐厂、织布厂，在列宁小学召集乡村干部开调查会，征求与会人员意见，

① 《毛泽东农村调查文集》，14 页，北京，人民出版社，1982。

反复核实，还同农民一起参加劳动，了解长冈乡的政治区划及户口、乡政府各种组织、地方部队、群众生活、劳动力调剂与耕牛、公债推销、合作化运动、文化卫生运动、社会救济、社会各个阶层和乡苏工作等情况。通过一周实地调查，写出了《长冈乡调查》[单行本的题目是《乡苏工作的模范（一）——长冈乡》]一文。12月15日，毛泽东在为《长冈乡调查》写的前言中指出："现在许多地方的苏维埃机关中，发生了敷衍塞责或者强迫命令的严重错误……另一方面，无数的下级苏维埃工作同志，又在许多地方创造了许多动员群众的很好的方法……上级苏维埃人员的一种责任，就在把这些好的经验收集整理起来，传播到广大区域中去。……反对官僚主义的最有效方法，就是拿活的榜样给他们看。"①

毛泽东到福建上杭县中央苏区模范乡才溪总共去了三次。1933年11月是第三次，那次调查耗时十多天，形成了《才溪乡调查》这一经典篇目，系统调查、总结了才溪乡政权建设、扩大红军、经济建设、拥军优属、支援前线、文化教育等模范事迹，在此基础上写出了《才溪乡调查》[单行本的题目是《乡苏工作的模范（二）——才溪乡》]一文，用事实回答了"在国内革命战争的环境下，根据地建设不仅是必要的而且是可能的"这一重要问题，不仅粉碎了"左"倾机会主义的种种错误论断，对当时整个革命斗争和根据地建设起到了巨大作用，也为农村包围城市、武装夺取政权思想的形成进一步奠定了基础。

此外，1934年1—4月，毛泽东撰写的《我们的经济政策》（1934年1月）、《关心群众生活，注意工作方法》（1934年1月）、《乡苏怎样工作?》（1934年4月），张闻天撰写的《区乡苏维埃怎样工作》（1934年4月），都是围绕农村革命根据地建设进行实地调查的产物，这些调查成果对于巩固和发展农村革命根据地具有普遍指导意义。

## 四、《寻乌调查》

1930年5月，毛泽东的寻乌调查，是在中共寻乌县委书记古柏（寻乌县篁乡区人，中学生，曾任小学教师）的协助下进行的。毛泽东向古柏说明调查目的后，古柏就陪毛泽东到南门街一个杂货店里，拜访寻乌县商会会长郭友梅。古柏向毛泽东介绍说："郭先生曾做过两任商会会长，在寻乌生活了四五十年，他是个'县城通'，又是商业家。"郭友梅自我介绍说："我叔父做了六十年杂货、布匹生意；我接手以后，做了四五十年，一共做了一百多年了。"毛泽东听后真是不胜欢喜，紧紧握住郭友梅的手说："这是打着灯笼也难找的行家，是我可敬爱的先生!"当时就和古柏商定，邀请郭友梅参加调查会。

中共寻乌县委会在西井天主堂办公，为方便调查对象参加调查会，毛泽东把调查会搬到南门外马蹄岗一栋坐北朝南的石头砌的楼房里。在楼上中厅里，天花板上悬挂着一盏宝盖灯，当中放着两张八仙桌，桌上放着茶碗茶壶，四周摆着各种凳子、椅子。毛泽东和被邀请参加调查会的人围着八仙桌坐在一起交谈。

---

① 《毛泽东文集》，第1卷，276～277页，北京，人民出版社，1993。

参加调查会的人来自社会各阶层，有工、农、兵、学、商、官等各种不同的经历；年龄从23岁到62岁，有老、中、青各不同年龄段的人。经常参加调查会的有：郭友梅，59岁，杂货店老板，县商会会长；范大明，51岁，贫农出身，县苏维埃职员；赵镜清，30岁，种过田、做过工、经过商、当过兵，县苏维埃委员；刘亮凡，27岁，县署钱粮兼征柜办事员，城郊乡苏维埃主席。间或参加调查会的还有：李大顺，28岁，贫农，曾任区苏维埃委员；刘茂哉，50岁，老童生、开过赌场、做过生意，曾任县革命委员会委员，区苏维埃委员；刘星五，46岁，农民、做过生意，乡苏维埃委员；钟步嬴，23岁，梅县师范学校学生，区政府主席；陈倬云，39岁，自治研究所毕业，做过工、经过商、当过小学教师；郭清如，62岁，赴过乡试的秀才，当过小学教师。再加上古柏，共计11人。毛泽东“做主席和记录”，调查会“开了十多天”①。

毛泽东口问手写，细细地问，静静地听，认真地记；听不懂的土话，就请古柏翻译；遇有疑义的问题，就请大家讨论。毛泽东谦逊、亲切的态度，打消了调查对象的疑虑，聚精会神地回答毛泽东的提问；遇到没有把握的问题，就同身旁的人小声商量一下再回答；有一些数字说不清楚，就掰着手指头计算，尽量说得准确一些。

除开调查会外，毛泽东一方面借阅《寻乌县志》和其他有关资料；另一方面深入到田间、商店、作坊、集市去实地考察，找农民、商人、工人、小贩、游民交谈。在城郊，毛泽东和农民一面干活、一面攀谈；到晌午时，老表（乡）们送来茶水点心，毛泽东就招呼老表们一起围在田头，向老表们询问、核对、印证调查会听来的情况和意见，老表们七嘴八舌地抢着回答问题。通过几天的调查、访问和查阅资料，毛泽东已经了解了许多情况，但有些情况说法不一，有些问题还似懂非懂。于是，6月2日即端午节后第二天，毛泽东召开了一个特大规模的调查会。到会的大部分是熟悉情况的本地人，共50人左右。等人到齐了，毛泽东请大家坐下，自己坐在中间，然后说：“我这次到你们地方上来调查，承蒙诸位先生的指点，使我象小学生发蒙一样开始懂得了一些城市商业情况，获得了很多闻所未闻的知识，今天请大家开会，有许多问题要向大家请教。”毛泽东一面说，一面摊开写着调查提纲的纸，上面列着准备提问的100多个题目。毛泽东说：“我提一个问题，大家便谈一个。”老表们围绕毛泽东出的题目发言，大家你一言，我一语，互相补充；遇到不同意见，毛泽东就启发大家展开争论；等到大家意见接近统一，毛泽东才把基本一致的意见记下来。

寻乌调查之后，毛泽东来不及整理调查资料，就投入了领导红军打破国民党军队第一次“围剿”的战斗。在第一次反“围剿”取得胜利、第二次反“围剿”尚未开始的战斗间隙，毛泽东怀着喜悦心情于1931年2月2日在江西省宁都县小布镇整理出了《寻乌调查》。②

毛泽东的《寻乌调查》设5章39节，8万余字，其内容包括地理位置、历史沿革、行政区划、自然风貌、水陆交通、土特产品、商业往来、商品种类、货物流向、税收制度、人口成分、土地关系、阶级状况、剥削状况、土地斗争等。对于为什么做《寻

① 《毛泽东文集》，第1卷，119页，北京，人民出版社，1993。

② 参见水延凯等编著：《专题调查及实例评析》，340～342页，北京，中国人民大学出版社，2003。

乌调查》，毛泽东在第三章“（八）寻乌城”中说：“对于商业的内幕始终是门外汉的人，要决定对待商业资产阶级和争取城市贫民群众的策略，是非错不可的……我是下决心要了解城市问题的一个人……我们研究城市问题也是和研究农村问题一样，要拼着精力把一个地方研究透彻，然后于研究别个地方，于明了一般情况，便都很容易了。”[①] 在《寻乌调查》第四章“（八）剥削状况”“B、高利剥削”“4、卖奶子”中，毛泽东写道：“我就是历来疑心别人的记载上面写着‘卖妻鬻子’的话未必确实的，所以我这回特别下细问了寻乌的农民，看到底有这种事情没有？细问的结果，那天是三个人开调查会，他们三个村子里都有这种事。”[②] 他在详细记述了卖奶子情况后，得出的结论是：“旧的社会关系，就是吃人关系!”[③] 1931 年 2 月 2 日，毛泽东在《寻乌调查》前言中说：“我做的调查以这次为最大规模……寻乌调查……之前，关于中国的富农问题我还没有全般了解的时候，同时我对于商业状况是完全的门外汉，因此下大力来做这个调查。……这个调查有个大缺点，就是没有分析中农、雇农与流氓。还有在‘旧有土地分配’上面，没有把富农、中农、贫农的土地分开来讲。”[④]

1941 年 9 月 13 日，毛泽东在《关于农村调查》中说：“到井冈山之后，我作了寻乌调查，才弄清了富农与地主的问题，提出解决富农问题的办法，不仅要抽多补少，而且要抽肥补瘦，这样才能使富农、中农、贫农、雇农都过活下去。假若对地主一点土地也不分，叫他们去喝西北风，对富农也只给一些坏田，使他们半饥半饱，逼得富农造反，贫农、雇农一定陷于孤立。当时有人骂我是富农路线，我看在当时只有我这办法是正确的。”[⑤] 这说明，《寻乌调查》的重点是城市和商业，但是，寻乌的旧有土地关系和寻乌的土地斗争，也是调查的重要内容。

## 五、其他社会调查

### 1. 张闻天的中国社会性质调查

1930 年，在中国社会性质大论战中，张闻天针对托陈取消派写了《是取消派取消中国革命，还是中国革命取消取消派？——评〈中国左派共产主义反对派政纲〉》和《中国经济之性质问题的研究——评任曙君的〈中国经济研究〉》等论文。他根据调查掌握的中国国情，在肯定中国社会半殖民地半封建性质的基础上，就当时争论的帝国主义和中国社会发展的关系、封建势力在中国社会中的地位、中国民族资本主义发展程度等几个基本问题，阐述了自己的看法，批驳了托陈取消派的观点。1931 年 6 月，张闻天针对新生命派和托陈取消派提出的中国社会性质是资本主义的论断，撰写了《中国经济之性质问题的研究——评任曙君的〈中国经济研究〉》一文。他运用列宁的帝国主义和殖民地理论，从中国实际经济状况出发，对中国社会的性质，中国革命的动力、任务、对象、前

① 《毛泽东文集》，第 1 卷，131～132 页，北京，人民出版社，1993。
② 《毛泽东文集》，第 1 卷，215 页，北京，人民出版社，1993。
③ 《毛泽东文集》，第 1 卷，218 页，北京，人民出版社，1993。
④ 《毛泽东文集》，第 1 卷，118～119 页，北京，人民出版社，1993。
⑤ 《毛泽东农村调查文集》，22 页，北京，人民出版社，1982。

途等一系列问题提出了自己的看法，指出当前中国革命仍是土地革命，是无产阶级领导下的工农革命，是资产阶级民主主义性质的革命，土地革命的成功将开辟一个非资本主义的前途。张闻天的这些论著，都是他脚踏实地调查研究的结晶。

2. 张闻天对文艺宣传工作中“左”倾错误的调查

1932 年 11 月，张闻天在充分调查研究的基础上，先后发表了《文艺战线上的关门主义》和《论我们的宣传鼓动工作》两篇文章。他针对当时文艺、宣传工作的实际情况，检讨了文艺战线上关门主义和宣传工作中的“左”倾错误，在中共党史上首次提出了“党八股”概念，揭露了原有宣传工作中种种脱离群众、脱离实际的教条主义表现，批判了教条主义、“党八股”的错误，指明了克服“左”倾空谈与关门主义的重要性。张闻天的检讨和批判说明，广泛、深入的调查研究，是克服文艺宣传工作中“左”倾错误的有效方法。

3. 陈翰笙的农村经济与中国社会性质调查

中国早期马克思主义农村经济学家陈翰笙，曾就中国农村经济问题组织过许多社会调查。1928 年陈翰笙回国后，曾担任中央研究院社会科学研究所副所长。在他的组织下，社会科学研究所最先开展的是东北农村调查，写出了《黑龙江流域的农民和地主》《兵差与农民》《东北的难民与土地问题》等文章，揭露了军阀统治下农民的悲惨境遇。

1929 年春，陈翰笙组织了无锡农村经济调查。调查人员：45 人，分为 4 组，由张稼夫、钱俊瑞、刘端生、秦柳方分任组长。调查地域：在无锡县 4 个乡选择有代表性的 22 个自然村。调查对象：1 204个农户。调查内容：农户的基本情况，以及农业生产、租佃、借贷、典当、捐税负担、商业买卖、生活消费、文化教育等情况。调查和研究方法：采用挨户调查和阶级分析方法。调查时间：3 个月。通过调查，基本掌握了全县各类自然村的农村经济实际状况。接着，又调查了 55 个自然村和 8 个市镇的工商业概况。调查期间，陈翰笙还陪同美国著名记者史沫特莱访问了几个自然村。

1930 年，陈翰笙与北平社会调查所合作，对河北保定农村进行经济调查。调查的方法有两种：一种是分户挨家调查，抽样调查了 11 个村庄的1 755户；另一种是分村调查，着重调查各村之间的共同点，共调查了 72 个村庄。

1932 年和 1933 年，陈翰笙以“农村复兴委员会”为名义进行豫、陕、苏、浙四省农村经济调查。1933 年，他还组织了山东潍县、安徽凤阳、河南襄城 3 个烟草产区 127 个农村的实地调查，并从中选出 6 个典型村 429 户进行挨户调查，此次调查历时两年。陈翰笙根据调查材料，于 1939 年用英文写成《工业资本与中国农民——中国烟农生活研究》一书。①

1933 年 11 月至 1934 年 5 月底，陈翰笙又组织广东农村经济调查。调查人员由中央研究院社会科学研究所、中山文化教育馆和岭南大学抽员共同组成。首先对梅县、潮安、惠阳、中山、台山等 16 个县进行详细调查，历时三个半月；而后用一个半月时

① 参见薛暮桥：《我国马克思主义农村经济学的先驱——陈翰笙》，载《人民日报》，1985-10-07。

间对番禺 10 个代表村的 1 209 户进行挨户调查，同时还进行 50 个县 335 个村的通信调查。

1928—1935 年，陈翰笙及以其为首的“中国农村派”，“以马克思主义为指导，为研究中国的社会性质进行了广泛而深入的社会调查。1933 年，他和薛暮桥等人成立中国农村经济研究会，并创办公开发行的《中国农村》月刊，刊登大量调查报告和论文，论证改革封建土地制度的必要性，对党所领导的土地革命起了配合作用”①。同时，他们在农村经济方面取得了许多调研成果，其中比较重要的有：《中国农民负担的赋税》（1928 年）、《亩的差异》（1929 年）、《封建社会的农村生产关系》（1930 年）、《东北的难民与土地问题》（1930 年）、《清苑农家经济》（1930 年）、《现代中国的土地问题》（1933 年）、《广西农村经济调查报告》（1933 年）、《广东农村生产关系与生产力》（1934 年）、《西双版纳的土地制度》（1934 年）等。这些调查报告，“用公开的调查资料具体分析中国社会的半殖民地半封建性质，说明解决土地问题是挽救农村经济破产的根本出路，在广大的国民党统治区就有很大的政治意义”②。

土地革命战争时期，以毛泽东为首的中国共产党人，围绕土地革命、军队建设、武装斗争、根据地建设等问题开展了一系列广泛而深入的社会调查，创造性地解决了中国民主革命的基本问题——农民问题，以及实行工农武装割据、以农村包围城市、最后夺取全国胜利的中国民主革命的独特道路问题，在中国共产党发展史上做出了极其重要的贡献。

## 第四节　全民族抗日战争时期的社会调查

全民族抗日战争时期，中国共产党围绕抗日战争和武装斗争、群众生活和财政经济、党的建设和思想方法、农村和土地等问题，开展了许多调查，取得了丰硕成果。

### 一、抗日战争和武装斗争问题

1.《反对日本进攻的方针、办法和前途》

1937 年 7 月卢沟桥事变爆发后，蒋介石一方面邀请周恩来等共产党代表赴庐山商讨抗战事宜，另一方面同日本谈判，甚至接受日本同中国地方当局议定的所谓和平解决办法。当时，中国面临着向何处去、怎样才能战胜日本帝国主义这两个亟待解决的问题。为了回答这个问题，以毛泽东为代表的中国共产党人在调查研究的基础上审时度势，适时提出了“主张坚决抗战，反对妥协退让”的政治主张。这个主张是非常正确的，因为卢沟桥事变使中日矛盾上升为主要矛盾，中国人民只有紧密团结，一致对外，共赴国难，才能彻底战胜日本帝国主义。《反对日本进攻的方针、办法和前途》一

---

① 中共中央党史研究室：《中国共产党的七十年》，119 页，北京，中共党史出版社，1991。

② 薛暮桥：《我国马克思主义农村经济学的先驱——陈翰笙》，载《人民日报》，1985-10-07。

文，由于它立足于客观现实，就反对日本进攻的两种方针、两套办法、两个前途做出了实事求是的科学分析，特别是高屋建瓴、纵览全局、透辟分析了中国的前途和命运，因而具有无可辩驳的逻辑力量。

2.《抗日游击战争的战略问题》

抗日战争爆发后，中共党内外许多人轻视游击战争的战略作用，把希望寄托于正规战争特别是国民党军队的作战。为了回答和解决中共领导的军队要不要坚持和怎样坚持独立自主的游击战的问题，毛泽东在对抗日战争初期经验进行调查研究的基础上写了这篇文章。他指出：中国是一个处于进步时代的大而弱的国家，日本是一个小而强的野蛮帝国主义国家。在这种情况下，敌人占地甚广的现象和战争长期性发生了。但日本是小国，兵力不足，必然在其占领区中有许多空虚地方，因此，游击战争就主要不是在内线、在战役战术上配合正规军作战，而是在外线即在敌后单独作战，在战略上配合正面战场友军作战。并且，由于有共产党领导下的人民军队和广大群众的广泛参加，因而游击战争就不是小规模的，而是大规模的，于是战略防御和战略进攻等一整套东西发生了。这样，就要求把游击战争的问题，不是放在战役、战术上，而是放在战略上加以考察。在此基础上，毛泽东分别论述了抗日游击战争的 6 个战略问题：(1) 主动地、灵活地、有计划地执行防御战中的进攻战，持久战中的速决战和内线作战中的外线作战；(2) 和正规战争相配合；(3) 建立根据地；(4) 战略防御和战略进攻；(5) 向运动战发展；(6) 正确的指挥关系。毛泽东指出，“这六项，是全部抗日游击战争的战略纲领，是达到保存和发展自己，消灭和驱逐敌人，配合正规战争，争取最后胜利的必要途径”①。毛泽东的《抗日游击战争的战略问题》，对于统一和提高全党全军对抗日游击战争战略地位的认识，促进抗日游击战争的迅猛发展起了重要作用。

3.《论持久战》

1938 年 5 月，毛泽东在延安抗日战争研究会上的演讲稿《论持久战》，是在对抗日战争初期经验进行调查研究的基础上，撰写的一部有关抗日战争方针的军事政治著作。他在这部著作中指出：“中日战争不是任何别的战争，乃是半殖民地半封建的中国和帝国主义的日本之间在二十世纪三十年代进行的一个决死的战争。”② 日本是一个强大的帝国主义国家，但它的侵略战争是退步的、野蛮的；中国的国力虽然比较弱，但它的反侵略战争是进步的、正义的，又有了中国共产党及其领导下的军队这种进步因素的代表。日本战争力量虽强，但它是一个小国，军力、财力都缺乏，经不起长期的战争；而中国是一个大国，地大人多，能够支持长期的战争。日本的侵略行为损害并威胁其他国家的利益，因此得不到国际的同情与援助；而中国的反侵略战争能获得世界上广泛的支持与同情。这些特点“规定了和规定着战争的持久性和最后胜利属于中国而不属于日本”③。这部著作有力地批判了当时国内存在的速胜论与亡国论，为人民指明了抗日战争的正确道路。其所揭示的抗日战争发展的基本规律（敌强我弱、敌退步我进

① 《毛泽东选集》，2 版，第 2 卷，407 页，北京，人民出版社，1991。
② 《毛泽东选集》，2 版，第 2 卷，447 页，北京，人民出版社，1991。
③ 《毛泽东选集》，2 版，第 2 卷，450 页，北京，人民出版社，1991。

步、敌小我大、敌寡助我多助），所论述的只有实行人民战争，才能赢得胜利的思想，所阐明的抗日战争作战形式是运动战和游击战，无一不是以对抗日战争初期战争实践进行全面、深入调查研究为基础的，因而其做出的结论——抗日战争是持久战，中国必将取得这场战争的最后胜利，就必然具有真实性、科学性和极大的说服力。

## 二、群众生活和财政经济问题

1.《固临调查》

1941 年 6 月 3 日，延安雷电交加，安塞县一位老农民赶集时，拴在木桩子上的驴被雷打死了。这位老农民又哭又骂："老天爷不长眼，你咋不打死毛泽东？要打死我们家的驴？"当时，延安从没听说有老百姓骂领导人的事，延安保卫部门准备严惩这个胆敢骂毛泽东的农民，但却遭到了毛泽东的反对。毛泽东认为，关键问题是，要搞清楚群众的怨气到底从何而来。怎么办？我们党的拿手好戏——调查研究。1941 年 9 月，李卓然率领以柯华、秦川等 6 人为主的调查小组，赶赴固临，走遍 2 个区、4 个乡、12 个村，挨家挨户了解情况，了解到农民的怨气，是因为负担——抗日救国粮——太重。

那么，根据地的负担为什么突然加重了呢？原来，1941 年以前，陕甘宁边区的财政一半以上是国民政府给八路军的军饷，以及海外华侨和后方进步人士的捐款。但皖南事变后，国民政府不仅停发了军饷，还对抗日根据地实行军事包围和经济封锁。同时，大批爱国青年从国统区来到延安，边区脱产人员从 1937 年的14 000人一下上升到 1941 年的73 000人。

调查持续了两个月，一部十万字的报告——《固临调查》完成了（见 9－1）。书中着重强调了农民负担，并在结尾中指出：这些情形如不改变，则要进一步深入与加

图 9－1　《固临调查》

强我们的工作是不可能的。固临调查是中央在西北的系列调查之一，汇总各地调查结果后，中央正式提出了“发展经济，保障供给”的方针，号召根据地军民自力更生，机关、学校、部队全部参与大生产。大生产的成绩出乎所有人意料。到1943年，陕甘宁边区的生产自给率就达到了100%，不再需要征收抗日救国粮了。到1944年，在南泥湾的359旅不仅完全满足了部队所需，而且还上缴了1万石粮食。处处是荒山的南泥湾也变成了“陕北江南”。比解决根据地吃饭问题更重要的是，群众的骂声没有了、怨气消解了。而这一切，都与《固临调查》密不可分。①

2.《经济问题与财政问题》

1941—1942年，由于日军野蛮进攻和国民党包围封锁，抗日根据地财政出现了极大困难。1942年12月，毛泽东在陕甘宁边区高级干部会议上作《经济问题与财政问题》报告，着重批判了那种离开发展经济而单纯在财政收支上打主意的错误思想，以及不注意帮助群众发展生产而只注重向群众要东西的错误做法。他指出：“发展经济，保障供给，是我们的经济工作和财政工作的总方针。但是有许多同志……不知道财政政策的好坏固然足以影响经济，但是决定财政的却是经济。未有经济无基础而可以解决财政困难的，未有经济不发展而可以使财政充裕的。陕甘宁边区的财政问题，就是几万军队和工作人员的生活费和事业费的供给问题，也就是抗日经费的供给问题。这些经费，都是由人民的赋税及几万军队和工作人员自己的生产来解决的。如果不发展人民经济和公营经济，我们就只有束手待毙。财政困难，只有从切切实实的有效的经济发展上才能解决。忘记发展经济，忘记开辟财源，而企图从收缩必不可少的财政开支去解决财政困难的保守观点，是不能解决任何问题的。”② 毛泽东指出，为了克服财政和经济困难，党必须领导人民发展生产，减轻人民负担，休养民力；号召机关、学校、部队尽可能生产自给；实行精兵简政，达到精简、统一、效能、节约和反对官僚主义五项目的；等等。毛泽东的《经济问题与财政问题》，以及《开展根据地的减租、生产和拥政爱民运动》（1943年10月1日）、《组织起来》（1943年11月29日）等文，既是对当时解决财政、经济困难经验进行调查研究的总结，又是中共领导抗日根据地发展生产运动的基本纲领。在这些纲领指引下，各抗日根据地生产运动取得了巨大成绩，不仅使根据地军民胜利渡过了抗日战争最困难的时期，而且为中共后来领导经济建设积累了经验。

3.《必须学会做经济工作》

1945年年初，各解放区军民通过大生产运动，在经济上取得了很大成就，为抗日战争的最后胜利奠定了物质基础。1月10日，毛泽东在陕甘宁边区劳动英雄和模范工作者大会上的讲话《必须学会做经济工作》，论述了中国解放区经济工作的重要方针。

毛泽东说，为了做好经济工作，必须坚持从实际出发，即从解放区的生产建立在

---

① 参见《从“固临调查”到“大生产”：一场由“毛驴被雷劈”引发的运动》，见 http：//m. news. cntv. cn/2015/06/21/ARTI1434869944114552. shtml，2015-06-21。

② 《毛泽东选集》，2版，第3卷，891～892页，北京，人民出版社，1991。

个体经济基础之上，各解放区被敌人分割，因而又是游击战争的农村环境出发，不能带着城市观点去处理农村问题，不能主观地作出不适当的计划，强制施行。经济工作从实际出发，看起来收效很慢，实际上反而会快。

毛泽东强调在陕甘宁边区和敌后各解放区发展经济，战胜困难，必须坚持自力更生的方针。他说："我们是主张自力更生的。我们希望有外援，但是我们不能依赖它，我们依靠自己的努力，依靠全体军民的创造力。"①

可以说，《必须学会做经济工作》所论述的解放区经济工作方针，是对多年来解放区生产运动经验的总结，是深入调查研究的结晶，没有调查研究，就没有这些方针。

## 三、整顿党的作风，改进党的领导方法

1.《改造我们的学习》《整顿党的作风》和《反对党八股》

就中国共产党的自身建设而言，1941年以前，中共还不够成熟，时常犯"左"倾或右倾错误，其中一个重要原因是照搬照抄共产国际指示，这是一种教条主义的表现。这表明，把马克思主义中国化，即把马克思主义与中国革命的具体实践结合起来，已成为一项迫切任务。1941年以后，抗战进入相持阶段，局势相对平稳，特别是党中央所在地陕甘宁边区比较稳定；毛泽东创造的工农武装割据、农村包围城市的革命道路和新民主主义理论体系已经形成，基本上获得了全党和共产国际的承认，毛泽东的领袖地位已确立和巩固，这就为集中整风提供了客观条件。1941年5月，毛泽东在延安作《改造我们的学习》的报告，标志着整风开始。1942年2月，毛泽东作《整顿党的作风》和《反对党八股》的报告，号召全党整风。从1942年2月至1945年春季，延安整风分两期进行，其中1942年2月至1943年7月为第一期，整风学习带有试点性质，参加学习的干部4 000～5 000人；1943年7月至1945年4月为第二期，参加学习的干部12 000余人。1945年4月20日，中共六届七中全会通过《关于若干历史问题的决议》，标志着整风结束。延安整风是中共党史上的伟大创举，它使全党确立了实事求是的马克思主义思想路线，使全党达到了空前团结。

1941年5月19日，毛泽东在《改造我们的学习》的报告中首先提出，"将我们全党的学习方法和学习制度改造一下"②。接着，分4个部分讲其理由。第一部分指出，"中国共产党的二十年，就是马克思列宁主义的普遍真理和中国革命的具体实践日益结合的二十年"③。并指出，"所有这些，都是很好的现象"④。第二部分指出，我们"还有很大的缺点"⑤，其表现是：（1）不注重研究现状，对于国内和国际的政治、军事、经

① 《毛泽东选集》，2版，第3卷，1016页，北京，人民出版社，1991。
② 《毛泽东选集》，2版，第3卷，795页，北京，人民出版社，1991。
③ 《毛泽东选集》，2版，第3卷，795页，北京，人民出版社，1991。
④ 《毛泽东选集》，2版，第3卷，796页，北京，人民出版社，1991。
⑤ 《毛泽东选集》，2版，第3卷，796页，北京，人民出版社，1991。

济、文化，“缺乏调查研究客观实际状况的浓厚空气”[①]；（2）不注重研究历史，“不论是近百年的和古代的中国史，在许多党员的心目中还是漆黑一团”[②]；（3）不注重马列主义的运用，“只会片面地引用马克思、恩格斯、列宁、斯大林的个别词句，而不会运用他们的立场、观点和方法，来……具体地分析中国革命问题和解决中国革命问题”[③]。然后指出，“这些都是极坏的作风……为害相当地大，不可等闲视之”[④]。第三部分，将主观主义和马列主义的不同态度对照地讲。先讲主观主义的表现，即对现状不作系统的周密的研究，对历史只懂希腊不懂中国，对马列主义理论的研究是无的放矢的；其种类是，教条主义和经验主义；其特点是，只凭主观，忽视客观，夸夸其谈，华而不实；其危害是，害人、害己、害革命；其实质是，反科学、反马克思列宁主义，是党性不纯的一种表现。再讲马克思列宁主义的表现，即对现状做系统的周密的调查和研究；对历史，不是割断，不单懂希腊，还要懂中国；对马列主义的理论，是有的放矢地研究；其特点是，有的放矢，实事求是；其实质是，党性的表现，是理论和实际统一的作风。第四部分是“结论”，提出“改造我们的学习”方法有三条，即研究周围的环境，研究中国的历史，理论联系实际。

1942 年 2 月上旬，毛泽东在延安做的《整顿党的作风》（1942 年 2 月 1 日）和《反对党八股》（1942 年 2 月 8 日）的报告，全面系统地提出了反对主观主义以整顿学风、反对宗派主义以整顿党风、反对党八股以整顿文风的任务，同时阐明了整风的宗旨和方针是“惩前毖后，治病救人”。这两个报告，与《改造我们的学习》一起，是延安整风的基本著作。它们都是毛泽东对中国共产党历史与现状进行深入、细致调查研究的结晶，对促进马克思主义与中国革命实践相结合，对全党确立实事求是思想路线，具有深远影响和重大意义。

2.《关于领导方法的若干问题》

在延安整风过程中，为了反对、克服主观主义和官僚主义的领导方法，宣传、提倡马克思主义的科学领导方法，1943 年 6 月 1 日，毛泽东为中共中央写了《关于领导方法的若干问题》一文。该文在总结中国革命历史经验和延安整风新鲜经验的基础上，从认识论高度精辟地概括和阐述了中国共产党人基本的领导方法，指出这一方法就是：从群众中集中起来又到群众中坚持下去；一般号召和个别指导相结合，领导骨干和广大群众相结合。

《关于领导方法的若干问题》指出：“在我党的一切实际工作中，凡属正确的领导，必须是从群众中来，到群众中去。这就是说，将群众的意见（分散的无系统的意见）集中起来（经过研究，化为集中的系统的意见），又到群众中去作宣传解释，化为群众的意见，使群众坚持下去，见之于行动，并在群众行动中考验这些意见是否正确。然后再从群众中集中起来，再到群众中坚持下去，如此无限循环，一次比一次地更正确、

---

① 《毛泽东选集》，2 版，第 3 卷，796 页，北京，人民出版社，1991。
② 《毛泽东选集》，2 版，第 3 卷，797 页，北京，人民出版社，1991。
③ 《毛泽东选集》，2 版，第 3 卷，797 页，北京，人民出版社，1991。
④ 《毛泽东选集》，2 版，第 3 卷，797～799 页，北京，人民出版社，1991。

更生动、更丰富。这就是马克思主义的认识论。”① “在集中和坚持过程中，必须采取一般号召和个别指导相结合的方法，这是前一个方法的组成部分。从许多个别指导中形成一般意见（一般号召），又拿这一般意见到许多个别单位中去考验（不但自己这样做，而且告诉别人也这档做），然后集中新的经验（总结经验），做成新的指示去普遍地指导群众。”②

这里所说的，“从群众中集中起来，再到群众中坚持下去”的过程，“从许多个别指导中形成一般意见，又拿这一般意见到许多个别单位中去考验”的过程，实际上就是调查（从群众中来；从许多个别中来）-研究（经过研究，化为集中的系统的意见；形成一般意见）-调查（到群众中去作宣传解释，化为群众的意见，使群众坚持下去，见之于行动；拿这一般意见到许多个别单位中去考验）的过程。这说明，“调查-研究-调查”的方法，与“从群众中来，到群众中去”“一般号召和个别指导相结合”“领导骨干和广大群众相结合”的方法一样，都是马克思主义的科学领导方法。这就从马克思主义认识论的高度，说明了社会调查方法的理论基础。

## 四、关于社会调查的决定

1.《关于调查研究的决定》和《关于实施调查研究的决定》

1941年8月1日，毛泽东为中共中央起草的《关于调查研究的决定》指出：“二十年来，我党对于中国历史、中国社会与国际情况的研究，虽然是逐渐进步的，逐渐增加其知识的，但仍然是非常不足；粗枝大叶、不求甚解、自以为是、主观主义、形式主义的作风，仍然在党内严重地存在着。……对于二十年来由于主观主义与形式主义，由于幼稚无知识，使革命工作遭受损失的严重性，尚未被全党领导机关及一切同志所彻底认识。……党内许多同志，还不了解没有调查就没有发言权这一真理。还不了解系统的周密的社会调查，是决定政策的基础。还不知道领导机关的基本任务，就在于了解情况与掌握政策，而情况如不了解，则政策势必错误。还不知道，不但日本帝国主义对于中国的调查研究，是如何的无微不至，就是国民党对于国内外情况，亦比我党所了解的丰富得多。还不知道，粗枝大叶、自以为是的主观主义作风，就是党性不纯的第一个表现；而实事求是，理论与实际密切联系，则是一个党性坚强的党员的起码态度。我党现在已是一个担负着伟大革命任务的大政党，必须力戒空疏，力戒肤浅，扫除主观主义作风，采取具体办法，加重对于历史，对于环境，对于国内外、省内外、县内外具体情况的调查与研究，方能有效地组织革命力量，推翻日本帝国主义及其走狗的统治。为此目的，特决定办法如下”③：（1）中央设置调查研究机关，以为中央工作的直接助手。（2）各中央局、中央分局、独立区域的区党委或省委，八路军、新四军之高级机关，各根据地高级政府，均须设置调查研究机关，以为各该地工作的直接助手，同时供给中央以材料。（3）关于收集材料的方法（收集敌、友、我三方关于政治、军事、经济、

---

① 《毛泽东选集》，2版，第3卷，899页，北京，人民出版社，1991。

② 《毛泽东选集》，2版，第3卷，900页，北京，人民出版社，1991。

③ 《毛泽东文集》，第2卷，360～361页，北京，人民出版社，1993。

文化及社会阶级关系的各种报纸、刊物、书籍；邀集有经验的人开调查会，从研究典型着手；在农村和城市，着重对于各阶层生活情况及其相互关系的调查；利用各种干部会、代表会收集材料；写名人列传；个别口头询问；收集县志、府志、省志、家谱等）。(4) 动员全党、全军、政府各级机关及全体同志，着重对于敌、友、我各方情况的调查研究。(5) 向各级在职干部与训练干部的学校，进行关于了解客观情况（敌、友、我三方）的教育。(6) 责成各级党部将该决定与中央 1941 年 7 月 1 日所发关于增强党性的决定联系起来，向党的委员会及干部会议做报告，并讨论实施办法。

1941 年 8 月 1 日，中央还发布了《关于实施调查研究的决定》，该决定根据《关于调查研究的决定》规定了一些具体实施办法。如在中央设调查研究局，内设调查局、政治研究室和党务研究室 3 个部门；组织各类调查团，广泛开展调研活动；在文化思想界、理论界开展调研活动；编写调查研究教材，普及调查研究知识；等等。

2. 大兴调查研究之风

《关于调查研究的决定》和《关于实施调查研究的决定》发布后，各抗日根据地党组织积极响应，发出了许多决定或指示。例如，中共中央华中局发出了《关于调查研究工作的指示》（1941 年 11 月 3 日），中共中央北方局作出了《关于实施调查研究的决定》（1941 年 11 月 7 日），晋西北区党委发出了《关于调查研究的指示》（1942 年 1 月 1 日），中共中央山东分局作出了《关于建立全省调查研究机关的决定》（1942 年 2 月 6 日），晋鲁豫区党委发出了《关于调查研究工作的指示》（1942 年 3 月 24 日），淮北区党委发出了《关于调查研究工作的指示》（1943 年 2 月），北岳区党委编出了《我们怎样做农村调查》的小册子（1943 年 4 月）；中共中央直属机关组织的调查团或考察团，以及各中央局及其所属各级党组织，掀起了一股调查研究之风，结出了丰硕的调研成果。

## 五、农村和土地问题

1. 林伯渠的实地调查

"延安五老"之一、陕甘宁边区政府主席林伯渠，在延安时期曾多次手拄拐杖跋山涉水，深入基层走家串户，每到一地都要详细了解群众生活、生产、土改等情况，帮助解决问题。1940 年，为发展边区生产、改善人民生活，他亲率农业技术人员勘察南泥湾，认定这是开荒生产的好地方。

1941 年 12 月至 1942 年 1 月，林伯渠率由 20 多人组成的考察团到甘泉、富县进行调查研究。在 10 多天里，他召开县议员和绅士参加的县政座谈会，帮助政府改进工作，走访群众，处理有关婚姻、土地纠纷等民事案件 40 余起，件件做了妥善安排。著名爱国将领续范亭曾赋诗赞誉："林老奇逸人中龙，风流潇洒有大度。胜任愉快政多宽，不事吹求公令布。童颜鹤发非导引，公余且作长征赋。漫天风雪巡洛富，怀古不忘杜工部。人人争识林老头，亲切有如家人父。灯前细谈几件事，米面油盐棉花布。"

1942 年 2 月，林伯渠在边区政府会议上做甘泉、富县考察报告。他根据亲自调查了解的情况指出，这两个县还存在许多亟待解决的问题，诸如实行三三制较差，县参议会没有开展经常工作，租佃关系未能适当解决，对人权保障不够，行政机构尚不健全，干部文化水平太低等。他针对这些情况提出建议：要加强基层，提高干部（特别是区级干部）文化政治水平，搞好对群众的政策法令宣传等。林伯渠的甘泉、富县调查，为改进政府工作提供了方向，为边区大兴调查研究之风带了头，为即将全面开展的整风运动树立了一个很好的榜样。①

林伯渠通过富县调查指出，边区有1 000万以上人口，每年需盐 60 万驮（每驮 150 斤），而盐、皮毛、甜甘草是边区三宝，特别是盐，在靖江、定边、盐池一带取之不尽，要把这个死宝变成活宝，就要发展盐运和对外贸易。此外，为了筹集生产资金，林伯渠发起组织劝储团，号召边区人民节约、储蓄，使百姓生息取利，银行集腋成裘，收到了利公利民的效果。②

1942 年 4—5 月，林伯渠前往安塞、志丹两县调查。5 月 30 日，他在《解放日报》发表《农村十日》一文，记载了十天里与农民交流的感想。这篇社情民意调查报告，为客观认识农村情况，正确制定决策，赢得工作主动权提供了重要依据。通过与农民交谈，林伯渠感觉到收获很大。他在文章的最后感叹道："这次农村小住 10 日，觉得实际的内容太丰富了，需要虚心去学习的地方还多着哩。"③

2. 张闻天的农村调查

1942 年 1 月 26 日至 1943 年 3 月 3 日，张闻天率团先后调查了陕北神府县贺家川、米脂县杨家沟村、绥德县西川、子洲县双湖峪和晋西北兴县高家村。通过深入基层，深入群众，认真细致地调查研究，张闻天不仅搜集、整理出了《陕甘宁边区神府县直属乡八个自然村的调查》《晋西北兴县二区十四个村的土地问题研究》《杨家沟地主调查》等调查报告，而且撰写了《出发归来记》一文，精辟论述了共产党人对调查研究应当采取的态度和从事调查研究的基本方法。

张闻天对贺家川的调查很深入，统计非常具体。例如，关于生产力的情况，要调查当地各种土地类型及其等级，各种作物在各种土地单位面积上的播种量、施肥量和常年产量，各种牲畜的使役量、产肥量、租用借用办法、全年的经济效益、各种草料的消耗量等，牛、驴、猪、羊、鸡、兔的粪便各有什么特点，适于什么土壤、什么庄稼，为什么高粱产量低仍然要种它，为什么贫穷人家不能种小麦、不能种大蒜头等，都要了解得清清楚楚。张闻天还带调查团同志在贺家川赶了一次集，看到专养公驴这个行当被视为"贱业"，他告诉县里同志，毛驴几乎是陕北唯一的畜力，用处很大，要打破旧观念，鼓励多养配种公驴，养种驴的人多了，收费自然就会降低。1942 年 4 月初，张闻天亲自研究、撰写了《陕甘宁边区神府县直属乡八个自然村的调查》，1943 年 10 月出版时全文约 5 万字，附统计表格 38 张，用确凿材料叙述了贺家川 8 个自然村的基本情况（1～8 节）、生产力（9～19 节）和生产关系（20～34 节）的状况，以及上层

① 参见《林伯渠》编写组：《林伯渠传》，274 页，北京，红旗出版社，1986。
② 参见《林伯渠》编写组：《林伯渠传》，266～267 页，北京，红旗出版社，1986。
③ 林伯渠：《林伯渠文集》，324～330 页，北京，华艺出版社，1996。

建筑的各个方面（35～41 节），在此基础上对农村经济发展的趋势作出了估计。[①]

1942 年 4 月，张闻天领导对未经过土地革命的兴县进行土地问题调查。调查人员，包括晋西北干部共 40 多人；调查对象，包括碧村、任家湾、黑峪口、唐吉、桑蛾、中庄、高家村、西坪、赵家川口、冯家庄、花园沟、柳叶村、碾子村、高家沟等 14 个自然村；调查内容，包括抗日战争期间农村阶级关系的变化、土地占有的变化、借贷关系的情况等，特别着重调查租佃关系的变化与执行政策的状况。通过调查，张闻天撰写了《晋西北兴县二区十四个村的土地问题研究》，提出了掌握新民主主义经济政策，发展农村经济的意见。10 月 7 日，他还写了一篇文章，提出我们现时的任务是在农村发展新式资本主义，即新民主主义经济。

1942 年秋冬，张闻天领导进行了米脂县《杨家沟地主调查》。米脂县杨家沟是全国罕见的一个地主经济集中的村庄。这里聚居着马姓 55 户大、中、小地主。最大的一家殷实地主马维新，是当地地主集团实际的代表人物。他家保存着自清道光二十五年（1845）以来近百年的大量买地、典地、收租、放债、雇工、经商和日常生活收支等各种账簿。张闻天知道后，如获至宝，让人前去商借。马维新比较开明，把这些账簿全都拿出来任凭张闻天他们研究。张闻天一本一本翻阅，还亲自与调查团秘书马洪一道核算。马洪打算盘，张闻天拉计算尺（他在美国留学时买的），夫人刘英帮着记录数据、整理材料，忙了几十天。张闻天风趣地说：马克思在伦敦图书馆里算资本家的“账本子”，写了《资本论》，我们想要弄明白中国地主经济，也不能不研究马太爷家的“账本子”啊！在算账和调查、访问基础上，张闻天与马洪、刘英等进行深入研究，然后由马洪执笔写出调查报告初稿，交张闻天反复修改定稿。《杨家沟地主调查》以翔实可靠的材料，说明了封建地主阶级如何以地租剥削为基础，同高利贷和商业剥削结合在一起，残酷剥削农民和掠夺土地，以及大地主如何对中小地主进行弱肉强食的土地兼并等情况。这是一个具有很高学术价值的调查报告，在中国是少见的。[②]

3. 西北局的绥德、米脂调查

1942 年 1 月，中共中央西北局组织了一个三四十人的考察团，由西北局书记高岗带队，前往绥德、米脂调查。经过两个月的调查，考察团收集到一批绥德、米脂地区经济、政治、党务等方面的材料，由西北局调查研究局边区问题研究室的柴树藩、于光远、彭平等人，根据这些材料，同时参考中央妇委和中央青委考察团的调查及其他材料，对两县的土地问题进行了集中研究，写出了《绥德、米脂土地问题初步研究》[③]一书。该书约 8 万余字，有 7 章，分别是农业生产概况，土地变革的历史，绥、米土地分配现状，土地租佃关系，土地变动及趋势，土地纠纷，农村阶级关系。书中每一页都有详细注解，每一章都有一个结论，并列举支撑本章论述和观点的材料。整篇调

① 参见程中原：《张闻天传》，485 页，北京，当代中国出版社，1993。
② 参见程中原：《张闻天传》，490 页，北京，当代中国出版社，1993。
③ 柴树藩、于光远、彭平：《绥德、米脂土地问题初步研究》，北京，人民出版社，1979。

查报告极具科学性，是一部调研报告的范本。

4.《关于阜宁县守望乡四个保的土地分配调查》

1942年，华中局调查研究室通过实地调查，撰写了《关于阜宁县守望乡四个保的土地分配调查》（1942年8月10日）一文。这篇调查报告分两个部分：第一部分，分别叙述守望乡四个保的自然环境、社会环境和历史事件；第二部分，分析守望乡的土地分配与阶级关系，对各阶层土地分配情况进行系统统计和比较分析，指出该乡土地分配有两个特点：一是，在各阶层占有田亩总数中，中农所占百分比最大；二是，在总户数、总田亩数中，地主所占百分比很小，富农所占百分比大于地主。由此，总结出守望乡阶级关系的现状是：（1）中农势力特别大。（2）贫农土地不足，只能通过向地主租地耕种、向富农出卖劳动力、兼营小副业和到大都市去当产业后备军等4种方法来接济生活，其中以第四种方法居多。（3）富农势力相当大。（4）地主力量比较薄弱，往往与富农相勾结并尽量拉拢中农。[①] 这份调查报告，对当时中央掌握农村土地分配和阶级关系的实情，具有一定参考价值。

此外，《边区的土地减租形式》《延安县川口区六乡农业调查》《赤城五乡的租佃关系》《记两个变工队》《狞牛沟减息斗争》《合水六区二乡三村的减租斗争》《合水县一区一乡的减租斗争》《米脂县印斗八乡减租调查》和《移民问题》，以及苏北区党委的《关于人民生活情况的调查报告》、盐阜区党委的《阜东县长兴乡调查》、冀热边区党委的《冀热边社会状况考察》等，都是各抗日根据地党委根据中共中央《关于调查研究的决定》和《关于实施调查研究的决定》开展社会调查而获得的成果，都对中央和各抗日根据地党委客观认识和处理农村经济、土地问题，正确评估和处理农村阶级关系，巩固和发展抗日根据地，做出了一定的贡献。

在全民族抗日战争时期，围绕抗日战争和武装斗争、群众生活和财政经济、整顿党的作风和改进党的领导方法、农村和土地等问题开展的社会调查，创造性地解决了抗日战争的战略问题，根据地的巩固发展问题，整顿学风、党风、文风问题，做出了开展调查研究的决定，促进了马克思主义与中国革命实践相结合，确立了实事求是的思想路线。所有这些，都对夺取抗日战争和解放战争的胜利，加强党的建设具有深远影响和重大意义。

## 第五节　全国解放战争时期的社会调查

全国解放战争时期，中国共产党围绕抗战胜利后的时局、战场形势、解放区建设、土地改革、党的建设和工作方法等问题，做过许多社会调查。

---

① 参见江苏省财政厅、江苏省档案馆财政经济史编写组：《华中抗日根据地财政经济史料选编（江苏部分）》，第1卷，72～80页，北京，中国档案出版社，1984。

## 一、在时局调查基础上制定方针与任务

1945年8月13日，毛泽东在延安干部会议上的讲演《抗日战争胜利后的时局和我们的方针》，以充分调查研究为基础，对当时国内阶级关系、国共两党关系做了客观分析。他指出，打败日本帝国主义以后，以蒋介石为代表的大地主大资产阶级，要夺取抗战胜利果实，建立大地主大资产阶级专政的半殖民地半封建国家；以中共为代表的无产阶级和人民大众要保卫抗战胜利果实，建立无产阶级领导的、人民大众的、新民主主义的新中国。因此，抗战胜利后的中国仍然存在着两种命运、两个前途的斗争。中国共产党人既要尽力争取和平，反对内战，又要对蒋介石发动内战有充分准备。实践证明，毛泽东的分析是完全正确的。

1947年12月25日，毛泽东在陕北米脂县杨家沟召集的会议上作的报告《目前形势和我们的任务》，在冷静分析解放战争形势的基础上指出，中国人民的革命战争，现在已经达到了一个转折点——由战略防御转入全国规模的战略进攻。毛泽东在报告中，正确分析和总结了两年来解放战争的形势，总结了打败蒋介石的十大军事原则，布置了土地改革、整编党的队伍、没收官僚资本、保护民族工商业、发展新民主主义经济、建立革命统一战线等任务，报告成为中共解放战争期间在政治、军事、经济等方面的纲领性文件。《目前形势和我们的任务》是广泛调查研究的总结，对推翻国民党统治、建立新中国具有重要指导意义。

1949年3月5日，毛泽东在《在中国共产党第七届中央委员会第二次全体会议上的报告》中，总结了辽沈、淮海、平津三大战役后的形势，说明了面对全国胜利的局面，党的工作重心必须由乡村移到城市，城市工作必须以生产建设为中心，分析了当时中国经济的各种成分和党必须采取的正确政策，指明了中国由农业国转变为工业国、由新民主主义社会转变为社会主义社会的发展方向。这个报告与6月30日发表的《论人民民主专政》，都是毛泽东对中国社会和中国革命进行长期调查研究的智慧结晶，它们共同构成了在新中国成立初期曾起临时宪法作用的《中国人民政治协商会议共同纲领》的政治基础。

## 二、敌我力量对比调查与战略战术调整

解放战争期间，毛泽东非常重视战争中的调查研究工作，通过各种渠道搜集各个方面的情报，并随着战场形势和敌我力量对比的变化，不断地调整战略战术，甚至直接指导重大战役的指挥，因而取得了一个又一个的重大胜利。

例如，在解放战争初期，面对蒋介石发动的以围攻中原解放区为起点的全面进攻，毛泽东指示，“以歼灭敌军有生力量为主要目标，不以保守或夺取地方为主要目标”[①]。

---

① 《毛泽东选集》，2版，第4卷，1199页，北京，人民出版社，1991。

1947 年 3 月，国民党军队被迫改全面进攻为重点进攻，曾一度占领延安，毛泽东则指示采用"'蘑菇'战术，将敌磨得精疲力竭，然后消灭之"①，结果蒋介石军队很快败退，遭受惨重损失。

又如，解放战争第二年，毛泽东根据战场敌我力量对比的变化，及时指示以主力打到国民党区域，由内线作战转入外线作战，由战略防御转入战略进攻。1947 年 7—9 月，刘邓、陈谢、陈粟三路大军挺进中原，威胁国民党的心脏——南京，同时在解放区实行土地改革，发展生产，取得广大群众支持，迫使国民党军由进攻转入防御，逐步陷入被动。

再如，解放战争第三年，毛泽东根据战场形势和各方面情报，审时度势，指挥采取"攻济打援"战术攻克济南（1948 年 9 月），揭开战略决战序幕。接着，从 1948 年 9 月到 1949 年 1 月连续组织辽沈、淮海、平津三大战役，歼灭国民党军在东北、华北和华东的主力，解放长江以北广大地区。至此，解放军数量已超过国民党军，国民党统治已成残局。

解放战争第四年，毛泽东根据当时形势，指挥适时发起渡江战役，迅速占领南京。然后，以秋风扫落叶之势对国民党军进行战略大追击。10 月 1 日，中华人民共和国在解放军向全国进军途中宣告成立。到 1950 年 6 月，残存在华东、中南、西南、西北的国民党军被全部歼灭，仅少量逃往台湾地区。1951 年，西藏和平解放。至此，取得了解放战争的完全胜利。

可以毫不夸张地说，解放战争中广泛的调查研究和出色的情报工作，是中国共产党和解放军战胜蒋介石和国民党军队的最重要的制胜法宝之一。

## 三、加强解放区建设调查

解放战争时期，在抗日战争中形成的各个根据地，是中共和解放军的战略后方。

早在蒋介石发动内战之前，中共就根据国内政治军事形势和解放区实际情况，就加强和巩固解放区工作发出过许多指示。例如，1945 年 11 月 7 日，毛泽东提出《减租和生产是保卫解放区的两件大事》。1945 年 12 月 15 日，毛泽东在《一九四六年解放区工作的方针》中指出，粉碎新的进攻、分化国民党军、练兵、减租、生产、解决财政问题、拥政爱民和拥军优抗、救济、爱护本地干部和作持久打算等 10 项工作，为应加特别注意之点。

解放战争后期，毛泽东在调查研究的基础上，从新解放区客观实际出发，于 1948 年 2 月 3 日至 1949 年 2 月 8 日的一年间，先后发出了《在不同地区实施土地法的不同策略》《纠正土地改革宣传中的"左"倾错误》《新解放区土地改革要点》《关于工商业政策》《关于民族资产阶级和开明绅士问题》《新解放区农村工作的策略问题》和《把军队变为工作队》等一系列指示，对于加强新解放区建设，促进解放战争胜利前进起了重要指导作用。

① 《毛泽东选集》，2 版，第 4 卷，1222～1223 页，北京，人民出版社，1991。

## 四、土地改革和农村问题调查

1946年5月4日，中共中央发出《关于土地问题的指出》(通称《五四指示》)，指出：日本投降以后，根据农民对土地的迫切要求，中共中央决定改变党在抗日战争时期的土地政策，由减租减息改为没收地主土地分配给农民。1947年9—10月，中共中央召开全国土地会议，制定了《中国土地法大纲》，规定彻底废除封建性及半封建性剥削的土地制度，规定实行耕者有其田的土地制度。从此，一场轰轰烈烈的土地改革运动在各解放区蓬勃开展起来，同时也掀起了一个围绕土地改革和农村问题的社会调查高潮。

1. 任弼时的土地改革调查

1947年11月，任弼时受毛泽东委托，用很大精力研究土改问题，协助毛泽东制定土改方针政策。为了更好地了解农村土地问题，任弼时不仅亲自到农村做调查研究，而且发动警卫人员一起搞调查。每逢战士外出帮助农民干活，他就要求："每人出去作个调查。调查一个村，调查一个户，主要调查经济状况。比方一个户，有多少地？是好地还是坏地？一年能打多少粮食？有多少劳力？……要是做买卖，一年能得多少钱？"他还要大家了解农民对土改的意见。大家回来后，将一份份报告材料送到任弼时手中。

战士们告诉任弼时：有些地方把富农和地主划得很多，占了总人口的百分之二十；有的地方，对中农摊派粮食过多，他们有意见；有的地方斗争地主方法简单，动不动就用刑……这些情况，有的发生在附近地区，有的是农民跑小买卖，走亲戚，从远处听说带回来的。一次，警卫员外出买烟，任弼时交代："你去顺便打听一下，看商贩们现在生意还好不好做？市面情形如何？"为了保证调查来源真实可靠，他叮嘱工作人员："记住！不要说你是大机关的，人家一听大机关，恐怕就会紧张，不说真话啰！"经过两个多月调查，任弼时对各解放区土改情况比较清楚了，对晋绥和陕甘宁边区的情况更了如指掌。他敏锐地感到，各解放区土改出现高潮，这是好的一面；但不少地方出现"左"的偏向，如乱打乱杀，打击中农，打击中小工商业等。任弼时把这些情况报告给了毛泽东，受到高度重视，毛泽东及时作出了指示。

1947年12月，党中央在陕北米脂县杨家沟召开会议，毛泽东作了《目前形势和我们的任务》的报告。在谈到土改问题时，毛泽东提醒全党要注意政策，小心从事。任弼时在会上谈了土改调查的情况，引起了到会代表的重视。任弼时指出，要巩固团结中农，对工商业不要采取冒险政策。他指出："由于党内不纯，地主富农投机分子和流氓分子利用机会捣乱，就造成了乱打人、乱杀人、逼死人的现象。有些最不该死的人，被打死杀死了。这值得引起我们的严重注意。""决不可将本来不是地主富农的人们，人为地划为地主富农，错误地扩大打击面，打乱革命战线，帮助敌人，孤立自己。"任弼时的讲话，获得会场上的掌声和毛泽东的赞赏，并很快传到各解放区，晋绥分局、陕甘宁边区政府、《晋察冀日报》等单位都加以翻印出版，从而推动了各地的土改。①

① 参见中共汨罗县委员会编：《任弼时》，262～267页，长沙，湖南人民出版社，1979。

2. 习仲勋的土地改革调查

在土改运动初期，在纠正右倾偏向后又出现了“左”的错误，一部分中农利益受到侵犯，许多中小工商业者受到冲击，在一些地区还发生了乱打滥杀现象。1948年年初，习仲勋经过深入调查，于1月4日、19日和2月8日三次给党中央、毛泽东写信，如实报告土改中发生的“左”倾问题及其危害，并说明目前正在努力纠正的情况。

例如，1月4日习仲勋在《关于陕甘宁边区老解放区的土地改革问题》的报告中指出，苏维埃时期的老区有五种不同的情况。第一，“老区的阶级成份，原来一般订得高，群众不满意”；第二，“中农多，贫雇农少”；第三，“地主、旧富农，也比新区少得多”；第四，“对老区地主，应查其剥削关系及是否参加劳动与时间长短来决定。光看表现，不一定合理”；第五，“在老区发动群众运动，要坚决反对小资产阶级的‘左’倾形式主义”。习仲勋建议对陕甘宁老区的群众运动，不能与新区要求一样。他指出，老区“左”倾严重，有形式主义倾向，有些地方的群众运动实际上是由为数不多的、盲目的、各种动机不纯的分子鼓动起来的，让其发展下去，必将造成脱离群众的恶果，必须开展工作予以纠正。他强调，如果把老区的地主、富农订得与新区一样的话，会犯严重错误，错误会出现在：“（1）把新升富农评成旧富农。（2）把没收过土地的地主、富农，而当真转化，并参加劳动最少在八年以上的，又订成地主、富农，再去斗争。（3）把富裕一点的农民，订成地主、富农。或把在我方任职之公教人员，其家中缺乏劳动力者，也订成地主、富农。如果再去斗争已经转化了的地主、富农，对农民的观感，就等于再动已分得土地的贫雇农。这在老区，是一个很重要的问题，必须慎重处理。”① 习仲勋的这些意见，受到毛泽东高度重视，他批示说：“完全同意仲勋同志所提各项意见，望照这些意见密切指导各分区及各县的土改工作，务使边区土改工作循正轨进行，少犯错误。”

又如，1月19日习仲勋向中央汇报：“在老区，有些乡村贫雇农很少。其中，有因偶然灾祸贫穷下来的。有的是地、富成份下降未转化好的。有因好吃懒做、抽烟浪荡致贫的。”“由他们起来领导土改，就等于把领导权交给坏人，吓得区乡干部有逃跑的，有自杀的。”他指出：“真正好的基本群众在中农阶层及一部分贫农中。”1月29日，毛泽东阅后批示：“完全同意习仲勋同志这些意见。华北、华中各老解放区有同样情形者，务须密切注意改正‘左’的错误。凡有‘左’的错误的地方，重要领导机关处理得法，几个星期即可纠正过来，不要拖延很久才去纠正。同时注意，不要使下面因为纠正‘左’而误解为不要动。”不久，中央下发了《关于在老区半老区进行土地改革工作与整党工作的指示》，把土改引向了正轨。②

此外，毛泽东提议习仲勋和其他领导同志到各县调查研究，总结经验，树立典型。随后，习仲勋带领西北局同志，及时总结和推广了黄家川村土改工作经验，并将有关

---

① 《习仲勋文选》，38～39页，北京，中央文献出版社，1995。

② 参见《习仲勋革命生涯》编辑组编：《习仲勋革命生涯》，28～42页，北京，中共党史出版社、中国文史出版社，2002。

材料报送党中央。毛泽东阅后非常高兴，指出黄家川经验对全国老解放区土改有着普遍的指导意义。①

3. 薄一波的土地改革调查

1948 年 2 月 10 日，主持晋冀鲁豫中央局工作的薄一波根据调查研究的情况，在给毛泽东、刘少奇的电报中说明了自己的看法：晋冀鲁豫地区的土地改革情况，可分为三类地区。第一类地区，地主、富农已经彻底消灭，贫雇农绝大部分已经彻底翻身，土地早已平分。第二类地区，地主、富农大体上已经斗争得很彻底，土地已大体平分过，贫雇农翻身稍逊于第一类地区。第三类地区，经过一两次零星的但不是普遍的群众运动，地主、富农未斗彻底，贫雇农大部分未翻身，土地问题基本上未解决。因此，薄一波认为，在第一、第二两类地区，均不必再来一次平分土地运动，只需要实行抽补调剂、填平补齐办法即妥。在第三类地区，可完全按照《中国土地法大纲》进行，组织贫农团起到领导一切的作用，并要注重团结中农。② 薄一波的看法，得到了毛泽东、刘少奇的肯定，较好地指导了晋冀鲁豫的土改工作。

4. 谭政文的土地改革调查

1947 年，土改工作全面铺开时，谭政文被派到山西崞县和代县任土改工作团团长兼崞县县委书记。当时，晋绥“左”风泛滥，谭政文顶着巨大政治压力，坚持实事求是，抵制和纠正“左”倾错误的一系列做法，并进行了认真总结，撰写了《山西崞县是怎样进行土地改革的》一文，详细叙述了崞县一区与城区召开第二届联合区代表会议的情况：会议时间，自 1948 年 1 月 27 日开始，共五天。参会人员，包括两个区 32 个行政村的 184 名代表，其中中农 49 名。报告主要讲了 4 个问题：第一，解决错定成分问题；第二，平分土地问题；第三，整顿组织（改造政权）、健全与巩固组织问题；第四，会议的领导方法与缺点。③

2 月 8 日，谭政文的报告送至晋绥分局，但未予理会。3 月 12 日，毛主席亲临晋绥看到这份报告，高度评价了崞县的土改经验，批示《人民日报》以《山西崞县是怎样进行土地改革的》为题，于 3 月 24 日全文刊发，并亲写按语。毛泽东的按语是这样写的：“这是山西崞县的一篇通讯。在这个通讯中说明了那里的群众斗争业已展开，群众对于分配土地业已完全酝酿成熟，在一个农民的代表会议上完成了平分土地的一切准备。那里对于划分阶级成分，曾经划错了许多人，但是已经公开地明确地经过群众代表的讨论，决定改正。对于不给地主以必要的生活出路，不将地主、富农加以区别，侵犯中农利益等项错误观点，作了批判。总之，在这篇通讯中所描述的两个区的农民代表会议上所表现的路线，是完全正确的。在作者写这篇通讯时，崞县还没有实行分配土地，因此，这个经验还不完全。我们希望在当地实行改正划分阶级中的错误（这是一件大事），实行平分土地以及组织生产、改造政权等项工作完成以后，再有一篇描

① 参见崔晓民、温若谷、崔利民：《习仲勋的故事》，61～71 页，西安，陕西人民出版社，2004。

② 参见薄一波著作编写组编：《薄一波书信集（上）》，77～79 页，北京，中共党史出版社，2009。

③ 参见《山西崞县是怎样进行土地改革的》，载《人民日报》，1948－03－24。

述这整个过程的通讯。关于如何在农村中进行整党工作，我们有了晋察冀区平山县的典型经验（这是刘少奇同志总结的）。关于如何在老区调剂土地而不是平分土地（因为那里已经平分了）的工作，我们有了陕甘宁区绥德县黄家川的典型经验。现在又有了晋绥区崞县这样一个平分土地的经验（虽然不完全）。这三个经验，值得印成一个小册子，发给每个乡村的工作干部。这种叙述典型经验的小册子，比我们领导机关发出的决议案和指示文件，要生动丰富得多，能够使缺乏经验的同志们得到下手的方法，能够有力地击破在党内严重地存在着的反马列主义的命令主义和尾巴主义。各中央局、中央分局及前委的领导同志们，在对自己领导的各项重要工作发出决议或指示之后，应当注意收集和传播经过选择的典型性的经验，使自己领导的群众运动按照正确的路线向前发展。现在是成千万的人民群众依照党所指出的方向向着封建的买办的反动制度展开进攻的时候，领导者的责任，就是不但指出斗争的方向，规定斗争的任务，而且必须总结具体的经验，向群众迅速传播这些经验，使正确的获得推广，错误的不致重犯。”①

毛泽东要求将崞县、平山和黄家川的经验印成小册子，发给每个乡村的工作干部。随后，各解放区的报纸都转载了这三个地方土改的经验，并汇集成册，发给每一个乡村干部的土改工作队员，成为各地指导土改的重要参考文献。根据中共中央和毛泽东的一系列指示精神，参考这三个典型经验，各解放区的土改运动很快走上了正轨。

在阅读《山西崞县是怎样进行土地改革的》一文和对该文作批示之后，毛泽东于1948年4月1日和2日，先后发表了《在晋绥干部会议上的讲话》和《对晋绥日报编辑人员的谈话》。在上述讲话中，毛泽东不仅为晋绥分局土改工作的路线之争作出了明确结论，全力支持谭政文的观点和做法，全面肯定和推广了崞县的经验，指明了老解放区乃至全国解放后广大新解放区土改运动的方向，而且阐述了新民主主义革命的总路线和总政策、土地改革的总路线和总政策，明确指出：“按照实际情况决定工作方针，这是一切共产党员所必须牢牢记住的最基本的工作方法。我们所犯的错误，研究其发生的原因，都是由于我们离开了当时当地的实际情况，主观地决定自己的工作方针。这一点，应当引为全体同志的教训。”② 向社会做系统、周密的调查研究，是“按照实际情况决定工作方针”的基本前提和主要方法。这就是毛泽东在建立新中国前夕，向全党，特别是向党的高级干部提出的根本要求。

## 五、工商业、民族资产阶级和开明士绅问题

随着解放战争胜利前进，解放区迅速扩大，土地改革蓬勃开展，在某些解放区出现了破坏工商业，把农村斗争地主富农的做法盲目搬到城市，用于对待民族资产阶级或开明士绅等“左”的错误做法。这说明，如何正确对待工商业，如何正确对待民族资产阶级和开明士绅，已成为夺取全国胜利迫切需要解决的重大政策问题。

---

① 《山西崞县是怎样进行土地改革的》，载《人民日报》，1948-03-24。

② 《毛泽东选集》，2版，第4卷，1308页，北京，人民出版社，1991。

中共中央通过各种渠道搜集信息、发现上述问题后，立即发出指示纠正错误。1948年2月27日，毛泽东为中央起草的党内指示《关于工商业政策》指出：在领导方针上，“应当预先防止将农村中斗争地主富农、消灭封建势力的办法错误地应用于城市，将消灭地主富农的封建剥削和保护地主富农经营的工商业严格地加以区别，将发展生产、繁荣经济、公私兼顾、劳资两利的正确方针同片面的、狭隘的、实际上破坏工商业的、损害人民革命事业的所谓拥护工人福利的救济方针严格地加以区别。……应当引导工人和资本家在当地政府领导下……尽一切努力降低成本，增加生产，便利推销，达到公私兼顾、劳资两利、支援战争的目的”①。

3月1日，毛泽东为中央起草了另一个党内指示《关于民族资产阶级和开明绅士问题》。该指示指出：“中国现阶段革命的目的，是在推翻帝国主义、封建主义、官僚资本主义的统治，建立一个以劳动者为主体的、人民大众的新民主主义共和国，不是一般地消灭资本主义。……民族资产阶级……是人民大众的一部分……。在现阶段，民族资产阶级的多数是增长了对美蒋的仇恨……我们有必要和可能争取其大多数……对这个阶级的经济地位必须慎重地加以处理，必须在原则上采取一律保护的政策。否则，我们便要在政治上犯错误。……开明绅士是地主和富农阶级中带有民主色彩的个别人士。……他们也是反帝反封建反官僚资本主义革命统一战线中的一分子，所以，团结他们也是一个必须注意的问题。”②

上述两个指示，来源于调查研究，立足于客观现实，具有很强的针对性和及时性，因而对于促进土地改革的健康发展，发挥了重要指导作用。

## 六、党的建设和工作方法

中共及其军队由于长期处于被敌人分割的、游击战争的、农村的环境之下，因而曾经允许各根据地党的和军队的领导机关保持很大的自治权，这对于调动他们的积极性、主动性，渡过长期、严重的困难发挥了重要作用，但同时也滋生了某些分散主义、地方主义、游击主义等错误倾向和无纪律、无政府状态。随着革命形势发展，许多解放区已连成一片，许多城市已被解放，全国胜利在望，这种分散主义倾向和无政府状态的危害正逐渐显现。

为了克服上述错误倾向，1948年1月7日，党中央发出了《关于建立报告制度》的指示，要求：“各中央局和分局，由书记负责（自己动手，不要秘书代劳），每两个月，向中央和中央主席作一次综合报告。”③“各野战军首长和军区首长……每两个月要作一次政策性的综合报告和请示。”④ 1月30日又发出了党内指示《军队内部的民主运动》，强调：“部队内部政治工作方针，是放手发动士兵群众、指挥员和一切工作人员，

① 《毛泽东选集》，2版，第4卷，1285页，北京，人民出版社，1991。
② 《毛泽东选集》，2版，第4卷，1287～1290页，北京，人民出版社，1991。
③ 《毛泽东选集》，2版，第4卷，1264页，北京，人民出版社，1991。
④ 《毛泽东选集》，2版，第4卷，1265～1266页，北京，人民出版社，1991。

通过集中领导下的民主运动，达到政治上高度团结、生活上获得改善、军事上提高技术和战术的三大目的。”① 9月20日发出了《关于健全党委制》的决定，指出：“近查有些（当然不是一切）领导机关，个人包办……习气甚为浓厚。重要问题的解决，不是由党委会议做决定，而是由个人做决定，党委委员等于虚设。……此种情形必须加以改变。今后从中央局至地委，从前委至旅委以及军区……都必须建立健全的党委会议制度，一切重要问题……均须交委员会讨论，由到会委员充分发表意见，做出明确决定，然后分别执行。”② 1949年3月13日发出的《党委会的工作方法》指出，“党委书记要善于当‘班长’”“要把问题摆到桌面上来”“互通情报”“学会‘弹钢琴’”“胸中有‘数’”“安民告示”“精兵简政”“注意团结那些和自己意见不同的同志一道工作”“力戒骄傲”③ 等12种工作方法。上述一系列指示，都是对党和军队领导机关中存在的问题进行调查研究的产物，其目的都是为了克服分散主义等错误倾向，加强党中央的集中统一领导，改进领导方法，促进党和军队的自身建设，以适应革命斗争的需要。

全国解放战争时期，围绕抗战胜利后的时局、战场形势、解放区建设、土地改革、工商业情况、民族资产阶级和开明绅士、党的建设和工作方法等问题开展的社会调查，及时解决了夺取全国胜利道路上出现的一系列政治、军事、经济、阶级关系、党和军队自身建设等方面的重大问题，对于保证解放战争胜利和全国解放发挥了重要促进作用。

## 第六节　毛泽东的社会调查理论和方法

中国共产党是一个以马克思主义理论为指导的党。为了把马克思主义同中国革命具体实践结合起来，中国共产党人在革命实践基础上进行过长期、卓有成效的社会调查，其中最杰出的代表是早期的毛泽东。20世纪20—40年代，毛泽东不仅做了大量艰苦的实地调查，为制定中国民主革命的总路线，探索工农武装割据、农村包围城市的中国革命独特道路做出了杰出贡献，而且在社会调查理论和方法等方面也结出了丰硕成果。

### 一、《反对本本主义》

1. 写作背景

1920—1930年期间，毛泽东在实地调查的基础上，先后发表了《中国社会各阶级的分析》（1925年12月）、《湖南农民运动考察报告》（1927年3月）、《中国的红色政权为什么能够存在?》（1928年10月）、《井冈山的斗争》（1928年11月）、《关于纠正党内的错误思想》（1929年12月）、《星星之火，可以燎原》（1930年1月）和《寻乌

① 《毛泽东选集》，2版，第4卷，1275页，北京，人民出版社，1991。
② 《毛泽东选集》，2版，第4卷，1340～1341页，北京，人民出版社，1991。
③ 《毛泽东选集》，2版，第4卷，1440～1443页，北京，人民出版社，1991。

调查》(1930 年 5 月)等重要调查报告，创造性地解决了新民主主义革命总路线问题，实行工农武装割据、农村包围城市的革命道路问题，以及农民问题、人民军队建设问题。1930 年 5 月撰写的《反对本本主义》一文，实际上是对上述实地调查经验的科学总结。

2. 发现和改名

1961 年 3 月，毛泽东在广州中央工作会议上讲丢失文章的事。他说："别的文章丢了，我不伤心，也不记得了，这两篇文章我总是记得的。""这两篇文章"是指《反对本本主义》和《调查工作》，都是 1930 年写的。现在，"忽然找出一篇来了，我是高兴的"。找出的这篇文章，就是《调查工作》。毛泽东说："写这篇文章(指《调查工作》——引者注)之前，还写了一篇短文，题目叫《反对本本主义》，现在找不到了。"这说明，毛泽东当时写了两篇文章，但只找到了一篇，即《调查工作》，另一篇《反对本本主义》，至今没有找到。

1961 年 3 月 11 日，毛泽东在《调查工作》上写了一段说明和批语："这是一篇老文章，是为了反对当时红军中的教条主义思想而写的。那时没有用'教条主义'这个名称，我们叫它做'本本主义'。写作时间大约在 1930 年春季，已经 30 年不见了。1961 年 1 月，忽然从中央革命博物馆找到，而中央博物馆是从福建龙岩地委找到的。看来还有些用处，印若干份供同志们参考。"印发前毛泽东把《调查工作》改名为《关于调查工作》。1964 年这篇文章被编入《毛泽东著作选读(甲种本)》时，毛泽东又将《关于调查工作》改名为《反对本本主义》。这就是说，我们现在看到的《反对本本主义》并不是 1930 年毛泽东写的原版《反对本本主义》，而是由《调查工作》改名而来的。

毛泽东把《调查工作》改名为《反对本本主义》，一是表明毛泽东对丢失的《反对本本主义》一文的怀念。二是本本主义是我们党犯错误的总根，反对本本主义是一项长期任务。三是调查研究是反对本本主义，打破种种思想束缚，不断创造新思想的根本途径。

3. 详细解读

《反对本本主义》一文，共 7 章，3 000多字。1961 年 3 月，毛泽东在广州中央工作会议上，结合党史，结合自己调研的经历，结合"三年自然灾害"的原因，逐段向大家讲解文章内容，解读内容近7 000字。解读的大意是：第一章，没有调查就没有发言权，一经调查研究，办法就出来了。第二章，调查就是解决问题。新任干部不要随意宣布政见，想解决问题就得调查，就得做典型的调查。第三章，讲反对本本主义，破除迷信的问题。第四章，讲不调研的危害。第五章，讲调研的纵断法和横断法。第六章，强调中国的情形要靠中国同志来了解。第七章，讲调研的七个技术。毛泽东解读的核心有三：其一，一万年都要调查研究。其二，要破除迷信，专从书本里出决策是危险的。其三，中央文件，如果没有具体措施是不可能实现的，领导人要亲自调查研究，亲自去解决问题。

毛泽东高度重视此文，其根本原因在于，“大跃进”造成了严重经济困难。毛泽东认为，犯错误的深层原因是主观主义，缺乏调查研究。找到了《调查工作》一文，而且是30年前写的，对于反思、纠正当时的错误极有针对性和现实意义。[①]

4. 理论贡献

在《反对本本主义》中，毛泽东第一次响亮提出了“没有调查，没有发言权”的著名口号；第一次明确使用了“思想路线”概念；第一次说明了“马克思主义的‘本本’是要学习的，但是必须同我国的实际情况相结合”这一基本观点；第一次做出了“中国革命斗争的胜利要靠中国同志了解中国情况”的科学论断。此外，这篇文章还论述了社会调查的重要意义、指导思想、调查方法和技术等问题。可以说，《反对本本主义》一文是毛泽东长期从事调查研究工作的科学总结，是毛泽东社会调查理论形成的标志，是马克思主义发展史上系统论述社会调查问题的第一部专著。不仅如此，这部著作还集中反映了毛泽东关于实事求是、群众路线和独立自主这3个基本观点的雏形。

## 二、《总政治部关于调查人口和土地状况的通知》

1931年4月，毛泽东在为中央革命军事委员会起草的《总政治部关于调查人口和土地状况的通知》中说：“我们现规定了人口和土地两种调查表格。这两种表格主要地是要统计各阶级土地和人口比例，更具体地以铁的事实来解答我们现在许多问题。过去许多地方往往忽视实际事实的调查，只凭自己空想去决定工作计划，去指导下级工作，结果计划是行不通的，指导是错了的。现在这两种表格，我们如能照深刻注意实际的正确的统计填写起来，是能解决我们许多问题的，特别是现在分配土地中的许多实际问题。深望红军政治部每到一处注意填写，地方政权机关逐乡去填写，尤望红军中和政府中每个负责人随时随地做此种调查和统计。”[②] 通知最后说：“我们的口号是：一，不做调查没有发言权。二，不做正确的调查同样没有发言权。”[③] “不做正确的调查同样没有发言权。”这是对《反对本本主义》中“没有调查，没有发言权”这一口号的重要补充。它说明，仅仅做“调查”是不够的，还必须做“正确的调查”。只有做“正确的调查”，才真正有发言权。

## 三、《农村调查》的序言

1941年3月，中共中央为了提高全党的马列主义水平，教育全党充分认识调查研究的重要性，专门整理了解放战争时期毛泽东在江西、湖南、福建等地从事农村调查的部分资料，编印成《农村调查》一书。毛泽东在《农村调查》的序言中说：“要了解情况，唯一的方法是向社会作调查，调查社会各阶级的生动情况。对于担负指导工作的人来说，有计划地抓住几个城市、几个乡村，用马克思主义的基本观点，即阶级分

---

① 参见倪德刚：《毛泽东哪篇文章至今未找到原文?》，见人民网，2015-07-06。

② 《毛泽东文集》，第1卷，266页，北京，人民出版社，1993。

③ 《毛泽东文集》，第1卷，267～268页，北京，人民出版社，1993。

析的方法，作几次周密的调查，乃是了解情况的最基本的方法。……要做这件事，第一是眼睛向下，不要只是昂首望天。没有眼睛向下的兴趣和决心，是一辈子也不会真正懂得中国的事情的。第二是开调查会。……没有满腔的热忱，没有眼睛向下的决心，没有求知的渴望，没有放下臭架子、甘当小学生的精神，是一定不能做，也一定做不好的。必须明白：群众是真正的英雄，而我们自己则往往是幼稚可笑的，不了解这一点，就不能得到起码的知识。……我现在还痛感有周密研究中国事情和国际事情的必要……和全党同志共同一起向群众学习，继续当一个小学生，这就是我的志愿。①”

毛泽东这种对社会，对群众，对中国事情和国际事情的谦虚态度、满腔热忱，求知渴望和甘当小学生精神，是他早期社会调查取得丰硕成果的根本关键。

## 四、《关于农村调查》

毛泽东的《关于农村调查》，是 1941 年 9 月 13 日在延安对中央妇委和中共中央西北局联合组成的妇女生活调查团的讲话。这个讲话分三个部分：第一，“情况是逐渐了解的，需要继续不断的努力”②。他指出：“认识世界，不是一件容易的事……我们的调查工作，是要有耐心地、有步骤地去作，不要性急。”③“从我个人调查农村来说，是经过了六七年的时间的。”④ 第二，“方法”⑤。“1. 对立统一，阶级斗争，是我们办事的两个出发点。当我们观察一件事物时，第一步的观察只能看到这件事物的大体轮廓，形成一般概念。好比一个初来延安的人，开始他对延安的认识只是一般的、笼统的。可是当他参观了抗大、女大以及延安的各机关学校之后，他采取了第二个步骤，用分析方法把延安的各部分有秩序地加以细细的研究和分析。然后第三步再用综合法把对各部分的分析加以综合，得出整体的延安……今天我们研究中国社会，也要用个‘四面受敌’法，把它分成政治的、经济的、文化的、军事的四个部分来研究，得出中国革命的结论。”⑥“2. 详细地占有材料，抓住要点。材料是要搜集得愈多愈好，但一定要抓住要点或特点（矛盾的主导方面）。……假若丢掉主要矛盾，而去研究细微末节，犹如见树木而不见森林，仍是无发言权的。”⑦ 第三，“答复几个问题”⑧。主要回答了怎样开调查会、怎样找调查的典型、如何收集和整理材料、怎样使对方说真话等几个问题。在“怎样使对方说真话”中，毛泽东指出，“主要的一点是要和群众做朋友，而不是去做侦探，使人家讨厌。……要在谈话过程中和做朋友的过程中，给他们一些时间摸索你的心，逐渐地让他们能够了解你的真意，把你当做好朋友看，然后才能调查出真情

---

① 《毛泽东选集》，2 版，第 3 卷，789～792 页，北京，人民出版社，1991。
② 《毛泽东文集》，第 2 卷，378 页，北京，人民出版社，1993。
③ 《毛泽东文集》，第 2 卷，378 页，北京，人民出版社，1993。
④ 《毛泽东文集》，第 2 卷，380 页，北京，人民出版社，1993。
⑤ 《毛泽东文集》，第 2 卷，380 页，北京，人民出版社，1993。
⑥ 《毛泽东文集》，第 2 卷，380～381 页，北京，人民出版社，1993。
⑦ 《毛泽东文集》，第 2 卷，382 页，北京，人民出版社，1993。
⑧ 《毛泽东文集》，第 2 卷，382 页，北京，人民出版社，1993。

况来。群众不讲真话，不怪群众，只怪自己”[①]。毛泽东这个讲话的重点是方法，其中“对立统一”、“分析”与“综合”、“详细地占有材料，抓住要点”、“要和群众做朋友”等方法具有普遍意义。

此外，毛泽东在1937年7月和8月撰写的《实践论》和《矛盾论》，实际上是毛泽东社会调查理论和方法的深厚的哲学基础。

从目前史料看，毛泽东没有直接接触过西方近代社会调查的理论和方法。但是，他的青年时代主要生活在西学东渐的内在渴求阶段，生活在西方近代社会调查方法在中国的系统传授和本土化阶段，当时中国学者掀起的社会调查高潮，特别是陈独秀、李大钊等中共创始人的社会调查，对得风气之先的湖南青年毛泽东，肯定有巨大而深刻的影响。因此，毛泽东的社会调查理论和方法，不是在他头脑中自生的，而是他所处时代和环境的产物，是他立足于中国社会和革命实践的产物，是他长期坚持不懈地调查研究的产物。从这个角度看，毛泽东的社会调查理论和方法，是西方近代社会调查方法中国化、本土化的典型代表和重要结晶。

① 《毛泽东文集》，第2卷，383页，北京，人民出版社，1993。

# 第十章　近代社会调查综述

中国近代社会调查，是指19世纪40年代后运用西方近代社会调查方法在中国境内开展的社会调查。西方近代社会调查方法是在什么背景下传入中国的？它的传入经历了哪些阶段？有何特点？现综合简述于后。

## 第一节　西学东渐的发展过程

西方近代社会调查方法传入中国，是西学东渐的重要组成部分。因此，要探讨西方近代社会调查方法的传入，就必须对它的历史背景——西学东渐，做一初步考察。

### 一、西学东渐及其发展阶段

西学东渐，是指西方科学文化、学术思想向中国传入、传播的历史过程。它有广义和狭义之分。广义的西学东渐，是泛指从古代至当代西方各种科学、文化、政治、学术思想传入中国；狭义的西学东渐，是指明朝后期至清朝末期西方科学、文化、政治、学术思想传入中国。这里所说的，是狭义的西学东渐，即从明万历十年（1582）利玛窦（Matteo Ricci，1552—1610）进入中国到清朝末年（1911）约330年间的西学东渐，它大体可分为3个阶段。

1. 被动接受阶段（从利玛窦进入中国到鸦片战争，即1582—1840年，约260年）

16世纪的欧洲，在文艺复兴推动下，政治、学术思想和科学技术迅速发展，而中国明朝后期（1506—1644）的政治、学术思想仍处于玄学阶段，科学技术已大大落后于欧洲。这个时期，随着西方商人而来的有众多的天主教传教士，其中对中国政治、文化、思想和科学技术发展产生重大影响的第一个传教士，是意大利人利玛窦。1582年，30岁的利玛窦到达澳门，31岁进入北京。他认为，传教“最善之法”，“莫若渐以学术收揽人心”。因此，他一方面传播西方科学、文化和技术，一方面传播天主教教义。他从欧洲带来的棱镜片、自鸣钟和钢琴，特别是那幅名为《坤舆万国全图》的世界地图，使中国人第一次看到了世界地理全貌。1605年，利玛窦编撰的《乾坤体义》，被《四库全书》编纂者称为“西学传入中国之始”。当时的西学东渐，以传教士和少数中国学者对西方科学著作的翻译为主，内容大都局限在天文学、数学和地图学等方面，而且大部分深藏皇宫，只在少数士大夫阶层中流传，在政治、思想上基本没有影响。1693 年，由于福建传教士禁止中国教徒祀祖祭孔，1704 年教皇更做出了禁止中国礼仪的决定，因而触怒了康熙，下令驱逐不顺从中国礼仪的传教士，1717 年更下令禁教，致使西学东渐被迫中断。但是，较小规模的西学传入并未完全中止。据不完全统计，从 1811 年英国传教士马礼逊（Robert Morrison，1782—1834）在广州出版中文西书《神道论赎救世总说真本》到 1842 年的 31 年间，传教士们共出版中文书籍、刊物 147 种，其中介绍世界历史、地理、政治、经济的有 34 种，它们是林则徐、魏源等先进分子"开眼看世界"、了解世界情况的重要资料来源。此外，这个时期还出现了第一个向华人开放的教会学校、第一家中文杂志、第一部英汉字典等。

这个阶段，西学传播主体，主要是西方传教士；传播内容，以天文学、数学和地图学等自然科学为主；传播范围，局限在宫廷、官府之内和少数东南沿海地区；传播对象，主要是少数官僚和士大夫阶层；传播者与受传播者的关系，基本上是主动传播与被动接受的关系；西学与儒学之间的关系，是儒学为主、西学为辅，以西学顺儒学、补儒学的关系。总体而言，这个时期的西学东渐，尚处于起步阶段，对中国一般士大夫和普通民众影响甚微。

2. 强势灌输阶段（从鸦片战争到清末新政，即 1840 年—19 世纪末，约 60 年）

从 1840 年鸦片战争到 1900 年八国联军入侵的 60 年间，一方面，清政府屡战屡败，不得不叹服西方的坚船利炮。在朝廷革新派主持下，从 1861 年开始推行洋务运动，取得了相当大的进展。同时，民间许多爱国志士为救亡图存，积极向西方寻找真理。这样，在朝野两个方面，都出现了向西方学习的热潮。另一方面，由于有一系列不平等条约保护，西方传教士、学者和商人取得了传播西学的强势地位，使这个时期的西学东渐进入了一个带有灌输性质的新阶段。在 1840—1860 年的 20 年间，由于香港被割让，广州、福州、厦门、宁波、上海被强行开放作为通商口岸，这 6 个城市就成了传播西学的基地。据不完全统计，1842—1860 年，这 6 个城市共出版西书 434 种。其中，宗教 329 种，占 75.8%；天文、地理、数学、医学、历史、经济等 105 种，占 24.2%。在 1860—1900 年的 40 年间，由于新增了天津、南京、汉口等 11 个通商口岸，开放了长江流域等内陆广大地区，西方人在中国各地开办了许多学校、医院、翻译馆、印书馆，西学传播的范围和渠道已大大扩展，因而除宗教宣传品外，出版的西书增至 555 种。其中，哲学社会科学 123 种，占 22.2%；自然科学 162 种，占 29.2%；应用科学 225 种，占 40.5%；其他 45 种，占 8.1%。

这个阶段，西学传播主体，仍然以西方传教士为主，但来华西方人中的教师、医生、工程技术人员、军校教官，以及留学欧美的中国留学生，已发挥出越来越重要的作用；传播内容，除宗教宣传品外，各种自然科学和应用技术书籍居于主体地位，哲学社会科学著作的比重已大幅增加；传播范围，从东南沿海扩展到内陆各地，从宫廷、官府扩展到广大城镇、乡村；传播对象，从少数官僚和士大夫阶层扩展到一般知识分子，甚至普通民众；传播者往往持胜国之势、夸救世之口，以欧洲中心观念看待儒家文化，以居高临下、强势灌输的态度传播西学，致使传播者与被传播者之间的心理距离逐渐扩大。总之，这个时期西学东渐步伐已大大加快，对中国官僚、知识分子阶层的影响日益广泛深入，但对普通工农大众的影响仍然有限。

3. 主动渴求阶段（从清末新政到辛亥革命，即19世纪末—1911年，约10年）

1894年甲午战争惨败，1898年戊戌维新被扼杀，1900年八国联军入侵，使清廷威信扫地，爱国志士和广大知识分子失望至极，于是革命思潮风起云涌，许多先进分子急切地向西方探寻救亡图存、强国富民之道，从而促使1900—1911年间出现了一个西学东渐高潮，其具体表现，一是译著数量猛增。据不完全统计，这11年译出外文书籍1 599种，年均约145种，是此前90年中国译书总数的两倍。二是社科比重加大。据不完全统计，在1902—1904年译出的533种外文书籍中，社会科学327种，占61.4%；自然科学112种，占21%；应用科学56种，占10.5%；其他38种，占7.1%。三是中国译者登台。此前译者多以西方人为主，参与翻译工作的中国学者多不懂西文，不能独立译书。这一时期，出现了张德彝（1847—1918）、严复（1854—1921）等中国第一代翻译人才，已可独立翻译西书。四是译著质量提高。此前，翻译的基本模式是西译中述，即由西方学者口译西书意思，中国合作者用中文表述成文。由于西方学者大都仅通中文大意，很难掌握中文内涵，口译准确性往往大打折扣；中国学者大都不通西文，很难理解西方文化真谛，中文表述的准确性又要打一个折扣，这样翻译出来的中文西书，其质量很难得到保证。这一时期，由于已培养出中国第一代翻译人才，因而凡是由他们主持或参与翻译的中文西书，其质量已有显著提高。①

这个阶段，西学传播主体，逐渐由以西人为主转变为以早期中国留学生为主，其中严复、康有为、蔡元培、章太炎、梁启超等一批著名学者发挥了重要作用；传播内容，除各门自然科学和应用技术外，西方文、史、哲、政、经、法等学科的讲义、教材和专著，以及各类词典、汇编等工具书，特别是有关政治、思想变革的著作已大幅增加；传播范围，已扩展到全国城乡各类文化、教育机构；传播对象，已扩展到大、中、小学生和一般工农大众；华人传播者往往以崇拜敬佩之心、欧洲中心之论传播西学，受传播者大都以新奇羡慕之态、弃旧（学）迎新（学）之念虚心求教。显然，这个时期的西学东渐，对于各类爱国志士、多数知识分子和广大学生来说，已从外来灌输转变为主动渴求，因而其影响不仅极为广泛，而且深入人们的头脑和心灵，从而为五四新文化运动打下了思想基础。

上述3个阶段，从社会主流对西学的心态看，大体可用“夷学”“西学”“新学”3种称呼来概括。第一阶段，社会主流意识仍以华夏为天下“中心”自居，对域外事物大都以带有贬义的“夷”字相称，如夷人、夷酋、夷商、夷技、夷船、夷炮、夷语、夷文等，当时把西学大都看成“夷学”，通过相互交流取其所长。第二阶段，在西方列强一系列沉重打击下，社会主流意识被冲击得晕头转向、迷迷糊糊，对西学既不得不在“强势灌输”下学习接受，又心有不甘，因而强调“中学为体，西学为用”，并以中

① 参见熊月之：《西学东渐与晚清社会》，修订版，6～12页，北京，中国人民大学出版社，2011。

性之词“西学”称之。第三阶段，随着进化论的传播，新陈代谢观念的普及，戊戌维新、清末新政等“新”字风靡一时，再加上爱国志士、多数知识分子和广大学生对西学的信仰和崇拜，因而在社会主流意识中，西学已成为具有褒扬之义的“新学”了。简言之，对西学的称呼从“夷学”，到“西学”，再到“新学”，大体反映了国人对西学心态的变化历程。①

至于中国人对西学东渐的态度，则大体可分为 3 派：一是排拒派，认为中西文化格格不入，主张完全排拒，其代表人物是明末清初学者杨光先（1597—1669），他的名言是“宁可使中夏无好历法，不可使中夏有西洋人”。二是洋务派，主张“中学为体，西学为用”，“西学”为“中体”服务，其首创者是清末翻译家沈毓桂（1807—1907）。1895 年他在《匡时策》中写道：“夫中西学问，本自互有得失，为华人计，宜以中学为体，西学为用。”三是稍后的西化派，其代表人物有胡适、陈序经等，他们认为，“必须承认我们百事不如人”，“我们的惟一办法，是全盘接受西化”②。然而，不管人们采取何种态度，西学东渐的客观进程，对中国科学技术、学术思想，以及政治、经济、社会都产生了巨大影响。

## 二、西学东渐的两条路径

从明朝后期到清朝后期，西学东渐基本上来自西方。1868 年日本明治维新后，特别是 1894—1895 年甲午战争之后，由于日本西化与现代化改革取得成功，因而清末民初的西学东渐就出现了两条路径：既有来自西洋的直接传入，又有来自东洋的转口传入。

来自西洋的直接输入，是指以来华的西方传教士、官员、商人、学者和赴美欧的留学生为主体，直接从西方传入西学。在上述西学东渐的第一、二阶段，西学基本上都是从西方直接传入的。这有三个方面的原因，一是，西学源于西方，它是西方科学、技术、文化发展的结晶。二是，西学最先由来华西方人传入，其中西方传教士是传入西学的先锋；三是，中国最早的留学生都是留学美欧的。中国近代史上首位留学生容闳（1828—1912），1846 年留学美国，1854 年毕业于耶鲁大学；中国第一批官费留学生詹天佑（1861—1919）等 30 人，1874 年也是赴美留学；中国第一代翻译家严复（1854—1921），1879 年毕业于伦敦格林尼治皇家海军学院。这些美欧留学生中的许多人，后来成为西书翻译主力，对西学东渐发挥了关键作用。因此，在 1900 年以前，从西方直接传入是西学东渐的主要路径。

来自东洋的转口传入，是指以来华的日本学者和赴日本的学者、留学生为主体，通过学习和翻译日文西书，从日本间接转口传入西学。在上述西学东渐的第三阶段，

---

① 参见熊月之：《西学东渐与晚清社会》，修订版，590～591 页，北京，中国人民大学出版社，2011。

② 胡适：《中国今日的文化冲突》，1929；陈序经：《中国文化的出路》，1934，见 http://baike.baidu.com/view/4876722.htm。

尽管由西方直接传入西学仍在继续和扩大，但是，间接通过日本的转口传入，却迅速成为西学东渐的主要路径。这是因为，日本明治维新的成功，特别是甲午战争（1894—1895 年）、日俄战争（1904—1905 年）的胜利，使日本迅速跻身世界强国之列，从而彻底改变了中国人对日本的认知和心态。从此，在大多数中国人心目中，对日本国和日本人的称呼，已由带有蔑视意味的“倭国”和“倭人”，转变为与“西洋”和“西洋人”具有同等地位的“东洋”和“东洋人”。这一转变，具体表现在留学日本热、学习日文热和翻译日书热上。

（1）留学日本热。1896 年，清政府选派唐宝锷、朱忠光等 13 名学生赴日留学，成为中国学生留日之始。1898 年，各省开始派遣留日学生。1901 年清末新政开始后，更掀起了留学日本的高潮。究其原因，正如张之洞所说：第一，路近，容易前往；第二，费省，可以多派；第三，文字相近，容易通晓；第四，情势、风俗相似，便于仿行；第五，西学繁琐，凡其中不切要者，日本人已经删节而酌改（参见张之洞：《劝学篇·外篇》）。因此，当时的留学地域，英美德法俄各国都有，但是，东渡日本者占 90%以上。据统计，留日学生人数 1901 年有 274 人，1903 年有1 300人，1905 年有8 000人，1906 年竟达12 000人。

（2）学习日文热。1896 年，京师同文馆（清廷 1862 年设立的、以培养译员为主的洋务学堂和从事翻译出版的机构）增设东文馆。1897 年后，上海、福州、杭州、泉州、天津等地先后成立东文学堂或东文学社。1901 年清末新政开始以后，开设东文课程的学校急剧增加。据不完全统计，1900—1911 年期间，从日本聘请来华的日文教习，有姓名可考的便有 430 人。这些开设东文课程的学校，无异于留日学生预备班或日文译员训练所。

（3）翻译日书热。留学日本热、学习日文热，必然带来翻译日书热。据不完全统计，1896—1911 年期间，中国翻译日文书籍至少1 014种，大大超过同期中国翻译西文书籍的总和。据不完全统计，在 1902—1904 年译出的 533 种外文书籍中，日文有 321 种，占 60.2%；英文有 89 种，占 16.7%；德文有 24 种，占 4.5%；法文有 17 种，占 3.2%；其他有 82 种，占 15.4%。这一时期翻译日文书籍与此前翻译西文书籍相比较，最大特点是社会科学和史地书籍比重较大，应用科学和自然科学书籍比重较小。据美国默士达大学终身教授谭汝谦统计，这一时期译出日文书籍 846 种，其中社会科学 366 种，占 43.3%；史地 175 种，占 20.7%；语言文字 133 种，占 15.7%；应用科学 89 种，占 10.5%；自然科学 83 种，占 9.8%。①

## 第二节　西方近代社会调查方法的传入

西方近代社会调查方法，是随着西方近代统计学、社会学一起传入中国的。从 19

① 参见熊月之：《西学东渐与晚清社会》，修订版，508～510 页，北京，中国人民大学出版社，2011。

世纪 60 年代到 1949 年中华人民共和国成立，西方近代社会调查方法传入中国的过程大体可分为四个阶段，即开始传入阶段、初步传播阶段、系统传授阶段和逐步本土化阶段。

## 一、开始传入阶段（19 世纪 60 年代—19 世纪 90 年代）

在中国行政管辖区域内，最早使用西方近代社会调查方法的，是一批来华的西方官员、天主教传教士、学者和赴美留学回国的中国留学生。

1. 英国人控制下清廷海关的社会调查

在中国境内，首先采用西方近代社会调查方法做社会调查的机构，是英国人控制下的清廷海关。清咸丰三年（1853）以前，中国海关的行政一直由中国人管理，税权完全自主。1853 年 9 月，英、美两国驻沪领事借小刀会起义捣毁江海关事件，擅自公布船舶结关暂行条例，使海关无法正常工作。1854 年，在英国驻上海领事阿礼国（Rutherford Alcock，1807—1897）操纵下，英、美、法三国驻沪领事迫使清政府同意，三国各提名一人由清政府任命为税务监督，与清政府共同管理江海关征税事宜。于是，中国近代第一个由外国人控制的海关——上海海关成立。1859 年，清政府被迫委任江海关英籍税务监督李泰国（Horatia Nelson Lay，1833—1898）为中国海关第一任总税务司，有关人员任免、海关征税，以及各项管理大权，均由洋人独揽。从此，外籍税务司管理中国海关已成为制度。1861 年，英人赫德（Robert Hart，1835—1911）接任上海海关总税务司一职，直到 1908 年因病休假，控制中国海关近半个世纪。

据一位中国学者研究，赫德上任以后，就努力改变旧海关缺乏调查、统计的情况。"1865 年 1 月 6 日，赫德发出该年第 1、2、3 号通札，指示对海关的贸易统计进行系统的整顿，建立严格的统计制度，各关须向总税务司署递送进出口贸易统计年度报告。""1867 年起，指定各口副税务司总辖统计造册。""……报告分'官方'与'半官方'两种性质。后者为秘密件。他还规定，……各口的税务司**还要对各埠的经济、政治、社会情况和政府动态、军事活动等都详加叙述，由洋员亲自执笔，华籍人员不得参与**（黑体为引者所标，下同）。""1873 年 10 月，……总税务司赫德决定把江海关的印书房和表报处合并起来，与上海海关分开，使之独立组成一个机构——造册处（Statistical Department），归总税务司署管辖。"**"海关造册处出版物的内容十分广泛，涉及中国政治、社会、经济、文化的方方面面。"**"1873 年……海关造册处编辑出版了《1863—1872 十年间之通商各口贸易统计》……。这是海关造册处编辑出版的第一部《十年报告》（*Decennial Reports*）。以后还出过 5 期"（见表 10-1）。

**表 10-1　《十年报告》各期相关信息及内容**

| 期别 | 出版时间 | 册数 | 所论年限与内容 | |
|---|---|---|---|---|
| 1 | 1893 | 1 | 1882—1891 | |

续前表

| 期别 | 出版时间 | 册数 | 所论年限与内容 | |
|---|---|---|---|---|
| 2 | 1904 | 2 | 1892—1901 | 第一册为自华中以北各口，第二册为华南及边区各口 |
| 3 | 1913 | 3 | 1902—1911 | 第一、二册编排同上，第三册乃沈阳贸易 |
| 4 | 1924 | 2 | 1912—1921 | 各册编排同第二期 |
| 5 | 1933 | 2 | 1922—1931 | …… |

“《十年报告》**对中国当时的政治、经济、文化教育、宗教信仰、自然灾害等诸多方面进行了详尽的调查**。例如，人口方面有各地区的人口数量、男女比例及受教育情况，在中国各地从事贸易及其他活动的外国人的数量等；人民生活方面有工人的收入状况、居民消费水平、物价等；**对中国近现代历史上的重大事件，如甲午战争、义和团运动、辛亥革命、日本侵华等对中国各地区经济社会的影响**，也都有详细记述。”①

据另一位中国学者研究，“1864 年各海关曾编印了一些本关贸易统计，从 1866 年开始这项工作集中于上海进行。统计显示，上海对外出口项目 150 余种，进口项目 330 余种，并且记明货物来源和去向。1873 年又进一步成立了造册处，负责印刷各口贸易统计季报和年报，编写贸易总报告。在海关的出版物中有定期的《统计集》，不定期的《特集》《业务集》《公署集》《税务司集》和《杂集》等，统计内容涉及中国财政、经济、货币、金融等方面资料，尤其是关于鸦片、茶、丝、黄麻和大豆等大宗进出口商品。这些统计十分细密，是非常好的经济研究资料。赫德掌握的这些资料，一方面提供给清政府，一方面送给英国政府”②。这就是说，赫德掌控的海关总税务司，不仅调查、统计有关海关的各种资料，而且广泛搜集各海关所在地的经济、政治、军事、司法、社会、文化等方面的情报，直接为英国政府服务。李鸿章的一位英国顾问曾经坦白承认：“英国在中国的使馆过去与现在一样，都没有情报组织，这方面的费用……被节省下来了，即一切必要的消息都可以从海关那里得到。”③ 显然，赫德掌控的中国海关，事实上成了英国政府在华的一个重要情报机构，这正是英国政府对中国国情的掌握往往超过清廷的一个重要原因。

英国是世界海洋强国，“政治算术学派”的故乡，有比较成熟的海关管理制度和比较系统的调查、统计方法。有学者认为，1859 年海关册的编制，应被视为中国现代统计事业的开端。④ 同样，我们也有理由认为，**西方近代社会调查方法是随着英国海关管理制度和西方近代统计方法一起，于 19 世纪 60 年代传入中国的。**

---

① 章宏伟：《海关造册处初步研究》，见朱诚如、王天有主编：《明清论丛》，第四辑，387、398 页，北京，紫禁城出版社，2003。

② 中国海关学会编：《赫德与旧中国海关论文选》，158～159 页，北京，中国海关出版社，2004。

③ 转引自丁名楠等：《帝国主义侵华史》，第 1 卷，201 页，北京，人民出版社，1973。

④ 参见刘大钧：《中国统计事业》，见《统计论丛》，147 页，上海，黎明书局，1934。

2. 西方来华传教士、学者的社会调查

在中国境内，首先采用西方近代社会调查方法做社会调查的个人，是一些从西方来的传教士和学者。例如，1850—1864 年，美国公理会传教士卢公明（Justus Doolittle，1824—1880）在福州办学、传教 14 年，他根据细致而持久的亲身观察，于 1865 年出版了《中国人的社会生活：一个美国传教士的晚清福州见闻录》，从政治、经济、信仰、习俗、宗教、教育等多个视角，翔实地描述了清朝末年福州社会的真实情况。美国传教士史密斯（Arthr Henderson Smith，1845—1932），1878—1905 年在山东传教，对山东农民生活进行了比较广泛的调查。他在 1899 年发表的《中国农村生活》，是在西方有较大影响的一部关于中国农村状况的调查专著。[①] 美国传教士、教育家林乐知（Young John Allen，1836—1907）创办的《万国公报》，1881 年曾刊登过《论上海户口总数》一文，对上海人口状况进行过统计分析；1893 年发表的《光绪十八年通商口岸华洋贸易情形总论》，对中国与西方的贸易情况进行过调查和剖析。

又如，1874 年成立的以英国传教士爱德华·皮斯（Edward Peace）为首届会长的“英华禁止鸦片贸易协会”，把禁烟作为自己的任务之一，既做调查、统计，又发表文章、出版书籍，论述鸦片危害，敦劝戒烟。1899 年，100 多位在华传道的基督徒医生，经过长期调查研究，在《中国丛报》上发表了一份调查报告，说明鸦片对烟民的危害十分严重：道德败坏，身体孱弱，社会地位滑落等。

再如，1877 年，荷兰民俗学家高延（J. J. M. de Groot，1854—1921）在厦门附近做人类学调查，其调查成果《厦门岁时习俗》，曾对福建童乩仪式做过如下描述：乩童在仪式中，通常披头散发、赤脚、裸露上身，穿着围兜（绣肚），手中拿剑和刺球，并能用粗针（或大椎）贯穿两颊或舌头。书中还附有清楚表现上述特征的童乩照片。他还历时 3 年发掘、收集了文字与口传资料，对海外华人帮会组织进行调查研究，并于 1885 年出版了《婆罗洲华人公司制度》一书，它很可能是最早有关中国的社会学著作之一，英国学者莫里斯·弗里德曼（Maurice Freedman，1920—1975）对海外华人帮会组织的研究，就是以此书为基础的。

上述社会调查，都是一般认知性社会调查。这些社会调查，尽管由西方人主持，用西文撰写调查报告，多在西方发表，对中国影响甚微，但是，**这些社会调查的调查活动在中国行政管辖范围之内进行，有中国人参与（起码是作为被调查者参与），调查对象是中国社会情况，调查结果对中国社会某些方面的变化产生过或正或负、或大或小、或直接或间接的影响，因而应该看作西方近代社会调查方法传入中国的最早方式之一。**

3. 中国首位留美学生容闳的社会调查

在中国境内，首先采用西方近代社会调查方法做社会调查的中国人，很可能是中国首位留美学生容闳。他 1854 年毕业于耶鲁大学，1855 年返回中国，先后在广州、香港、上海等地当翻译，后转而经商，开茶叶公司。1859 年 3—10 月，他到浙、赣、湘、鄂 4 省产茶区进行实地调查。1874 年，受李鸿章派遣，赴秘鲁实地考察华工状况。经过深入调查，他掌

① 参见《近代现代外国哲学社会科学人名资料汇编》，2190 页，北京，商务印书馆，1965。

握了大量证据，证明华工在秘鲁受到惨无人道的虐待，并摄了24张华工受虐照片，有力揭穿了秘鲁专使所谓华工在秘鲁受优待的谎言。1909年，容闳撰写的《西学东渐记》第九章“产茶区域之初次调查”①和第十八章“秘鲁华工之调查”②，就是这两次调查的记录。有学者认为，“秘鲁华工之调查”“通篇充满了‘讯’、‘供’、‘禀’、‘口供’、‘禀词’等字样，俨然是一篇司法调查书。无论是从形式上……还是从内容上……都不能被称为社会调查”③。我们认为，这个看法是不妥的。因为，“司法调查”是社会调查的一种类型，即社会调查在司法领域里的应用。尽管文中有“‘讯’、‘供’、‘禀’、‘口供’、‘禀词’等字样”，但并不能改变一个客观事实，即：容闳与被调查华工之间的关系，是调查者与被调查者的关系，而不是审讯者与被审讯者的关系。容闳的这两次调查，虽不十分“专业”，但受西方近代社会调查方法的影响却是肯定无疑的。正因此，陈翰笙教授把这些记录称为“调查报告”④。从这个意义上说，**容闳很可能是中国使用西方近代社会调查方法的第一人，这两份记录则可能是中国人使用西方近代社会调查方法的最早的调查报告。**

这个阶段，西方近代社会调查方法的传入有几个特点：(1) 传入来源，都是来自西方；(2) 传入主体，主要是西方官员、传教士、学者和中国赴美留学生；(3) 传入目的，主要是为管理、为各自业务或一般认知服务。(4) 传入状态，大都不太规范、不太系统。

## 二、初步传播阶段（19世纪90年代—20世纪头10年）

19世纪末、20世纪初，在中国赴日留学生和清末立宪运动的推动下，西方近代社会调查方法在中国得到了初步的传播。

1. 中国赴日留学生推动的近代社会调查

在西学东渐过程中，沪、江、浙、湘等省市得风气之先。19世纪末，日本算学、统计学、社会学等新知识已传入这些省市，社会调查也随之兴起。光绪二十三年(1897)，徐树兰（1838—1902）与罗振玉（1866—1940）等在上海创办农学会及《农学报》，聘请东京帝国大学汉文科毕业的日本学者藤田丰八（1869—1929）担任《农学报》专职日文翻译。由于徐树兰、罗振玉等热衷于农学，再加上藤田丰八对日本物产调查传统的介绍，于是以《农学报》为中心开展了许多物产调查。例如，维新志士谭嗣同曾调查浏阳麻利，撰成《浏阳麻利述》一文。他还为黎少谷的调查报告《浏阳土产表》作叙，并向好友汪康年推荐此调查报告：“同县黎少谷者，一生考究农学，大有所得，著有《浏阳土产表》……请转付农学会……亦请登报何如？使天下人皆知考察之道，亦大开风气之法。”⑤ 后来，这篇调查报告刊载于1897年6月《农学报》第3期上。**《浏阳麻利述》和《浏阳土产表》，很可能是中国人在西方近代社会调查方法影响下调查、撰写、发表的第一批调查报告。**

① 容闳：《西学东渐记》，39～45页，北京，三联书店出版，2011。
② 容闳：《西学东渐记》，85～87页，北京，三联书店出版，2011。
③ 李章鹏：《现代社会调查在中国的兴起：1897—1937》，北京，中国人民大学博士学位论文，2006。
④ 陈翰笙主编：《中国官文书选辑》，见《华工出国史料汇编》，第一辑，579页，北京，中华书局，1985。
⑤ 谭嗣同：《与汪康年书信》，见《谭嗣同全集》，426页，北京，中华书局，1981。

1901—1905年的清末新政，促进了经济自由、新学发展和思想解放，为西方近代统计学、社会学、社会调查方法的传入奠定了社会和思想基础，旅日中国留学生则成为这些新知识的第一批传播者。据有关学者研究，日本统计学家高野岩山郎的中国学生葛万涛、纽永健、林卓男等，很可能是系统学习西方近代统计学、西方近代社会调查方法的第一批中国留日学生。葛万涛曾以课堂笔记形式，把高野岩山郎的讲授翻译成中文，并油印刊行。**纽永健、林卓男、孟森等则于1903年翻译、出版了日本社会统计学派代表人物横山雅男的《统计讲义录》。该讲义录分上下两卷，上卷总论，主要涉及统计学发展的源流，其中包含部分社会调查思想；下卷分为五篇，其中第四篇专门讲述“国势调查”，包括财政调查、军事调查等。它很可能是传入中国的有关西方近代社会调查方法的第一本著作。**此外，1903年的《新民丛报》，介绍了留日学生译自欧美调查会的两本新书：《世界万事最新调查表》和《十九世纪万国统计比较表》。后者由上海有正书局印行（见图10-1、图10-2、图10-3；光绪癸卯，即1903年）。这些著作，在传授统计学知识的同时，介绍了一些西方近代社会调查

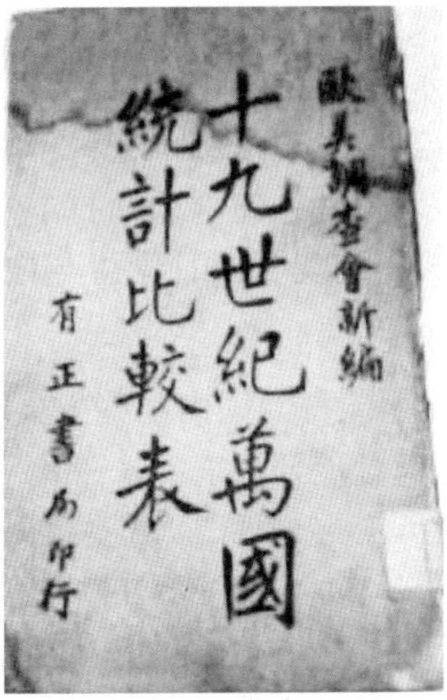


**图10-1 《十九世纪万国统计比较表》**

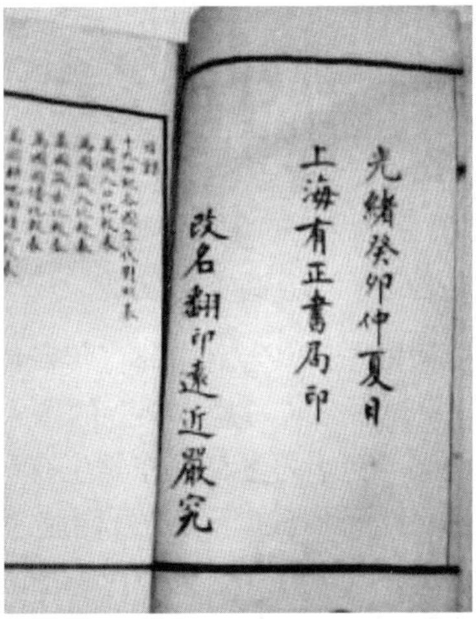


**图10-2 上海有正书局印**

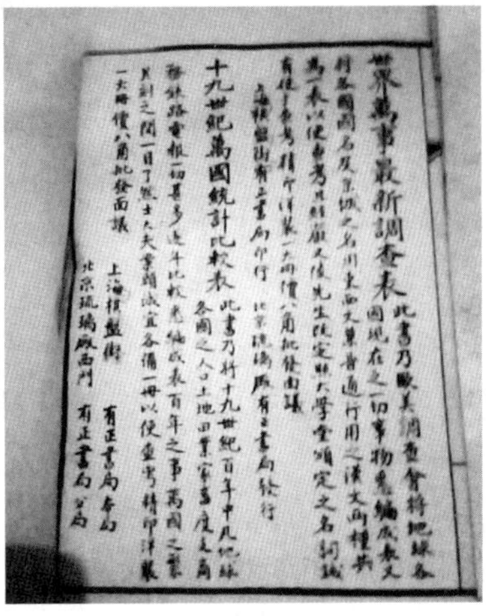


**图10-3 内容介绍**

方法，特别是介绍了运用观察方法调查社会现象的大量事实。①

在中国留日学生的推动下，许多省都成立了社会调查组织。例如，1902年浙江留日同乡会成立了调查部，他们计划“于省城设立调查总会，于府县设立调查支会。担任调查员，省城至少十余人，府城至少七八人，县城至少四五人，乡镇村市由省、府、县嘱托”②。事实上，这一计划得到了部分实现。蒋倬章创办的“处金衢严同乡会”［即丽水（古称处州府）、金华、衢州、建德（古称严州府）同乡会］调查会的成立，就是证明。又如，1903年6月，江苏留日同乡会设立了调查部。湖北等省的留日同乡会，也成立过类似的社会调查组织，刊登过《湖北调查部叙例》等文字，只是调查活动大大逊于江浙等地的调查会。

中国留日学生的社会调查，大都先在留日报刊上刊登倡议，然后促使内地人士开展调查，调查后的稿件在留日学生报刊上发表。例如，1903年6月，江苏同乡会留日学生真如借助《江苏》刊发《敬告海内同志》：“今春日本江苏留学生有同乡会之设，分出版、调查、教育、实业四部，惟是调查部全赖内地人士详确报告，庶可消息灵通登诸杂志，明各业之盛衰，一省之利弊，此固江苏一省之公事也。既为江苏一省之公事，则凡江苏人士皆当负此责任，乞望海内同志学界中人详细示我，俾可汇录入册，登诸《江苏》报中，幸甚！幸甚！（乞速示知，仆等七月初旬即须回日本）。”③ 通过这种“留日报刊”-“内地调查”-“留日报刊”模式，实现了留日学生与内地人士的互助互动，共同推动了社会调查的发展。

中国留日学生关于社会调查的宣传和呼吁，往往能得到国内某些人士响应。例如，1903年6月，一位署名“海盐人某”的国人特意到海盐展开调查，并在其《浙江海盐之调查》一文中说，“近者吾浙江留东学生有调查会之设，吾浙西之海盐人也，请撮举海盐近今腐败现状，以资调查之一，助吾同胞”④。据对《江苏》和《浙江潮》两刊物登载调查稿件的统计分析，其调查区域涉及两省14个州府、19个县，调查内容包括学堂、航运、实业、农事、风俗、地理等10个方面，这些调查稿件几乎全部出自内地人士之手。

不过，中国留日学生主持的这些社会调查，大都应者有限、水平较低。例如，江苏同乡会调查部由于“寄稿者寥寥无几”，不得不在《江苏》上刊登“紧要广告”，希望读者“从速寄示”书稿。由于浙江、江苏、湖北等同乡会对调查定义没有阐述清楚，调查对象过于宽泛，致使人们对调查的理解各不相同，许多调查稿件“体例不合”，甚至误将日报新闻误认作社会调查，因而出现了许多问题。然而，中国留日学生介绍和倡导社会调查，使国人开始接触西方近代社会调查方法，并运用这种调查方法去认识自己的国家和社会，确是功不可没的。

2. 清末宪政运动推动的近代社会调查

从1905年起，在清廷开展的宪政运动推动下，近代社会调查得到了进一步传播，

① 参见牟永如：《清末社会调查研究》，武汉，华中师范大学硕士学位论文，2008。
② 程明超：《浙江同乡会调查部叙例》，载《浙江潮》，第2期，1903-03-18。
③ 真如：《敬告海内同志》，载《江苏》，第2509号，1903-07-03。
④ 海盐人某：《浙江海盐之调查》，载《江苏》，第2485号，1903-06-09。

其主要表现如下。

一是，调查机构逐渐增多。据有关学者统计，1903年前中国只有3个民间调查机构，1904年成立的、隶属于四川学务处的四川学务调查所，可能是中国历史上最早出现的官方近代社会调查机构。在统计涉及的43个调查机构中，其出现的年度和官民性质见表10-2。

表10-2　　1902—1911年43个调查机构出现的年度和官民性质

| 项目 | | 合计 | 1902 | 1903 | 1904 | 1905 | 1906 | 1907 | 1908 | 1909 | 1910 | 1911 |
|---|---|---|---|---|---|---|---|---|---|---|---|---|
| 合计（个） | | 43 | 1 | 2 | 3 | 2 | 5 | 2 | 15 | 7 | 4 | 2 |
| 性质 | 官方（个） | 29 | 0 | 0 | 1 | 0 | 5 | 1 | 15 | 6 | 1 | 0 |
| | 民间（个） | 14 | 1 | 2 | 2 | 2 | 0 | 1 | 0 | 1 | 3 | 2 |

资料来源：李章鹏：《现代社会调查在中国的兴起：1897—1937》，北京，中国人民大学博士学位论文，2006。

表10-2的数据说明：（1）从出现年度看，1905年前社会调查机构很少，官方社会调查机构仅1个。1906年后，社会调查机构增长较快，特别是1907年后，官方社会调查机构增长迅速。（2）从机构性质看，民间社会调查机构早于官方，它们对西方近代社会调查方法在中国的传播和推广起了带头作用。1907年后，官方社会调查机构大幅增长，并在数量上迅速超过了民间社会调查机构。

二是，调查活动日益频繁。据有关学者研究，“中国人最早的社会调查可能发生于1897年，但作为一种潮流的社会调查的兴起则稍晚一些，当在1903年”。据这位学者对《中国近代期刊目录汇编》第一卷和第二卷上、中、下所收集的261种期刊的统计，1903—1911年共刊登中国人国内调查957个，其年度、内容、地域分布情况见表10-3、表10-4和表10-5。

表10-3　　1903—1911年957个调查活动的年度分布

| 年度 | 合计 | 1903年以前 | 1903 | 1904 | 1905 | 1906 | 1907 | 1908 | 1909 | 1910 | 1911 |
|---|---|---|---|---|---|---|---|---|---|---|---|
| 调查个数 | 957 | 7 | 45 | 34 | 56 | 111 | 126 | 177 | 138 | 198 | 65 |

资料来源：李章鹏：《现代社会调查在中国的兴起：1897—1937》，北京，中国人民大学博士学位论文，2006。

表10-3数据说明，1903年前7个；1903—1905年135个，年均45个；1906—1910年750个，年均150个；1911年，尽管受辛亥革命影响降至65个，但调查活动日益频繁的趋势却非常显著。

表10-4　　1903—1911年957个调查活动的内容分布

| 类别 | 合计 | 社会 | 政治 | 经济 | 文教 | 其他 |
|---|---|---|---|---|---|---|
| 数量（个） | 957 | 115 | 115 | 483 | 200 | 44 |
| 比重（%） | 100.0 | 12.0 | 12.0 | 50.5 | 20.9 | 4.6 |

资料来源：李章鹏：《现代社会调查在中国的兴起：1897—1937》，北京，中国人民大学博士学位论文，2006。

表10-4数据说明，经济调查数量最多，占全部调查报告的1/2。经济调查中，商贸调查147个，农林业调查94个，交通调查74个，实业调查56个，物产调查46个，矿产调查36个，金融调查17个，经济概况调查13个。“目前学术界一般认为，中国近代最早的社会调查发生于民初的城市里，而农村调查的兴起则更是以后的事。事实上，

清末农林业调查已达94个，如果加上物产调查中的农产品调查和商贸调查中的农产品贸易调查，则数目更为可观。可见，清末的人们已很重视农业的问题。民国时期备受关注的丝、茶滞销的问题，其实在清末已时有发生，这也反映到社会调查中。这个时期丝茶业调查已达38个。"

**表10-5　1903—1911年957个调查活动的地域分布**

| 地域 | 合计 | 全国 | 江苏 | 直隶 | 浙江 | 广东 | 东三省 | 四川 | 江西 | 湖北 | 其他 |
|---|---|---|---|---|---|---|---|---|---|---|---|
| 数量（个） | 957 | 245 | 134 | 91 | 80 | 67 | 60 | 48 | 39 | 35 | 158 |
| 比重（%） | 100.1 | 25.6 | 14.0 | 9.5 | 8.4 | 7.0 | 6.3 | 5.0 | 4.1 | 3.7 | 16.5 |

资料来源：李章鹏：《现代社会调查在中国的兴起：1897—1937》，北京，中国人民大学博士学位论文，2006。

表10-5数据说明，全国性调查最多，达245个，占25.6%；沿海地区较集中，江、浙、粤3省达281个，占29.4%；长江流域也不少，川、赣、鄂3省122个，占12.7%；单独省级行政区调查，直隶最多，达91个，占9.5%。上述调查活动的地域分布，与经济、政治、文化发展状况，特别是与对外开放程度，是基本上相吻合的。

三是，调查专栏迅速增加。据有关学者研究，由于调查稿件迅速增加，开辟调查专栏的期刊和刊登调查稿件的期刊逐步增多。1899—1911年，开辟调查专栏期刊数和刊登调查稿件期刊数的变化情况，见表10-6。

**表10-6　1899—1911年开辟调查专栏期刊数和刊登调查稿件期刊数**

| 项目 | 合计 | 1899年前 | 1900 | 1901 | 1902 | 1903 | 1904 | 1905 | 1906 | 1907 | 1908 | 1909 | 1910 | 1911 |
|---|---|---|---|---|---|---|---|---|---|---|---|---|---|---|
| 开辟调查专栏期刊数 | 53 | 0 | 0 | 0 | 0 | 5 | 7 | 5 | 7 | 4 | 6 | 7 | 10 | 2 |
| 刊登调查稿件期刊数 | 107 | 5 | 3 | 3 | 2 | 7 | 9 | 9 | 14 | 6 | 14 | 10 | 18 | 7 |

资料来源：李章鹏：《现代社会调查在中国的兴起：1897—1937》，北京，中国人民大学博士学位论文，2006。

表10-6的数据说明：（1）开辟调查专栏期刊数，1902年及其以前为零，1903年后则呈逐步增加趋势。（2）刊登调查稿件期刊数，1902年及以前一般在5个以下，1903年后迅速增加，到1910年达到18个。1911年由于爆发辛亥革命，才有所下降。

四是，调查方法日益科学。它主要表现在3个方面：第一，统计调查受到重视。中国古代社会调查，大都注重社会实情体察和因果关系探究，而不太重视数量调查，更不重视数字的精确。清末社会调查，已相当重视统计知识的运用。梁启超说，"调查学会著译统计学之书，言其法理，而因以授诸从事于调查者"①。当时，许多调查稿件，如《汉口茶叶调查案》《吉林商界之调查》等，就注重了统计知识的应用。1908年，孟森又翻译、出版了《统计讲义录》的修订本《统计通论》（商务印书馆出版），基本上反映了德国社会统计学派创始人梅尔（Georg von Mayr）的观点，把统计学定义为：

① 梁启超：《调查会之关系》，载《新民丛报》，1903-02-26。

“统计学乃对社会与国家动静的现象依合理的大量观察，研究其原因和规律。”对当时的调查、统计产生了广泛影响。[1] 第二，实地调查、问卷调查等新式调查方法逐渐采用。例如，留日学生会发起的社会调查，就主张实地调查，“俟同乡会经费充足时，即请人旅行探险实地调查”。新式学堂毕业的学生巨鹿李逢谦，就曾深入河套进行实地调查，他撰写的《调查河套情形记》，就是实地调查的产物。至于问卷调查方法，四川学务调查所就曾使用过。他们在调查之前，“预将调查者列条作问答，每次核报批回即发下次表式，因其程度更端问之”。学务调查所规定，“随问随答不许含糊，务使听应心通，不同具文徒设”[2]。1908 年后，这种问卷调查方法在商事习惯调查中使用得较多。第三，与近代社会学、经济学、人口学、民族学、民俗学、教育学、心理学相结合。西方近代社会调查方法，是与西方近代社会科学一起传入中国的。因此，清末的人口调查、农业经济调查、少数民族调查、教育调查、民俗调查等，以西方近代人口学、经济学、民族学、教育学、社会学、民俗学等理论为指导，就成为非常自然的事情了。

这个阶段，西方近代社会调查方法已由开始传入转向初步传播，其特点有：(1) 传播来源，既来自东洋的日本，又来自西洋的欧美；(2) 传播主体，开始民间占优，主要是留日学生或学者，后来官方居多；(3) 传播目的，民间主要是为社会改革、地方自治服务，官方主要是为行政管理、准备立宪效力。(4) 传播状态，调查机构、活动逐渐增多，内容、地域日益广泛，方法显著进步，但是，仍然不太规范、不太系统。

## 三、系统传授阶段（20 世纪头 10 年—20 世纪 20 年代）

西方近代社会调查方法，是西方社会学研究社会的方法，是社会学的重要内容，它是随着西方社会学一起在中国系统传授的。“社会学是一门中国‘本无’的学科，1908 年圣约翰大学创设社会学课程，由美国人亚赛·孟（Arthur Moon）讲授，1913 年上海沪江大学也开设社会学课程，1915 年由美国人葛学溥（Daniel Harrison Kulp）创立社会学系，1917 年清华学校设立由美国人狄德莫（C. G. Dittmer）讲授的社会学课程。除教会学校外，国立的京师政法学堂于 1906 年、京师大学堂于 1910 年也开设了社会学课。”[3]

西方学者在讲授西方社会学的同时，也把研究社会的方法——西方近代社会调查方法带到了中国。**1914—1915 年，美籍传教士步济时主持的“北京三百零二名洋车夫生活状况调查”，很可能是西方近代社会调查方法在中国系统实施的起点**。这项调查，由步济时设计问卷，北京社会实进会学生调查、搜集资料，北大社会学系陶孟和教授分析资料，撰写调查报告，步济时做补充说明。这就是许多社会学者所谓的中国“最早”的社会调查。此后，西方学者在中国高等院校指导学生做了许多调查。例如，

① 参见李惠村等：《中国统计史》，226～227 页，北京，中国统计出版社，1993。
② 《四川学务调查所章程》，载《东方杂志》，1905-09-04。
③ ［美］步济时：《北京的行会》，“译者前言”，10～11 页，北京，清华大学出版社，2011。

1917 年清华学校美籍教授狄德莫指导学生在北京西郊对 195 户居民的生活费用做调查，1918—1919 年美籍传教士甘博仿照美国春田调查模式在北京做实地调查，1918—1919 年上海沪江大学美籍教授葛学溥曾两次率领学生到广东潮州凤凰村做调查，等等。

这个时期，西方教会在中国也做了一些系统的社会调查。例如，1913 年，美国基督教领袖及社会工作者穆德在上海召开第一次基督教全国大会，成立了中华续行委办会，倡导各地教会对中国基督教现状和中国国情做周密调查，获得大会同意和支持。此后，经过 5 年筹备，于 1918 年秋设立了特别调查委员会，开始对中国基督教现状和中国国情开展调查，到 1921 年完成调查工作，1922 年同时出版了英文版和中文版的调查成果：英文版名为“The Christian Occupation of China”（《基督教占领中国》），中文版名为《中华归主》，后修订时更名为《中国基督教调查资料（1901—1920 年）》。

这个阶段，西方近代社会调查方法已由初步传播转向系统传授，其特点：（1）传授来源，全部来自西方；（2）传授主体，以西方教授、传教士和学者为主，接受西方教育的中国教授、学者、留学生为辅；（3）传授目的，调查中国社会实际情况，系统传授西方近代社会调查方法；（4）传授状态，无论是讲授课程，还是指导调查，都具有规范性和系统性。

## 四、逐步本土化阶段（20 世纪 20 年代—20 世纪 40 年代）

20 世纪 20 年代，中国学者开始运用西方近代社会调查方法组织社会调查。例如，1925 年清华学校陈达教授就曾指导学生对成府村居民生活状况进行过调查。1926 年，中国出现了两个社会调查组织，即北京社会调查所和南京社会学组，从此掀起了一个全国规模的社会调查高潮，出版了许多社会调查著作，如陶孟和的《北平生活费之分析》（1928 年），李景汉的《北平郊外之乡村家庭》（1929 年）和《定县社会概况调查》（1933 年），陈翰笙的《封建社会的农村生产关系》（1930 年）和《广东农村生产关系与生产力》（1934 年），费孝通的《江村经济》（1938 年），史国衡的《昆厂劳工》（1943 年），费孝通、张之毅的《乡土中国》（1946 年）等。与此同时，中国学者在系统讲授社会调查课程的基础上撰写、出版了许多专著。据不完全统计，1924—1947 年间共出版了 20 本社会调查研究方法专著。[①] 其中，李景汉的《实地社会调查方法》（1933 年）和张世文的《农村社会调查方法》（1944 年），主要来源于亲自调查实践，“差不多都是国货”，是西方近代社会调查方法本土化、中国化的重要成果。

这个时期，国民政府运用西方近代社会调查方法也组织过许多大规模社会调查，如全国性的人口调查、土地调查、各种行业调查，以及地方性调查、少数民族调查等。1927—1937 年，国民政府组织中央政治学校学生利用实习进行了一次全国规模的国情调查。这次调查，时间跨度为 1931—1937 年，地域范围为江、浙、沪、鲁、鄂、皖等省部分市县，调查内容涉及行政、财务、工商、市政、县政、统计、金融、法律、公

① 参见孙本文：《当代中国社会学》，307～309 页，上海，商务印书馆，2011。

用事业、合作事业等各个方面，共撰写成调查报告约17.5万页，最终完成的《中央政治学校调查报告》约490册，对当时的政治、经济等情况均有较详细记载，具有重要研究价值。

中国共产党人从建党开始，就很重视社会调查，其中最杰出的代表是早期的毛泽东。1925—1935年，是毛泽东社会调查最频繁、最广泛，调查成果最丰硕、最辉煌的时期，其中《中国社会各阶级的分析》《湖南农民运动考察报告》《井冈山的斗争》《寻乌调查》《兴国调查》《长冈乡调查》等调查报告，创造性地解决了工农武装割据、以农村包围城市的中国革命道路问题。1930年撰成的《调查工作》（后改名为《反对本本主义》），第一次提出了“没有调查，没有发言权”的口号，系统阐述了马克思主义必须同我国实际情况相结合的观点，做出了“中国革命斗争的胜利要靠中国同志了解中国情况”的论断。可以说，《反对本本主义》是毛泽东长期调查研究实践的科学总结，是毛泽东社会调查理论形成的标志。

总之，这个时期中国学者、中国政府和中国共产党，都在自觉地运用西方近代社会调查方法，考察中国社会现实、研究中国社会问题、探讨中国发展道路，不仅取得了极其丰硕的调查成果，而且在社会调查实践的基础上，逐步把西方近代社会调查方法与中国社会实践结合起来，形成了一些具有中国特色的社会调查理论和方法。从这个角度看，**毛泽东的《反对本本主义》（1930年）、李景汉的《实地社会调查方法》（1933年）和张世文的《农村社会调查方法》（1944年），可以说是西方近代社会调查方法中国化、本土化的重要结晶。**

这个阶段，是西方近代社会调查方法逐步本土化、中国化的重要时期，其特点为：（1）本土化的来源，是西方近代社会调查方法与中国社会实践的结合，在中国土地上的社会调查实践是本土化的客观基础。（2）本土化的主体，是中国的学者、管理者、革命者和改良者，其中社会学者发挥了重要作用。（3）本土化的目的，是促进中国社会革命、社会改良、社会发展，实现中国现代化，促进西方近代社会调查方法本土化、中国化。（4）本土化的状态，是由不自觉到自觉，由不全面、不系统到比较全面、比较系统，并已取得阶段性重要成果。

## 五、关于西方近代社会调查方法的“传入”问题

对于西方近代社会调查方法何时“传入”中国的问题，中国学术界存在着几种不同的看法：一是认为1914—1915年间传入中国。例如，杨雅彬认为：“最早的调查是1914—1915年间由北京社会实进会进行的对302个洋车夫的生活情况的调查。”[①]《中国大百科全书（社会学卷）》“社会调查”条目释文，也持相同看法。[②] 这种看法，在社会学界有一定代表性。二是认为1903年传入中国。例如，李惠村等认为：“光绪二十九

① 杨雅彬：《近代中国社会学》，增订本上，68页，北京，中国社会科学出版社，2001。
② 参见《中国大百科全书（社会学卷）》，289页，北京，中国大百科全书出版社，1991。

年（公元1903年），纽永建与林卓男等翻译了日本横山雅男著《统计讲义录》，由时是书局出版，是我国第一部介绍近代德国社会统计学派的统计理论的著作。”[①] 其中就包含有统计调查的理论与方法。这种看法，在统计学界有一定代表性。三是认为1897年传入中国。例如，李章鹏认为：“中国人实际做社会调查最早的恐怕是浏阳的黎宗鋆，他在1897年6月的《农学报》上发表了一篇调查成果《浏阳土产表》，谭嗣同为其作了序。”据此，他认为，“中国最早的社会调查可能发生于1897年”[②]。这种看法，在史学界有一定代表性。**笔者认为，上述看法都有一定道理，但都不完全符合实际，都是“学院派”的看法。这种“学院派”看法有三个共同点：（1）传入时间，19世纪末或20世纪初的某某年；（2）传入主体，外国传教士、教授或留学回国学者中的某某人；（3）传入方式，以学术性社会调查或翻译社会调查讲义为主。**

我们认为，研究西方近代社会调查方法对中国的“传入”，必须明确两点。

首先，要突破“学院派”视野的局限，即只看到学术型社会调查的传入，而忽视实践型社会调查（包括行政管理调查、一般认知调查，以及各种应用调查）的传入，或者认为先有学术型社会调查的传入，后有实践型社会调查的传入。然而，**中国社会调查的历史事实是，西方近代社会调查方法对中国的“传入”，既有学术型社会调查的传入，又有实践型社会调查的传入，而且不是先有学术型社会调查的传入，后有实践型社会调查的传入，而是恰恰相反，先有实践型社会调查的传入，后才有学术型社会调查的传入。**

其次，要正确理解“传入”。为此，必须把握3个要点。

第一，“传入”不同于“引进”。对于西方政治、思想、文化、艺术、科学、技术等精神产品来说，**“传入”与“引进”有共同点，也有不同点。它们的共同点是，把这些精神产品介绍、吸收、应用到中国来。它们的不同点是：对于被传入者来说，“传入”往往是被动的、不自觉的、零星的、渐进的、缓慢的、时断时续的、长期的自然历史过程；“引进”则大都是主动的、自觉的、系统的、比较集中的、比较快速的、比较持续的、短期的人为过程。**中国社会调查的历史事实证明，西方近代社会调查方法是逐渐传入中国的，而西方现代社会调查方法则是中国自觉引进的。

第二，“传入”有广义与狭义之分。西方近代社会调查方法对中国的广义“传入”，是指一切在中国行政管辖区域内进行的、以中国社会实际情况为对象的、有中国人直接或间接参与（起码是被调查）的、其结果对中国社会变化产生或正或负或大或小或直接或间接影响的社会调查，包括那些由外国人调查、用外文撰写、在外国发表的社会调查。狭义的“传入”，是指由中国人（或在中国机构任职的外籍人士）主持和实施的、在中国境内开展的、以中国社会实际情况为对象的、用中文撰写、并在中国境内发表的社会调查。

---

① 李惠村等：《中国统计史》，226页，北京，中国统计出版社，1993。

② 李章鹏：《现代社会调查在中国的兴起：1897—1937》，北京，中国人民大学博士学位论文，2006。

第三，广义“传入”的特点。对于西方近代社会调查方法来说，**广义“传入”的特点是：(1)“传入”的目的和类型，首先不是为了学术研究和做学术型社会调查，而是为了行政管理，做实践型社会调查。(2)“传入”的主体及其行为，往往不是某些人的个体行为，而是某些群体（如传教士、教授、留学生等群体）的共同行为。(3)“传入”的对象和内容，往往不是抽象的、系统的理论或学说，而是具体的、可操作的、一项一项的制度或方法。(4)“传入”的方式和方法，往往不是口头讲授，而是规章制约、言传身教。(5)“传入”的时间及其持续性，往往不是一个短暂的时点，而是一个持续较长的时期。**

如果上述几点认识是正确的话，那么根据第八、九、十章的论述，大体可做出如下判断：

**(1) 西方近代社会调查方法“传入”中国的时间，19 世纪 60 年代很可能是广义传入的起点，1914—1915 年的“北京三百零二名洋车夫生活状况调查”则可能是狭义传入的起点。**

**(2) 西方近代社会调查方法“传入”中国的主体，是西方传教士群体，西洋和东洋教授、学者群体，以及到西洋或东洋留学的中国留学生群体。**

**(3) 西方近代社会调查方法“传入”中国的方式，是先有海关管理等实践型社会调查，然后才有学术型社会调查。**

## 第三节　近代社会调查的特点

与中国古代社会调查相比较，中国近代社会调查有三个突出特点。

### 一、理论指导的系统化

与中国古代社会调查相比较，中国近代社会调查最突出的特点是，各类社会调查，不管自觉不自觉、承认不承认，事实上都有一定的系统化理论作为理论基础或指导思想。

中国近代社会调查的历史证明，不同社会调查主体，其理论基础和指导思想是不同的。例如，中国社会学界的社会调查，有的以社会调查学派理论为指导，有的以社区研究学派理论为基础，有的则以马克思主义为指导；中国经济学、政治学、人口学、教育学、心理学等学科的社会调查，大都以各自学科的一定理论作为指导思想；中国社会改革家的社会调查，有的以教育救国理论为基础，有的以实业救国思想为指导；中国共产党的社会调查，主要是以辩证唯物主义、历史唯物主义为指导；基督教教会的社会调查，以基督教教义为基础；“满铁”的社会调查，主要以日本“大东亚共荣圈”理论为指导。一般的行政性社会调查和应用性社会调查，最为普遍的理论基础和指导思想，是经验论、实证论或实用主义。

## 二、调查方法的规范化

与中国古代社会调查相比较，中国近代社会调查的另一重要特点，是社会调查方法的规范化、学科化。这种规范化、学科化的社会调查方法，集中体现在中国学者编著的有关社会调查方法的专著之中。无论是樊弘的《社会调查方法》、杨开道的《社会研究法》、李景汉的《实地社会调查方法》，还是黄枯桐的《农村调查》、张世文的《农村社会调查方法》，都系统阐述了有关社会调查的一般程序、调查方法和研究方法，特别是李景汉的《实地社会调查方法》和张世文的《农村社会调查方法》，还论述了在社会调查实践中可能遇到的各种实际问题及其应对之策。它说明，中国近代社会调查已成为中国社会科学领域里一门相对独立的学科——中国社会调查学，并呈现出中国化、本土化趋势。

## 三、调查机构和人员的专门化

与中国古代社会调查相比较，中国近代社会调查还有一个重要特点，就是调研机构和调查人员的专门化、专业化。无论是中国政府的社会调查，还是中国民间和学者的社会调查，都形成了一些专门的调查研究机构。例如，中国政府各部门里的调查、统计机构，各级人民代表大会常务委员会里的各种调查委员会、咨询委员会，各种企业、事业单位的调研部、市场分析中心，高等院校、科研院所的调查研究中心、情报室，以及各种商业性的调查研究机构等，都是专门从事调查研究的机构。与专门调查机构同时出现的，还有一批专职调研人员。他们长期从事调查研究活动，具有丰富社会调查经验。他们不仅为各自的调研机构服务，而且成为推动社会调查方法科学化、本土化的重要力量。

# 第三篇
# 现代的社会调查

中国现代的社会调查，是指中华人民共和国成立以后的社会调查，包括中华人民共和国成立至改革开放前的社会调查（简称“中华人民共和国前期的社会调查”）和改革开放以来的社会调查，在本书中，其年代从1949年起到2016年止，前后历时67年。

# 第十一章 中华人民共和国前期的社会调查

## 第一节 中华人民共和国前期的社会变迁

中华人民共和国前期，是指从1949年10月中华人民共和国成立起，到1978年12月中共十一届三中全会召开为止的时期，前后历时29年。它大体可分为4个时期：中华人民共和国成立和向社会主义过渡时期、社会主义建设和社会主义道路探索时期、“文化大革命”时期和历史转折时期。

中华人民共和国成立和向社会主义过渡时期（1949—1956）：这个时期，可分为两个阶段：一是民主改革和国民经济恢复阶段（1949—1952）。主要是建立了各级人民政府，实施了民主改革，统一了财政经济，稳定了物价，完成了新区土地改革，到1952年年底工农业生产达到历史最高水平。二是社会主义改造和第一个五年计划阶段（1953—1956）。1953年，党中央制定了过渡时期的总路线。1956年，中共召开八大，制定了以经济建设为重点的战略方针。年底，基本完成了对农业、手工业和资本主义工商业的社会主义改造，中国社会基本过渡到了社会主义社会。

社会主义建设和社会主义道路探索时期（1957—1965）：1957年春，发动了整风运动和反右派斗争。1958年5月，制定了建设社会主义的总路线，开始了“大跃进”。1958年8月，决定开展人民公社化运动。年底，开始纠正“左”倾错误，但1959年的庐山会议发生了从纠“左”到“反右倾”的逆转。1960年11月，再次纠正“左”倾错误。1961年1月，制定“调整、巩固、充实、提高”方针，号召大兴调查研究之风，制定了“农业六十条”“工业七十条”等一批条例，各项工作逐步走上正轨。1962年10月，重提阶级斗争。1963年2月，决定开展农村社会主义教育运动和城市“五反”运动。与此同时，在意识形态领域开展一系列批判运动。实践证明，这个时期的“左”倾错误，是探索中国社会主义建设道路上的严重失误，给党、国家和人民造成了极大损失。

“文化大革命”时期（1966—1976）：1966年5月，中共中央发出《五一六通知》；8月，通过关于“文化大革命”的决定。1967年1月，上海首开“夺权”，解放军介入地方事务。1968年9月，各省市自治区成立革命委员会。1969年4月，中共召开九大，确立“无产阶级专政下继续革命”理论。1970 年 8 月，开始“批陈整风”。1971 年发生“九一三事件”。10 月，开展“批林整风”。1972 年 12 月，批“右倾翻案”风，再次出现从纠“左”到批右的逆转。1973 年 8 月，中共召开十大，继续九大路线。1974 年年初，开展“批林批孔”。1975 年年初，邓小平主持中央工作。8 月，评《水浒》，攻击邓小平。10 月，毛远新任联络员。11 月，“反击右倾翻案风”，邓小平被停止工作。“文化大革命”给中国带来空前灾难。1976 年 10 月，“四人帮”粉碎，“文化大革命”结束。

历史转折时期（1976—1978）：1976 年 11 月，开展揭批“四人帮”。1977 年 2 月，出现“两个凡是”（即“凡是毛主席作出的决策，我们都坚决维护，凡是毛主席的指示，我们都始终不渝地遵循”）。7 月，邓小平复出。8 月，中共召开十一大，党和国家政治生活逐步恢复。1978 年 5 月，全国掀起真理标准问题讨论，突破“两个凡是”束缚，促进思想解放、拨乱反正和平反冤假错案。1978 年 11—12 月，召开中央工作会议和十一届三中全会，决定把全党工作着重点转移到社会主义建设上来，实现了新中国成立以来的伟大历史转折，开启了改革开放的新时期。

## 第二节　政治性社会调查

中华人民共和国前期的社会调查，从社会调查主要目的看，大体可分为三类，即政治性社会调查、行政性社会调查和学术性社会调查。这个时期的社会调查，既积累了宝贵经验，也留下了沉痛教训。本章第二至五节，将分别论述以上三类社会调查及其主要的经验与教训。

政治性社会调查，是指为实现政治任务而开展的社会调查。中华人民共和国前期，是中国政治、经济和社会体制剧烈变动的时期，政治性社会调查居于重要地位，其主要内容有以下几方面。

### 一、土地改革调查

新中国一成立，为了搞好新区土地改革，有关地区的各级党委和人民政府，在大规模开展土改之前，就抽调大批干部下乡，组成工作队或工作组，选择一般农村、城市郊区以及平原、山区等不同类型的乡村进行重点调查，着重调查农村的阶级关系和土地关系。这些调查，大都非常深入和细致，为即将开展的土地改革运动做了重要准备。例如，当时苏南行政区各级组织开展的苏南农村调查，既有以县为单位的农村经济概况调查，又有以乡或村为单位的农村情况调查，特别是经济情况调查，并重点调查了农村租佃、借贷关系，对族有土地、宗教土地、典当田、公堂田、湖田、农场用地、沙田、芦苇滩、鱼池、果园、蚕桑等特殊土地关系，也做了详细调查。这些农村调查为土地改革的开展提供了重要政策依据。

当时，各级党委、政府不但组织了大量农村调查，而且在《人民日报》及各级党委机关报上经常刊登这类调查报告，出版部门还将这些农村调查报告编辑、出版。例如，1950 年 10 月，新华书店中南总分店出版了《湖南农村情况调查》；1951 年 5 月，人民出版社出版了《新区土改前的农村》等。这些调查，充分论证了农村封建土地制度剥削的残酷性和实行土地改革的必要性，有力地推动了土地改革的顺利进行。

## 二、统购统销调查

1953 年年底，随着国家工业化、城镇化的发展，粮食等主要食品供需矛盾日益突出，中共中央决定在农村实行粮食计划收购政策（简称“统购”，即农民除了交纳公粮之外，还要将扣除口粮、种子、饲料之外的绝大部分余粮卖给国家），在城市实行粮食计划供应政策（简称“统销”，这一政策实施之初，统销的粮食品种，北方城市仅限于面粉，南方城市仅限于大米，后来逐渐扩大到主要的粮食品种和食用油）。这一购销政策，被简称为“统购统销”政策。

为了做好这项工作，1955 年 5 月 28 日，毛主席亲自为中共中央起草了《调查粮食征购和供销情况的通知》，要求中共中央上海局、各中央分局和各省市党委在接到通知后一个月的时间内，将有关统购统销的几个问题调查清楚报告中共中央。为了采取措施扭转粮食工作上的被动局面，改进统购统销的具体办法，从根本上解决粮食问题，毛泽东责成中央财经委员会全面考察情况，提出具体方案。主持中央财经工作的陈云，将很大精力投入这项工作的调查与研究。他集思广益，汇总了八种方案，并反复对比筛选。经过深入调查、广泛征求意见和认真思考后，中央认为要确保粮食供应，唯一的选择是农村征购、城市配售这一办法。中央起草的《农村粮食统购统销暂行办法》和《市镇粮食定量供应暂行办法》，就是这一调查研究成果的结晶。

## 三、农业社会主义改造调查

为了加快农业合作化速度，1955 年 4 月毛主席前往南方调查，并认真地编辑了《中国农村的社会主义高潮》一书。毛泽东称，该书编辑过程是他“建国后的第一次调查”。

有“中国合作化运动百科全书”之称的《中国农村的社会主义高潮》，是研究我国社会主义改造历史的重要文献。“它的出版，对我国的社会主义革命和社会主义建设产生了重大的影响”[①]。因为编得仔细，也因为当时形势发展太快，该书先后编了两次，序言也写了两篇。第一次，是在 1955 年 9 月，收集了 121 篇材料。材料反映的多是当年上半年的农业合作化情况。毛泽东用了 11 天时间改文章、写按语。初编样本在中共七届六中全会上征求意见，会后收到各省、市、自治区的补充材料，许多材料反映了

① 薄一波：《若干重大决策与事件的回顾（上）》，北京，中共中央党校出版社，1991。

当年下半年农业合作化的情况。

毛泽东认为："一九五五年的下半年，中国的情况起了一个根本的变化……几个月时间，就有五千几百万农户加入了合作社。这是一件了不起的大事。"（《中国农村的社会主义高潮》序言二）他由此判断，中国"由半社会主义到全社会主义"的进展比预想的快出不少。为了加快这个进程，该书须重编一次。于是，在原有121篇中拿掉30篇，从新材料中选出85篇，共176篇合作化运动的典型经验总结。按照书末所附的索引，这些典型经验共分为47类，如"一个地方实现农业合作化的过程""共产党的乡村支部对于农业合作化运动的领导""树立贫农在合作社领导机关内的优势""农业生产合作社的政治工作""农业生产合作社的保卫工作""民族杂居地区的农业生产合作社""工业薄弱地区的农业生产合作社""办社的辅导工作"等。1956年1月，《中国农村的社会主义高潮》由人民出版社正式出版。毛泽东为其中的104篇写了按语，比较全面地表达了他关于中国农业合作化和社会主义建设的思想，并写了第二篇序言，指出："这本书是给在农村工作的同志们看的。城市里的人是不是也可以看看呢？不但可以看，而且应当看。"

1956年，毛泽东不仅先后对农业、工业进行了广泛调查研究，而且在他的提议下，中央政治局用一个多月时间，听取了9个省、34个中央和国务院部门的工作汇报，查阅了大量资料，实地视察了一些地区工矿企业的机器设备、仪器和技术操作，重点思考了社会主义经济体制改革和民主政治建设问题。在这些调查研究的基础上，经政治局反复研究、讨论，最后由毛泽东概括、撰写了《论十大关系》这篇重要调查报告，对探索适合中国国情的社会主义建设道路做出了重要贡献。该报告成为指导我国社会主义建设的重要文献之一。正如毛泽东后来所说的："那个十大关系怎么出来的呢？我在北京经过一个半月，每天谈一个部，找了34个部的同志谈话，逐步形成了那个十条。如果没有那些人的谈话，那个十大关系怎么会形成呢？不可能形成。"[①] 这次调查，可以被看作新中国成立后毛泽东进行的第二次有重大意义的社会调查。

1961年3月，中共中央在广州召开工作会议，毛泽东在会上回忆编辑《中国农村的社会主义高潮》一书的情况时说："建国后这十一年我做过两次调查，一次是为合作化的问题，看过一百几十篇材料，每省有几篇，编出了一本书，叫做《中国农村的社会主义高潮》。有些材料看过几遍，研究他们为什么搞得好，我调查研究合作化问题就是依靠了那些材料。还有一次是关于十大关系问题，用一个半月时间同三十四个部门的负责人讨论，每天一个部门或两天一个部门，听他们的报告，跟他们讨论，然后得出十大关系的结论"[②]。

总的来看，这几次社会调查，既提出了许多有价值的思想观点，又对农村情况做出了诸多不切实际的判断，提出了一些对我国农村长期发展产生负面影响的观点。应

① 中共中央文献研究室：《毛泽东周恩来刘少奇朱德邓小平陈云论调查研究》，263页，北京，中央文献出版社，2006。

② 《毛泽东文集》，第8卷，260～261页，北京，人民出版社，1999。

当说，毛泽东对这几次农村调查是花了很大精力的，但是效果却没有他在民主革命时期做农村调查的效果那样明显，对农村真实情况的把握也没有过去那样真切，其原因有二：一是，他所做的实际上是间接调查，而没有真正深入到农村、农民当中去，使用的调查材料基本上来自各级党政机关上报的材料，而这些经过筛选的报告，提供的不一定全是客观真实的信息；二是，他已形成了农业生产合作社可以快办、大办的想法，带着这种倾向去做调查，并对调查材料做出取舍和判断，就难免不客观了。

## 四、人民公社调查

1958 年 8 月 4 日到 13 日，毛泽东到河北、河南、山东农村视察。从 11 日起，新华社连续播发了毛泽东视察的消息。12 日，在报道毛泽东视察七里营时指出，七里营“按照毛主席指示的道路，已经在全乡农业合作化的基础上，建立了七里营人民公社”。13 日，在报道毛泽东视察山东农村时，《人民日报》的大字标题是：《毛主席视察山东农村，强调部署各项工作必须通过群众鸣放辩论，办人民公社的好处是把工农商学兵结合在一起便于领导》，并将他关于“还是办人民公社好”的话放在报道的第一段。于是，“办人民公社好”的消息迅速传遍全国。

从表面上看，建立人民公社是经过调查研究的，是遵循从群众中来、到群众中去的工作方法的。那么，为什么还是出了问题呢？这恐怕与调查研究的方法有关。因为毛泽东在视察前，实际上已有了并小社为大社、在农村建立人民公社的想法。这次调查的目的，就是印证自己的想法是否可行。下面的干部们自然投其所好，毛泽东一路听到的，都是粮食大增产、办大社好的汇报，从而坚信，“大跃进”带来了生产力的快速发展，建立人民公社的方向是正确的。毛泽东曾有两句名言，一是没有调查就没有发言权，二是不做正确的调查同样没有发言权。轻率地发动人民公社化运动，实际上违背了他的第二句名言。当然，客观地讲，由于种种限制，新中国成立后的毛泽东，已确实难以做民主革命时期那样真正深入实际的农村调查了。

1958 年 10 月 31 日，毛泽东到河北石家庄地区、邯郸地区和河南新乡地区视察，沿途不断找人谈话，询问人民公社生产状况和社员生活情况。毛泽东发现“大跃进”和人民公社化运动中存在大量“左”的问题，必须使全党对此高度重视，对那些“左”的做法加以纠正。

这两次调查，效果完全不同。8 月上、中旬，毛泽东进行农村调查的时候，虽然那时农村的“大跃进”已经存在许多问题，如得不偿失的所谓“大兵团作战”、粮食产量上的虚报浮夸、干部作风中的强迫命令等，但是，这些问题的暴露需要一个过程。两个月后，农村实现了人民公社化。由于建立人民公社是农村生产关系和社会结构的重大变革，而这种变革是在极短时间里完成的，因而各地难免大刮“一平二调”的“共产风”，并用所谓“大辩论”的方法（实际上是强迫命令的方法）来压制农民对“共产风”的抵制，这就使得本已严重存在的强迫命令风进一步泛滥起来。人民公社建立后，由于错误地估计了粮食大丰收，因而在分配上盲目地实行“吃饭不要钱”的供给制，而为了论证供给制的合理性和可行性，又不惜在粮食产量上浮夸多报、弄虚作假。10月中、下旬，毛泽东再次进行调查的时候，农村的问题已经更多地暴露出来了。所以，毛泽东此次农村调查，重点是掌握农村真实情况，纠正和克服人民公社化运动中存在的问题。尽管这次调查的目的，不是否定“大跃进”和人民公社，而是为了更好地“大跃进”、为了巩固和发展人民公社，但是，此次调查毕竟不是带着答案找证据式的调查，因而通过调查发现了农村“大跃进”、人民公社化运动中的许多问题，做出了让基层干部将过分发热的头脑冷静下来，对人民公社进行整顿的决策。

## 五、调整国民经济和大兴调查研究之风

1958年开始的“大跃进”和人民公社化运动，在全国各地，尤其是在广大农村中，出现了以高指标、瞎指挥和“共产风”为标志的严重“左”倾错误。1959年庐山会议对彭德怀的批判和反右倾运动，使主观主义更为猖獗，实事求是更为难行，一大批敢于讲真话、讲实话的党员干部遭到错误批判。例如，中共安徽省委书记处书记、副省长张恺帆到无为县调查时，发现许多农民面黄肌瘦，了解到公共食堂问题严重，于是向干部、群众宣布“三还原”，即吃饭还原、住房还原、小块土地还原。可是，在庐山会议后的反右倾运动中，张恺帆被打成反党反社会主义的右倾机会主义分子，撤销了省委书记处书记、副省长等职务。1958年年底，中国人民大学和北京大学部分师生组成了以中国人民大学副校长邹鲁风（随后调任北京大学副校长）为负责人的调查组，到河南信阳、鲁山和河北藁城等地进行调查。调查组在调查中发现，这些地方的农村人民公社存在着许多问题，撰写了一份名为《问题汇编》的调查报告。不料，在庐山会议后的反右倾运动中，调查组被指责为进行“反党反社会主义活动”，邹鲁风也因此遭到错误批判，愤而自杀。

不但如此，为了回击“右倾机会主义者”对“三面红旗”的进攻，论证“三面红旗”特别是人民公社的无比优越性，1959年下半年至1960年，全国各地开展了一场声势颇为浩大的所谓“人民公社调查”，编辑出版了一批调查报告。从这些调查报告集的名称上，就可以看出这种调查要说明何种问题：《初升的太阳——北京市郊区九个人民公社调查报告》（中共北京市委宣传部编）、《人民公社的光芒——广西人民公社调查》（中共广西僮族自治区委员会办公厅编）、《幸福的道路——吉林省人民公社调查》（中共吉林省委办公厅编）、《初升的太阳——辽宁省人民公社调查选编》（中共辽宁省委办公厅编）、《碧海朝阳——人民公社调查》（山东人民出版社编）、《历史发展的伟大见证——天津人民公社调查报告》（中共天津市委农村工作委员会公社处编）等。此外，新华社还编辑、出版了两大本《农村人民公社调查汇编》。这些所谓“调查”的主题，毫无例外都是论证人民公社的优越性，大唱人民公社的赞歌。由于这些调查是先定了人民公社制度无比优越的基调，因而这样的调查报告除了大量的假话和空话外，并无实际意义。

由于“左”的错误，加之自然灾害和苏联单方面撕毁合同的影响，到1960年下半年，

国民经济陷入了严重困境。在毛泽东看来，这几年错误的发生，直接源于思想方法上的主观主义和片面性，调查研究工作不做了，只凭想象和估计办事。1961 年 1 月，在中央工作会议的最后一天，毛泽东作了《大兴调查研究之风》的讲话。他说："抗日战争时期，解放战争时期，我们做调查研究比较认真一些……但是建国以来，特别是最近几年，我们对实际情况不大摸底了，大概是官做大了。我这个人就是官做大了，我从前在江西那样的调查研究，现在就做得很少了。"① 他号召全党大兴调查研究之风，一切从实际出发，要求 1961 年成为实事求是年、调查研究年。他还说："我希望同志们回去之后，要搞调查研究，把小事撇开，用一部分时间，带几个助手，去调查研究一两个生产队、一两个公社。在城市要彻底调查一两个工厂、一两个城市人民公社。"② 接着，在中央工作会议后的中共八届九中全会上，制定了"调整、巩固、充实、提高"的八字方针。

1961 年 3 月，毛泽东主持中共中央在广州举行会议，讨论和制定《农村人民公社工作条例（草案）》（简称"农业六十条"），总结了农村人民公社 3 年来的经验教训，针对社、队规模偏大，搞平均主义，公社对下级管得太多太死，民主制度和经营管理制度不健全等问题，做出了比较系统的规定。1961 年 3 月 23 日，中共中央就认真调查研究问题致信各中央局，各省、市、自治区党委，要求党的高中级干部联系最近几年工作中的经验教训，认真学习毛泽东的《调查工作》（毛泽东 1930 年撰写，正式发表时改名为《反对本本主义》）。此前他还指出，调查的"目的是为了解决问题，不是为了报表……了解情况主要不靠报表，也不能靠逐级的报告，要亲自了解基层的情况"③。中共中央要求从现在起，县级以上党委的领导人员，首先是第一书记，要将调查工作作为首要任务，并且定出制度，造成风气。在调查中不要怕听言之有物的不同意见，更不要怕实际检验推翻了已经做出的判断和决定。只要坚持调查研究、实事求是的作风，目前所遇到的问题就一定能够比较顺利地得到解决，各方面的工作就一定能够得到迅速的进步。④

此后，从党的领袖到省、地、县各级领导机关的干部，纷纷走出机关，深入基层，开展调查研究。毛泽东在广东、湖南等地进行调查，听取关于农村干部群众对"农业六十条"的反应的汇报，尤其是对公共食堂的弊端有了更多的了解，下决心要解决食堂问题。其他中央政治局常委也都深入农村开展调查研究，例如，刘少奇去湖南长沙、宁乡，周恩来去河北邯郸，朱德前往四川、陕西、河南，陈云到上海青浦县，邓小平到顺义、怀柔县做调查等。此外，中共中央还组织了一批调查组，前往各地农村进行调查研究，如习仲勋到河南长葛、谢富治到河北邯郸、杨尚昆到河北徐水和安国、陈正人到四川简阳、胡耀邦到辽宁海城、钱瑛到甘肃天水、王从吾到黑龙江双城、平杰三到山东泰安、廖鲁言到山西长治做调查等。这些调查组，与农民同吃同住同劳动，掌握了农村许多真实情况，对人民公社存在的问题有了深入了解。这次围绕"农业六

① 《毛泽东文集》，第 8 卷，235～237 页，北京，人民出版社，1999。
② 《毛泽东文集》，第 8 卷，233 页，北京，人民出版社，1999。
③ 《毛泽东文集》，第 8 卷，253～254 页，北京，人民出版社，1999。
④ 参见中共中央文献研究室：《建国以来重要文献选编》，第 14 册，226 页，北京，中央文献出版社，1997。

十条”而开展的调查研究，在共和国历史上是规模空前的，是一次全党性的、比较深入的大调查。1961年5月21日，中共中央在北京召开工作会议，在大调查基础上修改了“农业六十条”，交各地试行。同时，围绕贯彻“调整、巩固、充实、提高”方针，制定了许多具体政策，如精减城镇职工，压缩城市人口，对近几年受到错误批判和处分的党员干部进行甄别平反等。

1961年下半年，中央领导同志将调查研究和调整工作的重点从农业转到工业方面，进行了一系列工业方面的调查。例如，周恩来围绕国防工业和尖端科学技术问题开展调研，刘少奇到黑龙江和内蒙古对森工企业调查了近一个月，朱德到河南、四川、陕西、河北等地调查手工业的发展情况等。此外，国家计委、国家经委、第一机械工业部等部委，根据中共中央书记处指示先后组织调查组，对北京、天津、沈阳、太原、济南等大中城市工矿企业进行了较为深入的调查。这里特别值得提出的是邓小平对东北工矿企业的调查。在这次工业调查基础上，邓小平主持起草了《国营工业企业工作条例（草案）》（简称“工业七十条”）。其要点是：（1）规定“五定”——定产品方案和生产规模，定人员和机构，定主要原料、材料、燃料、动力、工具的消耗定额和供应来源，定固定资产和流动资金，定协作关系。（2）重视协作问题，强调“现代工业的生产，分工比较细，相互之间的联系错综复杂，每个企业都必须取得很多单位的协作，并且很好地完成自己承担的协作任务，才能保证工业生产的正常进行”。（3）对企业各个方面、各个环节的责任制度做了具体规定，“责任制度的核心是行政管理方面的厂长负责制”。（4）对企业的技术管理做了具体规定。（5）对加强企业经济核算和财务管理做了具体规定。（6）对职工工资、奖励、生活福利做了具体规定，强调“企业的领导人员，必须经常关心职工的生活，切实做好生活福利工作”。（7）规定“中国共产党在企业中的党委员会，是企业工作的领导核心”，同时强调“企业党委应当把调查研究和做好思想政治工作放在第一位，不要去代替厂长，包办行政事务，而要好好地领导和支持以厂长为首的全厂统一的生产行政指挥系统行使职权”。（8）规定每个企业在行政上只能由一个主管机关管理，不能多头领导，等等。①

总之，根据毛泽东和党中央的指示，中央各个部门、地区各级党委开展了比较广泛、深入的调查，并在此基础上先后制定了“农业六十条”“工业七十条”“手工业三十五条”“商业四十条”“科研十四条”等一整套政策条例，对促进国民经济的恢复和发展起了极为重要的作用。

## 六、三线建设调查

1964年6月19日，周恩来总理召集国家计委、冶金部、铁道部、交通部、地质部、电力部、煤炭部、一机部等部委负责同志开会，传达5月中共中央关于在大西南进行三线建设的会议精神。为了贯彻落实中央的战略决策，周总理责成国家计委牵头，

① 参见《建国以来重要文献选编》，第14册，639～643页，北京，中央文献出版社，1997。

立即组织有关部委负责同志和专家成立调查组，制订调查计划，提出调查纲目，分配调查任务，尽快赶赴大西南三线建设现场，进行深入细致的实地调查和研究，确定各厂矿企业的地址及建设方案。会议任命程子华为联合调查组组长，负责调查研究计划的组织实施。

据程子华后来回忆说：三线建设是前无古人的壮举，任务非常艰巨，情况非常复杂。中共中央、毛主席当时要求三线建设要快，但不要潦草，慎重初战。当时，三线建设的指导思想很明确：鉴于过去基本建设中的经验教训，在三线建设中一定要深入调查，摸清客观情况。只有扎扎实实地工作，一步一个脚印，一个一个地解决问题，才能做到又好又快。否则，将欲速而不达。

当时，联合调查组下设冶金、煤炭、电力、铁道、军工、地质、交通、劳动、农业、林业、布局，以及综合等 12 个专业组，每组都由有关部委副部长、副主任带队；专业组按照三线建设的六大块安排调查工作，如以重庆为中心的常规武器配套生产基地，以攀枝花为中心的钢铁生产基地，以六盘水为主的煤炭生产基地，以内迁为主的机械工业建设，以及成昆铁路建设等。例如，程子华率领联合调查组于 1964 年 6 月 28 日由四川成都出发，沿着乐山、自贡、宜宾、西昌、石碑、泸沽、小庙、太和、牛郎坝、逸宁、会理、红格、拉拉铜矿、鱼鲊、拉鲊，云南省永仁、仁和，最后抵达川滇交界的高山峡谷和攀枝花地区进行实地调查。当时，杨超准备了十几个备选厂址，联合调查组通过一个个的实地调查，把各地的厂址确定下来。

20 世纪 60 年代的三线建设，是中国经济史上一次大规模的工业迁移过程，发生背景是中苏交恶和美国在东南沿海的挑衅。由于对形势判断的失误，再加上时间短、任务紧，三线地区社会经济落后，致使建设起来的企事业单位在很长一段时期内经营、发展极为困难，国家、社会付出了沉重代价。但是，三线建设调查，对于西南、西北地区国防、科技、工业和交通基本设施的建设起了重要基础作用，为中国西南和中西部地区工业化做出了重要贡献。

## 七、“工业学大庆”调查

1963 年下半年，经过三年多奋战，位于东北松辽盆地的大庆油田完成探明和建设任务，结束了中国人靠“洋油”过日子的时代；以王进喜为代表的大庆人，吃苦耐劳，公而忘私，使大庆成为我国工业战线的一面旗帜，得到全国工业交通战线的崇敬和学习。国家经委和东北局经委派工作组到大庆现场调查后，做出了 1963 年 10 月下旬在大庆召开“东北地区基层工业企业经验交流座谈会”的决定。参加会议的，有东北地区大型国营企业的厂长，国家经委、东北局经委的专家与负责人等共 100 多人。会议安排是，与会代表先轮流参观大庆油田的 20 个基层单位，包括钻井队、采油队、施工现场、集油站、家属缝补厂，以及“地宫”、油库、新建炼油厂等。然后，由副总指挥兼生产办公室主任张文彬汇报“三年石油会战进展情况”，副总指挥陈李中汇报“油田地面建设，集中优势兵力打歼灭战情况”，会战指挥部生产办公室副主任宋振明汇报

“坚持基层岗位责任制情况”，以及副书记吴星峰汇报“加强思想政治工作情况”等。通过参观考察与听取汇报，与会代表反响热烈，称赞大庆石油会战是我国工业战线的一项创举，赞扬大庆工人的艰苦奋斗精神以及在科研、生产、管理上取得的成就与经验。1963年12月25日，毛泽东发出了“工业学大庆”的号召。1964年2月5日，中共中央发出通知，号召全国其他部门学习大庆油田的经验。1964年2月13日，毛泽东在人民大会堂春节座谈会上发出了“学解放军、学大庆”的号召。从此，“工业学大庆”的口号传播全国。根据原石油部副部长、原大庆油田党委书记陈烈民的回忆：“毛主席发出‘工业学大庆’号召后，全国共有125万多人次到大庆访问。”

“工业学大庆”的参观和访问，实际上是对大庆油田科研、生产、管理经验和大庆人艰苦奋斗精神的一种实地调查与研究，它反过来又促进了我国工业交通企业的调查研究活动。此后，我国工业交通企业有关“工业学大庆”的调查报告不断涌现，其数量可谓多如牛毛。这些“工业学大庆”的调查报告，有许多都是官话或套话，但其中也不乏有真知灼见的珍品。

## 八、“农业学大寨”调查

大寨是山西省昔阳县大寨公社的一个大队，原本是一个贫穷的小山村。农业合作化后，社员开山凿坡，修造梯田，使粮食亩产增长了7倍。1964年2月10日，《人民日报》刊登了新华社记者的通讯报道《大寨之路》，介绍了他们的先进事迹，并发表社论《用革命精神建设山区的好榜样》，号召全国人民，尤其是农业战线学习大寨人的革命精神。

1964年3月初，毛泽东听了山西省委书记陶鲁笳的汇报，初步了解了大寨大队及陈永贵，便有意树立大寨为全国农业战线的学习榜样，于是从各种渠道进一步了解、核实情况。周恩来派农业部部长廖鲁言带领一个调查组，到大寨去做实地考察。4月21日，廖鲁言率调查小组到达大寨村。进村后，调查组成员与大寨人实行“三同”（即同吃、同住、同劳动），白天参加劳动，或找干部座谈，或研究材料，或到附近社队调查；晚饭后，才能跟大寨干部、社员谈话，但每天谈话不超过两个半小时，以便保证大寨干部、群众的正常生产和生活。经过20天调查与研究，他们先看了山西省、昔阳县及大寨村提供的大量文字资料，再与大寨干部逐一深谈，通过单独约谈或开小会座谈听取社员群众意见，亲自跑遍虎头山的七沟八梁，察看大寨治沟、治坡造地工程，实测“大寨田”的土壤，对历年生产发展、分配账目做检查分析，核实生产发展的统计数字，了解村党支部建设、干部参加集体生产劳动情况，还对大寨评工记分办法、粮食产量及分粮办法、接受国家和兄弟单位支援等问题，做了专题调查。然后，写成了《大寨大队调查报告》，从大队干部和社员的精神面貌、踏实作风、规章制度、管理办法、农田改造、农业技术等方面肯定了大寨的经验和陈永贵的事迹，认为大寨这个先进典型的成绩是实实在在的，十几年发展的成绩突出，山西省有关总结和汇报材料可靠，没有夸大或虚假。1964年8月，毛泽东对国家计委领导小组的同志说：“要自力更生，要像大寨那样，它不借国家的钱，也不向国家要东西。”12 月 21 日，周恩来在三届全国人大一次会议《政府工作报告》中，把“大寨精神”总结为八个字：自力更生，艰苦奋斗。年底，毛泽东发出了“农业学大寨”的号召。到 1965 年 9 月，全国产生了 50 多个大寨式的先进典型。此后，大寨典型经验得到进一步宣传，迅速推广到全国。

大寨大队经验与精神的总结，既是大寨大队干部、群众长期艰苦奋斗的产物，又是农业部部长廖鲁言等到大寨实地考查的结晶。“农业学大寨”的开展，促进了全国农村战天斗地、艰苦奋斗、治山治水的运动和农业生产的发展。同时，推动了农村调查研究的开展。1975 年 11 月，人民出版社出版的《全国农业学大寨先进典型经验选编》，就是这些调查研究成果的集中表现。

## 九、农村改革调查

“文化大革命”结束后，“农业学大寨”运动仍在继续开展。但是，人们开始意识到仅靠学大寨的办法，无法调动农民生产积极性，无法实现农业生产大发展，于是开始寻找新的途径和方法。这时，湘乡县委《认真落实党的农村政策，努力减轻农民负担》的调查报告和陕西省委《关于旬邑县少数干部强迫命令、违法乱纪问题的调查报告》，引起了中共中央的高度重视。

1978 年春，湘潭地委书记带 4 个工作组来湘乡蹲点调查，湘乡县委 10 名常委各带一个工作组到公社进行调查，通过实地调查形成了《认真落实党的农村政策，努力减轻农民负担》的长篇调查报告[①]，经湖南省委上报中央。这篇调查报告，引起了中央高度重视，中央于 6 月 23 日正式批转了这份报告，做了长达2 500余字的批示。7 月 5 日，《人民日报》发表题了为《落实党的政策，减轻农民负担》的社论，要求各地参照湘乡经验，深入调查研究，认真解决农民负担问题。随后，各省、市、自治区党委相继召开常委会，对照湘乡经验，认真检查本地区存在的类似问题，研究、制定相应的解决办法，形成了“文化大革命”结束后农村调查的第一个高潮。

对于陕西省委《关于旬邑县少数干部强迫命令、违法乱纪问题的调查报告》，中共中央于 7 月 13 日做了重要批示，号召所有党员干部，特别是领导干部，要以普通劳动者姿态出现在群众之中，要大兴调查研究之风，在充分发扬民主的基础上实行正确的集中，要学会正确处理敌我矛盾和人民内部矛盾，要通过学习、整风，使广大干部、广大共产党员受到一次集中的党的传统教育、政策教育和社会主义法制教育，使干部作风来一个大的转变。

在上述两个批示中，中共中央都强调各级干部，特别是领导干部必须深入农村开展调查研究。在这两个批示的推动下，各级党委深入农村做了许多调查，对农村的落

---

① 中共湘乡市委党史联络组、湘乡市史志工作办公室：《中共湘乡地方史 1949—2002》，264 页，北京，中共党史出版社，2004。

后情况、农民的愿望有了更多的亲身感触，从而对各级党委下决心调整农村政策起了直接的推动作用。特别是一些地方党委负责人，开始对农民自发搞起来的包产到户采取了同情甚至支持的态度。可以说，没有深入的农村调查，就没有影响数亿农民的、以家庭联产承包责任制为主要内容的农村改革。

## 第三节　行政性社会调查

行政性社会调查，是指为实施行政管理而开展的社会调查。中华人民共和国成立后，面对国民党统治留下的破烂摊子，行政管理任务极其繁重。为了搞好行政管理，各级政府建立了统计机构，逐步建立和完善了各种统计制度，党和政府各部门做了大量调查研究工作，为制定方针、政策做出了贡献。

### 一、统计机构和统计制度的建立

1. 统计机构的建立、撤销和恢复

新中国成立时，负责经济建设的政务院财政经济委员会即成立了统计处。1952 年 8 月，中央人民政府决定成立国家统计局，着手创建全国统一的统计工作。在国民经济恢复时期，国家统计局组织开展了第一次全国工业普查，摸清了全国工矿企业的基本情况。此外，根据毛泽东的指示，还进行了工农业总产值和劳动就业两项调查。据时任国家统计局局长的薛暮桥回忆，统计局根据中国实际情况，对国有大中型企业，采用重点调查和估计推算相结合的办法开展调查；对私营工商业企业，主要利用工商管理局和税务局的资料开展调查；对农业，则创造了典型调查与估计推算相结合的方法开展调查。此外，还对职工和农民两类家庭收支情况，进行了抽样调查。[①] 这些调查，对国民经济的恢复和“一五”计划的编制，做出了重要贡献。

然而，当时的统计体系不健全，统计制度不完善，工作人员专业素质不高，经常发生“上面乱要，下面乱造”现象，致使统计报表混乱，统计数据失真，达不到调查统计的目的。为了纠正上述现象，毛泽东指示：“分别宣布停用、保留和改进，并规定简化报表及控制报表的可行办法，坚决制止滥发统计报表的严重现象。”[②] 1953 年 9 月 5 日，政务院发出了《关于清理现行调查统计表格及禁止乱发调查统计表格的指示》，并批转了国家统计局《关于制订及审批调查统计报表的暂行办法》。1954 年 6 月，国家统计局颁发了《关于制订及审批调查统计报表的暂行办法》，规定：全国统一的关于国民经济、文教卫生及社会情况等的定期性基本统计报表及全国范围的一次性调查方案，由国家统计局会同中央有关部门拟订后由国家统计局颁发，其中特别重要的部分，报请国家计划委员会批准颁发。为了适应地方政府的需要，省、市统计局（处）应制订

---

① 参见《薛暮桥回忆录》，232～233 页，天津，天津人民出版社，1996。

② 《毛泽东文集》，第 6 卷，283 页，北京，人民出版社，1999。

和颁发在该省、市以内的定期性统计报表及一次性调查方案，报国家统计局备案。这些指示和暂行办法，对于纠正统计调查中的错误、改进统计调查工作起了积极作用。

1962 年 4 月，国家统计局提出了《关于改进农产品调查统计工作的报告》和《关于成立全国农产品调查队的设想》两份文件。经国务院批准后，从 1962 年年末到 1963 年年初，中央成立了全国农产量调查总队，各省、市、自治区成立了分队。至此，我国农产量的调查统计，同时采取了两种方法，一是以人民公社为依托、逐级上报统计资料，二是由农产量调查队运用抽样方法做实割实测调查，从而为中央提供了比较及时、准确的粮食及其他农产品产量的数据。

在“文化大革命”中，从国务院到各省、市、地、县，绝大多数统计机构被撤并或撤销，大批统计人员被解散，大量统计资料被销毁，全国性的综合统计几乎中断，统计制度遭到了严重破坏。1967—1969 年，全国仅有北京市统计局保留牌子。国家统计局被撤销后，在国家计委下仅设一个统计小组；各省、市、自治区统计局，也被并入革委会所属业务的大组。国家统计局农产量调查总队及各省、市、自治区的分队，以“独立王国”“不相信地方党委领导”为由，于 1967 年春被明令撤销，人员就地安置。1976 年年底，全国县以上综合统计部门的统计人员只有7 800人，比 1965 年的 21 000人减少了 63%。不过，在当时极其困难的条件下，银行、财政、税收、铁道、交通、邮电、商业、粮食、外贸等部门，以及一些地区和许多基层单位，仍然坚持统计调查工作。这些统计调查，为后来填补中断了的全国基本统计数据发挥了重要作用。

1970 年，周恩来总理鉴于国家综合统计工作中断，国家基本经济情况不清，对党和国家带来极为不利的影响，明确指出：统计工作不能取消，统计机构还要有，基本统计还是要搞的。国家计委根据周总理指示，于 1970 年 5 月 14 日发出了《关于建立统计报表制度的通知》，要求从当月开始，恢复工业、农业、基本建设、职工人数和工资总额、社会商品零售额、工业财务成本和物资定期统计报表制度。12 月 4 日，国家计委正式下达了《国民经济基本统计年报制度》，共有 22 张表式，其中农业 8 个表，工业交通 5 个表，基本建设 3 个表，物资 1 个表，劳动工资 2 个表，财贸、教育、大三线地区情况各 1 个表。尽管这些年报内容很不完整，但年报制度终于初步恢复，为“四五”时期（1971—1975 年）定期报表制度逐步走上正轨打下了基础。

1974 年，国家计委统计组改称统计局。此后，各省、市、自治区相继在计委内设立了统计局或统计处，全国统计工作和统计报表制度逐步恢复起来。1975 年 8 月，国家计委决定在统计局计算室基础上，成立国家计划委员会电子计算中心，计划与 138 个点（包括 30 个重点钢铁企业、80 个统配煤矿和 28 个省市自治区）联通，用电子设备传输数据。

1977 年 4 月，国家计委召开了全国统计工作座谈会，批判了“四人帮”对统计工作的干扰和破坏，提出尽快恢复和加强统计工作的建议。11 月，国家计委再次召开全国统计工作座谈会，讨论和起草了《关于整顿和加强统计工作的报告（草稿）》。1978 年 3 月，国务院批准恢复国家统计局，各地统计机构相继重建，全国统计工作重新步入正常轨道。

2. 统计制度的建立与完善

新中国的“社会主义统计工作”，是在苏联专家的帮助和指导下建立起来的。截止到1957年9月，翻译出版苏联统计书籍达100种之多，内容广泛，从统计学原理到各种专业统计，如工业、农业、基本建设、贸易合作、物质供应、交通运输、财政金融、文教卫生统计等。同时，中国学者开始尝试把“先进的统计理论与中国社会实际情况和中国统计工作实践相结合”，探索中国自己的统计体系。徐前等编著的《经济统计学讲话》（1957年）就是一例。

当时，在国民经济主要领域建立了以全面报表、逐级汇总为特征的统计调查方法体系，其统计报表制度包括三个方面：一是国家统计调查制度，二是中央各部门统计调查制度，三是地方统计调查制度。

但是，在1958年“大跃进”中，原本行之有效的统计工作受到了冲击，出现了虚报统计数据的严重问题。据薛暮桥回忆：“高指标的直接后果是迫使各级党委和政府虚报产量。这年8月统计局召开全国统计会议，那时我已经调离统计局，没有参加会议，有五六个省的统计局长来看我，说省委要统计局报假账，不报就要受处分，如照省委的意图报，又违反统计纪律，怎么办？我说现在‘大跃进’势不可挡，只能听省委的话，将来总有一天中央会问你们真实数字，你们仍要做好准备，随时可以把实际数字拿出来。”① 1958年11月，毛泽东尖锐地批评了普遍存在的虚报现象，他说：“爱讲假话的人，一害人民，二害自己，总是吃亏。”② 在20世纪60年代国民经济调整时期，许多经济统计工作的职能被经济与计划工作取代，国家统计局逐渐被边缘化。1966年开始的“文化大革命”，更使原本脆弱的统计工作受到更大冲击，到了1969年12月，国家统计局被撤销。同期，绝大部分财经院校被停办，全国仅存的辽宁财经学院计统系不得不“开门办学”，但仅限于开设“工业统计学”“工业八项指标统计”等培训课程。

1970年以后，由于“文化大革命”而中断的统计工作初步得到恢复，农业、工交、投资、劳动工资、贸易、物资等主要专业统计报表制度已基本恢复到“文化大革命”前的水平。1975年，开展典型调查，加强综合分析，提出要进一步搞好基本统计，提高数字的准确性、及时性。同时，改革统计制度和统计方法，强调调查研究，加强业务指导，推广典型经验，办不定期的内部简报，介绍经验，召开小型座谈会推广经验，办干部培训班。随着“四个现代化”的推进，逐步认识到调查研究的重要性，认为统计工作可以为国民经济新跃进当好“耳目”和“参谋”。当时，统计工作实行专业人员和广大群众相结合，依靠群众办统计。中央要求各级统计部门要注意研究新情况、新问题、新经验，提出有情况、有分析、有建议的资料，帮助各级领导搞好综合平衡。统计工作既要反映生产力发展的情况，又要反映生产关系变化的情况，以及上层建筑

① 《薛暮桥回忆录》，256页，天津，天津人民出版社，1996。

② 《毛泽东文集》，第8卷，50页，北京，人民出版社，1999。

的情况。

1977 年 3 月 24 日—4 月 6 日，国家计委召开全国统计工作座谈会，除批判“四人帮”对统计工作的干扰破坏外，还提出了对统计工作的要求：重点是要搞好基本统计，加强综合分析，准确、及时、全面反映建设成果；建立一套适合建设需要的、简便易行的统计制度；把基层统计搞扎实；建立健全各级统计机构，加强领导班子建设，培养一支又红又专的统计队伍。

1977 年 4 月，国家计委印发《1977 年统计工作要点》，提出：在农业方面，着重反映加快农业机械化，大搞农田基本建设，发展农林牧副渔，发展社队企业，壮大集体经济，提高社员收入以及各行各业支援农业的情况；在工业方面，着重反映企业产品产量、品种、质量、原材料燃料动力消耗、劳动生产率、成本、利润、流动资金占用量等 8 项经济指标的完成情况和合同执行情况；要为各级领导提供调查分析资料；协同有关部门做好人口、计划生育、科技等调查统计和分析工作。凡是没有把新中国成立以来的基本统计资料整理起来的地区、部门和单位，都要把它整理好，编印成册。5 月，国家计委统计局发出了《关于切实做好农产量调查统计工作的通知》。6 月，国家计委发出了《关于在计划统计工作中抓好工业企业八项经济指标，赶超“三个水平”（企业、行业、设备水平）的若干意见》，要求：加强工业生产各项经济指标的计划管理，整理和提出“三个水平”的资料。7 月，国家计委发出《关于进行全民所有制和集体所有制单位实际用工人数普查的通知》，搞好用工人数普查，为制订劳动计划、整顿劳动纪律、减少非生产人员、充实生产第一线力量提供了可靠的资料。

## 二、人口普查

### 1. 第一次全国人口普查

新中国成立后，首先由行政部门开展人口调查工作。从 1950 年年初至 1952 年年底，内务部根据各省、市人民政府报告，经与中央有关部委研究，先后汇编了六次全国人口数字，但存在着严重缺陷，如没有人口的性别、年龄、民族构成，人口遗漏严重等，因而使用价值有限。

为了掌握准确、可靠的人口数据，满足选举地方及全国人民代表大会代表的需要，满足有计划地进行国家经济文化建设的需要，特别是满足从 1953 年开始的第一个五年计划建设的需要，1953 年 4 月 3 日，政务院决定开展第一次全国人口普查，并颁布了《第一次全国人口普查办法》。这次人口普查，由国家统计局、内务部等有关部门组成全国人口普查领导机构，国家统计局负责拟定调查统计方法和调查登记表格，报政务院批准颁发；内务部负责调查登记工作的具体进行。各省、市、县的人口调查领导机构，也由统计、民政及有关部门共同组成。

普查登记的标准时间为 1953 年 6 月 30 日 24 时。普查项目包括与户主关系、姓名、性别、年龄、民族，以及本住址等 6 项。这次普查工作的特点是：人口普查登记与选民登记同步进行；普查时间较长，登记项目较少；为了取得经验和保证质量，试点和复查面较广、时间较长；对边远少数民族地区，采用间接调查方法。1954 年 11 月 1 日，国家统计局发表了《关于全国人口普查登记结果的公报》：1953 年 6 月 30 日 24 时，全国总人口为601 938 035人。

这次普查最大的长处，是得到了人民的充分配合。国家历经战乱，终于获得了和平，土地改革已经完成，土地分配以个人为基础，因而每个村都有居民的精确记录。许多妇女以前没有名字，在这次普查中都取了名字。在普查过程中，各级政府组织调动了 250 多万人承担各项普查工作，包括监察员、调查员、记录员和统计员；在方法上，以个人经常住所或户作为人口计算的基础；在调查年龄时，根据中国人计算年龄的习惯，使用中国社会学者制作的“年龄计算表”[上面列有出生年份（分公元和旧纪年）、属相、虚岁和周岁等]，便于相互对照。

这次普查存在的缺陷是：普查的程序完全按苏联模式、在苏联专家指导下进行，在许多具体问题上忽视中国国情和需要。例如，以前社会学者将人口普查时间定在阳历或农历新年，是充分考虑到广大农民的生产、生活周期。而这次普查标准时间定为 1953 年 6 月 30 日 24 时，是为了配合选举人民代表，但此时正是农忙季节，某些地区因七八月份发生水灾而延期，结果造成实地调查工作持续了将近一年，直到 1954 年才结束。由于调查时间过长，人们容易遗忘标准时点下的人口数据，因而产生错误。再有，以前陈达等社会学者进行人口普查时，采取逐户访查现有人口的方式，可这次普查只调查常住人口而非现有人口，并且采取到站登记和逐户访查两种方式，然后经过县、省、全国三级汇总，这样的方法更容易出错，而且校正不了错误。普查动员了 250 万人，这些工作人员缺乏经验，要在短时间内训练他们胜任调查统计工作，是很难做到的。另外，这次调查项目太少，不利于学术研究。

2. 第二次全国人口普查

1964 年，在我国国民经济经过三年调整，开始全面好转的情况下，为了给编制国民经济建设第三个五年计划（1966—1970 年）和长远规划提供依据，中共中央、国务院于 2 月 11 日发布了《关于进行第二次全国人口普查工作的指示》，决定在 1964 年进行第二次全国人口普查，确定以 6 月 30 日 24 时为全国普查登记标准时间。

第二次全国人口普查工作，实际从 1963 年 10 月就开始了，经过组织准备、宣传教育、登记复查、统计汇总和健全户口管理制度等阶段，到 1964 年 10 月全部结束，历时一年。这次普查登记工作，县、市一级主要抽调有关部门干部负责。在农村，主要抽调人民公社社队的秘书、会计，供销社财会人员，学校教职员，下放干部，工作队员，以及部分政治可靠、有一定文化程度的不脱产人员，参加普查登记工作。在城镇，主要抽调机关、团体、企业、学校和街道的在职人员，负责普查登记工作。据统计，这次普查全国组织了一支 530 余万人的普查队伍，其中：国家工作人员 270 余万人（包括小学教员 60 余万人），农村生产队和城市街道干部 250 余万人，雇用社会青年 10 余万人（主要是边远地区）。

第二次全国人口普查的项目，除保留第一次普查的六个项目外，新增了文化程度、本人成分、职业三项，其中后两项不做汇总。同时，要求对 1964 年上半年出生、死亡、迁出、迁入人口进行核对和登记。1964 年人口普查数字，当时没有公布。直到 1981 年第 5 期《统计》杂志上，才刊载了国家统计局提供的《第二次全国人口普查结果的九项主要统计数据》。第二次全国人口普查的结果是：1964 年 6 月 30 日 24 时，全国人口为720 370 269人。其中，28 个省、自治区、直辖市为694 581 759人（不包括台湾地区人口、港澳同胞和国外华侨）。

## 三、经济状况调查

新中国成立后，各级政府做了大量经济状况调查。

1950 年 3 月，政务院财政经济委员会发布命令，对全国公营、公私合营及工业生产合作社的工矿企业，进行统一的全国普查。同时，交通部公路总局主持开展了全国公路运输基本情况调查，调查采取制发调查表和实际调查相结合的办法，调查结果编成了《1950 年公路调查资料》。8 月，中财委发出《关于整理普查资料和编制统计报告的指示》，要求搞好全国工矿企业普查资料的审核与整编工作，编印出了《1950 年工矿企业普查资料汇编》。

1952 年 10 月，全国开展了工农业总产值和劳动就业调查。工农业总产值调查的范围包括各种经济成分的全部工业和农业生产情况，调查资料用来研究全国工农业生产总规模和国民经济中的重大比例关系，如现代工业在工农业生产中的比重，工业中各种经济成分的比重，农业中商品生产与非商品生产的比重等。劳动就业调查的范围包括县及县以上的城市和乡村（包括县以下的集镇）的就业、失业、无业人数，调查资料用来研究全国劳动力资源及就业情况。

1953 年 5 月，国家统计局下发了《城市公用事业调查表》，开展城市公用事业调查，作为了解全国各重要城市主要公用事业的现状和编制城市建设计划的依据。

1954 年 1 月，国家统计局制发了《工程技术人员调查表》，调查工业、地质、建筑、铁道、交通、邮电、农业、林业、水利等部门布置工程技术人员的情况。4 月，国家工商行政管理局、国家统计局联合向各大行政区及各省市布置全国私营工业企业调查，为国家制定对资本主义工业进行社会主义改造的具体方案提供依据。

1955 年 7 月，国家统计局、国家工商行政管理局、地方工业部联合颁发《1955 年私营工业重点行业调查方案》，调查对象以私营工业为主，调查项目有户数、人数、产值、产量、设备及平均工资等指标。此外，还分别搜集国营、地方国营、公私合营、合作社加工厂、手工业生产合作社及个体手工业的统计资料，以便观察重点行业的全面情况，调查范围包括机器制造等 19 个行业。9 月起，在全国开始私营商业及饮食业基本情况的普查工作。与此同时，国家统计局决定进行全国职工调查，调查内容主要是职工的数量、构成、分布及工资等情况。

1959 年 2 月，国家计委、劳动部、国家统计局联合发出《组织力量查清核实 1958 年职工人数》的急电。电文指出：1958 年的职工人数与工资变动很大，初步汇总全国增加了2 000万人左右（其中约400万是大办钢铁以来新定点定员的企业职工）。职工人数猛增，涉及国民经济一系列重大问题，与国家安排城乡工农业劳动力比例，以及生产、市场、工资等关系重大。3月，国家统计局布置农村人民公社整社情况调查，要求各地按公社整社结束时（一般是3月底）的实际情况填报。11月，国家统计局颁发《人民公社工业典型调查方案》，调查目的主要是向中央和各级党政领导反映公社工业整社前后的变化和当前支援农业生产的情况，调查内容包括：全社工业生产单位数、工业总产值，主要工业产品产量、工业劳动力分配情况、主要工业产品单位成本、售出社外商品生产情况、工业自有资金、全部净收入等情况。

1960年4月，国家统计局、中华全国总工会决定联合进行城市人民公社调查。调查范围为全国专辖市（指1970年专区改称地区以前，由专区管辖的市）以上城市、工矿区、未参加农村人民公社的县城，以及市、县属镇。调查内容为：城市人民公社组织情况；未成立城市人民公社情况；公社生产生活情况；企业、机关食堂、托儿所情况。共有22张调查表。

1961年2月，国家统计局印发1960年调查研究工作初步总结——《大搞调查研究》。总结的经验主要是：跟上形势，选准题目；进度统计分析与专题研究、综合研究与典型调查相结合；领导亲自动手与依靠群众相结合；深入调查研究，对具体问题进行具体分析；反复讨论研究，以虚带实，虚实并举。总结还提出：写调查统计报告是统计工作的中心任务，统计报告要逐步做到“准、透、全、快、简”。1961年2月，在北京召开了全国省市区统计局长会议，提出：为了做好调查研究，统计干部应深入实际、深入群众进行典型调查，“解剖麻雀”，改变迷信和滥用统计报表的作风和习惯。今后凡是典型调查或重点调查可以解决的，就坚决停止制发全面的统计报表。对于必要的统计报表仍应坚持做好，以便及时向党政领导提供全面的基本统计资料。会后印发了《大兴调查研究之风，如实反映情况，为进一步提高统计工作水平而努力》的会议纪要。同年，国家统计局发出调整工业统计的通知，要求加强手工业统计，改进轻工业统计，精简重工业统计，停止执行煤炭生产、基建、运输、消费情况月电快报和工业企业机械化、半机械化、自动化、半自动化季电报。同年，国家统计局组织进行了停建、缓建项目处理情况调查。

1962年3月，国家统计局制发了《1962年农村人民公社社员户收支调查试行方案》，在全国范围内恢复农民家计调查。方案的主要内容，一是社员户收入的来源、水平及其发展变化情况，特别是家庭副业发展变化情况及其在社员户收入中的作用；二是社员户物质与文化生活消费的水平、构成及发展变化情况，特别是主要实物消费量增长变化情况。各省、市、自治区统计局按照“保证调查结果对全省各类型社员户的收支和消费水平具有代表性”和“统计部门有力量对调查户亲自进行调查、使调查资料能够如实反映情况”两项原则，自行选定调查县、调查点和调查户。选户方法，可用划类选点或排队选点或二者相结合的方法进行。尽量采用经常登记与定期调查、访问相结合的方法进行调查。同年，国家还进行了基本建设停建项目情况调查和基本建设征用土地利用情况调查。

1963年，组织了重点县支援农业资金使用情况调查。

1964 年，在国民经济调整过程中，各级党政领导需要了解物价变动情况及其对城乡人民生活的影响。国家统计局根据 1962 年物价统计报告制度的规定，分别按照牌价、高价、议价和市价的零售物价总指数和职工生活费价格总指数进行了调查。

1965 年，国家统计局在基本建设统计中进行了在建大中型项目建设情况调查，包括每个项目全部和年度计划总投资，整理出了 1949—1964 年建设大中型项目基本情况统计资料。

“文化大革命”期间，许多调查工作被迫中断。粉碎“四人帮”以后，为适应国民经济发展需要，1977 年国家计委发出普查通知，普查标准时间为 7 月 30 日；普查范围包括各省、自治区、直辖市管辖范围内的全民所有制单位（军事系统除外）和集体所有制单位，国防科学技术工业委员会、第二机械工业部、第七机械工业部以及中国人民解放军总后勤部分别调查本系统所属单位。凡是由全民所有制单位和集体所有制单位直接组织生产或工作并由其支付工资或发给补贴费的人员，无论经费来源和支付形式如何，都在调查之列。普查结果显示，全民所有制单位实际用工人数中，未列为正式职工的达1 600万人，相当于列为正式职工人数的 1/4。这次普查资料为制订劳动计划、整顿劳动组织，以及压缩非生产人员、充实生产第一线，提供了可靠依据。

1978 年 5 月 4 日，国家计委、国家基本建设委员会、国家经济委员会、财政部、中国人民银行和国家统计局联合发出了《关于普查、清理基本建设项目和挖潜、更新、改造项目的通知》，要求对投资额在 5 万元以上的所有基本建设和挖潜、更新、改造项目进行调查。调查结果显示，全国在建项目规模大、战线长、投资效益差的问题很严重，这引起了中央和国务院的重视，为中央制订调整方案、缩短基本建设战线，提供了重要依据。

## 四、教育与文化调查

1952 年 6 月，教育部布置全国各级各类学校开展普查与典型调查相结合的调查。调查目的是了解全国各级各类学校的基本情况和问题，为编制五年教育建设计划提供资料。调查内容包括：高等学校的师资情况、经费情况、设备状况、学生情况、院系设置、教学计划、教材、教学方法和教学成效等；中等技术学校、师范学校和中学的师资、设备、教学、学生情况和经费情况；工农业余学校、小学、幼儿园的师资、设备、教学、学生情况和经费情况；儿童初步教育方面 3～6 周岁的幼儿数；成人初等教育方面 15～25 岁的青年数、26～45 岁的壮年数、46 岁以上的老年数，以及青年、壮年、老年中的文盲、半文盲、非文盲和知识分子数。

1952 年 9 月，文化部报请政务院文化教育委员会批准，开展新中国第一次全国文化艺术事业普查。10 月，文化部向各大行政区、内蒙古及各省（行署）、市文化主管部门布置了 7 种调查表，即《全国电影放映队管理单位调查表》（附《电影放映队概况调查表》）、《全国电影院概况调查表》、《全国剧场概况调查表》、《戏曲剧团班社概况调查表》（附《主要演员一览表及经常演出的节目一览表》）、《全国文化馆概况调查表》、

《全国各县文化艺术事业概况调查表》、《全国各市文化艺术事业概况调查表》。除《戏曲剧团班社概况调查表》指定由中央及大区直辖市、省辖市内的剧团班社填报外，其余的要全国普查。调查内容有机构、人员、设备及工作情况，影院及剧场票价，剧团演员收入，文化馆经费，县市文化事业经费预算等。调查标准时间是10月31日，1953年2月15日汇总上报。

1957年，政务院财政经济委员会委员兼计划局副局长钱昌照在山东省济南、青岛、莱阳三个地区视察了六所中学、三所师范、五所小学、两所文化补习学校。在视察期间，先后约谈校长、教师、学生八次，发现各级教育行政机关在工作上存在一定的官僚主义，校长、教师的调配没有一定的制度，教材脱离实际的情况非常严重，教师和学生负担太重，影响身体健康等问题。

1961年1月，毛泽东号召大兴调查研究之风。1月中下旬，在中宣部领导下，文化部、剧协等单位组织了两个调查组，对中国京剧院和中国青年艺术剧院执行“双百”方针和知识分子政策、掌握艺术规律以及领导作风等问题进行了调查，摸清情况，统一认识，制定了《关于当前文学艺术工作的意见（草案）》，为中宣部召开文艺工作座谈会做准备。6月，中共中央在北京新侨饭店召开了全国文艺工作座谈会（简称“新侨会议”），周恩来到会做了重要讲话，制定了“文艺八条”和《加强电影生产领导》等文件，提出了“为最广大的人民群众服务”的口号。

1961年，为制定“高教六十条”“中学五十条”“小学四十条”，也进行了大量的调查研究。例如，为制定“高教六十条”，教育部召开两次座谈会，征求高校党员干部和教授的意见。8月，中央书记处召开会议，对条例草案逐条讨论、修改。会后，教育部派三个工作组分别到北京大学、天津大学、复旦大学进行调查，征求意见。9月，条例经中央工作会议讨论、通过。毛泽东感叹地说，在探索符合中国情况办学道路上迈出了一步，总算有了自己的东西。

1961年6月由国家科学技术委员会党组和中国科学院党组提出、7月经中共中央批准试行的《关于自然科学研究机构当前工作的十四条意见（草案）》（简称“科学十四条”），就正确理解对自然科学工作者的红与专的要求，正确贯彻执行百花齐放、百家争鸣的方针和理论联系实际的原则，明确科学研究机构的根本任务（出成果、出人才），保持科学研究工作的相对稳定，保证科学研究工作的时间，改进研究机构中党的领导方法等问题，做了一系列具体的政策规定。为了制定“科学十四条”，国家科委、中国科学院领导，一方面深入科研院所进行调查研究，先后召集上海、北京等地科学家座谈，听取意见；另一方面，搜集美、苏、英以及联合国教科文组织的有关资料进行研究，最后，由聂荣臻主持起草《关于自然科学研究机构当前工作的十四条意见（草案）》。这说明，“科学十四条”是聂荣臻等在科技战线进行广泛调查研究的产物。

总之，文艺、教育、科学领域的这些条例，都是在调整方针和实事求是的认识路线指导下，党组织同广大知识分子相结合的产物，是集体智慧的结晶。

1974年，国家体委召开了第一次全国体育场地普查会议，布置普查的具体任务及普查指标、指标解释、计算方法，确定1974年11月20日为此次普查上报材料的截止日期。通过第一次全国体育场地普查，截止到1974年年底，我国各类体育场地（馆）总数为25 488个。其中，体育场152个，体育馆113个，游泳池1 604个，室内游泳池74个，灯光球场17 620个，篮、排球房284个，体操房155个，射击房129个，乒乓球房928个，足球场2 833个，运动场1 435个，田径房9个，游泳场95个，网球场35个，举重房12个，滑冰场3个，羽毛球场7个。

1975年7月中上旬，毛泽东批评创作上“百花齐放都没有了”，提出了调整文艺政策的问题。为了贯彻毛泽东的这一指示，国务院政治研究室重点查阅了1969年11月到1975年6月“四人帮”控制的《人民日报》《光明日报》《红旗》杂志和上海《文汇报》，发现“四人帮”控制的写作班子以及以样板戏演出单位名义发表的文章，凡用到“古为今用，洋为中用”“百花齐放，推陈出新”时，无一例外地都不提“百花齐放”这一事实，从而印证了毛泽东的说法，揭露了“四人帮”砍掉“百花齐放”的险恶用心，为调整文艺政策提供了依据。7月18日，在胡乔木等的帮助下，电影《创业》作者张天民写的一封揭露江青等扼杀《创业》的信，经邓小平送到毛泽东面前。7月25日，毛泽东批示“此片无大错，建议通过发行”，并批评江青等“求全责备”，“罪名有十条之多，太过分了，不利调整党的文艺政策”。毛泽东还注明：“此信增发文化部及来信人所在单位”。如果说，毛泽东7月中上旬关于文艺问题的指示外界知者寥寥，那么，由张天民上书引出的《创业》批示，就把毛泽东要调整文艺的决策一下子传遍了文艺界。

1978年5月28日，国家计委、国家科委、民政部、国家统计局联合发出《关于进行全国自然科学技术人员基本情况普查的通知》。这是我国首次进行科技人员普查。普查对象包括三部分人员：一是在国民经济各部门中从事理工农医等自然科学方面的生产、科研和教学工作的人员；二是已取得科学技术人员职称，或由大学、中专理工农医科系毕业，在机关、企业、事业单位从事科研生产、教学等业务技术管理工作的人员；三是已取得科学技术职称或大学、中专理工农医各科系毕业，但未从事科学技术工作的人员。普查范围包括全民所有制和集体所有制单位（城镇街道办和农村人民公社办集体所有制企事业单位）。经过这次普查，摸清了科学技术人员的基本情况。

## 五、居民家计调查

居民家计调查，包括两个部分，即农民家计调查和城市职工家计调查。

农民家计调查，是1955年由国家统计局组织实施的。具体步骤是：采用分阶段按比例机械抽样方法抽选农户进行调查，在全国（除西康省和各直辖市外）抽选750～1 000个乡（村）、每乡（村）抽选20户（每省500～1 000户），共抽选1.5万～2万户，对1954年的农民家计进行一次性调查。调查内容包括财产状况、实物收入和货币收入（包括副业收入）的一切来源和数量，支出的一切形式，货币支出中的商品部分和非商品部分，所需农产品与工业品的实物消耗量，消费品的构成和数量，农业生产的商品化程度，再生产的过程，生活资料与生产资料支出的增长比例等。调查历时 9 个月左右，动员干部5 000多人，共调查了16 700农户。1956 年 3 月，国家统计局颁发了 1955 年农家收支调查工作重新抽样的办法，仍以机械抽样为原则，但规定以约 150 户左右的居民点为调查点，每个调查点抽选 15 户左右作为调查户。在此基础上，建立了 1956 年农民家计经常性调查工作，调查户仍为 1.5 万～2 万户。要求调查户自行记账，设辅助调查员，定期访问调查户检查记账情况，并按月整理汇总调查户的家计资料。

城市职工家计调查，是 1956 年 1 月开始的。当时，在北京、天津、上海、石家庄、唐山、太原、大同、沈阳、鞍山、抚顺、本溪、旅大、阜新、长春、哈尔滨、西安、济南、青岛、南京、无锡、杭州、郑州、武汉、长沙、广州、重庆、成都等 27 个城市若干重要工业部门中，有重点地进行了职工家计调查。全国调查员、督导员 500～600 人，每个调查员调查 12～15 户。第一年调查工业部门职工6 000户。采用经常性调查方法，要求被调查户按一定表式逐日自行记账，家计调查员经常访问被调查家庭，检查填写情况，并按月整理汇总被调查户的家计资料。

在全国范围内进行农家收支调查，是从 1955 年开始的。起初是一次性调查，后改为经常登记。1959—1960 年，农家收支调查时断时续。1961 年后，开展农家收支调查的省区增多。为了从 1962 年起推动各地开展农家收支调查，国家统计局曾拟定新的调查方案，准备试点后再由各省、市、区根据具体条件研究执行。后来，由于“文化大革命”爆发，此项工作被迫停止。

## 第四节　学术性社会调查

学术性社会调查，是指围绕学术研究而开展的社会调查。中华人民共和国前期，中国高等院校、科研院所的学者们，除做过大量政治性社会调查外，围绕学术研究而开展的社会调查，主要有两类，一是社会学范畴的社会调查，二是民族问题大调查。

### 一、社会学范畴的社会调查

新中国成立前夕，中国高校共有社会学系 20 个，另有与社会学相关的家政系 5 个。新中国成立初期对社会学极不公正的处理，导致社会调查工作失去了来自民间的强有力的支持。1952 年，中国高校进行院系调整，只保留了中山大学及云南大学的两个社会学系，其他学校的社会学系和相关系科都被取消。1953 年，教育部对高校院系作了进一步的调整，仅存的两个社会学系也被并入了其他专业。至此，社会学的教学和科学研究活动在高校被完全停止。

社会学系和专业被撤销了，但社会学家还在。这些社会学家，有的讲授和研究劳动问题、人口问题，有的做统计工作，有的借民族学领域进行民族学教学与民族学调查研究，形成了具有相当规模的学科体系。这些社会学家做了许多社会学范畴的调查，发表了许多社会调查文章。

例如，1951年2—4月，潘光旦和青年教师在太湖流域参加土改，就将实地调查中的见闻，写成了一系列文章发表。

1952—1955年，费孝通转向应用人类学研究，撰写了一些关于少数民族历史起源的考证文章。1956年，他和林耀华制订了“当前民族工作提供给民族学几个任务”的研究方案，提出了几个研究课题，力图为党和政府制定少数民族政策提供依据，其调研成果曾在《人民日报》上连载。

1954年，时任北京大学校长的经济学家马寅初，多次赴浙江、上海等地调查人口增长、粮食生产和文化教育等各方面的情况。他每到一个村，必定向村社干部和老农了解近年来村里出生的人口有多少，死亡的有多少，生死相抵以后净增加有多少。通过调查，他写成了《浙江温州地区视察报告》，表达了对农村孩子太多的担忧。同时，他还查阅了全国其他省份以及世界各国有关方面的资料，写成了《控制人口与科学研究》一文，于1955年提交全国人大讨论。

1956年秋，在《人民日报》支持下，李景汉重访30年前调查过的村庄，写出了新的调查报告，对该村今昔发生的巨大变化做了极其生动的描述。李景汉还从不同阶级成分、不同家庭经济情况的农户中选择访问了30多个农户，特别是对其中较有代表性的人家进行了细致考察。他说：“今后，新中国的社会调查工作应该把重点放在人和人之间的相互关系之调整的系统研究，可以补足政府调查统计的不少空白。”① 在谈到各种调查方法时，李景汉再一次提出，中国现有的调查统计是完全模仿苏联的报表制度，像望远镜似的，只能看到社会现象全貌，但不能深入细致地了解人与人之间的复杂关系。而且在进行统计中，报表往往泛滥成灾，流于形式，乡间干部对此感到头痛。社会学的调查研究方法却是显微镜式的、X光透视式的，能进行仔细而深入的质的方面的专题研究。两者相结合，可以既见树木又见森林。

1957年4月，费孝通重返江村（开弦弓村）做调查，写成了《重返江村》一文，对当时的《农业发展纲要四十条》以及农业合作化运动提出质疑，建议恢复发展副业和村办企业，认为它是农民家庭重要的经济来源。

1957年的“反右派运动”，使社会学者们受到了严厉批判，并彻底地取缔了社会学这门学科。从此以后，规范的、有组织的社会学调查和研究活动没有了，但许多学者仍在实地观察、调查并如实记录了许多社会事件，对当时当地解决社会矛盾、促进社会发展起了一定作用，并为日后社会学研究积累了一些资料，无形中延续了社会学的一些传统和做法。当然，按严格科学的规范衡量，这些社会调查和研究还不能被界定为科学的社会学研究，因为这些调研活动缺乏宏观社会学理论指导，没有对社会进行总体、综合的研究，在方法上主要靠经验的手工方式操作。

---

① 刘光华：《李景汉教授访问记》，载《文汇报》，1957-05-17。

## 二、民族问题大调查

20世纪50—60年代，遵照党中央、毛主席“抢救落后”的指示，我国民族工作者曾开展过三项规模空前的大调查——少数民族历史调查、少数民族语言调查和少数民族识别调查（其中一部分调查工作持续到了“文革”后期）。先后参与此调查的人员达1 700人之多，足迹遍及我国少数民族人口较密集的19个省和自治区，所获调查资料累计达数亿字。

*1. 少数民族历史调查*

中国共产党早就重视少数民族历史调查。抗日战争初期，延安成立了民族问题研究会，撰写出《回回民族问题》《蒙古民族问题》《蒙古社会经济问题》等著作。1950—1952年，中央人民政府先后派出4个访问团和2个视察组，分赴西北、西南、中南、东北、内蒙古等少数民族地区进行联络、慰问，检查当地的民族工作。当时，中央民族访问团出访各地，除代表中央政府慰问各族群众，宣传民族平等政策外，还不辞辛劳调查了解各地民族的名称、人数、语言、历史、宗教以及文化特点（包括风俗习惯）等。《中央访问团关于少数民族调查研究提纲》规定的调查内容包括：其一，关于各民族一般情况的调查，包括民族分布、经济、政治、文化教育和宗教信仰等；其二，关于民族叛乱、民族政策的调查等。[①] 这些慰问和询访，为以后的民族识别调查做了初步尝试。当时，费孝通先后担任中南和西南两个团的领导人，深入广西、贵州等地访问调查，向各少数民族解释政府的民族政策，搜集有关他们的基本情况。访问结束后，他写了一系列文章，后来编辑成册，题名为《兄弟民族在贵州》。此外，当时各级党政机关和一些专家、学者对少数民族地区情况也做过一些调查，写过一些专著，但多是零星的、不系统的。

1954年9月，第一届全国人大设立了民族委员会。1955年春，为制定相关政策，时任人大副委员长兼秘书长的彭真召集相关人员开会，提出抓调查研究，组织人员，深入实地，认识社会，为科学决策提供依据。此后，全国人大民委派出几个调查组，分赴云南傣族、景颇族，四川彝族和新疆维吾尔族地区进行调查，就如何进行民主改革问题进行调查，着重在社会经济结构方面。例如，赴云南调查组6月到达云南德宏傣族、景颇族地区，以潞西县（今芒市）为重点，历时数月，调查了景颇族聚居的东山、西山33个寨、831户人家的生产及生活等情况。在深入调查基础上，全国人大民族委员会与云南省委共同制定了关于在德宏傣族地区开展民主改革的方案，提出了在保持某些原始公社制残余的景颇、佤、傈僳等民族地区，通过互助组、合作社，逐步解决山官、头人某些特权和少量剥削问题，直接向社会主义过渡的建议。

要加快民族地区民主改革步伐，制定相应政策，需要对相关民族的社会结构、政治及经济等情况做出正确判断，这就促进了民族调查的全面开展。1956年6月，根据

① 参见云南省民委编：《云南民族工作参考资料》，第2辑，1952。

毛主席指示，全国人大民族委员会和中央民族事务委员会召开了全国少数民族社会历史调查工作会议，请少数民族较多的省、自治区民委主任、中央民族学院和几个地区民族学院的领导同志、有关大学和研究机构的专家学者参加，研究了全国少数民族社会历史调查的组织、计划和调查提纲等问题。当时，明确了调查工作由全国人大民族委员会主持，成立了由全国人大民族委员会主任刘格平、中央民族事务委员会副主任刘春和中央民族学院副院长费孝通组成的调查领导小组，在全国人大民族委员会成立了调查办公室。当年，就组织了内蒙古、新疆、西藏、云南、贵州、四川、广西、广东8个调查组，抽调民族学家、社会学家、历史学家、经济学家以及社会科学研究人员、民族工作干部、大专院校师生200多人参加，第一批调查了20个民族，整理出了不同民族从原始社会末期到奴隶制社会和封建社会不同历史发展阶段的第一手资料约1 500万字。这些资料，比较详细、忠实地记录了各民族的历史和现状，为后来《民族问题五种丛书》的编写、出版提供了历史基础和原始参照。

这次轰轰烈烈的民族大调查，不仅有助于党和国家把握多民族国情的实际、推行民族区域自治制度和制定民族政策，而且促进了我国民族学、语言学、历史学、经济学和宗教学等学科的发展，壮大了我国民族研究队伍，从一定意义上说，它对中国民族学界具有“成丁（年）礼”的意义。

2. 少数民族语言调查

1950—1954年，为了贯彻党和国家的民族语言文字政策，中国科学院语言研究所少数民族语文研究组先后对西南、中南、西北一些省区的壮、布依、水、苗、瑶等少数民族的语言进行了初步调查。这次调查的阶段性成果，罗常培、傅懋勣的《国内少数民族语言文字的概况》（1954年《中国语文》），成为中国少数民族语言谱系分类最重大、最权威的纲领性文献。

1955年12月，中国科学院和中央民族事务委员会在北京召开首届民族语文科学讨论会，决定组织全国性的少数民族语言调查。1956年春，中央民委、中国科学院、中央民族学院等单位共组织700多人，分成7个少数民族语言调查工作队，分赴云南、贵州、湖南、四川、广东、广西、甘肃、青海、新疆、内蒙古和黑龙江等15个省区，对壮、布依、侗等42个少数民族语言进行了一次普查。通过普查，掌握了国内少数民族语言的基本情况和各种方言土语，提出了划分方言的意见和一个民族说两种及以上语言的处理意见，制订了帮助某些少数民族创制或改革文字的方案。这次民族语言调查，规模巨大，积累了大批原始资料，为以后开展研究奠定了基础。

3. 少数民族识别调查

1950年，中央访问团访问西南地区，对各少数民族的社会经济和民族关系进行广泛调查。其中，第一个访问团是西南访问团，由中央20多个单位的120多人组成，加上地方补充人员，共分为3组，分别赴西康、云南、贵州访问，先后整理、出版了《云南民族情况汇集草稿》、《傣族社会历史调查》（西双版纳之一，其中包括基诺族的情况）、《云南民族情况汇集》（上、下）等成果。通过这次访问调查，中央意识到不搞清楚中国有哪些民族，党的民族政策、民族区域自治制度将很难实施和落实，于是就把民族识别工作放到了当时民族工作的核心位置。

为了搞清楚中国有哪些民族，辨别民族成分和民族名称，中央决定开展大规模民族识别调查。这次调查，从中国历史和现实情况出发，按照科学认定与本民族意愿相结合的原则，只要具有构成单一民族的条件，不管其社会发展水平如何，无论其居住区域大小和人口多少，都认定为一个单独的民族。从 1953 年起，中央先派出多个调查组，对畲族、达斡尔族、彝族、壮族进行了民族识别调查，然后逐步扩大调查范围。到 1954 年，全国共确认了 38 个少数民族。1955 年，中央又先后派出广东畲民、胥民调查组，湖南和湖北土家族调查组，同时，对川、黔、云、桂、湘、鄂、粤、甘、青、藏等少数民族较集中的省（区），进行了更为系统的民族识别调查。到 1964 年，又确认了 15 个少数民族。再加上 1965 年确认的珞巴族、1979 年确认的基诺族，全国共有 55 个少数民族。加上汉族，中国这个统一的多民族国家，就由 56 个民族共同组成。

4. 民族大调查工作的延续

1958 年，民族大调查工作改由中国科学院哲学社会科学部主持，西南民族学院、民族研究所等负责具体实施。此次调查，新增了甘肃、青海、宁夏、辽宁、吉林、黑龙江、湖南、福建 8 个调查组，连同先前 8 个组（省），共 16 个调查组，调查组人员最多时达到千人以上。1964 年，调查工作基本结束，搜集了大量调查资料及文献、文物；没有派调查组的省，由省民族事务委员会负责按照调查提纲提供基础资料。据不完全统计，连同第一期调查，共整理、印刷调查资料 340 余种，2 900万余字；档案和文献摘录 100 多种，1 500多万字；拍摄了反映 17 个少数民族社会经济文化状况的纪录片 16 部；相关图片 103 本。此外，还搜集了一批少数民族历史文物。

为了更好地保存和利用这些宝贵的历史资料，从 1958 年开始，国家民委组织编写了“中国少数民族简史”“中国少数民族语言简志”“中国少数民族自治地方概况”三种丛书。“文化大革命”期间，这项工作被迫中断。1978 年，国家民委在报请党中央、国务院批准后，决定继续组织编写以上三种丛书，并增加编写《中国少数民族》和《中国少数民族社会历史调查资料丛刊》两种丛书，合并定名为《民族问题五种丛书》（以下简称“五丛”）。

“五丛”，是国家民委主持领导和编辑出版的民族问题大型综合丛书，是专门介绍和论述关于民族问题的多种学科的科学著作。它包括《中国少数民族》（1 册）、《中国少数民族简史丛书》（57 册）、《中国少数民族语言简志丛书》（55 册）、《中国少数民族自治地方概况丛书》（140 册）和《中国少数民族社会历史调查资料丛刊》（148 册），堪称我国民族问题的百科全书。“五丛”是当今世界上多民族国家中唯一一部由政府组织、社会力量广泛参与、全面反映国内各民族情况的大型综合文献，它是我国民族问题调查研究的重要成果。其内容涉及民族区域自治、民族学、民族史、民族语言文字，以及民族经济、文学、宗教、医药、体育、音乐、舞蹈、美术等众多领域；其调查编写工作，由全国 19 个省、自治区及中央有关单位 400 多个编写组、1 700余人执笔，总字数约792 915万；其编写出版工作自 1958 年始至 1991 年结束，历时 30 多年才基本完毕，累计出版著作 401 本，发行18 317万册，部分书目还被译作少数民族文字和外文本出版。

除上述政治性社会调查、行政性社会调查和学术性社会调查外，还有一种应用性社会调查，即围绕各种业务而开展的社会调查。中华人民共和国前期，应用性调查发展不大，主要是各种企事业单位围绕各自业务开展的社会调查。例如，企业单位的供销调查，新闻单位的采访调查、读者调查，教育单位的学生调查、家长调查，医疗卫生单位的疾病调查、患者调查等。一般地说，这些调查大都局限于较小范围，止于各自任务的完成，社会影响、学术价值较小。

## 第五节　主要的经验与教训

中华人民共和国前期，党、政府和社会各界进行了广泛的社会调查，既积累了许多宝贵经验，又留下了许多沉痛教训。

### 一、宝贵的经验

这一时期，社会调查积累的宝贵经验有如下几点。

1. 立足国情、围绕大政方针开展社会调查

新中国成立后，党中央在做一些重大决策前都要进行调查研究。正如毛主席指出的，“民主革命阶段，要进行调查研究，社会主义革命和社会主义建设阶段，还是要进行调查研究，一万年还是要进行调查研究工作。这个方法是可取的”①。例如，1956 年春，为了探索适合中国国情的社会主义道路，中央领导核心所有成员和中央书记处、国务院领导同志都参加了调查，调查对象包括几乎所有中央部、委、行、局以及各省、市、自治区，直至大量高等院校、科研机构、企业、工地，是一次全国性的广泛调查。1956 年 5 月，毛泽东起草了一份《中共中央关于各省市区党委向中央汇报工作的具体安排的通知》，其中就列举了要求地方向中央汇报的 11 个问题，并要求分别调查、写出报告后再向中央汇报；1957 年 4 月，毛泽东起草的《限期将正确处理人民内部矛盾问题的讨论和执行情况报告中央》，也是要求地方全面调查、汇报的通知。1958 年 1 月，毛泽东起草的《工作方法六十条（草案）》中，就要求中央和省、直辖市、自治区两级党委的委员“一年一定要有四个月的时间轮流离开办公室，到下面去作调查研究”②。刘少奇为调研人民内部矛盾问题，1957 年 2—4 月花了近两个月时间，对河北、河南、湖北、湖南、广东等 5 个省进行了广泛调查。1961 年，刘少奇在听取中共黑龙江省委汇报时说：“调查不只是认识世界，而且要改造世界。集中搞一个典型调查，去看一次还不行，等二年、三年后还须再来看看。”

1961 年，为了及时纠正“左”倾错误，党中央发出了《关于认真进行调查工作问题给各中央局、各省、市、自治区党委的一封信》，提出了搞一个“调查研究年，实事

① 《毛泽东文集》，第 8 卷，262 页，北京，人民出版社，1999。
② 《毛泽东文集》，第 7 卷，354 页，北京，人民出版社，1999。

求是年”的号召。从中央到地方各级干部，纷纷深入实际、深入基层、深入群众调查研究，为探索符合中国国情的社会主义建设道路做出了贡献。例如，“农业六十条”“工业七十条”“科技十四条”“高教六十条”“中教五十条”“小教六十条”“文艺八条”等，就是“全党大兴调查研究之风”的第一批成果。

2. 社会调查的针对性强、领域宽

这一时期的社会调查，多是针对社会面临的主要问题进行的，具有针对性强、领域宽的特点，如社会主义道路问题、经济发展问题、阶级结构问题、农业合作化问题、妇女就业及社会权益问题、犯罪问题等。其调查研究领域之广、涉及问题之多，都是空前的。这些问题，不仅具有较大的实际应用价值，关系到国计民生、社会经济发展，而且具有重大的理论意义，是马克思主义与中国实际相结合的重大问题，是对中国特色社会主义道路的大胆探索。

要正确解决某些具体问题，也要进行有针对性的调查。例如，1950 年 5 月，毛泽东在给饶漱石、邓子恢《如实查报苏南征粮、春耕和救灾情况》的信中提出：“如材料不足，须经过调查研究，可于六月十日以前做好发来。特别注意调查川沙、南汇、奉贤三县情况。”① 1952 年 10 月，在给谭震林《必须切实解决农民负担过重问题》的信中，毛泽东建议他派两个调查组，“调查十几个乡，专门调查农民公粮及其他负担的实情，以为会议讨论的根据”②。1955 年 5 月，在给中共上海局《调查粮食征购和供销情况的通知》中说，要“精确调查，留待下半年”③。1960 年 3 月，在《反对官僚主义，克服“五多五少”》一文中，毛泽东要求各省市自治区和中央各部党委领导“各自调查一个县、一个市（在大城市里调查一个区）”④，以了解官僚主义的情况，等等。

3. 注重联系群众，深入了解民情

这一时期，领导人在实际调查中，一般都是轻装简从，亲民而不扰民。毛主席在《工作方法六十条（草案）》中，要求领导干部“要和工人、农民接触，要增加感性知识”⑤。在《要做系统的由历史到现状的调查研究》中，要求各级领导干部“要依靠自己亲身的调查研究去解决问题。书面报告也可以看，但是这跟自己亲身的调查是不相同的”⑥。“我们了解情况主要不靠报表，也不能靠逐级的报告，要亲自了解基层的情况。”⑦ 在《反对两个平均主义》中指出：“不作亲身的典型调查，满足于在会议上听地、县两级的报告，满足于看地、县的书面报告，或者满足于走马看花的调查。这些毛病……要坚决改正。”⑧

① 《毛泽东文集》，第 6 卷，57 页，北京，人民出版社，1999。
② 《毛泽东文集》，第 6 卷，241 页，北京，人民出版社，1999。
③ 《毛泽东文集》，第 6 卷，417 页，北京，人民出版社，1999。
④ 《毛泽东文集》，第 8 卷，167 页，北京，人民出版社，1999。
⑤ 《毛泽东文集》，第 7 卷，354 页，北京，人民出版社，1999。
⑥ 《毛泽东文集》，第 8 卷，253 页，北京，人民出版社，1999。
⑦ 《毛泽东文集》，第 8 卷，253～254 页，北京，人民出版社，1999。
⑧ 《毛泽东文集》，第 8 卷，250～251 页，北京，人民出版社，1999。

刘少奇说："要放下架子，才能深入下去进行调查研究"①。他在去宁乡调查前，要求调查组采取过去老苏区的办法，直接到老乡家，睡门板，铺禾草，既不扰民，又可深入群众，人要少，一切轻装简从，想住就住，想走就走，一定要以普通劳动者的身份出现。在宁乡调查的44天中，刘少奇有33天住简陋的农舍，深入到11个生产队，开了20多个座谈会，与基层干部群众面对面商讨各种问题，了解了大量基层情况，掌握了第一手资料。

1961年前后，各级领导干部按照毛泽东关于领导干部必须亲身进行典型调查的要求，从繁忙的工作中抽出身来，结合经济调整中的实际问题，真正沉下去，到基层进行蹲点式的调查研究。一时间，广泛深入调查研究不仅蔚然成风，而且成为经常性的工作制度。据湖南省1965年年底统计，全省区以上干部蹲点调查的大队1 261个，占全省大队总数2%，蹲点调查干部7 000多人，连同公社党委的调查点，共计近4 000个大队，在全省形成了颇具规模的调查研究网。②

4. 形成一套符合国情的调查方法

这一时期的社会调查实践，形成了许多符合我国国情、行之有效的调查方法，如"解剖麻雀""蹲点""开调查会""典型调查""试点法""指导法"和"两头法"等，这些方法，在目前的社会调查中仍然发挥着重要作用。同时，也引进和采用了一些现代社会调查方法，如普查、抽样调查、问卷调查等，使我国的社会调查在广泛性、准确性、时效性方面有了较大提高。

此外，还有一种独具特色的调研形式，就是各级领导干部通过听汇报、看报告、读报刊，尤其是在日常工作中通过批阅电报、报告等文件，可及时掌握一些新情况、新问题，为科学分析、提出应对措施、做出重要决策提供依据。陈云同志说："调查研究有各种各样的方法，找有各种不同看法的人交换意见，也是一种方法，而且是一种重要的方法。"③

总之，这一时期调查研究工作总体上是受到重视的，毛泽东等老一辈革命家调查研究的思想和实践，指导中国社会主义革命和建设取得了巨大成就，为后人提供了宝贵的经验。

## 二、沉痛的教训

1. 社会调查的指导思想没有随着形势的变化而变化

新中国成立后，社会调查的指导思想未能根据新中国成立前后主客观条件的变化做出相应的调整和改变。例如，新中国成立前，中共作为一个革命党，社会调查主要集中在农村和一些小城市，社会调查的重点放在社会阶级关系上，目的是了解中国社

---

① 刘少奇1961年4月3日听取中央调查组汇报时的谈话记录。

② 参见《刘少奇研究论文集》，379页，北京，中央文献出版社，1989。

③ 《陈云文选》，第3卷，188页，北京，人民出版社，1995。

会各阶级、尤其是农村各阶级的状况，从而推导出中国社会各阶级在中国民族民主革命中的地位和作用。毛泽东通过寻乌调查弄清了富农与地主的问题，通过兴国调查弄清了贫农和雇农的问题，从而为在土地革命中制定正确的土改路线奠定了基础。新中国成立后，中共成了执政党，社会调查的目的主要围绕经济建设而展开，不仅包括农村经济建设，而且应该包括城市工商业建设。但是，新中国成立后为数不多的社会调查，忽视了调查目的和内容的变化，仍然将社会调查的目标主要集中在农村土改、春耕、粮食等问题上，而对城市工作则关注不够，这反映了调查内容的偏颇之处。在国家经济建设的路线、方针和政策方面，没有进行充分的调查研究，是难以制定出符合实际情况的决策的。

2. 官僚主义、主观主义泛滥

新中国成立后，许多领导人官做大了，官僚主义、主观主义泛滥，只听取下级的汇报，不深入实地调查研究，不做全面的分析，许多重大问题凭主观意志办事，拍脑袋决策，不了解实情，不尊重客观事实，从而造成严重失误。例如，"大跃进"期间，尽管彭德怀等人深入调查研究，掌握了下情，在庐山会议上如实反映了情况，但是，由于中共中央当时未能坚持实事求是原则，对彭德怀的正确意见进行了错误批判，致使"大跃进"的错误愈演愈烈，最终导致了国民经济的严重困难。

3. 调查方法比较单一

尽管在长期社会调查实践的基础上，形成了一套符合中国国情的调查方式和方法，但是，总体上说，调查方法比较单一，主要是实地调查、典型调查的方法。1961 年，毛泽东说："调查研究工作，并不那么困难，时间并不要那么多，调查的单位也不要那么多。比如，在农村搞一两个生产队、一两个公社，在城市搞一两个工厂、一两个商店、一两个学校，加在一起也只有十个左右。"① 他还指出："这些调查并不都要自己亲身去搞。自己亲身搞的，农村有一两个、城市有一两个就够了。要组织调查研究的班子，指导他们去搞。"② 这说明，当时对社会调查方法的认识，是简单的、片面的。这种单一的调查方法，是造成调查结果不全面、欠真实的重要原因之一。

例如，典型调查之所以能够帮助我们认识一般，就在于一般寓于个别之中，典型的个性包含有普遍的共性。但是，典型的选择，无法保证不受调查者兴趣爱好、意志情绪、利益欲望等主观因素的干扰。又如，开座谈会，作为调查方法之一，有可取的一面，调查者可在倾听的同时，通过观察被调查者来判断他所讲内容的真实性。但是，采取这种方法进行调查必须具备一定的条件：其一，主持调查的人必须具备相当的能力，能够真正为被调查者所信任，这是保证被调查者讲真话、实话的前提条件；其二，被调查地区的领导人能真正配合调查，不存在事先布置安排的现象。上述从两点同时具备的座谈会是可以了解到真实情况的，只是在新中国成立后的调查中，真正具备这

① 《毛泽东文集》，第 8 卷，234 页，北京，人民出版社，1999。
② 《毛泽东文集》，第 8 卷，234 页，北京，人民出版社，1999。

种条件的座谈会并不太多。[①] 例如，在“大跃进”、人民公社化运动时期，仅仅依靠开座谈会做间接调查，或听各类会议汇报，派工作组、工作人员下去，然后听调查汇报，这种调查方式的局限性就充分暴露出来了。1958 年 8 月，毛泽东进行的调查，虽然热热闹闹，但实际上容易为基层干部所左右。“上有所好，下必甚焉”，既然领袖如此看好“大跃进”和人民公社，所到之处自然是一片附和之声，而这种附和之声，反过来又促使领袖相信自己的决策是正确的。

4. 专业的社会调查基本缺失

在这些大规模社会调查中，往往是实际工作部门起主导作用，专业性的社会调查和学界的社会调查基本缺失。1952 年高校院系调整，使社会学的教学和科学研究活动在高校中完全停止。它的直接后果，就是在新中国成立后的社会调查中，只能看到党和政府的身影，基本上没有来自高校社会学专业人员的调查活动，没有来自专门社会调查机构和专业调查人员的声音，这使得这一时期的社会调查缺少了来自民间的支持，造成社会调查无法形成一种社会风气，更无法普遍地成为各级干部的工作作风，表现出很强的唯上主义和实用主义的色彩。

① 参见张树新、费迅：《二十世纪五六十年代中共社会调查工作的检讨与反思》，载《党史研究与教学》，2012 (4)。

# 第十二章　改革开放以来的社会调查

## 第一节　改革开放以来的社会变迁

改革开放以来的时期，是指从 1978 年 12 月中共十一届三中全会召开起至今。

1978 年 12 月召开的党的十一届三中全会，标志着以邓小平为核心的党的第二代中央领导集体的形成，开创了中国特色社会主义建设的历史新时期，成为我国改革开放的开端和社会转型的起点。改革开放以来的 30 多年间，我国社会经历了跨越式的快速发展和全面、深刻的社会变迁，表现在经济、政治、社会结构、价值理念和社会生活等诸多方面。[①]

改革开放以来，经济领域的变迁主要体现为：社会主义基本经济制度从单一公有制向以公有制为主体、多种经济成分共同发展转变，资源配置方式和经济运行方式由原来的计划经济体制向社会主义市场经济体制转变。改革开放以来，我国经济发展取得巨大成就，国民经济由濒临崩溃的边缘，发展为国内生产总值居世界第二位，2014 年国内生产总值达636 463亿元[②]，这是经济体制改革成功的最好证明。但是，改革和发展中也出现了一些问题。例如，贫富分化、官员腐败、人文精神失落、社会风气颓败、发生价值与道德危机，住房、医疗、教育、就业等民生改革遇到重大障碍和困难，生态环境遭到严重破坏，等等。解决这些问题，不可能一蹴而就，更不能回到改革开放之前，而要通过深化改革加以解决。

改革开放以来政治领域的变迁，主要是由革命政治转向发展政治，由集权政治转向分权政治，由权力政治转向权利政治。事实上，经济转轨与政治转向是相辅相成的，经济转轨是政治转向的基础，政治转向是经济转轨的保证。改革开放后，党和国家领导制度改革，开始了从权力政治向权利政治的转变，公权力受到的监督越来越强烈，公民维权意识和行动越来越普遍。但是，公民的维权意识和行动往往受到权力和市场

① 参见廖小平：《论改革开放以来中国社会转型的四大表现》，载《浙江社会科学》，2013（4）；刘崇顺：《社会转型的历史起点——改革开放 30 年的回顾与思考》，载《武汉学刊》，2008（4）。

② 参见《中华人民共和国 2014 年国民经济和社会发展统计公报》，载《人民日报》，2015－02－27。

的双重挤压。这说明，以权力制约权力、以权利制约权力，仍然是今后的一大政治追求。

改革开放以来社会结构的变迁，主要表现为社会分层结构从“去阶层化”转向“阶层化”，社会组织结构从“单位化”转向“社会化”。然而，改革开放以来社会结构的变迁有两个特点：一是，社会分层结构的变迁落后于经济结构的变化，并出现了某些社会阶层固化的趋势；二是，社会组织结构的变迁落后于经济组织的变化，后单位社会的社会组织仍然稀少、薄弱。这种社会结构与经济结构的结构差，是当今中国经济社会发展不协调、经济社会矛盾日益增多的结构性原因。

改革开放以来的社会变迁还表现为价值理念从以物为本向以人为本的转变。2003年7月28日，时任中共中央总书记胡锦涛提出了“坚持以人为本，树立全面、协调、可持续的发展观，促进经济社会和人的全面发展”的科学发展观。但是，毋庸讳言，这种价值理念的转变，主要体现在中央决策层面和执政理念中，而在现实层面和实际生活中，在许多官员和老百姓的利益抉择中，“金钱拜物教”“物质拜物教”仍然盛行，以物为本的价值取向与以人为本的理念，仍然存在着激烈博弈。

改革开放以来的社会变迁，也体现为社会生活的多样化和人民群众生活水平的提高。随着改革开放深入，社会经济成分、利益关系日益多样，人们思想的独立性明显增强，生活方式日益多样化。城乡居民生活发生了从温饱向小康、富裕型的转变。据中国社会科学院调查，2015年年底家庭住宅自有率达95.4%，近两成拥有两套以上住房。[①] 据国家统计局统计，2014年年底全国机动车保有量2.64亿辆，其中小型载客汽车1.17亿辆。[②] 这些变化，深刻反映了社会的快速转型和变迁。

## 第二节　政治性社会调查

政治性社会调查，是指为实现政治任务而开展的社会调查。改革开放以来，我国政治性社会调查成果极为丰富，其中最为重要的有以下几个方面。

### 一、平反冤假错案调查

从20世纪50年代中后期起，阶级斗争扩大化的“左”倾思潮支配了国家政治生活，接连不断的政治运动制造了大量冤假错案。到“文化大革命”结束时，被立案审查的国家干部已占干部总数的17%，中央副部级、地方副省级以上干部被立案审查的达75%，受各种形式伤害和株连的人口达数千万之多，这些冤假错案成为国家前进路上

---

① 参见《社科院调查：家庭自有率95.4%　近两成拥有两套以上住房》，见http://news.sina.com.cn/o/2015-12-24/doc-ifxmxxsp6855257.shtml，2015-12-24。

② 参见百度百科词条“汽车保有量”，见http://baike.baidu.com/view/1379561.htm#4。

极为沉重的政治包袱。

1976年10月粉碎“四人帮”后，平反冤假错案成为完成拨乱反正、实现安定团结的关键一环。1978年十一届三中全会前后，通过“真理标准问题”讨论，冲破了“两个凡是”的束缚，从中央到地方通过大量调查研究，形成了全党办案高潮。1978年12月29日，中共中央批转中共最高人民法院党组《关于抓紧复查纠正冤假错案认真落实党的政策的请示报告》。此后，在中央统一领导下，平反冤假错案工作全面展开，各级党委专人负责、专门班子与依靠群众相结合，有关部门积极配合，广泛开展调查研究，形成了全党上下一齐行动的大规模平反冤假错案的局面，其规模之大、进展之快是空前的。据不完全统计，通过这次平反冤假错案调查，全国有约300多万名干部得到平反昭雪，47万多名共产党员恢复了党籍，数以千万计受株连的干部、群众得到了解脱。此外，对“文化大革命”前的一些历史案件，包括1955年“胡风反革命集团”案，1957年反右派斗争的扩大化，1958年青海平叛斗争扩大化，1959年反右倾运动，1960年后对邓子恢、习仲勋、谭政等人的批判，都在调查研究的基础上进行了实事求是的复查和处理。1981年6月中共十一届六中全会后，中央又进一步落实了台属、宗教和知识分子等政策，解决了一大批历史遗留问题。在调查研究基础上的平反冤假错案，解决了历史遗留问题，完成了人事的拨乱反正，实现了人心的安定团结，提高了民主法治观念，为中国的改革开放奠定了牢固的政治基础。①

## 二、经济体制改革调查

改革开放30多年来，我国经济体制在实践探索、调查研究的基础上进行了多方面改革，包括所有制结构改革、农村经济体制改革、计划体制改革、财税体制改革、金融体制改革、流通体制改革、收入分配制度改革、社会保障制度改革、对外经济体制改革等。其中，在所有制结构改革基础上的计划体制改革具有特殊的重要意义，它大体经历了以下几个阶段。

第一阶段是1978年至1984年，主要是提出了“计划经济为主，市场调节为辅”的原则，同时第一次明确提出了建设有中国特色的社会主义理论。1979年12月26日，邓小平指出：“我们是计划经济为主，也结合市场经济，但这是社会主义的市场经济。”1982年9月，中共十二大报告把这一原则概括为：“计划经济为主，市场调节为辅”。这是中国改革实践和调查研究的产物。邓小平说：“把马克思主义的普遍真理同我国的具体实际结合起来，走自己的道路，建设有中国特色的社会主义，这就是我们总结长期历史经验得出的基本结论。”

第二阶段是1985年至1992年，提出了“有计划的商品经济”的观点。随着经济体制改革的发展，市场调节作用的显现，“计划经济为主，市场调节为辅”的框框已为实践所突破。1984年10月，中共十二届三中全会通过了《中共中央关于经济体制改革的决定》，它指出：“要突破把计划经济同商品经济对立起来的传统观念，明确认识社

① 参见王海光：《平反冤假错案的历史进程和历史意义》，载《当代中国史研究》，1999（5）。

会主义计划经济必须自觉依据和运用价值规律，是在公有制基础上的有计划的商品经济。商品经济的充分发展，是社会经济发展的不可逾越的阶段，是实现我国经济现代化的必要条件。”社会主义“有计划的商品经济”的提出，是传统社会主义经济理论的重大突破，标志着我国经济体制改革进入了新的阶段。

第三阶段是从1993年到党的十八大，社会主义市场经济体制初步形成。1992年春，邓小平在南方谈话中指出：“计划多一点还是市场多一点，不是社会主义与资本主义的本质区别。计划经济不等于社会主义，资本主义也有计划；市场经济不等于资本主义，社会主义也有市场。计划和市场都是经济手段。”1992年10月，中共十四大明确指出，我国经济体制改革的目标是建立社会主义市场经济体制，使市场在国家宏观调控下对资源配置起基础性作用。1993年11月，中共十四届三中全会通过的《中共中央关于建立社会主义市场经济体制若干问题的决定》，勾画出了社会主义市场经济体制的基本框架，制定了继续深化改革的总体蓝图。2003年10月，中共十六届三中全会通过了《中共中央关于完善社会主义市场经济体制若干问题的决定》，标志着我国社会主义市场经济体制初步建立。2013年11月，中共十八届三中全会公报指出，经济体制改革是全面深化改革的重点，核心问题是处理好政府和市场的关系，使市场在资源配置中起决定性作用和更好发挥政府作用。30多年来，我国经济体制改革取得举世瞩目的伟大成就，这奠基于党和政府的反复调查和研究。

## 三、修改宪法调查

现行《中华人民共和国宪法》自1982年12月诞生以来，到2004年3月止已修订过4次。

1988年4月12日第一次修改宪法，主要增加了“国家允许私营经济在法律规定的范围内存在和发展。私营经济是社会主义公有制经济的补充。国家保护私营经济的合法的权利和利益，对私营经济实行引导、监督和管理”和“土地的使用权可以依照法律的规定转让”等内容。

1993年3月29日第二次修改宪法，主要是对序言部分内容做了修改，明确指出“我国正处于社会主义初级阶段”，对“国家的根本任务”做了更为完善的表述，增加了“中国共产党领导的多党合作和政治协商制度将长期存在和发展”的规定；将“国营经济”改为“国有经济”；明确“农村中的家庭联产承包为主的责任制和生产、供销、信用、消费等各种形式的合作经济，是社会主义劳动群众集体所有制经济”；“国家实行社会主义市场经济”；等等。

1999年3月15日第三次修改宪法，除对序言做少量修改外，主要是明确规定：“中华人民共和国实行依法治国，建设社会主义法治国家。”“国家在社会主义初级阶段，坚持公有制为主体、多种所有制经济共同发展的基本经济制度，坚持按劳分配为主体、多种分配方式并存的分配制度。”“农村集体经济组织实行家庭承包经营为基础、统分结合的双层经营体制。”“在法律规定范围内的个体经济、私营经济等非公有制经济，是社会主义市场经济的重要组成部分。”“国家保护个体经济、私营经济的合法的权利和利益。国家对个体经济、私营经济实行引导、监督和管理。”并将“镇压叛国和其他反革命的活动”，修改为“镇压叛国和其他危害国家安全的犯罪活动”。

2004 年 3 月 14 日第四次修改宪法，除对序言再次少量修改外，主要是明确规定：“国家为了公共利益的需要，可以依照法律规定对土地实行征收或者征用并给予补偿。”“国家保护个体经济、私营经济等非公有制经济的合法的权利和利益。国家鼓励、支持和引导非公有制经济的发展，并对非公有制经济依法实行监督和管理。”“公民的合法的私有财产不受侵犯。”“国家依照法律规定保护公民的私有财产权和继承权。”“国家为了公共利益的需要，可以依照法律规定对公民的私有财产实行征收或者征用并给予补偿。”并新增了“国家建立健全同经济发展水平相适应的社会保障制度”和“国家尊重和保障人权”的规定。

上述宪法修改的历程，既是我国改革开放事业发展轨迹的真实反映，又是改革开放以来中国社会变迁的历史记录。宪法的每次修改，都是全国人民代表大会及其常委会在改革开放实践基础上广泛、深入调查研究的成果。

## 四、文化体制改革和文化事业发展调查

改革开放初期，文化机构庞杂，财政负担沉重，各类文化单位普遍存在着机构臃肿、人浮于事、效率低下、“大锅饭”等弊端，文化体制改革开始受到关注。[①]

1978 年以后的文化体制改革，大体可分为三个阶段：一是文化体制改革酝酿和初步发展阶段（1978—1991），其主要成果是：文艺与演出部门体制改革逐步展开，新闻出版部门体制改革逐步深化，文化市场开始出现，部分文化行业的产业性质得到政府认可。二是文化体制改革稳步推进阶段（1992—2001），其主要成果是：从改革经费投入机制入手，推动艺术院团内部改革；采取预算包干办法，改革广播电台、电视台预算管理体制；完善国家文化经济政策，为文化体制改革创造良好环境；加强文化产业数据统计和法治建设，推进依法管理。三是文化体制改革实现重大突破阶段（2002 年以后），其主要成果是：文化体制改革试点全面展开并获得成功；部分国有文化事业单位成功“转企改制”；非公有资本成为文化建设投资的主体力量；文化管理体制改革初步实现了从以行政管理为主向以法律、经济、行政、技术等手段综合管理为主的转变。

同样，文化事业和文化产业的蓬勃发展，也离不开广泛、深入的社会调查。1978 年以来，我国城乡文化生活空前繁荣，人民群众享受到越来越丰富的精神文化生活。到“十一五”期间（2006—2010），覆盖城乡的公共文化服务体系框架已基本建立，农村看书难、看电影难、收听收看广播电视难的问题得到初步解决，全国各级宣传文化部门管理的近2 000家公共博物馆、纪念馆、爱国主义教育示范基地已向社会免费开放，

① 参见田嵩燕：《文化体制改革的历程回顾与路径思考》，载《中共珠海市委党校珠海市行政学院学报》，2012（2）。

美术馆、公共图书馆、文化馆（站）的免费开放正在积极推进。“十一五”期间，文化产业增加值的平均增速高于同期国内生产总值的平均增速；2010 年全国文化产业增加值达到约 1 万亿元；文化市场空前繁荣，电影产量由 2003 年的 100 部以下上升到 2010 年的 526 部，成为世界第三大电影生产国和第一大电视剧生产国，影视动画产量从 2005 年的 4.2 万分钟增加到 2010 年的 22 万分钟，扭转了进口片占主导的局面；国际文化贸易逆差局面明显改观；文化产业投融资体系更加完善，出台了金融支持文化产业振兴和发展繁荣的专项政策，推动文化企业利用资本市场做大做强。①

上述文化体制改革的每一个阶段、每一种举措、每一项成果，文化事业和文化产业蓬勃发展的每一项成就，都离不开广泛、深入的社会调查。从一定意义上说，广泛、深入的社会调查是文化体制改革成功、文化事业和文化产业蓬勃发展的基础和前提。

## 五、社会事业发展调查

改革开放以来，由中央和各级地方政府或其他组织利用国有资源举办的教育、医疗卫生、劳动就业、社会保障、科技、文化、体育、社区建设、旅游、人口与计划生育等社会事业得到了很大发展。特别是“十一五”以来，在经济持续健康发展的基础上，覆盖城乡的各项社会事业取得了显著的成就，其主要表现是：（1）事业发展水平全面提升。各级各类教育迅速发展，城乡免费义务教育全面实现，高等教育进入大众化发展阶段；基本公共卫生服务项目和重大公共卫生项目向全民提供，医疗卫生服务网络覆盖城乡；广播电视覆盖 20 户以上已通电自然村，公共文化设施免费开放范围扩大，基本实现乡乡都有文化站、一村（行政村）一月一场电影；社会福利和社会救助水平明显提高；北京奥运会、上海世博会、广州亚运会成功举办。（2）制度体系不断健全。义务教育经费保障机制不断完善，国家教育资助制度已覆盖高等教育和高中阶段教育；全民医保格局初步形成，国家基本药物制度在半数以上政府办医疗卫生机构实施；最低生活保障制度全面建立，保障水平稳步提升。（3）社会事业体制改革全面推进。医药卫生体制改革不断深化，教育体制改革全面启动，文化体制改革取得积极进展。（4）社会管理得到加强。初步形成了与中国国情相适应的党委领导、政府负责、社会协同、公众参与的社会管理格局，社会大局保持和谐稳定；应急能力不断增强，战胜了四川汶川特大地震、青海玉树强烈地震、甘肃舟曲特大山洪泥石流等重大自然灾害。（5）“十一五”规划社会事业主要指标全面实现。人口增长保持低生育水平，人口总规模控制在 13.4 亿，年均增长 5.3‰；人口素质不断提升，国民平均受教育年限达到 9 年以上，居民平均预期寿命达到 73.5 岁。特别是经过国际金融危机洗礼，社会事业发展与改善民生和扩大内需、转变经济发展方式之间的内在联系更加紧密，经济与社会良性互动、互促共进的机制正在建立。②

---

① 参见《“十一五”时期我国文化事业和文化产业空前繁荣》，见 http：//www.gov.cn/wszb/zhibo439/content_1811088.htm，2011－02－28。

② 参见裴力：《把握历史机遇 推动社会事业科学发展》，载《中国改革报》，2011－05－13。

上述社会事业的改革和发展，离不开科学的调查和研究，从一定意义上说，科学的社会调查和研究，是取得教育、医疗卫生、劳动就业、社会保障、科技、文化、体育、社区建设、旅游、人口与计划生育等领域显著成就的基本方法和保证。

### 六、香港回归调查

1978 年 8 月 12 日，为了做好港澳工作，争取香港、澳门顺利回归，中共中央成立了港澳小组，协助中央掌管港澳工作；国务院成立港澳事务办公室（简称“国务院港澳办”），负责处理港澳日常事务。1978 年 8 月，中共中央指示，“开展港澳工作必须深入调查研究，实事求是，一切工作都要从当地实际情况出发，不能照搬照套内地的做法”①。

1982 年，为解决香港问题做前期准备工作，由廖承志直接领导、鲁平为组长、港澳办和香港新华社工作人员组成的 5 人小组，到香港进行广泛调查研究。当时，鲁平的公开身份是外交部西欧司顾问，其他 4 人都是港澳土生土长、在当地有广泛人缘的工作人员，都可以用广东话直接与香港人交谈。他们调研的对象，既包括中国银行、华润公司、招商局等中资机构的工作人员，又包括香港社会各个阶层的代表人物；调研的内容，包括经济结构、金融、工业、航运、法律、行政机构、公务员、外事、国籍、出入境手续、宗教、福利等各种问题；调研的方法，除参观、访问等面对面的直接调查外，还包括文献收集等间接调查方法，收集了大量关于香港问题的书籍和资料。通过调查，5 人小组写出了 20 多篇调查报告，将收集的书籍和资料（大都是英文的），委托上海译文出版社翻译、出版了一套香港问题丛书。这些调查报告和资料，为中共中央、国务院全面了解香港情况、做出重要决策提供了客观依据。在廖承志领导下，经过一年多调研，综合各方面意见，小组于 1983 年 3 月向中共中央递交了一份提纲挈领的报告——关于解决香港问题的修改方案，它的主要内容就是后来被称为“十二条”的解决香港问题的基本方针以及与英方谈判的方案。与此同时，邓小平等中央领导人亲自与查济民、霍英东、查良镛、包玉刚等代表人物，以及两位大学校长交谈，倾听他们的意见。1984 年 2 月，邓小平第一次在公开场合明确提出了“一国两制”的概念。1984 年 9 月 26 日，中英两国政府在北京草签了关于香港问题的联合声明和三个附件。1984 年 12 月 19 日，中英联合声明在北京人民大会堂西大厅正式签署。解决香港问题的基本方针和与英方谈判的方案，是在中央领导下，以廖承志、鲁平为首的 5 人小组辛勤调查研究的结晶。

## 第三节　行政性社会调查

行政性社会调查，是指为实施行政管理而开展的社会调查。改革开放以来，我国

① 中共中央党史研究室：《中国共产党历史大事记：1919.5—1987.12》，340 页，北京，人民出版社，1989。

行政性社会调查在制度化、法制化和大规模国情国力调查方面取得了巨大成就。

## 一、普查制度的建立与调整

1978 年以后，随着国家统计机构、统计制度、统计工作的恢复和发展，大规模的国情国力调查也逐渐开展起来。例如，1982—1993 年期间，就先后开展了第三次全国人口普查（1982 年），第二次全国工业普查（1985 年），第四次全国人口普查（1990 年）和第一次全国第三产业普查（1993 年），取得了许多重要的基础数据。但是，在普查过程中也发现了一些问题：一是普查项目设置过多，10 年内要进行 6 次普查，时间安排过于分散，给基层造成了较重负担。二是普查周期与国家编制的中长期规划衔接不够紧密，无法提供同一时期的可比性数据。三是普查项目涵盖面不全，没有将建筑业包括进来，不能全面反映国民经济整体状况。四是普查立法滞后，被调查者配合与支持程度下降，组织实施难度越来越大。

为了适应改革开放和社会主义现代化建设的需要，1994 年 7 月，国务院批转了国家统计局《关于建立国家普查制度改革统计调查体系的请示》报告；2003 年 8 月，经国务院批准，国家统计局、国家发展改革委员会、财政部又联合下发了《关于调整国家普查项目和周期安排的通知》。通过这两次改革和调整，明确了普查在统计调查中的基础地位，确立了周期性的普查制度，规定了 5 个普查项目，即人口普查、农业普查、工业普查、第三产业普查和基本单位普查等。其中，人口普查、第三产业普查、工业普查、农业普查每 10 年进行一次，分别在逢 0、3、5、7 的年份实施；基本单位普查每 5 年进行一次，在逢 1、6 的年份实施。

这样，改革和调整后的普查，数量更精简，覆盖更全面，周期更合理，与国家编制五年计划衔接更紧密，与国际通行做法更吻合，从而使普查规范化、制度化向前迈进了一大步。

## 二、人口普查

1953 年、1964 年，曾举行过第一、二次全国人口普查，后因“文化大革命”被迫中断。1978 年 12 月中共十一届三中全会以后，国家统计部门很快就开始了人口普查的准备工作。1979 年 11 月，成立了国务院第三次人口普查领导小组及其办公室，决定于 1982 年举行第三次全国人口普查。以后，根据联合国建议，逢 0 年开展人口普查。在 1990—2010 年期间，先后举行了第四、五、六次全国人口普查，其简要情况如下。

1982 年，举行了第三次全国人口普查。普查标准时点为 7 月 1 日零时。普查项目 19 项，其中按人填报 13 项，即姓名、与户主关系、性别、年龄、民族、常住人口户口登记状况、文化程度、职业、不在业人口状况、婚姻状况、生育子女数和存活子女总数、1981 年生育胎次；按户填写 6 项，即户的类别（家庭户或集体户）、本户住址、本户人数、本户 1981 年出生人数、本户 1981 年死亡人数和有常住户口已外出一年以上的人数。普查结果为，1982年7月1日零时全国人口为1 031 882 511人。其中，大陆29个省、自治区、直辖市（不包括福建省的金门、马祖等岛屿）的人口和现役军人共1 008 175 288人。这次普查，取得了准确、丰富的人口资料，积累了运用电子计算机处理数据的经验，加快了统计现代化的步伐，扩大了国际合作与影响，提高了普查质量，达到了国际先进水平。

1986年，《国务院对今后全国人口普查工作安排意见的批复》确定，“今后每十年进行一次全国人口普查（即在年号末位逢零年份进行普查），两次普查中间进行一次1%的人口抽样调查。一九九〇年进行第四次全国人口普查，一九八七年进行1%的人口抽样调查”。1987年1月，《中华人民共和国统计法实施细则》又规定：“国家一般每十年进行一次重大国情国力（人口、工业、农业、建筑业、服务行业等）普查。在两次普查中间进行一次人口状况的简易普查。”至此，我国的普查事业走上了法制化、制度化的道路。

1990年，举行了第四次全国人口普查。1989年10月25日，国务院公布了《第四次全国人口普查办法》，共33条。普查标准时点为7月1日零时。普查21个项目，其中按人填报15项，即姓名、与户主关系、性别、年龄、民族、户口状况和性质、1985年7月1日常住地状况、迁来本地的原因、文化程度、在业人口的行业、在业人口的职业、不在业人口状况、婚姻状况、妇女生育和存活子女数、1989年1月1日以来妇女的生育状况；按户填报6项，即本户编号、户别、本户人数、本户出生人数、本户死亡人数、本户户籍人口中离开本县市一年以上的人数。1990年10月，国家统计局公布普查结果，全国人口为1 160 017 381人。

2000年，举行了第五次全国人口普查。普查标准时点调整为11月1日零时。普查项目增至49项，其中按人填报26项，主要增加了人口迁移和经济活动情况；按户填报23项，主要增加了住房情况。普查的结果是：2000年11月1日，全国人口12.953 3亿人；妇女总和生育率为1.22，大大低于2.1～2.2的世代更替水平；60岁以上人口占总人口的比例为10.46%；0～14岁人口的比重，比1990年第四次全国人口普查下降了4.8个百分点；男女出生性别比为116.9∶100，大大高于107的国际标准。普查结果说明，我国人口年龄结构已进入“老年型”社会，出生婴儿性别比严重失衡，迫切需要调整计划生育政策。

2010年，举行了第六次全国人口普查。普查标准时点为11月1日零时。普查项目，主要调查人口和住户的基本情况，包括：性别、年龄、民族、受教育程度、行业、职业、迁移流动、社会保障、婚姻生育、死亡、住房情况等。普查对象是在中华人民共和国境内（不包括港、澳、台地区）居住的自然人。普查的结果是：全国人口13.397 2亿人；妇女总和生育率为1.18；60岁及以上人口占13.26%；男女出生性别比为118.06∶100；等等。这些数据说明，我国人口增速放缓，老龄化进程加快，性别比失衡加剧，很有必要及时调整人口政策。

此外，1987年、1995年、2005年、2015年，国家统计局还分别进行了全国1%人口抽样调查。

## 三、工业普查

1950 年，举行了第一次全国工业普查。1985 年、1995 年，举行了第二、三次全国工业普查。全国工业普查的主要目的是，查清全国工业资产的底数，特别是国有企业、乡镇企业和外商投资企业的资产状况。同时，全面调查我国工业经济的所有制结构、主要产品结构和行业结构，主要工业产品生产能力及其利用状况，主要生产设备数量及其技术状况等。普查对象为全部工业企业，重点是国有企业、乡镇企业和外商投资企业。普查的主要内容为：工业生产经营基本情况（包括生产、销售、库存和成本、费用、价格、盈利，等等），资产负债状况及其构成，生产能力利用及技术装备状况，等等。第二次全国工业普查历时近 6 年，共调查了 35.8 万个乡以上独立核算工业企业，取得了新中国成立以来从未有过的最完整、系统、详尽的工业信息。第三次全国工业普查结果显示，1995 年年末，全国工业企业和工业生产单位共 734.2 万个，从业人员 14 735.5 万人，资产总额为77 231.2亿元。

通过工业普查，促进有关企业加强了经济核算工作，为建立现代企业制度奠定了良好基础。同时，推动了统计调查方法的改进和统计质量的提高。

## 四、第三产业普查

1993 年 6 月 27 日，国务院发出了《关于开展全国第三产业普查工作的通知》，决定“从一九九三年起，每十年对第三产业进行一次全面普查，其间第五年，对重点行业进行一次统计调查”。普查范围，从事第三产业的所有单位，包括从事第三产业的全部企业、事业和行政单位；普查年度，1991 年和 1992 年。普查结果，1992 年年底，全国第三产业单位 2 183.8 万个，其中企业、事业和行政单位 495.2 万个，城乡个体户 1 688.6万个；全国第三产业从业人员 11 483.8万人，其中企业、事业和行政单位 8 747.7万人，城乡个体户 2 736.1万人；全国第三产业增加值占国内生产总值比重 34.3%，比原统计比重提高了 6.1 个百分点。

2003 年，国务院曾计划进行第二次全国第三产业调查，曾于 2002 年 9 月发出了《国务院关于开展全国第三产业普查工作的通知》。但是，2003 年年初我国部分地区流行“非典”，第三产业受到严重冲击，普查被迫暂停。2004 年及其以后，第三产业普查被纳入经济普查范围。

## 五、基本单位普查

1996 年，进行了第一次全国基本单位普查。普查时点，1996 年 12 月 31 日；普查年度，1996 年；普查对象，我国境内除农户、个体户外所有法人单位和产业活动单位；

普查结果，1996 年年末，全国有法人单位 440.2 万个，其中，企业法人单位 262.8 万个，行政法人（国家机关和政党机关）单位 28 万个，社会团体法人单位 4.4 万个，其他非营利性机构 61 万个，社区管理型机构（居委会和村委会）84 万个。如果按照活动性质和地点划分，全国有 635.1 万个产业活动单位，其中，营利性单位为 367.1 万个，行政及党政机关为 48 万个，社会团体为 5.5 万个，事业活动单位为 130.5 万个，社区管理型单位为 84 万个。

2001 年，举行了第二次全国基本单位普查。普查时点，2001 年 12 月 31 日；普查年度，2001 年；普查对象，我国境内除城乡住户和个体工商户外所有法人单位及所附属的产业活动单位；普查结果，2001 年年末，全国有法人单位 510.7 万个，比 1996 年增加 70.5 万个，增长 16.02%；有产业活动单位 708.8 万个，比 1996 年增加 73.7 万个，增长 11.6%。

## 六、农业普查

1997 年，举行了第一次全国农业普查。普查时点，1996 年 12 月 31 日；普查时期，1996 年度；普查对象，我国境内各种类型农业生产经营单位、农村住户、乡镇企业、行政村和乡镇。普查内容，农业生产经营单位数量、规模和结构；农村劳动力数量、素质、行业分布和流动状况；农业用地数量、质量、构成、利用率和流转情况；农业生产性固定资产数量、结构、性能和权属；农村村落社会环境，乡镇企业和建制镇基本情况。

2007 年，举行了第二次全国农业普查。普查时点，2006 年 12 月 31 日；普查时期，2006 年度。根据我国国情并参照 2010 年世界农业普查方案，普查内容包括：(1) 从事第一产业活动单位和农户的生产经营情况；(2) 乡（镇）、村委会及社区环境情况；(3) 农业土地利用情况；(4) 农业和农村固定资产投资情况；(5) 农村劳动力就业及流动情况；(6) 农民生活质量情况。这次普查的特点是，以农业为重点，以农村为基础，以农户为依托，既是全球最大规模的农业普查，又是全球最大规模的农村普查，还是全球最大规模的农户普查。

## 七、经济普查

2004 年，进行了第一次全国经济普查。普查时点，2004 年 12 月 31 日；普查时期，2004 年度；普查对象，中国境内从事第二、三产业的全部法人单位、产业活动单位和个体工商户；普查内容，各类单位基本属性、从业人员、财务收支、资产状况、主要生产经营活动和生产能力、主要原材料和能源消耗，以及科技开发投入状况等；普查经费，由中央和地方各级政府共同负担。这次普查，是将原定 2003 年进行的第三产业普查与计划 2005 年、2006 年进行的工业普查、基本单位普查合并，并将建筑业纳入调查范围的普查，因而统称为经济普查。这次普查以后，每 10 年进行两次，分别在逢 3、8 的年份实施。

2008 年，进行了第二次全国经济普查。普查时点，2008 年 12 月 31 日；普查时期，2008 年 1 月 1 日—12 月 31 日；普查对象，我国境内从事第二、三产业的全部法人单位、产业活动单位和个体户；普查范围，采矿业，制造业，电力、燃气及水的生产和供应业，建筑业，交通运输、仓储和邮政业，水利、环境和公共设施管理业，以及公共管理与社会组织等行业；普查内容，单位基本属性、财务状况、生产经营情况、生产能力、能源消耗、主要生产设备、信息化和科技活动情况等。

2013 年，进行了第三次全国经济普查。普查时点，2013 年 12 月 31 日；普查时期，2013 年 1 月 1 日—12 月 31 日；普查对象，我国境内从事第二、三产业的全部法人单位、产业活动单位和个体户；普查范围，采矿业，制造业，电力、热力、燃气及水生产和供应业，建筑业，批发和零售业，交通运输、仓储和邮政业，住宿和餐饮业，信息传输、软件和信息技术服务业，金融业，房地产业，租赁和商务服务业，科学研究和技术服务业，水利、环境和公共设施管理业，居民服务、修理和其他服务业，教育，卫生和社会工作，文化、体育和娱乐业，以及公共管理、社会保障和社会组织等；普查内容，单位基本属性、从业人员、财务状况、生产经营情况、生产能力、原材料和能源及主要资源消耗、科技活动情况等。这次普查，由于采用电子化手段采集数据，因而提高了普查质量和效能，减轻了基层和普查对象的负担。

### 八、其他重大调查

由国务院有关部门主持的其他普查（或调查）项目有：全国土地调查（1984—1997 年、2007—2009 年）、全国公路普查（1979 年、2000 年）、中国农民工调研（2005—2006 年）、农村贫困状况检测（自 2000 年起每年调查，并出版调查报告）、妇女地位调查（1990 年、2000 年、2010 年）、全国群众安全感抽样调查（自 2001 年起每年调查）、国家卫生服务调查（1993 年、1998 年、2003 年、2008 年、2013 年）、全国第一次水利普查（2010—2012 年）。此外，还有全国地名普查、全国污染源普查、全国文物普查，等等。

## 第四节 学术性社会调查

学术性社会调查，是指围绕学术研究而开展的社会调查。改革开放以来，社会学界的社会调查极其活跃，其他社会科学也开展了许多社会调查，调查成果空前丰硕。

### 一、社会学界的社会调查

改革开放以来，社会学界的社会调查非常活跃，其中许多重大项目取得了丰硕调查成果；对这个时期的社会调查，应该有一个总体的评价。

### （一）社会调查的重大项目

1. 小城镇调查与研究

1980年，胡耀邦到云南视察，看到保山县板桥公社小集镇破烂不堪，凄凄凉凉，于是在年底召开的一次会议上说，要发展商品经济，小城镇不恢复是不行的。如果我们的国家只有大中城市而没有小城镇，农村里的政治中心、经济中心、文化中心就没有腿。在胡耀邦讲话鼓舞下，费孝通实地调查，“看到了农村发展与小城镇建设的密切关系”。1982年，在费孝通的努力下，“江苏小城镇研究”被列入国家社会科学“六五”重点课题，开展了对小城镇的实地调查和研究，先后写出了《小城镇，大问题》《小城镇，苏北初探》《小城镇四记》《论小城镇及其他》等一系列调查报告和论文，受到中共中央的肯定和赞扬，从而推动社会学界掀起了小城镇调查研究的高潮。

2.《黄河边的中国》

20世纪90年代以来，区域调查与研究也开展起来。例如，广东省的《从“共有制”跨入现代市场经济——南海乡村考察报告之一》《百色地区异地开发扶贫调查》等，就是区域调查研究的重要成果。特别值得一提的是曹锦清的《黄河边的中国》。1996年，曹锦清依托亲友网络对黄河沿岸进行实地考察，以日记形式将“沿途所看、所听、所谈、所思、所虑”记录下来，写成此书。全书内容，涉及实行土地承包责任制后的农民与土地、与市场、与人情网络、与地方政府关系的变化及现状；涉及农村、农民、农业、收支与负担、计划生育等诸多方面；涉及地方政府与分散经营农民之间的各种矛盾；涉及传统文化与现代化努力之间的种种问题。所有这些，大都是中国农村转型期中带有根本性、普遍性的问题，是值得高度重视和有待解决的重大课题。可以说，它是中原乡村社会转型现状的真实记录。从社会调查方法视角看，作者既继承了蹲点、与农民“三同”等传统方法，又运用了个案访谈、深入交流等现代调查方式，特别是通过“亲友关系网”直达村落、农舍、田间进行现场调查。这种亲友式田野访谈，没有任何人为包装，村民没有疑虑，最易获得社会真实，内容真实可信。

曹锦清认为，他所看、所谈之中夹杂着一些思考，但远未形成理论，更多的是一些关切、忧虑。他看见，中原大地沿路一切有墙的地方，差不多都写着诸如“大跨度，超常规，争一流”“谁发财，谁光荣；谁贫穷，谁无用”之类的口号，各级政府官员都在制订雄心勃勃的追赶计划，一向“知足常乐”的村舍也无一例外地卷入竞逐财富的攀比之中。然而，实际状况却是，地方政府到处在与农民争食那块很难做大的老蛋糕，地方财政用于“吃饭”“办公”尚且拮据，更不用说实现“追赶计划”了。恰如陷入泥潭而高速运行的车轮，无法推动车身前进，徒耗能源而已。看来，单纯的赶超战略已走到它的尽头。这是一个关涉我们民族前途与命运的大问题。穷有穷病，富有富病，与穷病、富病相比，穷而急富之病更为可怕。因为，此病可能使自我迷失，结果只能是“邯郸学步”或“东施效颦”。

3. 城市化进程研究

城市化是现代化的重要表现。改革开放以来，中国城市化进程明显加快，同时也出现了一些新问题。中国社会学者对中国城市化进程中出现的较为普遍的“城中村”问题、发展新区问题和“城区角落”问题，进行了很有成效的调查和研究。

从 1992 年到 20 世纪末，项飙通过对北京城乡结合部“浙江村”的调查，发现它的运营与美国硅谷、北京中关村高科技区有异曲同工之妙，即通过社区网络，激发创意，在没有资金、工业基础、庞大组织系统的条件下，靠先进的经营思想，从无到有地创造崭新的产业王国。《跨越边界的社区——北京“浙江村”的生活史》，就是这一开创性调查研究的结晶。

20 世纪末、21 世纪初，李培林通过对广州“城中村”的调查研究发现，人们本来以为，村落的终结与农民的终结是同一个过程，就是非农化、工业化或户籍制度的变更过程，但在现实中，村落作为一种生活制度和社会关系网络，其终结过程要比作为职业身份的农民更加延迟和艰难，城市化并非仅仅是工业化的伴随曲，它展现出自身不同于工业化的发展轨迹。一个由亲缘、地缘、宗族、民间信仰、乡规民约等深层社会网络联结的村落社会，其终结问题不是非农化和工业化就能解决的。村落终结过程中的裂变与新生，并不是轻松欢快的旅行，它不仅充满利益摩擦和文化碰撞，而且伴随着巨变的失落和超越的艰难。村落只有伴随着产权的重新界定和社会关系网络的重组，才能逐步走向终结。①

1993 年，复旦大学社会学系和上海浦东新区社会发展局合作开展浦东新区社会变迁调查。这次调查，调研总体是浦东新区具有正式户籍的 16 岁及以上的家庭户居民和村民；调研目的是增进对新区经济、政治、文化、社会状况的全面了解，把握新区社会发展趋势和方向，为政府决策提供依据，同时，通过调查研究推动社会学的教学和科研。1993 年首次调查后，每年进行一次专题调查，每五年进行一次大规模追踪调查。上海浦东新区社会变迁调查，取得了丰硕调研成果，为当地政府提供了决策依据，也促进了有关学科的发展。

2004 年，北京市社会科学院组织了一次“城区角落”调查。所谓“城区角落”，主要是指在城市规划区内、现代化水平相对滞后、管理相对薄弱的地区；其特点是，社区居民以城市贫民、失地农民和流动人口为主，市政基础设施不足、危旧平房集中、管理相对薄弱、人口结构不合理、环境脏乱差等。通过调查，“北京城区角落调查”课题组编写的《北京城区角落调查 NO. 1》，2005 年由社会科学文献出版社出版。该书既有翔实可靠的访谈记录，又有不同视角的深入分析，明确提出了“城区角落”的概念，划分了北京“城区角落”的 7 种类型，对城区角落存在的问题及其成因进行了深入描述，提出了许多有价值的对策建议，它是目前国内关于“城区角落”调查研究的一大重要成果。

---

① 参见李培林：《巨变：村落的终结——都市里的村庄研究》，载《中国社会科学》，2002（1）。

4. 婚姻与家庭研究

改革开放以来，婚姻家庭问题是社会调查的一个热点，其主要成果有：

李银河的《对北京市部分离婚者的调查》，通过深入访谈，集中研究离婚现象及性观念变化，探讨离婚的主要原因及女性面临的问题。刘援朝的《现阶段农村的家庭组织——十三泉村亲族关系的考察》等，则聚焦于农村家庭组织、家庭结构变迁及婚嫁流动研究。

1979 年，受联合国教科文组织委托，中国社会科学院社会学所组织实施了“中国青年生育意愿调查”。调查地域，北京和四川；调查内容，家庭结构、理想的家庭形式、理想的子女数等；调查对象，15～30 岁的青年；调查方法，在访问近 50 个不同职业青年的基础上设计调查问卷，按照不同行业从 16 个单位中抽取7 000多个样本进行问卷调查。这是中国社会学恢复以后的第一次比较规范的抽样问卷社会调查，取得了许多调查成果。

1982 年，在雷洁琼教授的指导下，中国社会科学院社会学所与北京、天津、上海、江苏、四川等科研机构合作进行了“中国五城市家庭研究”(1983 年这一项目被列入国家“六五”社会学研究的重点项目)。调研地域，北京、天津、上海、南京、成都 5 个城市；调研对象，5 057个已婚妇女和4 385户家庭；调查内容，择偶、家庭关系、消费、生育、养老、家庭结构、家庭生命周期等；调研方法，采取立意整群抽样方法抽取样本，即根据城市规模从每个城市选择 1～2 个有代表性的居委会，在每个居委会整群抽取 400～500 个已婚妇女作为样本进行问卷调查。1986 年，中国社会科学院社会学所主持进行了“全国十四省市农村婚姻与家庭调查”。调研地域，上海、天津、黑龙江、吉林、河北、山东、江苏、浙江、安徽、福建、湖北、四川、贵州、广西；调研内容，除上述五城市调查的内容外，还增加了有关农村家庭生产、家庭劳动力等方面的问题；调研方法，采用多段分层定比随机抽样的方法；调研对象，7 258户农村居民。1987 年，北京大学进行了“经济体制改革以来农村婚姻家庭变化”调查。调研地域，北京、上海、四川、黑龙江、河南、广东的 14 个县；调研对象，2 799个农户；调研方法，问卷调查。此外，中国社会学界还进行了一些较小规模的家庭调查。通过这些调查，不仅取得了大量翔实调查资料，写出了有关城乡家庭婚姻问题的大量论文和著作，推动了婚姻家庭研究的发展，而且提高了抽样调查、问卷调查的技能和水平，为中国社会学培养了一大批从事定量调查的学术骨干。

1987 年 3 月，中国社会科学院社会学研究所与日本青少年研究所合作联合进行了国际婚姻家庭的实证研究①。调查对象，45 岁以下的已婚职业妇女；调查人数，2 000 人；调查目的，了解妇女就业对自身、家庭和社会的影响，带来了哪些变化、问题及如何解决等；调查方法，问卷调查。马有才、刘英等著《妇女就业与家庭——中日比较研究调查报告》(社会科学文献出版社，1992)，就是这次调查研究的结晶。

---

① 郑杭生、李迎生：《中国社会学史新编》，北京，高等教育出版社，2000。

有关性社会学的研究，起步要晚一些。1989—1990年，刘达临主持的全国两万例“性文明”调查，是中国性社会学研究史上空前规模的调查。通过这次调查，初步弄清了性观念、性知识对当代中国人的影响，夫妻生活中的性交频率、时间和方式，及其与婚姻之间的相关性，探讨了夫妻性满意度、性快感等性生活质量问题，以及性对婚姻质量的影响等。这次调查的结果，反映在刘达临主编的《中国当代性文化》（上海三联书店，1992）一书中。

20世纪90年代以后，随着城市经济社会改革的深入，婚姻家庭领域发生了许多新变化，为了弄清这些变化，1994年，在雷洁琼教授的指导下，中国社会学界又进行“七城市婚姻家庭研究”。调查地域，北京、上海、南京、广州、哈尔滨、成都和兰州；调查对象，被抽中样本户中的已婚妇女和她们的丈夫；调查内容，与五城市调查基本相同；调查抽样，采用分层多段概率抽样法，每个城市抽取800户进行调查，最后得到有效样本5 664个。这次调查，实际上是一次追踪研究，取得了一系列新的成果，将中国婚姻家庭研究推向了一个新阶段。

进入90年代以后，中国社会学者对家庭暴力这类世界热点课题，也开始了关注和研究。调查表明，家庭暴力包括三个方面，即夫妻之间的暴力、针对儿童的暴力和针对老人的暴力，其中夫妻之间的暴力是重点；家庭暴力，是导致婚姻不稳定乃至解体的重要因素。徐安琪等学者对这个问题进行了比较深入的研究，并探讨了家庭暴力的特点及原因等。

5. 民族问题调查

20世纪80年代以来，中国民族问题调查涉及的内容涵盖民族语言的使用与双语教育体系、人口迁移流动与民族关系、居住格局与族际交往、族际通婚与影响因素、群体优惠政策对民族身份认同与族际关系的影响、中国各地区族群分层现状与发展趋势、各族民众身份认同体系与公民意识、少数民族中的宗教组织与宗教活动、民族区域自治实施情况等诸多方面。[①] 其中，比较重要的调研成果有：郭家骥的《民族传统文化与民族地区的商品经济发展——澜沧拉祜族自治县木戛区拉祜族与汉族的比较研究》（1988年），张锡盛的《云南省勐海县哈尼族习惯法与婚姻法的矛盾》（1989年），马戎的《拉萨市区藏汉民族之间社会交往的条件》（1990年），郑晓云的《当代西双版纳傣族社会文化变迁研究》（1991年），包智明的《变动中的蒙民生活——三爷府村实地调查》（1991年），孙秋云的《湖南瑶族青年劳动和消费生活方式》（1991年），马戎、旦增伦珠的《拉萨市流动人口调查报告》（2006年），王建基的《乌鲁木齐市民族居住格局与民族关系》（2000年），王俊敏的《青城民族》（2001年），梁茂春的《从南宁市区的居住格局看汉壮居民的社会交往条件》（2002年），周炜的《西藏的语言与社会》（2003年）等。

6. 社会问题研究

改革开放以来，随着社会变迁的广泛和深入，各类社会问题逐渐突显出来，围绕

① 参见马戎：《当前中国民族问题研究的选题与思路》，载《中央民族大学大学学报（哲学社会科学版）》，2007（3）。

社会问题而开展的社会调查也蓬勃发展起来。例如，围绕人口问题，老龄化问题，农村剩余劳动力问题，城镇职工下岗与再就业问题，贫困问题，社会分配问题，吸毒、卖淫、嫖娼问题，住宅问题，环境问题，犯罪问题，自杀问题，腐败问题，道德问题，宗教、迷信与宗族势力问题等，都有许多调查研究的成果，为解决这些社会问题提出了许多好的设想或建议。

从社会学界来看，有关社会问题的社会调查，主要集中在两个方面：一是城市化过程中出现的农民工问题。仅中国知网上关于农民工问题的调查报告，就有 4 832 篇（截至 2015 年 6 月 17 日），其中比较重要的有：李强的《关于城市农民工的情绪倾向及社会冲突问题》（1995 年），陆学艺的《农民工问题要从根本上治理》（2003 年），以及国务院研究室课题组的《中国农民工调研报告》（2006 年）等。二是农村的宗族与宗教问题。仅中国知网上关于农村宗族与宗教问题的调查报告，就有 936 篇（截至 2015 年 6 月 17 日），其中比较重要的有：陈永平、李委莎的《宗族势力：当前农村社区生活中一股潜在的破坏力量》（1991 年），常永青的《河南省农村基督教活动情况调查》（1991 年），刘小京的《略析当代的浙南宗族械斗》（1993 年）等。此外，围绕其他社会问题的调查报告也不少。例如，彭庆恩的《关系资本和地位获得》（1996 年），以北京建筑行业农民包工头的个案为例，探讨了关系资本在从农民工到包工头这一个地位获得过程中的作用；麻国庆、张亮的《进步与发展的当代表述：内蒙古阿拉善的草原生态与社会发展》（2012 年），在对阿拉善盟草原生态和牧民生活进行调查的基础上，围绕生态保护、不同群体间迥异的利益诉求、工业资本的进入与多种经营的变化，分析了产生各种诉求背后的社会运行机制。

7. 阶级与阶层研究

1988 年，中国社会科学院社会学所组织实施了“中国社会阶级阶层研究”调查。调查地域，北京、上海、辽宁、河北、山东、贵州等 6 个省市的城乡；调查对象，从 6 个省市抽取的4 658户城镇居民和4 723户农村居民；调查内容，职业结构、职业声望、代内流动及代际流动等；调查方法，抽样问卷调查。这是中国社会学恢复后的首次社会分层与流动调查，后来由于政治形势变化和课题组内部分歧，这次调查结果未能公开发表。

1999 年，陆学艺教授主持的中国社会科学院社会学所“中国社会阶层结构变迁课题组”，对社会分层与流动进行了大规模的专题调查。这次调查，分两阶段进行：第一阶段，做前导性研究，课题组选择在广东省深圳市、安徽省合肥市、湖北省汉川市、贵州省镇宁县、江苏省无锡市、江苏省吴江市七都镇、辽宁省海城市、福建省福清市、北京燕山石化总厂、吉林长春第一汽车制造厂、天津南开大学等 11 个调查点进行了11 000份问卷调查和约1 000人的访谈调查；第二阶段，在全国做抽样调查，采用多段复合抽样方法，从全国3 300多个市县级抽样单位中抽取 73 个市（县、区）作为一级抽样单位，再从这 73 个市（县、区）中抽取 408 个居委会或村委会作为二级抽样单位，最后从这 408 个居委会或村委会中抽取6 240名 16～70 周岁的常住居民作为调查对象，逐人进行问卷调查。问卷调查内容，包括个人和家庭基本情况、收入、教育、职业经历、职业声望、阶层认同等。通过这次调查，形成了三部著作。一是《当代中国社会阶层研究报告》（2002年），由三个部分组成：第一部分是课题组集体讨论后撰写的《当代中国社会各阶层研究总报告》，对当前社会阶层变化做了总体分析，提出了以职业分类为基础，以组织资源、经济资源、文化资源占有状况为划分社会阶层的标准，把当今中国的社会群体划分为十个阶层，即国家与社会管理者阶层、经理人员阶层、私营企业主阶层、专业技术人员阶层、办事人员阶层、个体工商户阶层、商业服务业员工阶层、产业工人阶层、农业劳动者阶层，以及城乡无业、失业、半失业者阶层，并对每个阶层的地位、特征和数量做了界定：对现有的社会阶层结构做了初步分析，指出了目前中国的社会阶层结构正在向现代社会阶层结构变化，但还只是现代社会阶层结构的雏形，并提出了相应的政策建议。第二部分是课题组部分成员分别撰写的关于产业工人阶层、农业劳动者阶层、私营企业主阶层和社会中间阶层的4个专题报告。第三部分是5个地区分课题组各自撰写的深圳、合肥、福清、汉川和镇宁等5个市县的社会阶层结构状况的个案研究报告。二是《当代中国社会流动》（2004年），其主题是：十大社会阶层是怎样从"两个阶级，一个阶层"结构分化演变而形成的，社会流动机制发生了哪些变化，这十大社会阶层今后各自将怎样继续演化，现有的社会流动机制哪些是合理的，哪些还不合理，需要怎样的改革和调整。三是《当代中国社会结构》（2010年），课题组先后在四川、广东、北京、福建、浙江、江苏等地做了长期深入调研。通过调研发现，随着经济高速发展，社会结构正在发生深刻变化，社会矛盾和问题正在凸显。该书在对社会阶层关系研究做出初步总结后，重点调查研究了当代中国社会结构的变动；对中国社会结构的历史和现状做了总体描述和分析。这三部著作，是中国社会阶层、社会流动、社会结构调研的重要成果，在国外产生了广泛影响。

8. 综合性社会调查

1983—1993年，天津市社会科学院社会学所与市人民政府办公厅合作组织了"天津千户居民调查"。调查地域，天津市9个区的36个街道；调查对象，1 000户不同类型的家庭；调查内容，家庭成员情况、婚姻及家庭状况、家庭消费状况、家庭关系、职业、家务劳动及分工、闲暇时间利用、教育、居住环境和工作态度、对政府工作的评价及社会态度等；调查方法，采用按职业比例抽样方法，抽取1 000户样本进行问卷调查。这一调查，从1983年至1993年连续进行了十年，积累了丰富资料，为当地政府制定政策提供了可靠的依据。

1988—1999年，中国社会科学院社会学所组织实施"百县市经济社会调查"。调查对象，全国31个省、市、自治区的119个县市。调查内容，1949年以来，特别是改革开放以来，政治、社会、经济、文化变迁的情况。从1990年第二批调查点开始进行问卷调查，其内容包括：婚姻与家庭、人口与生育、就业与流动、居民收入与生活消费、社会关系与政治参与等诸多方面，其调查指标既有描述人口、职业、收入、生活等方面的客观指标，又有反映被访人生活满意度、职业期望等方面的主观指标。调查方法，最初以典型调查、文献研究为主；从1990年第二批调查点开始进行抽样调查，采取概率比例抽样（PPS）和系统抽样相结合的多阶段分层抽样方法，在每个调查点随机抽取300～500样本，进行问卷调查。调查时间，历时11年，分四批完成。调查成果，形成了《中国国情丛书——百县市经济社会调查》119 本，其中有 82 个县市进行了抽样问卷调查。这是一次大规模的国情调查，不仅为摸清中国国情做出了重要贡献，而且通过调查实践培养了一大批社会调查骨干。

1995 年，中国社会科学院社会学所又进行了“沿海发达地区社会变迁调查”。调查地域，从沿海 14 个城市和 4 个特区中，分层抽出大连、上海、广州、烟台、宁波和北海 6 个样本城市。调查对象，6 个城市中的3 013个 20～ 65 岁的成年人。调查内容，主要包括人口基本情况、工作和职业、婚姻家庭等。调查设计，在调查项目和量度指标上尽可能与过去各种调查（如国情调查及国外的相关调查）保持一致。抽样方法，采用概率比例抽样和系统抽样相结合的多阶段分层抽样方法。调查方法，采用多次横断面的调查方法，使资料在时间上具有累积性和可比性。研究方法，采用跨文化比较研究方法，使数据在空间上尽可能具有可比性。2000 年，这个调查扩展为“中国社会变迁调查”。

自 2003 年起，中国人民大学中国调查与数据中心同香港科技大学调查研究中心合作，开展了定期的中国综合社会调查（Chinese General Social Survey，CGSS）。这是我国最早的全国性、综合性、连续性学术调查项目，由中国人民大学中国调查与数据中心负责执行，遵照国际标准，自 2003 年起每年对中国大陆各省、自治区、直辖市10 000多户家庭进行一次连续性横截面调查。中国综合社会调查系统、全面地收集社会、社区、家庭、个人多个层次的数据，总结社会变迁的趋势，探讨具有重大科学和现实意义的议题，推动国内科学研究的开放与共享，为国际比较研究提供数据资料，充当了多学科的经济与社会数据采集平台。

成立于 2006 年的北京大学中国社会科学调查中心，开展了中国家庭追踪调查（Chinese Family Panel Studies，CFPS）。中国家庭追踪调查是一项大规模、多学科社会跟踪调查项目。根据该调查的设计目的，其样本覆盖全国 25 个省、自治区、直辖市，家庭总样本 16 000 户，样本家户中的全部家庭成员都是调查对象，中国家庭追踪调查问卷包括社区问卷、家庭问卷、成人问卷和少儿问卷。2008 年在北京、上海、广东展开探索性调查；2009 年在北京、上海、广东三地展开工具性测试跟踪调查，测试计算机辅助面访技术；2010 年在全国 25 个省、自治区、直辖市正式实施基线调查，完成调查家户近 15 000 户。该调查旨在通过跟踪收集个体、家庭、社区三个层次的数据，反映中国社会、经济、人口、教育和健康的变迁，为学术研究和公共政策分析提供数据基础，并根据调查数据撰写《中国报告》，后改名《中国民生报告》。此外，中国社会科学调查中心还主持中国健康与养老追踪调查（China Health and Retirement Longitudinal Study，CHARLS），收集了一套代表中国 45 岁及以上中老年人家庭和个人情况的高质量微观数据，用以分析我国人口老龄化问题，推动老龄化问题的跨学科研究。该项目全国基线调查于 2011 年开展，覆盖 150 个县级单位，450 个村级单位，约 1 万户家庭中的 1.7 万人。这些样本每两年追踪一次。

成立于 2007 年的中山大学社会科学调查中心，开展了中国劳动力动态调查（China Labor-force Dynamics Survey，CLDS）。该调查聚焦于中国劳动力的现状与变迁，内容涵盖教育、工作、迁移、健康、社会参与、经济活动、基层组织等众多研究议题，是一项跨学科的大型追踪调查。调查样本覆盖中国 29 个省市（除港澳台地区、西藏、海南外），调查对象为样本家庭户中的全部劳动力（年龄 15～64 岁的家庭成员）。在抽样方法上，采用多阶段、多层次与劳动力规模成比例的概率抽样方法。中国劳动力动态调查于 2011 年在广东省开展了试调查，于 2012 年完成了第一次全国性调查，并于 2014 年完成了第一轮追踪调查后，又于 2016 年进行了第二轮追踪调查。中心根据中国劳动力动态调查数据定期出版《中国劳动力动态调查报告》，目前 2013 年、2015 年的报告已经由社会科学文献出版社出版发行。中心同时开展其他各类社会科学调查和数据收集，例如，与中山大学城市社会研究中心联合开展“学术研究数据库共享计划”，目前已经建立了“城市农民工调查数据库”“家庭追踪调查数据库”“社会网与求职调查数据库”“青少年科学学习调查数据库”和“中国劳动力动态调查数据库”。

从 1998 年开始，中国社会科学院社会学所中国社会形势分析与预测（社会蓝皮书）课题组，几乎每年都进行有关社会心态、社会结构的调查。这些调查，每年由不同单位进行，调查内容没有连续性。2006 年，该所将这一调查发展为一项全国社会状况综合调查，调查问卷的内容包括家庭情况、个人工作情况、对各类社会问题的评价、社会态度等方面。调查方法，采用分层多段抽样，当年调查完成的有效样本为7 061个。

### （二）社会调查的总体评价

关于改革开放以来社会学界的社会调查，有的学者认为，1979—1999 年期间已经历了三个阶段，即 1979—1985 年的“学习”阶段、1986—1992 年的“实践”阶段和 1993—1999 年的“提高”阶段[①]；有的学者认为，1979—2007 年期间已经历了四个阶段，即 1979—1985 年“补课”的阶段、1986—1992 年“从理论落实到实践”的阶段、1993—2004 年“发展和壮大”的阶段和 2004—2007 年以后“深层次推进和发展”的阶段[②]。

我们认为，1979 年以来的社会调查，大体可分为两大阶段，即 1979—1992 年社会学恢复、重建初期的社会调查和 1993 年以后进一步发展时期的社会调查。

在 1979—1992 年的 10 多年里，社会学界的社会调查大都采用两种方法：一是传统的调查方法，如典型调查、个别访谈、开座谈会、文献调查等，而且多是定性调查；二是现代的调查方法，如抽样调查、问卷调查等，往往运用电子计算机进行统计分析，做定量调查。据统计，1982—1988 年发表在《社会学研究》及其前身《社会调查与研究》上的社会调查报告共 94 篇，其中采用抽样问卷调查方法的 48 篇，占 51%；采用传统调查方法的 39 篇，占 41%。这说明，由于西方现代社会调查方法的引进，抽样问卷调查方法已占多数，特别是学者们热衷的“问卷调查”，几乎成了社会调查的代名词。然而，这个时期的抽样调查、问卷调查，往往片面追求大样本、长问卷和多数据，而统计分析十分简单，理论分析非常肤浅，因而“大规模、大样本、重描述、浅分析”

① 参见风笑天：《社会学方法二十年：应用与研究》，载《社会学研究》，2000（1）。
② 参见范伟达等：《中国社会调查史》，202～211 页，上海，复旦大学出版社，2008。

成为它们的基本特征。

有的学者通过对1989—1993年期间发表的研究报告的分析，列举了几项在调研方法上具有一定开拓或启发意义的研究。[①] 例如，林南等运用抽样问卷调查方法对上海、天津、北京市民生活质量的研究，阮丹青等运用社会网的方法对天津居民社会网的研究，朱庆芳等对社会发展指标及小康社会指标的研究，时宪民运用参与观察和个案调查方法对北京个体户进行的研究等。20世纪90年代中后期，经验研究方面又出现了一批有代表性的例子，例如，李银河的婚姻家庭系列研究，折晓叶的“村庄的再造”研究，刘达临、潘绥铭等的中国人性观念研究，徐安琪等的婚姻质量研究，风笑天的独生子女研究，沈崇麟等的城乡家庭研究，全国妇联的妇女地位研究等。这些研究，从方法上来说已更为规范、成熟。

1993年以后，尽管社会学者的调查方法日益多样化，诸如“焦点小组访问”“内容分析”“社会网分析”等不断涌现，但总体而言，最常用的仍是前述两类方法。据有关学者统计，1986—1996年《社会学研究》发表调查报告186篇，其中，采用调查研究方式的118篇，占63.4％；采用实地研究方式的55篇，占29.6％；采用文献研究方式的13篇，占7％。问卷调查方法及与之相联系的几种技术，如问卷设计、随机抽样、访谈技术等，已成为社会学者最熟悉的方法和技术。同时，与此相对应的是以深入访谈、座谈会、个案研究、文献分析为代表，具有定性特征的“传统社会调查方法”（即实地研究方法）的运用。[②]

概括地说，社会学者使用的社会调查方法，1979—1982年以传统的定性调查为主；1983—1992年以西方定量调研方法为主，传统调查方法仍占有一定比例；1993年以后，定量调研方法保持较高比例，但调查研究方法日益多样化，运用西方人类学等方法的研究不断增加。总体而言，1993年以后，社会学界的调研方法水平明显提高。展望未来，社会学者的社会调查方法应该在两方面取得重要进展：一是，重视社会调查、经验研究与理论研究的结合。二是，重视定量研究，重视应用高级统计分析方法。

## 二、其他社会科学学科的社会调查

除社会学外，其他社会科学学科也做过许多社会调查，其中有代表性的调查项目有以下几种。

1.《中国人想要什么样民主》

中国社会科学院政治学所研究人员张明澍的《中国人想要什么样民主》（2013年），以中国社会科学院国情调查项目中的抽样调查资料为依据，与作者1988年的调查报告《中国“政治人”》（1994年）做比较，探讨中国人想要什么样的民主，分析了中国伦理

---

① 参见林彬、王文韬：《对当代中国社会学经验研究及研究方法的分析与反思——90年代社会学经验研究论文的内容分析》，载《社会学研究》，2000（6）。

② 参见风笑天：《社会学方法二十年：应用与研究》，载《社会学研究》，2000（1）。

主义政治文化的特征，描述了不同教育程度、不同年龄中国人在政治观念、政治参与态度及行为、了解政治知识三个方面的不同之处，指出了过去20年间中国政治文化在若干方面的变化。[①]

张明澍通过对全国4个城镇随机抽样的1 750位城镇居民的调查，分析中国人民主观念的特点是：(1) 重视德治优先于重视法治。(2) 重视实质和内容超过重视形式和程序。(3) 解决腐败和群众监督政府优先于保障公民自由和权利。(4) 协商优先于表决。(5) 要中国自己的民主而不是外国的民主。张明澍认为，形成上述特点的原因是，与西方科学主义政治文化用外在规则约束人的政治行为，并作为建构政治制度的基础不同，中国政治文化中伦理主义分量较重，其特点是：希望用人的内在修养、品德约束政治行为，并作为建构政治制度的基础；个人感情、情绪影响甚至支配政治行为，往往导致激情式的政治参与，甚至冲破法律制约。这样，就会妨碍政治生活中"实事求是"原则的贯彻，妨碍按部就班、和风细雨的有序政治参与。

张明澍指出，与经济上的中产阶层相适应，中国公民政治态度也出现了中间化趋势。例如，在回答民主好不好时，相当大一部分人回答说"不能一概而论，要看是不是适合中国情况的民主"；在回答中国好还是美国好时，51.5%的人选择"中国和美国国情不同，不能简单地比较"。张明澍认为，这种情况为稳健的政治体制改革提供了基础。

通过对调查结果的分析，张明澍发现了"高中定律"，即在政治观念、政治参与态度和行为、掌握政治知识方面，高中教育程度是一个转折点。从高中教育程度开始，受教育程度越高，政治参与态度和行为越积极，掌握政治知识越多，反之则越消极、越少。他还发现了"60后定律"和"倒60后定律"。"60后定律"是指，在政治观念和政治参与态度方面，"60后"年龄段是一个转折点，年龄越小，越倾向于西方化和中间化；"倒60后定律"是指，在政治参与行为和掌握政治知识方面，"60后"年龄段则是朝相反方向的转折点，即年龄越大，实际参与政治的行为越积极，掌握的政治知识越多。张明澍还提出了"潜在参与者"与"实际参与者"的概念。他认为，在利益受损时能够想到采取某种政治参与方式保护自己利益的人是"潜在参与者"；在利益受损时曾采取政治参与行动保护自己利益的人是"实际参与者"。他通过调查发现，"潜在参与者"最高可达80%以上，"实际参与者"一般不超过10%。造成这一差距的原因在于，缺乏通过有序政治参与来保护自己利益的宣传和教育。

张明澍曾经在1988年做过一次类似的调查，出版了《中国"政治人"》一书。比较相距二十多年的这两次调查，张明澍指出，当前中国公民的政治参与行为有两个明显特点：一是由伦理主义和理想主义驱动参与政治和关心政治的程度降低，二是从自身经济利益出发关心政治和参与政治的程度提高。

张明澍呼吁，我们的教育和宣传应当把社会主义民主制度所蕴含的、在日常生活

① 参见刘好光：《伦理主义政治文化妨碍我国民主制度发挥优越性》，载《中国教育报》，2013-05-24。

中看得见摸得着的道理告诉人们，把社会主义民主向人民大众提供的有序政治参与的权利和机会同自己切身利益之间的关系告诉人们，使广大公民的民主观念能够赶上我国社会主义民主制度建设的发展，让社会主义民主的优越性充分发挥出来。

2. 中国民营经济研究

据经济学者的调查和研究，20 世纪末和 21 世纪初，我国民营经济发展的现状是，从企业制度看，有限责任制占 84%，合伙制占 13%，独资占 3%（1999 年年底）；从行业分布上看，第三产业占 69%（其中批发零售业占 36%），第二产业占 26%，第一产业占 5%。民营经济在国民经济中的份额为 10%～20%，在全社会固定资产投资总额中占 15%～20% ，在出口创汇、税收等方面也做出了应有贡献。民营经济存在的主要问题是，家族企业多，产权不清晰，企业管理薄弱，缺乏核心竞争力，留不住人才，技术进步迟缓，企业布局不合理，资源消耗大，生产成本高，环境污染严重，不正当竞争突出，税费负担过重等。民营经济发展的制约因素是，旧思想观念的制约、宏观经济体制的制约、产业准入的制约、金融体制的制约、法治不健全的制约、家族经营模式的制约、自身素质不高的制约等。促进民营经济发展的建议是，政府管理部门要转变观念，消除所有制歧视，加快金融改革，调整和完善融资体系，在财税方面实施促进民营经济发展的政策，完善有关民营经济的法律制度等。①

3. 对慰安妇问题的调查研究

1992 年以来，上海师范大学历史系系主任、中国慰安妇研究中心主任苏智良，一直致力于慰安妇研究。他在广泛调查研究的基础上，先后撰写、出版了《慰安妇研究》（1999 年）、《上海日军慰安所实录》（2005 年）、《追索——朝鲜慰安妇朴永心和她的姐妹们》（2005 年）等著作。

据苏智良调查、考证，日军侵华期间，在全中国 21 个省市建有成千上万个慰安所，有的存续时间长达 14 年；沦为慰安妇的中国妇女达 20 多万人，有的慰安所里的慰安妇达 300～500 人；中国慰安妇中，除汉族外，还有黎族、傣族等少数民族；沦为慰安妇的时间，短者为数周，长者达 7 年之久。在二战中能幸免于难的她们，由于长期遭受摧残，现状大都相当悲惨。这些幸存的慰安妇，生理上，普遍患有骨头酸痛、神经痛、哮喘、妇科等慢性疾病，绝大多数人丧失了生育能力；精神上，普遍存在着羞愧、苟活心态，耻于向别人倾诉内心的伤痛，由于无儿无女，晚年大都陷入深深的孤独之中；经济上，普遍收入低微，生活窘迫，有的甚至连基本生活都难以维系；社会关系上，往往受到歧视或鄙夷，被称为“进过炮楼的”女人。近十几年，经过宣传和教育，情况已有所变化，她们公开身份后，大多得到了同情，生活也得到了改善。在撰写《慰安妇研究》的过程中，作者不仅查阅了中日两国的历史档案，搜集了大量历史资料，而且实地踏勘过上海 80 个慰安所的旧址，亲自访问过几十位尚在人世的中

---

① 参见徐瑞娥：《中国民营经济发展研究综述》，载《经济学动态》，2002（10）。

国慰安妇，还专访了《史东郎日记》的作者史东郎及其曾经进入过的慰安所。[①] 可以说，《慰安妇研究》这部著作，是文献调查、实地踏勘和深入访谈相结合的产物。

苏智良、陈丽菲、姚霏合著的《上海日军慰安所实录》，是经过 13 年调查，并参考各种史料而编著的，书中记载了遍布上海的 149 个日军慰安所，附有标示图和照片，为进一步研究上海日军慰安所问题提供了可靠的依据。陈丽菲、苏智良合著的《追索——朝鲜慰安妇朴永心和她的姐妹们》，主要记录了 2003 年在中、日、韩三方共同努力下，对二战期间在华被迫充当日军慰安妇的朝鲜老人朴永心和她的姐妹们的调查活动。这次调查活动，是国际社会慰安妇问题研究的一次成功合作。

4.《首都高校教学质量与学生发展状况调查报告》

2006 年、2007 年，北京大学教育学院对首都高校学生进行过两次调查。2008 年年底，又启动了第三次北京“高校教学质量与学生发展状况”调查。调查范围，北京 54 所高校。调查对象，本科生占 87.85%、专科生占 12.15%；本科生中三年级占 76.4%、二年级占 16.4%。调查方法，问卷调查。调查数量，30 414份问卷，返回有效问卷29 806份，有效率 98%。2012 年 11 月，北京大学教育学院在北京论坛教育分论坛上发布了《首都高校教学质量与学生发展状况调查报告》，从入学、教与学和产出三个方面报告了调查结果。

在入学方面，入学机会在性别、城乡、社会阶层方面存在差异，但未出现弱势群体处于绝对不利地位的现象。从入学成绩看，同一院校不同社会阶层子女高考成绩没有显著差异；但在不同院校间，父母教育程度、父亲职业和家庭收入对学生高考成绩有重要影响，总体而言，弱势群体学生高考成绩普遍偏低。至于升学选择，不同社会经济背景家庭子女接受高质量本科教育的机会是不均等的。一般地说，父母教育程度较高、富裕家庭和高职业地位家庭子女进入重点大学的机会更多。在首都高校招生中，女性、农村和较低社会阶层子女受教育的机会在逐步增加，但来自较高社会经济背景家庭学生的高考成绩更加优秀、进入重点院校的比例更大。在“211 工程”“985 工程”高校中，高收入家庭（即家庭收入最高的 20%的家庭）子女的学生多于普通院校及高职高专等院校，而高职高专院校中 70%左右的学生来自农村家庭。这说明，在高教入学机会公平方面，首都高校还有进一步提升的空间。

在教与学方面，教学课程运作良好、学生满意度较高。在教学方法上，各校在“使用多媒体辅助教学（经常使用率达 65%）”方面已取得很大成绩，基本实现了教学手段现代化。但是，在启发式教学、教学互动、学习成果考评测量方式多元化、课外学习与指导等方面依然存在着明显不足；教学、实验、生活设施短缺和投入滞后，已成为普遍存在的问题，学生在这些方面的不满度较高。在学生方面，上课出勤率 90%以上的学生占 72.8%，比 2007 年下降了 3.8 个百分点；学生从不或很少参与课堂讨论的占 47%，从不或很少课堂提问的占 65%，从不或很少在课后向教师个别请教的占

① 参见苏智良：《慰安妇研究》，上海，上海书店出版社、世纪出版集团，1999；冯英子：《读〈慰安妇研究〉》，载《民主》，1999（3）。

56%；学生课余自学时间 2.6 小时，娱乐 2.2 小时，社会活动 0.9 小时，锻炼身体 0.7 小时，睡眠 7.4 小时。值得注意的是，近 74%的学生逃过课，63%的学生曾经没有完成课后作业，27%的学生考试作过弊，66%的学生有过抄袭行为。这些数据说明，学风不良现象较为普遍，加强学风建设已成为高校教育改革中迫切需要解决的问题。

在产出方面，考试科目全部及格的学生占 66%，不及格科目 1～2 门的学生占 22.8%，3～5 门的学生占 7.3%，5 门以上的学生占 3.7%。与 2007 年的调查结果相比较，考试成绩出现一定程度的下滑，其中考试科目全部及格的学生比例下降了 5 个百分点。在学生感受到的各种压力中，就业压力占 64%，经济压力占 37%，学业负担重占 35%，对所学专业不感兴趣占 31%，认为所学无用、缺乏学习动力占 32%。[①]

最后，《首都高校教学质量与学生发展状况调查报告》根据调查中发现的上述问题，提出了一些相应的政策建议。

## 第五节　应用性社会调查

应用性社会调查，是指除政治性、行政性、学术性社会调查以外的各行各业围绕各自业务而开展的社会调查。这里只论述两类应用性社会调查，即民意调查和市场调查。

### 一、民意调查

改革开放以来，我国民意调查出现了多元化趋势，其表现是：第一，调查机构多元化。20 世纪 80 年代，调查机构大多具有官方或半官方性质。例如，党政机关及党报党刊负责民意调查的机构就具有官方性质，1986 年中国人民大学成立的舆论研究所、1987 年北京市社会科学院经济研究所与北京大学社会学系联合组建的全国城乡社会调查网，以及其他高等院校、社会科学研究院所、党校干校负责民意调查的机构就具有半官方性质。1992 年，北京零点调查公司成立，为非官方民意调查机构的发展做出了开创性贡献。此后，各种商业性、学术性、媒体性民意调查机构蓬勃发展起来，逐渐成为民意调查机构的主体，从而形成了民意调查机构多元化的格局。第二，调查内容多元化。20 世纪 80 年代，民意调查的内容多为时事政治民意调查、施政效果民意调查；20 世纪 90 年代以后，民意调查的内容更加丰富多彩、触角宽阔，对社会生活的各个层面均有不同程度的涉及。第三，调查资金多元化。1992 年后，随着对外开放的发展，美国盖洛普调查公司将其网络发展到中国，澳大利亚模范市场研究社等机构也纷至沓来，国内民意调查机构与国外民意调查机构的国际间合作日益频繁，中国民意调查的资金来源日益多元化。

---

① 参见鲍威等：《强化教学切适性，提升学生满意度——首都高校教学质量与学生发展状况调查报告》，载《中国高等教育》，2011 (1)。

进入 21 世纪后，民意调查有了新的发展。其中，《民意调查：SARS 怎样改变了我们?》和《2014 两会大数据》调查具有典型意义。

1.《民意调查：SARS 怎样改变了我们?》

2002 年 11 月，广东顺德首发 SARS（即严重急性呼吸系统综合征）事件，后扩散至全国其他地区、东南亚乃至全球，包括医务人员在内的许多患者死亡，直至 2003 年中期疫情才被逐渐消灭。这一次全球性传染病疫情，曾引起广泛的社会恐慌。

2003 年，零点调查集团就 SARS 事件对中国民众和社会的影响，开展了一次民意调查。调查地域是北京、上海和广州。调查对象是 314 名 18～60 岁当地居民。调查内容是 SARS 事件对民众和社会生活的影响。调查方法是，采用随机抽样方式，进行电话访问。调查结果是：

(1) SARS 对正常工作的影响：正常上班的不到 60%（北京只有 54%），完全在家休息的 13%，灵活上班的 7%，准备逃往其他安全地区的 7%，辞职的超过 2%，推迟或放弃出差的 32%。但是，在家歇久后，73%的人希望能早日正常上班，近一半的人发现“上班真好”。

(2) SARS 对人际交往的影响：减少与亲朋好友迎来送往的 70%，改用电话或电子邮件交流的增多；减少与人握手的 50%，停止拥抱、亲吻等亲密接触的 47%，当街亲热的大大减少；一些家庭开始分餐、分床睡觉；有人开始呼吁重拾传统打躬作揖的老礼。

(3) SARS 对家庭关系的影响：60%的人在家里看书看报的时间长了；家人之间的沟通多了，家庭比以前更和睦了；有媒体报道，当时北京的离婚率降低了五成。

(4) SARS 对男子身体的影响：原来许多男人身体长期处于亚健康状态，曾使得健康专家为他们的性能力和精子质量感到担忧，而 SARS 期间男人身体大都得到了休整和提高。

(5) SARS 对生活习惯的影响：过去许多人常熬夜、睡懒觉，现在早睡早起的 50%；大多数人养成了勤洗手的习惯；随地吐痰、随便打喷嚏的习惯有了很大改变。

(6) SARS 对社会心态的影响：在被隔离或闷在家里一段时间后，许多人的心态变得豁达起来；人与人之间亲密接触减少了，互相抱怨或龃龉也减少了；许多人表示，与上司、与同事的矛盾不算什么；赚钱多少无所谓，有事干比赚钱多少更重要。

(7) SARS 对与政府关系的影响：SARS 事件初期，民众与政府的关系并不协调。但是，随着政府工作的改进，民众日趋理性与配合，尽管对政府信息公开完全满意的不到两成，但表示“满意”或“比较满意”的达七成，显示出对政府工作的认可和支持。

(8) SARS 对公共安全的影响：被调查者在回答“如果你是一位医生，面对 SARS 应怎么做”时，45%的人选择“主动要求到一线工作”，49%的人表示将“坚守现在的岗位”。此外，超过八成的民众表示，“虽然很危险，但如果需要，我会主动积极参与防治 SARS 的志愿活动”，更多的人表示会积极参与捐助活动，以及配合相关部门采取防治措施。①

2.《2014“两会”大数据》调查

过去，在中国全国人大和全国政协会议（简称“两会”）期间，一般采用街头访谈、问卷调查等常规调查方法获取信息、报道民意，虽不乏成功之处，但往往不够全面。

2014 年全国人大和全国政协会议期间，中央电视台与百度、亿赞普和腾讯微博三家大数据公司合作，通过百度新闻热搜榜、百度热词榜、腾讯微博、电信运营商管道有关网站、论坛、贴吧、微博，以及移动通信上网民发表的意见等渠道获取信息，经技术处理和数据整理、研究后，先后制作并播出了 9 期《两会大数据》节目：《两会脉搏、全球跳动》《搜寻两会最热话题：百姓心中的难和易》《政府工作报告：谁在看？看什么？》《百姓心愿单、政府施政单》《中国报告、全球热搜》《新词儿带来新期待》《网民心中的人大常委会工作报告》《两高报告：网民心中的三个“最”》《大数据：搜寻网民两会热点轨迹》。《2014“两会”大数据》调查，是国内第一次使用大数据技术开展的民意调查，具有信息搜集真实、全面、快速，信息量大等特点，是一次成功的尝试。它不仅真实、全面、快速，多视角地反映了有关“两会”的民意，而且为今后大数据技术的推广、应用积累了可贵经验。

## 二、市场调查

改革开放以后，市场调查业在我国得到迅速发展。据《中国信息报》报道，我国市场调查业营业额，1995 年为 3.5 亿元（人民币，下同），比 1990 年增长了 30 多倍；1997 年为 4.5 亿元，1999 年为 11 亿元，2001 年为 19 亿元，2003 年达 30 亿元，年均增长率一直保持在 20%以上。

市场调查业快速发展的原因，一是政府职能的转变。1985 年，国家统计局成立中国统计信息咨询服务中心，这是我国市场调查行业的开端。2004 年 4 月，国家统计局成立中国市场信息调查业协会，一些省级统计局也成立了民意（市场）调查中心，它们不仅为政府部门提供信息、数据服务，而且为企业、公众提供咨询、服务，从而促进了市场调查业的快速发展。二是企业竞争的需要。随着市场经济体制建立和市场竞争加剧，市场信息对于企业发展日益重要，企业越来越重视对市场信息的搜集和分析，这是市场调查业快速发展的客观基础。

1987 年 8 月，广州市研究公司正式注册，成为我国第一家专业市场调研公司。20 世纪 90 年代，市场调查公司如雨后春笋般在各地涌现。仅北京一地，1992—1993 年就新增市场调查公司 200 多家。1998 年，为加强行业自律，促进健康发展，业内百余家市场调查机构召开了首次行业会议，成立了全国市场研究协会筹备委员会。2001 年 2

① 参见胡奎：《民意调查：SARS 怎样改变了我们？》，载《新闻周刊》，2003-05-05。

月，经民政部批准，成立了“中国信息协会市场研究业分会”（China Marketing Research Association，CMRA）。协会的宗旨是：（1）努力推动国民经济和市场研究事业的发展，在政府部门与企事业单位之间发挥桥梁和纽带作用；（2）为会员、政府、企业及社会各界提供信息服务、加强与国家有关部门的沟通；（3）促进对政策法律的理解和执行，加强行业自律，提倡有序竞争，确定行业道德准则、常规技术标准和参考报价体系；（4）加强国际交流，形成对外交流的窗口，努力培育开发国内市场，提高国内企业对市场调查及其科学运作理论的认知水平。协会的任务是：（1）中国市场研究行业规范公示；（2）推动市场研究标准化、安全化、数据库等基础工作的建设；（3）组织形式多样的培训班，宣传普及市场研究技术，组织出版有关的技术资料、刊物、书籍等；（4）促进国际研究交流和合作，不断推进中国市场研究业的进程；（5）推动各类市场研究机构和会员单位之间的横向联合与合作，促进市场研究资源的开发、利用和共享；（6）对市场研究的方法及应用的理论与实践问题进行研究、探讨和交流；（7）组织全国范围的各种新技术、新产品的演示推广和业务交流活动；（8）协助制定本行业的发展规划；（9）组织有关技术研究、开发、用户销售、维护等方面的协作；（10）反映本行业的需求和意见，维护本行业的合法权益。据《中国信息协会市场研究分会第四届双年会开幕式致辞》透露，2005 年我国已有专业市场与媒介研究公司2 000家左右，其他有类似职能的组织和企业可能已达上万家。

目前，国内市场调查机构大体可分为 4 类：（1）国外市场调查公司，于 20 世纪 90 年代初进入我国，如盖洛普、麦肯锡等，其特点是经验丰富，方法成熟，有人才、技术、资金优势，主要服务于国外大型企业，对提高我国市场调查水平和质量有一定示范作用。（2）国有持股公司，如央视市场研究、华通现代等，其特点是大多具有政府背景，有强大的信息网络和资源，容易获得行业数据，时效性强，成本低，拥有稳定、广泛的客户群。（3）民营专业调查公司，如零点、新生代、勺海等调查公司，其特点是数量多，规模小，运转灵活，反应快速，能最大限度满足顾客需要。（4）学术类市场调查机构，如高等院校、社科院所的市场（民意）调查机构，其特点是知名度高，专业人才多，能把市场调查与学术研究结合起来，产出高质量的调查结果。它们各有特点，共同构成中国市场调查的体系。

总体而言，改革开放以来我国市场调查业发展很快。1988—2008 年，中国市场调查业营业额在全球的排名，从倒数几位上升到约第 15 位，但是，与中国 GDP 排名相比较，仍明显偏低。这说明，中国市场调查业存在着巨大的发展空间。①

① 参见曹智：《市场调查业发展史》，载《合作经济与科技》，2008（15）；袁岳：《中国市场调查 20 年》，载《市场研究》，2008（8）。

# 第十三章　香港的社会调查

香港，是中华人民共和国的一个特别行政区。1841年至今，香港经历了天翻地覆的社会变迁，社会调查事业得到了巨大发展。

## 第一节　香港社会的变迁

### 一、香港的历史

1. 回归前的香港

1840年鸦片战争以前，清政府统治时期的香港，归广东省新安县（今深圳市）管辖，还是一个小渔港、小商埠。

1841年1月，第一次鸦片战争后，英国强占香港岛。1842年8月29日，英国强迫清政府签订不平等的《南京条约》，割让香港岛给英国。1860年10月24日，中英签订不平等的《北京条约》，割让九龙半岛界限街以南地区给英国。1898年，英国强迫清政府再订条约，租借九龙半岛界限街以北地区及附近262个岛屿，租期99年（至1997年6月30日结束）。在英国殖民统治期间，香港被建设为自由港，早期以鸦片贸易为主，随后发展为东南亚与中国内地的贸易中转站。

1941年12月25日，日军进犯，香港被日本占领，开始了三年零八个月的“日治时期”。1945年9月15日，日本战败后在香港签署降书，撤出香港。

1949年内地解放时，数以万计的内地人来到香港。1947年，香港人口为175万～180万，1951年增至201万。新移民不仅提供了大量劳动力，而且带来了巨额资金和技术。内地迁港企业，涉及纺织、橡胶、五金、化学、火柴等行业。20世纪50年代，香港开始工业化，到1970年工业出口占出口总额的81%，标志着香港已从单纯转口港转变为工业化城市，实现了香港经济的第一次转型。

20世纪70年代初，香港推行经济多元化方针，金融、房地产、贸易、旅游业迅速发展。特别是从20世纪80年代开始，制造业大部分转移到内地，各类服务业得到发展，土地价格大幅上涨，房地产成为新兴产业。随着商贸、房地产业高速发展，金融业也迅速崛起，大批跨国金融机构涌入，使香港成为仅次于纽约、伦敦的第三个国际金融中心。这样，香港就从以制造业为主的城市，转变为以商贸、服务、旅游业为主的城市，从而实现了香港经济的第二次转型。

1984 年 12 月 19 日，中英双方签订《中英联合声明》，规定 1997 年香港回归后将成为中华人民共和国的一个特别行政区。中国政府宣布实行“一国两制”。《中英联合声明》签署后，一部分对共产党政权没有信心的香港人，掀起了一个移民欧美的浪潮，但绝大多数香港人拥护回归，香港经济继续保持增长。

2. 回归后的香港

1997 年 7 月 1 日香港回归，成为中华人民共和国的一个特别行政区。1997 年，亚洲金融风暴爆发。1998 年，香港 GDP 增长率为－5.0%。1999 年，香港经济开始好转。2008 年，受美国次贷危机的影响，香港资产价格发生跳水式下降，但在中国内地经济发展带动下，香港经济仍保持增长态势。此后，香港明确提出了发展“四大支柱产业”，即金融服务、贸易及物流、旅游和工商业及专业服务业。这四大支柱产业，有力促进了第三产业的发展，构成了香港经济发展的主要动力。2013 年，香港 GDP 达到 2.13 万亿港币，人均国民收入达 3.84 万美元。

## 二、香港的现状

香港，由香港岛、新界和九龙半岛三个部分组成，是国际知名的商业贸易和金融中心，素有“东方明珠”之称。

1. 面积

香港全境面积，为 1 104 平方公里。其中，香港（包括附近小岛，下同）约 81 平方公里，九龙半岛约 47 平方公里，新界约 976 平方公里。

2. 人口

2014 年年底 723 万人，其中中国居民约占 98%。人口密度为6 549人/平方公里，其中建成区人口密度为 3 万多人/平方公里。

3. 语言、文字

1997 年回归后，基于“一国两制”原则，以繁体中文作为官方文字。粤语，是香港人日常生活中使用得最多的语言。

4. 行政管理

1997 年回归后，成立了香港特别行政区政府，其首长是香港特别行政区行政长官。

5. 经济结构

以服务业为主，包括金融服务、贸易及物流、旅游和工商业及专业服务业等四大支柱产业，其从业人员占在业人员总数 85%以上。

6. 社会状况

香港以政府廉洁、治安优良、经济自由、税制简单和法制健全闻名于世。但是，贫富悬殊，生活成本昂贵。

## 第二节　回归前的社会调查

回归以前，特别是20世纪40年代以来，香港的社会调查已广泛开展起来。它大体可分为两类，即政府的社会调查和学者的社会调查。

### 一、政府的社会调查

在港英政府（1841年1月—1997年6月）统治的早期，已有零星的社会调查，尤其是政府的统计调查。但是，真正意义上的现代社会调查，始于20世纪中叶。

20世纪40年代以后，港英政府的统计机构经历了一个曲折发展的过程。1947年，港英政府成立统计处，计划组织一个统计系统，就市场零售价格指数及贸易等事项进行调查和统计。1948年，曾有开展人口普查的计划，但因那几年人口流动太大，计划被取消。1952年，统计处被解散，取而代之的是在工商署成立了一个统计组，主要负责贸易统计。1959年，政府成立了一个临时性质的人口普查处，1961年开展人口普查。1962年，人口普查完成后，普查处被解散。直到1967年12月，港英政府才正式成立统计处。

20世纪70年代，港英政府开始重视对社会经济状况的了解，政府统计处定期进行有关社会发展状况的统计调查。1975年，开始设立劳动人口统计调查，为研究劳工问题提供了重要的统计资料。1981年，劳动人口统计调查演变为综合住户统计调查，每月进行一次入户访问，搜集有关住户的劳动人口、失业和就业不足等资料，以供统计劳动人口参与率、就业人口特征、每周工时、每月工资、失业人口特征、就业不足人口特征等的需要，每月约调查8 000个样本住户。调查结果，由政府统计处按季发布《综合住户统计调查报告》。

在这项调查中，统计处还不定期地附带进行专题调查，调查主题包括：劳工流动、健康状况、吸烟习惯、入住医院、求诊习惯、器官捐赠态度、学童保健服务、在内地工作或配偶（子女）在内地的香港居民情况等。调查对象为样本住户的一半，约4 000户。调查结果，已经发表几十份《从综合住户统计调查收集所得的社会资料：专题报告书》。

人口普查，是政府调查的另一个重要项目。早在1841年英国占领香港时，当局就曾对香港岛所有村落进行过人口调查和统计。这很可能是香港最早的人口普查。此后，人口普查定期进行，但1931—1961年中断。从1961年起，香港每10年（逢1的年份）进行一次人口普查，在两次人口普查之间（逢6的年份）进行一次中期人口统计。1961年、1971年的人口普查，都对香港居民主要特征进行了全面调查。从1981年起，虽仍调查全体香港居民的数目，并使用问卷形式调查其年龄、性别等基本资料，但主要通过大规模抽样调查、以家访形式收集部分居民的详细资料，然后通过统计分析推算出香港人口的基本特征。

## 二、学者的社会调查

20 世纪 50 年代，在香港进行社会调查的是一群来自西方的学者。当时，西方学者难以踏足中国内地，于是转而到香港进行社会调查和研究。他们大多选择在新界农村进行田野研究，通过参与观察及访问，深入了解传统中国社会的组织和生活。

20 世纪 60 年代，随着新兴工业兴起，城市规模扩大，西方学者开始从农村研究转向工业与都市研究。例如，研究工厂组织与工人行为、新市镇政治结构与民间组织等。随着移民潮高涨，香港人口急剧增加，制造业快速发展，经济结构转型，各种社会服务需求不断增加，随之而来的是种种社会问题的浮现。为了全面了解社会状况，科学制定社会政策，1966 年香港政府拨款资助了一项为期 3 年的香港市区家庭生活调查，由香港中文大学社会调查研究中心承办。这项调查研究在 1967 年实施，调查对象为 3 753名 16 岁及以上的已婚华人（561 对夫妇、1 103位已婚男性、1 528位已婚女性）；调查方式为通过抽样选取样本，以问卷方式进行访问调查。这是香港社会调查史上第一个大规模抽样调查研究的项目。

继香港市区家庭生活调查后的另一项大规模社会调查，是对九龙东北角观塘区的系列调查研究。为了解决人口激增带来的居住和就业问题，20 世纪 60 年代香港政府在市区边缘建立了许多新市镇，观塘区就是其中之一。这项调查研究，由香港中文大学社会调查研究中心承担，由于它包含多个不同取向和方法的研究项目，因而被称为“观塘工业社区系列研究”。1971—1973 年进行的这项调查，不仅为政府提供了详细的社区生活资料，为新市镇规划发挥了重要参考作用，而且对 20 世纪 70—80 年代香港社会调查研究产生了颇大影响。

20 世纪 70 年代，为了解决人口增长和经济转型带来的社会问题，政府及学术界开展了许多与都市化、工业化相关的社会调查。例如，家庭生活调查、节育行为研究、民间志愿组织调查、青少年犯罪研究、小型工商业运作调查，以及房屋及新市镇发展研究等，其调查方法以抽样调查居多。其中，比较突出的有两个项目：一是健康状况调查，调查主题是香港人的居住环境、健康状况、生活质素、对家庭和社会的价值观和态度等。调查资料极为丰富，尤其是香港人健康状况资料，促进了医疗社会学对精神健康的研究。二是青少年与犯罪调查，调查主题是从社会控制角度研究青少年和犯罪问题。调查方法主要是，通过对 1973 年 3 月至 1974 年 2 月正在服刑的青少年暴力罪犯与没有犯案的青少年两个不同样本的对比调查，探讨青少年暴力犯罪的社会成因。这个项目由政府资助，取得了很好的调查结果。此外，还进行了与贪污、吸毒及其他犯罪问题相关的调查与研究。

20 世纪 80 年代，香港发生深刻巨变。政治上，进入了回归祖国的过渡期，同时港英政府加快了政治和社会改革，迫切需要学界对社会结构展开研究；经济上，进入了从制造业转向服务业的第二次经济转型期，随着经济繁荣，社会富裕，教育水平提高，公民意识觉醒，民众对政府提出了更高要求，同时政府有较充裕的资金支持学术研究，从而促进了学术界的社会调查研究取得迅速发展。这一时期的主要调查项目如下。

1. 社会指标研究

社会指标研究是一项全面、系统的大规模调查研究，其目的是获得长期的、可进行对比研究的社会资料。香港的社会指标研究属于主观指标一类，从 1988 年起共进行了 5 次全港大样本调查：第一次调查是 1988 年，第二次调查是 1990 年，第三次调查是 1992 年 12 月至 1993 年 2 月，第四次调查是 1995 年 5 月至 8 月，第五次调查是 1997 年 5 月至 8 月。社会指标研究，是香港学术界罕见的跨大学、跨学科的合作研究计划。香港中文大学亚太研究所是研究项目的统筹机构，并负责调查报告的撰写、编辑、汇集和出版等工作。

该项研究的调查目的，是提供有系统的综合数据，展示香港人对社会的态度和期望，发掘香港社会值得深入研究及唤起公众关注的课题，为制定和推行社会政策提供现实的基础。调查内容包括生活满意情况、对社会问题的态度、房屋与社会服务的需要、社会压力与精神健康、宗教信仰、社会不平等与社会流动、闲暇生活、性别研究、政治文化和参与、法律文化、消费与大众传播行为、就业与工作价值和社会意识等。为了提高这些主观指标的效用，香港中文大学社会学系又成立了“社会资讯系统”，搜集香港社会发展的客观指标。调查方法为随机抽样选出调查样本，样本户的住宅地址遍布全香港；样本选定后，由访问员上门以随机方式抽选一名 18 岁或以上的香港华籍居民作为调查对象，开展访问调查。每期抽样调查，都得到了香港政府统计处的支持和帮助。

2. 阶级结构与社会流动分析

20 世纪 70 年代以前，有关社会阶级的调查研究不多。当时的研究者认为，阶级结构研究无助于理解香港社会的人际关系或政治行动。1976 年 11 月，英国政府委托一名英国学者研究香港劳工处境，包括工作满足感、期望、对工会的态度，以及劳资关系等。1985 年 7 月，同样的调查再度在香港进行，目的是比较 20 世纪 80 年代新政治经济形势下劳工情况的变化。两次调查的对象，都是全职工作的劳动工人及低职位文职人员。

阶级结构分析利用 1981 年人口普查数据进行。研究主题包括，建立“社会经济地位指数”（主要根据职业、教育程度和收入分组），应用社会流动图表分析香港社会的阶级结构，揭示香港普遍存在的代际阶级位置的继承异于一般人对香港的开放社会印象。

20 世纪 80 年代以后，香港学者引用西方社会学阶级分析与社会流动理论，探讨香港社会结构，尝试画出客观的阶级结构图像。此外，进行大样本调查统计分析，使阶级研究既有理论探讨，又有数据支持。数据来源有二，一是问卷调查数据，二是人口普查数据。

香港社会流动调查研究的重点，包括客观的阶级划分、社会开放与流动、限制与不平等及教育机会的影响等。调查时间为 1989—1990 年；调查对象为 20～64 岁华籍男性户主1 000人；调查方法为随机抽样，问卷访问。这项研究，不仅系统整理出了香港社会结构与流动情况，而且在与一项国际研究的对比中，揭示出香港与世界各大工业社会相似，存在着社会流动机会不平等现象。它说明，东亚社会流动有别于西方的看法，是值得怀疑的。

香港中产阶级研究是一项大型国际比较研究的一部分。调查主题为“亚洲四小龙”（中国台湾、韩国、新加坡、中国香港）在经济快速发展中各自社会结构的转变，尤其是中产阶级的兴起和形成。调查时间为 1992 年 7 月至 1993 年 3 月。调查对象为 20～65 岁有经济收入的 590 名华人。调查方法为随机抽样，问卷访问。调查发现，香港社会向上流动，上一代阶级背景起关键作用，而非依赖教育成就；阶级认定和阶级意识，对价值观形成不起决定性作用。

3. 香港青少年问题

香港尽管物质生活不断改善，但是，青少年对社会现实日益不满，具有强烈功利主义和玩乐取向，反叛行为颇多。政府及民众认为，对于这种现象很有必要进行调查和研究。这一课题的调查内容，包括青少年的自我评价和道德观念，在家庭和学校的行为，闲暇活动的需要和模式，青少年的行为、态度与价值观，以及偏差行为的各种成因等。调查方法为抽样问卷调查，主要通过中小学选取样本，派发问卷给学生填写。此外，从质性文化研究观点出发，通过调查和访问了解普及文化对青少年的影响等。

4. 政治问题研究

20 世纪 80 年代初，中英两国开展香港主权回归谈判。香港政治制度改革及平稳过渡等政治问题，成为社会舆论的焦点，学者们开始关注政局稳定、法律文化、非殖民地化的权力转移、政治领袖培养、公务员角色转变、香港人身份认同、政治态度和政治参与等政治问题。1985 年、1986 年，学者们进行了两次重要调查：调查内容为香港人的身份认同、政治态度和政治参与；调查地域为香港观塘居民住宅区；调查方法为随机抽样、问卷调查；调查对象为 18 岁及以上华人；样本数量为，分别成功访问了 767 人和 539 人；调查结果为调查资料、理论分析结集出版。该著作比较真实地反映了主权移交前香港的情况，是 20 世纪 80 年代的一项重要研究成果。

20 世纪 80 年代，香港开始出现议会政治，差不多两年便有一次三层议会的直接或间接选举（2000 年后，改为两层议会选举，即区议会和立法会选举）。不同利益集团、社会组织、地方政团和后期出现的政党，以及选举前的宣传拉票、选举后的工作跟进，让香港人亲身经历了选举政治的浓厚气氛。30 多年来，每次选举都产生了丰富的调查数据，包括候选人数目、选区数目、选民总数、投票率等，它们是研究选举政治的极其重要的资料。从 1982 年开始，有关学者把这些选举数据编集成书，为研究香港选举政治提供了可靠的原始资料。

5. 家庭调查

20 世纪 70 年代中期及以前，香港家庭研究数量日益增多，内容渐渐扩大，其中工业化对家庭结构的影响，尤其是核心家庭结构及其成员之间的互动模式，更是香港家庭研究的一个重点。香港家庭研究的课题，包括婚姻生活、亲属网络、家事分工、夫妻平权，及妇女角色与家庭转变的关系等。其中，最大的一项课题是“性别平等机会基线调查”。这一调查的经费来源，由法定组织平等机会委员会拨款资助；委托单位为本地学者；调查时间为1996年9月至12月；调查内容包括对性别角色的看法，传媒、教育、家庭、工作、小区及政治参与等；调查对象为16岁及以上的香港华人。这次调查，成功访问了2 020人，搜集了大量调查数据，建立了指针基线，显示了香港社会性别平等或歧视的变化。

6. 移民问题研究

20世纪70年代，香港学者比较注重节育及内部迁移的调查和研究。20世纪80年代中英香港回归谈判期间，一方面，出现了香港人移民外国的浪潮；另一方面，许多内地人移入香港，越南难民也不断涌进。于是，移民问题成为香港社会学界的一个研究热点。其中，大多数研究外移模式及其对社会的影响，有的追踪移民外国的香港人，研究他们在外国的社会适应问题。此外，香港新移民的背景及其社会生活，也是移民研究的一个关注点。

## 三、社会调查的机构

1949年中华人民共和国成立初期，香港接收了一批来自内地的中国籍移民学者。20世纪50年代初期，他们在香港成立了多所高等学府，包括新亚、崇基、联合和浸会等学院。1951年，在基督教会资助下成立的崇基学院首先开设了社会学课程。1956年，联合书院和浸会学院也开设了社会学课程。新亚书院则于1959年引进了社会学课程。这样，20世纪前期蓬勃发展的中国社会学教育，随着这批移民学者的到来移植到了香港。可惜的是，在上述学府任职的社会学者人数不多，大多忙于教学，加上经费不足，鲜有实地调查与研究。

20世纪60年代中期，香港中文大学三所成员书院——崇基、联合、新亚书院的社会学系，分别成立了研究单位。其中，崇基书院位于新界，遂成立了“农村研究中心”，以受工业都市化影响的农村为个案，进行深入的田野研究；联合书院位于市区，于是成立了“都市研究中心”，以抽样调查方法研究城市的家庭生活和邻里组织；新亚书院重于社会心理研究，于是成立了“社会学实验室”，以实验方法来观察、验证小群体成员间的交往模式。这三个研究单位，采用不同的研究策略，选择不同的研究范畴，起着互相补充的作用。然而，它们有一个共同目标，就是为社会学学生提供实地研究的机会。可以说，它们的教育使命超过了研究使命。20世纪60年代末期，在杨庆堃教授的推动下，香港中文大学将三所书院的社会学课程合并为一个单一的学系，并且将农村研究中心、都市研究中心和社会学实验室合并为规模较大的社会研究中心。这个社会研究中心，就成为香港的重要社会调查机构，进行了许多社会调查。例如，香港人的生育态度和行为、小贩活动及其社会经济意义、小工厂的管理及其经济作用、贫污的成因及其控制、拥挤的居住环境与华人的健康及适应方式，以及青少年犯罪的家庭和社会成因等，都是社会研究中心调研的课题。

1987 年 1 月，香港大学社会科学学院成立社会科学研究中心，成为香港社会调查的一个重要调查机构。该中心成立后，经常进行与政治制度相关的民意测验，并承担政府、非政府组织、大学和其他机构委托的调研项目。

1990 年 9 月，香港中文大学成立香港亚太研究所（Hong Kong Institute of Asia-Pacific Studies），重点研究香港在亚太地区的角色定位及发展，目标是发展为亚太地区一个有影响力的多元化、跨学科的研究平台。该研究所设有中国城市住宅研究中心、公民社会研究中心、公共政策研究中心、生活质素研究中心、社会与政治发展研究中心、性别研究中心、城市与区域发展研究中心、国际事务研究中心、华人家庭研究中心、经济研究中心等机构。主要的研究项目有：中国法律研究计划、经济政策研究计划、金融市场研究计划、国际关系研究计划、香港社会指标与社会发展研究计划、南中国研究计划、贸易与发展研究计划、亚太区域城市及区域发展研究计划等。研究所内设有电话调查研究室，协助各界通过电话问卷调查方式进行各种调查，包括各种民意调查。

## 第三节　回归后的社会调查

香港回归后的社会调查，大体可分为 3 类，即政府的社会调查、民间的社会调查和学界的社会调查。

### 一、政府的社会调查

香港特别行政区政府统计处（简称统计处），是香港特别行政区政府财经事务及库务局辖下的一个部门，负责根据《普查及统计条例》调查、收集有关香港的各种统计数据，以协助香港政府制定、执行政策，帮助社会各界了解香港情况。

统计处的工作分为三大类：一是，统计调查及编制各类社会和经济统计数据。例如，人口、对外贸易、工商业、劳工、物价、国民收入及国际收支平衡等数据。二是，统计分析及发布统计结果，为各政府部门提供与统计有关的咨询服务。三是，定期发布香港各方面的资料，包括人口数据、失业率、国民收入及国际收支平衡情况，以及消费物价指数等。

此外，统计处负责每 10 年进行一次人口普查，每 5 年进行一次中期人口统计。2001 年的人口普查，问卷调查与家访住户的比例为 7∶1。2006 年的中期人口统计，抽样住户的比例为 10%。2011 年的人口普查，在 2011 年 6 月 30 日至 8 月 2 日进行，为期 34 天。这次普查，涵盖全港约 240 万个住户、710 万人。中期人口统计，类似人口普查的家访形式，只进行较大规模的抽样调查，然后推算出香港人口的基本资料和特征。

## 二、民间的社会调查

香港民间的社会调查，是指各种社会团体、传播媒介、商业机构采用街头访谈、电话访问、问卷调查等方式开展的社会调查。20 世纪 90 年代，香港青年协会经常进行青少年调查。1996 年，香港青年协会成立了“青年研究中心”，展开了 3 个不同重点的青年问题调查，即每月一次青少年意见调查，每年 3 次青少年问题专题研究，每年 2 次京沪穗港四地青年比较研究。从 1999 年开始，进行香港青年趋势分析，现已发布了 1999 年、2000 年、2001 年、2002 年、2003 年、2004—2006 年、2011 年和 2013 年的分析报告。香港青年趋势分析以统计数据、青年价值观指标等形式，反映香港年青一代的社会生活和成长面貌，总结他们的现状及展望未来的趋势。这些分析报告，都送交政府有关部门、各级议会、咨询机构，以及专业学院作为参考，以促进政府机构及社会人士对香港青少年意见及现况的了解。

从 1997 年开始，香港青年协会在“青少年问题研究系列”的基础上建立了香港青年指标，其目的是供政府机构、各级议会制定政策、发展青年服务时作为参考。香港青年指标的数据，来自编辑整理的有关青年问题的调查、统计资料，以及“青年价值观指标”的电话问卷调查。1997—2014 年，“青年价值观指标”调查已完成 12 次。其中，2014 年 8 月 27 日至 9 月 16 日期间进行的调查，以随机抽样方法抽取样本，然后进行电话访问，共成功访问了香港 531 名 15 岁至 39 岁的青年。

从 2003 年起，香港调查研究中心开展了各类民意调查。其中，2007 年 11 月由香港树仁大学社工学系与香港调查研究中心合作进行的港岛区立法会补选民意调查，尤为引人关注。香港多家报纸，如《信报》《星岛日报》《文汇报》《大公报》《都市日报》《头条日报》等，都引用了该项民意调查结果，引起了较大的社会反响。2008 年 6 月 8 日至 9 日，香港调查研究中心就香港特区政府副局长及政治助理薪酬问题进行的街头民意调查，也很成功。

香港大学民意研究计划，也进行了大量的民意调查，其调查内容包括：特首民望、主要官员民望、特区政府民望、政团民望、社会指标、现状评价、市民信心和民族问题等。这些调查，大都定期发布研究报告和研究数据。专题调查项目有：“和平占中”商讨系列、民情指数、施政报告、财政预算案、游行集会研究、特首选举、立法会选举、区议会选举、慎思民调系列等。发表的调查报告有：带状疱疹（俗称“生蛇”）意见调查、长者照顾服务意见调查、年度新闻自由指数调查、女性个人卫生意见调查、年度电视节目欣赏指数调查，定期发布的“真普选联盟”政治制度改革民意调查、公众对 2015 年施政报告扶贫措施的意见调查、公众退休计划意见调查，以及由《明报》赞助、每月发布的特首选举及“占领中环”民意调查等。这些调查，在社会上具有广泛的影响。

## 三、学界的社会调查

香港回归后，在政府资助下，香港学术界进行了几项大型社会调查。主要有以下几方面。

1. 社会动态追踪调查

受香港特区政府资助的香港社会动态追踪调查（HKPSSD），是香港首个家庭动态追踪研究项目，其目的是建立一个在全港具有代表性的、关于家庭与个人资料的长期跟踪调查数据库，以监测、研究社会经济变迁对个人的影响。主要范畴集中于家庭和不平等两个方面；搜集的信息涵盖家庭住房、经济活动、消费活动等，以及家庭成员的教育、婚姻、生育、就业、健康、日常社会活动、心理状态及社会态度等。

该项目为期 5 年（2009 年 6 月—2014 年 6 月），计划进行两轮调查，以积累经验。在经过精心准备（包括机构设置——香港科技大学应用社会经济研究中心、引进和消化计算机辅助调查系统、问卷和抽样设计等）后，于 2011 年完成了第一期访问工作，成功访问了3 214个家庭、7 218名 15 岁及以上的家庭成员，以及 958 位 15 岁以下的子女。2013 年进行了第二期跟踪访问（均为入户面访），调查对象包括第一期成功访问的对象、第一期合格但未被成功访问的对象、第一期不合格但第二期合格的新增成员。

2. 社会不平等与流动调查

该项目由香港研究资助局资助，香港科技大学吴晓刚教授负责。调查目的主要是探讨家庭背景对社会分层和流动的影响，探讨教育作为代际流动的中介角色等；调查内容，包括教育背景、家庭生活、工作流动、社经地位、对不平等的看法、身份认同和政治参与等情况。该项目于 2006 年 1 月开始设计，2008 年 6 月调查完成，共成功访问了4 013名香港成年人。

3. 民意调查

1997 年香港回归后，香港中文大学香港亚太研究所就开始对特区政府的民望进行每月一次的电话调查，以系统地观察特区政府民望的发展和变化。该项目原名为“香港特区政府公众态度调查”（Public Attitudes towards the HKSAR Government），2012 年改名为“香港特区政府民望调查”（Survey on Public Evaluation of the HKSAR Government’s Popularity）。到 2014 年年底，已经举行了 204 次调查。

从 1997 年起，每年举办一次经济状况公众态度调查，后改为每季度一次，目前已举办 60 多次；每年举办两次香港和大陆发展的公众态度调查，目前已举办 30 多次。此外，还举办了香港社会和谐度调查、香港生活质量调查等，以及青年人对“一国两制”态度调查、公众对香港生活质量的态度调查等。

2006 年年底，香港调查研究中心开设了“香港民意网”。该网站崇尚言论自由及多元包容，任何人都可在该网站发表任何意见。近年来，该中心时有文章在港澳报刊发表。例如，2008 年就西藏问题曾发表系列文章：《一国两制是否适合西藏?》《藏民抗议活动的背景分析》《达赖和班禅历史地位及政治理念的比较》等。2009 年，该中心发表的研究报告《论香港立法会议员专职化》，是香港第一部全面、深入研究香港立法会议员专职化的著作。2010 年 1 月 19 日，该中心就《2012 年行政长官及立法会产生办法咨询文件》，向香港特区政府提交了意见书《循序渐进迈向“双普选”》。

香港政策研究所下设的民意调查中心，曾接受其他机构、组织委托，按照其要求采用不同方式开展民意调查。该中心完成的调查报告主要有：《金钟占领道路参与者调查报告》《普选议题民意调查报告》《两地关系指数调查报告》等。

## 四、调查研究机构

1. 香港调查研究中心

该中心成立于2002年，为非官方的民意调查研究和决策咨询机构，由香港、澳门、内地及海外人士发起组成，定位为民间智库，主要就港澳经济、社会发展、政府管治等问题进行调查和研究，向有关方面提供政策建议和咨询意见。其中，2007年11月，由香港树仁大学社工学系与香港调查研究中心合作进行的港岛区立法会补选民调，引起了较广泛的关注，其调查结果被《信报》《星岛日报》《文汇报》《大公报》《都市日报》《头条日报》等多家媒体引用。另外，该中心亦通过与澳门、内地的研究机构、专家、学者合作或资助的方式开展政策研究，研究成果在该中心网站公开发表，供各种媒体采用。

2. 香港大学民意研究计划

香港大学民意研究计划，简称“港大民研”，1991年6月设立，旨在为学术界、新闻界、决策人员及社会人士提供民意调查数据，服务社会。该计划原隶属于香港大学社会科学学院社会科学研究中心，2000年5月转入香港大学新闻及传媒研究中心，2002年1月再转回香港大学社会科学学院管辖。其调查内容包括特区政府官员民望、特区政府民望、政团民望、社会指标、现状评价、市民信心、民族问题和其他问题等，定期发布研究报告和数据。

3. 香港科技大学应用社会与经济研究中心

该中心成立于2009年12月，应用调查方法收集资料，分析香港面临的教育、就业、不平等、贫困、移民、健康、主观感受等社会经济问题，旨在促进对香港、内地社会经济问题及其对人民生活的影响的定量分析研究。该中心于2006年1月—2008年6月曾开展香港的社会不平等与流动性调查，2009年7月—2014年6月受特区政府中央政策组公共政策战略研究计划资助，在香港首次进行了香港社会动态追踪调查。

4. 香港政策研究所

1995年，为因应香港主权回归而成立的香港政策研究所，是一个独立自主、非营利的民间智库，其成员主要是来自工商、专业、学术、教育、文化等界的特别热心于香港和中华民族长远发展的人士。他们就香港未来发展的重大议题进行调查研究，提出有前瞻性的建议、方案或主张，与社会各界和特区政府沟通交流。他们接受委托开展研究的项目有：香港青年政策，建构港深国际都会，泛珠三角合作与发展，香港市区重建的民意调查，医疗制度改革的民意调查，香港艺术及文化政策，中国经济社会与政治发展趋势，香港与上海经济机制的比较，泛珠三角地区社会、经济、政治趋势研究，台湾地区领导人选举，台湾的经济、社会、政治发展与两岸关系，澳门公共行政人力资源等。2014年，该所成立了民意调查中心，采用电脑辅助电话访问系统

(CATI) 进行调查，然后进行资料处理、整合、分析和总结，为社会提供独立、高质量、严谨的民意调查数据和报告。

5. 香港过渡期研究计划

该计划是香港浸会大学的一个民意研究组织，成立于 1989 年。原本是研究 1984 年《中英联合声明》签署至 1997 年香港主权移交之间“香港过渡期”的民意，但 1997 年主权移交后，该组织没有解散，继续就香港各种社会议题进行民意研究，其目的是通过民意调查与研究提升香港及中国的管治水平。

此外，香港还有一些为特定部门或目标服务的研究机构，其研究成果一般不公开发表（但可以从互联网上查找到），因而社会影响较小。

## 第四节　香港社会调查的特点

香港社会调查，尽管历史不长，但内容丰富，具有显著特点。

### 一、调查研究贴近社会发展需求

港英政府统治时期，社会调查主要由殖民者主导，调查内容主要围绕殖民者政治、经济统治需要而设立。20 世纪 50 年代以后，随着香港经济社会的发展和本土知识分子的成长，香港社会调查逐渐脱离殖民者垄断而走向本土化。为了适应经济发展、政治稳定、社会安定和家庭发展的需求，家庭与妇女角色问题、老年人需求与社会支持问题、青少年心态与普及文化问题、犯罪与治安问题、社会阶层与社会流动问题、人口迁入与迁出问题、个人健康与医疗服务问题，以及社会指标与社会发展等问题，逐渐成为香港社会调查的重点。从 20 世纪 80 年代开始，随着香港经济结构再度转型和香港回归迫近，经济转型研究、政治制度改革研究、政治文化研究等，逐渐成为社会调查的主要领域。1997 年香港回归以后，经济和民主问题受到更多关注，于是港澳经济、社会发展、政府管治等主题的调查研究已日益增多。总之，香港社会调查的主题，是随着社会需求的发展而不断发展、变化的。

### 二、调查目的多样化

港英政府统治时期，社会调查主要是为港英政府在香港的统治服务。20 世纪 50 年代以后，特别是 20 世纪 80 年代以后，社会调查目的逐渐多元化。港英政府的社会调查，主要为港英政府服务；学者的社会调查，主要为学术研究服务。

1997 年香港回归后，社会调查目的多元化得到进一步发展。特区政府的社会调查，主要为经济发展、政治进步、社会管理、民生改善服务。例如，政府统计处定期进行各种社会统计调查。民间的社会调查，主要为各种社会团体、传播媒介、商业机构服务。这些“调查的主题多是围绕民生问题，或是居民对公众事务的态度和意见。这些调查所得的结果，常成为大众舆论，而新闻传媒亦乐于报道和转载，甚至主动进行定期或不定期的调查，刊登结果影响民意”①。学术界的社会调查，主要为各种学术机构服务。例如，社会指标研究，就是一个为社会变迁提供纵向研究的长远计划。此外，“90年代有多个不同主题的研究项目，是国际性或地区性比较研究计划的一环，使香港的调查资料受到国际注意和应用”②。

## 三、调研技术更早地从西方传入、引进

香港社会调查深受西方影响，比较早地采用西方近代和现代调查方法和技术。20世纪50—60年代，主要采用田野观察、深入访谈等调查方法。70年代初期，开始采用数量化的抽样调查方法。90年代，盛行采用电话访问进行调查研究。例如，香港大学社会科学研究中心于1989年开始使用电话进行调查。此后，不仅商业机构的市场调查采用电话调查方法，而且大众传媒或民间团体进行民意调查，也纷纷用电话访问取代面对面访问。1995年，香港中文大学亚太研究所成立了电话调查研究室。1999年，香港科技大学调查研究中心也成立了专门机构，进行电话访问调查和研究。

总之，与中国内地相比较，西方近代、现代社会调查方法、技术的传入和引进，香港总是先行一步。

## 四、调查经费来源多元化

香港社会调查经费的来源，也呈现出多元化特点：既有政府的拨款支持，又有社会组织或企业的资助，还有高等院校、科研院所等学术机构的出资。其中，香港政府对社会调查支持的力度比较大。例如，1966年港英政府拨款资助一项为期3年的香港市区家庭生活调查，使数量化的抽样调查开始流行，同时，也使本地学者逐渐成为香港社会调查研究的主力。20世纪60年代末，香港中文大学社会研究中心的组建，就得到了香港政府、亚洲基金会、哈佛燕京学社和岭南大学基金会等机构的资助。

20世纪80年代后，随着香港经济发展和转型，政府拥有更大财源，开始大量增加对高等院校的拨款。1991年年初，在大学及理工教育资助委员会下成立了研究资助局，加强了对高等院校研究工作的资助。此外，社会调查还得到了社会各界的资助，例如，20世纪70年代初的“观塘工业小区研究系列”，就是由哈佛燕京学社拨款资助的。1996年的“性别平等机会基线调查”，是由平等机会委员会拨款资助的。还有一些民意调查，是由非政府组织资助的。例如，香港调查研究中心是由来自香港、澳门、内地及海外人士发起组成的，该机构亦接受来自其他组织和机构的资助。

---

① 李沛良等：《香港社会调查的回顾》，见边燕杰、苏耀昌等主编：《华人社会的调查研究》，36页，香港，香港牛津大学出版社，2001。

② 李沛良等：《香港社会调查的回顾》，见边燕杰、苏耀昌等主编：《华人社会的调查研究》，36页，香港，香港牛津大学出版社，2001。

# 第十四章　现代社会调查综述

中国现代社会调查，在本书中是指从1949年起至2016年的社会调查。但是，就社会调查方法的时代划分而言，1949—1978年中华人民共和国前期的社会调查，基本上属于近代社会调查；1978年改革开放以后的社会调查，才逐渐转变为现代社会调查。这里，仅就中国引进西方近代社会调查方法之后的社会调查，进行综合简述。

## 第一节　西方现代社会调查方法的引进

### 一、什么是西方现代社会调查方法

20世纪40—60年代，电子计算机和互联网在美国的发明和应用，引起了社会调查方式、方法的重大变革，促使系统化、学科化的近代社会调查，发展为电子化、数据化的现代社会调查。从一定意义上说，电子计算机和互联网的应用，是西方现代社会调查的主要标志。所谓"西方现代社会调查方法"，就是运用电子计算机和互联网等现代信息技术，对有关社会现象进行有计划的、周密的、系统的了解，并对调查搜集到的大量资料进行分析、综合、比较、归纳，借以发现存在的社会问题，探索有关规律的研究方法。1969年，美国斯坦福大学开发出"社会科学统计软件包"——SPSS，1971年投放市场后，更进一步促进了现代社会调查方法的发展。从此，提出研究假设-随机抽取样本-开展问卷调查-进行统计分析-验证理论假设，已成为现代社会调查的一种典型程序。

### 二、引进西方现代社会调查方法的历程

有学者把我国西方现代社会调查方法的引进历程划分为四个阶段，即"学习"→"实践"→"提高"→"发展"。[①] 我们认为，把第一阶段"学习"改为"引进"更符合实际。

---

① 参见风笑天：《社会学方法研究》，见郑杭生主编：《中国社会学30年》，125页，北京，中国社会科学出版社，2008。

1.“引进”阶段（1975—1985）

1975年8月，经中国国务院批准，国家计委在统计局计算室基础上成立了国家计划委员会电子计算中心，计划与138个点（包括30个重点钢铁企业、80个统配煤矿和28个省市自治区）联通，用电子设备传输数据。这是中国引进电子计算机和互联网技术的起点。1978年以后，电子计算机和互联网的引进，逐渐扩展到各级党政机关，并迅速发展到各高等院校、科研院所和某些大型企事业单位；培训电子计算机、互联网硬件和软件技术人员的培训班，更像雨后春笋一样蓬勃发展起来，从而推动了全国现代社会调查事业的快速发展。

在社会学领域，西方现代社会调查方法的引进，是在1979年社会学学科恢复重建的初期。当时，对西方社会学理论在认识上还比较保守，引进中还存在着种种顾虑，但是，对西方先进的现代社会调查方法，却普遍采取比较积极的态度，主张大力借鉴和引进。正如有学者指出的，“在引进、借鉴美国社会学的初期，我们更多地表现出的是方法兴趣而非理论兴趣”①；定量分析的研究方法，是中美社会学初期交流的主要内容②；“其中有关实证研究的技术，尤其是建立在概率论基础上的社会统计学，曾引起中国学界的普遍重视和欢迎。他们认识到这些定量分析方法对于偏重定性分析的中国传统研究方法，将是一种有益的补充和平衡”③。

为了尽快培养人才，1980—1983年，中国社会学界相继举办了5期社会学讲习班。其中，第一期社会学讲习班，是1980年5月25日至7月31日由中国社会科学院社会学研究所和中国社会学研究会在北京联合举办的，参加者40余人，讲习班邀请美国匹茨堡大学社会学系主任霍尔兹纳教授，美国国家科学基金顾问、美国匹茨堡大学社会学系涅尼瓦萨教授，香港中文大学社会科学院院长李沛良教授等授课。后几期讲习班，则分别在北京、武汉、天津、上海等地举办，授课者除少数国内学者外，大多是来自美国的知名社会学教授。20世纪80年代，美国社会学界仍是实证主义社会学传统占主导地位的时代，因此，讲授的方法自然以美国社会学定量研究方法为主。西方社会调查研究方法的基础课程（包括抽样调查方法、社会统计学、计算机应用等）成为讲授的主要内容。其中有关实证研究的技术，尤其是建立在概率论基础上的社会统计学，曾引起学者的普遍重视和欢迎。④ 客观地说，社会学恢复初期的这种补课，为封闭将近80年的中国社会学打开了一个全新的窗口。这5期讲习班对西方现代社会调查方法的引进起了决定性作用，学员中有不少成为中国社会学研究与教学的骨干力量，对于中国社会学研究的定量取向产生了很大影响。⑤ 此后，上海大学、北京大学、南开大学、中山大

① 张宛丽：《十年社会学理论、方法研究的回顾与反思》，载《社会学研究》，1989（4）。

② 参见邓方：《应用回归分析的方法研究生育意愿的尝试》，载《社会调查与研究》，1985（6）。

③ 戴建中：《社会学研究方法的十年回顾》，见《中国社会学年鉴：1979—1989》，北京，中国大百科全书出版社，1989。

④ 参见戴建中：《社会学研究方法的十年回顾》，见《中国社会学年鉴：1979—1989》，北京，中国大百科全书出版社，1989。

⑤ 参见陈婴婴：《改革开放三十年来中国社会调查的回顾与反思》，载《中国社会科学院研究生院学报》，2007（4）。

学和华中理工大学等院校建立社会学系，开始系统讲授社会调查方法。1985 年中国社会学函授大学开办后，先后在两届 4 万余名具有实践经验的学员中讲授了社会调查知识。

1981 年 2 月，中国社会科学院社会学研究所与南开大学联合举办社会学专业班，在全国 18 所重点综合性大学 77 届在校生和复旦大学分校社会学系 78 届在校生中，选拔了 43 名学员，进行系统的西方社会学培训。他们中的大多数，已成为各地社会学研究的骨干和带头人。

这个阶段，引进西方现代社会调查方法的主要任务是组织调研队伍、介绍学习研究方法，具体实施社会调查还比较少。这个时期较有影响的研究有：全国五城市家庭调查（1983 年）、天津千户居民调查（1983 年启动）、中国青年职工状况调查（1983 年，样本规模12 000份）、中国青年农民状况调查（1983 年，样本规模25 000份）等。其中，雷洁琼担任学术指导的“六五”国家重点课题“全国五城市家庭调查”，课题组入户访问了北京、天津、上海、南京、成都4 000多户、5 000多位已婚妇女，并填写了统一问卷。在整理资料中，使用了电子计算机技术和现代数理统计方法，对西方现代社会调查方法的引进做出了开拓性贡献。

2. “实践”阶段（1986—1992）

这一阶段，是社会各界不断尝试运用西方现代社会调查方法进行经验研究的时期。1986 年 3 月，费孝通在《重建社会学的又一阶段》一文中说：“目前初建的第一阶段可告结束，我国社会学开始进入第二阶段。”从社会调查的角度看也是如此。该年 11 月，全国首届社会调查方法学术研讨会在天津召开，这是引进、学习西方现代社会调查方法的小结，同时也是对积极运用西方现代社会调查方法的一种动员。会上，学者们就方法研究与理论发展的辩证关系、传统调查方法的合理继承、抽样调查与问卷法的技术等做了比较深入的探讨。

这一时期，学术界还翻译、出版了一批国外社会学方法专著。例如，苏联科学院社会学研究所编著的《社会学手册》、美国学者 D. K. 贝利编著的《社会学研究的方法》、H. M. 布莱洛克编著的《社会统计学》、法国 E. 涂尔干编著的《社会学研究的方法》等。同时，还有一批国内学者编著的、影响较大的社会学方法的学术专著、教材出版。例如，杨心恒著《社会调查方法初步》，于真、许德琦主编《当代社会调查研究科学方法与技术》，李沛良著《社会研究的统计分析》，戴建中著《社会调查研究方法》，水延凯著《社会调查教程》等。

此后，学术界运用西方现代调查方法从事研究的热情空前高涨，学者们积极尝试运用问卷调查方法来研究中国社会中的各种社会现象，探讨各种社会问题。据对 1986—1992 年《社会学研究》杂志所发表的调查报告的统计，在总共 86 项研究中，采用问卷方法收集资料、运用电子计算机进行统计分析的就有 48 项，占 56%。可以说，对以“抽样”“问卷”“统计分析”为主要特征的西方社会调查方法的大胆实践和普遍运用，成为这一阶段的主要特征之一。①

① 参见风笑天：《社会学方法二十年：应用与研究》，载《社会学研究》，2000 (1)。

3. “提高”阶段（1993—1999）

1992年12月，在天津召开全国社会调查方法学术研讨会，对引进西方社会调查方法的实践进行了小结和回顾。[①] 来自全国各地的40多位代表参加了会议。一个以全国各高等院校社会学系长期从事社会学方法教学和研究的教师、各地社科院社会学所研究人员，以及国家统计局等实际工作部门研究人员为主体的学术团体——中国社会学会社会学方法专业委员会正式成立。在这次讨论会上，社会学者们开始反思十几年来国内社会学界在西方现代社会调查方法应用中所存在的问题，开始意识到对西方现代社会学研究方法的学习和运用，不能只注意到表面的东西，所学的不能“只是一点皮毛”，在应用上也不能只是机械地照搬照抄，而要通过我们自己在实践中的运用和体验，来深入地理解。

此后，于1993年和1996年在天津、武汉相继召开的两次社会学方法研讨会，也是这一阶段学者们在研究方法方面进行自我反思、自我总结、相互交流、共同探讨的集中反映。[②] 1995年、1997年和1999年，分别在北京、南京举行了3期“社会学方法高级讲习班”（由福特基金资助）。如果说20世纪80年代初的5期讲习班以引进西方现代社会学为主，西方现代社会调查方法只是其中的一个内容；那么这3期讲习班，则是集中引进西方现代社会调查方法。这3期“社会学方法高级讲习班”，是学者们进一步学习和提高研究方法水平的系统培训。

1995年暑期（7月11日到8月20日）社会学方法高级培训班，在北京大学举行，在40天时间里共讲授中级统计、抽样与调查、理论建构、定类数据的统计分析等4门课程。教师分别为：美国华盛顿天主教大学社会学系教授李哲夫、美国伊利诺伊州立大学社会学系教授理查德-巴雷特、美国夏威夷大学社会学系助理教授王丰、美国伊利诺伊州立大学助理教授廖福庭。这期培训班共培训学员38人，其中正式学员23人，北京各单位旁听的学员9人，北京大学社会学系青年教师和研究生6人。在培训中还安排了一些社会学方法方面的专题讲座，如邀请北京大学的袁方教授讲授“社会学方法论”，中国社会科学院社会学研究所的沈崇麟副研究员讲授“社会调查方法”，中国人民大学人口学系郝虹生副教授讲授“抽样设计及实际操作”，北京大学王铭铭博士讲授“文化人类学方法”。这次培训，促进了社会学研究在方法上、理论上和分析技术上的提高。对国外社会学研究中常用的统计方法如Loglinear Model和Logit Model有了系统了解，提高了社会学研究的规范化水平。[③]

1997年7月7日到8月16日，中国社会科学院社会学研究所主办了“社会学方法高级培训班”，实际学员32人。该班讲授了结构方程、社会调查中的多元统计分析基础、抽样调查、定性研究方法（或称人类学理论和方法概论），讲座课为定性数据分析

---

① 参见风笑天：《社会学方法二十年：应用与研究》，载《社会学研究》，2000（1）。

② 参见风笑天：《社会学方法研究》，见郑杭生主编：《中国社会学30年》，127页，北京，中国社会科学出版社，2008。

③ 参见中国社会科学院社会学研究所编：《中国社会学年鉴：1992.7～1995.6》，361～364页，北京，中国大百科全书出版社，1996。

技术。主讲教师分别为：美国伊利诺伊州立大学香槟分校社会学系廖福挺副教授、北京广播学院柯慧新教授、中国科学院系统研究所冯士雍研究员、中国社会科学院人口研究所高嘉陵副研究员、中国社会科学院社会学研究所罗红光副研究员、上海财经大学张尧庭教授等。在培训中，主办单位配备了讲课所需的计算机软硬件，并准备了两个机房，使用了 SPSS 6.13 版本的统计分析软件。通过培训，学者们在研究方法上有了很大提高，缩短了与国际社会调查界的差距。本次培训在某种意义上讲，还开了中国社会学界和应用统计学界、社会学界和人类学界交流的先河，促进了相关学科间的交流。[①]

1999 年，由南京大学举办的第三期“社会学方法高级培训班”，同样邀请了一些西方学者来华讲课。这几年福特基金会还通过资助有关中国社会研究的课题，促进了规范的实证研究方式的普及与提高。经过不断地学习、实践和摸索，我国社会研究者，尤其是年轻的研究人员比较熟练地掌握了西方现代社会调查研究的程序、调查方法、统计分析方法和社会科学统计软件。据风笑天 2000 年的调查，各个单位的社会学者所进行的经验研究中，大约有 60％是采用问卷调查的方法进行的，特别是在高校社会学系中，采用问卷调查方法的比例达到 72％。[②]

4.“发展”阶段（2000—2016）

进入 21 世纪后，西方现代调查方法得到了迅速发展，福特基金资助的调查方法研讨班在 2001 年继续举办了一届。同时，北京大学、上海大学和香港科技大学等高校在暑期也纷纷举办社会学研究方法研讨班，培养了大批人才。另外，高校不断向社会输送掌握西方现代调查方法的社会学专业硕士和博士毕业生。这样，不仅运用西方现代社会调查方法开展研究的项目数量大增，而且西方现代社会调查方法的运用越来越广泛，除了传统的问卷调查、社区研究、个案研究、参与观察、统计资料分析外，研究者还采用了诸如“焦点小组访问”“内容分析”“社会网分析”等方法。但是，从总体上看，社会调查者最经常采用的方法，仍然是以问卷调查和深入访谈、个案研究为代表的实地研究方法。

## 第二节　西方现代社会调查方法的本土化

### 一、社会调查思想的融合

西方现代社会调查方法引进之初，学术界就产生过一些争论。一些人提出，应总结和创造有中国特色的社会调查方法，以适应研究中国社会的需要。另一些人则认为，

---

① 参见中国社会科学院社会学研究所编：《中国社会学年鉴：1995.7～1998》，394 页，北京，社会科学文献出版社，2000。

② 参见风笑天：《社会学方法二十年》，载《社会学研究》，2000（1）。

方法没有国界，主张全盘接受西方现代社会调查方法。强调建设有中国特色的社会学，是要强调理论与实践相结合，要研究中国社会的特殊性。1992年12月，在天津召开的全国社会调查研究方法学术研讨会上，学者们围绕如何使社会调查研究方法在社会主义现代化建设中更好地发挥作用进行了研讨①，反思十几年来国内社会学界在社会调查方法应用中存在的问题，开始意识到对西方社会学研究方法的学习和运用，不能只注意到表面的东西，所学的不能“只是一点皮毛”，在应用上也不能只是机械地照搬照抄，而要通过在自身实践中的运用和体验来深入地理解。

同时，学术界在社会调查研究中存在着两种倾向：一种是实证研究的倾向，强调调查研究的科学性和定量分析，主要运用抽样调查和问卷调查的方法对大量样本进行调查和统计分析。另一种是人文研究的倾向，强调长期、深入的实地观察访问，通过对各种具体的事件、人物以及不同类型的村庄、民族、家族的“深度描述”，来揭示中国社会和中国文化的特殊性和本土性。20世纪80年代后期和90年代，美国社会学的实证研究方式对我国社会学研究有较大影响。围绕着定性分析与定量分析的含义、作用、二者间的关系等问题，学界展开了讨论。费孝通在谈到社会调查方法时指出：“定量的分析决不能离开定性的分析。一般说来定性在前，定量在后，定量里找出了问题，回过来促进定性。”“我一向重视，至今还是要强调，‘解剖麻雀’的定性分析是社会调查研究的基本方法，这一点不能含糊。但是只用这个方法是不够全面的，要规定这个‘麻雀’在全部‘麻雀’中占什么地位，即有多大代表性，那就得进行定量分析。而定量分析就需要一套不同于定性分析的方法和技术。”② 邓方强调定量分析与定性分析二者之间的相互依存关系。他认为，从某种意义上讲，在研究社会问题时，对事物性质的分析必须以对其数量的分析为基础。如同对性质不加以区分的定量分析是没有意义的一样，与定量分析完全脱节的定性分析，也是难以揭示事物的本质的。③ 有研究者认为，各种方式和方法之间存在着某种内在的联系。这种内在的联系构成了当前社会调查的两种主要模式，这就是“抽样-问卷-统计表格”的模式和“个案及典型-二手资料-列举数据事例”的模式。这样两种不同模式并存的状况，反映出当前我国的社会调查方法既受到以毛泽东农村调查为代表的、我党长期坚持和提倡的传统调查方法的影响，又受到传入我国的西方现代社会调查方法的影响。④

21世纪以来，后现代主义者的著作被大量引入国内，使人文研究的倾向再次兴起。许多研究者对实证研究范式进行质疑和批判，主张借鉴和发展社会人文学科的方法，如现象学方法、释义学方法、“常人方法学”、人类学的“民族志”和“深描法”、历史学的“口述史”和“生活史”方法、语言学的“话语分析”和“叙事分析”方法等。这种研究和借鉴，促进了我国传统的实地研究、典型调查、个案调查方法的进一步发

① 参见《全国社会调查研究方法学术研讨会综述》，载《中国社会学会通讯》，1993（2）。
② 费孝通：《社会学调查要发展》，载《社会》，1983（3）。
③ 参见邓方：《应用回归分析的方法研究生育意愿的尝试》，载《社会调查与研究》，1985（6）。
④ 参见风笑天：《我国社会学恢复以来的社会调查分析》，载《社会学研究》，1989（4）。

展，并拓展了社会学研究的视野，有助于多元理论视角的引入，也有助于克服实证研究方式的局限性。

## 二、社会调查方法的重构

国内现代社会调查方法在运用上大致经历了：在传统的以定性为特征的调查方法阶段，运用以毛泽东农村调查方法为代表的传统研究方法，即选取若干典型或个案（比如一个或几个村、乡、镇、县），采用座谈会、无结构访问等方法收集案例资料，并利用当地已有的基本统计资料，以主观的定性分析得出结论；到以西方定量研究方法为主的调查阶段，运用西方现代社会调查方法，选取大规模样本，用问卷来收集第一手的数据资料，并进行基本的统计分析，以此来得出结论；再到两种调查方法并行结合的阶段。这时，研究方式已开始突破简单化、单一化的局面，出现了若干运用其他定量方式的研究，同时运用西方人类学方法和其他定性研究方法进行的研究也不断增加。从总体上看，更加注重方法对所研究问题的适合性，注重方法对研究对象和研究结果的理解能力。

对于中国现代社会调查方法的发展，我们按照定量研究和定性研究分开进行分析。

1. 定量研究的发展

以定量为特征的抽样问卷调查（有的学者称之为“统计调查”），在20世纪80年代初期通过西方社会学者介绍引入我国后，突破了国内长期以来仅采用以定性为特征的传统社会调查方法的局面，推动了我国社会学定量研究方法的发展。据统计，1982—1988年发表在《社会学研究》及其前身《社会调查与研究》上的社会调查报告共94篇，其中采用抽样问卷调查方法的达到48篇，占51%；采用传统调查方法的为39篇，占41%。[①] 这一时期的经验研究具有“大规模、大样本、重描述、浅分析”的特征。这主要是由于社会学者刚开始接触西方定量调查方法，对该方法的认识比较肤浅、表面，导致在研究中片面追求大样本、长问卷和多数据，但统计分析十分简单，也缺少分析框架和理论概括。“这些调查，厚于资料收集而薄于理论概括。就其总体来说，属于经验层次。”[②]

20世纪90年代以后，定量研究方法的运用越来越广泛。林彬等人通过对1989—1993年所发表的经验研究报告的分析，列举了几项在研究方法上具有一定开拓意义或启发意义的研究。[③] 比如林南、卢汉龙、潘允康、卢淑华等人运用抽样问卷调查方法，对上海、天津、北京等地市民生活质量的研究；阮丹青、周路、布劳等人运用社会网的方法，对天津居民社会网的研究；朱庆芳、王永平等人对社会发展指标及小康社会指标的研究；时宪民运用参与观察和个案调查的方法，对北京市个体户进行的研究；

---

① 参见风笑天：《社会学方法二十年：应用与研究》，载《社会学研究》，2000（1）。

② 阎明：《社会学在中国——过去、现在和未来》，载《社会学研究》，1990（6）。

③ 参见林彬、王文韬：《对当代中国社会学经验研究及研究方法的分析与反思——90年代社会学经验研究论文的内容分析》，载《社会学研究》，2000（6）。

等等。到了90年代中后期，经验研究方面又出现了一批在研究方法上有一定代表性的例子，其中包括李银河有关婚姻家庭的系列研究，折晓叶有关“村庄的再造”的研究，刘达临、潘绥铭等人关于中国人的性观念的研究，徐安琪等人关于婚姻质量的研究，风笑天关于独生子女的研究，沈崇麟、杨善华等人关于城乡家庭的研究，全国妇联关于妇女地位的研究，等等。在方法上，这些研究相对来说更为规范，也更为成熟。

中国社会科学院陈婴婴认为，纵观改革开放以来30多年定量研究的发展，从调查的规模看，既有地区性的调查，也有全国规模的调查；从抽样方法看，既有概率抽样的调查，也有非概率抽样的调查；从调查的时间维度看，既有单一时点的横截面调查，也有多时点的调查。定量调查所涉及的内容也十分广泛，既有微观层面的意识调查，也有宏观层面的结构调查。① 中国20世纪80年代以来的社会调查走过了一条逐步规范化和本土化的道路，研究者为此付出了大量的努力，也取得了相当大的进步。

尽管如此，就社会调查来说，无论是在规范化还是在本土化方面都还存在不少问题。应当说，中国的定量调查所面临的问题不仅是方法和技术的问题，而且首先是理论建构的问题。有学者对中国社会学的经验研究提出了尖锐批评，认为许多经验研究面临无根之木、无源之水的尴尬境地。这些研究不是自说自话、闭门造车，就是拿着数据或材料匆匆忙忙去与国际“接轨”或对话。② 造成这些问题的原因，一方面是缺乏本土化的理论建构，另一方面是对中国社会学的思想传统缺乏研究。

2. 定性研究的发展

定性研究又称“质性研究”，就是运用参与观察、深度访谈等方法开展实地研究，依据语言文字描述进行理论建构，实现深入挖掘、剖析、理解社会现象的过程。定量研究则是运用量表、问卷、结构化观察等技术开展观察、实验，依靠客观数据和统计分析检验理论，确立各种现象之间的各种关系的过程。③

从20世纪80年代初到90年代初的十多年时间里，定性调查方法得到了较多的运用，如前所述，以毛泽东农村调查方法为代表的传统研究方法，即通过选取若干典型或个案（比如一个或几个村、乡、镇、县），采用座谈会、无结构访问等方法收集案例资料，并利用当地已有的基本统计资料，以主观的定性分析得出结论。

20世纪90年代以后，除了传统的社区研究、个案研究、参与观察外，社会学者还采用了诸如焦点小组访问、内容分析、社会网分析等方法。由于大量计算机辅助定性数据分析（CAQDA）软件的涌现，定性分析过程日益数字化和计算机化。这些定性分析的辅助系统，不仅使得研究者从处理大量文字材料的繁复劳动中解放出来，而且能够让研究者共享他们各自分析的细节，从而改变了定性研究的流程和研究集体之间的合作方式。同时，由于采用数据库结构，定性资料的管理也更加方便，这就为组织大型定性研究项目（包括多个研究地点、多个研究对象、历时的定性研究）提供了新的

① 参见陈婴婴：《改革开放以来中国社会调查的进展》，载《中国社会科学院研究生院学报》，2007（4）。
② 参见应星等：《重新认识中国社会学的思想传统》，载《社会学研究》，2006（4）。
③ 参见陈雯：《对垒抑或统一：社会科学研究中质与量的方法选择》，载《调研世界》，2009（8）。

可能性。

此外，除了传统的参与观察、深度访谈、专题小组访谈之外，会话、交谈、电视、广播、档案、日记、叙事、自传等社会过程中自然产生的素材，甚至社会学理论本身（理论的形式化），也开始进入定性分析的视野。所有这些资料，不仅可以以文本格式存储，而且新型的多媒体介质，如图像、声音和视频，作为原始的分析素材，也日益成为定性分析的新宠。

## 第三节　中国现代社会调查的特点

随着西方现代社会调查方法的引进和推广，中国现代社会调查出现了一些新的特点。

### 一、广泛化

（1）调查主体日益广泛。面对日益复杂、变化快速的经济和社会发展局面，为了更好地开展工作，各类主体都参与社会调查研究，调查主体不再局限于学界和政府，而是扩大到了党政群团、工农商学等各行业、各单位、各方面的实际工作者和理论工作者。

（2）调查内容日益多样。政治、经济、文化、社会、生态等社会各个领域，生老病死、衣食住行、婚丧嫁娶等生活各个方面，以及思想、观念、态度、感受等，都已成为调查内容。如中国综合社会调查是中国第一个全国性、综合性、连续性的大型社会调查项目，通过定期、系统地收集中国人与中国社会各个方面的数据，研究社会变迁的长期趋势。

（3）调查范围日益扩大，有时甚至在全国、国际范围内进行。为了把握变迁中的中国国情，中国社会科学院组织了全国规模的“百县市经济社会调查”，自 1988 年开始，到 1999 年结束，对全国 31 个省、市、自治区的 119 个县市进行了全面的综合调查。中国人民大学社会学系与香港科技大学调查研究中心合作的中国综合社会调查，在 2006 年被国际社会调查合作组织（International Social Survey Programme）接纳为代表中国的会员单位，每年一次与全球近 50 个主要国家一起，对某个重要社会议题进行共同调查。

（4）调查目的日益多元。有的服务于政府，提供决策参考；有的服务于企事业单位，提供管理参考；有的服务于社会，提供社会生活及个人行为准则之参考；有的服务于科学研究，作为科学理论的佐证。例如，中国家庭追踪调查和中国综合社会调查等大型研究项目的调查数据，向全社会完全开放，为促进我国社会科学调查和相关研究的发展，为政府做出科学决策和制定完善政策提供了强大支持。

## 二、科学化

现代社会现象的多样性和复杂性，决定了社会调查方法必须具有先进性和科学性。主要表现是调查方法日益程序化、规范化、数量化和精确化；调查手段是问卷调查、电话调查、网上调查等多种方式的结合；对调查资料的分析和研究，采用定性分析和定量分析相结合，其核心是电子计算机及 SPSS 等统计分析软件包的运用。1984 年，SPSS 总部推出了世界上第一个统计分析软件微机版本 SPSS/PC+。我国社会科学界使用该软件比较晚。1999 年，郭志刚撰写的《社会统计分析方法 SPSS 软件应用》一书，对推动 SPSS 软件的应用有较大促进作用。21 世纪以来，在我国，无论是政府统计调查，还是学术调查、市场调查，定量分析都越来越复杂，规模越来越大，复杂数据的处理需要依靠计算机才能最后完成，如回归分析、聚类分析、因子分析等，从而大大提高了社会调查的科学性。

此外，社会调查还从其他学科吸收、移植了一些科学方法或技术。例如，从心理学中吸收了社会心理测量法，用于研究团体（特别是小团体）内成员之间人际关系和人际相互作用的模式；从计算机科学中吸收了数据处理、远程传输的方法和技术；等等。

## 三、现代化

电子计算机、互联网以及移动电话、摄像机等现代化设备和技术，已成为调查研究不可缺少的工具，社会调查手段的现代化已达到了一个新的高度。随着社会调查手段的现代化，社会调查的工作程序、组织方式、标准化和规范化程度，以及抽样方法、问卷设计、调查方式、统计分析等，也都发生了相应的深刻变化。例如，计算机辅助电话访问（Computer Assisted Telephone Interview，CATI），在我国专业市场研究机构、高等院校、政府机关、社科院所、大型企业等已得到广泛应用，从而大大提高了调查的效率和质量。

计算机辅助面访（Computer Assisted Personal Interviewing，CAPI）也开始被应用于我国的社会调查。CAPI 与 CATI 的基础原理基本一致，主要区别为其表现形式较 CATI 更为丰富，如支持照片、图片、概念卡显示，声音问题播放，影音文件播放，支持 JAVA、3D、FLASH 等，支持虚拟购物、图片选择、刻度题等。调查问卷由计算机管理与呈现，访问员可依照计算机屏幕上的问题进行访问工作，并且将受访者回答的答案直接输入计算机中；若是受访者不愿通过访问员回答的话，亦可由受访者直接将答案输入计算机中，以保障受访者的隐私。当访问结束或告一段落时，访问员通过互联网直接将问卷结果传回主办调查单位，主办单位可在接收到各调查结果后立刻进行结果分析。北京大学中国社会科学调查中心设计实施的中国家庭追踪调查，是中国第一个计算机面访模式下的大型全国性跟踪调查。该项目从 2010 年起在全国 25 个省市

（西藏、青海、新疆、宁夏、内蒙古、海南、香港、澳门、台湾不在其列）内的16 000个家户进行了跟踪访问。中国综合社会调查近年来也利用了计算机面访系统。

此外，一些调查公司还进行了网上直接调查，就是利用互联网直接进行问卷调查等方式收集一手资料，主要采用站点法辅助，以电子邮件法通过互联网直接进行调查。

## 四、专业化

社会调查专业化是社会调查广泛化、科学化和现代化的客观要求和必然结果。它主要表现在两个方面：一是各调查主体单位的调查机构和人员日益专业化。许多大学建有专门的调查研究中心，并拥有电话访问系统和统计分析中心，拥有一批专业化的、高素质的调查队伍。例如，北京中国社会科学调查中心（Institute of Social Science Survey，ISSS）成立于2006年9月，除了作为中国家庭追踪调查的执行机构外，中心还承担国内外学术机构和政府机构的委托调研，以调查、收集、整理、集成中国社会经济和社会科学研究数据为目的，为中国社会科学的发展提供数据平台。二是独立的营业性调研机构不断涌现，有的已成为在许多国家设有分支机构的跨国公司，如从事行业与产品调查、消费文化和社会问题调查的北京零点研究集团，从事民意测验和商业调查的盖洛普（中国）咨询有限公司，从事专项市场研究的华南国际市场研究公司，从事媒介调查的央视市场研究股份有限公司等。在政府、企业及各种集体在社会活动中，广泛重视以现代社会调查研究方法作为决策步骤，并以之作为发展取向的指南。

# 启示和期望

编撰中国社会调查史的过程，是一次很好的学习过程和研究过程。通过这次学习和研究，我们对中国社会调查史和社会调查学这两个学科的一些基本问题，获得了一些启示，并在此基础上形成了一点期望。

## 一、启示

在中国社会调查史方面，我们得到的启示是：

(1) 关于中国社会调查史的研究对象、指导思想和主要方法。研究对象：在中国版图内、中国文明发展历程中、对中国社会开展的一切调查研究活动。指导思想：尊重史实，实事求是；以史为鉴，古为今用。主要方法：文献调查法。

(2) 关于中国古代社会调查的起源及其产生的社会历史条件。起源：夏王朝时期。产生古代社会调查的社会历史条件：生产力和社会分工的发展，剩余农产品的出现，是物质基础；阶级分化，国家出现，社会管理需要，是直接动力；古代文化发展，文字发明和应用，是文化前提；社会职业分化，独立脑力劳动者出现，是社会力量。

(3) 关于社会调查史上的两次重大变革和三个时代。在社会调查史上，社会调查方式、方法发生过两次重大变革。据此，社会调查史可划分为三个时代：古代社会调查、近代社会调查和现代社会调查。第一次重大变革，发生在17—19世纪的西欧，社会调查理论、方法的系统化、规范化和学科化，促使感性、直观的古代社会调查演变为系统化、规范化的近代社会调查。第二次重大变革，发生在20世纪中叶的美国，电子计算机和互联网的发明应用，推动系统化、规范化的近代社会调查演变为电子化、数据化的现代社会调查。

(4) 关于西学东渐的三个阶段和两条途径。三个阶段：被动接受阶段（从利玛窦进入中国到鸦片战争，即1582—1840年，约260年）；强势灌输阶段（从鸦片战争到清末新政，即1840年—19世纪末，约60年）；主动渴求阶段（从清末新政到辛亥革命，即1901—1911年，约11年）。两条途径：来自西洋的直接传入和来自东洋的转口传入。

(5) 关于西方近代社会调查方法对中国的“传入”。“传入”不同于“引进”。“传入”有广义与狭义之分。“传入”时间：19世纪60年代英国海关管理制度在中国的实施，是广义“传入”的起点；1914—1915年的《北京三百零二名洋车夫生活状况调查》，是狭义“传入”的起点。“传入”主体：西方传教士群体，西洋和东洋教授、学者群体，以及到西洋或东洋留学的留学生群体。“传入”方式：首先是海关管理等实践型方式传入，然后才是学术研究、讲授等学术型方式传入。

（6）关于社会调查史学的学科性质和特点。社会调查史学，是社会科学领域里社会调查学与史学互相交叉的一门学科。作为一种交叉学科，社会调查史学既要考察、研究不同时代、不同朝代、不同阶段社会调查的史实和史料，又要考察、研究不同时代、不同朝代、不同阶段的经济、政治、文化、社会、生态环境的历史变迁。只有如此，才能对不同时代、不同朝代、不同阶段社会调查的史实和史料做出符合历史实际的解释或说明。

在社会调查学方面，我们得到的启示是：

（1）关于社会调查的本质属性。社会调查是一种方法，主要是一种认识方法（也是一种工作方法），一种有目的、有意识的自觉认识活动。任何人要全面、真实地认识社会、认识社会现象，都必须做社会调查。人们通过文献和各种物化社会现象（如文物、遗址等），也可以获得许多社会知识，但是，归根结底，它们来源于古人或他人有目的、有意识的自觉认识活动。从这个意义上说，社会调查是全面、真实地认识社会和社会现象的唯一方法。

（2）关于社会调查的基本类型。按照调查主体、调查主要目的的不同，社会调查可分为5种基本类型，即行政性社会调查、变革性社会调查、学术性社会调查、文艺性社会调查和应用性社会调查。行政性社会调查，主要是统治者为巩固国家、管理社会而开展的社会调查。变革性社会调查，主要是变革者为揭露时弊、剖析病因、推动变革而开展的社会调查。学术性社会调查，主要是学者为搜集资料、开展研究、形成新学问而开展的社会调查。文艺性社会调查，主要是文艺家为体察社情民意、深刻反映现实、创作新作品而开展的社会调查。应用性社会调查，主要是各行业翘楚为把握社会需求、服务受众、开创新局面而开展的社会调查。

（3）关于社会调查的指导思想。社会调查的指导思想有两个层次：一是，一切社会调查有共同的、最基本的指导思想，就是求真、求实，实事求是。二是，不同调查主体为实现各自调查目的，还应该掌握各自特殊的指导思想。例如，社会管理者应在求真、求实基础上求稳、求和，即求国家稳定、社会和谐；社会变革者应在求真、求实基础上求变、求善，即求社会变革、民生改善；学问家应在求真、求实基础上求知、求是，即求创新知识、发现规律；文艺家应在求真、求实基础上求新、求美，即求作品新颖、艺术精美；各行业翘楚应在求真、求实基础上求盛、求好，即求业务兴盛、服务更好；等等。

（4）关于社会调查的社会功能。社会调查作为一种方法，是为一定目的服务的，其社会功能的性质和类型，取决于调查者开展社会调查的主要目的。社会调查的主要目的有两个方向、多种类型，社会调查的社会功能也有两个方向、多种类型。例如，中国共产党人为革命、建设开展调查，社会调查就是革命、建设的手段或工具；日本

“满铁”为侵略中国进行调查，社会调查就是侵略的手段或工具。在社会管理者手中，社会调查是治理社会、管理国家的手段或工具；在社会变革者手中，社会调查是变革社会的手段或工具；在学问家那里，社会调查是搜集资料、开展学术研究的手段或工具；在文艺家那里，社会调查是体察社情民意、创作文艺作品的手段或工具；在各行业翘楚那里，社会调查是把握社会需求、开拓各自业务的手段或工具；等等。

（5）关于社会调查对象和内容的发展规律。社会调查的对象和内容，是随着时代发展、社会变迁、调查主体需求的变化而不断演变的。演变的总趋势是：先丁口、山水调查，后人口、田亩调查；先狩猎业、农业、手工业调查，后商贸业、工矿业、信息业等调查；先经济领域调查，后非经济领域调查；先客观现实调查，后主观状态调查；先社会要素调查，后社会关系、社会结构调查；先社会现状调查，后发展预测研究。以及先简单，后复杂；先质量，后数量；先浅层，后深层；先现实，后虚拟；等等。

（6）关于社会调查方式和方法的发展规律。社会调查的方式和方法，是随着科学技术的进步，主要是随着采集、记录、整理、分析、传递、储存社会信息技术（包括硬件与软件）的进步而不断更新的。更新的总趋势是：从调查者运用自己的感觉器官和思维器官进行调查和研究，到运用测量仪器、照相机、摄影机、录音机、电话，以及调查问卷、卡片和表格等普通物理学、化学、光学、声学等工具进行调查和研究，再到运用电子计算机、互联网、电子痕迹、机器人、无人飞机等电子、光子、量子等工具进行调查和研究，等等。

## 二、期望

中国是世界上开展社会调查最早、保存调查资料最丰富的国家之一，中国古代既有某些优良的社会调查传统，又有极其丰富的社会调查史料。但是，中国社会调查史的研究尚处于起步阶段，有关研究成果数量极少，不够成熟。

在中国近代和现代，西方社会调查方法的传入和引进比较及时、全面和有效，已积累了丰硕的调查成果，撰写、出版了许多介绍或移植西方社会调查方法的著作。但是，西方现代社会调查方法的中国化、本土化却鲜有高质量成果。

我们期望在中国社会主义现代化建设实践基础上，把中国优良的社会调查传统、丰富的社会调查经验，与西方现代社会调查方法中科学、合理、符合中国国情的东西结合起来，为编著出高质量的中国社会调查史，创建具有中国特色、中国风格、中国气派、中国体系的社会调查学，做出共同的努力！

上述启示，是否客观、正确？上述期望，是否具有一定的可能性、现实性？我们没有把握，之所以把它们表述出来，是为了抛砖引玉，希望得到学者们，特别是社会调查学、社会调查史学专家、教授们的批评和指教！

# 主要参考书目

[1] 中共中央文献研究室．毛泽东农村调查文集．北京：人民出版社，1982.
[2] 毛泽东．毛泽东选集．2版．北京：人民出版社，1991.
[3] 毛泽东．毛泽东文集．北京：人民出版社，1999.
[4] 薄一波．若干重大决策与事件的回顾．北京：中共党史出版社，1991.
[5] 陈云．陈云文选．北京：人民出版社，1995.
[6] 习仲勋．习仲勋文选．北京：中央文献出版社，1996.
[7] 中共中央党史研究室．中国共产党历史大事记．北京：人民出版社，1989.
[8] 中央档案馆．中共中央文件选集．北京：中共中央党校出版社，1989.
[9] 中共中央党史研究室．中国共产党的七十年．北京：中共党史出版社，1991.
[10] 中共中央文献研究室．建国以来重要文献选编．北京：中央文献出版社，1997.
[11] 中共中央党史研究室．中国共产党历史．北京：中共党史出版社，2002.
[12] 中共中央文献研究室．毛泽东周恩来刘少奇朱德邓小平陈云论调查研究．北京：中央文献出版社，2006.
[13] 中国基督教教育调查会．中国基督教教育事业．北京：商务印书馆，1922.
[14] 赵尔巽．清史稿．北京：中华书局，1998.
[15] 樊弘．社会调查方法．上海：商务印书馆，1927.
[16] 黄枯桐．农村调查．上海：商务印书馆，1929.
[17] 李景汉．实地社会调查方法．北京：北平星云堂书店，1933.
[18] 刘大钧．中国统计事业．上海：黎明书局，1934.
[19] 孙本文．当代中国社会学．上海：商务印书馆，1948.
[20] 范方澜．中国通史简编．北京：人民出版社，1949.
[21] 商务印书馆编辑部．近代现代外国哲学社会科学人名资料汇编．北京：商务印书馆，1965.
[22] 丁名楠，余绳武，张振鹍，等．帝国主义侵华史．北京：人民出版社，1973.
[23] 睡虎地秦墓竹简整理小组．睡虎地秦墓竹简．北京：文物出版社，1978.
[24] 中共汨罗县委员会．任弼时．长沙：湖南人民出版社，1979.
[25] 柴树藩，于光远，彭平．绥德、米脂土地问题初步研究．北京：人民出版社，1979.
[26] 黄炎培．八十年来．北京：文史资料出版社，1982.
[27] 陈翰笙．华工出国史料汇编：第1辑．北京：中华书局，1985.

[28] 杨雅彬．中国社会学史．济南：山东人民出版社，1987.
[29]《刘少奇研究论文集》编辑组．刘少奇研究论文集．北京：中央文献出版社，1989.
[30] 刘叔鹤．中国统计史略．武汉：湖北人民出版社，1990.
[31] 中国大百科全书：社会学卷．北京：中国大百科全书出版社，1992.
[32] 杨子慧，张庆五．中国历代的人口与户籍．天津：天津教育出版社，1991.
[33] 葛剑雄．中国人口发展史．福州：福建人民出版社，1991.
[34] 程中原．张闻天传．北京：当代中国出版社，1993.
[35] 李惠村，莫日达．中国统计史．北京：中国统计出版社，1993.
[36] 戴一峰．近代中国海关与中国财政．厦门：厦门大学出版社，1993.
[37] 薛暮桥．薛暮桥回忆录．天津：天津人民出版社，1996.
[38] 中国社会科学院社会学研究所．中国社会学年鉴：1992.7～1995.6. 北京：中国大百科全书出版社，1996.
[39] 路遇，滕泽之．中国人口通史．济南：山东人民出版社，2000.
[40] 中国社会科学院社会学研究所．中国社会学年鉴：1995.7～1998. 北京：中国大百科全书出版社，2000.
[41] 杨雅彬．近代中国社会学．增订本．北京：中国社会科学出版社，2001.
[42] 韩明谟．20 世纪百年学案：社会学卷．西安：陕西人民教育出版社，2002.
[43] 郑杭生，李迎生．中国社会学史新编．北京：高等教育出版社，2000.
[44] 中国海关学会．赫德与旧中国海关论文选．北京：中国海关出版社，2004.
[45] 翦伯赞．中国史纲要．北京：北京大学出版社，2006.
[46] 范伟达，王竞，范冰．中国社会调查史．上海：复旦大学出版社，2008.
[47] 梁方仲．中国历代户口、田地、田赋统计．北京：中华书局，2008.
[48] 郑杭生．中国社会学 30 年．北京：中国社会科学出版社，2008.
[49] 黄兴涛，夏明方．清末民国社会调查与现代社会科学兴起．福州：福建教育出版社，2008.
[50] 风笑天．社会学研究方法．北京：中国人民大学出版社，2009.
[51] 李文海．民国时期社会调查丛编．福州：福建教育出版社，2005.
[52] 甘博．北京的社会调查．刑文军，译．北京：中国书店，2010.
[53] 熊月之．西学东渐与晚清社会．北京：中国人民大学出版社，2011.
[54] 容闳．西学东渐记．北京：三联书店，2011.
[55] 步济时．北京的行会．赵晓阳，译．北京：清华大学出版社，2011.
[56] 梁启超．调查会之关系．新民丛报，1903-02-26.
[57] 河南省安阳市文化局．殷墟：奴隶社会的一个缩影．北京：文物出版社，1976.
[58] 张宛丽．十年社会学理论、方法研究的回顾与反思．社会学研究，1989（4）.
[59] 风笑天．我国社会学恢复以来的社会调查分析．社会学研究，1989（4）.
[60] 阎明．社会学在中国——过去、现在和未来．社会学研究，1990（6）.
[61] 全国社会调查研究方法学术研讨会综述．中国社会学会通讯，1993（2）.

[62] 王海光．平反冤假错案的历史进程和历史意义．当代中国史研究，1999（Z1）．
[63] 风笑天．社会学方法二十年：应用与研究．社会学研究，2000（1）．
[64] 林彬，王文韬．对当代中国社会学经验研究及研究方法的分析与反思——90年代社会学经验研究论文的内容分析．社会学研究，2000（6）．
[65] 胡奎．民意调查：SARS怎样改变了我们？．新闻周刊，2003-05-05.
[66] 应星，吴飞，赵晓力，等．重新认识中国社会学的思想传统．社会学研究，2006（4）．
[67] 陈婴婴．改革开放以来中国社会调查的进展．中国社会科学院研究生院学报，2007（4）．
[68] 张如柏．三星堆玉器上的古蜀文字．人民日报，2011-06-17.
[69] 张树新，费迅．二十世纪五六十年代中共社会调查工作的检讨与反思．党史研究与教学，2012.
[70] 李章鹏．现代社会调查在中国的兴起：1897—1937. 北京：中国人民大学博士学位论文，2006.
[71] 牟永如．清末社会调查研究．武汉：华中师范大学硕士学位论文，2008.
[72] 任伟伟．南京国民政府社会调查研究．济南：山东大学博士学位论文，2012.

# 后　记

1981年5—7月，中国社会科学院社会学研究所与中国社会学研究会在北京举办第二期社会学讲习班，我有幸参加了这期讲习班，听取了美国、香港学者有关西方现代社会调查研究方法的讲授，学到了许多新知识，受到了很大启发。在学习过程中，记得一位美国教授在讲课时说了一句："社会调查起源于社会病态的研究。"从讲授内容看，是指18世纪西欧学者对社会病态的研究。我根据对社会调查历史的了解，当即对这位教授的说法产生了三点怀疑：社会调查起源于18世纪？起源于西欧？起源于社会病态研究？不过，为了集中精力多学些知识，当时我没有深究下去，只是在头脑里存疑罢了。

北京第二期社会学讲习班结束后，我积极搜集、学习和研究有关社会调查的各种书籍和资料，并向中共孝感地委建议在党校开设社会调查课程。经地委批准和一年多准备后，1982年11月，我以"社会调查纵横谈"为题，在地委党校第一期大专体制培训班开始讲授社会调查课程。在1982年11月—1993年1月离休前的10年间，我在中共孝感地（市）委党校各种班次讲授社会调查课程14次，并先后12次应邀到中国人民大学、四川大学、原武汉交通政治管理干部学院、原中共沙市市委党校、中共中央党校、中共湖北省委讲师团、中共荆门炼油厂党校、中共湖北省委党校、湖北函授大学等单位讲授社会调查课程，共约580学时。由于学员纷纷要求把讲稿打印出来供学习或参考，我于是萌生了编著有关教材的想法。1987年8月8日，在陶德麟教授和彭展教授的推荐下，我向国家社会科学基金申请立项。11月24日获得批准，批准号为：社科（1987）基字014。由于有大量讲稿作为基础，因而较快向中国人民大学出版社交稿。1988年6月，《社会调查教程》一书就正式问世了。

在讲授"社会调查"课程和编著《社会调查教程》的过程中，我发现当时的社会调查学界存在着两种倾向：一种倾向是，固守中国传统的社会调查方法，特别是中国共产党的传统调查方法，而忽视它们的系统化、学科化；另一种倾向是，热衷于学习、宣传、应用改革开放以后引进的西方现代社会调查方法，而忽视它们的本土化、中国化。因此，在《社会调查教程》前言中，我就提出了"学科化、中国化"的问题："我们编著这本《社会调查教程》的目的是：力图以马克思列宁主义、毛泽东思想为指导，以我们党的社会调查经验为基础，并认真吸取现代西方某些科学的社会研究方法，为广大党政干部、社会科学工作者和高等院校的学生提供一本系统学习社会调查的理论和方法的教材，同时也为建立以马克思列宁主义、毛泽东思想为指导的，学科化、中国化的社会调查学做一初步的尝试。"

1978 年以来，经过改革开放以后多年的发展，社会调查学的系统化、学科化已成为现实。目前社会调查研究方法著作的不断翻新和大量出版，就是最好证明。但是，社会调查学的本土化、中国化却不尽如人意，真正具有中国特色、中国风格、中国气派、中国体系的社会调查学，实在是少之又少。在我看来，要实现社会调查学的本土化、中国化，没有对中国社会调查历史比较全面、系统的研究是不可能的，这就促使我把研究视野逐渐转向了中国社会调查的历史。为了更好地开展中国社会调查史研究，2006 年 2—10 月和 2008 年 1—3 月，我曾两度努力，通过多种渠道建议把中国社会调查史列入国家社科基金项目课题指南，都无果而终。但我仍决心研究、编著一部《中国社会调查简史》(以下简称《简史》)，并获得了中国人民大学出版社的支持，于 2008 年 9 月 24 日与该社签订了这部著作的出版合同。2009 年 4 月 22 日，华中师范大学社会学院聘请我为该学院兼职教授，商定合作修订《社会调查教程》(第五版)，并同意作为配套著作，合作编著《简史》。

2010 年 11 月，《社会调查教程》(第五版) 出版。这样，我就腾出手来，于 2011 年 2 月 13 日开始了《简史》的研究和撰稿工作。经过一年多努力，撰稿工作有了一定进展，但却经常受困于资料匮乏、难觅。我深感个人力量有限，同时考虑到为所在单位做点贡献，于是在 2012 年 6 月 16 日向中共孝感市委党校提出了将此作为党校科研项目立项的申请。在当时的常务副校长李咬明的支持下，我先后给中共孝感市委副书记潘启胜 (兼党校校长)、常务副市长陈新武、财政局长邓道伟去信，要求给予资助。7 月 24 日获悉，“市财政局通知，潘启胜书记批示，要支持中国社会调查史研究”，决定给予 5 万元资助，这对我的研究和撰稿工作起了很大推动作用。2013 年 1 月 30 日，由于有了近两年的研究和撰稿工作做基础，我以“中国社会调查史研究”为题，向国家社会科学基金申请了 2013 年度一般项目中的自选项目，并做了比较充分的课题论证。6 月 17 日，“中国社会调查史研究”被批准为“重点项目”，批准号：13ASH001。如果从 2006 年 2 月开始筹划算起，到 2013 年 6 月正式立项，前后历时 7 年 4 个月；如果从 2011 年 2 月 13 日开始研究和撰稿算起，到正式立项，则前后历时 2 年 4 个月。

《简史》的撰稿工作，从 2011 年 2 月 13 日开始撰写初稿，到 2015 年 9 月 7 日定稿，前后历时1 668天。其中，国家社科基金立项前 (2011 年 2 月 13 日至 2013 年 6 月 17 日) 856 天，立项后 (2013 年 6 月 18 日至 2015 年 9 月 7 日) 812 天。就我作为主编和主要撰稿人而言，实际撰稿耗费时间 846 天，其中初稿 685 天，统稿 120 天，定稿 41 天。全书总篇幅，初稿约 63.3 万字，统稿约 59.4 万字，定稿约 54.4 万字。

2015 年 9 月 22 日，本项目向中共湖北省委社会科学领导小组办公室提出结项申请，并呈送了结项资料。2016 年 3 月 3 日，国家哲学社会科学规划办公室公布《2016 年 2 月国家社科基金年度项目、青年项目和西部项目结项情况》，“中国社会调查史研究”经同行专家鉴定，被评为“合格”，准予结项，结项证书号：20160280。3 月 6—27 日，根据专家和出版社意见，编撰者对全书做了删节和修改。全书包括导言、绪论、三篇十四章、“启示和期望”、后记等部分；总篇幅约 54.4 万字（包括 56 个表格和 47 幅插图），除目录外，正文约 51.2 万字，其中社会调查史实及其评述约 49.1 万字，历史简介约 2.1 万字。据概略统计，《简史》在浩如烟海的史料中筛选出了 333 项史料（其中古代 168 项、近代 101 项、现代 64 项），从社会调查视角简介或评述了 192 位人物和 197 件作品，引用了 427 种（含古文献 140 种）文献里的 848 条引文（限于篇幅，主要参考书目中只罗列了部分近现代文献，古代文献已在正文中以随文注的形式详细标注，故不再在参考书目中逐一罗列）。此外，这部《简史》还比较系统地阐述了中国社会调查史的几个核心问题：**第一次比较具体地界定了中国社会调查史的研究对象，第一次比较完整地建构了中国社会调查史的基本框架，第一次论述了中国古代社会调查的起源及其社会历史条件，第一次提出了社会调查史的两次重大变革和三个时代，第一次论证了西方近代社会调查方法何时、由何人、以何种方式“传入”中国的问题，第一次论述了社会调查指导思想的两个层次，第一次概括了社会调查的本质及其社会作用，第一次揭示了社会调查内容和方法变化发展的规律，因而具有一定的学术价值。**上述 8 个第一次，是否真实、正确、全面、深刻？我们没有把握，之所以把它们表述出来，是为了抛砖引玉，希望引起学者们的注意和探讨，特别是希望得到社会调查学专家们的批评和指教。

至于“社会调查起源于（18 世纪西欧学者对）社会病态的研究”这一论断，我的研究结论是：从一定意义上说，它是正确的。因为，以系统化、规范化为主要特征的近代社会调查方法，的确产生于 17—19 世纪西欧学者对资本主义初期社会病态的研究。但是，从根本上说，它是错误的。因为，社会调查古已有之，它是原始社会末期、奴隶社会初期经济社会发展的必然产物（详见本书第一章和第六章）。应该说，“社会调查起源于（18 世纪西欧学者对）社会病态的研究”的论断，实质上是“西欧中心论”在社会调查史学上的集中表现。因此，对于这种论断，不应该盲目吸收和传播，而应该根据史实做出实事求是的评论。

参与《简史》研究和编撰的是：导言、绪论、第一至六章、“启示和期望”、后记，水延凯；第七章，水迎波、水延凯；第八章，柳祥珍、水延凯；第九章，闫文霞、林承园、方显峰、水延凯；第十章，水延凯、水迎波；第十一章、第十三章、第十四章，江立华；第十二章，罗力群。江立华作为副主编，为搜集、研究资料，审阅、修改、校对书稿等做了大量工作；水延凯作为主编，负责课题的设计、研究、撰稿、统稿、定稿工作。课题组成员方显峰、柳祥珍、水迎波，以及赵雪滢、吴浩等，为课题做了许多服务性工作。

在《简史》的研究和编撰过程中，中共孝感市委、市政府给予了大力支持；中共孝感市委党校给予了有效指导和管理；中共中央党校图书馆、武汉市图书馆、孝感市图书馆提供了大量古籍文献和历史图片；中共中央党校的向熙扬，武汉市图书馆的杜宏英，孝感市图书馆的刘艺、杨利、何楚龙和周锡辉等，给予了热情帮助和周到服务；拉萨海关的汪海波，上海海关的张耀华、朱芸、胡文喆提供了有关赫德的宝贵资料；何文承担了第一至四章繁重的古籍校勘任务；孝感市委党校办公室、科研科、财务科，特别是王筠、郑江帆、王莉、熊主武、陈翠华、邵庆辉、熊燕等为项目的顺利进行做了大量管理、服务工作。本书的出版，得到了中国人民大学出版社宝贵的早期支持和热情的后期服务，特别是潘宇、宋义平、黄超等做了大量工作，特在此一并致以诚挚感谢！

《简史》从2006年2月开始酝酿算起，到2016年3月定稿、交付出版社，前后历时十年有余。对于已进入耄耋之年的我来说，似乎可以轻松一下了。然而，我却轻松不起来。因为，《简史》还有两本配套著作——《中国社会调查史料选编》和《中国古代社会调查故事》，正在编撰之中。更重要的是：(1) 中国社会调查史实和史料博大精深、浩如烟海，本著作的记述不过是其中的沧海一粟（正基于此，本书只能称为“简史”），难免挂一漏万，丢失了许多珍贵史料；(2) 本人学识水平、古代汉语水平和精力有限，即使查阅到有关史实和史料，也难免发生解读、阐释方面的缺漏或误差；(3) 缺少台湾地区和澳门的社会调查史实和史料，不能不说是一大缺憾。如果上天允以时日，我想在有生之年，在完成《中国社会调查史料选编》和《中国古代社会调查故事》的编撰、出版之后，再编撰一部升级版的《简史》；如果上天不允时日，这部《简史》就算作后来者的垫脚石吧！

水延凯

2016年3月27日于孝感

**图书在版编目（CIP）数据**

中国社会调查简史/水延凯主编．—北京：中国人民大学出版社，2017.1
ISBN 978-7-300-23599-8

Ⅰ.①中…　Ⅱ.①水…　Ⅲ.①社会调查-历史-中国　Ⅳ.①D668

中国版本图书馆 CIP 数据核字（2016）第 270290 号

国家社会科学基金资助重点项目
**中国社会调查简史**
主　编　水延凯
副主编　江立华
Zhongguo Shehui Diaocha Jianshi

| | | | |
|---|---|---|---|
| **出版发行** | 中国人民大学出版社 | | |
| **社　　址** | 北京中关村大街 31 号 | **邮政编码** | 100080 |
| **电　　话** | 010－62511242（总编室） | | 010－62511770（质管部） |
| | 010－82501766（邮购部） | | 010－62514148（门市部） |
| | 010－62515195（发行公司） | | 010－62515275（盗版举报） |
| **网　　址** | http://www.crup.com.cn | | |
| **经　　销** | 新华书店 | | |
| **印　　刷** | 涿州市星河印刷有限公司 | | |
| **规　　格** | 185 mm×260 mm　16 开本 | **版　　次** | 2017 年 1 月第 1 版 |
| **印　　张** | 26.25 插页 2 | **印　　次** | 2023 年 4 月第 3 次印刷 |
| **字　　数** | 576 000 | **定　　价** | 118.00 元 |